本书属于中国社会科学院重大课题研究成果

东方哲学史

（近古卷）

徐远和　李甦平　周贵华　孙晶　主编

人民出版社

目　录

引　言[*]

在中古时期，东方世界的西亚、印度与中国的哲学均取得了辉煌成就，从哲学思辨的意义上看更可以说达到了各自的顶峰，其中以阿拉伯伊斯兰的理性哲学、印度的唯识哲学与吠檀多不二一元论哲学，以及中国的佛教天台、华严的圆教哲学为代表。但到近古时期，东方世界的哲学发展极为不平衡，除中国哲学继续繁荣外，西亚与印度的哲学开始衰落。

在近古时期的印度，哲学发展有四个特点：第一，印度教吠檀多哲学一枝独秀；第二，佛教在印度灭绝；第三，所有的正统派哲学都吠檀多化，成为吠檀多哲学的注脚；第四，出现了伊斯兰教与印度教融合的思想形态。

自 8 世纪起，阿拉伯帝国向中亚扩张，中亚的大部分佛教国家和游牧部落都先后被征服，而皈依了伊斯兰教。从 9 世纪至 13 世纪，信仰伊斯兰教的阿拉伯人、突厥人相继入侵印度，并在印度建立了伊斯兰帝国。伊斯兰势力的入侵，彻底改变了印度的文化生态，其中最重要的是直接导致了佛教在印度灭绝。当然，导致印度佛教灭绝的原因至少还有两个：一是佛教僧团的腐败以及佛教因密教化而导致的解脱精神的丧失；二是印度教的兴起，其基本理论吠檀多哲学吸收了大乘佛教教理，甚至释迦牟尼佛也被印度教吸收为其大神的一个化身，使佛教在理论方面与现实方面都失去了独立存在的基础。与佛教的消亡相伴随，印度正统哲学渐成一统天下之势。纵观近古印度哲学的流变，可以看到，商羯罗（Śaṅkara）在中古时期对吠檀多哲学的集大成性质的发展，消解了印度传统各派的哲学

---

[*] 周贵华撰。

竞争,其有神论性质的不二一元论成为印度正统各派的共同理论根据。可以说印度本土哲学的近古时期,是一部各派哲学在吠檀多哲学精神基础上趋同的历史。像正统各派在此阶段的主要注释家都极力在对各派经典的注释中引入吠檀多的因素,以在吠檀多的神学与玄学相融合的框架中消融各自的传统。

在商羯罗之后的近古吠檀多哲学又发展出种种形态,如罗摩奴阇(Rāmānuja)、筏罗婆(Vallabha)等改造不二一元论而分别提出制限不二论、纯粹不二论等,摩陀婆(Madhva)反对不二一元论而提出二元论,而尼跋伽(Nimbārka)则调和一元论与二元论提出二元不二论。但中古印度哲学总的趋势是走向衰落。衰落首先要归于吠檀多哲学自身方面的原因。吠檀多哲学继承了奥义书的传统,内在有重智与重信仰两个方面,因为梵既是万物的本体、本源,又是神的精神本质,这样决定了吠檀多哲学必然是玄学与神学的合成体。以商羯罗为代表的哲学家重智,在理论上表现为重思辨的玄学,而当其大盛时,必然会有相反的一面即重信仰的因素出来平衡,从而抑制其纯粹思辨的倾向。其次在此阶段,由于伊斯兰教的入侵与伊斯兰帝国的建立,印度教遭到压制,理论的思辨渐被情感的信仰所代替,对神虔信渐成为印度教的主流,这就是虔信派运动的兴起,与此相应则是玄思的渐衰与内在化。这时已经在印度扎下根来的伊斯兰教受到印度教的影响,也开始趋同,而主要凸显出其本来就与印度式思维相似的神秘主义即苏菲主义倾向,并与印度教的一些因素结合起来。

在近古的伊斯兰世界中,中古的哲学辉煌已经不再,创造的灵光开始暗淡,唯有苏菲主义借助于文学的载体仍保持一定程度的繁荣。这跟伊斯兰世界在近古时期的时代状况有关。首先是阿拉伯伊斯兰黄金时代的哲学虽有伊斯兰信仰的因素在内,但其鲜明的世俗理性性质却是不容置疑的。伊斯兰世界自始就是实行政教合一的体制,因此,从来就不乏要求批判甚至清除古希腊理性哲学的因素而回到《古兰经》与圣训的声音,而且随着时代的推移这种声音渐成浪潮。在这方面有几位著名的保守派思想家成为旗手,如安萨里(al-Ghazzali)、拉齐(al-Razi)、泰米叶(Ibn Taymiyah)等。他们或者重苏菲主义的"真知"而追求与真主的冥契,或者强调真理的源泉唯在于《古兰经》而主张严守《古兰经》的字面意义，都倾向于反对理性主义的哲学思辨。保守的力量随着伊斯兰世界局势的混乱日益强大。要知道中古时期末期伊斯兰世界在承平已久后贵族腐败，世风日下，再加上突厥人与阿拉伯人因争霸而战争不断，以及十字军东征，阿拔斯王朝摇摇欲坠，后又遭蒙古大军铁骑冲击，遂轰然崩塌。在这种情况下，伊斯兰世界繁荣的学术研究遭到破坏，而思想被禁锢在各种注释与汇编中，哲学的智慧即告枯竭。然而令人意外的是，虽然伊斯兰世界的思辨性哲学衰落，但关注于世间事物包括政治、历史、社会等的学科却在混乱的政局与战争中开始发展，出现了一大批思想家，其中历史哲学家与社会学家伊本·赫勒敦（Ibn Khaldun）最为耀眼。赫勒敦在其著名的《赫勒敦绪论》中首次阐明了历史哲学的概念，奠定了这门学科的基础。

不同于印度与伊斯兰世界，在中国我们却看到了哲学巅峰时代的继续。如果说中国的中古是佛教哲学与道家哲学达到巅峰的阶段，那么近古则是儒家哲学达到巅峰的阶段。这一时期如同道教主要借助于佛教的般若中观思想改造已有的道家哲学建立了其思辨性最强的重玄学，儒学也主要通过佛学思维方式的激发与吸收建立了儒学的新范型即宋明理学，完成了儒学政治的、人伦的、宗教意味的三维品格融合的完整形态，这是中国古代儒学在哲学意义上的系统化。

在中国，中古的前期确立了儒学的独尊地位，但在中期由于大一统的格局被破坏，中国限于分裂与战争之中，儒学的传习与研究趋于停滞；与此相反，带有超越与避世倾向的道家之学成为士大夫的精神趣向，而具有相似倾向的佛教也开始大量传译经典，并兴盛起来。到中古的后期，李氏唐朝以道教、佛教为先，其襄助使佛、道之学在中期发展的基础上趋于极盛，各自达到其哲学的巅峰，而儒学的发展仍处于低潮。但由于唐朝的盛世文化氛围的影响，儒学相对于前一时期而言，已略见起色，出现了韩愈、李翱两位重要的儒学家，二者的道统说与性情说开宋朝理学的先河。就儒学的主要对立面佛教而言，由于其占据国家的大量财富与经济资源，势力过度膨胀，且腐败普遍，导致唐武宗灭佛。结果，佛教的经典散失殆尽，佛教的思辨性哲学基本终结，这客观上为儒学的复兴扫清了道路。到近古的中国,宋朝以唐朝的"安史之乱"以及藩镇割据导致的国家权力的衰弱为鉴,大力加强中央集权,儒家的意识形态得到强化,这也为儒学的复兴与发展创造了条件。

近古儒学的复兴,不仅承续并强化了儒家的道统与意识形态,而且带来了儒家哲学发展的高潮。近古儒学发展有两个高潮:一个是宋朝的理学;一个是明朝的心学。宋朝理学主要以朱熹为代表。根据朱熹之学可将宋朝理学的发展分为三个阶段,即朱熹前之学—朱熹之学—朱熹后之学。第一阶段是宋朝理学的初创时期,有周敦颐、张载、程颢、程颐、邵雍五位代表人物,提出了宋朝理学几乎所有的基本问题,但还没有形成系统的理论。如同中古的玄学与佛学,他们特别关注本体论与宇宙论问题,这为朱熹以本体论与宇宙论的合一的体用模式建立集大成性质的系统理论指明了方向,并奠定了基础。朱熹的这种思维模式也是中古佛学建立系统化理论的基本模式,由此可以看到佛学在其中的影响。朱熹以形上形下的体用关系为核心,将理气论、心性论、格物致知说所摄的知识论与功夫论统一起来,完成了具有浓厚理性色彩的庞大理论体系。以朱熹及其后学之学形成的朱子学,成为近古中国哲学最重要的两大流派之一。

在南宋还出现了近古儒学的另一范型——心学,以心概念为核心建立儒家的系统学说。这是对宋朝理学的客观唯理主义与烦琐细碎学风的反动,其开创者是陆九渊。但心学的成熟与完成却被蒙古人的入侵与统治所推迟,因为心学倡扬人的主体性与能动性,同时心学作为儒家学说又具有强烈的道统意识,因此在异族人统治下它是不可能兴盛的。直到汉人重新获得政权的明朝才出现了心学的高潮,其代表人物是王阳明。陆九渊的心学更多渊源于孟子之学,而王阳明的心学虽有宋朝理学与心学的传统为来源,但在相当的意义上是受启于佛教的禅宗的。王阳明以精微的知行合一说、致良知说完成了中国古代儒家之心学,其学及其后学之学形成的阳明学与朱子学双峰并峙。阳明学代表了中国古代儒学的最后一个创造性阶段。

但明朝心学的辉煌并不能挽救明朝统治的颓势。明朝的覆亡虽然极大地点燃了汉族士人的爱国热情,但也根本动摇了汉民族主体的民族自信。对明清之际的巨变的反省,成为明末清初的思想家们的主题。宋朝理学、明朝心学的兴盛紧接的是异族的严酷统治,不能不让人思考高论玄理、妙谈心性之弊。所以,明末清初的思想开始转向,趋于重实、重气、重器物、重社会,黄宗羲、王夫之等是其代表。而在此时代潮流影响下的戴震,成为中国古典哲学的最后代表和终结者。

在朝鲜半岛,近古的朝鲜朝在中古佛学的兴盛后,迎来了儒学的高峰。主要代表人物是李退溪与李栗谷,二者之学在继承中国朱子学的基础上,又有创造性的发展,形成了独特的性理学派。朝鲜朝的儒学有重气(理气之气)、重情(性情之情)、重实(实学之实)的特点,即在形上形下的体用关系中,更注重用的探讨。其义理的辨析非常细致,甚至可以说精微。

在近古的日本,在中古本土化佛学的繁荣过后,儒学也产生出本土化的发展。其中,日本朱子学的特色表现在主张格物致知的对象不再是万物平等之理,而是其个别具体之理,带有经验科学的倾向;日本阳明学则注重知行合一之说,力行思想是其特色;而古学派借回到古典之名试图重构儒学为经世致用之学,是本土化色彩最为浓厚的儒学思想。[①] 在此时期,神道学与国学的合一更清晰地凸显出日本民族主体性意识的自觉。总之,近古日本儒学最为关注的是形而下的一面,且不太注重精细的义理辨析。这也说明了为何是它们在东亚最早建立了兰学与洋学这样的以经验主义为特征的西学。

_____

① 参见王家骅:《儒家思想与日本文化》,浙江人民出版社1990年版,第128页。

第 一 编

南 亚

第一集

南 亚

第一篇　印度哲学

（10 世纪至 18 世纪）[*]

第一章　近古吠檀多哲学的发展

第一节　近古吠檀多哲学的代表哲学家

在近古时期,在薄斯伽罗（Bhāskara,约 750—800 年）死后约 200 年左右,商羯罗派以南印度作为中心,形成不可动摇的地位。但是在 7—8 世纪时,在泰米尔地区的狂热的"阿尔伐尔"（Alvār）宗教诗人们掀起了一股毗湿奴派（Śrīvaiṣṇava）宗教运动,渗透于一般民众之中。到 10 世纪时,为了确立毗湿奴教神学的地位,出现了一批叫做"阿阇梨师"（Ācārya）的属于毗湿奴派的哲学家。他们的学说构成了近古印度哲学的主体。下面略为介绍一下这些哲学家的思想,其中将最为重要的罗摩奴阇（Rāmānuja）、摩陀婆（Madhva）除外,在下面单独列节说明。

耶牟那（Yāmuna,918—1038 年）,他即属于上述的阿阇梨师中的一人。由于资料有限,仅知道他是最初毗湿奴教派中的吠檀多的弟子。据说他著有 6 部著作,其中最知名的是 *Siddhitraya*。耶牟那的哲学认为,具有自我意识的个我、全知全能的主宰神与多种多样的现象世界,这三者都是实在的。

---

[*] 孙晶撰。

毗湿奴斯伐敏(Viṣṇusvāmin,约13世纪),南印度人,与摩陀婆持同样的二元论的观点。据说他不但给《梵经》作过注解,还为《薄伽梵歌》等作过注解。他的哲学与摩陀婆尽管一样,但在对克里希那的情人罗达的崇拜上持不同的观点。他这一派被称为毗湿奴斯瓦敏派,但后期便被别的派别吞没了。

尼跋伽(Nimbārka, Nimbāditya,14世纪),由他创建的尼跋伽派属于毗湿奴教派中的一派,他这一派受罗摩奴阇的影响很深。他出生于南印度的泰卢固地方,原是泰卢固薄伽梵派的信徒,后迁居北印度摩陀罗市附近的薄利陀伐(Brindāban = Vṛndāvana),以此地为中心自成一派活动。尼跋伽对《梵经》有一个比较短小的注解《吠檀多芳香》(Vedāntapārijātasaurabha),独立的小品文是《十颂》(Daśaślokī, alias Siddhāntaratna)。尼跋伽深受罗摩奴阇的影响,他把最高梵也等同于黑天(克里希那)或诃哩(Hari),梵、个我、非精神的物质世界这三者都是实在的,而梵是最高、最大和无限的实在,它超越于时空的限制,是世界上一切精神和物质现象的动力因。梵与个我和世界这二者的关系,犹如蛇与蛇团、太阳与其光线那样,从本质上讲都是"不一不异"(svābhāvikābhedābheda)的关系;由梵显现为个我和物质世界是一种因转化为果的真实的转化。他这种学说被称为"二元不二论"(Dvaitādvita-vāda)。要想获得解脱或成为神(tadbhāvāpatti),就必须要靠神的恩宠。同时修行有五种修行法(sādhana):行事(karman)、知识(vidyā)、念想(upāsanā)、皈依最高神(prapatti)、归从师长(gurūpasatti)。尼跋伽的《吠檀多芳香》后有室利尼伐沙(Śrīnivāsa)的复注《吠檀多珍宝》(Vedānta-kaustubha),16世纪的耆舍伐伽室弥琳(Keśavakaśmīrin)又对《吠檀多珍宝》作了复注(Prabhā)。

室利甘陀(Śrīkaṇṭha, alias Nīlakaṇṭha,约14世纪),他属于南印度泰米尔地区的湿婆圣典派(Śaiva-Siddhānta)。此派承认吠陀圣典的绝对权威,他们遵循28种湿婆圣典(Śivāgama)。室利甘陀试图融合吠陀圣典和湿婆圣典的两个体系,并从本学派的立场出发对《梵经》作出了注解(Śaivabhāṣya)。他将湿婆神作为梵,梵与个我是不同的;梵超越个我和现象世界,个我和现象世界是产生于梵的力量的,那么,如果说梵完全超越

于二者的话,个我和现象世界则可以看做梵的部分。室利甘陀的观点与
罗摩奴阇的制限不二论比较接近。同时他还主张,湿婆神的本性与我们
是同一的,因此,只要持这种信念的话便可获得真的知识,由此便可消除
污浊,从而得到解脱。

室利波底(Śrīpati,约 1400 年),南印度湿婆派的学者,属性力派
(Lingāyata,又称英雄湿婆派 Vīraśaiva)。此派的创始人为巴莎伐(Basa-
va,12 世纪)①,他们崇拜的最高实在的象征是男性生殖器(liṅga,男根),
人人都佩戴圣纽。室利波底的哲学被称为不一不异论(Śaktiviśiṣ-
tādvaitavāda)。他从此立场出发对《梵经》作出注解 Śrīkarabhāṣya,并将自
己的哲学立场贯彻于本教派的教义之中。湿婆神与自己的可能力
(Śakti)是无区别的,一切现象世界都是由这个可能力所产生,个我与梵
同为实在;犹如河流归入大海似的融合那样,由知识和信爱(bhakti)将个
我与神合为一体,从而得到解脱。

筏罗婆(Vallabha,1473—1531 年),出身于南印度泰卢固的一个属于
毗湿奴斯瓦敏派的婆罗门家庭,传说他的出生地是在贝那勒斯附近地区
的锗波罗尼耶(Pampāraṇya),而主要活动地区在北印度。据说他共著有
84 种著作,但现存最重要的是他对《梵经》所作的注解《小注》(Anubhāṣ-
ya),对《薄伽梵往事书》所作的注解《修菩提尼》(Subodhinī),以及他自己
的独立性著作《多答伐耳泰提波尼锗陀》(Tattvārthadīpanibandha)和他的
自注(Prakāśa)。另外,还有《悉昙秘义》(Siddhānta-rahaṣya)等 17 个诗
篇。筏罗婆的哲学认为,最高的实在就是奥义书中提出的作为梵的克里
希那神。梵是创造一切万有的创造主,个我与现象世界本来与梵是不异
的。商羯罗的不二一元论认为,梵会受到摩耶的影响,但筏罗婆却否定这
一点。作为原因的梵与作为结果的个我和现象世界都是纯粹清静(Śud-
dha),两方是不异的。因此他的哲学被称作“纯粹不二一元论”
(Śuddhādvaita)。他认为个我可以被分为三种:无明所不可遮覆其自在力

---

① Cf. S. Dasgupta,*History of Indian Philosophy*, Vol. V, Delhi: Motilal Banarsidass, 1975,
p. 12;其哲学思想参见同书 pp. 173 - 190。

（aiśvarya）的"纯粹我"（śuddha）；因为无明的原因而经验生死的"轮回我"（saṃsārin）；获得明知摆脱轮回的"解脱我"（mukta）。当个我获得解脱时便与神成为不二，那么解脱我便是克里希那神。要想解脱没有神的恩宠是不可能的。虽然知识也有用，但信爱却是最主要的手段。他的宗教的最高目的是获得解脱之后永远奉侍（sevā）于神。同时，现象世界因为是纯粹清静，所以对现实世界是肯定的，因而使印度教世俗化。筏罗婆他自己创立了毗湿奴派系的筏罗婆阿阇梨派（Vallabhācārya）。

修伽（Śuka，16世纪），属毗湿奴系的薄伽梵派（Bhāgavata），持制限不二论（Viśiṣṭādvaita）的观点，并以此立场对《梵经》作注解Śukabhāṣya。他试图将此书列为薄伽梵派的作品，但该书看来并不像提供了证明。①

吠若那比柯宿（Vijñānabhikṣu，又称识比丘，16世纪后半期），住在贝那勒斯，主要著作为：对数论派的开山祖师迦毗罗的著作《数论经》著有注解《数论解明注》（Sāṃkhyapravacanabhāṣya），对毗耶莎（Vyāsa）的《瑜伽注》（Yogabhāṣya）作出了自己的复注（Yogavārttika），又对《梵经》作了注解（Vijñānāmṛta，alias Brahmasūtrarjuvyākhyā）。

在吠若那比柯宿之前，吠檀多哲学特别是不二一元论很明显地受到了数论哲学的影响，例如莎陀难陀（Sadānanda，又译真喜）所作的《吠檀多精髓》（Vedāntasāra）就是一个很明显的例子。在《吠檀多精髓》中所表述的宇宙生成观中，其本体概念尽管还是"梵"，但生成的过程却与数论非常相似；并且还运用了数论的"三德"和"细身、粗大"的概念来加以说明。② 在这样的历史背景中，吠若那比柯宿在他的《梵经注解》中，将数论的二元论移住于有神论的吠檀多哲学之中，从而取消了数论哲学与其他正统派哲学之间的差别。做此努力的目的在于，要想说明六派哲学的不同之处在于对宇宙进行了有神论的解说与否，而当时数论哲学却逐渐采用有神论的性格，因此这就是数论哲学再次上浮为印度思想界的主流思

---

① Cf. J. N. Farquhar, *An Outline of the Religious of India*, New Delhi: Munshiram Manoharlal, 1977, pp. 297 – 298.

② 参见金克木：《〈吠檀多精髓〉译述》，载金克木：《印度文化论集》，中国社会科学出版社1983年版，第85页以降。

潮的原因。这也是数论哲学吠檀多化的结果。

巴拉提婆（Baladeva，又称力天），出身于普通庶民（Vaiśya）家庭，一开始属摩陀婆派，后来转到了毗湿奴系的恰唐耶（Caitanya）派。该派是由恰唐耶（Caitanya，本名为 Viśvaṃbhara Miśra，1485—1533 年）所创立。该派加入了对克里希那拉达狂热的宗教崇拜运动之中，强调"爱"（pre-man）的精神。该派的教义由其弟子鲁跋（Rūpa Gosvāmin）和萨拉达拉（Sanātana Gosvāmin）等人所整理。巴拉提婆对《梵经》作过注解《牧尊注》（Govindabhāṣya），并且对《薄伽梵歌》作过注解（Gitābhūṣaṇa）。据说他至少有 14 部作品。该派的哲学观点是"不可思议不一不异论"（Acintyabhedābheda），认为神和个我、神和世界的关系是不一不异的，这种关系超越了思维，也超越了逻辑。巴拉提婆对于不可思议也有明白的说明。他主张"信爱"（bhakti）是一种知识（jñāna），神具有与我们结合的力量，要对神信爱便能获得他的恩宠。

第二节　罗摩奴阇的制限不二论

一、罗摩奴阇的生平及时代背景

罗摩奴阇（Rāmānuja）是印度吠檀多派哲学继商羯罗之后的最主要的哲学家之一，他的理论被称作为"制限不二论"（Viśiṣṭādvaita），因为他主张梵与个我的关系是一种"不一不异"（又称"离与不离"，bhedābheda）的关系。他也是印度虔诚派（bhakti）运动在理论上的一位先驱。有关罗摩奴阇的生卒年代，达斯笈多（S. Dasgupta）说，根据印度传统的说法是生于 1017 年，殁于 1137 年。[①] 如果依照这种说法，那罗摩奴阇至少活到了120 岁，显然有些令人难以相信。学术界一般比较相信他的殁年为 1137年，但对生年存有疑问，认为没有那么早。[②] 近年来卡尔曼（Carman）提出

---

① Cf. S. Dasgupta, *A History of Indian Philosophy*, Vol. Ⅲ, pp. 100 - 104.

② 如拉达克里希南认为可能是 1027 年。参见 Radhakrishnan, *Indian Philosophy*, p. 665.

应该是 1077—1137 年。① 罗摩奴阇出生于南印度马德拉斯附近斯利佩鲁姆普杜尔（Sriperumbuthur）一个婆罗门的家庭中，从小随其父学习梵文，16 岁时一度结婚，后又出家，成为了职业宗教导师，进入第四期的出家云游。他早年曾就学于商羯罗派的学者耶陀婆般迦叶（Yādavaprakāśa），后来又成为摩诃婆奴那（Mahāpurṇa）的弟子。他刻苦学习奥义书以及大史诗《罗摩衍那》和《摩诃婆罗多》，又接受了诸种传承。他又是室利兰伽（Śrīraṅga）地方著名的制限不二论者耶牟那阿阇梨（Yāmunācārya）的同道者，耶牟那阿阇梨在临终时立下遗嘱要让罗摩奴阇做他的继承者。他同时由于受到毗湿奴派阿耳伐尔（Alvars）行吟诗人的影响，开始对商羯罗的学说感到不满足，于是提倡和宣传制限不二论的学说。罗摩奴阇把活动地点主要放在室利兰伽地方。他住在寺院里教授吠陀及奥义书，同时也宣传阿耳伐尔的理论，对佛教、耆那教以及商羯罗的不二一元论都进行激烈的批判。他在宗教态度上非常宽容博爱，甚至他让首陀罗的妇女都可以成为他这一派的教徒，于是他这一派在南印度得到了很大的发展。在他晚年时因信仰原因受到了朱拉（Chola）宫廷的迫害，只能隐居于迈索尔。通过对罗摩奴阇的一生的总结来看，他当然可以说是一个哲学家，但更应该说他是一个宗教家。他比商羯罗在宗教事业上做得更好，有一个更强大的宗派组织。从哲学上来讲，他的思想系统也是比较古老的，出自《梵经》中所讲的"薄伽梵派"。② 该派认为梵与人格神毗湿奴（Viṣṇu）是同一的，毗湿奴又叫做"那罗衍那"（Nārāyaṇa）或者"世天"（Vāsudeva），这是最高原理，其思想中还包含了一些数论和瑜伽的内容。实际上它源于古奥义书的《石氏奥义》、《大那罗衍那奥义》和《白骡奥义》等，经过与数论瑜伽思想中的人格神思想的融会，最后到《薄伽梵歌》达到了思想的顶点。薄伽梵派就是由此思想潮流而成的一派。由此可见罗摩奴阇的思想系统是可以追溯到《梵经》以前的。

---

① Cf. Carman, *The Theology of Rāmānuja, An Essay in Inter-religious Understanding*, New Haven and London, 1974, pp. 44 - 46.

② 又称 Pañcarātra,《梵经》Ⅱ. 42 - 45；罗摩奴阇的《吉祥注》（Śribhāṣya）Ⅱ. 40 - 43。

　　罗摩奴阇著有许多宗教哲学书籍，其中最重要的是《吉祥注》(Śribhāṣya，又称《圣注》)，这是他对吠檀多派根本经典《梵经》所作的注释，是继商羯罗之后的最重要的《梵经注》；这也是他自己哲学思想的阐述，其中提出了"制限不二论"的主要理论。在《吉祥注》中所提出的哲学观点与商羯罗的不同，特别是在一开篇就对不二一元论的无明说进行了彻底的批判。罗摩奴阇对《吉祥注》投入了很大的精力，据说同时还有他的 72 个高徒也参加了辅助性工作。① 他在写作《吉祥注》时还参考了《梵经》的古注波陀衍那(Bodhāyana)的《经注》(Sūtra-vṛtti)。波陀衍那曾被 7 世纪中的鸠摩利罗(Kumārila)所批判，由此可以推断他的注释比商羯罗的还早一个世纪。其他重要著作还有《薄伽梵歌注》(Gītābhāṣya)、《吠陀旨要》(Vedārthasaṃgrahaḥ)、《吠檀多灯明》(Vedāntadīpaḥ)等。

　　如前所述，罗摩奴阇早年曾就学于商羯罗派的学者耶陀婆般迦叶。耶陀婆般迦叶属"不一不异"论派，他主张"梵转变论"(Brahmapari-ṇāmavāda)，认为梵是可以转变为"心"(cit)和"物"(acit，即非心)，以及自在天。在梵与世界的关系问题上，耶陀婆般迦叶主张"不一不异"(bhedābheda)，认为因(梵)与果(心物等世界)之间的关系，既是不一(bheda)又是不异(abhed)。也就是说，如果从"因"(kāraṇa)的状态来考察，或是以同一"种类"(jāti)的性质来看时，梵与心、物、自在天等现象世界之间，并无差别——它们是不离。如果从"果"(kārya)的状态来考察，或是以不同个体之"差异"(vyakti)来看时，梵和心、物等之间的关系，则有所不同——它们是"离"的。但是在罗摩奴阇的《吠陀旨要》一书中，耶陀婆般迦叶似乎也持不二一元论的观点：罗摩奴阇对他的一元论观点曾描述道，尽管梵转变为了有差别的心与物，但是，当我们体悟到梵的唯一不二性时，它的真实性质才能被了解到。② 罗摩奴阇的《吠陀旨要》一书主要是运用奥义书的理论来批判不二一元论的观点，从而确立自己的制限不二论的教义的。《薄伽梵歌注》主要强调毗湿奴即那罗衍那神的信

　　① 参见木村泰贤：《印度六派哲学》，丙午出版社 1921 年版，第 612 页。
　　② Cf. Rāmānuja, Vedārthasaṃgrahaḥ, The Medical Hall Press, 1894, p. 15.

爱(bhakti)思想。上述著作被大多数学者认为是罗摩奴阇的真作,还有一些著作归于他的名下,但真伪难辨。①

罗摩奴阇所处的时代正是印度中世纪封建统治的黑暗时期,农民和手工业者不堪重压,纷纷奋起反抗。9—10世纪时,伊斯兰世界的土耳其军队侵入印度,异教徒的突入极大地冲击了印度当地的佛教、耆那教和印度教。当时佛教尊崇佛陀和菩萨,耆那教崇拜自派过去的教祖,印度教崇拜神,但伊斯兰军队破坏了神像,捣毁了寺院,引起了教徒的恐慌和分化。由于伊斯兰的高压,造成了印度教对独自性的新意识的引进,同时也开始向一神教转化,调和了伊斯兰教与印度教的关系。这种新意识的出现实际上是宗教异端的萌芽,而宗教异端的潮流又包含着政治文化的因素。这种异端运动在印度最终造成了宗教大改革,同时也是一场反对封建专制、要求社会平等的群众运动。在11世纪之前,在泰米尔地区出现了两个由民间行吟诗人和僧侣组成的团体,一个是信奉湿婆的那衍那罗派(Nāyanāras),另一个是信奉毗湿奴的阿耳伐尔派(Alvārs)。这两个团体的行吟诗人们极力鼓吹通过对神的信爱(bhakti),无论是何种姓,均可以在现世或来世获得解脱。这实际上是一种反叛潮流,因为他们批判印度教的祭司制度和烦琐的祭祀仪式,反对种姓制度;宣扬只要对神绝对忠诚和崇信,不必进行祭祀仪式也可获得解脱,故被称为"虔诚派运动"。在虔诚派运动的影响下,印度教的吠檀多哲学开始分化,罗摩奴阇的理论就是反对商羯罗的不二一元论的。由于罗摩奴阇将初期虔诚派运动的理论予以了系统化阐述,所以他又被视为虔诚派运动的理论先驱。

二、本体论与宇宙论:梵与个我、世界的关系

罗摩奴阇的哲学体系是与商羯罗的体系不同的。从两者产生的社会基础来看,商羯罗维护上层阶级的利益,说教的对象是婆罗门智者;而罗摩奴阇是民众的朋友,他宣传的是有神论的吠檀多哲学,正好迎合了当时

---

① 学术界一般认为罗摩奴阇有9部著作,除了上述4部外,还有:*Vedāntasāraḥ*,*Śaraṇāgatigadyam*,*Śrīaṅgagadyam*,*Śrīvaikuṇṭhagadyam*,*Nityagranthaḥ*。

民众宗教信仰的需要,同时他还组建了毗湿奴教派。因此,他的哲学的立足点是区别于商羯罗的。罗摩奴阇认为梵实际上就是具有无数美德的毗湿奴神,这一神格化的梵是全智、全能的,并无处不在。罗摩奴阇指出,毗湿奴是一切的创造者、维持者和毁灭者,也是一切有情的主宰者、控制者和赏罚者。世界上的各种现象无一不是梵的化身。罗摩奴阇对梵的描述完全是站在有神论的立场上,不像商羯罗那样把梵作抽象的描述,作为一种宇宙精神或者根本原理,而是一个具有无限力量的神,直接和现象界发生着关系。他在《吉祥注》一开篇首先列举商羯罗的主张:

> 完全无差别的纯粹精神(cin-mātra)的梵是最高的实在
> (paramārtha)。与它相异的种种认识主体(jñātṛ)、认识对象以及由
> 此而生的认识的区别(bheda)等等,对于(梵)而言均为虚构之物
> (parikalpita),也是虚妄之物(mithyā-bhūta)。①

商羯罗的不二一元论认为,我们所认识的世界是虚妄的,梵是无差别的,没有属性。因此,只有真实的知可以使虚妄终止。对于最高梵而言,一切众生和世界都是妄想的产物。罗摩奴阇反对这种观点。他认为,梵并不是无差别的,它是有属性(德)的。梵"是有差别(saviśeṣa)的"②,它是"一切的主宰神(sarveśvara)"。③ 于是,他对无明以及由无明所起的虚妄是不予认可的。罗摩奴阇认为把绳认作蛇是由于恐怖的原因,而这种认识是真实的。④ 因为"一切都有一切(本身)的本性"。⑤ 根据奥义书中乌达罗伽·阿鲁尼(Uddālaka Aruṇi)的说法,万物都是由火、水、地三种元素结合而成(三分结合,trivṛt-karaṇa)⑥,因此,罗摩奴阇认为对各种现象的认识都是真实的,只不过它们各自的性质有所不同,现象界绝不是虚妄不

---

① *Śribhāṣya of Rāmānuja*,ed. by R. D. Karmarkar, University of Poona Sanskrit and Prakrit Series, Vol. Ⅰ ,Vol. Ⅲ ,Poona,1959-1964,§18,p. 23. 以下所引《吉祥注》均出自该书,不另注明。

② *Śribhāṣya of Rāmānuja*, §72,p. 163.

③ *Śribhāṣya of Rāmānuja*, §2,p. 3.

④ Cf.*Śribhāṣya of Rāmānuja*, §47,p. 86.

⑤ *Śribhāṣya of Rāmānuja*, §66,p. 143.

⑥ 参见《梵经》Ⅱ.4,19。

实的。例如有人把珍珠母贝误认为是银片,其实这并不是认识上的错误,而是珍珠母贝中包含有银片的性质(劣性);通常的认识都是认识到珍珠母贝的优性,但由于眼睛失误的缘故,认识到了具有劣性的银片。① 因此,不能用无明来对现象界加以解释。

罗摩奴阇认为,现象界及个我,都是梵的身体(śarīra),也是梵的形相(prakāra)。他说:

> 与梵完全相异之物,作为(梵的)身体,都是实在的(vastutva)。②

罗摩奴阇甚至认为,"汝即那"这样的圣句并非是要解释梵的无差别性,而是说明"汝"和"那"这两个词是为了表述有差别的梵(saviśeṣabrahman)。③ 个我既是精神性的存在,它又伴之非精神性的身体,因此个我就是梵的身体。世界(jagat)是精神与非精神的混合物(cid-acid-miśra),两者都是最高梵的化身"世天"(Vāsudeva)的身体,以梵为其本性。由此可以总结:个我与最高梵并非同一的,但是,个我和世界却又是梵的形相,也可以称之为梵的身体。作为最高神或梵的身体的个我和世界,在世界创造之前是不可见的,未显现出来,也无法知觉到;但它们却是存在的,以一种微细的具有可能性的状态潜存于最高神之中。世界创造之后,杂多的现象显现了出来;个我与世界并非幻影或虚妄,而是具有实在性的。

在罗摩奴阇看来,梵 = 最高我 = 主宰神 = 毗湿奴神,它以精神(= 个我)和非精神(= 世界)作为自己的身体,或者作为自己的形相,由精神和非精神所限定,也即:

> 非精神和个我限定最高我。④

个我和世界对最高我加以限定,这是因为它们是最高我的身体和形相的原因;最高我被它们所限定,也是因为最高我与它们之间的关系既是全体与部分的关系也是同格关系(sāmānādhikaraṇya)的原因。如说:

> 由(个我与世界)二者的形相所限定的唯一事实告诉(我们),

---

① Cf. *Śribhāṣya of Rāmānuja*, §66, p.144.
② *Śribhāṣya of Rāmānuja*, §73, p.167.
③ Cf. *Śribhāṣya of Rāmānuja*, §72, p.163.
④ 梵文原句:acij-jīva-viśiṣṭa-paramātman, Cf. *Śribhāṣya of Rāmānuja*, §77, p.178.

（它们与梵的）同格关系成立。①

罗摩奴阇详细地分析道，梵作为世界的质料因，它必然是物质的；同时它又作为世界的动力因，那又必然是精神的。于是，神便是物质和精神浑然一体的世界的原因了。对于这样的关系，罗摩奴阇运用了数论的术语来加以解释：

> 由于原质（prakṛti）也是主宰神的身体的缘故，因此叫作原质这个词，它就是作为（原质的）我（的内在本质的）主宰神所显示的（原质）的形相。
>
> 神我（puruṣa）这个词，也同样表示了作为（神我的）我（的内在本质的）主宰神所显示的神我的形相。
>
> 所以，作为它们的变异（派生物，vikāra），同样只是主宰神作为（它们的）我（的内在本质）。②

原质、神我等都是主宰神的身体和形相。如果这样讲，二元（物质与精神）便被统一于一元的梵（＝主宰神）了。但是，当神我被看做最高神我（puruṣottama）时，它就与主宰神等同了。但可以看见主宰神形相的神我也就被认为是个我。个我的本质是意识，因为它是梵的精神力的表现，个我是真实的、独立的、永恒的、非部分的、无变化的、不可觉的以及具有智和自我意识的。个我是"认识者"、"能作者"和"享受者"。他说：

> 个我是微细的（aṇīyas），它遍满于非精神之物的各个方面，（主宰神）遍满于它们（个我）的缘故，比它们还要更加微细。③

罗摩奴阇认为，个我（灵魂）是微细的，它依附于身体之中；而主宰神又作为个我的内制者，藏于个我之中。于是，神是如何进入万有之中的呢？他说：

> 我（神）持带我的不可分割的部分（内在本质）而入于无限的多样化的神奇形相的世界，一切在我的思想力（saṃkalpa）的支配下，具

---

① *Śribhāṣya of Rāmānuja*，§73，p.165. 并请参见《梵经》I.1，1。

② *Vedārthasaṃgrahaḥ*，by J. A. B. van Buitenen，Poona，1956（Deccan College Monograph Series，16），p.112. 下引不另注明。

③ *Vedārthasaṃgrahaḥ*，p.115。

有无限大的威力而持带这些形相(rūpa),具备无量的功德大海,作为不可超越的神奇之物而存在。①

罗摩奴阇的世界创造观与商羯罗的无明和摩耶是不同的,罗摩奴阇的无明只是轮回的原因,与业(karman)同样观。同样,世界的开展只是原质(prakṛti)的转变:

> 原质、神我、大(＝觉)、我慢、微细元素(唯)、元素、感官(根)等十四种构成的世界,以及由它们所成之"梵卵"(brahmāṇḍa, ＝宇宙),包括住于其中的呈现出神、畜生、人、静物等形相和状态的果(kārya),一切都是梵。作为因的梵之认识的缘故,一切都被认识。②

主宰神是宇宙的因,当它作为质料因时,世界就是果;但它同时仍然是主宰神。因为果与因是没有区别的,因此无名色区别的微细状态的原质和神我作为梵的身体,它既是因的状态,同时作为世界(尽管是作为因的梵)但仍会归灭。产生了名色区别的粗大的精神和非精神的事实,作为梵的身体,这时的梵也即果。梵尽管成了为粗大的东西,但是由它而创造世界。③ 罗摩奴阇讲的因果关系以及原质是如何转变为世界的过程,与数论讲的25种范畴很接近,他认为世界是由精神之物(cidvastu)和非精神之物(acidvastu)以及主宰神等三者所组成,前两者类似于数论的二十四谛,主宰神即是数论的神我。当然在罗摩奴阇那里,主宰神就是梵。罗摩奴阇认为现象世界可以分为三类:原质、时间和纯质。他对原质的解释与数论哲学很相似。原质具有三德(三种性质):萨埵(喜)、罗阇(忧)、答磨(暗)。原初物质的三德在世界创造之初即展开,正是由于三德自身的作用,世界得以演变发展。原质不是感觉或推论的对象。罗摩奴阇认为时间是感觉的对象,他给予了时间一个独立的地位,因为它可以日、月、年来计算。罗摩奴阇还认为纯质实际上就是指三德中的萨埵,纯质也是神我身体的质料。所有的这些非意识性的实在都遵从于神的意愿而活

---

① *Vedārthasaṃgrahaḥ*, p. 118.

② *Vedārthasaṃgrahaḥ* , pp. 110 - 111.

③ Cf. *Vedārthasaṃgrahaḥ* , p. 113.

动,它们本身无所谓善恶,但由于命我本身业的原因而产生苦乐。灵魂藏于命我,而世界是神的属性。但神直接与灵魂发生关系,与世界却是非直接的,世界被灵魂所控制。根据罗摩奴阇的观点,最高神(梵)与个我(灵魂)和世界是一种相互制约的关系,也是一种异同关系。梵在一方,世界在另一方。罗摩奴阇认为,梵是有差别的、有属性的和有作为的,梵真实地显现为现象世界,而不像商羯罗所宣称的那样只是一种幻现。由于梵是本原,一切由它所造化产生,因此,梵和世界在本质上是同一的。然而,它们在性质、形式和作用上却又是非同一的。如前所述,梵是宇宙万有的最高本体,个我和世界只是梵显现出来的现象界。同时,梵是具有创造、摄持和毁灭一切的无限力量的毗湿奴神,而个我则不拥有这些;梵以识或精神为本性,世界则以物质或非意识为本性,这一切说明了梵与个我、世界的非同一性。可以用黏土和瓶的关系来说明,黏土是因,瓶是果;黏土和瓶在最高本质即"土"上是相同的,但黏土和瓶在性质、形式和作用上又是相异的。总的来说,梵与世界是一个整体,世界是梵的性质或部分。也可以说是实体与性质、整体与部分的关系,这种关系是不可逆的,即不可以性质代替实体,也不可以部分之和来等同于整体,因为梵是超越于所有性质的。罗摩奴阇承认梵为世界所制限,他并没有像商羯罗那样把梵分为上梵和下梵,从而将最高本体绝对化,将客观精神实在化。罗摩奴阇的这种学说也就被称为"制限不二论"。他的学说是对实在论作的一个让步,也是对商羯罗的绝对不二一元论的反动。

那么,在这里还有一个问题:梵与个我(精神之物)的关系如何呢?首先,大多圣典中都讲梵与个我是同一的,但也有圣典讲二者是别异的,如何来调和两种不同的观点?罗摩奴阇提出了个我是梵的部分的看法。他说在梵之中包含着心(精神)与非心(物质)的存在,这种心和非心是无限多的,都是真实存在的实体。罗摩奴阇在他的《吉祥注》(I.1,1)中曾引用了《毗湿奴往世书》(I.23,53—55)的说法:

梵有两种形式:一个是物质的,另一个是非物质的。①

---

① *Śribhāṣya of Rāmānuja*。

在同书中(II.3,18)罗摩奴阇又说：

> 永远包含在梵之中的形式(种类,prakāra)只有两类：(有)情与非(有)情。

于是这就很清楚，梵中包含着物质的世界和非物质的个我(灵魂)。梵与后两者的关系成为了全体与部分的关系，限定者与被限定者的关系，罗摩奴阇用了几个例子来说明。例如光亮之物与光、阿特曼与身体等。如果用全体与部分的关系来看梵与个我的关系的话，那么，实际上就是把梵看做被限定者。这是制限不二论的核心观点。

个我(阿特曼)与命我是有区别的，肉身具有感觉器官、行动器官和意。意的存在是在神经系统的帮助下把外界获取的知识输入内界于灵魂。意有三种功能：判断、自爱和反映。灵魂是生生死死不变其基本性质的，它可以在感觉世界中出生多次并又回到那里，哪怕世界遭到了毁灭，甚至灵魂的特殊存在方式也荡然无存，但灵魂本身是不会被摧毁的。罗摩奴阇把灵魂和生命(jīva)区别开来。生命的本质只是自我意识，只有当其存在时才具有这种本质，而灵魂无论是在被束缚还是解脱的状态下都是认识的主体。生命是活动的载体，而灵魂为活动带来其结果。具体地说，只要灵魂由于业的原因仍被身休所缠缚着，那么就还得活动着；而一旦业被消除，灵魂摆脱了缠缚，那就实现了最终的愿望。罗摩奴阇强调指出，不能把命我等同于最高神，因为基本性质是完全不同的。但可以认为命我是梵的部分，这种部分不是一种分有，而只是梵的有限的组成或形式。然而灵魂却是属于梵的，因为灵魂是梵的结果，灵魂离开了梵就无法存在。

但是，我们应该认识到，罗摩奴阇哲学的一些实在论因素并不意味着他就背离了吠檀多唯心主义，而走向了唯物主义。首先，他仍然与商羯罗一样在客观现实之上设置了一个超越的精神，把它作为宇宙根本原理和万物的主宰，所以他的本体论的根本立场是唯心主义的。其次，尽管他认为最高梵或实体受到了外部现象世界的制限，承认现象世界的现实性，但他并不是二元论的，也不是唯物主义的，他仍然维护着精神性的最高梵的一元性，保持着实体的整体性，只不过是一种有限的唯心一元论。再次，由于罗摩奴阇哲学的非彻底性,在其体系中包含着许多矛盾。这些矛盾是吠檀多派哲学家都具有和遇到的难题。例如,关于现实世界的创造的问题,精神性的梵是如何显现出非精神性的世界呢? 商羯罗采用"幻现说"来解释,认为是梵通过其魔力"摩耶"幻现出了现象界,在这里因不过是假象地或非真实地转变为果,因此现象界实际上是不存在的。商羯罗用了个比喻,犹如把绳误认为蛇一样,一旦消除了误认,蛇即不复存在。商羯罗的观点是彻底的唯心主义,而罗摩奴阇却又承认梵显现为现象界是真实的转变,在这种显现中因是真实地转变为果,因此他认为梵和它所变现的现象界都是真实的。那么如何回答梵显现出非本性的东西,它具有一种什么样的力量呢? 罗摩奴阇认为梵虽然是精神性的,但它拥有产生非精神性东西的力量,能生的和所生的是可以不同的,显然罗摩奴阇无法圆满地解决这个矛盾。

　　罗摩奴阇对商羯罗的摩耶说进行了批判。商羯罗确立梵的绝对地位、否定现象世界的客观真实性,是通过"摩耶说"来完成的。罗摩奴阇的批判主要集中于以下两点:

　　1. 关于无明的根底。无明实际上是梵与世界之间的一种中介,它必然会存在于某种东西之中,或者就是某种东西。罗摩奴阇指出,生成杂多世界的无明(摩耶)①,它所依靠的根底是什么? 无明不可能是梵,因为梵是全知全智的、不同性质的;而且如果这样来设置,那梵的自我观照能力就没有了。② 无明也不可能是个我,因为个我实际上是由无明所产生出来的;无明是因,个我是果,因不能事先存在于果中。那么无明到底是什么呢? 商羯罗认为它既不是实在,又不是非实在,是一种难以描述的东西。这实际上是与客观经验事实相违背的。对此,罗摩奴阇自有解说,他在《吉祥注》(Ⅲ.2,3)中说:

　　摩耶一词意指美妙的事情,就如下面这段引文所显示的:她出生在阇

---

① 商羯罗认为无明是就有限制的个我而言,而摩耶是就无限的主宰神而言。与商羯罗的观点不同,对罗摩奴阇来说,无明与摩耶是同一个意思。Cf. *Śribhāṣya of Rāmānuja*,Ⅱ.1,15。

② Cf. *Śribhāṣya of Rāmānuja*, Ⅰ.1,1.

那伽王族(Janaka)当中,具有天仙一般美妙幻象(devamāyā)。其中"美妙幻象"(devamāyā)一词,并不是对"她"的真实描写,只是赞美词而已。同样在奥义书或《梵经》中提到主宰神的摩耶,那也是对主宰神的赞美词而已,并不是真的认为摩耶(无明)存在于它们的身上。

2. 关于无明的功能。商羯罗认为,无明或幻会包盖梵的真实本性,然而梵是自明独照的,无明如何会遮盖于梵呢? 罗摩奴阇认为这是一种矛盾的说法。罗摩奴阇对商羯罗的幻现说提出了反对意见。如果说世界的差别性是由无明或个人认识的非完善性所造成的话,那么对于神来说是不存在这种差别的,因为圣典说过是神创造了世界,神是全智自知的。梵所显现的世界实际上也是真实存在的。认绳为蛇的例子只能说明对非存在的认识是与特定的时间地点有关,但你不能否认蛇的映像本身的存在,因此世界本身的真实性是无法否认的。罗摩奴阇的反驳和批判击中了商羯罗的要害,肯定了经验世界的真实性,为其认识论奠定了基础。由于罗摩奴阇承认转变是真实的,而摩耶(幻力)是不存在的,因此他除了批判商羯罗的观点之外,还对佛教瑜伽行派的唯识论进行了批判。

三、认 识 论

罗摩奴阇在认识论上与商羯罗的观点也存在着很大的分歧。首先,罗摩奴阇认为认识的来源有三:知觉、推论和圣典的证言。这三个来源的认识都是由客观有限的对象(有性质的对象)所引起的,而且都是真实存在着的。罗摩奴阇强调认识对象的客观实在性,认为离开了对象就没有认识。但是罗摩奴阇又对知觉作出了划分,他认为可以分为有限制的知觉和无限制的知觉,前者只是对有限的(或有性质的)对象的认识,而后者则是对绝对无差别或纯粹存在的对象的认识。

第一,罗摩奴阇区别于商羯罗的最大一点在于认识对象的客观实在性,摆正了认识过程中认识主体和对象的关系,这是他认识论的合理因素。而商羯罗着重于区别"高级认识"(上智)和"低级认识"(下智),只承认认识对象的相对实在性,排斥了认识的客观内容。罗摩奴阇把知觉加以区分,这是受了商羯罗的影响。

第二，罗摩奴阇虽然承认圣典的权威，认为只有通过圣典才能把握住最高实在的知识，因为梵不是知觉的对象。但罗摩奴阇又认为思想并不能使人们面对实在，即使是吠陀也只能给人们以间接的知识。要想获取真理，既要心动又要身动。实际上罗摩奴阇是承认认识活动的积极作用，强调经验的有用性。商羯罗主张一种"直接经验"，这实际上是由修行者在出神状态下直接领悟或称亲证的认识；或者主张熟读圣典，证悟梵我。

第三，罗摩奴阇的认识论中虽然包含着一些合理因素，但他的具体认识手段和认识的最终目的却和商羯罗殊途同归。商羯罗主张神秘的"亲证"，进行自我认识，最终达到对梵的认识。罗摩奴阇则是从宗教情感出发，主张对毗湿奴神的虔诚和信爱，认为只有达到了全身心的诚信，才最终达到对梵的认识。实际上两人在直觉内省这一手段上是相通的。

第四，罗摩奴阇对认识过程中可能产生的错误进行了解释。他说我们的知识尽管都是真实而非虚构的，但它们并不是一个整体的实在，在认识的过程中也存在着非完善的和非全面的问题。例如，我们把珍珠贝壳误认为银片，这就是只看到了存在于珍珠贝壳中的银片的共同基本要素（如银色），而忽略了其他的要素。换言之，只是将显现出银片的性质（劣性）的珍珠贝壳误认为是银片。① 对于梦中的经验，罗摩奴阇认为这是非真实的，因为梦中经验的对象仅作用于做梦者个人：对做梦者是特殊的而对局外人却不一定适用，因为梦中出现的情况是以做梦者过去经验的对象为基础的，所以梦中的经验是不具有普遍性和真实可靠性的。罗摩奴阇认为，确实的知识和谬误的知识实际上都是不完全的，前者是顾及了对人的有用有益的要素，而后者在认识上没有尽善尽终。但确实的知识对人的生活是有用的。海市蜃楼就是一种谬误的认识，但这种谬误性并不是因为它没有显现出水的要素，而是因为它无法解除沙漠中人们的干渴。因此，罗摩奴阇认为知识的确实性就在于一是显现真实，二是实际运用。

根据商羯罗的观点，主体与对象的差别实际上是不存在的，因为只有

---

① Cf. *Śribhāṣya of Rāmānuja*, § 66, p. 144.

一个无差别的梵是真实的。① 而罗摩奴阇反对这种观点。他认为,根据意识的性质,可以证明有一个永久思维的主体存在,而对象是区别于主体的。罗摩奴阇提出,如果认为存在于熟眠状态中的知识就是一种无任何对象的纯知识的话,那是一种错误的观点。因为实际上在睡眠状态中,睡眠者仍然是一个认识的主体,仍然可以感觉。即使自我认为"没有意识",但至少意味着"意识到了我",只是忽视了认识的对象。实际上,在此时知觉与无知觉是同时发生的。② 罗摩奴阇的意思是反对商羯罗关于自我存在于第三位(熟睡位)中而整个丧失意识的观点。他实际上认为即便在熟睡的状态下人的意识也是活动的,人是意识的主体。意识与意识主体是有一定区别的。自我不是一个"自照自明"的知识,它是认识主体,但你又不能说"我是意识",而只能说"我在意识"。

四、解脱观

罗摩奴阇与商羯罗在修行解脱思想上也是有所不同的。首先,商羯罗否定现实生活,主张超然的态度。例如在关于印度教徒的人生四时期(梵行期、家住期、林栖期、云游期)的问题上,他主张从梵行期直接就进入云游期,要超越于现实与人生。罗摩奴阇反对这一观点,他主张要顺次经过了前三个人生阶段,最后再成为云游仙人,承认现实家庭生活的意义,主张对人生全部意义的实现。其次,商羯罗认为,要想获得最终的解脱,就必须破除无明,获得真知,即通过悟知从而亲证梵我的同一。这是一种神秘主义的修行方法,很难为一般民众所把握,无法获得大众的拥护和支持。罗摩奴阇从大众的心理出发,维护宗教的立场,他强调虔诚的信仰,只要全心全意地热爱毗湿奴神,顶礼膜拜,施行礼仪,就可以使个我归于神,从而获得最终的解脱。因为罗摩奴阇认为,神是至高无上的、公正而又慈悲的,人们只有服从它,沐浴于神恩之中,才可摆脱现世的苦难并趋于永生。

---

① 参见《示教千则》Ⅰ.1,1;Ⅱ.1,6—8。
② Cf. *Śrībhāṣya of Rāmānuja*, Ⅱ.3,32;Ⅱ.3,52.

罗摩奴阇认为,解脱不是自我的消失,而是从有限的束缚中摆脱出来。因为自我的消失实际上是对真我的一种破坏,并且一个实体不可能消失于另一个实体之中。罗摩奴阇要人们崇拜和信仰,然后方可升华。解脱了的灵魂可以达到神的性质,尽管还无法同一。解脱了的灵魂与最高实体同样完美,只有两点缺陷:一是解脱了的灵魂以原子(aṇu)大小的形相存在着,而最高实体是遍在、弥漫于四处的;二是它成为了原子的形相,仍然能够进入单个的身体之中,并且感受由神创造的杂多世界,但没有能力参与创造世界的活动。这种能力仅属于最高梵所有。

信爱(bhakti)是罗摩奴阇宗教解脱思想中最重要的概念。这一概念有一个悠久的发展历史,最早可以溯源到上古的《梨俱吠陀》,奥义书里阐释也较多。《薄伽梵歌》认为,解脱有三条途径:"知道"(又称智瑜伽,jñāna-yoga)、"行道"(又称行瑜伽,karma-yoga)、"信道"(又称信瑜伽,bhakti-yoga)。在这三条道路中,只有信道是最直接和最重要的道路。"bhakti"一词从语源学上来讲,它是从动词 bhaj(分配)而来的,进而说到对神的"关联"、"参加"等,在宗教上的用意为"献身、皈依、尊敬、诚实、爱情"等,也即表达出"对神的狂热和绝对的皈依"的感情。从印度古典文学中的用例来看,它意味着"人间的"、"情绪的"及"崇敬的"用法。[1] 罗摩奴阇在他的《薄伽梵歌注》中肯定解脱的三条道路,他说:

> 行瑜伽、智瑜伽和信瑜伽,是实现最高安宁的手段,吾等要亲事一切的宗教仪礼,从而获得极度的喜悦;要舍弃果报、行为和行为主体,作为行为主体所应亲事之物,应该达到之物以及手段都要注意。[2]

在罗摩奴阇那里,信爱即信瑜伽是获得解脱的主要手段,也是罗摩奴阇思想的实践论的核心内容。在罗摩奴阇的著作中,特别是《吉祥注》、《吠陀旨要》和《薄伽梵歌注》等书,关于信爱的论述很多,但有以下几个特点:

---

① 参见原实:《bhakti 研究》,载《日本佛教学会年报》1962 年第 28 期。

② *Gītābhāṣyam*,*Śrī-Bhagavad-Rāmānuja-Granthamālā*,Complete Works in Sanskrit, ed. by P. B. Annangarācārya, Kāñcīpuram:Granthamālā Office,1956; XVIII,66,p.169.

1. 《吉祥注》是比《吠陀旨要》的内容多十倍的大部头著作，但它提到信爱的地方却很少，内容也不多。而《薄伽梵歌注》相比之下却频频言及信爱。

2. 在《吉祥注》中，罗摩奴阇将信爱一词等同于皈依（upāsana）。因为《吉祥注》是对《梵经》的注解，而《梵经》本身却从未提起过信爱；《薄伽梵歌注》根据本论而有大量的内容谈论信爱。罗摩奴阇认为自己是吠檀多传统的正宗，《梵经》没有谈论的内容自己也不要过多涉及，于是他在写作《吉祥注》时很注意这一点。

3. "皈依"一词是奥义书中的用法，罗摩奴阇将信爱一词等同于皈依，这可以表现出自己对婆罗门教传统的重视，因此他在《吠陀旨要》一书中也使用"皈依"一词，而与信爱关联的词还有"冥思"（anudhyāna）、"禅那"（dhyāna）、"知识"（vedana）等，但他却未说与皈依有关。这只能说明他在《吠陀旨要》中的信爱观与在《吉祥注》中的信爱观是不一样的。

4. 信爱与冥思、知识在内容上可以同样理解，因此在《吉祥注》中信爱并非绝对的皈依，它还有一定的行法作为前提。

信爱（bhakti）在《薄伽梵歌》之中主要包含了两种含义：一是虔信者对神的狂热虔信；一是神对虔信者的恩惠。首先要对神无限的热爱和虔信，只有这样，才能获得神的恩惠，获得解脱。神是最偏爱那些献身于他的人。《薄伽梵歌》还对虔信作出了具体的规定。罗摩奴阇继承了这一思想，并且发展了它，把它推向了顶峰。罗摩奴阇在他的《吠陀旨要》中认为，信爱表示着一个人通过对神的虔诚由低级的信仰向高层次的实在生活发展的内涵。信爱不是一般的盲目信仰和崇拜，而是对神充满热爱的皈依（upāsana），这种皈依持续不断，就像流淌的河流。罗摩奴阇的信爱思想可分为两个层次。首先，信爱是区别于一般的信仰崇拜的，它实际上不单单是对神的感情，而是对神的高层次的认识（parabhakti），或叫做"知"（jñāna-viśeṣa）。因为在高层次的信爱中，不光是对神产生感情，还要具备知识智慧，通过对神的冥思（anudhyāna）和体味而产生出深刻的认识。其次，信爱不是外在的形式，而是内在的精神和态度。罗摩奴阇认为，真正对神的献身并不在于肉体形式，或者禁欲苦行等等，而在于发自内心的一种精神趋向。神是无处不在的,爱也是多方面的,但是只有真正在精神上追随于神才能表达出忠诚,要无条件地把自己献给神。信爱是一种特殊的爱,爱又是一种特殊的知。① 罗摩奴阇认为,信爱的高级阶段,它是发自内心的不可遏制的对神的热爱和渴望,它使灵魂得到净化,使自己被神选中,从而获得解脱。

罗摩奴阇还对信爱的方法和内容作了一系列的描述和规定。他强调了导师在信爱过程中对虔信者的指导作用;只靠个人的虔诚还无法达到解脱,必须要有导师的指点。只有在导师的指导下,才能通过信爱认识最高神。罗摩奴阇非常强调导师的作用,这是源于印度教的婆罗门至上主义的。因为传统的印度教宣传婆罗门的至高无上的地位和不可替代的作用,婆罗门实际上垄断了宗教神权,成为所谓神与人之间的中介人。罗摩奴阇领导的虔诚派运动对婆罗门的神圣地位提出了挑战,相信每个人都可以直接崇拜神,而不需要什么中间人了。罗摩奴阇相信,信爱并不仅仅是情感主义的,它还包括对愿望和知识的获取训练。它是有关神的知识和对神的意愿的服从。信爱就是人全身心地对神的爱戴,是人对神的直觉实现的顶点。也可以说,信爱与解脱在功能上是相似的,人们在信爱的每一步骤或阶段中都是在完善自我,最终达到解脱。他说:

　　　　皈依(upāsana)就是最高的信爱,它可以从无明得到解脱,等同于梵,也即对皈依者教示对梵的直观的果报。结论就是如此。②

值得注意的是,罗摩奴阇认为通过信爱可以使自我(灵魂)更接近于神,即在灵魂与神的联系中成为更活跃的意识成分。罗摩奴阇提出信爱也需要一系列的修持,包括吃干净的食物、离欲、对神的信念、布施、慈悲、诚实、正直、怜悯、非暴力等等。通过这些修持首先可以进入低层次的信爱,这个层次包括祈祷、举行仪式和偶像崇拜。这一切虽然可以帮助灵魂进步,但却不会使他们自己拯救灵魂,必须要向高层次发展。高层次的信爱实际上是使人进入了最后的认识,把最高实在作为皈依的对象。人生的

---

① Cf. *Vedārthasaṃgrahaḥ*, p. 170.

② *Śribhāṣya of Rāmānuja*, Ⅰ.2,23, p. 377.

最终目的就是亲证大神毗湿奴,从而达到解脱。

罗摩奴阇在社会思想中表现出了反对种姓制的倾向。他在号召大众皈依于神时就打破了种姓制的藩篱。他认为,种姓制只不过是人在社会中其身份和肉体的不同区别而已,种姓制的差别并不与灵魂的性质发生关系。他认为对神的信爱是没有差别的,灵魂在神的面前都是平等的,信爱已经超越了所有的种姓差别。罗摩奴阇还排除对妇女的歧视,在他的12人教团中就包括了一个婆罗门、一个理发师、一个皮匠和一个妇女。并且他还公开地反对婆罗门的特权地位。他的这种民主思想反映了当时城市贫民和手工业者的利益和愿望,推动了后期虔诚派运动向下层民众的发展。

五、结 论

归纳言之,罗摩奴阇认为,吠檀多哲学的最高宇宙精神梵与最高人格神毗湿奴神是同一的。梵是无限的、具有完全的实在性,梵既是世界的动力因又是世界的质料因。梵在创造世界时,它首先根据自己的意志,为了游戏的缘故,由自己的部分分离出纯粹精神和原质,从而创造出世界。纯粹精神产生出了无数的个我(灵魂),个我的本性是知和欢喜,但个我与个我之间存在着差异;差异并不会表现出来,只是个我自身知道而已。由原质产生出各种现象世界。梵、个我、物质世界都是实在的。梵在创造出世界之后,成为最高的阿特曼、内制个我和世界,形成三者的不可分离的关系。从这个意义上讲,最高梵、个我和物质世界是不一不异的关系。但是,个我又是梵的身体和形相,个我具有梵的本性。而物质世界既有梵的本性又具有个我的身体和形相,因此物质世界归根结底还是具有梵的本性。总而言之,个我和物质世界都把梵作为自己最根本的性质。于是从这个意义上讲,梵、个我、物质世界三者是同一的。换句话说,个我和物质世界都是梵的形相,梵由于这两者的实在性而被制限。被制限的梵与此二实在是不异不一的,因此罗摩奴阇的哲学被称做制限不二论。

罗摩奴阇从本体论出发提出了他的宗教解脱观。他认为,现象世界由梵创造出来后进一步发展,由于个我的业因造成了这个世界的残酷性和不公平。个我是由以业为本性的无知所遮盖,认为身体是自己的,从而作出行为。由其行为相应地造成了苦与乐的经验,进入轮回。

个我要想摆脱轮回直接回归于神是不可能的。要想获得解脱,就必须实行宗教上的种种义务,认识个我与肉体是别异的,口中念神修习禅定,对神信爱,接受神的恩宠,从而消除覆盖于个我之上的暗黑而得到解脱。罗摩奴阇把正统的婆罗门哲学与大众的信仰融合在一起,但他自己却仍然没有脱掉正统婆罗门的壳。他所提出的信爱的概念具有浓烈的知识的色彩,他除了信爱之外还提倡对神的绝对皈依。

罗摩奴阇作为印度中世纪虔诚派运动的理论先驱,对这场运动有不可磨灭的贡献。他为虔诚派运动奠定了坚实的哲学基础,使一个群众性的狂热崇拜思潮成为有理论有指导方针的思想运动。同时他还以自己的社会伦理思想影响下层民众,宣扬人人平等、泛爱众生的宗教精神,把知识与信仰摆在同等的位置,努力想填平超验世界与现实社会、目的与手段、永恒实体与日常经验之间的鸿沟。但是罗摩奴阇的理论同时由于不严谨为后代的理解造成了困难,因而出现了教派的分裂。在 13 世纪,分裂出了南方派(Tengalai)和北方派(Vaḍagalai)。前者以泰米尔(Tamil,南印度种族)文字所书写的宗教诗集(*Prabandham*)作为圣典,而不采用梵文圣典;同时还接受了神享受罪恶的说法,在当时的人们看来,这是离经叛道的主张。后者虽然两种圣典都采用,但却以梵文圣典为主。持不同观点的南方派与北方派之间曾出现了有名的"猴猫之争"。北方派持"猴论"(Markaḍanyāya)的说教,南方派持"猫论"(Mārjāranyāya)的说教。"猴论"认为,人与神的关系就像幼猴和母猴的关系一样:带着幼猴的母猴在遇到危险时,幼猴会抓着母猴,由母猴带着它向安全地带转移。在这一过程中,主要是由母猴采取行动获得了解救,但幼猴对母猴也作出了协力行动,幼猴抓住了母猴,才能逃生。因此,人对于神不但要"顺忍",还要加上个人的努力和对神的热爱,才可以达到最终的解脱。而"猫论"的说教是,带着幼猫的母猫在遇到危险时,母猫直接把幼猫叼在口中逃跑。在这一过程中,幼猫只是受到母猫的保护,自己却没有作出任何协力动作。"猴猫之争"的意义在于,持"猴论"的北方派认为,在向神的绝对皈依之中,人也必须作出一定的努力才能够达到拯救灵魂的目的,而持"猫论"的南方派却认为人们只是被动的受体,否定人们努力的价值。

第三节　摩陀婆的二元论

一、摩陀婆的生平及著作

摩陀婆(Madhva,1238—1317 年)①是南印度毗湿奴派中最有影响的吠檀多哲学家。摩陀婆又名阿难陀提达(Ānandatīrtha)和普那般若(Pūrṇaprajña),出生于自己派别的总本山附近、南印度喀那拉达卡的乌都皮(Uḍupi),少年出家为行者,初随商羯罗派的阿周陀薛刹(Acyutaprekṣa)学习不二一元论派理论,后来由于不满意阿周陀薛刹的教学,因而离开了师门。自己独创了与不二一元论相对立的二元论的体系,建立了毗湿奴派中的摩陀婆派。晚年他在乌都皮附近建造了供奉黑天(Kṛṣṇa)的神庙,并以之为本教派的总本山,进而发展自己的教派,即所谓"真实毗湿奴派"(Sad-Vaiṣṇava)或"大梵毗湿奴派"(Brahmā-Vaiṣṇava)。

摩陀婆的作品有 37 种,其中主要有对《梵经》所作的注解——《经注》(Sūtra-bhāṣya),以及对《薄伽梵歌》所作的注解——《释歌》(Gītā-bhāṣya),这两部著作最重要。除此之外,还有他自己对自己的《经注》所作的解读性作品,这是用韵文写作的《释难》(Anuvyākhyāna),该书是研究摩陀婆哲学思想的重要典籍。《论评》(Prakaraṇas),以及《大战歌》的纲要书——《大战歌定旨》(Bhāratātatparya-nirṇaya)。后世对摩陀婆的《经注》和《释难》又有很多的复注和释补,如公元 13 世纪的谛利吠伽罗摩(Trivikrama)所写的《真理灯明》(Tattvapradīpikā),公元 14 世纪的阇耶提达(Jayatīrtha)的《正理甘露》(Nyāyasudha),以及毗沙陀耶(Vyāsarāya)

①　关于摩陀婆的年代有各种不同说法,前田专学教授认为 B. N. K. Sharma 的说法比较可靠。Cf. B. N. K. Sharma, *A History of the Dvaita School of Vedānta and Its Literature*, Vol. Ⅰ. Bombay, 1960, pp. 101 – 103.

对《正理甘露》所作的注解——《月光》(*Candrika*)。还有普那难陀
(Pūrṇānanda)的《真实珠贯》(*Tattvamuktāvali*),此书对不二一元论吠檀多
予以了严厉批判。

二、摩陀婆的二元论

摩陀婆的哲学理论实际上是在耶牟那、罗摩奴阇所开展的毗湿奴派
吠檀多哲学的基础上发展起来的。他把最高梵等同于大神毗湿奴和那罗
延天,同时他认为梵与个我、梵与物质、此个我与他个我、个我与物质、此
物质与他物质等都是完全别异的,这种别异性是永远实在的。这种论说
五种类的别异性的理论被称为"五别异论"。他说:

> 存在着个我与主宰神的差别(jīva-Īśvara-bhidā),非有情与主宰
> 神的差别(jaḍa-Īśvara-bhidā),个我相互之间的差别(jīva-bheda),非
> 有情与个我的差别(jaḍa-jīva-bhidā),非有情相互之间的差别(jaḍa-
> bheda),(以上为)现象界(prapañca)的五种差别(bheda-pañcaka)。

> 那里的这个(现象界)是真实的,并未有开始。如果有始,那么
> 就会有灭了。但是这个(现象界)是不会灭亡的,它也并非是由迷妄
> 所虚构的(bhrānti-kalpita)。

> 如果是虚构的那就应该有断吧,但并无断灭。因此,要说(并无
> 二元性),那是无知之人的说法。①

对于摩陀婆来讲,他如此地强调别异性,这与吠檀多哲学从来就讲的圣典
的说法是相反的。他认为,无论是讲梵我一如也好,是讲个我与最高我的
同一性也好,都不具有真实的意义,而仅仅是在讲它们之间的相似性。
他说:

> 由此这些天启圣典在讲(个我与主宰神)的不异(abhedavat),而
> 古来的文章所讲的类似性才是不异的基础(sādṛśyābheda-saṃśrayāt)。

---

① *Sarva-darśana-saṃgraha of Sāyaṇa-Mādhava*, ed. by V. S. Abhyankar, Poona 1951,译
文转引自中村元《玛陀婆〈全哲学纲要〉第五章之摩陀婆哲学的翻译》,载日本《三
康文化研究所年报》第 1 号,1967 年,第 91—116 页。以下同。Cf. *Sūtra-Bhāṣya*,
I. 4,111 - 112;*Sarva-darśana-saṃgraha*,Udupi,1969 - 1974,p. 56.

因此,无论类似性也好,主要性也好,还是独立性等,尽管都是讲(两者)的不异(abhida),但关于主宰神(Īśa)与个我的本质的不异(svarūpābhidā)在哪里都没有(讲过)。①

于是,在《歌者奥义》②中所讲的名言"此即我,汝即那"(sa ātmā tat tvam asi)也被摩陀婆改成了"此即我,汝非那"(sa ātmā'tat tvam asi)。③他对此注解:

因为,汝并非真实的那(satyato nāsi tat tvam hi)。④

汝并非那(atat tvam asi),吾儿呀,乔答摩就这样说的。⑤

也即,如果区别出[汝非那],那(个我与主宰神的)同一性(aikya)就会被很好地排除掉。⑥

摩陀婆的意思在这里讲得非常清楚,在主宰神(梵)与个我这两个实体之间永远存在着别异性,因此他的哲学被认为是二元论的,与商羯罗的不二一元论是完全对立的。对于摩陀婆的二元论,实际上也可以称为不一一元论或别异论,这样称呼可以使摩陀婆的二元论与数论的二元论区别开来。

14世纪印度的著名哲学史家玛陀婆(Mādhava)写作了《全哲学纲要》(又译《摄一切见论》,*Sarva-darśana-saṃgraha*),在该书第五章中集中论述了罗摩奴阇和摩陀婆的哲学。其中对摩陀婆的哲学论点进行了概括性的描述,例如:

独立之物(svatantra)与依存之物(paratantra)两者的原理(即实在,tattva)都被认可。独立之物即为至尊的毗湿奴,它没有过失,具

---

① *Sūtra-Bhāṣya*,II. 3,68 – 69;*Sarva-darśana-saṃgraha*,p. 101.

② 《歌者奥义》VI. 8,7。

③ *Sūtra-Bhāṣya*,II. 3,68 – 69;*Sarva-darśana-saṃgraha*,pp. 437 – 440.

④ *Sarva-darśana-saṃgraha*,p. 437.

⑤ *Sarva-darśana-saṃgraha*,p. 445.

⑥ *Sarva-darśana-saṃgraha of Sāyaṇa-Mādhava*, ed. by V. S. Abhyankar,Poona 1951,译文转引自中村元《玛陀婆〈全哲学纲要〉第五章之摩陀婆哲学的翻译》,载日本《三康文化研究所年报》第1号,1967年,第91—116页;ll 189。

有全部的属性(德,aśeṣa-sad-guṇa)。①

摩陀婆认为实体有两种:一种是独立存在之物(svatantra),一种是依存之物(paratantra);前者是毗湿奴或梵,后者是个我和世界。他从毗湿奴信仰的立场出发,认为毗湿奴是集中了所有美德之神,它是独立的实在之物;进而认为毗湿奴是梵的化身,神是世界的根源(mūla),是动力因(nimitta),"原质含有幻力(māyā),大自在神是幻力之主(māyin)"②。神以不可思议的力量使原质产生出世界,这个世界并非虚妄不实。摩陀婆还强调,梵是独立的实体,包含着根本原质,而别的实体都依存于梵,单从这一观点来看,他的哲学似为一元论。

但是,摩陀婆又认为梵(= 主宰神)与世界(= 个我等)是别异的(bheda),两者是不同的实体存在,这样他的哲学就与商羯罗的不二一元论完全相对立,甚至与罗摩奴阇的观点也是不同的,因此他的哲学又被称为二元论。与罗摩奴阇的观点相同之处就在于,他们都否定现象世界是虚妄的观点。摩陀婆与罗摩奴阇观点的不同之处在于:(1)罗摩奴阇认为,不同的个我之间存在着相同的本质;而摩陀婆却认为个我之间并没有相同的本质。(2)罗摩奴阇认为,梵是宇宙万物的质料因,而摩陀婆认为宇宙并不是由梵所创造的。(3)罗摩奴阇认为,所有的个我都可以获得解脱,但摩陀婆却认为有些个我是永远也无法解脱的。③

同时鉴于摩陀婆的哲学设定了多个实体,如果单从这一点来考虑的话,他的哲学也可以被认为是多元论的;然而他却又在罗摩奴阇的哲学体系中,试图将别异论、不一不异论和不异论等都囊括其中。摩陀婆对《梵经》等吠檀多的经典著作的观点作出了极端的曲解,采取了别异论的观点,将神与人的距离进一步拉大。他对个我的命运作出了悲观的预测,认为解脱几乎是不可能的,人会永远地轮回,直坠地狱。即使能够得到解

---

① *Sarva-darśana-saṃgraha of Sāyaṇa-Mādhava*, ed. by V. S. Abhyankar, Poona 1951,译文转引自中村元《玛陀婆〈全哲学纲要〉第五章之摩陀婆哲学的翻译》,载日本《三康文化研究所年报》第 1 号,1967 年,第 91—116 页;ll 9 - 10。

② *Sūtra-Bhāṣya*, I. 4, 25。Cf. *Sarva-darśana-saṃgraha*, p. 51.

③ Cf. S. Radhakrishnan, *Indian Philosophy*, Vol. Ⅱ, p. 738.

脱,解脱之后的个我也无法进入梵之中,与梵合一;解脱之后的个体灵魂只能服务于神。轮回的原因是由于无知,是对神和自己的本性不了解所致,这种无知是实在之物,用知识是无法消除它的。要消除的唯一办法就是靠神的恩宠,要想获得神的恩宠,就必须要舍弃对世间的欲念,皈依神,信爱神,接受导师对圣典的教习;对这种教习要详尽考察和认真冥想,最后获得关于神的正确知识。神会对信爱者所持有的知识明察而赋予恩宠。而人是无法直接亲近神的,解脱也只能通过神的儿子伐由(Vāyu)来完成,摩陀婆自称自己是伐由的化身。有一些学者认为他的思想接受了基督教、摩尼教或伊斯兰教的影响,但根据不足。

商羯罗、罗摩奴阇和摩陀婆是印度中世吠檀多哲学的主要哲学家,由他们三人所建立的学派也是影响最大的派别。在他们之后又产生了很多的吠檀多学者,但却并非仅仅属于这三个学派,而是吸收了很多吠檀多之外的学派的教义,尽管他们仍属大众的印度教,但也对佛教、数论、正理论、胜论等派别的思想理论因素进行了摄取和同化,成为了后期众多吠檀多派别的思想基础。

第 二 编

西亚北非

第二篇　阿拉伯伊斯兰哲学
（13 世纪至 17 世纪）*

第二章　近古前期的伊斯兰哲学

第一节　近古前期的苏菲派哲学

十三四世纪,也就是伊斯兰教历第六七世纪,苏菲派出现了两种倾向:一种是重视神秘主义哲学理论的倾向,另一种是重视实践的倾向。第一种倾向以苏菲派中的教义理论和哲学家们为代表,第二种倾向以各"门"、"道"为代表。下面分别叙述。

一、神秘主义哲学的继续发展

所谓苏菲派的重视神秘主义哲学的倾向,主要是指一些苏菲派学者把自己在苏菲派修炼方式中所经历的各种感受与理论观点结合起来,并使用一些哲学词汇来表达,而形成系统的理论。苏菲派哲学思想既受到古希腊哲学和基督教教义理论的影响,也受到印度和波斯等古代东方哲学思想的影响,当然主要还是源自于伊斯兰教的教义理论。因此,在苏菲派身上既有外来思想和文化的明显因素,又保留了他们作为穆斯林的思想独立性。他们有一个共同的特点,就是在用词用意方面十分晦涩费解。

---

　　* 李振中撰,其中第五章由埃及艾因·夏姆斯大学语言学院中文系副教授纳希德·阿卜杜拉·伊卜拉欣(Dr. Nashed Abdu Alla Ebrarhem)博士撰写,李振中审校。

他们表达的不是真正学术意义上的哲学，而是建立在修炼过程中的自我感受基础上的思想，加上许多浮想和幻觉。同时他们又使用哲学语言，具有相当的概括性和综合性，也涉及一些哲学命题，例如存在等问题。所以，他们的思想是宗教体验与哲学思辨的糅合。想要弄清楚他们论述的问题，实属不易，不仅要有哲学素养，而且还要有参与他们那种修炼的经历，否则很难把握他们的思想。当时苏菲派学者研究的问题主要有四个：

1. 修炼的感受和自我反省；

2. 领悟幽冥世界所给予的启示，理解造物的先后，安排宇宙存在的次序；

3. 世界和宇宙中的"奇迹"和"特异功能"；

4. 创立特殊和专用的语言，以表达他们的思想和感受。实际上形成了一些象征性文字，用意十分晦涩，对于这些语言的解释常常发生分歧。

这些具有哲学倾向的苏菲派学者，熟悉古代希腊哲学家苏格拉底（Socrates，前 469—前 399 年）、柏拉图（Plato，前 427—前 347 年）、亚里士多德（Aristotles，前 384—前 322 年）和斯多葛学派的哲学，他们也熟悉新柏拉图主义及其"流溢"学说，以及印度和波斯等古代东方哲学的主要思想和内容，对"净、静、空、无"等思想给予高度评价，对苦行僧的修炼方法也给予充分肯定。与此同时，他们也研究阿拉伯哲学家法拉比（al-Farabi，870—950 年）和伊本·西那（Ibn Sina，980—1037 年）等人的哲学思想和理论观点，并受到什叶派极端主义派别如伊斯玛仪派和精诚同志社的理论和著作的影响。总之，他们对伊斯兰教教义理论、宗教法律、圣训学、经注学等有着广泛的知识，同时又受到不同文化因素的影响，是百科全书式的学者。他们的思想是多样化的，其学说和主张非常复杂，常常受到伊斯兰教正统教义学家的指责和攻击。

"照明哲学"（Illumination philosophy，又译"启明哲学"）作为苏菲派另一重要理论和学说在近古有进一步发展。近古的苏菲派学者库图卜丁·希拉兹（Qutb al-Din al-Shirazi，1236—1311 年）对"照明哲学"给予了明确界定，他说："'照明哲学'是建立在'光照'，也就是'显示'的基础上,因此又称'东方哲学'(Oriental philosophy),也就是东方的波斯人的哲学,但主要是指前者。也就是说,这种哲学是启发显示性的,是自我感受性的,如同早晨东方显示的曙光(Aurora)一样,它是理性曙光的显示,只有人们的心灵达到高度纯洁的时候,这种曙光才会发扬光大。"[1]这种根据"显示"和"感受"而恍然大悟的思想境界,或者说,这种以"领悟"或"顿悟"为主要标志的"照明哲学",是许多古代东方哲学的一个重要思想内容。如前9世纪至前6世纪,在波斯和中亚地区出现的琐罗亚斯德教(Zoroastrianism)(中国史称"祆教",又称"火教"、"拜火教")崇拜光明,主张善恶二元论。这种崇拜光明的教义成为后来"照明哲学"的重要思想来源。当然,像照明哲学也受到古代希腊哲学的影响,如毕达哥拉斯(Pythagoras,约前580—约前500年)、赫拉克利特(Herakletos,约前540—约前470年)和柏拉图(Plato,前427—前347年)等的哲学思想。照明哲学的早期代表人物苏哈拉瓦尔迪(al-Suhrawardi,1153—1191年)就认为,不应该按民族和地区划分哲学家,而应该以他们的思想和学说来划分。他把哲学家分为两派:一派以主观意识为主,以柏拉图为代表;另一派以客观论证为主,以亚里士多德为代表。并认为自己是属于柏拉图这一派的,而法拉比和伊本·西那等人则属于亚里士多德一派。总的来看,苏菲派,包括照明哲学家在内,基本上对东西方哲学均不排斥,取其所需,以建构自己的哲学。

　　近古照明哲学的发展不仅有中古照明哲学为基础,而且还有中古阿拉伯伊斯兰理性哲学、经院哲学的丰富遗产以及古代东西方哲学的资源可资利用,所以形成了系统的理论。其主要代表人物有伊本·阿拉比(1165—1240年)、哲拉鲁丁·鲁米(Jalal al-Din al-Rumi,1207—1273年)、伊本·萨巴因(Ibn Sab'in,1217—1270年)和奴鲁丁·贾米(Nur al-Din al-Jami,1414—1492年)等人。

　　近古前期的苏菲派学者在哲学上的主要成就是系统阐释了"存在统一论"、"宗教统一论"、"穆罕默德真理"、"完人哲学"以及"照明哲学"思

---

① 哈纳·法胡里:《阿拉伯哲学史》,贝鲁特:时代出版社1982年版,第303页。

想。其中"存在统一论"、"宗教统一论"最引起争议。"存在统一论"（又译"存在单一论"）从神秘主义走向了泛神论。它把真主与万物统一起来，认为真主是真正的、唯一的存在，万物是他的迹象和显示，是源自真主的。真主创造了万物，真主就是万物，万物就是真主的体现，等等。这种"泛神论"把真主和整个宇宙视为"同一"，认为整个宇宙本身具有神性，或者说包含有神性的原则，万物存在于真主内，真主是万物的内因，存在于世界万物之内。显然，这种思想是源自于古希腊哲学中的泛神论。"存在统一论"为正统伊斯兰教义学家所不容。早期伊斯兰教苏菲派学者哈拉吉（al-Hallaj，855—922年）和近古照明哲学的集大成者伊本·阿拉比（Ibn Arabi，1165—1240年）都是"存在统一论"的积极鼓吹者，受到正统教义学家的猛烈抨击，前者因其极端主张甚至被处以死刑。而"宗教统一论"（又译"宗教单一论"）主张淡化各种宗教之间的界限，认为各种宗教信仰都具有同等重要的意义和价值。"宗教统一论"对众先知表现出不满，认为他们"造成了分裂，各立了门户，对有不同意见都还给予惩罚"。在"宗教统一论"看来，各个宗教是平等的。哈拉吉说："我认真考虑了各个宗教，我发觉它们是同一个根，有着许多枝杈。"①所以，他认为一个人不要把自己同某种信仰联系得过于紧密，而否定其他信仰，使自己失去了获得真正认识真主和信仰的机会。真主是无时不在，无处不在，他是万能的，不能以某一种信仰来限制他。苏菲派学者阿卜杜·凯里木·吉拉尼（al Jilani，1365—1408年）说："真主为他的崇拜者创造了万物，他们中间一些人生来就知道了这一切，了解它的根源，只是人们的处境不同，他们的宗教信仰和崇拜礼仪也不同，这是由于他们对真主及其属性理解和解释不同所造成的。"②吉拉尼认为，"基本的宗教信仰有10个，其他都是由此分出来的支派，这10个基本宗教信仰是：（1）异教徒，即崇拜偶像者。（2）自然主义者，即崇拜冷热干湿者。（3）哲学家，即天体七星宿的崇拜者。（4）二元论者，即光明与黑暗的崇拜者。（5）拜火教。（6）光阴

---

① 哈纳·法胡里：《阿拉伯哲学史》，第337页。
② 哈纳·法胡里：《阿拉伯哲学史》，第339页。

派,即唯物论,他们什么都不崇拜。(7)婆罗门教,即大梵天的崇拜者。(8)犹太教。(9)基督教。(10)伊斯兰教。后三者统称有天经的人。"①更有一些苏菲派学者认为,各个宗教中诸多的派系,成为真正认识造物主的种种障碍。哈菲兹·希拉兹(Hafiz Shiraz,1320—1389年)说:"你不要谴责72个派系之间的唇枪舌战和互相斗争,因为他们看不到真理,他们所知道的东西,实际上都是迷信。"②"宗教统一论"者的主要代表有哈拉吉、伊本·阿拉比、哈菲兹·希拉兹等人。其中伊本·阿拉比提出了成熟的理论。

二、苏菲派"门"和"道"的产生与发展

近古苏菲派发展的另一个重要方面,是出现了许多支派,后来又从这些支派中分裂出来更多更小的分支派,并各立门户,称为"门"或"道"。这些"门"和"道",实际上是对隶属于某个"长老"或"学者"的一批苏菲派信徒的称呼,而"门"与"道"就以该"长老"或"学者"的名字命名。各门各道都有自己严格规定的道德标准和行动准则,有的是集体隐居,有的是定期举行集会和活动,名字虽然各不相同,但实际都是大同小异。这些以"门"和"道"为主的苏菲派别活动,在近古期间,在伊斯兰世界发展很快,据说"最多的时候曾达到二百多个,这还不算那些更小的支派"③。这一时期最重要的苏菲派道门有:

1. 卡迪里叶派(al-Kadiriyah),12世纪创立于巴格达,以长老阿卜杜勒·卡迪尔·吉拉尼(Abdul Kadir al-Jilani,1077—1166年)之名命名,是伊斯兰教苏菲派中创立较早的道派。吉拉尼是里海南岸吉兰(今伊朗境内)人,18岁时到巴格达,学习经注、圣训、教法等,基本上持逊尼派教义观点,遵从罕百里派教法。早年曾学过哲学,以后接受了苏菲派教派思想。1127年,开讲《古兰经》、"圣训"和教法,据说曾使许多犹太教徒和基督教徒改宗伊斯兰教。他除要求信徒履行苏菲派仪式和理解其神秘主义思想

---

① 哈纳·法胡里:《阿拉伯哲学史》,第339页。

② 哈纳·法胡里:《阿拉伯哲学史》,第340页。

③ 哈纳·法胡里:《阿拉伯哲学史》,第355页。

外,还要求谨守逊尼派宗教功课,劝人避俗事,多行善,过简朴生活,认为人应同内心的邪恶作斗争,对真主完全顺从。吉拉尼知识渊博、善于讲学,威信甚高,曾任巴格达经学院院长,死于巴格达。吉拉尼生前,以他名字命名的道派并未形成,他死后由其诸子建立,并得以迅速传播,直到今天仍遍及埃及、苏丹、也门、索马里、摩洛哥以及土耳其、印度、中国等国家和地区,据说其分支派别不下 20 个。吉拉尼的陵墓也成为其追随者朝拜的圣地。

2. 艾哈麦迪叶派(al-Ahmadiyah),由苏菲派学者艾哈麦德·赛义德·白德维(Ahmad al-Sayyid al-Badawi,1200—1276 年)创立。白德维生于北非摩洛哥的非斯,幼年时随家人到麦加朝觐,后到巴格达、叙利亚学习,拜谒苏菲派长老陵墓。1236 年前随家人到埃及,在坦塔定居,创艾哈麦迪叶道派。此派主张苦行、隐居和长期斋戒等,其信徒戴红色缠头巾,举红色旗帜,在埃及农村迅速传播。法国国王路易九世(1214—1270 年)入侵埃及时,艾哈麦迪叶派曾发动群众,抵抗十字军入侵者。白德维死后葬于坦塔,建有陵墓,后扩建清真寺,成为其追随者拜谒的圣地。至今,埃及穆斯林每年仍举行多次活动,纪念这位大长老,每逢斋月(伊斯兰教历 9 月)的最后一个星期五,埃及国家和政府要人还要亲赴坦塔艾哈麦德清真寺做"聚礼",以追念这位大学者。

3. 里法伊叶派(al-Rifa'iyah),由巴士拉苏菲派学者艾哈麦德·里法伊(Ahmad al-Rifa'i,1106—1182 年)在伊拉克创立,后来传播到埃及、叙利亚和土耳其等地区。该派主张禁欲、守贫、不抵抗、不杀生,信徒常常集体活动,列队高声诵读经文,前仰后合,边唱边跳,被称为"跳跃的苦行僧"。至今在西亚一些偏远的穆斯林居住区,仍可以看到该派的影响。

4. 夏兹里叶派(al-Shadhiliyah),由苏菲派著名学者艾卜·哈桑·夏兹里(Abu al-Hasan al-Shadhili,1196—1258 年)创立。夏兹里是突尼斯人,酷爱读书,以致双目失明。后专心修炼,转向苏菲派,师从艾卜·卡西姆·祝奈德(Junayd,卒于 910 年)教派学者。因其主张在北非受到迫害,后逃到埃及亚历山大城。曾多次赴麦加朝觐,死在最后一次朝觐途中。夏兹里叶派学说基本属于伊斯兰教逊尼派观点,强调信仰要虔诚,要求信徒具有高尚的品德,并规定五项基本原则:(1)无论在公开场合还是非公

开场合,都要真心敬畏真主;(2)言行要严格遵循"圣行";(3)无论个人
处于甘或苦,都不必介意;(4)无论是大事还是小事,都要顺从主命;
(5)无论自己在高兴的时候,还是在悲伤的时候,都要坚信真主。该道派
不主张离群索居、过清静的寺院生活,而允许信徒担任世俗职务,享受物
质生活,但不允许乞求或接受施舍,而要自食其力,所以信徒多从事手工
业工匠工作。该道派有十多个分支,主要分布在突尼斯、阿尔及利亚、埃
及、苏丹、叙利亚、也门、罗马尼亚以及东南亚等地区。

5. 德苏基亚派(al-Dasugeyah),又称白尔海米叶派(al-Barhamiyah),
由埃及人易卜拉欣·德苏基(Ibrahim al-Dasug,1235—1277 年)创立。他
出身宗教世家,自幼学习各种宗教知识,先从沙斐仪学派,后转向苏菲派。
在家乡德苏基隐居十多年,博览群书,有多部著作,遂名扬四方,与吉拉
尼、里法伊、白德维等人被誉为苏菲派"四极"("大长老")。

此外,著名的苏菲派道派还有"毛拉维派"(al-Mawlaweiyah),是以苏
菲派大学者、大诗人鲁米(Jalal al-Din al-Rumi,1207—1273 年)的尊称
"毛拉"命名的。该道派曾在埃及、叙利亚、土耳其、印度、伊朗等地传播。

综上所述,在近古的伊斯兰世界里,出现了许多苏菲派的道派,而且不
断发展和传播,直到近现代有些苏菲派的活动仍十分活跃。但后期苏菲派
再没有出现有重要思想和学术价值的著作,只有一些对前人著作的注释、眉
批和边疏①等。大多数苏菲派信徒也不再把握原来的精神,而只注重外在的
形式和礼俗,迷信和夸大其道派首领和掌门人的所谓"特异功能"与"奇迹"。

第二节　伊本·阿拉比的哲学思想

一、生　平

伊本·阿拉比(Ibn al-Arabi,1165—1240 年)是阿拉伯神秘主义哲学

---

① 边疏:对于注释的注释,或者对于正文的再次诠释。一般正文在中间,注释在正文
四周,边疏又在注释四周,最后形成注释包围正文,边疏又包围注释。一页书上有
三种不同时代、不同人的见解和观点。

的著名代表,是照明哲学的完成者。他使照明哲学带上思辨的内容,对后世阿拉伯世界和西方世界都有重要影响。

伊本·阿拉比全名是艾布·伯克尔·穆罕默德·伊本·阿里·穆海耶丁·伊本·阿拉比。1165 年生于安达卢西亚(今西班牙南部)的穆尔西亚(Murcia),当时安达卢西亚地区由阿拉伯人统治。伊本·阿拉比出身于阿拉伯半岛上的望族哈提木·塔耶部落。他的家庭也是书香门第,宗教世家。伊本·阿拉比 8 岁时,全家迁至塞维利亚(Sevilla),这是一座政治文化中心城市。伊本·阿拉比在这里生活了 20 年,刻苦学习各种宗教、语言、哲学和自然科学知识,阅读了许多有关哲学和苏菲派的书籍,师从当时的著名学者,还经常参加苏菲派的道派活动和讲座,受到很大的影响。他 30 岁时来到格拉纳达(Granada),后渡过直布罗陀海峡,经塞卜泰(Sebta,又名休达),来到突尼斯求学深造,这时他已很有名气。他走访了北非许多城市,拜见了许多知名学者。1201 年他 35 岁时成婚。结婚后不久就离开北非,经开罗到麦加朝觐,并开始写作巨著《麦加的启示》。他曾到伊拉克、土耳其各地游历,与当地宗教知识界接触,也显露出他超人的聪明才智,他的苏菲派思想也臻至成熟完美。他 38 岁时就已成为苏菲派的"掌门人",有"大长老"之称。后来他定居叙利亚大马士革,于 1240 年逝世。

二、著 作

伊本·阿拉比一生写了 270 多部著作,留下来的也有 156 部之多。其著作的内容,涉及神学、哲学、传记和诗歌,有长篇著作,也有短篇论文。传世的主要著作有:(1)《麦加的启示》(al-Futuhat al-Makkiyah),这是伊本·阿拉比最重要的著作,有 6 编 560 章,写作的时间长达 30 年之久。书中叙述了他自己所懂得和曾经亲身体验过的伊斯兰神秘哲学,以及有关自己内心生活的有价值的知识。(2)《智慧的珍宝》(Fusus al-Hikam),是伊本·阿拉比苏菲派思想和学说的代表作,书中阐述了他的"泛神论"、"宗教统一论"、"穆罕默德真理"、"完人"等神学思想和哲学观点,据说其注释本有数十种之多。(3)《爱的颂歌》(Turjiman al-Ashwaq),这是一部诗集。据说伊本·阿拉比在麦加朝觐时,认识了一位有教养的知识妇女,回来后,他写了一些抒情诗,充满了苏菲派神秘主义感情,用的也是苏菲派诗人经常使用的象征主义语言,后来他自己又为这些诗作了注释。(4)《登霄记》(*Kitab al-Isra Ila Muqam al-Asra*),又译《夜行到上界》、《到真主圣行的升霄夜行》等名。此书对穆罕默德登上第七层天的说法加以发挥,但丁所著的《神曲》,就是受到该书启发的,因此他被称为但丁的先驱。①

三、哲学思想

伊本·阿拉比的哲学思想实际上是神学思想,是他对伊斯兰教教义的认识和理解。但它也是由多方面的因素构成的。具体而言,伊本·阿拉比是一位虔诚的穆斯林,对自己的宗教笃信不移。他说:"当我感谢真主时,我不是在仿效别人,而是由于我对《古兰经》的理解,是由于我得到了真主使者的指导帮助,也是由于真主赐给我光辉而得以向外流溢。"②他还说:"我写了很多东西,但我要肯定的一点是,我没有写过任何违背教义的言论,也一点没有违背《古兰经》和'圣训',相反,我是以经训作为指导,它告诉我应该走什么样的道路。谁要有一刻背离伊斯兰教义,谁就毁灭。"③但是,伊本·阿拉比确实有着明显的苏菲派思想倾向,又受到新柏拉图主义学说和理论的影响,接受了他们的许多观点和思想。所以,他的神学思想是建立在对苏菲派理论深入研究和个人实践的基础上,是对世界各种哲学思想和宗教神学思想综合、归纳、比较的结果。

他的神学思想主要表现在以下几个方面:

(一)"**存在统一论**"(**wahadah al wugud**,又译"**存在单一论**"、"**万有单一论**"等)

在苏菲主义者中,哈拉吉是"存在统一论"早期最重要的阐释者,而

---

① 参见希提著,马坚译:《阿拉伯通史》下册,商务印书馆1979年版,第703页。
② 哈纳·法胡里:《阿拉伯哲学史》,第365页。
③ 哈纳·法胡里:《阿拉伯哲学史》,第365页。

三个世纪后的伊本·阿拉比是将这种观点予以理论化、系统化的哲学家。

伊本·阿拉比是这样阐释"存在统一论"思想的。他在《宇宙树》一文中说："我观察宇宙及其造化,我看整个宇宙就是一棵树,它的根发芽于一粒种子,这粒种子就是'有'(Kun)这个词,就是'我创造了你们'这句话。"①伊本·阿拉比这里使用的"有"(Kun)一词引自《古兰经》经文,它是阿拉伯语动词"Kana"(意为有、存在、发生等)的命令式,《古兰经》中多次使用该词,表示事物从无到有的过程。例如:"他是天地的创造者,当他判决一件事的时候,他只对那件事说声'有',它就有了。"②又如:"真主要如此创造他所意欲的人,当他判决一件事的时候,他只对那件事说声'有',它就有了。"③"我创造了你们"一句也引自《古兰经》中的经文,表示造物主与人类的关系,《古兰经》中多次使用该句。如:"众人啊!我确已从一男一女创造了你们,我使你们成为许多民族和部族,以使你们互相认识。"④又如:"众人啊!如果你们对于复活的事还在怀疑中,那么,我确已创造了你们。"⑤"有"和"我创造了你们"是伊斯兰教创世学说中最重要的依据,伊本·阿拉比把它比喻为"种子",也是有道理的。他还说:"这棵树首先长出三条枝杈,一条向右,一条向左,一条居中,后者表示是一条正直的路,也就是先辈和贤哲们走过的路。当树长到高大粗壮时,它上边有分枝,下边有分枝,一个表现形象,一个表示实质。它的外表和皮层就是'王位'所在。它的内心和核心就是'王权'所在。它脉管中流动的水,使它成长、发展、壮大,使它有了生命,它就是'力',也就是'有'一词的秘密所在。它的边界有上下、左右、前后。它的图像也就是天体、星球、财富、法规、标志等,相当于遮荫的树叶。"⑥伊本·阿拉比把宇宙万物都看成是有生命的,是有机的配合,都在以不同形式赞美造物

---

① 哈纳·法胡里:《阿拉伯哲学史》,第369页。
② 马坚译:《古兰经》2:117,中国社会科学出版社1981年版。
③ 《古兰经》3:47。
④ 《古兰经》49:13。
⑤ 《古兰经》22:5。
⑥ 哈纳·法胡里:《阿拉伯哲学史》,第369页。

主,都在高唱"主的歌曲,主的颂词"。他说:"木匠的锯子、斧头,可能比制作它的人知道的还要多,因为它是有生命的,它知道造物主,感谢造物主。……自然界的一切都是有灵性的,它们知道造化它们是为了什么……面包、水分、食品、衣物、车船、房屋、鲜花、果实……都是具有奇特的善良的灵魂,知道它们的功能与作用是什么,并时刻准备着作出贡献,这也是它们生命的秘密所在。所有这一切最明显不过地体现了真主对人类的关爱,显现了人类地位的高上,所以真主创造条件,使人类幸福,使他有认识,使他生存。这些灵魂存在于这些事物之中,隐藏在这些形体的深处,以便为人类服务,这是注定的。真主使学者打开了眼界,让他们听到地上植物和矿物的呼喊,使他们知道它们有哪些用处,又有哪些危害。"[①]

总之,伊本·阿拉比认为整个存在是统一的,万有的存在是造物主存在的表现。安拉的存在是绝对的、真实的,安拉是万有的本源;而宇宙万有则是相对的、次级的存在。这表现在它们只是安拉的外部形式,是暂时的存在物。世界与安拉互为表里,是本质与属性的关系。因此,安拉与世界之间,本无差别,二者是一致的。安拉既是超越宇宙的,又同时存在于宇宙万物之中,安拉的超然存在和内在性,是人得以认识安拉的实在性的两个方面。[②]

尼科尔森和帕拉休斯等研究伊斯兰教苏菲派历史的欧洲东方学家们都认为,伊本·阿拉比是伊斯兰教泛神论的创立者。事实上,在伊本·阿拉比之前,在伊斯兰教中并不存在泛神论的完整学说,伊本·阿拉比是这一学说的真正创始人,他详细阐述了这一理论的内容和目的,使它成为完整的学说。在伊本·阿拉比之后,穆斯林学者才接受了泛神论的理论和观点。

（二）"穆罕默德真理"论（也称为"先知统一论"）

"穆罕默德真理"论,或者说"先知统一论",是伊本·法拉比在泛神论的基础上,得出的另一个"同一"的理论,是他的苏菲派思想体系的另

---

① 哈纳·法胡里:《阿拉伯哲学史》,第370页。
② 参见金宜久:"伊本·阿拉比"词条,《中国大百科全书》哲学卷二,中国大百科全书出版社1987年版,第1077页。

一个重要组成部分。伊木·阿拉比接受新柏拉图主义的观点,以"流溢说"的思想来解释宇宙万物造化的过程。他认为真主是"唯一的、绝对的存在",是"万物的本源"。"绝对的存在"具有隐和显两种自我存在的形式。当其处于"隐"的状态时,现象世界以固有的"原型"存在于其中;当它处于"显"的状态时,现象世界就从那里流出来,即依据其"原型"显现为相对的、现实的存在,但将来还要流回到安拉那里去。所以宇宙万物虽然千差万别,但只不过是安拉的显现与外化。[①] 在这里,伊本·阿拉比用"真主—笔(先知)—板(经典)—精神(灵魂)—自然—原质—体—形"来形容这一造化过程,从而说明"真主—人类—物质世界"的"同一性"。他说:"真主创造世界的目的,是要看到自己的本体,就像一个人在镜子里看自己的形象一样,人类对真主来说,就像眼睛里的瞳孔一样。"

伊本·阿拉比在这一理论的基础上,提出了"穆罕默德真理"和"完人哲学"的观点。伊斯兰教是"天启"宗教,"先知"起着重要的作用。天启宗教认为只有"先知"才能得到"主"的"启示",并把这些"旨意"传授到众信徒,达到传播"唯一的主"的宗教的目的。因此,"先知"又称为"主的使者"。伊斯兰教是"最后的天启一神宗教","主的使者"的作用在这里显得十分重要。这样,信奉"主的使者"成为伊斯兰教最基本的信仰,在每个穆斯林必须要诵读的"证词"("清真言")"万物非主,惟有真主,穆罕默德,是主的使者"中,就把信奉"穆罕默德使者"与信奉"唯一的主"作为同等重要的信仰,两者缺一就不成为穆斯林。伊斯兰教承认的"先知"和"使者"很多,《古兰经》中提到名字和事迹的就有 28 位,其中最有名和最重要的有 6 位,称为"六大使者",他们是阿丹(亚当)、努哈(诺亚)、易卜拉欣(亚伯拉罕)、穆萨(摩西)、尔撒(耶稣)和穆罕默德。前边几位使者与犹太教和基督教的《圣经》(《旧约》和《新约》)中提到的使者和事迹基本相同,也是伊斯兰教所承认的。不同的是,伊斯兰教认为穆罕默德是在"众使者"之后,由真主"派遣"的一位"新使者",是最后一位"先知",即"封印先知"。正是由他最后传播新的一神宗教——伊斯兰

---

① 参见金宜久:"伊本·阿拉比"词条,《中国大百科全书》哲学卷二。

教,从而从理论上否定了先前的宗教先知享有"永久有效性"和"永久适应性"。由于穆罕默德是"封印先知",从而也就否定了再有"新先知"出现的可能性,在穆罕默德之后出现的所有"先知",将被一律定性为"伪先知",这是伊斯兰教和穆斯林必须坚持的一项基本教义。那么,如何理解穆罕默德先知与先前的"众先知"的关系呢? 如何认识和评价他们的作用和地位呢? 伊本·阿拉比提出了"穆罕默德真理"的观点,他认为自从阿丹(亚当)出现,开始有了人类,宇宙开始有了意识,也就有了穆罕默德真理。这一真理是由众先知和众圣徒体现出来的,从阿丹(亚当)开始,直到穆罕默德。伊本·阿拉比认为穆罕默德真理就是本原真理(第一完全真理),是真主本体的第一肯定,本体包括了上界和下界一切存在的真理,是理论和实践完备的流溢,这种理论和实践的完备,体现在从阿丹(亚当)直到穆罕默德的众先知身上。也就是说,先前的"众先知"都是"穆罕默德真理"的"显现"和"组成部分"。伊本·阿拉比称"穆罕默德真理"时,时而称为"太极",时而称为"封印灵魂"。

伊本·阿拉比又提出了"完人哲学"观点。他认为现象世界是一个"大世界",人是一个"小世界",是"大世界"的缩影,也是真主在"大世界"的代理人。"完人"具有真主所赋予的"灵知"。每个先知都是真主光的"显现",穆罕默德居诸先知之首而为"完人",他是真主"光中之光"的"显现"。伊本·阿拉比还认为,一般人只能认识"显现"的大千世界,很难认识到它们的本质和"同一性",只有"完人"才能从这些纷繁现象的多样性中,看到它们的本质及其"同一性"。

(三)宗教统一论

在泛神论(存在统一性)和穆罕默德真理(先知统一性)的基础上,伊本·阿拉比提出了"宗教同一"的观点。他认为穆罕默德真理既然是真主"本体"的"流溢",并通过众先知"体现"出来,因此,各个宗教也是"同一"的。因为宗教同属于"主",而"主"统于"一";"众先知"也统于"一",理所当然,宗教也应当统于"一"。伊本·阿拉比认为:"宗教是真主的宗教,正确的信仰应当是接受各种表现出来的现实和形象,而不是某种特殊现实和形象,应当把宗教看做是认识真主本体真理的场所,这个真

理就是:他是唯一的主,是真正的主。"①所以他说:

> 我现在接受各种形象,
>
> 牧场、佛堂、道院、天房,
>
> 古兰经、圣经及各种篇章。
>
> 爱是我的宗教,
>
> 无论它在何方。②

在伊本·阿拉伯看来,各个宗教都是相同的、平等的,没有孰优孰劣的问题。真主无时不在,无处不在,他是全能的。因此,不能用某一种信仰限制他。伊本·阿拉比和苏菲派其他泛神论者一样,主张淡化各个宗教之间的界限和区别,认为各种不同的宗教信仰,都具有同等重要的意义和价值。他们还认为,众先知各立门户,对不同意见者还要严加惩处,造成了分裂。

宗教统一论在伊斯兰教中一直存在着,伊本·阿拉比并不是第一个提出这一观点的,只是他把这一观点予以系统化、理论化,形成了一个完整的学说。在以后的历史发展过程中,这种思想时续时断,时强时弱,但并没有销声匿迹,近代出现的"巴布教派"(Babism)和"巴哈伊教派"(Bahaism),就是这一思想的典型代表。

(四)神智论的认识方法

伊本·阿拉比说:"我在创作时所写下的一切,不是我深思熟虑的结果,而是真主对我心灵的启发。"③他在《麦加的启示》第373章中说:"我在这一章中所写的一切,都是真主的授意,真主的口述,或者说是真主的精神传给了我的肉体灵魂。总而言之,这一切是众先知遗留下来的,是追随继承他们的成果,不是我个人独立的创造。"也就是说,伊本·阿拉比认为他的知识不是通过感性认识得到的,也不是通过理性认识或通过思维探索得到的,而是通过精神"体验"和主的"启示"得到的。他说:

---

① 穆罕默德·夏菲格主编:《阿拉伯简明百科全书》,贝鲁特:复兴出版社1981年版,第22页。

② 哈纳·法胡里:《阿拉伯哲学史》,第337页。

③ 哈纳·法胡里:《阿拉伯哲学史》,第364页。

我得到的知识别人都没有，

这是崇高的主特赐给我的。

我在另一个世界看到许多奇迹，

在感性世界中是绝对没有的。

人们不承认我说的话，

他们谴责我的学问，

但我绝对不因此责怪自己。

无论在阳光下活着的人，

还是在漆黑坟墓中死去的人，

我看到的一切，

他们看不到。①

伊本·阿拉比曾经对自己认识安拉的本体的神秘体验有生动的描述："富有灵性的想象力终于在我的形体内产生如许力量，使我得以看到我所敬仰的一个具体的、真实的、超想象的神明形体。这犹如天使哲布勒伊来曾具体出现在先知面前的情景一般。起先我无勇气注视此神体。神体对我说了话；我聆听了并理解了……当时不论是站着，还是坐着，不论是在走动时或休息时，我都目不转睛地凝视此神体。"②

　　苏菲派离群索居、清心寡欲，在敬主爱主的思想感情的基础上，通过个人直觉和体认，使心灵和心智与真主"沟通"，来认识宇宙、造化、今世、来世等。这种认识论的核心是"神智"，即由"直觉"和"体验"即"心领"获得对真主的直接认识。他们得到的这些认识，只可意会，不可言传。前述伊本·阿拉比对安拉直觉性质的体验，就属于神智的范畴。

　　伊本·阿拉比认为神智是与对真主的爱分不开的，换句话说，没有对真主虔诚的爱，就达不到入迷的精神状态，也就不能获得神智，而与真主合一。他将爱分为三种：神性的爱、自然的爱和精神的爱。神性的爱是纯粹精神的爱，爱者只有精神而忘失躯体；自然的爱是躯体的爱，爱者只有

---

① 哈纳·法胡里：《阿拉伯哲学史》，第367页。

② 拉赫玛杜拉：《伊斯兰教中的神秘主义》，《信使》1981年第10—11期合刊。

肉体而无精神;精神的爱兼有精神和躯体。① 显然,后两种爱是属于一般世俗的人可以达到的,是较为低级的。而神性的爱是最高尚的爱,只有修炼者才能达到。在这种爱中,一切肉体的欲望消失,精神专注,一心向主,即产生神智而与真主相通。

四、影　响

伊本·阿拉比作为伊斯兰苏菲派的一位大学者,其影响已经超出了阿拉伯民族和伊斯兰教的范围,成为世界伟大思想家之一。东方学家尼科尔森宣称:"伊本·阿拉比是伊斯兰教的天才,他大胆的神学观点和对精神世界领悟过程的详尽描述,为基督教神学的复兴和摆脱精神枷锁铺平了道路。"②东方学家帕拉休斯说:"大家都知道,西方第一位神秘主义哲学家是爱克哈特(Eckhart,1260—1327年),他生活的时代比伊本·阿拉比晚了一个世纪,他曾在巴黎大学学习,这所大学的哲学和理科讲授的主要内容是安达卢西亚文化。他与伊本·阿拉比一样,认为主是真正的存在,其他的都不是真实的存在;主的真理显示在万物之中,人的灵魂的最大幸福是与主接触合一,这需要通过静思、认主、谢主、爱主等过程;灵魂与主的关系高于物质与形象的关系,高于部分与全体的关系。"③爱克哈特是中世纪德国神学家,他受到伊本·阿拉比思想的影响,提出了比较典型的具有宗教神秘主义倾向的泛神论思想。他认为,上帝即万物,万物即上帝;人为万物之灵,人的灵性同神性相通,是神性的"微弱闪光";人通过自己的灵性,即可与上帝合而为一。这就意味着基督教徒无须借助教会,即可得救,从思想认识上摆脱了教会的精神控制和枷锁。他的泛神论思想从内部破坏了基督教传统神学的绝对权威。后来,马丁·路德(Martin Luther,1483—1546年)在1518年印行的《德意志神学》中宣扬了爱克哈特的这一神学思想。无疑,这一切在一定程度上是受到伊本·阿

---

① 参见金宜久:《试论苏菲派的哲学思想》,《外国哲学史集刊》第6期。
② 哈纳·法胡里:《阿拉伯哲学史》,第371页。
③ 哈纳·法胡里:《阿拉伯哲学史》,第372页。

拉比思想影响的结果。

第三节　伊本·法里德与哲拉鲁丁·鲁米的哲学思想

一、伊本·法里德的哲学思想

（一）生平和著作

伊本·法里德（Ibn al-Farid，1181—1235 年）是伊斯兰教苏菲派诗人、思想家。本名欧麦尔·伊本·阿里。祖籍叙利亚的哈马，后举家迁移埃及。伊本·法里德生于开罗，父亲是一位法官。伊本·法里德自幼随父学习伊斯兰经训、教法等各种宗教知识，后从师学习沙斐仪教法，并遵循苏菲派生活方式，在开罗东郊穆盖泰姆山贫民谷岩洞中隐居苦修，以追求精神的崇高境界，探求宇宙万物造化的真谛。后去麦加朝觐，在那里苦修了 15 年，他的思想境界和文学创作水平都有很大的提高，写下了大量充满苏菲派思想感情和认识的诗歌。在麦加他还结识了苏菲派著名学者苏哈尔瓦尔迪·巴格达迪（al-Suharwardi，1145—1234 年），深受影响。回到埃及后，开班讲学，称札维叶（al-Zaweyah），传播苏菲派教义，影响日益扩大，被尊为苏菲派"长老"，受到各阶层人们的欢迎和尊重，许多显贵都听过他讲学。伊本·法里德去世后，葬于开罗郊区穆盖泰姆山中，其陵墓至今仍有拜谒者。

伊本·法里德的著作主要是诗歌，传世的有一部诗集，虽然篇幅不大，却是阿拉伯文学史与哲学史上的重要作品，内容包括抒情、劝善和赞美等，既表现了他丰富的思想感情，也表现了他对自己宗教的虔诚信仰。其中关于赞主、赞圣和描述人主合一精神境界的诗篇，成为苏菲派纪念真主和穆圣时反复朗读或默读的祷词和颂词。

伊本·法里德诗集注家很多，大致分为两派：一派从诗句表面理解其含义，认为伊本·法里德抒发和表达的思想感情是世俗的、物欲的和直观的，没有什么特殊的含义，与其他抒情诗人的抒情诗句没有什么区别。这一派注家中最著名的是谢赫哈桑·布里尼（al-Burini，1556—1615 年）。

另一派认为伊本·法里德抒发的感情是精神的,意境非常高,要透过诗句表面的含义,深入到诗人的内心隐秘处,才能了解诗句的真正含义。这一派注家的代表人物是谢赫阿卜杜·埃尼·纳布卢西(al-Nabulusi,卒于1730 年)。后来的注家拉希德·达哈达哈(Rashid al-Dahdah,1813—1889年)采两家注释之长,重新注释,其释本广为流传。

伊本·法里德诗集中,最著名的有长诗《大塔伊亚特》(意译《行为历程》)共 760 行。该诗主要描述苏菲派苦行者思想认识和发展的过程,颂扬精神的"升华"和"合一"的崇高境界,用诗歌形式表现出来了一个苏菲派苦行者典型的思想认识过程。诗中提出的"真主之光"是万物之源的思想,出自"照明哲学"的理论观点。伊本·法里德在另一首诗《迷迷亚特》(意译《酒颂》)中写道:"口中吟着爱人的名字,我们开怀畅饮;在葡萄还未成熟时,我们已被它的琼浆陶醉。"这里以隐喻借题发挥,以表达自己思想上的快感和苏菲派的"爱主"意识。

(二)哲学思想

埃及苏菲派权威和领袖人物之一艾布·瓦法·塔弗塔札尼博士说:"伊本·法里德是伊本·阿拉比同时代的苏菲派哲学家,他的哲学观点可以简单概括为'旁证统一论',而不是'存在统一论'。他是一位大诗人,用诗歌表达自己的苏菲派哲学思想,别号'情圣',但是他的'爱'主要表现为对真主的爱。"①

"爱主"是苏菲派思想认识和发展的重要阶段。伊斯兰教是两世并重的宗教,因此一个穆斯林要追求死后的"后世",现在他就要多做好事和善事,不做丑事和恶事,以此来得到真主的奖赏,即后世的善报。同时他也不应该放弃"今世",而且要积极争取得到自己的那个"份额",也就是说,他要努力勤奋工作,得到合理合法的报酬,以此来享受现世的生活。但是如何处理好"今世"和"后世"的关系,或者说如何正确处理"物质生活"和"精神生活"的关系,是摆在每一个穆斯林面前的一个现实课题。

---

① 艾布·瓦法·塔弗塔札尼:《苏菲派》,《阿拉伯哲学百科全书》,黎巴嫩阿拉伯发展学院出版社,第 258 页。

一部分人片面追求物质生活,沉湎于红尘和物欲;另一部分人片面追求精神生活,离群索居,面壁清修,缺少了积极进取的精神。苏菲派基本上属于后一种,初期苏菲派对真主的虔诚崇拜和离群苦炼,主要建立在"畏主"的思想基础上,也就是因为害怕真主的惩罚,才认真遵守宗教规定,以取得来世的善报,如哈桑·巴士里(Hasan al-Basri,642—727 年)及其同时代的苦修者。后来在巴士拉有一位名叫兰碧儿·阿德维娅(Rabiah al-Adaweyah,713—801 年)的女苦修者,人称"慈善之母"。她首先提出了敬主是因为爱主,而不是畏主,把自己的虔诚、苦修、敬主的各项活动,都看做是自觉的行为,是一种内心的追求和向往,而不是来自外界的压力,从而把苏菲派苦炼的思想境界大大提高了一步。他们追求的不再是死后能升入天堂、不入火狱,个人有好归宿的具体目标,而是永恒的主爱和永恒的神美。兰碧儿·阿德维娅在苏菲派中创立了超然的(超脱一切目的的)神爱主义思想。她把这种"爱"又分为两种:一种是"喜爱",她每天口中念的是真主,心中想的是真主,其他的一概不想念;第二种是"主爱",她说透过各种屏障,可以揭示和享受到真主的美和爱,主爱控制了她的身心。当然,她的最终目的是追求第二种爱,第一种爱仅是一个过渡阶段。她的神爱主义和把"爱主"与"揭示"联系在一起的思想,为后来许多苏菲派学者接受和赞扬,并加以发挥,其中就包括伊本·法里德。

伊本·法里德的诗歌主要表现的就是这种神爱主义思想,因此他又被人称为阿拉伯苏菲派神爱主义诗人。他的长诗《大塔伊亚特》就描写了他如何热爱和向往真主,渴求了解本体和真知,描写他在神爱主义追求的道路上,他的思想和精神是如何一步一步向前发展,如何进行身和心的苦修苦炼,他又得到了哪些"启示"和"揭示"。他的另一首代表诗作《迷迷亚特》也是如此,把神爱看成是创世的根源。他诗歌的语言也和其他苏菲派诗人一样,使用的是象征主义的语言,多用修辞学上的借喻、比喻等来表达自己苏菲主义思想。他不喜爱女色,却把自己的"爱情"描写得淋漓尽致;他不饮酒,却把自己的"醉意"刻画得入木三分。他这样做,实际上是"借题",以便充分"发挥"自己的思想感情,所以仅从文字表面上来理解他的诗歌,是不得要领的。

伊本·法里德的苏菲派思想主要表现为"旁证统一论",其核心是"自我消亡"和"合一"的意识,使自己"融合"在"崇高本体"之中。从这种意识出发,一个人对宇宙"众多"的存在物看到的是"一",他看到的世界上众多现象中的"俊美",仅是"绝对神美"的"显现"而已。伊本·法里德认为"穆罕默德真理"是一切知和行"完备"的"源泉",这种"完备"表现出来的就是穆罕默德先知之前的"众先知",以及后来的"贤哲"。他还认为各种宗教其"外在"是不同的,而其"内在"却是相同的,因为它们的"源"是"同一"的,它们崇拜的"主"也是"同一"的。伊本·法里德的"旁证统一论"表面上看起来,与伊本·阿拉比的"存在统一论"不同,而两者在具体内容方面是完全相同的。所以当伊本·阿拉比要求伊本·法里德对他的长诗《大塔伊亚特》作注释时,后者说:"你的《麦加的启示》一书就是对它的最好注释。"[①]

二、哲拉鲁丁·鲁米的哲学思想

(一)生平与著作

哲拉鲁丁·鲁米(Jalal al-Din al-Rumi,1207—1273 年),波斯人,伊斯兰教苏菲派著名学者,大诗人。鲁米首先以诗人著称,在波斯文学史上享有盛名,他的《玛斯纳维》被认为是波斯文学的瑰宝。他与《王书》(*Shah Namah*)的作者费尔多西(al-Firdaws,940—1020 年)、《蔷薇园》(*Kulistan*)的作者萨迪(Sa'di,1213—1291 年),以及哈菲兹(Hafiz,1320—1389 年)四人,被誉为波斯文诗坛"四杰"。但鲁米的宗教哲学思想也影响甚大。他别号"大先生"(Jialabi Afandi),尊号"我们的主子"(Mawlana),并由此称号衍生出"毛拉维教团"(al-Mawlaweiyah),也就是尊奉鲁米思想和学说的人,而形成一个宗教流派。

鲁米生于巴尔赫(今阿富汗境内),是阿拉伯人的后裔,父亲巴哈乌丁·瓦利德是一位虔诚的宗教学者和德高望重的教师,对鲁米青少年时期的思想影响很大。1218 年前后,父亲带领全家离开巴尔赫,去麦加朝

---

① 穆罕默德·夏菲格主编:《阿拉伯简明百科全书》,第24页。

觐,最后在小亚细亚安纳托利亚(今土耳其境内)地区的首府科尼亚定居。鲁米25岁时接替父亲在一所伊斯兰宗教学校的工作,在学校任教,直至1273年去世,葬于科尼亚,其陵墓旁建有博物馆,拜谒者至今不断。

鲁米青少年时期受到父亲和家庭的良好教育,早年在他随家人去麦加朝觐途中,在内沙布尔见到了当地著名的苏菲派诗人法里德丁·阿塔尔(Farid al-Din Atar,卒于1230年),鲁米深受其思想影响。后来他又在巴格达、大马士革、阿勒颇等当时的文化中心,拜师求教,学习经注、圣训、教义、教法等宗教知识,打下了良好的学问基础。他精通波斯语和阿拉伯语,可以用这两种文字自由写作。

大约在1244年,鲁米在科尼亚遇到了大不里士的苏菲派著名学者夏姆斯丁·穆罕默德(Shams al-Din,卒于1247年),深受其学说和思想的影响。这也是鲁米一生中重要的转折点。鲁米拜其为师,学习苏菲派学说理论,接受道乘修持训练,后来成为苏菲派著名学者和诗人,独立门户,传授苏菲派学说和独特的修持仪式,最后形成了具有独特活动仪式的"毛拉维教团",其影响扩展到整个小亚细亚、伊朗和印度等地。鲁米将音乐、舞蹈引入该团仪式,他们在集会时边唱边舞,在欧洲被人们称为"跳跃的托钵僧"。他们奉行苦修和禁欲,不注重形体和衣着,被人们称为"德尔维什"(Darweshe),意为"苦行僧"或"托钵僧"。

鲁米的传世佳作主要有叙事诗《玛斯纳维》和抒情诗《夏姆斯丁诗集》。《玛斯纳维》全篇以苏菲派的"神爱"信仰为核心,阐述真主与人和宇宙万物的关系,灵魂与肉体、理性与信仰的关系,也阐述了苏菲派修炼的途径和感受,以及达到的精神境界。《玛斯纳维》被苏菲派奉为经典,被誉为"波斯文的古兰经"、"人类知识的海洋"、"苏菲派的百科全书"等。《夏姆斯丁诗集》语言清新,修辞优美,借以表达诗人对真主的诚爱和虔信,抒发苏菲派主张的"天人合一"的思想和境界。另外,还有散文集《该有的都有》是鲁米的言谈录,由朋友将其言论辑录而成,是了解鲁米思想发展过程和创作动机的重要参考资料。

(二)哲学思想

哲拉鲁丁·鲁米是苏菲派学者和诗人,他的苏菲派思想核心是

"爱",它包含有"爱主"和"主爱"(神爱)双重含义。在前面说过,伊斯兰教创立初期,苏菲派穆斯林对真主的崇拜和自身的苦修,主要是建立在"畏主"的思想基础上的,后来兰碧儿·阿德维娅首先提出了敬主是因为"爱主",而不是"畏主"的思想,大大提高了苏菲派苦修苦炼的思想境界,创立了超然的神爱主义观点和学说。500 年后,哲拉鲁丁·鲁米发展了苏菲派的神爱主义,使它更加抽象和理论化,并用它来解释宇宙的起源,各种存在之间的关系,人与造物主之间的关系等。鲁米认为,爱源于真主,又归向真主,宇宙万物是爱的王国,爱是一切生命和历史的动因。源自真主的爱是创造性的,爱在自身的趋向真主的运动过程中,每运动到一个阶段,就有新的生存形式出现。鲁米认为"人原来是石头(矿物),后来变成了植物,然后成了动物,再往后成了人"①。在"源自真主又归向真主的爱"返璞归真过程中,生物从低级走向高级。如果没有宇宙之爱,也就是主爱的存在和创造,一切存在都是"无",也不会"无中生有",矿物不会转化为植物,植物也不会转化为动物,动物也不会转化为人。鲁米的这一观点从形式上来看,与近代生物学家达尔文(1809—1882 年)的"进化论"有相似之处。他认为生物最初从非生物发展而来,现代生存的各种生物有共同的祖先,在进化过程中,通过变异、遗传、自然选择和生存竞争,生物从低级到高级,从简单到复杂,种类也由少变多。在达尔文进化论中,物种转化的动因是自然选择和生存竞争。但在鲁米进化论中,物种转化的动因是"神爱",这也是唯物论和唯心论的根本区别和分水岭。鲁米比达尔文早了 600 年,他在中世纪科学实验和科学考察很不充分、很不完善的情况下,提出了物种变异和进化的观点,是难能可贵的和有超前意识的,也是对物种不变的传统宗教观点的突破。

鲁米又把这种"神爱"观点用来解释宇宙天体之间的关系和它们之间的相互运动。他认为宇宙间的天体都像情人那样互相吸引着,每个天体都被爱的魅力吸引到它的伴侣那里去,天体要把地球吸引到它们的怀抱里去。正是有了宇宙之爱的吸引力,地球才像一盏明灯那样悬挂在宇

---

① 阿卜杜·蒙尼姆:《哲学百科全书》,第218页。

宙天体之间。宇宙之爱的引力使宇宙里产生了众多的恒星和行星,爱的力量使这些数不清的错综复杂的天体之间,产生了和谐一致的运动,这种和谐的运动就是对主爱的赞美。英国物理学家牛顿(1642—1727年)对物体的运动有深入的研究,提出著名的"牛顿运动三定律",成为经典力学的基础。他用"万有引力"的理论来解释宇宙天体之间的运动关系。他认为月球环绕地球运行,地球环绕太阳运行,都与它们之间的引力有关。大到宇宙间浩渺的星云系的运行,小到地球上一个微小物体所受的重力,都是引力的作用。但是后来他又提出了一切行星都是在某种外来的"第一推动力"作用下,才由静止开始运动的看法。这样他又回到了亚里士多德神学观点上去。牛顿的"第一推动力论"和鲁米的"神爱论"不期而遇。

关于宇宙的起源、生命的起源等问题,一直是古代希腊哲学家,后来的阿拉伯伊斯兰哲学家十分关注的研究命题,他们对人生、社会、宇宙等诸多问题,进行过长期细致的观察和深入的思考,又引发出许许多多的新问题。他们提出了"理念说"、"流溢说"、"回忆说"、"摹本说"和"第一推动力说"等,来解释宇宙和生命是如何从无到有的。阿拉伯和穆斯林哲学家中的唯理派,特别是苏菲派,接受了其中的某些学说,主要是新柏拉图主义提出的"流溢说",又结合阿拉伯和伊斯兰社会的具体情况,发展了这一学说,提出了"穆罕默德真理"和"穆罕默德之光"等观点,把宇宙之初解释为"理"、"光"、"气"等。哲拉鲁丁·鲁米用"爱"来解释宇宙和生命之源,使这一学说更加抽象和玄虚。

鲁米认为,在爱中,人不仅能认识宇宙的万有及其规律,而且能与主相合,即直接见证主。因为爱意味着虔诚地爱主,就会得到主的眷顾,而有主爱(神爱)。在这种爱的交融中,精神的虔敬使心灵澄明,即可显现主的存在。鲁米将人的心灵比喻为镜子,而人对主的认识,就如同清净的镜面能映出主。他说:"你可知道你的镜子为何照不出东西?这是因为镜子上积满了锈垢之故。一旦锈垢和污秽被消除,这镜子便能反射出真主的光辉……只有不但认识到而且承认自己是有缺陷的人,才能迅速地日臻完美。相反,自认完美者将不能接近万能的真主。任何毛病都不如自认完美那样更能蹂躏你的灵魂。"①其中,"锈垢和污秽"是指不信主的种种错误认识以及物欲。鲁米是要告诉我们,只要使心灵远离偏见与物欲,而变得纯洁、澄明,就可直接认识真主,而与主同在。

因此,在鲁米看来,宗教信仰的本质就是追求"爱",即"爱主"和"主爱"。当一个人的"爱"成为完全的自觉意识和行为的时候,它不仅带来高级的与主合一的体验,而且具有无限的创造力。到了这个时候,他的信仰是真诚的、坚定的,思想和道德就是高尚的、纯洁的。这时候的"爱是一剂良药,可以医治我们狂妄自大和自命不凡的疾病;它是一位名医,可以治好我们软弱无力的疾病;它还可以帮助我们摆脱自私的羁绊"②。理由很简单,一个有真诚信仰的人,心中时刻有真主,他就不会骄傲自大,蛮横不讲理;他也不会胆小怕事,唯唯诺诺;他会知道如何去关心别人,爱护别人。

哲拉鲁丁·鲁米的苏菲派思想,或者说神爱思想,把爱主的宗教感情理性化,又落实到伦理道德中去。这种使"主爱、灵性、理性、个性、伦理道德"结合一起的思想,使人的精神与独一真主的"合一"的思想,得到后来思想家、哲学家的肯定和赞扬。

第四节　其他代表人物的哲学思想

一、伊本·萨巴因与贾米

在伊本·阿拉比之后,在伊斯兰世界的西方与东方,又出现了一些照明哲学的思想家,他们从不同侧面发展了照明哲学。其中,西方主要是伊本·萨巴因,而东方除鲁米外,还有贾米等人。

(一)伊本·萨巴因

伊本·萨巴因(Ibn Sab'in,1217—1270 年)是出生在西班牙安达卢西

---

① 拉赫玛杜拉:《伊斯兰教中的神秘主义》,《信使》1981 年第 10—11 期合刊。
② 阿卜杜·蒙尼姆:《哲学百科全书》,第 218 页。

亚的阿拉伯苏菲派学者、哲学家。全名为艾布·穆罕默德·阿卜杜勒·哈格·伊本·萨巴因,是和伊本·阿拉比一样杰出的照明派哲学思想家,在苏菲派学界中享有崇高的地位,有"宗教之极"(Qutub al-Din)的美称。其主要著作为《对西西里人所提问题的答复》。

《对西西里人所提问题的答复》是伊本·萨巴因为回答当时西西里岛国王提出的有关哲学的问题而写的。当时伊本·萨巴因从安达卢西亚来到摩洛哥,住在休达。西西里岛国王弗雷德里克二世提出了有关生死观、宇宙观等的哲学问题,穆瓦希德朝的国王阿卜杜勒·瓦希德·赖世德(1232—1242年在位)把问题交给伊本·萨巴因,请他回答。这些问题主要围绕亚里士多德的宇宙的永恒性、十大范畴、人的灵魂灭还是不灭、宗教教义的宗旨等提出的。伊本·萨巴因根据伊斯兰苏菲主义的观点,引述了古今哲学家的有关学说,作了详细的答复。"同时他还回拒了随着问题单送来的酬金。"[1]在回信中,伊本·萨巴因表现出对伊斯兰教义、亚里士多德哲学和新柏拉图主义都有深刻的了解。

伊本·萨巴因的哲学思想和哈拉吉(858—922年)的观点是一致的,即主张泛神论的"存在统一论"(wahadah al-wugud),认为矛盾的两个对立面可以统一。他认为有关神学的辩论的结果都是达到"绝对的一神论"。他认为任何存在都是相对的,唯有真主的存在是"绝对的"。他和兰碧儿·阿德维娅一样,主张爱主和主爱的"神爱主义",因此他认为一个有真正信仰的人,他追求的是真主,就不会害怕火狱,也不盼望进入天堂。他有一句名言,是对他的学生艾布·哈桑·努迈里(约1206—1269年)说的,"如果你追求的是天堂,你爱到哪去就到哪去;如果你追求的是天堂的主宰,那你就到我这里来。"[2]

根据绝对的"存在统一论"的观点,他对其他学术观点的人都进行尖锐的批评,其中有教法学家、艾什耳里派学者、苏菲派学者和哲学家。他批评伊本·路西德盲目追随亚里士多德,批评伊本·西那是花言巧语的

---

① 希提著,马坚译:《阿拉伯通史》下册,第704页。
② 穆罕默德·夏菲格主编:《阿拉伯简明百科全书》,第16页。

诡辩家,批评法拉比的许多观点是自相矛盾的,批评安萨里在哲学问题面前表现的软弱无能、犹豫不前,等等。

伊本·萨巴因这些激烈的言辞引起教法学家的不满,特别是他主张的泛神论的"绝对存在统一论",被指控为"离经叛道"。他离开休达,经埃及到麦加朝觐,并在那里定居下来。最后死于麦加,一说是被人毒死的,一说是自杀的。"他在麦加旅行期间,割开手腕子的静脉而自杀了,这在穆斯林的历史上是罕见的。"①

伊本·萨巴因的著作除了《对西西里人所提问题的答复》的论文外,还有《求知者必读》、《照明哲学的秘密》等著作。伊本·萨巴因使用的语言很费解,使人们对这些论文和著作的理解存在分歧。

(二)贾 米

贾米(al-Jami,1414—1492年),全名努尔丁·阿卜杜·拉赫曼·伊本·艾哈迈德·伊本·穆罕默德·贾米,塔吉克人,生于现阿富汗西北部赫拉特附近的贾姆村。他是波斯古典诗坛上的最后一位著名诗人,被誉为"末代诗圣",同时也是晚期苏菲派最著名的代表人物。其著述甚多,主要有《七卷诗》、《诗集》等,并对《古兰经》、伊本·阿拉比的著作等做过注释。

贾米作为纳格什班迪耶教团长老,继承了纳格什班迪(1314—1389年)的苏菲主义学说,提倡入世主义,注重现实生活,主张严格遵奉经训,并在纳格什班迪提出的"修道于众,巡游于世,谨慎于行,享乐于时"的原则下,进行精神修炼。②

贾米作为著名的苏菲主义诗人,在诗歌中善于将对真主的虔诚的爱比喻为男女间炽热的爱情,他甚至主张人类炽热的爱情可使人对安拉发生神圣的爱。这是他对伊本·阿拉比的神秘的爱的思想的发挥。他对这种神秘、神圣之爱有这样的描述:"如若你想自由,那就去成为爱情的俘虏。如若你想快乐,那就坦然地去经受爱情的磨难。爱情的醇酒会带来

---

① 希提著,马坚译:《阿拉伯通史》下册,第705页。
② 《中国伊斯兰百科全书》之"贾米"条(杨克礼撰),四川辞书出版社1994年版。

温暖和快慰。一旦爱情消失,剩下的就只有冷冰冰的自私之心……你可以追求许多理想;但是只有爱情能把你从自我超脱出来……如若你渴望品尝神秘主义的美酒,请先呷一口现象之酒。"①这里,他显然把体验世间的情爱作为实现对真主神圣之爱的桥梁,歌颂情爱的沉醉直接就能进入对真主神秘的体验。

二、伊本·泰米叶

伊本·泰米叶(Ibn Taymiyah,1263—1328 年)是 14 世纪伊斯兰教著名教义学家、教法学家,伊斯兰教原教旨主义的主要倡导者。全名泰吉丁·艾布·阿拔斯·艾哈麦德·伊本·泰米叶。出生于两河流域的哈兰城,后全家迁至大马士革。伊本·泰米叶出身宗教世家,书香门第。祖父和父亲都是宗教学者,伊本·泰米叶自幼承家学,又师从当地著名学者扎因丁·麦嘎迪西、纳吉姆丁·伊本·阿萨克尔和佳娜布·宾图·麦克等人。他聪慧好学,十多岁时就掌握了教法、圣训、经注、算术等课程的主要内容。17 岁时就参加学术讨论,与名家进行辩论,并对疑难问题作出宗教裁决(法塔瓦)。11 岁时就担任重要公职,30 岁被人尊称为"大学者"和"宗教复兴者"等。他不仅能背诵全本《古兰经》,而且也能背下"六大圣训集",并能指出每段圣训所在的册数和页码。伊本·泰米叶对宗教信仰十分虔诚,对现世的荣华富贵没有任何追求。他为人也十分刚强正直,待人从不阿谀奉承和虚情假意。由于激进的宗教观点和思想以及刚直不阿的性格,在埃及和叙利亚多次被指控入狱。但他在狱中仍坚持学习和写作,最后病死在大马士革狱中。著有《教法判例》、《政治与教法》、《论文集》、《圣行之道》、《反驳哲学家》、《批判逻辑学家》等大量著述,涉及教法、哲学、逻辑、伦理及对各派学说的批判等方面。

伊本·泰米叶对逊尼派四大法学派的学说进行了深入研究。在四大教法学派中,罕百里派是比较严格的学派。该派在创制教法律例时,严格遵循《古兰经》和圣训,很少应用类比和公议,反对以个人意见推断教法

---

① 转引自拉赫玛杜拉:《伊斯兰教中的神秘主义》,《信使》1981 年第 10—11 期合刊。

问题,反对"意志自由"论,也反对温和派的立场,主张正本清源,恢复伊斯兰教的本来精神,认为源自经、训的知识是不谬的,而源自理性判断的知识则不可信,故以"经典派"著称。伊本·泰米叶继承和发展了罕百里派的教法学说,一生执著于早期伊斯兰教的正统思想,明确提出"回归古兰经"的著名口号,以纯洁信仰,恢复伊斯兰教的本来精神。他认为在伊斯兰扩张后,阿拉伯哈里发国家吸收了多种文化和思想的影响,冲淡了伊斯兰教创教的基本精神和教义。由于受到希腊哲学、基督教、佛教、琐罗亚斯德教和新柏拉图主义的影响,在穆斯林中间出现了崇拜圣徒、朝拜圣徒墓、崇拜自然物等多神崇拜和偶像崇拜,背离了"安拉的正道",走向了离经叛道的邪路,因此他主张恢复伊斯兰教早期的纯洁精神,恢复《古兰经》和圣训的本来面貌和纯正教义,坚持伊斯兰教认主独一的根本信仰,并主张除了《古兰经》和圣训,不信奉任何权威。他认为应恢复伊斯兰教创建时期——也就是穆罕默德先知传教和四大哈里发执政时期——的传统惯例,强调那时候的做法是完全符合经、训精神的,因此积极提倡"赛莱夫精神",也就是"先人的精神"。他反对凯拉姆学派、苏菲派及其他哲学思想学派的任何背离认主独一教义的"创新"或"创意"。他认为只有这样严格遵守伊斯兰教的基本教义,四分五裂的阿拉伯伊斯兰国家才能统一复兴,再度辉煌。他说:"我仔细研究了凯拉姆派的观点和哲学家们的观点,我看他们的学说既治不了病,也解不了渴,什么问题都解决不了。我看最正确的道路就是《古兰经》的道路。"①所以,他认为《古兰经》是最高准则,对《古兰经》的注释要严格、精确,不能靠推理和推测,更不能个人随意发挥、牵强附会。

关于伊斯兰教的立法问题,他认为《古兰经》和圣训是立法的基础,在不违背经、训的原则下,可采用"类比推理",对律例进行独立判断,而"公议"或某个团体的意见,对立法没有价值。在政治上,他承认早期四大哈里发的正统性,认为哈里发只有经过民主选举,才具有合法性,才符合伊斯兰教义和穆斯林人人平等的原则。实行政教合一,伊斯兰政府应

---

① 阿卜杜·蒙尼姆:《哲学百科全书》,第12页。

该对包括全体穆斯林的国家(乌玛)负责,执行宗教法律。泰米叶的理论和学说在伊斯兰宗教和思想界有很大的影响,特别是对 18 世纪在阿拉伯半岛兴起的瓦哈比教派运动有直接的影响,为他们提供了理论根据。近现代的伊斯兰复兴运动也都不同程度地受到他的影响,特别是在阿拉伯民族解放运动屡遭挫折后,伊斯兰原教旨主义迅速发展,都是这种思想影响的延续,所以伊本·泰米叶被称为"伊斯兰复兴运动的先驱"、"罕百里教法学派的权威"等。

伊本·泰米叶关于《古兰经》和圣训的研究论文很多,特别是他关于许多教法问题的裁决意见,很有价值,也表现出他渊博的知识和深邃的思想。在他批判别人和反驳对方的论文中,有理有据,文字优美,常常使对方无言可答。他在《真主的信徒和魔鬼的信徒真伪辨》一文中,严厉批判了苏菲派的观点,特别是批判主张"附身"、"合一"和"泛神论"的人,如哈拉吉、伊本·法里德、伊本·阿拉比等,称他们是"附身论者"。

伊本·泰米叶在批判哲学家和逻辑学家的论文中说,给一个概念确立定义,会有许多困难,就连那些维护逻辑学的思想家,也不得不承认在确定类、种、属时有许多困难,而这些正是给概念下定义时所必需的。伊本·泰米叶认为在逻辑三段论中,人们对中项的理解速度和程度是不一样的。他批判亚里士多德的分析论证观点,认为亚氏的论证观点是包括思维的整体概念,而事实上客观的存在是分散的、个体的。另外,他认为论证不可能对万物和真主产生积极的认识。他还批评亚氏的十大范畴论点和五大要素论点(形象、第一物质、身体、灵魂、理智),认为这些论点不能概括上界的存在。他还认为逻辑学是人为制定的规则,很容易犯错误,远远不及《古兰经》和圣训中制定的伊斯兰不变的规则。

第三章 阿拉伯社会哲学与历史哲学

第一节 阿拉伯人文科学的发展

一、概 述

阿拉伯人泛指讲阿拉伯语的民族。一个国家和地区的主要居民,如果是讲阿拉伯语,那么这个国家和地区就叫阿拉伯国家和地区。最早的阿拉伯国家是阿拉伯半岛。阿拉伯语属闪语族,源出阿拉伯半岛,最早仅在半岛上使用。622 年,伊斯兰教在阿拉伯半岛出现,并迅速对外扩张,半岛上的阿拉伯民族(贝都因人部落)向新扩张的地区大量迁移,阿拉伯语传播到半岛外的广大地区。伊斯兰教的经典《古兰经》使用的是阿拉伯语,《古兰经》促进了阿拉伯语的传播,阿拉伯语也促进了《古兰经》的传播。在经历了一二百多年的时间内,广大的西亚北非地区基本实现了阿拉伯化和伊斯兰化。后来伊斯兰教又向外扩张到阿拉伯国家的周边地区和国家,当地的居民信仰了伊斯兰教,但仍保持本民族的语言,如伊朗、阿富汗、巴基斯坦、土耳其等,成为伊斯兰国家和地区。

"阿拉伯—伊斯兰文化"主要由三种文化源流汇合而成:

1. 阿拉伯人传承文化。在伊斯兰教出现前,阿拉伯文化源远流长。早在公元前一千多年,在阿拉伯半岛的西南部也门地区,就出现了马因、赛伯邑、希木叶尔等古代王国,它们控制着半岛商道,这也是非洲和亚洲及欧洲古代商道。也门人还筑坝拦水,灌溉农田,马里卜水坝就是其中的一个,至今遗址仍在。阿拉伯半岛农业物产丰富,商业经济发达,《圣经·旧约》、《古兰经》和古希腊罗马的历史典籍中,都有记载。《古兰经》

中说:"它说:我知道了你不知道的事。我从赛伯邑带来了一个确实的消息给你。"①"赛伯邑族,在他们的住处,确有一种迹象:两个园圃,分列左右。"②"随后,他们悖逆,所以我使水库的急流去淹没他们。我把他们的两个园圃变成两个只生长苦果、柽柳和些微的酸枣树的园圃。"③这里的水库指的就是马里卜水坝,"急流淹没了他们"说的是 3 世纪初也门发生一次大水灾,大堤坝全部被摧毁,人员和财产损失惨重,也门人开始向东方和北方大迁移的事实。

伊斯兰教以前的阿拉伯半岛文化主要是口耳相传的口头文学,有诗歌、故事、谚语、散文、演说词和音乐等,也有根据生活经验总结出来的医学和天文学等。这时阿拉伯文字还没有定型,口述文学难免有失真之虞。埃及近代著名学者艾哈迈德·爱敏(Ahmad Amin,1886—1954 年)说得好,"我们认为蒙昧时代留下来的一些正确可靠的诗歌和谚语,多少总能反映一些那个时代的生活。譬如一件衣服,虽然只剩下了一只袖子,我们也可以借着这只袖子来知道这件衣服长短、宽窄。"④何况经过考证,阿拉伯古代传承下来的文化,大部分内容还是真实的。首先,主要是诗歌和散文(演说词),其次是谚语和故事等。从时间上来讲是伊斯兰教出现前的150 年左右,也称蒙昧时代后期,实际上它是阿拉伯文化的第一个高峰时期。诗歌最能表示古代阿拉伯人的思想感情、喜怒哀乐和日常生活。诗歌和演说词又是培养和发挥阿拉伯人口才的最好形式,所以阿拉伯人中口才伶俐者、出口成章者,比比皆是。"阿拉伯古代语言之丰富,令人惊异不已。阿拉伯人生活事务那样简单,自然环境那样单调,实在会使他们思维方法变得狭隘,但是他们却能在那狭隘的圈子里,为每一种事物设置多个名词。阿拉伯诗人用一个词来形容一样东西,文字学家便把那个形

---

① 《古兰经》27:22。
② 《古兰经》34:15。
③ 《古兰经》34:16。
④ 艾哈迈德·爱敏著,纳忠译:《阿拉伯—伊斯兰文化史》第一册,商务印书馆 1982 年版,第 57 页。

容词变为名词。所以阿拉伯语汇便日渐丰富起来,这是我们应当承认的。"①知道了这些背景,我们就会明白为什么《古兰经》的文字是那样优美。它不是诗歌,却和诗歌一样有韵有辙。它词汇丰富,内容广泛,读起来不仅朗朗上口,而且容易背诵和记忆。《古兰经》是阿拉伯第一部散文文学作品,是阿拉伯古代传承文化的结晶,也是阿拉伯文学发展史上的第一次高峰的代表作。阿拉伯古代传承文化为新兴的阿拉伯——伊斯兰文化打下了良好和牢固的基础。

2. 伊斯兰宗教文化。伊斯兰教是一神论天启宗教中出现最晚的宗教。它的经典最完整,教义最全面,传播的速度也最快,接触的群众面也最广,所以围绕《古兰经》和伊斯兰教,很快就形成了学习和研究的热潮,有的出于信仰的要求,有的出于求知的欲望,有的则是为了探索和比较。于是出现了许多新兴的宗教学科,如古兰经学、经注学、圣训学、教义学、教法学和诵经学等。

围绕《古兰经》语言文字的研究,出现了语言学、语音学、语法学、修辞学等人文学科。阿拉伯语言、文字、语法等也以《古兰经》为范本,最后确定下来,有力地推动了阿拉伯语和《古兰经》的传播。这样,早在1400年以前,"穆斯林为了避免《古兰经》的语言——阿拉伯语之发生讹误,而注重文法,故有文法学的产生"②。阿拉伯古代语言学家哈利勒·伊本·艾哈迈德(al-Khalil Ibn Ahmad,718—793 年)和西拜韦(Sibawayhi,卒于796 年)编著了历史上第一部阿拉伯语语法书,分上下两册,分述句法和词法。他把阿拉伯词分为名词、动词、虚词三类,把句子分为名词句、动词句两大类。该书奠定了阿拉伯语法学的基础。

此外,随着伊斯兰教的扩张和阿拉伯语的传播,产生了具有鲜明伊斯兰宗教特色的哲学、逻辑学、伦理学、历史学、地理学等,包括各种传记和地方志等。从古代传承下来的诗歌、散文、演说词、谚语、故事等诸多文学形式,不仅在伊斯兰教出现以后有了飞跃的发展,而且更具有鲜明的宗教

---

① 艾哈迈德·爱敏著,纳忠译:《阿拉伯—伊斯兰文化史》第一册,第 57 页。
② 托太哈著,马坚译:《回教教育史》,商务印书馆 1946 年版,第 72 页。

思想和信仰的特色。在阿拉伯—伊斯兰文化体系中,伊斯兰宗教文化成为主体,这是这一文化体系的最显著特点。

3. 汲取外来的学术文化。阿拉伯人虽然发迹于阿拉伯半岛沙漠地区,但他们的思想并不保守。阿拉伯人借伊斯兰教向东西方扩张,曾经建立了幅员广大的阿拉伯哈里发帝国,他们十分重视文化科学事业的发展,宫廷招贤纳士,广罗各民族不同信仰的人才,鼓励学者著书立说,倡导思想自由,有突出贡献者奖以重金。在750—850年间更出现了阿拉伯历史的"百年翻译运动",在当时的首都巴格达还建立了学术机构"智慧馆",相当于现代的科学院。来自各地的学者、翻译家将古希腊、罗马、波斯和印度的很多学术价值很高的著作,翻译成了阿拉伯文,并作了认真的考证、审校、注释和评论。不仅使这些宝贵的人类文化遗产得到很好的保护,并且加以发展。这些译著包括哲学、形而上学等人文科学,也包括物理、数学、天文、医学、化学等自然科学。这些外来学术文化,为阿拉伯—伊斯兰文化体系增加了许多光辉,使它显得更加绚丽多彩,辉煌灿烂。它就像一座庞大的建筑,经过这样内外高质量的装饰,显得富丽堂皇,雄伟壮观。8—12世纪,是阿拉伯历史上第二个文化发展高峰,是阿拉伯文化的"黄金时代"。当时生活在哈里发帝国内的各民族学者出类拔萃,人才济济,高水平高质量的学术著作汗牛充栋,数不胜数。他们使用阿拉伯语创作,少数使用波斯语,涉及的学科很多、很广泛,但无论是自然科学,还是社会科学的研究工作和研究成果,都带有浓厚的伊斯兰教宗教色彩,也就是编著者的宗教信仰和意识形态。阿拉伯—伊斯兰文化在世界文化史中起到了承上启下、继往开来的重要作用。在世界文化体系中,无论是"三分法"(即东方文化、西方文化、中东文化),还是"四分法"(即希腊罗马—欧洲文化、阿拉伯—伊斯兰文化、印度文化、中国文化),阿拉伯—伊斯兰文化都占有重要的地位。

但是,后来随着阿拉伯哈里发帝国的种种内忧外患,政治上衰败了,文化事业也衰落了,最突出的表现是思想僵化,学术创作停滞不前。在阿拉伯历史上,从1258年(蒙古人攻陷巴格达)至1798年(拿破仑进攻埃及)间被称为"文化衰落时期"。

二、中世纪阿拉伯哲学研究方向的转变

阿拉伯文化史上的衰落时期,实际上包含两重意思:一是与它的发展高峰和黄金时代相比;二是与它先前的积极进取和开拓精神相比。也就是说,在阿拉伯人建立了幅员广阔、空前强大的帝国和在伊斯兰教大发展之后,他们没有与时俱进,因而落后了。但是这并不意味这一时期没有任何文化创作和学术成就,或者没有优秀突出的人才和学者出现。1332年,在阿拉伯西部地区(马格里布)出生的伊本·赫勒敦(Ibn Khaldun),后来就成为一位著名的哲学家和思想家。他的真知灼见,改变了中世纪阿拉伯哲学的研究方向,奠定了社会历史哲学的基础。

在伊本·赫勒敦之前,无论是古代希腊哲学家,还是中世纪阿拉伯和穆斯林哲学家,他们研究的命题和争论的问题,基本上是围绕宇宙的起源、生命的起源、造物主、理念、第一推动力、先知与天启、真主的全能与人的自由意志等,属于神学范围和思辨范畴内的问题,很少涉及人类历史和社会生活。在他们看来,哲学就应该研究神学和思辨诸问题,为此他们开动脑筋,充分施展自己的才华和智慧,提出各种各样的观点和理论,非要把宇宙的奥秘弄个清楚明白才肯罢休,实际上他们的目标没有达到,原来的问题依然如故。对于这一点,伊本·赫勒敦很不满意,他认为:"这些哲学家研究的是天上神界,他们提出的学说和论点,连他们自己也无法证实。我们应该研究我们生活的这个世界,我们对这个世界的了解,远远超过我们对神界和理念的了解。我们可以根据我们的观察和感受,认识到许多具体的事物,这些事物是可以证实的,我们可以分析出它们的前因后果。"[1]荷兰著名东方学家、《伊斯兰哲学史》作者第·博尔(Dr T. J. de Boor,卒于 1943 年)也说:"伊本·赫勒敦对他知道的旧学派的哲学,颇不满意,他对于世界的见解,与其固定的构造不相合。"[2]伊本·赫勒敦认为:"一般哲学家说,哲学是说明万有的因果关系的科学,但他们对于精

---

① 穆罕默德·夏菲格主编:《阿拉伯简明百科全书》,第 14 页。
② 第·博尔著,马坚译:《伊斯兰哲学史》,中华书局 1958 年版,第 169 页。

神世界和真主本体的学说，与事实并不相符，他们关于此点的学说是不可加以证明的。我们对于生息于其中的这个世界，比较对于他们所说的，认识得更真切。我们借观察和反省，对于这个世界能作一种更确实的判断。在这个世界中，我们发现许多事实，要想考究其证据和原因，那是可能的事。"①

所以伊本·赫勒敦主张研究社会、研究历史和现实，而不是研究"自在"、"可在"、"流溢说"、"理念说"等空洞玄虚的命题。这样的思想和主张，并不说明他没有信仰。正好相反，他对自己的宗教信仰坚信不移，否则他怎么会成为伊斯兰教长老和宗教法庭的大法官呢？他坚信经典和先知，严格履行宗教功课，对于经典上说的有关造化、来世等内容，他是"信而不论"。因为他知道以人的思维方式和认识能力，来"揭示"只有真主才知道的"天机"，显然是勉为其难和劳而无果的。与其如此，还不如把这些精力用在解决人们力所能及的问题上，在这方面，伊本·赫勒敦与伊斯兰教"经典派"的主张是一致的。所以，他用毕生精力观察、研究人类社会面临的现实问题，而不是形而上学和来世哲学，从而开创了社会历史哲学的新领域，为这门新学科奠定了基础。

第二节　伊本·赫勒敦与阿拉伯社会哲学、历史哲学的创立

一、伊本·赫勒敦生平

伊本·赫勒敦（Ibn Khaldun，1332—1406 年）是中世纪阿拉伯西部地区（马格里布）最后一位著名思想家、哲学家。他出生在突尼斯，全名是艾布·扎伊德·阿卜杜勒·拉赫曼·伊本·赫勒敦。他的祖先是阿拉伯半岛也门部落的酋长。8 世纪，随着伊斯兰教的扩张，阿拉伯人占领了西班牙南部地区安达卢西亚，他的祖先也来到这里，成为当地上层统治阶级

---

① 第·博尔著，马坚译：《伊斯兰哲学史》，第 197 页。

的贵族。后来阿拉伯人在安达卢西亚地区的势力日渐衰败，伊本·赫勒敦的先辈又迁移到北非，先后在一些苏丹国的宫廷中任职，伊本·赫勒敦就是在这个时候出生的。

伊本·赫勒敦自幼从父学习《古兰经》，后来又到当地著名宗教学府——札桐大清真寺学习圣训、教义、语言、诗歌和哲学等知识。1349年，他的家乡流行瘟疫，他的父母亲和许多长辈相继去世，他不得不挑起家庭的重担。时隔不久，他应伊本·塔菲拉肯首相之邀出任官职，时年仅18岁。在此后二十多年的时间内，他周旋于西班牙与北非宫廷的苏丹大臣之间，曾官至宰相之尊。他一面从政，一面从事学术和讲学活动。

1374年，伊本·赫勒敦在政治生涯遭受挫折后，来到君士坦丁南部的阿里夫部落，在这里他受到了欢迎，他便隐居在一个叫伊本·萨拉迈的城堡中，从事写作。当时他已42岁。他在这里安静度过4年，完成巨著《历史纲要》的初稿。他因思念家乡和亲人，于1378年离开伊本·萨拉迈城堡，回到了突尼斯。这一次受到了当地苏丹和群众的欢迎，但他仍潜心写作和讲学，完成了《历史纲要》的其他部分。他抄写了一份，献给了当地苏丹，同时他也在当地大清真寺里讲学。由于他学识渊博，阅历丰富，讲课深受学生们欢迎，一时名声大噪。

1382年，他离开突尼斯，来到埃及。1384年，伊本·赫勒敦被任命为埃及爱资哈尔大学马立克教派的大法官，与其他三大教派（哈奈菲派、罕百里派、沙斐仪派）并立。他在埃及讲学之余，继续修改补充《历史纲要》，终于完成了这部巨著，并向埃及查希尔国王敬献了一套。1406年，伊本·赫勒敦在开罗逝世。

二、《伊本·赫勒敦绪论》

伊本·赫勒敦一生历经坎坷，宦海几度沉浮，这艰难而又丰富的人生经历，对他的哲学思想形成有直接和重要的影响，也促使他在晚年弃政从学，潜心写作，把自己的思想和感受记载下来。

据伊本·赫提布(Ibn al-Khatib，1313—1374年)在《格拉纳达史》一书中的记载，伊本·赫勒敦有许多著作，包括教义、逻辑、数学、诗歌和哲学方面,但是这些著作都失传了。我们现在看到的,也是他的最主要著作,就是《历史纲要》一书,该书全名为《阿拉伯人、非阿拉伯人、柏柏尔人历史纲要和殷鉴》,简称《历史纲要》或《史纲》。伊本·赫勒敦在写作这部巨著的过程中,曾经几易其稿,分送给当时的几位苏丹和国王,所以流传下来的版本也不同。现在一般以1867年埃及布拉格印书馆出版的阿拉伯文本为准。该版本依据的是伊本·赫勒敦定居埃及后对该书进行最后修改的定稿本,比较完整可靠。

《史纲》共七卷,分三个部分:第一部分为绪论和人类发展史;第二部分为阿拉伯人历史;第三部分为柏柏尔人历史和作者传记。

第一部分是全书中最重要的部分,有一卷,共六章,一百八十七节。第一章是六篇绪论,第二至六章是对这六篇绪论的进一步阐述,所以该卷书又称《伊本·赫勒敦绪论》,中译为《历史绪论》或《历史导论》。伊本·赫勒敦详细阐述了他对人类社会和历史发展阶段的看法,总结了人类社会的历史发展的规律和经验,提出了一整套具有鲜明特色的社会历史哲学的理论和观点。他的这些理论和观点也是后来的社会学家、历史学家、哲学家们研究的重点。伊本·赫勒敦也因该书而著称于世。

伊本·赫勒敦在第一章六篇绪论中,阐述了人类社会属性的必然性,指出自然条件、地理环境和气候对人类社会所产生的直接的和重大的影响。同样,这些条件对各地区人类的品德、性格、体格和肤色的形成,也有直接的和重大的影响。伊本·赫勒敦在这一章中,还特别对伊德里斯①绘制的地图作了详细说明。他对地图上的7个纬向气候带和70个经向气候区介绍得非常详细、非常具体,包括各地的山川河流、天文气象、物产资源、社会生活、人情风俗等。他的许多观点和看法,与500年后出现的"进化论",有许多相同或相似之处。伊本·赫勒敦在这一章中,还详细

---

①　伊德里斯(Abu Abdullah Muhammad al-Idrisi,1099—1166年),中世纪阿拉伯著名地理学家、天文学家、医学家和诗人。生于休达(Sebta,今摩洛哥地中海港口)。撰写有《旅行者游览世界指南》(Nuzhat al-Mushtag Fi Ikhtiraq al-Afaq)。这是一部世界地理学巨著,具有很高的学术价值,当时曾译成拉丁文,是中世纪地理学权威著作。他还有医学著作《药草大全》和诗作等。

叙述了世界发展的不平衡性。他明确指出，北半球的发展程度高于南半球，与我们今天所说的世界南北差距的论点，是完全一致的。他还详细说明产生这种差距的种种原因，有自然因素，也有人为因素。这些观点直到今天仍具有重要的现实意义，对我们今天如何认识这种差距，如何改变和缩小这种差距，都具有重要的参考意义。

伊本·赫勒敦在关于人类认识事物有不同层次的绪论中，阐述了他对"生而知之"和"学而知之"的看法，特别是对"天启"和"先知"的认识和分析。"天启"和"先知"是伊斯兰教神学和阿拉伯宗教哲学中的重要课题，一直是宗教知识界和思想学术界争论的焦点之一。伊本·赫勒敦从人的生理、心理、精神、意识等诸多方面来分析这些问题。另外，他对"梦觉"和"梦幻"也作了详细的分析。因为在伊斯兰教的教义教法中，"梦觉"和"梦幻"观念有很大的影响，在宗教界和知识界也是有争论的。唯物主义认识论和唯心主义认识论，对这些问题的立场和观点，则是完全针锋相对的。伊本·赫勒敦在分析时，既坚持自己的宗教信仰，又根据当时医学达到的水平，从人的生理结构、大脑和心脏的功能等方面，分析了梦觉、梦幻的可能性与可信程度，既不完全肯定，也不完全否定。

在第二章中，伊本·赫勒敦阐述了人类社会生活的发展阶段，特别是西亚沙漠地区的阿拉伯人和北非马格里布地区的柏柏尔人游牧生活。他介绍了民族社会的形成和结构、游牧民族的思想意识、民族特性、道德观和价值观，特别强调血缘关系(al-Nasab)和族亲意识(al-Asabiyah)在游牧民族生活中的重要地位。还分析了氏族社会权力形成的过程和规律，强调宗教信仰在联合和团结游牧民族中的重要作用。他认为只有天启宗教才能把自由散漫和任性强悍的游牧民族联合起来，并发展成为向外扩张和征战的强大力量，这也就是当今世界上三大天启宗教，即一神论的犹太教、基督教和伊斯兰教当初都是在西亚沙漠地区发源的原因。农耕地区的自然宗教起不到这个作用。

第三章，讨论国家的产生和政权建立的条件。包括哈里发和国王应具备的条件、君臣关系、国家机构与军队、社会等级制度、国家的兴衰等。这一部分详细说明了国家和政权频繁更迭的原因和规律，内容非常丰富，实际上是他一生丰富曲折的经历在理论上的概括和总结。

第四章，讨论城市的建筑。内容包括海洋和陆地对国家与城市建筑的影响，以及以巨型建筑物为标志的人类文明的发展规律。他认为一个国家文明的发展与巩固，与这个国家国力的发展壮大紧密联系在一起；文明是发展的目标，也是发展的终结；文明的高度发展预示着文明的毁灭。

第五章，讨论社会生活与劳动分工。伊本·赫勒敦详细叙述了当时的农业、手工业作坊、医疗、纺织等行业工匠的情况，以及彼此互相依赖的社会关系等。这一部分与近代政治经济学和社会经济学的研究内容相似。

第六章，讨论科学、文化、教育。伊本·赫勒敦总结了当时人类知识的各种学科，有历史、文学、语言、哲学、教义、逻辑、数学、医学、化学、天文学、心理学、神学等。他认为随着人类的发展和文明程度的提高，科学知识也要发展增加，因此接受和掌握知识是人类发展的必备条件。他特别重视教育，也指出了教育的方法和途径。

《史纲》的第二部分是阿拉伯人、非阿拉伯人的历史，共有三卷。详细叙述了自远古时代起阿拉伯人的历史和所经历的重大变迁，直到作者生活的 14 世纪。还有与阿拉伯人同时代的其他民族的历史，有波斯人、突厥人、犹太人、亚述人、罗马人、希腊人、拜占庭人和埃及人的历史。

第三部分是柏柏尔人历史，共三卷。叙述了北非柏柏尔人的历史、马格里布发展的过程，以及各苏丹国之间的征讨、兼并和兴亡的历史，写得非常详细、生动、具体。

第七卷最后部分是"伊本·赫勒敦游记"。实际上是作者的自传和回忆录，这在古代阿拉伯学者中是很少见的。由于"游记"记载得很详细，使我们今天对伊本·赫勒敦坎坷的一生，才有了全面详细的了解。

三、阿拉伯社会哲学与历史哲学的创立

伊本·赫勒敦在学术方面的主要成就，是改变了中世纪阿拉伯哲学

研究的方向,创立了社会哲学与历史哲学的基本理论。

(一)社会哲学

伊本·赫勒敦是通过个人的亲身经历来观察社会、研究社会,由近及远、由今及古。他研究各地区、各民族的社会和历史发展过程,找出它们的特点和规律。他研究自然环境、气候物产、风土人情和风俗习惯等种种因素对人类社会的影响和作用。他用许多令人信服的证据,说明社会是不断演变的,是不断进化的,并说明这种演变的必然性和进化的规律性。其基本观点可略概括如下:

1. 人是社会发展的核心。伊本·赫勒敦认为社会的发展也就是人的发展,人是社会发展的核心。他说:"人的社会性是必然的。用哲学家们的话来说,人生来就是群体性的。即人必须聚居在一起,这就是城镇。城镇的涵义就是开发,城镇的开发就是文明的发展。"①伊本·赫勒敦又进一步说明人类群居的必然性。他说:"安拉创造了人,使他有了形体。这个形体只有得到食品,才能生存下去,才能延续下去。人要自己去寻找食品,去得到食品。但是一个人的能力又使他得不到所需要的食品,也更不能满足他生活中所需要的各种物质。拿他每天必需的粮食作例子,需要经过磨粉、和面和煮熟等工序,每道工序又都需要工具和器皿。制造这些工具和器皿,又需要铁匠、木匠、陶瓷工人等。假设他只吃粮食粒,不需要加工成面粉。那么,他要得到粮食,也要经过耕种、收割、脱粒等工序,每一道工序又需要许多工具和工人,比加工面粉的工序还要多。一个人的能力是绝对满足不了这些需求的,所以必须汇集许多人的能力,才能使他和大家都得到所需要的食品。只有合作,才能得到超过需要许多倍的食物数量。"②

伊本·赫勒敦还说:"为了保护自己的生命,人也需要其他人的帮助。这是因为,安拉给予各种动物不同的天性,也给了他们不同的力量。其中许多动物的力量,超过了人的力量。例如公牛、狮子、大象的力量,超

① 《伊本·赫勒敦绪论》,黎巴嫩书局出版社1990年版,第41页。
② 《伊本·赫勒敦绪论》,第42页。

过人的力量许多倍。侵略是动物的天性，安拉使每一种动物有一种特殊的肢体，用于保护自己，抵御来自其他动物的侵害。安拉给了人类思想和手，可以代替所有动物的一切自卫性肢体。手是为思想服务的，手可以制造出各种工具，代替动物的肢体。例如，长矛可以代替动物的犄角，刀剑代替利爪，盾牌代替坚硬的皮甲，等等。盖仑①在《肢体的功能》一书中，举出了许多例子。但是，一个人的力量不足以抵抗一只动物的侵袭。特别是在猛兽面前，一个人无论如何是无法自卫的，就是有简单的工具，也无济于事，必须和其他人合作。"②他又说："没有人与人之间的合作，人得不到食品和粮食，生命得不到保障。没有武器，一个人无法进行自卫，只能成为猛兽的猎获物。有了合作，就有了维持生命的食品，就有了自卫的武器，人类就可以生存，就可以延续，安拉的智慧得以实现。所以人类必须群居，人类的社会性是必然的。否则，人类就不可能生存，安拉想要人类开发世界，成为他在世界上的代理人的意愿，就无法实现。"③伊斯兰教认为，人是万物之灵，是安拉安排在大地上的代理人，代为行使指挥和操纵万物的职能，人也有权享受各种自然资源。《古兰经》中多处经文指出这一点："真主应许你们中信道而且行善者，他必使他们代他治理大地。"④同时也使人类具有优于万物的功能，这就是制造能力（手）和思维能力（思想）。但是"人类的发展受到自然条件、地理环境、天然资源、物产气候等因素的直接影响，必须群体生活和合作，才能生存和自卫"⑤。"由于群体生活，就产生了城镇，就有了人与人之间的关系和交流，这就是文明。"⑥伊本·赫勒敦认为"文明有不同的阶段和情况：其低级阶段是原始氏族社会，人类追求的是满足衣食的基本需要；中间阶段是城邦社会，人类有了内容更为丰富的经济需求，有了思想和文化的要求；最高阶

---

① 盖仑（Claudius Galen，129—199 年），古罗马著名医生、自然科学家、哲学家。他认为自然界中的一切都有目的性，人体各肢体都要执行事先安排好的功能。

② 《伊本·赫勒敦绪论》，第 43 页。

③ 《伊本·赫勒敦绪论》，第 43 页。

④ 《古兰经》24：55。

⑤ 《伊本·赫勒敦绪论》，第 43 页。

⑥ 《伊本·赫勒敦绪论》，第 43 页。

段是国家社会,人类追求的目标是全社会全人类的幸福"。①

2. 经济合作是社会发展的推动力。伊本·赫勒敦认为,人为了生存必须合作,合作的结果是产品的增加和财富的增加,也就产生了如何分配和管理这些产品与财富的问题,分配者和管理者就有了权力,并逐渐形成权力中心,成为政权的象征。他说:"当人类实现了社会性,他们开发了世界,发展了文明。这时,就必须有一个管理者,一个裁判者,来保护他们。他来自他们中间,但他有能力,有权威,能压倒别人,而其他人却不能侵袭他,伤害他,而是顺从他,屈服于他,这就是国王。这是人类的一种特殊本能,是人类生活中不可缺少的。所以,权力是人类社会的自然特性,也是不可缺少的。"②

根据经济生产方式,伊本·赫勒敦把人类社会生活分为三类:(1)城市居民生活。他们生活富裕,但思想不自由,受到权力和法律的种种约束。(2)平原和山区的农民生活。他们生活不富裕,思想也不自由。(3)游牧民生活。他们生活艰难,但思想自由。其中有以放牧牛羊为主的柏柏尔人、突厥人、土库曼人和以放牧骆驼为主的阿拉伯贝都因人、库尔德人等。伊本·赫勒敦认为,气候、物产、地域对人的生活方式有很大的影响,而各民族不同的风俗习惯、风土人情、道德标准和思维方法,都是由于不同的生活方式造成的,也就是说客观条件和经济因素起了主导作用。所以他认为:"阿拉伯人、蒙古人生活在条件十分艰苦的沙漠地区,培养了他们坚忍不拔、英勇善战和不怕牺牲的性格。一旦机会成熟,他们就会冲向生活安逸、满足于现状的文明地区的居民,席卷各个城邦和国家。"③因此,他主张人类应该过艰苦的生活,就像野生动物,一旦被人们关起来驯养,不再为生存去竞争,也就失去了动物的天性。他说:"那些生活艰苦的沙漠游牧民族,他们的身体要比生活安逸的城镇居民强壮,他们的肤色更健康,道德更高尚,体形更俊美,思想更纯正,接受知识更

---

① 穆罕默德·夏菲格主编:《阿拉伯简明百科全书》,第14页。
② 《伊本·赫勒敦绪论》,第44页。
③ 哈纳·法胡里:《阿拉伯哲学史》,第492页。

敏锐……"①

3. 政治权力对社会的发展有巨大的影响。伊本·赫勒敦认为，权力在人类早期社会就产生了，但是国家政权的权力形式，却是在人类文明发展到高级阶段后产生的，它是在部落和城邦社会的基础上发展起来的。虽然宗教信仰的网络涵盖了人类社会各个方面，然而国家政权重要的条件是实力。在北非和安达卢西亚（西班牙）几十年的生活经历告诉他，"一个个新苏丹的上台，一个个旧苏丹的下台，都是实力强弱变化的结果。王朝和苏丹的名字不断变更，政权形式并没有变化。一个新王朝的建立意味着一个旧王朝的灭亡，是一场激烈斗争和暴力革命的结果。这是人类的天性，是不可改变的。"②一次政权的更迭意味着一次破坏和一次重建，人类社会也就处于这种不断破坏和不断建设的过程中，也就是我们常说的"不破不立"和"先破后立"。所以，伊本·赫勒敦认为，人类面临的选择是，要么过着艰苦的游牧生活，要么屈服于苏丹的绝对统治。那种认为可以在公正、平等和理智基础上，建立起造福于全人类的理想政权和社会的想法，伊本·赫勒敦认为是绝对办不到的。

4. 亲情意识是政治权力的基础。在伊本·赫勒敦的社会思想中，"亲情意识"③占有很重要的地位。他认为"亲情意识"是一个氏族、一个部落、一个民族和一个国家力量的根本所在。他说："人类的血缘关系是一种自然关系，只有极少数例外。这种关系使得亲属之间彼此非常关心，不愿意让他们受到伤害和不公正待遇，不愿意看到自己的亲属受到侵害和暴力虐待。否则，他们心中是十分难过的，总会千方百计使他们不受损失和远离伤害。这是一种天性，是人类生来就有的。如果是近亲，那他们就会更加团结一致，关系就显得非常密切和清楚。如果关系不是那么密切，甚至彼此都不太记得，只留下一个空名字。一旦有了事情，他们也会

---

① 哈纳·法胡里：《阿拉伯哲学史》，第 492 页。

② 哈纳·法胡里：《阿拉伯哲学史》，第 501 页。

③ "亲情意识"是阿拉伯语"al-Asabiyah"一词的意译，又译"族亲意识"、"民族意识"等褒义，也可译为"宗派主义"、"宗族主义"、"狭隘民族主义"及"沙文主义"等贬义。

伸出手来,援助一把的,免得事后证明他们真的是亲戚,有事时没有去帮助,心中留下遗憾……从这里,你就可以理解穆罕默德先知一段话的深刻含意。先知说:'按照你们的血缘关系,学习你们的宗谱。'这就是说,宗谱的作用就在于这种关系的结合,它把血缘亲属关系联结在一起,这样才会有彼此之间的相互帮助和亲情感。如果宗谱关系十分清楚明确,理所当然人们会齐心合力,团结友爱,会聚成强大的力量。"①他又说:"由于沙漠游牧民族的特殊状况,他们生活条件艰苦,居住环境很差,生活贫困,沙漠是艰苦和饥饿的地方,由此养成了他们的生活习惯,也培养了他们吃苦耐劳和坚韧不拔的性格。其他民族的人无法参与到他们中间去,外人也不可能与他们打成一片。甚至就是他们中间的某个人,找到了摆脱当前状况的途径,他也完全可以出走,但他也绝不会离开这里。这样,游牧人就保证了他们的血统不与其他血统混杂,不使自己的血统受到破坏,他们的血统仍然保持纯洁,他们的家谱图系十分清楚明确,纯洁的民风也没有受到任何污染。"②伊本·赫勒敦认为,生活在沙漠腹地的贝都因人,性格倔犟,他们的亲情意识也最强烈,成为他们氏族或部落联系的重要纽带。他们的基本信条是:"要全力支援你的兄弟,无论他是欺负别人的,或者是被别人欺负的。"也就是说"帮亲不帮理"。由这种亲情意识形成了氏族的权力中心、部落的权力和国家的权力,它也成为这个族群一切社会活动的中心。这种亲情意识的强弱决定了这个族群权力的强弱,当这个族群的亲情意识非常强烈的时候,由它建立起的政权也是强大的;而当这种意识减弱的时候,由它建立起来的权力就会衰败和灭亡。决定亲情意识强弱的是这个族群的生活条件,当他们的生活条件十分艰苦、生活非常困难的时候,生活的环境迫使他们要互相帮助,互相支援,奋不顾身,他们的族亲意识表现得十分强烈。也就是遇到事情的时候,穷人是互相帮助的,是团结一致的,是敢于斗争、不怕牺牲的。而当他们依靠自己强烈的族亲意识,夺取了国家政权后,他们离开了沙漠的艰苦环境,来到了城市的舒

---

① 《伊本·赫勒敦绪论》,第 128 页。
② 《伊本·赫勒敦绪论》,第 130 页。

适生活环境,生活条件大大改善,物质享受应有尽有。这时他们的亲情意识淡薄了,血统也混乱了,因为在城市中,居民占大多数,来自沙漠的游牧人只占少数。这些少数游牧人是新的权贵阶层,物质条件丰富,使他们有条件沉湎酒色,纵情享受,族群亲情意识显得不太重要了。所以,伊本·赫勒敦说:"他们的血统已经混乱,各种人员也混杂在一起,你很难区别他们各个家庭之间还有哪些不同。他们这种做法是从非阿拉伯人那里学来的,是与他们来往频繁的结果。这些非阿拉伯人不重视维护自己宗族血统的纯洁和成员的单纯。所以,哈里发欧麦尔说:'你们要学习宗谱,不要像外国人那样,问他的宗谱,他回答说,他是某某村的人。'作为频繁交往的结果,阿拉伯人的血统受到破坏,作为这种血统关系果实的亲情意识也消失了,随之,政权也消失。"①所以,伊本·赫勒敦认为,中世纪在巴格达的阿拔斯王朝的灭亡与在西班牙的伍麦叶王朝的灭亡,都是因为阿拉伯人的民族意识已消失了的原因。

伊本·赫勒敦认为,不仅政治运动和政权的建立需要亲情意识——民族意识——的支持,就是传播宗教,也需要这种意识的支持。否则,传教就不会成功。

(二)历史哲学

在伊本·赫勒敦之前,在阿拉伯国家出现过许多著名史学家,他们留下了大量的典籍和著作,这些历史著作实际上是历史事件的资料汇编,缺乏理论分析和科学总结。伊本·赫勒敦打破了这个框框,他在研究历史事件的基础上,力图找出它们发生、发展的条件和规律,使史学家有一个正确的标准,以判断他们记述的历史事件和过程是正确的,还是错误的。他把阿拉伯史学研究推向了一个新高度, 使它具有更丰富的更准确的历史事实和根据, 同时也具有更高的思想认识水平和更深刻的理性分析能力, 奠定了历史哲学的基础, 使历史成为一门尊重客观事实和崇尚理性分析的学科,为后来人开创了一条研究史学的新道路。这反映在以下几点:

————————

① 《伊本·赫勒敦绪论》,第130页。

1. 科学严谨的治学态度。伊本·赫勒敦说:"历史是一门各个民族世世代代传述的学问,是学者和旅行家追寻探索的学问。它记载着国王君主之间是如何竞争的,普通老百姓是如何生活的。从表面上来看,历史不过是记载过去国家和时代变迁的信息,其中包括许多传世的警言和训谕,成为人们茶余饭后感兴趣的话题;它也讲述了人类沧海桑田的变化,一些国家的疆土扩大了,繁荣起来了,于是开始衰败,最后消失了。而深入内部来看,历史包含有许多值得思考和研究的问题,它对宇宙万物存在的原则和基础,有着自己精辟的分析和解释;它深入研究各种历史事件是如何产生的,又如何发展的;它包含了深刻的哲理,完全可以算做哲学的一个门类。"①伊本·赫勒敦对一些学者的轻率作风和不真实的记载,也进行了严厉的批判。他说:"伊斯兰前辈大历史学家们搜集了过去历史事件的大量资料,撰写成了大部头历史著作保存下来。后来一些冒牌学者把自己编造的许多东西加了进去,这些故事从情节上看非常生动,实际上是靠不住的,是编造的,是假的。但是,到了更往后的时期,就有许多人相信了他们的故事,把他们听到的一切,又都传给了我们。在这里,根本没有事件发生的原因和情况,这些史料很少经过考证,大部分也没有经过认真的校正,记叙的许多事实张冠李戴,甚至是凭空想象出来的。模仿伪造对于人类来讲是根深蒂固的,冒牌学问也是屡见不鲜的。"②

他又说:"先辈们撰写了过去发生的大量事情,编写了世界各民族各国的历史巨著,他们因此也得到了巨大的赞誉,被尊为'权威'、'前辈'。但是,他们人数不多,屈指可数。例如:伊本·伊斯哈格③、塔巴里④、凯

① 《伊本·赫勒敦绪论》,第3页。
② 《伊本·赫勒敦绪论》,第4页。
③ 伊本·伊斯哈格(Ibn Ishaq,卒于768年),伊斯兰初期历史学家。生于麦地那,卒于巴格达。著有《穆罕默德先知传记》、《四大哈里发》和《武功记》等。
④ 塔巴里(Muhammad Ibn Jarir al-Tabri,838—922年),著名伊斯兰历史学家、经注学家。著有《历代先知与帝王史》13卷、《古兰经解总汇》30卷。他的历史著作采用纪年体的编写方法。

尔比①、瓦基迪②、赛夫·艾萨迪③等人。他们都是著名的学者,不同于一般的人。虽然我们在考证的时候,在瓦基迪和麦斯欧迪④的著作中,也会看到许多毛病和不足的地方。这也没有什么奇怪的,在许多权威学者的著作中,这种现象是常见的。但是,大家还都是认可他们讲述的事实,遵循他们编写和分类的方法。一个明眼的评论家,他自身就是一个标准,分得出来哪些信息是真实可靠的,哪些是不可靠的。历史发展具有许多特性和不同的情况,依据这些不同的情况和特性,可以检验出他们传述的这些故事,这些事实,这些文物是否真实。再说,这些人编写的历史,基本上是用同样的方法和风格,包括他们编写的伊斯兰初期的伍麦叶王朝和阿拔斯王朝两个国家在世界各地的开拓情况和历史,远远没有达到预期的目标和要求。其中有些人,例如麦斯欧迪等人,他们编写的历史,包括了创世等荒原时期在内的更为广泛的历史视野。而后来的人,改变了这种泛泛地编写历史的方法,不再求大求全,而是局限于他们生活的那个时代、那个空间、那个国家所发生的事情,编写他们生活的那个地区那个国家的历史。"⑤"但是,后来的人却都是因袭模仿,显得笨拙,缺乏思想,一味地生搬硬套。他们对时代发生的变化,对过去许多国家和朝代的兴衰,表现出十分茫然,不知所措。所以,他们记载下来的古代国家的历史和事件,显得干巴巴的,非常平淡,没有内容。他们传达的信息也无法认可,因

---

① 凯尔比(Hisham Ibn Muhammad al-Kalbi,卒于819年),阿拉伯家谱学家,著有《家谱大全》。

② 瓦基迪(Muhammad Ibn Umar al-Waqidi,747—822年),伊斯兰早期历史学家。出生于麦地那,曾任巴格达大法官。终生致力于伊斯兰扩张时期对外战争史的研究。主要著作有《武功记》(又译《圣战史》)、《征服埃及》、《征服叙利亚》、《征服波斯》等,汇集了大量珍贵历史资料。

③ 赛夫·艾萨迪(Sayf al-Asad,卒于815年),阿拉伯历史学家,著有《征服史》、《叛乱始末》等。

④ 麦斯欧迪(Ali Ibn al-Husain al-Mas'udi,卒于956年),阿拉伯著名历史学家和旅行家。生于巴格达。青年时期开始游学,先后到过阿拉伯半岛、伊朗、中亚等地,后来又到东非、印度和中国沿海地区。著作有《黄金草原》,这是一部史地百科全书。他是用纪事本末体编写历史的第一位阿拉伯历史学家,与塔巴里的纪年体不同。

⑤ 《伊本·赫勒敦绪论》,第4—6页。

为它无头无尾,不知道它是从哪里来的,后来又如何发展的,也无法考证它的具体内容。真正应该由他们做些注释的问题,在他们长篇累牍的著作中,却含糊其辞,说不清楚。当他们在叙述一个国家的历史时,他们把各种事件串起来,自认为是忠实地保存了原貌。他们不谈事件最初的情况,不提是什么原因促成事件发生的,也不分析最后为什么结束了。所以,读者仍需要自己去寻找这些国家存在的基本情况是什么,又分哪些步骤和阶段。探索它们互相碰撞和更替的原因是什么,找出它们之间既存在差异,又有许多相似之处的令人信服的缘由。"①"后来的另外一些人编写历史又过于简略,仅仅写出国王的名字,而他们的家谱和事迹都没有了,仅用阿拉伯数字表示出他们活动的时间来。所以,他们写的历史没有价值,无法接受和认可,因为没有可取可用的东西,完全不是史学著作。"②

伊本·赫勒敦说:"我阅读了这些书籍,也探测和衡量了昨天和今天的深浅,我的思想从长期的沉睡中清醒过来。我白手起家,可以作出最好的编排和分类,于是编写了这本历史书,把掩盖在过去真实情况上的幔帐揭去,把这些情况仔细加以分类和阐述。我从古老国家发展情况讲起,分析各种事件发生发展的原因,一章一节地叙述。主要依据的是各个时期开发马格里布地区的各个国家的史料,这些国家存在的时间有长有短,涉及的范围包括了这些地区的城市和村庄。这里主要是阿拉伯人和柏柏尔人,这两个民族长期在马格里布居住生活,这里也是他们的归宿。在这里,除了这两个民族,很难再找到别的什么人。"③"我编写这部书,内容和文字都注意修饰润色,使它既能为专家学者接受,也能为普通人所理解,雅俗共赏。在编排上,我采用完全不同的方法,一种奇怪的方法,一种崭新的方法。着重阐述在人类社会和文明发展的进程中,遇到了哪些由自身原因造成的事件,特别说明那些会使你感兴趣的造化和变化的缘由和因果关系;告诉你这些国家是如何兴盛起来的,又如何衰败了;让你了

---

① 《伊本·赫勒敦绪论》,第6页。
② 《伊本·赫勒敦绪论》,第6页。
③ 《伊本·赫勒敦绪论》,第7页。

解在你之前的那些时期，发生了什么事情，和在你之后会发生什么事情。"①

伊本·赫勒敦学识渊博,阅历丰富,观察力强,善于捕捉历史事件中大大小小关键性问题。而在编写历史书籍时,又是非常严肃认真的;同时又是非常谦虚的。他承认自己的不足,欢迎大家批评指出,这在古代阿拉伯学者中是很少见的。他说:"这部书还是独特的,因为它包括了许多鲜为人知的科学知识,还有许多大家很熟悉,但又被掩盖了的哲学道理。尽管我尽到最大的努力,但是面对世人,我承认自己做的是不够的,在编写这样一部书方面,我感到自己仍有许多不足的地方,希望知识渊博的学者,要用批评的眼光来看这本书,不要用赞赏的眼光。当他们发现了问题,就请给予纠正和谅解,这点货色对于有学问的人来说,是微不足道的。承认不足可以摆脱指责,而朋友的赞扬也是所希望的。"②

伊本·赫勒敦认为,历史是一门非常重要的学问,对一个研究编写历史的人,要求也是多方面的,他需要了解各种知识,需要有眼光和原则。这样他才能找到真理,避免犯错误。他说:"因为有许多事情,如果没有认真研究人类社会风俗习惯产生的基础,没有研究制定各种政策的原则和社会发展的规律是什么,没有把现实的情况和过去的情况进行比较,而仅仅是转述和传抄,就很可能会犯错误,就会不真实。许多历史学家在叙述历史事件时,经常出现错误,就是因为他们依靠转抄而来的信息,不管其是否正确,不探讨其究竟,也不与类似情况和事件作对比,更不会用理智去思考,用审慎的眼光去研究,以便对这些事件进行正确的判断,他们背离了正确的方向,陷入了空想和错误的泥潭。"③伊本·赫勒敦还举出许多例子,说明这些历史学家所犯的错误:"譬如以色列的军队人数,他们说,摩西④带领以色列人逃出埃及后,在西奈沙漠清点拿武器的人,也就是20岁以上的男子的数目,有六十多万人。他们完全忽略了当时埃及

---

① 《伊本·赫勒敦绪论》,第7页。
② 《伊本·赫勒敦绪论》,第7页。
③ 《伊本·赫勒敦绪论》,第10页。
④ 摩西(Moses),前13世纪以色列人的领袖和先知。

和叙利亚的具体情况,如何能容纳这样庞大的军队。一个国家需要有自己的防卫力量,但不能超过自己的能力和需要。否则,它就承担不了。再说,这样庞大数目的军队如何行军?如何作战?而能够作战的地方又是那样狭窄。如果把这些军队排列成作战序列,所占的地方是平时的两倍、三倍,甚至更多。首尾不相顾,这样的阵势,两军对垒,又如何作战?!看看现在的情况就可以知道过去的情况,过去的情况和现在的情况是一样的。这一滴水和那一滴水没有什么区别。"①但是,以色列人军队有60万人的数字,来自《圣经·旧约》中的《出埃及记》。伊斯兰教承认《圣经》也是"天启的经典",伊本·赫勒敦也不可能公开批驳《圣经》,他只想用科学和事实说明问题。他说:"根据麦斯欧迪的记载,雅各布(以色列)带领众子孙来埃及投奔优素福(约瑟)时,共70人。他们在埃及定居下来,直到摩西带领以色列人走出埃及,相隔时间是220年②。很难让人相信,在几代人的时间内,以色列人就繁衍到这样庞大的数目。"③"他们的实际数目很可能是数百人或数千人,而超过这个数目就很难让人相信。"④

伊本·赫勒敦的分析是正确的,他的判断也是准确的。当代犹太人学者、以色列前外交部长和副总理阿巴·埃班(Abba Ebam,1915 年出生)也说:"希伯来人的两次迁徙(出埃及)估计都是分批进行的。迁出的确切人数不详。据《圣经》记载,约有六十万男人以及他们的妻子儿女。这个数字显然太高了。那么多的人在西奈大沙漠中靠什么维持生活呢?看来也许只有数千人。"⑤他对《圣经》中的数目,也提出质疑。他的分析和判断与700 年以前伊本·赫勒敦的看法是完全一致的。伊本·赫勒敦认为:"造成有些历史事实记载不真实的另一个重要原因,是历史学家对各种发展情况的无知。每一个历史事件,无论是由自身发生的,还是与其

① 《伊本·赫勒敦绪论》,第 11 页。
② 据《出埃及记》第十三章第三十七节经文,以色列人住在埃及共有 430 年。
③ 《伊本·赫勒敦绪论》,第 12 页。
④ 《伊本·赫勒敦绪论》,第 12 页。
⑤ 阿巴·埃班著,阎瑞松译:《犹太史》,中国社会科学出版社 1986 年版,第 16 页。

他事物互动发生的,必然具有自身的特点,并表现出不同的情况。听到有关这些事实信息的人,如果他了解事件的性质,了解事件表现出来的各种情况及其产生的原因,那么,他的这些知识就能帮助他去分析这些信息,区别哪些是真实的,哪些是不真实的,这是最全面的分析。但是有许多时候,历史学家接受了一些根本不可能的信息并传播它,产生了很大的影响。"①"例如,麦斯欧迪在记载亚历山大大帝②的事迹时说,海中有怪兽阻止他建造亚历山大城。于是亚历山大大帝拿来一只大玻璃箱子,坐进去潜入海底,找到那些怪兽,并把他们的样子描绘下来。出海上岸后,按照图样做了一座金属怪兽雕像,安放在建筑物对面。那些怪兽从海底出来,查看了那座雕像,就跑掉了,亚历山大城终于建成。整个故事很长,完全是荒诞无稽之谈。再说,古代的帝王不会去做这种荒唐冒险的举动,如果有人去做,他肯定是自取灭亡,他的臣民肯定也散了,他的国家也很快毁灭了。因为他们知道,他下海后肯定是回不来的。"③"这是对该故事的质疑,而通过现实存在的事实来驳斥它,就更有说服力。一个人潜入水中,哪怕他是坐在玻璃箱里,正常呼吸所需要的空气越来越少。由于空气少,他的心脏温度会很快升高变热,失去了调节肺部和心脏生命功能的冷空气,他就会马上死去。这也是许多在澡堂里洗热水澡的人,如果没有新鲜空气,会很快死去的原因。"④"麦斯欧迪记载的另一个荒诞不经的故事,是关于罗马城里的雕像和欧椋鸟⑤。他说每年有固定的一天,大群大群的欧椋鸟都飞到这里的雕像旁边,嘴里叼着橄榄,都扔下来,罗马城里的人就用它来榨油。请看一下,这个故事多么荒诞和离谱。"⑥

---

① 《伊本·赫勒敦绪论》,第 36 页。
② 亚历山大大帝(Alexander The Great,前 356—前 323 年),马其顿国王。在位期间,率兵大举侵略东方,前 332 年,攻占埃及,在尼罗河三角洲的地中海岸建立亚历山大城。
③ 《伊本·赫勒敦绪论》,第 36 页。
④ 《伊本·赫勒敦绪论》,第 37 页。
⑤ 欧椋鸟(Starling),白头翁的一种。
⑥ 《伊本·赫勒敦绪论》,第 38 页。

"伯克里①也记载了关于一座叫'城中城'的故事。说这个城墙长有30天的路程,共有一万座城门。我们知道建立城池是为了安全的和防御,起到保护居民的作用,而这里的城没有围起来,起不到安全和保护的作用。"②

"麦斯欧迪还记载了一个关于铜城的故事。说是在西吉勒马塞(Sijil-masah)沙漠中,有一座完全由铜做的城,穆萨·伊本·努赛尔③在征服马格里布的途中,攻占了这座城。当时城门是紧闭的,一个人顺着城墙爬上去,到了城墙顶端,他就拍手,然后翻身跳下去,再也没有回来。这完全是荒诞无稽之谈,都是说故事的人编造出来的。有许多旅行者和向导都走过西吉勒马塞沙漠,他们从来没有看见过故事中所说的那座城市。故事情节也完全是不可能的,完全违反建设和规划一座城市所应遵循的正常方法。现有的金属最多也就是够做一些家具和器皿了,用它来做成整座城墙,是不可能的事,太离奇了。"④

伊本·赫勒敦在《绪论》中用了五十多页的篇幅,举了12个类似的例子,而且都是出自著名学者的学术著作中。他指出了这些错误所在,分析产生的原因,也提出避免发生类似错误的方法。他认为最好的办法,就是了解人类社会和历史发展的特点和规律,这也是最可靠的方法。要用理智进行思考和判断,既要了解和考察传达历史信息的人,更要了解和考察他们所传述信息的内容,如果是理智所不能接受的,那就应该拒绝接受它,也就是批判继承,客观公正准确地记载历史事件,用哲学的思维方法和逻辑来研究历史问题,这就是伊本·赫勒敦的科学治学态度。

2. 历史的因果关系。伊本·赫勒敦认为,一切事物都有它产生和发展的原因,都有它必然导致的结果。也就是说,历史有它自身发展的规

---

① 伯克里(Abu Obaid Abdu Allah al-Bakri,卒于1094年),中世纪著名地理学家、语言学家和文学家,原为西班牙阿拉伯望族,后落难浪迹天涯。主要著作有《省道记》和《地理辞典》等。

② 《伊本·赫勒敦绪论》,第38页。

③ 穆萨·伊本·努赛尔(Musa Ibn Nusayr,640—717年),伍麦叶王朝军事将领,征西大将军,先后攻占北非(马格里布)和安达卢西亚(西班牙)等地,并长期任该地区总督。

④ 《伊本·赫勒敦绪论》,第39页。

律,结果和原因是一致的,是联系在一起的,是一种因果关系,它贯穿在各个民族和国家的历史发展过程中。他认为地理、经济和心理三方面的因素,对历史发展有着重要的影响和作用。所谓地理因素,就是自然条件,它包括这个民族生活的地区、生存条件、自然资源和气候物产等。经济因素则包括生产方式、合作形式、物产丰歉程度等。心理因素包括族亲意识、凝聚力、权力欲望和伦理道德观念等。他从阿拉伯伍麦叶王朝和阿拔斯王朝的兴衰过程中,从北非马格里布地区柏柏尔人各苏丹国之间的激烈斗争的事件中,研究了为什么讲同一种语言、信仰同一个宗教的同一个民族,其发展的程度会有这样大的差异?! 他认为有政治、经济和思想三方面的原因。他们已不是原来过着单一游牧生活的民族,他们的政治地位和经济地位变了,他们对事物的看法和想法也就不一样了。也就是说,在人类历史发展过程中,政治、经济和思想的作用和影响,有时是要超过民族、宗教和文化的作用和影响。用七百多年以前伊本·赫勒敦提出的这一观点,来分析和认识当前阿拉伯世界不团结的现象,也许是有帮助的。伊本·赫勒敦还对阿拉伯人[1]提出了更为尖锐严厉的批评。他认为"被阿拉伯人征服的地方,很快就会遭到破坏"[2]。"因为阿拉伯人是野蛮的民族,野蛮的习俗和条件根深蒂固,成了他们的性格和行为,而这种品质是与文明发展背道而驰的。他们习惯的行为目标,就是不停地迁徙和掠夺,不能定居下来。而只有定居,才能有建设发展。他们生活的来源是他们手中的刀和枪,他们抢劫财物是没有止境的。"[3]他还认为"阿拉伯人是对权力政治最缺乏经验的民族"[4]。"因为与其他民族相比,阿拉伯人更深入沙漠腹地,更游牧化。他们习惯吃苦耐劳和艰难的生活条件,习惯于孤独寂寞的生活,也没有更多的要求,养成了他们桀骜不驯的性格,单骑走天下,彼此间很难领导。而酋长都有求于他们,以维护族亲意识和加强族群的自身保卫的力量。而权力政治则要求领导者使用权力推行他

---

[1]　这里主要指的是生活在沙漠的游牧民贝都因人。
[2]　《伊本·赫勒敦绪论》,第149页。
[3]　《伊本·赫勒敦绪论》,第149页。
[4]　《伊本·赫勒敦绪论》,第151页。

的政策和主张,阿拉伯人天性距离权力政治甚远。"①所以,伊本·赫勒敦认为"阿拉伯人的权力,总的来说都具有宗教色彩"②。因为"阿拉伯人生性野蛮,是彼此之间最难驾驭的民族。他们粗鲁,自尊心又很强,同时有很大的抱负和强烈的权力欲望,所以他们的志趣爱好很难取得一致。而当通过由他们中间出现的先知、圣徒等宗教性人物来管理和统治他们的时候,他们那种骄傲自大的态度和争权夺利的欲望就会消失,变得容易领导和团结一致。因为宗教就是要消除野蛮不开化和克服骄傲自大的性格"③。"如果先知来自他们本民族,由他以真主的命令行事,来教育他们,指导他们,就能去掉他们身上的种种恶劣品行,取而代之的是种种优良品行。把他们联合起来,伸张正义。"④"而当他们团结起来,取得了优势权力之后,他们就会成为接受真理最快和最容易领导的民族。因为他们天真淳朴,秉性无邪,没有歪曲心理。虽然他们生性野蛮,容易造成对他人的伤害。但同时他们也容易接受好的品质教育,使之成为自己的秉性,再没有那些恶习和劣行。'每个新生婴儿都是天性纯洁和天真无邪的。'这是穆罕默德先知的教导,的确是千真万确的。"⑤

伊本·赫勒敦认为,国家的出现和政权的产生,都是历史发展的必然结果,是既成事实,既完全没有必要像古代希腊哲学家所做的那样,为国家政权设计出最佳方案和最佳形式,以保证国家长存和权力常在,也没有必要为国家制定出标准,作为试金石以检验国家的合法性。他认为国家就是一种现实存在,它不断更新、不断延续,而不要管是谁在掌管这个国家。他认为虽然权力可以给人们带来荣誉和富贵,成为人们追逐的目标,但归根结底,实力决定追逐者的胜负。因为取得政权既要靠领导者个人的才能,也要得到族群的大力支持。每一个国家在刚刚建立的时候都是强大的,但是很快就会暴露出弱点,开始走下坡路。一个国家衰落的原因

---

① 《伊本·赫勒敦绪论》,第 152 页。
② 《伊本·赫勒敦绪论》,第 151 页。
③ 《伊本·赫勒敦绪论》,第 151 页。
④ 《伊本·赫勒敦绪论》,第 151 页。
⑤ 《伊本·赫勒敦绪论》,第 152 页。

很多,伊本·赫勒敦认为主要有以下几个方面:(1)疆土扩大,边远地区失控,地方势力坐大,由远及近,最后逼近京城;(2)统治集团内部争权夺利,矛盾加剧,彼此失去信任,结果大权旁落;(3)腐败堕落,沉湎于物质享受,加紧剥削与压迫,两极分化严重,激起民变……他认为这些都是历史发展的规律:在开始阶段,人们艰苦奋斗,是为了夺取政权;在夺得政权之后,人们具备了物质享受的条件,便开始走向堕落,直到最后灭亡。手段和目的在不断变化,因果关系贯穿始终。所以,他认为一个国家发展到极盛时期,也就是衰退时期的开始。

　　3. 历史是"周而复始"的。历史是不断变化的,也是不断前进的,这是伊本·赫勒敦的基本史观。然而许多历史事件有惊人的相似之处,有的简直就是在重演,这也是伊本·赫勒敦从亲身经历中,得出的另一个关于历史发展规律的结论。他坚信历史发展周期的"必然性",认为历史是"周而复始"的。他说:"一个国家经历了发展、壮大、衰败和灭亡的阶段后,另一个国家在前一个国家的废墟上重新建立起来,重复同样的阶段,周而复始无穷无尽地延伸下去。"①他看到北非马格里布地区各苏丹国的君主"穷兵黩武,骄淫奢侈,专制独裁,导致国家的灭亡",成为当时无一逃脱的规律。他认为一个政权、一种荣誉的建立,经过四代人之后就结束了。"因为,第一代人是创立荣誉的人,他知道创业的艰难,所以十分注意保持优秀品德的重要性,他知道这是创立荣誉和保持荣誉的根本所在。第二代人是他的儿子,他与父亲直接接触,听到过父亲讲述创业的艰难过程,也接受了父亲的许多品质和思想。但毕竟是听说的,与亲身经历过的人,对事物的理解是有差距的,会有许多不足的地方。到了第三代人,他很走运,他只需要模仿和照规矩办事就行了。一个照老规矩办事的人和一个勤奋工作创新的人,两者有很大的差距。到了第四代人,与前三代人在许多地方完全不一样了。他丢掉了那些优秀品德,他藐视别人,认为这些荣誉和事业非他莫属。他只看到了人们对他的尊重,而不知道这一切都是如何发生的?! 为什么会发生?! 他认为自己比其他人高贵,可以随

────────────

① 哈纳·法胡里:《阿拉伯哲学史》,第494页。

意指挥别人。他完全不了解为了能指挥别人,他自己应该具备哪些优良品德……大家对他也表示不耐烦,也藐视他。这个显赫的家族凋谢了,门第也毁灭了。"①"这就是王室政权发生和发展的过程。我们说一个政权持续四代就结束了,是指大多数情况而言。有些家族政权可能持续不到第四代就衰败了,就毁灭了。有些家族可能持续到第五代、第六代。但是经过四代人应该是最少的,即艰苦创业者一代,直接继承者一代,墨守成规者一代,毁灭败家者一代。"②

伊本·赫勒敦还认为,一个国家和一个人一样,有它的自然年龄。根据医生和星相家的推算,一个人的自然年龄是120岁。他认为一个国家的自然年龄也是120年,也就是三代人的成长发展阶段(40年)加起来的总和。

---

① 《伊本·赫勒敦绪论》,第136页。
② 《伊本·赫勒敦绪论》,第137页。

第四章　阿拉伯逻辑学

第一节　阿拉伯逻辑学的创立与发展

一、学习与引进

在 8—9 世纪的伊斯兰"百年翻译运动"中,翻译了众多希腊、印度和波斯等国的先进文化和科学书籍,其中,逻辑学著述成为重要的翻译对象。这仍是基于当时伊斯兰社会的思想交锋与学术发展的需要。首先,当时穆斯林和犹太人关于信仰、教义、神学诸方面的争论,迫使阿拉伯人去接触和了解希腊逻辑学,以便使自己的理论根据更加充分和有说服力,因为当时的犹太人对希腊文化特别是逻辑学有充分的了解,他们在辩论中很好地利用了这一点。其次,当时波斯人原来的宗教信仰和教义,例如琐罗亚斯德教的善恶二元论等,都与逻辑学发达的古希腊的二元论神学思想有关系。逻辑学在思维、辩论和论证以及组织学说方面显示出来的作用与威力,对文化欠发展的阿拉伯人的心灵以巨大的冲击,所以他们对逻辑学的需求也变得极为迫切。

在逻辑学著述的翻译中,亚里士多德的《工具论》(*Organon*)一书最受重视,有几位翻译家对它的几个版本予以了翻译。亚里士多德的学生索福拉斯托斯(Theophrastus,前 372—前 287 年)有关逻辑学的著作,如有关条件三段论法(假言命题)和对模态逻辑(Modal Logic,又译程式逻辑)的不同理解的著作,也被译成阿拉伯文。

还有罗马古代著名医生、自然科学家盖仑(Claudius Galen,129—199年)的逻辑学著作也被翻译为阿拉伯文。盖仑在医学上的成就和名气最大,但他在哲学特别是在逻辑学方面也有许多出色的成就,他的许多逻辑学观点成为当时学习医学的理论基础。盖仑关于图解定义和关系推理的理论,对阿拉伯哲学家影响很大,并由他们加以发展和传播。尽管有人否认三段论的第四格不是盖仑首先提出的,但阿拉伯哲学家却是从他那里接受并加以确立下来的。根据艾比·乌萨比耳①在《名医大全》中的记载,盖仑的逻辑学著作有《演绎法》、《逻辑学入门》、《〈解释篇〉注释》、《论项》和《论图》等。

亚历山大·艾弗罗迪西(Alexander of Aphrodisias,生活在 2 世纪末—3 世纪初)的著作,当时在阿拉伯国家也有流传。他对亚里士多德著作《分析篇》的注释,深得阿拉伯哲学家的好评,他的"四个理智"的理论,对阿拉伯哲学家有很大的影响。伊本·西那认为他是亚里士多德学派的后起之秀,汲取了他的理论观点,这对他完成哲学巨著《治疗论》(*al-Shifa*',又音译《希法》)有很大帮助。

波菲利(Porphyrios,232—305 年)著有《亚里士多德范畴篇导论》,简称《导论》(*Isagoge*),他提出的"类、种、固有性、特异性、偶然性",称为"五全称命题"(The Five Universals)或"五称宾词"(The Five Predicables),又称"波菲利树形图",对中世纪阿拉伯逻辑学的发展起了很大的作用。阿拉伯逻辑学者还运用波菲利的"外延法"(extensive)来研究项间的关系。通过"波菲利树形图"上"种"和"类"交错的情况,可以看出阿拉伯哲学家是如何运用"外延法"的。

希腊斯多葛派的"命题逻辑"对阿拉伯哲学家也有很大的影响,例如他们很早就把"假言命题"(Hypothetical Proposition,亦称条件命题)分为充分条件的和必要条件的两类,意义也分为词面和内涵两个方面。阿拉伯逻辑学据此对命题逻辑和假言(条件)命题予以了更广泛、深入的研究。总的来说,阿拉伯哲学家认为亚里士多德学派的逻辑学和斯多葛派

---

① 艾比·乌萨比耳,生于 1203 年,是中世纪阿拉伯著名医生,1245 年完成巨著《名医大全》(又译《各类医生珍闻集》),包括了从古希腊到当时的许多著名医生的传记评述,是世界医学史的重要参考资料。

的逻辑学没有本质的差别,而是相辅相成、互为补充的。

二、基本逻辑观

阿拉伯语中的"逻辑"一词是"Mantiga",它是由词根"Nutg"派生出来的,意思是"发音"、"说话"、"言语"等。这说明古代阿拉伯哲学家们从一开始就意识到"逻辑"与"语言"有着密切的关系。"当初阿拉伯逻辑学家翻译希腊逻辑学时,用的是'Mantiga'一词,表示发音和说话的意思,不是传统意义上的推理。也就是说修饰语言,纠正语言上的错误,因为当时的逻辑学研究往往与语言和语法的研究联系在一起。"[1]这表示阿拉伯逻辑学家们同意古希腊人对逻辑来源的看法,认为逻辑的起源与说话的活动有关。他们也就在此意义上开始对逻辑予以研究。

由于正统的伊斯兰教凯拉姆学派从事对《古兰经》语言的研究,而和强调与语言研究直接相关的逻辑研究发生关联,导致对逻辑学性质、作用与意义的看法发生争论。伊斯兰教凯拉姆学派和教法学家将一切知识与真理归源于穆罕默德的言行,因此反对对世俗意义上的语言与逻辑进行研究。正因为他们对逻辑这一理性研究的学科予以抨击,谴责逻辑是没有信仰的古代人的学问,迫使逻辑学家在逻辑研究中增加了神学和教律学的内容,以避开宗教学家的反对锋芒。与此同时,他们也将逻辑概念重新界定,将其从"语言"和"发音"的原义,发展引申成为"思维"和"推理"等新含义。"学者们对人的灵魂潜在能力进行分析,又对可以表现为声音和行动的外在语言能力和表现为思维的内在语言能力加以区别,这样,推理的基本原则被定位为逻辑的精确含义。"[2]

这样一来,逻辑概念即对一切思想与思想的表达都普遍适用。逻辑学家们趁此就把逻辑以及逻辑学升格,称之为一切学科的"标准"、"天平"、"试金石"和"工具"等。[3] 这可用具有保守倾向的著名伊斯兰教思

---

① 穆罕默德·萨利姆:《阿拉伯逻辑学史》,埃及亚历山大市大学青年出版社1983年版,第69页。

② 穆罕默德·萨利姆:《阿拉伯逻辑学史》,第66页。

③ 参见穆罕默德·萨利姆:《阿拉伯逻辑学史》,第69页。

想家、教法学家安萨里(1058—1111 年)的话为代表:"逻辑是法律规则,用它来区别什么是正确的项,什么是正确的三段论,从而区分出什么是真实的学问,什么不是真实的学问。所以逻辑就像是所有学科的测量标准,是一杆秤。"①这成为了后来阿拉伯伊斯兰哲学家对逻辑以及逻辑学的基本看法。

逻辑概念以及逻辑学在与宗教和解后,被当成了阿拉伯哲学家研究哲学与伊斯兰教义学家、教法学家研究教义教法的基本工具。"到了阿拉伯穆斯林思想家那里,逻辑学开始成为工具,目的是保证人的思维活动不犯错误。也就是说,逻辑学成为研究广义知识的方法和途径,实际上是归纳逻辑学,研究对象是存在的各种事物。"②逻辑用来保证人的思想(脑子)不犯错误,在他们看来,"目的是要能够在信仰上区别什么是正确的,什么是错误的,使健全的理智能够进行正确协调,最终目的是达到永恒的幸福。作为一个理智的人,他的幸福就是要知道什么是善,什么是真,然后就要积极工作,努力争取,执著追求,才能达到真正的幸福。而人的思想有时会偏离正道,把不是真与善的东西当成真与善,而且还坚持这种错误,于是他就得不到真正的和永恒的幸福。一个人不能区别真与假,不能区别善与恶,那他肯定得不到真主的宽恕,所以一个要求解脱的人,就一定要能够区别真与假,区别善与恶。因此他要掌握逻辑这一规则,才能保证他在思想行为上不犯错误。"③由于阿拉伯和穆斯林哲学家把学习逻辑与端正穆斯林的宗教信仰紧紧联系在一起,他们都十分热衷于研究逻辑学。

第二节　阿拉伯哲学家与逻辑学

从 8 世纪中叶起,阿拉伯人翻译了大量的古希腊逻辑学著作,并予以

---

① 转引自穆罕默德·萨利姆:《阿拉伯逻辑学史》,第 68 页。
② 穆罕默德·萨利姆:《阿拉伯逻辑学史》,第 62 页。
③ 穆罕默德·萨利姆:《阿拉伯逻辑学史》,第 69 页。

了深入研究。许多阿拉伯学者在逻辑学的研究中,结合本国本地区的具体情况,发展了逻辑学,取得了丰硕的成果。虽然他们的著作大部分至今仍然是手抄本,珍藏在世界的大图书馆里,没有传播开来,但是仅从已发表的有关著作来看,他们对逻辑学的研究是值得高度评价的。

一、法拉比与思维科学和逻辑学

在较早时期阿拉伯和穆斯林哲学家中,对逻辑学贡献最大的是法拉比(约 870—950 年)。他的《逻辑学引言》、《文明策》、《美德城邦》、《学科统计与介绍》等著作,代表了他对逻辑学的认识和研究水平,其内容已大大超过了亚里士多德的《工具论》所涉及的范围。

探讨法拉比的逻辑学是逻辑学史的任务,而非哲学史的内容。但在法拉比看来,逻辑学虽然不是哲学的一部分,但逻辑学与哲学之间有一种非同一般的关系。而且,法拉比的逻辑学与他的思维科学是联系在一起的。

法拉比认为,人是大自然的一部分,是“小世界”。他把人称之为有理性的动物,认识能力、辨别能力是人所特有的能力。他特别指出了自然规律和思维规律的一致性。人类不仅肉体结构受制于自然界,而且在认识自然的过程中也要顺应自然规律而不能违背自然规律,因此思维规律和自然规律是统一的。

在法拉比看来,只有哲学观点是不够的,还必须有方法论的保证。方法论就是逻辑学。逻辑学是关于正确思维规律的科学,因此它应该成为哲学认识论的基础。法拉比说:“没有逻辑科学,就不可能获得任何知识……它之所以被称之为逻辑学的缘故,就在于理性是通过语言而成立的。”①他强调,任何知识都有三个来源、三个因素。三个来源是感觉、智性、思维;三个因素是正确命题、可信的事实和证明。他认为没有逻辑学这种推理和证明的工具的科学,就不能离开宗教信条得到独立发展的真

---

① 法拉比:《逻辑学论文集》,1975 年俄文版;转引自阿不都秀库尔·穆罕默德·伊明:《论艾卜·奈斯尔·法拉比的逻辑学说》,《新疆大学学报》1982 年第 4 期。

正的哲学和科学。

法拉比重视语言的作用,揭示了语言与思维的关系问题。他指出,概念是通过语言对一定的物体和状态的实质进行抽象化。科学名词是科学概念的言语化模型,表现一定的范畴。要进行科学推理,必须有科学的概念。在他看来,逻辑学需由语言的最简单因素达到最复杂的因素,即由名词到判断,由判断到推理。正是由于众多概念在思维过程中发生逻辑组合,互为因果,因而产生了判断和推理的形式。

法拉比提出的概念类型,分为简单概念和复杂概念,又分为"个体"、"属"、"种"(如树—植物—生物)。他对推理方法的贡献,则是详细论述了三段推论法,强调三段论是由互相对应和关联的两个判断推出结论的演绎方法。而归纳法作为由个别到一般的推理方法,是为演绎法准备条件的。

法拉比还十分重视正确思维原则的重要性,提出两种互相矛盾的思想不能同时进行推理的原则(矛盾律),一种思想只能在同一原因、同一关系、同一时间的前提下进行顺利推理的原则(同一律),在同一原因、同一关系、同一时间中,不能既是这个又是那个的原则(排中律)。

法拉比在逻辑学方面的贡献,是他不仅重建了亚里士多德逻辑学的科学权威,而且使逻辑学脱离形而上学成为一门独立的学科。他认真探讨了思维规律的问题,提出了语言同思维、语法同逻辑有密切关系的思想,他还涉及了有关数理逻辑、概率论和广义数论方面的问题,这些都是很有价值的。[①]

二、伊本·西那与逻辑学

在法拉比后,伊本·西那(980—1037 年)对逻辑学研究做了杰出的工作,应该说在这一时期他对逻辑学的论述最多,其中重要的有《指示和

---

① 参见阿不都秀库尔·穆罕默德·伊明:《论艾卜·奈斯尔·法拉比的逻辑学说》,《新疆大学学报》1982 年第 4 期;参见第·博尔著,马坚译:《伊斯兰哲学史》,第 102—103 页。

提示》、《照明哲学》、《治疗论》等著作。《治疗论》实际上是一部哲学的百科全书。其中有关逻辑学有《逻辑学入门》、《十大范畴》、《解释篇》、《三段论》、《后分析篇》、《诡辩论》、《演说辞》等，都对逻辑有大量的阐述，提出了许多与众不同的看法和观点。他是第一个对亚里士多德逻辑提出批评的哲学家。他探讨了定义与分类的理论、直言命题的谓词的量化问题，并提出了一种独创性的三段论学说（"temporally modalized" syllogism）。

伊本·西那对逻辑学的性质与作用有许多阐述。他说："许多兄弟喜欢学习哲学，他们要我讲一讲逻辑学的基本原则……我首先突出强调一点，逻辑技术是一门工具学，它可以保证人的思想在认识和接受事物时不犯错误，通过分析原因和认识的途径，达到正确的信仰。"[1]他又说："逻辑是一门理论工艺学，它告诉我们什么样的形式和质料，才能把正确的项真正称做'项'，把正确的三段论法真正称做'证'，又如何通过形式和质料，把有说服力的项称做'图'。它告诉我们什么样的形式和质料，使说服力很强的三段论法在辩论时，可以成为坚定不移的确认；说服力很明显的，可以成为演说时的大胆设想。它告诉我们通过什么样的形式和质料，可以知道什么是无效的项，什么是无效的三段论法。这种无效的三段论法称做谬误或诡辩，它不能确认任何事情，是一种幻想，但却能使人喜欢、讨厌和憎恶某种事情，抓紧或者放开某种事情，这是意识（感觉）三段论法。这些就是逻辑这门工艺学的好处，它与思想的关系就像语法与语言的关系，像韵律与诗歌的关系。但是健全的眼力和健全的欣赏力，可能不需要再去学习语法和韵律，但是人的眼力无论如何健全，也离不开逻辑这一工具来判断思想，以达到进步的目的，除非他是得到真主全力支持的人。"[2]关于什么是思想，他认为"是一个人把脑子里出现的事物收集一起，加以观察、认识、质疑和确认，然后上升转化为隐现的事物，这种升华

---

① 穆罕默德·萨利姆：《阿拉伯逻辑学史》，第112页。
② 穆罕默德·萨利姆：《阿拉伯逻辑学史》，第68页。

是需要步骤的,是有次序的,这就难免产生错误"①。

关于逻辑学专有学术名词的含义,伊本·西那作了更明确的阐述。他在《指示和提示》一书中对逻辑学专有名词解释时说:"习惯上把指向要求明白事物的话,称做'注释',它包括'项'(Term)和'图'(Diagram)等;把指向要求确认事物的话,称做'证据'(Proof),它包括'三段论'(syllogism)和'归纳'(induction)等方法。这就要求逻辑学者了解注释的原则,了解它是如何组成项和图的;了解证据的原则,它是如何组成三段论法和归纳法的。"②

他在解释"本体"(subjective)时说:"不必在意别人说了什么,所有不是主要成分和主要因素的事物,都可以把它看成想象。逻辑学者在回答问题时,几乎不能区分什么是本体,什么是范畴。"③关于"种"(species),他说:"逻辑学者容易忽略的是,他们以为两个命题中的'种'是一个含义,只是一般和个别的不同。"④关于偶有性(Accidents),他说:"逻辑学后来学者认为,偶有性就是所说的与本体在一起的偶有性。实际上根本不是这么回事,这里的偶有性就是偶然性,非本体性。"⑤关于"模态逻辑"(Modal logic)的研究,他说:"谁要是认为在全称命题(The Universals)中没有不必要的谓项,那他就错了。在我们先前的那些人,在这方面是不会和我们看法一致的,要说清楚这一点需要很长时间。"⑥关于矛盾论(Contradiction),他也有不同的见解。他说:"理解矛盾表现情况,要与程式(Modality)联系在一起,再看一下前人是怎么说的。"⑦关于"三段论",他说:"三段论就是我们已经证实的那些。……你对别人说什么不必太介意。他们说证据是必须的,争辩是普遍的可能的,感觉是靠不住的等等。

---

① 穆罕默德·萨利姆:《阿拉伯逻辑学史》,第115页。
② 穆罕默德·萨利姆:《阿拉伯逻辑学史》,第116页。
③ 穆罕默德·萨利姆:《阿拉伯逻辑学史》,第117页。
④ 穆罕默德·萨利姆:《阿拉伯逻辑学史》,第117页。
⑤ 穆罕默德·萨利姆:《阿拉伯逻辑学史》,第117页。
⑥ 穆罕默德·萨利姆:《阿拉伯逻辑学史》,第117页。
⑦ 穆罕默德·萨利姆:《阿拉伯逻辑学史》,第117页。

事情并不是这样,亚里士多德就没有说过。"①

　　伊本·西那认为逻辑学或者说逻辑哲学是通达知识的首要道路,逻辑学制定的十大范畴也就成为哲学研究的十大工具,逻辑是哲学研究的工具,是哲学研究的方法和道路。在他看来,逻辑学主要处理和阐述人类思维活动的规律,所以学习哲学必须首先学习逻辑学。伊本·西那用逻辑学理论和方法来阐述他的"世界无始"观点和对"肉体复活"的看法等。伊本·西那把逻辑称为"方法",也就是"道路"的意思。除了哲学之外,逻辑还可以应用到其他许多学科,例如物理学和数学等,它为这些学科的研究也提供方法和道路。

　　伊本·西那把哲学看成是不受时间和地点限制的人类永恒的学问,是知识学问之本,是高于其他知识和学问的。他认为逻辑学是理解和掌握各类知识学问的重要工具,它告诉人们正确的思维和正确的判断,从而帮助人们正确认识和掌握客观真理与规律。他认为哲学是无所不包的,在这个意义上讲,逻辑学又是哲学的一部分,但是从学科的内容和目的上来讲,逻辑学又是独立的。在他看来,二者的区别在于,是对逻辑学的内容进行理论研究,还是用逻辑学的规律去研究其他学科。由此,伊本·西那避开了古代希腊哲学家逍遥派和斯多葛派关于这一问题的争执。他认为逻辑学是纯理论的概念学,因为"逻辑学的内容只存在于人们的头脑中,它告诉我们如何区分本质和现象,如何区分正确和谬误,因而我们在理解概念时就不会犯错误,并作出正确的判断,而不会接受错误的结论。这样逻辑学就为我们描绘出通向真理之路,使我们避免犯诡辩论的错误"②。

三、伊本·路西德与逻辑学

　　在伊本·西那以后的一段时期,阿拉伯逻辑学的研究显得不太活跃。

---

① 穆罕默德·萨利姆:《阿拉伯逻辑学史》,第117页。
② 伊本·西那:《希法·逻辑篇》"前言",开罗:马哈茂德商务印书馆1953年版,第57页。

虽然也出现了一些有影响的思想家,但他们所做的纯逻辑研究不多,偏重于调和以逻辑思想为核心的理性主义与以天启为来源的宗教精神的矛盾。

首先值得一提的是伊本·哈兹姆(Ibn Hazm,994—1064 年)。他是一位教法学家、哲学家、诗人、历史学家和教义理论学家(穆台凯里姆)。他的著作很多,主要是关于哲学、教法、教义理论等方面的,只有一本是关于逻辑学的,即《逻辑入门》。在这本书中,他用方言和教法中的例子来阐述逻辑,并且在阿拉伯语法研究中运用逻辑方法,根据《工具论》中的模式来审校伊斯兰教义中的问题,他第一个肯定了理性模式和宗教教义模式是相似的。

这一时期的教义学家、哲学家安萨里(al-Ghazzali,1058—1111 年)也基本上采取同一种方式,即调和教义学与逻辑学之间的分歧,他常常用教义教法上的例子来阐述逻辑学。他在逻辑学方面的著作有《思想的试金石》、《科学的天平》、《哲学家的目的》和《摘要》等。特别是后者,可算做是伊斯兰教义逻辑学史的开始。甚至他对教法基础的阐述,也是建立在逻辑的基础上,因为他试图以此把这两个学科结合在一起,但实际上两者的关系至今仍然是争论不休的问题。在有些宗教学家看来,哲学是恶不是善,逻辑也包括在其中,所以采取一概否定的态度。

伊本·阿里·巴格达迪(al-Baghdadi,1087—1165 年)著有《哲学考证》,这是一部逻辑学的著作。他在该书的"前言"中说:"我这部书分为三卷。第一卷是逻辑学,第二卷是自然科学,第三卷是形而上学,即神学。我把逻辑学摆在最前边,因为它是思想的展现,是思维的规律。我在排列各种问题、各类学科和论文时,遵循亚里士多德的做法,即逻辑学、物理学(自然科学)和神学的次序。"[①]他又把逻辑学卷加以详细分类,他说:"逻辑学卷包括 8 篇:第 1 篇 16 章,第 2 篇 7 章,第 3 篇 18 章,第 4 篇 7 章,第 5 篇 7 章,第 6 篇 1 章,第 7 篇 2 章,第 8 篇 1 章。"[②]在他看来,阿拉伯逻

---

① 穆罕默德·萨利姆:《阿拉伯逻辑学史》,第 137 页。
② 穆罕默德·萨利姆:《阿拉伯逻辑学史》,第 137 页。

辑学发萌于伍麦叶王朝（660—750 年），发展于阿拔斯王朝（750—1258年）前期。公元 10—11 世纪，大量的外来宗教思潮渗透到阿拉伯国家，穆斯林思想家积极进行批判和反击。这些外来宗教思想特别是基督教思想受到希腊哲学和逻辑学的深刻影响，所以阿拉伯学者以其道而还之，哲学和逻辑学得以迅速发展。另外，伊斯兰教思想界的不同学派之间的争鸣，也促进了这一发展。例如"精诚同志社"，其宗旨和主要思想都体现在《精诚同志社论文集》中，共 51 篇论文，其中第 10 篇论文是"逻辑学导论"，主要讲解逻辑学常用的学术用语，区别什么是语言逻辑，什么是哲学逻辑；第 11 篇讲解逻辑的十大范畴；第 12 篇讲解"前分析篇"、"后分析篇"和"解释篇"等。

　　阿拉伯历史上最伟大的哲学家是马格里布（阿拉伯西部地区）的伊本·路西德（Ibn Rushd，1126—1198 年），他注释过亚里士多德著作的逻辑学著作，自己也有逻辑学方面的著述，如《驳〈哲学家的矛盾〉》和《逻辑导言》等。他认为"科学和工艺分三类，一类是理论性的，它的目的就是传播知识。第二类是实践性的，学习知识是为了实践。第三类是指导和辅助性的，这就是逻辑学工艺。"[①]又说："理论性工艺学又分为两类，一类是概括性的，包括全体及各分支，如辩论学和诡辩学等。第二类是仅仅包括其中一部分，不能概括全体，如物理学，它只研究变化着的存在。"[②]还说："工艺学科的教育原则有两个，一个是我们知道的前沿知识也是存在的前沿，它包括教育的全部内容。所有的论证也都是与绝对论证协调一致的。第二个是我们知道的前沿知识在存在上是滞后的，它只包括这一学科的大部分内容。由这些滞后的原则（知识）得出的论证称做倒证（反证）。但是如果从这方面的研究我们知道了事物产生的原因，那么这些起因就可能成为后来发生事情（结果）的直接原因的中间过渡项，那么由此得出的论证仅仅只能说明原因的证据。"[③]

---

① 穆罕默德·萨利姆：《阿拉伯逻辑学史》，第 120 页。
② 穆罕默德·萨利姆：《阿拉伯逻辑学史》，第 121 页。
③ 穆罕默德·萨利姆：《阿拉伯逻辑学史》，第 120 页。

安萨里曾写了《哲学家的矛盾》一书,大大贬低哲学思想和哲学研究的意义,否定理性探索的价值。伊本·路西德在《驳〈哲学家的矛盾〉》一书中对安萨里提出的问题,逐一进行分析和批判。他先列出安萨里的观点逐句逐段进行分析,然后指出他错误的地方和错误的根源,采用了逻辑论证和推理的方法。例如,他在论证伊斯兰教允许和支持理性探索与哲学思想研究时,就引用《古兰经》的经文。伊本·路西德认为哲学只不过是观察宇宙万物,从中认识造物主的存在,而《古兰经》的经文也具有同样的含义,如"难道他们没有观察天地的主权和真主创造的万物吗?""有眼光的人们啊!你们应该认识呀!(马坚译为:警惕吧!)""你应凭智慧和善言而劝人们遵循主道,你应当以最优美的态度与人辩论。"①伊本·路西德认为这些经文完全支持穆斯林从事哲学研究,因为"观察"和"认识"是理性的尺度和规范。"认识"就是从"已知"中发现和推论出"未知";"观察"是思考的前提;"辩论"就是摆事实、讲道理,就是探求真理;"智慧"更是哲学的同义词,智慧之学就是哲学。

又如,伊斯兰教经典中的某些经文具有"外在"和"内在"两重意思,只有通过演绎的方法,才能得到其真实的含义。伊本·路西德认为经文具有外在和内在两重意思的原因,是人们的认识能力和理智水平存在着巨大的差异。他把人分为三类:第一类是哲学家,他们能够深入事物的本质,探求宇宙的真谛和奥秘,得到真知;第二类是宗教学者,他们可以到达认识的彼岸,得到确信无疑的知识,然而他们并没有经过刻苦的钻研和辛勤的劳动;第三类是普通老百姓,他们的才智先天准备不足,只能接受经人传播给他们的知识。伊本·路西德还认为,不是所有的人都可以运用演绎的方法,进行推理和判断,对经文进行解释的。只有哲学家才可以这样做,因为他们知识渊博,精通逻辑学,因此他们的推理和解释才会是一致和正确的。所以,他对安萨里最后的评价是,安萨里是一位善于辩论的教义学家,而不是善于推理的逻辑学家和哲学家,他写的书名应该叫做《安萨里的矛盾》,而不是《哲学家的矛盾》。

---

① 此三句分别引自《古兰经》7:185;59:2;16:125。

伊本·路西德的所有这些努力,目的就是要说明哲学通过逻辑推理得到的真理,与宗教通过天启得到的真理,两者都是真理。他说:"哲学和宗教带来的都是真理,真理和真理是相辅相成,并非相左相悖。"①因而明确提出了"双重真理"的理论,在这里逻辑的推理和判断给了他很大的帮助,也使他的结论具有很强的说服力。

这一时期的哲学家、逻辑学家作出许多努力,力图调和哲学、逻辑学与宗教学科的矛盾,所以人们也把这一时期称为"调和时期"或"折中时期"。

四、阿拉伯逻辑学的黄金时期

阿拉伯逻辑学的黄金时期是指从 12 世纪末至 14 世纪。阿拉伯逻辑学发展的特点是,在吸收消化古希腊逻辑学的基础上独立分离出来,为逻辑学增加了新内容,不再事事都从希腊逻辑学中找根据和典型事例,处处都要借用希腊逻辑学的理论和观点。对于阿拉伯逻辑学家来讲,亚里士多德的影响在逐渐减少,伊本·西那的影响在逐渐增长,特别是他的《指示和提示》一书成为许多学者研究的课题,该书也是促进阿拉伯逻辑学发展前进的主要因素。另外,前一辈学者为调和宗教与逻辑研究之间的矛盾而作出的巨大努力,也有明显的成效。这就是逻辑学可以全面深入运用到教义理论学(凯拉姆)、教法基础理论学(乌苏勒)和语言学的研究中去,使逻辑学与这些宗教学科和语言学科研究结合在一起。这也是这一时期逻辑学发展的一个显著特点。

在对伊本·西那著作的研究过程中,不同的观点也常常引起激烈的争论,这些争论有助于问题研究的深入和学术水平的提高。这一时期的代表人物有费克里丁·拉齐(al-Fakhr al-Din al-Razi,1149—1209 年)。他是一位教义理论学家(穆台凯里姆)、经注学家、哲学家和逻辑学家。他的逻辑学著作有《伊本·西那〈指示与提示〉注释》、《〈指示〉精华》、

① 伊本·路西德:《哲学与宗教关系论断》,开罗:马哈茂德商务印书馆 1996 年版,第12 页。

《照明哲学研究》、《早期学者和晚期学者思想荟萃》等。他对亚里士多德
的逻辑思想有所批评,并发展出一种归纳逻辑形式。纳斯尔丁·图斯
(Nasir al-Din al-Tusi,1201—1274 年)是一位天文学家、数学家、哲学家和
逻辑学家。他在蒙古人统治时期,于 1259 年在中亚地区阿塞拜疆的马腊
格修建了一座天文台和图书馆。天文台规模巨大,仪器设备齐全,其中一
些天文仪器和他编制的历法,经穆斯林天文学家贾马鲁丁传到了中国。
图书馆藏书丰富,包括多种学科。纳斯尔丁·图斯著作很多,逻辑学方面
有《伊本·西那〈指示与提示〉注释》、《论证基础》、《费克里丁·拉齐〈学
者思想荟萃〉概要》;哲学方面有《论理智》、《信仰解析》、《纳斯里伦理
学》;数学方面有《欧几里德几何原理》、《平面几何》、《代数学》;天文学
方面有《大综合论解析》、《天文学札记》等。纳斯尔丁·图斯把逻辑当做
一种工具,又当做一门学问,它可以使人们消除误解,摆脱思想困惑。他
认为一切知识不外乎概念与判断,概念通过定义获得,而判断通过三段论
法的演绎推理获得,所以定义和三段论法是获得知识的两种手段和方法。
他的逻辑学基本理论是亚里士多德的系统,在具体分类和分析方法上,是
遵循伊本·西那关于三段论法的分类和分析方法的。

苏哈拉瓦尔迪(al-Suhrawardi,1155—1191 年)是照明哲学学派的创
立者,其代表作为《照明哲学论》和《光明殿堂》。前者的第一篇就是逻辑
学。他对亚里士多德的逻辑进行了猛烈的批评,认为它没有增加新的知
识和学问,而主张摆脱传统逻辑的束缚。阿卜杜·拉蒂夫·巴格达迪
(Abd al-Latif al-Baghdadi,1163—1231 年)是一位著名的医生,也是一位
哲学家。他写了不少有关逻辑的论文,如《论第四格的虚伪性》、《论三段
论的复杂形式》和《论条件三段论的虚伪性》等。从这些论文的题目,我
们可以看出阿卜杜·拉蒂夫·巴格达迪对逻辑学的研究是很深入的,有
许多新的见解。可惜的是这些论文都已失传,只从别的典籍中看到这些
论文的题目。

这一时期的逻辑学家还有穆罕默德·洪吉(卒于 1248 年)。他留下
来有关于量词、量化(Quantification)的著作。阿西尔丁·阿布哈里
(1200—1265 年)是一位天文学家、哲学家,著有《天文学知识》、《逻辑导

论》和《逻辑指南》等。卡兹维尼(1220—1276 年)是天文学家、哲学家,著有《太阳论》,这是一部逻辑学著作。萨拉杰丁·乌尔麦维(卒于 1283 年)是一位教义学家和逻辑学家,著有《逻辑学之光》。《太阳论》和《逻辑学之光》是当时传播很广的两部著作,后来的许多学者为这两部著作一再作注疏,就说明了这一点。这两部著作内容很丰富,且互为补充,涉及的课题很广泛,代表了阿拉伯逻辑学的成熟和达到的高峰,实际上是阿拉伯逻辑学的全面概括和总结。在这一时期,逻辑学的研究超过了哲学领域中其他学科的研究,许多学者专门从事这一学科的研究,都有这方面的专著。这在当时是一个很奇特的现象。因为当时盛行杂家和百科全书式的学术研究。逻辑学研究的领先地位不仅限于此,甚至连阿拉伯语言学和伊斯兰教法基础学在自己的学科研究中,都更多地接受和运用逻辑学原理和方法。大教法学家赛福丁·阿迈迪(1156—1233 年)的巨著《教法基础论》四卷,是运用形式逻辑最多的教法著作。大语言学家尤素福·萨凯克(1160—1228 年)所著《科学索引》,是一部新的语言学大全,包括语音、语法、词法、修辞等诸多内容。他在分析语法、词法、修辞的语言现象和语言工具时,就大量使用了逻辑原理和方法,特别是演绎法、外延法、条件命题等。不仅如此,当时在哲学、数学、教义理论等学科,也都广泛运用逻辑学原理和方法。逻辑学的"泛滥"引起了宗教保守人士的极大不满。大学者、大伊玛目伊本·泰米叶(1263—1328 年)挺身而出,写出《批判逻辑学家》一书,对逻辑学和逻辑学家进行严厉批判,认为他们破坏了伊斯兰教的传统。

五、阿拉伯逻辑学的低潮时期

从 14 世纪开始,阿拉伯逻辑学开始走入低潮,其原因倒不是缺乏逻辑学的著作,著作倒是不少,但没有新意,多数是对前人著作的重复或注疏。我们前边提到的卡兹维尼和萨拉杰丁·乌尔麦维的著作,就有多种注疏。另外,就是供学生们阅读的参考书,这些书籍都是摘要或缩写本,有的还把这些逻辑学原理和规则,编成诗歌韵文,便于记忆。这些书籍一般来说都不会增加新内容,甚至有时还会遗漏许多重要的题目。如赛阿顿丁·塔弗塔扎尼(1322—1390年)的《逻辑学修正》、穆罕默德·塞奴西(1425—1488年)的《逻辑学摘要》和阿卜杜·拉赫曼·艾赫达里(1512—1575年)的《逻辑诗》等。此外,还有塔哈塔尼(1290—1365年)、阿里·朱尔加尼(1340—1413年)和贾莱鲁丁·达瓦尼(1427—1501年)等著名学者,都对逻辑学名著作诠释。虽然他们的缩写、摘要、注疏等没有带来新的学术思想和观点,但也增加不少知识,特别是他们进行的比较研究,也给人们一种新的启发。

15世纪以后,阿拉伯逻辑学研究进入低谷,无论是数量还是质量,都不值得一提。到了18世纪,印度穆斯林学者穆罕默德·阿里·塔哈奈维(卒于1745年)编著《学术词汇字典》,包括了伊斯兰各学科的学术词汇,其中有大量逻辑学内容。还有凯兰伯维(卒于1790年)著有《论证》一书,内容很丰富,包括阿拉伯先辈逻辑学家们探讨的所有问题,还包括了关系逻辑学等内容。这两部书可算做是阿拉伯逻辑学在中世纪后期的延续和发展。此后,一直到了20世纪,阿拉伯逻辑学研究才有了新的起色,开始了近现代的复兴和发展的新阶段。

第五章　阿拉伯伦理学

第一节　阿拉伯伦理学的社会背景

阿拉伯伦理道德的产生与阿拉伯半岛独特的环境、民族及其文化背景等因素分不开,但其发展是与后来兴起的伊斯兰教密切相关的。而作为学科的阿拉伯伦理学的出现,则是受到古希腊伦理学的影响的结果。

一、阿拉伯伦理的自然社会背景

阿拉伯半岛绝大部分地区是沙漠,气候炎热,终年干旱少雨。它是闪族的摇篮。闪族在这个地方发展之后,迁移到肥沃新月地区,即现在的伊拉克、叙利亚、黎巴嫩、巴勒斯坦和约旦地区,后来就成为历史上的巴比伦人、亚述人、腓尼基人和希伯来人。阿拉伯半岛不仅是纯粹的闪族文化的发源地,而且也是对整个世界历史发展进程产生重大影响的三大一神宗教——犹太教、基督教和伊斯兰教——的发源地。这三大宗教的基本要素,以及发展成为闪族性格的各种特质,还必须在这个半岛的沙漠泥土中去寻找其根源。后来在这个半岛产生了一个民族——阿拉伯民族。"阿拉伯"一词原是"沙漠"(al-Badiah)的意思,"阿拉伯人"则是指在沙漠中以游牧为生的贝都因人(al-Badawi),他们生存活动的半岛就冠以"阿拉伯"之名。在历史的漫长岁月中,游牧的贝都因人生活艰难,常年跋涉,逐水草而居,经历了千辛万苦。他们在家族的基础上,为了适应生活和生存的需要,逐渐形成了原始氏族公社和部落社会。沙漠、部落、贝都因人,这就是古代阿拉伯社会最主要的特征。在这种环境中产生的伦理思想和道德观念,就必然具有鲜明的地域特点和民族特点。

　　吃苦耐劳的品质是贝都因人在艰难的生活中磨炼出来的,是环境压力的结果。忍耐、顽强的坚忍不拔精神成为阿拉伯人的一种秉性和被赞誉的美德,因此默默忍受而能吃大苦、耐大劳的人在阿拉伯人中是最受称赞的。例如,艾优卜(Ayyub)就是这样的典型。不仅阿拉伯古代许多诗歌中提到他,赞扬他的事迹,《旧约全书》中更有详细的叙述,他在《圣经》中的名字是约伯(Job)。伊斯兰教的《古兰经》中也四次提到他,其中两次详细叙述他的事迹。他的事迹大致是这样的:魔鬼对艾优卜虔诚拜主极为仇恨,认为那与他的优越生活环境有关,为了动摇他的信仰,魔鬼使他倾家荡产,儿女夭折,继而使他周身长满毒疮,长年久治不愈,使他的身心备受折磨,然而他对安拉的信仰毫不动摇。后来魔鬼又挑拨其妻对丈夫不满,使艾优卜一气之下发出要鞭打妻子100鞭的誓言。后来仁慈的安拉让他的足踏地,用地下涌出来的清澈泉水涤除其病痛,恢复往日的幸福快乐,还令其以草代鞭抽打妻子以实践誓言。《古兰经》中叙述这个故事时,正是穆罕默德先知在麦加传教最困难的时期,目的在于指引他应向古代先知艾优卜那样,要有极大的忍耐精神和百折不挠的毅力,面对眼前的种种困难和迫害,渡过暂时困难,坚定必胜的信念。

　　沙漠中人烟稀少,天宽地广,游牧人驰骋其中,犹如天马行空,我行我素。因此,不受约束,放纵不羁,酷爱自由,成为阿拉伯人的另一种天性和被称赞的美德。"个人主义是阿拉伯人(贝都因)的另一种明显的特性,这种特性是根深蒂固的,因此,贝都因人不能把自己提高到一个国际型的社会成员的地位。纪律、秩序、权威,都不是沙漠生活中的崇拜对象。游牧的阿拉伯人是反对一切人的,一切人也都是反对他的。"①伊斯兰以前时期阿拉伯半岛上的游侠诗人尚法拉(al-Shanfara,卒于525年)说:

> 我已下定决心,整好行装,
>
> 趁着月色,就要登程。
>
> 宽广天地何处不养爷,
>
> 我又何必在这里任人欺凌。

---

① 希提著,马坚译:《阿拉伯通史》上册,商务印书馆1979年版,第26页。

我敢说天无绝人之路，

聪明的人要趋吉避凶。

我宁肯饥肠辘辘，

也不愿忍气吞声。

一颗自由高尚的心，

岂肯低三下四不奔前程。

雄心、利剑和弯弓，

足以伴我纵横驰骋。①

沙漠中的生活是十分艰苦的，水草并不能轻易寻找到，于是"抢劫"和"掳掠"也成为一种谋生之道。"劫掠本来是一种盗贼的行径，但是沙漠生活的经济情况和社会情况，却已经把劫掠提升到一种民族风俗的地位了。这种风俗是以贝都因人畜牧社会的经济结构为基础的。在沙漠地方，好战心理是一种牢不可破的心理状态，劫掠是有数的几种表现丈夫气概的职业之一。"②古塔米(al-Gutami，卒于 710 年)生于伊拉克台额里卜部落，原信基督教，后改信伊斯兰教。他曾积极参加台额里卜部落与其他部落之间的战争，从他的诗中可以看出他对游牧生活的热爱和留恋，表现出贝都因人尚武好战的精神。他说：

有人赞赏城居人的文明，

可那怎及我们荒漠英雄。

有人喜欢牵着毛驴走路，岁月平安，

可我们却喜欢跃马横枪，大显威风。

我们的骑士劫掠成性，

以至于常常欲罢不能。

攻击远的敌手难以取胜，

我们就向近的敌手进攻。

倘若实在找不到别的目标，

---

①　仲跻昆译：《阿拉伯古代诗选》，人民文学出版社 2001 年版，第 7—8 页。

②　希提著，马坚译：《阿拉伯通史》上册，第 26 页。

我们有时也劫掠自己的兄弟。①

沙漠中险象丛生,外出的人随时都会遇到困难,因此,热情招待迷路人,慷慨相助贫苦人,是义不容辞的,是沙漠中不成文的法规和应该具备的美德。因此,热情好客和慷慨解囊,成为阿拉伯人的固有气质和良好品德。"但款待的原则,多少可以减轻劫掠的罪恶。贝都因人,作为敌人虽然非常可怕,但在他的友谊的规则范围之内,他却是一个忠贞而大方的朋友。在伊斯兰教之前的诗人,也就是那个时代的新闻记者,他们作诗歌颂贝都因人好客(diyafah)是乐而不倦的。慷慨热情(hamasah)和男子汉精神(muruah),被认为是这个民族的高贵的美德。争夺水草的激烈竞争,是一切争端的主要起因和核心,从而使沙漠里的人民分裂成许多互相残杀的部族。但他们对于自然界的顽固和凶恶,都感觉到束手无策,这种共同的感觉,使他们感到需要一种神圣的义务,那就是对于客人的热情款待。在一个找不到客店或旅馆的地方,对于一位来客拒绝招待,或者接待以后加以损害,这不但有伤风化,玷污门楣,而且是一种违抗真主的罪行。"②

为了生存和应付艰难的环境,部落对阿拉伯人是至关重要的。"一个贝都因人可能遭遇的祸患,再没有比丧失部族关系更严重的了。一个没有部族的人,就像封建时代的英国没有土地的人一样,实际上是无依无靠的。他的地位相当于一个丧失公权者,是不受保护的人。"③于是,每个阿拉伯人都要紧紧团结在自己部落的周围,而部落也有义务对他们严加保护。"各部落的团结,非常牢固,为了保全信谊,就是为了本族中最低贱的一个人,也应当去为他拼死。只问是不是本部落的人,而是非曲直,一概不管。他们团结一致地对付部落以外的人。本族的任何一个人在外面犯了什么罪恶,全族的人就要为他承担起来。倘若他得了战利品或掳掠物,全族的人都得分享。游牧民族的这种思想,可以说是一种部落主义,并非民族主义。而游牧人与其部落互相保护的感情,就是所谓的宗派

---

① 仲跻昆译:《阿拉伯古代诗选》,第128页。
② 希提著,马坚译:《阿拉伯通史》上册,第27页。
③ 希提著,马坚译:《阿拉伯通史》上册,第29页。

主义。"①宗派主义包含着对于同族人无止境、无条件的忠贞,"要援助同族兄弟,不论他是被人欺侮的,还是他欺侮别人的"。这成了古代阿拉伯人的座右铭和坚定不移的信条。部落之间的战争频繁,英勇维护部落尊严的人,被人们称赞和颂扬。例如安塔拉(Antara,525—615年)是一位黑人,他英勇善战,保护部落生命财产和尊严,被认为是阿拉伯古代文武双全的英雄骑士。有关他的民间故事《安塔拉传奇》在阿拉伯世界广为流传。他有诗集传世,多为抒发豪情壮志。例如:

> 沙场上,鏖战中,
>
> 我可并非默默无声。
>
> 战尘弥漫呐喊处,
>
> 总会见到我身影。
>
> 手中宝刀和长枪,
>
> 为我战功作见证。
>
> 我是雄狮震天吼,
>
> 无人比我更勇猛。
>
> 一旦大地起狼烟,
>
> 血流成河一片红。②

许多阿拉伯古诗文都记载了阿拉伯古代部落之间的战争,一本题为《阿拉伯人的日子》的古籍,实际上是古代阿拉伯部落战争史,有点像中国《春秋》类的古籍。名为《春秋》,实际上是中国古代诸侯国之间争霸称雄的战争史。可能中国古代的这些战争规模大,时间长,所以用"季节"来记载;阿拉伯古代的这些战争规模小,时间短,所以用"日子"来记载。

在沙漠社会中成长起来的阿拉伯人的另一个重要品质,就是崇尚民主和平等,并且具有极强的荣誉感和自豪感。"一般阿拉伯人,特别是贝都因人,生来就是民主主义者,他以平等的地位和他的舍赫(酋长)见面。他所处的社会使得人人都处于平等地位。……阿拉伯人不仅是民主主义

---

① 艾哈迈德·爱敏著,纳忠译:《阿拉伯—伊斯兰文化史》第一册,第9页。

② 仲跻昆译:《阿拉伯古代诗选》,第69页。

者,而且是贵族主义者,他认为自己是一切众生中十全十美的典型人物。从贝都因人自高自大的观点来看,文明人是不像他们那样幸福,不像他们那样优秀的。阿拉伯人对于自己血统的纯洁,口齿的伶俐,诗歌的优美,宝剑的锋利,马种的优良,尤其是宗谱(nasab)的高贵,都感到无限的骄傲。他酷爱高贵的宗谱,往往把自己的宗谱追溯到人类的始祖阿丹(亚当)。除阿拉伯人外,世界上是没有什么民族把宗谱学提高到科学的地位的。"①阿拉伯人这种崇尚民主、平等的精神和品质,在《古兰经》中得到了充分肯定:"他们的事务,是由协商而决定的。"②"故你当恕饶他们,当为他们向主求饶,当与他们商议公事。"③早在 1300 多年以前,伊斯兰教就以经典形式,肯定了民主协商制度,这在世界历史上恐怕不多见,至今阿拉伯和伊斯兰国家实行的民主协商制度,仍然是沿用这段经文。

忠实、诚信是阿拉伯人的固有品质和美德,古诗古文中有许多这方面的典型例子。有一个故事说,一个阿拉伯人与朋友相约,这个阿拉伯人按时到了约会的地点,那位朋友却忘记了,阿拉伯人久等不去,别人劝说也无济于事,最后山洪暴发,把这位阿拉伯人卷走,表示他宁死也不肯爽约。还有一个故事说,一位朋友把自己的贵重财物存放在一个阿拉伯人那里,那个朋友的敌人前来索要,这个阿拉伯人最后宁肯牺牲自己的儿子,也不把朋友存放的财物交出去,表示自己对朋友的诚信和忠实。

"贝都因的妇女,不管在伊斯兰教时代,或在伊斯兰教以前的时代,都享有若干自由,那是城居的妇女比不上的。她生活在一个多妻的家庭里,丈夫是一家之主,但她有选择丈夫的自由,丈夫虐待她的时候,她还有离婚的自由。"④在 1300 多年前的阿拉伯古代社会里,妇女就有选择丈夫的自由,有离婚的自由,说明她们是受到尊重的,享有很大的自由和权利。

在阿拉伯古代社会,文化生活也是很活跃的。麦加附近的欧卡兹市场的一年一度的赛诗会,为期数月,给各部落的诗人和口头文学家提供了

---

① 希提著,马坚译:《阿拉伯通史》上册,第 31 页。
② 《古兰经》42:38。
③ 《古兰经》3:159。
④ 希提著,马坚译:《阿拉伯通史》上册,第 31 页。

施展才华的机会。他们留下了大量内容丰富、题材多样的诗歌,形成了阿拉伯文学的第一次繁荣。这些诗歌也充满了人生哲学和伦理。例如部落诗人祖海尔(Zuhair Ibn Abi Salma,约520—609年)的《悬诗》,语言凝练、严谨,有许多格言和警句,饱含哲理和伦理。他说:

　　人生多艰难,我已感到疲倦,
　　人活到八十,岂能不厌尘世。
　　今天的事、昨天的事,我都知道,
　　明天的事,两眼一片漆黑。
　　死神像夜盲的骆驼,到处乱撞,
　　撞到了谁,谁就要倒霉,
　　撞不到的,就可活到一百岁。
　　你不肯随波逐流、趋炎附势,
　　你就要受到打击排挤,
　　口诛笔伐加上拳打脚踢。
　　施恩不图报,众人交口称赞。
　　口无遮拦,要遭诽谤诋毁。
　　为富不仁,尖刻待人,
　　遭到唾弃,众叛亲离。
　　诚信守义,没有人说三道四,
　　做事光明正大,心不颤,肉不跳,
　　说起话来理直气壮,用不着吞吞吐吐。
　　怕死的人,顺着梯子登上了天,
　　也难逃脱死亡的命运。
　　你对小人施恩行善,
　　到头来,他却忘恩负义,
　　最后连你自己也后悔莫及。
　　你不拼死保卫家园,
　　家园就要夷为平地。
　　你不欺负别人,

自己就要被人欺负。

身在他国异乡人,

会把敌人当成知己。

谁不尊重自己,

就不会受到别人尊重。

一个人的品行,无论好坏,

都要暴露无遗,欲盖弥彰。

一个人的价值,

一半是舌头,另一半是心,

余下的只是血肉躯体。

人老了变痴呆,无法挽回。

年轻人荒唐之后,

变得睿智,难能可贵。

二、阿拉伯伊斯兰伦理的思想文化背景

622 年,伊斯兰教在阿拉伯半岛出现,阿拉伯人的社会与文化发生了根本性变化。伊斯兰教虽然是以宗教形式出现的,然而它对阿拉伯人来讲,是一场深刻的社会政治革命,一场深刻的思想文化革命,也是一场深刻的经济改革。这些深刻的变革既触及人们的灵魂深处,也关系到人们的言行举止,伦理道德也不例外。伊斯兰教彻底改变了阿拉伯人的伦理观念、规范和行为等。因此,古代阿拉伯半岛的社会伦理道德,在伊斯兰教兴起后,与伊斯兰教义及其新的伦理因素结合起来,一神教的宗教信仰——伊斯兰教成为了阿拉伯伦理的基础。"伊斯兰初期,伦理道德是以宗教为基础的。坚忍是一种美德,因为真主说:'真主确是与坚忍者同在的','你们当坚忍,当奋斗'。正直是必需的,因为真主有言:'你们绝不要因为怨恨一伙人而不公道,你们当公道,公道是最近于敬畏(真主)的。'"①

---

① 艾哈迈德·爱敏著,纳忠译:《阿拉伯—伊斯兰文化史》第六册,第157页。

那么,伊斯兰教到底在哪些方面改变了阿拉伯人的伦理观念,阿拉伯伊斯兰新的伦理观又包括了哪些方面呢?"伊斯兰伦理体系可简要地归纳为:信仰专一,扬善抑恶,德福一致,德德相济,促进社会,有益人类。这二十四个字中,信仰专一是整个伦理体系的基石,是一切价值的源头;扬善抑恶是伦理规范的要求;德福一致,德德相济是衡量该伦理体系优劣的标准;促进社会,有益人类则是该伦理体系的作用。"①

"认主独一"是伊斯兰教信仰的核心,穆斯林坚信真主是全能的、全知的、公正的、仁慈的,……因此穆斯林的言行都要以真主的名义出发,要顺从真主的意愿;每个人都要遵循经典的教导,因为每个人都有意志自由(思想自由)和行为选择自由,所以每个人又要为自己的言行负责。伊斯兰教是两世并重的宗教,善恶都是有报应的,即使今世活着没有得到报应,后世(死后)也要接受总的审判。对生前做过的大大小小的善事和恶事,要清一清,算一算,做一次彻底的大检查,所以伊斯兰教又把复活日称为"清算日"。到那个时候"行一个小蚂蚁重的善事者,将见其善报;做一个小蚂蚁重的恶事者,将见其恶报"②。为了得到两世的吉庆,穆斯林要与私欲邪念作斗争,多做好事,不做坏事,也就是扬善抑恶。要想做到这一点,就必须遵循经典的教导,自觉履行宗教功课。把这种信念和理念自觉地体现在自己的行动中,就叫做陶冶情操和道德升华,其外表形式就是在人际交往中的忠诚、仁义、宽恕、坚忍和乐善好施等。

伊斯兰教认为穆斯林大众的公德和个人道德是一致的,道德和幸福是一致的,取与舍是一致的,因为它们的最高原则和最后的衡量标准是一个,那就是对自己宗教的信仰和对真主的虔诚。一切为了宗教,一切为了真主,就不会是斤斤计较得与失,做人处世才会像君子那样"坦荡荡"。也就是说,伊斯兰以前和以后阿拉伯伦理道德根本变化的不是它的外表形式,而是它的精神内涵和指导思想。以前阿拉伯人的伦理道德是由他们生活的自然条件和沙漠社会所决定的,是一种不自觉的自然状态。以

---

① 杨捷生:《伊斯兰伦理研究》,宗教文化出版社 2002 年版,第 105 页。
② 《古兰经》99:8。

后的伦理道德是阿拉伯人接受伊斯兰教信仰后,在人生观、宇宙观、生死观等诸多意识形态领域内的认识发生了重大的变化,发生了质的飞跃,这时候的伦理道德是一种自觉的理性表现。

古希腊的伦理学对阿拉伯人的伦理思想也有很大影响。"希腊人的书籍被译成了阿拉伯文,在穆斯林中广为流传。这些书里有关伦理学的书籍,如亚里士多德的《伦理学》等,穆斯林消化了这些东西并试图在消化之后借鉴之或效法,并对伦理进行哲学的思索。"①但是,这种影响又被伊斯兰教义所局限。"他们中有些人对待伦理学的态度一如某些哲学家对待哲学的态度:将伦理学与伊斯兰教对照,不符合伊斯兰教的,他们就摒弃;伊斯兰教允许的,他们才接受。他们把伦理学与宗教糅在了一起。"②不过,没有古希腊伦理学,阿拉伯伦理学科是不可能建立起来的。

第二节 阿拉伯伊斯兰道德原则

一、道德与信仰

毫无疑问,伊斯兰教的精神存在于它的信仰原则和伦理之中,两者是互相联系和密不可分的。伊斯兰的信仰是伊斯兰伦理道德的基础和前提,伊斯兰伦理道德是伊斯兰信仰的体现和验证。伊斯兰教规定的念、礼、斋、课、朝五大功修,不仅是信仰的重要组成部分,而且也是行为准则。伊斯兰思想最重要的目标就是把伊斯兰伦理道德原则变为行动。一个穆斯林不仅仅知道什么是美德,而且应该把它变为自己全部生活和行为的标准。

伊斯兰伦理道德分为两个部分:一是人与真主的关系;一是人与人之间的关系。人与真主的关系最主要的一点就是一神论教义,即确信真主是唯一的主,是独一的主。虽然一神论教义是伊斯兰教、基督教、犹太教

---

① 艾哈迈德·爱敏著,纳忠译:《阿拉伯—伊斯兰文化史》第六册,第158页。
② 艾哈迈德·爱敏著,纳忠译:《阿拉伯—伊斯兰文化史》第六册,第158页。

的共同点,但是伊斯兰教承认穆罕默德先知和他以前的众先知,承认派遣他们的是同一个主,也承认降示给他们的经典。"我们确信降示我们的经典,和降示你们的经典,我们所崇拜的和你们所崇拜的是同一个神明,我们是归顺他的。"①在这一基础上,伊斯兰教不否认基督教和犹太教,穆斯林也不否认《圣经》——《旧约》和《新约》,并称它们也是"天经"。"你说:信奉天经的人啊!你们来吧,让我们共同遵守一种双方认为公平的信条:我们大家只崇拜真主,不以任何物配他,除真主外,不以同类为主宰。"②这样,伊斯兰的基本信仰——确信真主及其使者——就成了伊斯兰道德的基础,一切言行都要按照真主的命令认真去做。

拜功不是一种体育运动,而是一种身心的修炼,是一个穆斯林在精神上、思想上、灵魂上与真主的联系。一天做五次拜功,就是一日五省其身,也就是时时刻刻把对真主的信仰放在心上,进而就可避免犯罪和丑行,使穆斯林的行为端正、品德高尚。

一年一度为期一个月的斋戒,不是简单地对一个人的饮食欲望的节制,它更是一种精神行为,是一种社会道德行为。斋戒者亲身感受到饥饿者的痛苦,从而对穷苦的人们表示同情,并伸出援助之手。这是发自内心的真正的同情,是基于信仰和理解的援助,使社会上富有的人与贫苦的人之间更接近一些,更亲善友好一些,使社会上更多一些和谐的气氛。

同样,交纳天课也是一种社会道德行为。所谓"交纳天课",阿拉伯文的本义是"纯洁其财产"。也就是说,一个穆斯林按照伊斯兰教律规定的比例,从自己每年的财产收入中拿出来,施舍给贫苦的人,由近及远,由亲及疏,他就是纯洁的和干净的了。"你要从他们财产中征收赈款,你借赈款使他们干净,并使他们纯洁。"③根据伊斯兰教义,世界上的一切财产都是真主的财产。"真的,天地万物,确是真主的。"④"谁侵蚀公物,在复

---

① 《古兰经》29:46。
② 《古兰经》3:64。
③ 《古兰经》9:103。
④ 《古兰经》24:64。

活日,谁要把他侵蚀的公物拿出来。"①"……把真主赐予你们的财产的一部分给他们……"②因此,穆斯林毫不迟缓地交纳天课,因为他们确信贫苦人有权利得到富人财富的一部分,也因为他们确信他们的全部财产都是真主赐予的。毫无疑问,这种交纳天课的施舍成为富裕穆斯林的一种美德,而这种美德又出自他们的信仰,是他们心甘情愿的,从而避免了富人与穷人之间的憎恨,促进了社会的安定团结。

朝觐是伊斯兰教一项世界性的盛大活动,真主命令有能力有条件的穆斯林,穿着相同的戒衣,履行着同样的宗教仪式,朝拜同样的圣地,崇拜同一的主。在这里,无论是白人或黑人,是国王或老百姓,在真主面前处于完全平等的地位。这使每个穆斯林深深体会到,人类是平等的,而世俗主义则把人类分成等级和贵贱。穆斯林通过朝觐加深了他们的信仰,也确立了他们认为社会应当是平等和公正的政治观和道德观。

二、道德与行为

1. 工作。伊斯兰教认为工作是信仰的一部分,也是宗教的一部分。"你们工作吧!真主及其使者和信士们都要看见你们的工作。"③这说明穆斯林的工作受到真主的监督,因此他必须努力工作,才能使真主满意。而真主的监督是无时不在、无处不在的,绝不是工厂主或管理员的监督所能比的。也就是说,老老实实地工作是每个穆斯林必须具备的道德。

2. 弃恶从善。伊斯兰教教义表现在对人的道德行为最重要的方面,就是教育人要做好事,不做坏事。"你们中当有一部分人,导人于至善,并劝善戒恶;这等人,确是成功的。"④有的人看到别人有错误,或走上歧途,没有劝阻,致使其错误行为日益严重,成为对社会的威胁。所以每个穆斯林必须是自觉地主动地引导人们从善,改正错误。"你应凭智慧和

---

① 《古兰经》3:161。
② 《古兰经》24:33。
③ 《古兰经》9:105。
④ 《古兰经》3:104。

善言而劝人遵循主道,你应当以最优美的态度与人辩论。"①劝人弃恶从善不是强制,而是采取十分善良友好的态度,这样才能使人们从思想和感情上接受,以减少他们的抵触情绪,从而避免他们在迷途上滑下去。而粗暴的态度只会增加人们的反感和厌恶情绪。"只因为从真主发出的慈恩,你温和地对待他们;假若你是粗暴的,是残酷的,那么,他们必定离你而分散。"②谁做好事、善事,而不做坏事、恶事,谁就享有真主的报酬。"行一件善事的人,将得 10 倍的报酬;做一件恶事的人,只受同样的惩罚;他们都不受亏枉。"③谁遵守伊斯兰的道德,谁做好事,谁就得到 10 倍的报酬;而做坏事的人,只受到与他的罪恶程度相当的惩罚。这说明真主的审判是公正的,是至赦的,同时也是督促人们弃恶从善。

3. 履行诺言。忠诚守信是穆斯林的道德准则之一,也是伊斯兰教义的基本内容之一。"信道的人们啊! 你们当履行各种约言。""当你们缔结盟约的时候,你们应当履行。你们既以真主为你们的保证者,则缔结盟约之后就不要违背誓言。""他们是尊重自己所受的信托,和自己所缔的盟约的。……这等人,是在乐园中受优待的。""与真主缔约,然后加以破坏的,断绝真主命人连结的,在地方上进行破坏的,这等人将被诅咒,将吃后世的恶果。"④在穆斯林的工作和日常生活中,忠于事业、信守盟约、履行诺言等,都是与信仰真主密切联系在一起的。也就是说,一个穆斯林常常以真主的名义起誓立约,这时忠信原则已经不完全是人与人之间的关系,同时也是人与真主关系的一部分。因此,忠诚信义是衡量一个穆斯林的道德标准,更重要的是它成了衡量一个穆斯林的信仰是否真诚的重要标准。

4. 孝敬父母、体恤孤幼。孝悌是中国道德的重要组成部分,它同样也是阿拉伯伊斯兰道德的重要组成部分,是一个穆斯林道德修养和行为的重要内容。"你的主曾下令说:你们应当只崇拜他,应当孝敬父母。如

---

① 《古兰经》16:125。
② 《古兰经》3:159。
③ 《古兰经》6:160。
④ 此四句分别引自《古兰经》5:1;16:91;70:32,35;13:25。

果他们中的一人或者两人在你的堂上达到老迈,那么,你不要对他俩说:'呸!'不要呵斥他俩,你应当对他俩说有礼貌的话。你应当毕恭毕敬地服侍他俩,你应当说:'我的主啊!求你怜悯他俩,就像我年幼时他俩养育我那样。'""我曾命人孝敬父母——他母亲弱上加弱地怀着他,他的断乳,是在两年之中——(我说):'你应当感谢我和你的父母;唯我是最后的归宿。'"①在伊斯兰教的经典中,把孝敬父母提高到与崇拜真主、感谢真主同样重要的地位,而把它们紧紧联系在一起,说明孝敬父母对穆斯林来说是一件极其重要的事情,孝敬父母既是道德也是信仰。穆罕默德先知曾强调说,所有的罪恶在末日都要受到惩罚,对父母不孝敬的人受到惩罚最快。

体恤孤幼也是穆斯林的道德准则的重要内容。"你们应当把孤儿的财产交还他们,不要以(你们的)恶劣的(财产)换取(他们的)佳美的(财产);也不要把他们的财产并入你们的财产,而加以吞蚀。这确是大罪。""当你们看见他们能够处理财产的时候,应当把他们的财产交还他们;不要在他们还没有长大的时候,赶快浪费地消耗他们的财产。""侵吞孤儿的财产的人,只是把火吞在自己的肚腹里,他们将入在烈火之中。""倘若自己遗下幼弱的后裔,自己就会为他们而忧虑;这等人,应当也为别人的孤儿忧虑,应当敬畏真主。""至于孤儿,你不要压迫他。"②我们知道,无论在什么时代,无论在什么社会,都会看到孤儿。尤其是在社会动乱和战争的年代,孤儿会大量增加,他们是社会中最弱小的群体,最容易受到侵害和欺侮。因此,如何对待孤儿,就成为一个社会问题,也是一个道德问题。《古兰经》用大量经文来阐述对待孤儿应有的原则,使它成为宗教教义的内容,也成为道德准则,并用说服教育的方法,教人们设身处地,将心比心:倘若自己遗下了幼弱的孩子,他们将来的处境会怎么样?! 所以,为别人的孩子忧虑,也就是为自己的孩子忧虑,这样使宗教教义成为穆斯林自觉自愿的道德行为。

---

① 此两句分别引自《古兰经》17:23,24;31:14。
② 此五句分别引自《古兰经》4:2;4:6;4:10;4:9;93:9。

5. 提倡慷慨,反对吝啬。伊斯兰教提倡穆斯林要慷慨大方,多做慈善事业,多帮助人,不要悭吝小气。这里说的多做好事、多施舍与交纳天课的施舍是两个不同的概念。交纳天课是一个穆斯林必须履行的宗教功课之一,这里说的慷慨大方,不要吝啬,是指一个穆斯林的道德行为。当然,穆斯林的各种道德行为,都是与他的信仰分不开的,与伊斯兰教义分不开的。"你当以善待人,像真主以善待你一样。""你们绝不能获得全善,直到你们分舍自己所爱的事物。你们所施舍的,无论是什么,确是真主所知道的。""为主道而施舍财产的人,譬如(一个农夫,播下)一粒谷种,发出七穗,每穗结一百颗谷粒。真主加倍报酬他所意欲的人,真主是宽大的,是全知的。""你们这等人啊! 有人劝你们为主道而费用,你们中却有吝啬的。吝啬的人自受吝啬之害。真主确是无求的,你们确是有求的。""吝啬真主所赐的恩惠的人,绝不要认为他们的吝惜,对于他们是有益的,其实,那对于他们是有害的;复活日,他们所吝惜的(财产),要像一个项圈一样,套在他们颈项上。天地间的遗产,只是真主的。""他们自己吝啬,还教别人吝啬。规避义务的人们,真主确是无求于他们的,确是可颂的。"①由于伊斯兰教提倡慷慨解囊,广泛捐赠,所以在伊斯兰国家的慈善事业是比较多的,而且大多又与宗教事业(也就是"主道")有关。如修建清真寺和学校,资助出版《古兰经》,奖励背诵《古兰经》者等,也为伊斯兰各种慈善组织和团体提供资助。

三、道德与修养

1. 容忍与宽恕。受到委屈,遭到冤枉,受到不公平的待遇,或被加上不应有的罪名等等,是一个人在工作和生活中经常遇到的事情,也是对一个人道德和修养水平的考验。伊斯兰道德要求一个穆斯林在遇到上述情况时,应当采取容忍和宽恕的态度,也就是说"有理也要饶人"。"你应当容忍——你的容忍只赖真主的佑助——你不要为他们而悲伤,不要为他们的计谋而烦恼。""凡能忍受而加以赦宥者,他们的那种行为,确是应该

---

① 此六句分别引自《古兰经》28:77;3:92;2:261;47:38;3:180;57:24。

决心做的事情。""善恶不是一样的。你应当以最优美的品行去对付恶劣的品行,那么,与你相仇者,忽然间会变得亲如密友。""唯坚忍者,获此美德。唯有大福分者,获此美德。""我誓必要以坚忍者所行的最大善功报酬他们。""你应当以德报怨,我知道他们所描叙的。"①这些经文都是教导穆斯林对人要宽恕,遇到不顺心的事情要容忍,这不仅是道德行为的准则,而且也是教义和信仰的组成部分,因为"如果你们饶恕他们,原谅他们,赦宥他们,(真主就赦宥你们,)因为真主确是至赦的,确是至慈的"。"你们要忍耐,直到真主为我们判决。他是最公正的判决者。"②所以我们在日常生活中,经常听到穆斯林以"忍耐是好事"的惯用语来相劝。在阿拉伯和伊斯兰国家的许多公众场合,如清真寺、会议室、办公室里,常常可以看到"忍耐是好事"和"真主与坚忍者在一起"等条幅,来互相劝勉。与中国人常用的"止怒"和"难得糊涂"等座右铭,有异曲同工之处,都是教导人们遇事要冷静、三思,不要草率从事,更不要操之过急,能饶人时且饶人等。

2. 反对骄傲自大和诽谤他人。骄傲自大、嘲笑他人、诽谤他人等,只能使人们彼此产生隔阂,互相不信任并产生憎恨,不能友好相处。虽然这些行为本身不直接构成罪行,但却会产生不良的后果。所以伊斯兰教对穆斯林的要求是"你不要骄傲自满地在大地上行走,你绝不能把大地踏穿,绝不能与山比高。这些事,其恶劣是你的主所厌恶的。""你不要为藐视众人而转脸,不要洋洋得意地在大地上行走。真主确是不喜爱一切傲慢者、矜夸者的。你应当节制你的步伐,你应当抑制你的声音;最讨厌的声音,确是驴子的声音。""信道的人们啊!你们中的男子不要互相嘲笑,被嘲笑者或许胜于嘲笑者;你们中的女子也不要互相嘲笑,被嘲笑者或许胜于嘲笑者。你们不要互相诽谤,不要以诨名相称;信道后再以诨名相称,这称呼真恶劣!未悔罪者是不义的。"③穆罕默德先知曾说过,谁的心

---

① 此六句分别引自《古兰经》16:11272;42:43;41:34;41:35;16:96;23:96。
② 此两句分别引自《古兰经》64:14;7:87。
③ 此三句分别引自《古兰经》17:37,38;31:18,19;49:11。

里有一个小蚂蚁重的傲慢,谁就绝不能进入乐园。把傲慢、嘲笑、诽谤等个人道德修养中存在的现象,提高到信仰和教义的原则高度,促使穆斯林从思想深处认识到问题的严重性,以便在个人的行为中规避这些现象,使人们的关系更加友好和谐。

四、道德与权利

1. 平等原则、民主作风、协商精神。平等、民主、自由、协商等,对于伊斯兰和阿拉伯国家来说,既是政治原则,又是基本教义,也是穆斯林个人道德修养的准绳。伊斯兰教认为只有真主是永恒的,至高无上的,人类包括穆罕默德先知在内,都是他的崇拜者,他的奴仆,都是要死亡的。"全世界的主,我们只崇拜你,只求你佑助。"①强调凡穆斯林都是兄弟。也就是说,在真主面前,伊斯兰教的信仰者——穆斯林都是平等的,穆斯林都是兄弟,人人都有平等的权利,反对人压迫人。他们不分民族、种族、肤色、性别,也不论时间、地点,一律是平等的。所以,伊斯兰教规定人与人之间只可行问候礼,不可以行跪拜礼,哪怕是普通老百姓见国王,也只是站立着一声问候就可以了。跪拜礼只有是面向真主(天房朝向)才可以,而这时国王、大臣和普通老百姓,是站在同一排列中,向真主跪拜的。"众人啊!我确已从一男一女创造你们,我使你们成为许多民族和宗族,以便你们互相认识。在真主看来,你们中最尊贵者,是你们中最敬畏者。"②穆罕默德先知在"告别讲话"中,也强调了人类平等的原则。他说:"你们的主是同一个主,你们的祖先是同一个祖先,阿拉伯人不优于非阿拉伯人,非阿拉伯人也不优于阿拉伯人;白人不优于黑人,黑人也不优于白人;最优胜者就是最敬畏真主的人。"

处理各种事务要有民主协商作风,也是伊斯兰教要求穆斯林应当做到的。"他们的事务,是由协商而决定的。""故你当恕饶他们,当为他们

---

① 《古兰经》1:2,5。
② 《古兰经》49:13。

向主求饶,当与他们商议公事;你既决计行事,就当信托真主。"①穆罕默德先知的言行充分体现了伊斯兰教倡导的民主协商精神,他是这方面的楷模。在1300多年以前,穆罕默德先知就在伊斯兰教的第一个会议室——清真寺里与穆斯林商议公事,征求他们的意见。他曾对他的朋友、助手艾卜·伯克尔和欧麦尔说,以真主的名义发誓,如果他俩对什么事有同样的意见,他绝不反对他们。他们俩先后继承了穆罕默德的事业后,也继承了这种作风,效仿他,发扬民主协商精神。艾卜·伯克尔执政后,在对穆斯林大众发表的第一次讲话中,就明确表示说:"我被选为你们的哈里发,我的确不是你们中最好的,如果我做对了,你们要支持我;如果我做错了,你们要纠正我。"在欧麦尔执政期间,有些穆斯林多次公开与他争辩,他一次也没有对他们发脾气,他认为他们有权利这样做,他应当面公开回答他们提出的问题。他也是一直在清真寺里与穆斯林商议公事,听取他们的意见。他还下令给各地的总督,不要独断专行,遇事要与人们协商。

直到现在,许多阿拉伯国家和伊斯兰国家都实行协商会议制度,相当于有实权的议会,在会议大厅的正中央,往往挂着一个大条幅或横匾,写的就是《古兰经》的经文:"他们的事务,是由协商而决定的"。

伊斯兰教提倡的平等、民主、协商精神,体现在穆斯林的日常生活和工作中,在伊斯兰社会的穆斯林家庭中,父子、夫妻、母子、母女之间直呼其名是很平常的事,而在以等级为主的儒家思想统治下的中国传统家庭中,这种做法恐怕要被斥为"犯上"、"大不敬",甚至是"大逆不道"了。

2. 尊重妇女、男女平等。伊斯兰教特别关心妇女,《古兰经》第四章就定名为"妇女章",谈到了许多有关妇女的问题。伊斯兰教还特别注意纠正人们对妇女的错误观点和看法。早先,人们歧视妇女,认为她们能力低,常常唆使男人做坏事,是罪恶的渊薮。在古希腊、罗马时期,男子甚至有权杀死自己的妻子;蒙昧时期的阿拉伯人甚至将他们刚出生的女婴活埋。"当他们中的一个人听说自己的妻子生女儿的时候,他的脸黯然失

① 此两句分别引自《古兰经》42:38;3:159。

色,而且满腹牢骚,他为这个噩耗而不与宗族见面,他多方考虑:究竟是忍辱保留她呢? 还是把她活埋在土里呢? 真的,他们的判断真恶劣。"①这是伊斯兰教以前的情况,受到了《古兰经》的批判和阻止。伊斯兰教还从根本上说明人类是平等的,男女是平等的,批判了女人不如男人的各种谬论。"众人啊! 你们当敬畏你们的主,他从一个人创造你们,他把那个人的配偶造成与他同类的,并且从他们俩创造许多男人和女人。"②这段经文明确指出:男人和女人都是由真主创造的,出自同一个精神、灵魂和生命。也就是说,女人不是男人身上的一根肋骨"变"出来的,因而女人并不隶属于男人。"信道的男女互为保护人,他们劝善戒恶,谨守拜功,完纳天课,服从真主及其使者,这等人真主将怜悯他们。"③这说明男女是平等的,都享有同样的权利,都承担同样的义务。"顺服的男女、信道的男女、服从的男女、诚实的男女、坚忍的男女、恭敬的男女、好施的男女、斋戒的男女、保守贞操的男女、常念真主的男女,真主已为他们预备了赦宥和重大的报酬。"④在真主面前,男女是平等的,他们得到是同样的赦宥和报酬。"他们的主应答了他们:'我绝不使你们中任何一个行善者徒劳无酬,无论他是男的,还是女的——男女是相生的。'""凡行善的男女信士,我誓必要使他们过一种美满的生活,我誓必要以他们所行的最大善功报酬他们。"⑤

在伊斯兰社会,妇女不能被当做财产或遗产,丈夫去世后,她不必因为害怕丈夫、亲戚的迫害而不敢改嫁,或者在离婚之后因为害怕前夫的迫害而不敢再结婚,而这种情况在伊斯兰教确立以前的阿拉伯社会是不可能的。"信道的人们啊! 你们不得强占妇女,当做遗产,也不得压迫她们,以便你们收回你们所给她们的一部分聘仪,除非她们做了明显的丑事。你们应当善待她们。如果你们厌恶她们,(那么,你们应当忍受她

---

① 《古兰经》16:58,59。

② 《古兰经》4:1。

③ 《古兰经》9:71。

④ 《古兰经》33:35。

⑤ 此两句分别引自《古兰经》3:195;16:97。

们),因为,或许你们厌恶一件事,而真主在那件事中安置下许多福利。"①
伊斯兰教认为男女的区别仅在于性别,这是天意,不是人意,他们都是同
一类,就是人类。男人和女人都有自己的责任和使命,他们的身体和精神
状况,使得他们能够发挥各自的作用,尽到各自的责任,完成各自的使命。
女人的一项重要责任和使命就是生育,从怀孕、出生、哺乳到教育抚养子
女的整个过程,女人都需要具有丰富真实的感情,这也就是母性——女人
的天性。男人的任务是要劳动,要谋生,承担起保护自己和家庭——妻子
和孩子——的责任和使命。他虽然不需要母性那样丰富的感情,却需要
强壮的身体和坚定的意志。这样说,并不是因为男人没有感情,而是说男
人的感情内涵和表现方式与女人不同。伊斯兰教既说明男女是平等的,
又强调他们之间是有差别的。伊斯兰教是注重现实的宗教,也是注重人
类天性(自然性)的宗教。

第三节　阿拉伯伊斯兰的"两世吉祥"人生观

一、两 世 并 重

伊斯兰教是两世并重的宗教。伊斯兰教认为现世生活是短暂的,是
向来世生活的过渡,来世生活才是永恒的,所以穆斯林应该追求来世,但
是也不要忘记今世的"定分"。"你应当借真主赏赐你的财富而营谋后世
的住宅,你不要忘却你在今世的定分。你当以善待人,像真主以善待你一
样。"②穆罕默德先知更明确指出,人要为现世好好工作,好像会永远活下
去;人要为来世多做善事,好像明天就要死去。也就是说,现世和来世对
一个穆斯林来说是同样重要的,他都要积极争取,精心营造。因此,伊斯
兰教不赞成那种不结婚、不吃肉、离群索居、苦炼身心的禁欲主义;也反对
那种花天酒地、纵情酒色、任意挥霍的纵欲主义。"两世吉祥"集中代表

---

① 《古兰经》4:19。
② 《古兰经》28:77。

了穆斯林的人生观、生死观。"伊斯兰伦理坚持物质幸福和精神幸福、个人幸福和社会幸福、今世幸福和后世幸福的有机统一,认为单纯的物质享受,狭隘的个体快乐,短暂的今世愉悦,都不符合人生根本目的幸福,因而并非真正的完整的幸福。"①"两世并重"可以从以下几点来看:

1. 伊斯兰的两世哲学,既不排斥人生追求物质生活的幸福和享受,又高度重视和强调精神生活的幸福和快乐。伊斯兰教认为,人们追求美满幸福的生活是正当的、合理的。谁也无法否认,生命的维持、人格的完整、事业的成就、能力的充分发挥等等,都需要一定的物质条件为基础,而良好的衣食住行条件要靠自己努力去创造。人类是安拉在大地上的代理,大自然为人类提供丰硕的果实、佳美的食品和其他优越的自然条件,就是让人去享用和感受现世生活的幸福和快乐,但必须保持在正当和合理的范围之内,也就是说"仅仅不要你忘记你的那个'定分'(al-Nasib)",也就是说"你不能过分,也不能贪婪",同时要求"你要多做好事、善事,把你得到的财富施舍给更需要的人,也就是穷苦的人"。这样"真主善待了你,你又善待了人",你这个"行善者在今世将享受美满的生活"②。一个人能够把自己的财富慷慨地施舍出去,说明他的思想境界是高的,精神生活是充实的,他的心灵是纯洁的,他的心情是安静的。"他们信道,他们的心境因记忆真主而安静,真的,一切心境因记忆真主而安静。"③人生的幸福就在于有纯洁的、宁静的心情。信仰能净化心灵,平衡心理,慰藉人生。平和、宁静的心理状态,是构成人生幸福最重要的部分,在当今时代尤为重要。"今天,许多人的物质生活很丰富,生活条件很舒适,然而精神生活却很空虚,经常处于忧虑、烦恼、恐惧、紧张和沮丧之中。而有正确信仰的人,有一颗知足、平和、安静的心灵,他在顺利时,感赞安拉的恩典;在困难时,他对安拉的恩慈充满期待;遭遇困窘寒酸和磨难苦痛时,不悲观绝望;身处绝境,面对死亡也泰然自若。任何情况下,都能做到心情坦

---

① 马贤、马效智:《伊斯兰伦理学》,宗教文化出版社 2005 年版,第 406 页。
② 《古兰经》16:30。
③ 《古兰经》13:28。

然,自然内心也就经常处于愉悦的状态。"①

2. 伊斯兰的人生观认为个人的利益和幸福与社会的利益和幸福是一致的,两者之间没有矛盾。"一个穆斯林,要忠实地履行'代主治世'的神圣职责,必须重视对社会整体幸福的追求,善于在实现社会整体幸福的过程中实现个人幸福,必要时或多或少地牺牲个人的幸福。穆罕默德先知教导我们说:'若不为自己的兄弟渴求他为自己渴求的东西,那他就不是真正的穆斯林。'考虑他人的幸福,考虑群体、民族、社会的整体幸福,是伊斯兰伦理中应有之义。"②伊斯兰教认为穆斯林个人利益和幸福来源于个人坚定的信仰和勤奋的工作,由此获得安拉的"恩赐";社会集体的利益和幸福来源于众多的"善行"。个人的利益和幸福是基础,社会集体的利益和幸福是必然的结果,而且互为作用,互为影响,是一致的。因为伊斯兰教认为,穆斯林在宗教信仰基础上聚集的财富是"取之有道",交纳天课之后,便是"纯洁"的财富。交纳天课,加上在宗教名义下的一些扶贫措施,使社会分化引起的矛盾和冲突大大减少,个人利益和社会集体利益得以协调一致。

3. 既要追求今世的幸福,更要追求来世的幸福,是伊斯兰教利益观、幸福观最大的特色。伊斯兰教主张"两世吉祥",肯定今世幸福的必要性和合理性,同时又强调两个原则:一是追求今世幸福必须有所节制,不能贪得无厌,即不禁欲也不纵欲,而是一种充实的、有条件的、有节制的幸福。既不压抑欲望而扭曲人性,也不恣情纵欲成为变态人性。二是始终不能忘记追求后世幸福,今世生活要为后世幸福做准备。也就是说,对两世幸福不能等量齐观,而应区别轻重和主次。因为"今世的享受比起后世的幸福来是微不足道的"③。后世的幸福更好、更长久,而今世的"信仰"和"行善"是通向后世幸福的桥梁。对于一个穆斯林来讲,用今世"短暂的幸福"换取后世"永久的幸福",才是"最大的赢利";而贪婪今世"一

---

① 马贤、马效智:《伊斯兰伦理学》,第408页。
② 马贤、马效智:《伊斯兰伦理学》,第408页。
③ 《古兰经》9:38。

时的享乐"，抛弃后世"永恒的幸福"，是"最大的亏折"。"这种人，当他选取后世，以信士的身份追求后世的时候，其实他并没有失去今世，而是获取了两种生活，兼顾了两世的幸福——这正是信士们向主祈求的生活：'主啊！求你赐我们今世的美好生活与后世的美好生活'。"①

对某种宗教的信仰，通常只看做是一个人的生活和生命中的一个组成部分，而穆斯林不是这样，他认为一个人的生活和生命是他的伊斯兰教宗教信仰的一个组成部分。只有以这种观点来观察和研究伊斯兰教和穆斯林，才会得出正确的符合他们实际情况的看法。

二、道德观与幸福观之因果关系

伊斯兰道德观、幸福观是因果关系，伊斯兰幸福观是建立在伊斯兰信仰和道德的基础之上的。在伊斯兰教看来，真正的幸福是精神上的满足和道德的升华，而不是财富的聚集。穆罕默德先知曾多次指出，财多不算富，心富才是富。而社会的幸福，不仅赖于个体的努力，还与一个英明的领导者有关。换句话说，具有具备伊斯兰美德的领导人，是一个民族幸福的基本条件之一。"安拉欲使一个民族幸福，就让英明智者管理其事务，并将财富交给慷慨之士；安拉欲使一个民族不幸，就让愚昧无知者管理其事务，并将财富交给吝啬鬼。"②

伊斯兰伦理学认为，道德对人生幸福的作用，主要表现在三个方面：

1. 道德是以实践精神的方式去认识和把握世界、使人达到至善幸福境界的重要途径。伊斯兰世界观认为人类在今世的主要任务之一，是替代安拉治理好这个世界，以利于人类和其他造化物的生存和发展。道德是人类思想的升华和实践，它能够帮助人类认识社会，认识安拉与宇宙和所有造化物之间的潜在规律，理解生命存在的意义，认识人生与社会的关系。一个人要获得人生幸福，不仅在物质上要有所"得"，更重要的是，在把握人生与社会关系时，要有"德"，也就是能正确、理智地处理好个人与

① 马贤、马效智：《伊斯兰伦理学》，第410页。
② 《艾卜·达伍德辑录》。

群体的关系,处理好"今世"与"来世"的关系。

2. 人的欲望是与生俱来的,道德是抑制个人欲望的理性尺度。欲望就像一匹烈马,道德是它的驾驭者,有了这样一个尺度,人的欲望就不至于恶性膨胀和危害幸福。伊斯兰哲学对于各种事务的看法是"万事中为上"、"过犹不及"。做事要有个"度",以"中"和"正"为上。对人的欲望与享受也要如此处理。这才是善,才是德。过度和不及都是不正确的,要靠道德来掌握这个"尺度"。

3. 道德能为人们追求精神幸福不断提供动力。弘扬道德,强化精神价值,可以激励人们以积极的方式面对人生、面对社会,不懈地追求真、善、美,实现人生的价值和取得"两世吉祥"。

第 三 编

东 亚

第三篇　中国哲学

（10 世纪至 18 世纪）*

第六章　宋明新儒学概说

第一节　新儒学之名义

一、儒家形上学的充分建立

近古时期的中国哲学尽管也包含着丰富的多样性，但显然以宋明理学为主要内容。并且，宋明理学本身就是充分吸收了佛道两家思想的一种新时代的儒学。事实上，在英文的儒学研究中，该阶段的儒学也正是被称为"新儒学"（Neo-Confucianism）的。① 不过，相对于以往的儒学，这种新儒学究竟新在何处，还需要我们从儒学发展的内容规定方面加以说明。

吸收佛道两家的思想内容，自然使宋明理学与以往的儒学有所不同。而这种不同的根本所在，就是宋明新儒学在吸收佛道两家的发展过程中，

---

* 第六章由彭国翔执笔，第七、八章由张丽华执笔，第九、十章由蔡世昌执笔，第十一章由蔡世昌和张丽华共同执笔。

① 最近，包弼德（Peter Bol）和田浩（Hoyt Tillman）对 Neo-Confucianism 提出质疑，认为 Neo-Confucianism 是一个大而无当的概念。包弼德和田浩两人的意见无疑是值得考虑的，但在找到更为恰当的术语之前，作为一种约定俗成的用法，在英文世界中，Neo-Confucianism 的使用还有其必要。而在中文中，"宋明新儒学"也同样可以和"宋明理学"互换。

使先秦儒学原本蕴涵但尚未展开的形上学逐步获得了较为充分的建立。孔子对于形而上的问题谈得不多,所谓"夫子之言性与天道不可得而闻也"。以往的研究者有的甚至据此认为宋明新儒学有违孔子的精神方向。但是,这并不意味着孔子根本缺乏形而上的哲学思想。譬如,宋明儒者中就不断有人认为子贡"夫子之言性与天道不可得而闻也"的话只能说明子贡对于孔子"性与天道"的思想无所得,并非孔子从未谈过"性与天道"。事实上,最近郭店楚墓竹简的出现,也有力地证明了孔子及其门人不乏形上思想。儒家形上学的思想,在后来的孟子、荀子以及《中庸》等文献中都得到了不同形式和方面的反映与发展。正是由于先秦儒学中本来具有形上学思想的蕴涵,儒学到了宋明时代才会在形上学的方面有充分的展开。不过,无论就探讨的深度还是广度而言,先秦儒学对于形而上学的思考仍然可以说是隐而未发。《三国志·魏志》卷十《荀彧传》注引何劭《荀粲传》中有这样一段话:

> 粲诸兄并以儒述论议,而粲独好言道。常以为子贡之言性与天道不可得而闻,然则六籍虽存,固圣人之糠秕。粲兄俣难曰:《易》亦云:圣人立象以尽意,系辞焉以尽言,则微言胡为不可得而闻见哉?粲答曰:盖理之微者非物象之所举也。今称立象以尽意,此非通于意外者也,系辞焉以尽言,此非言乎系表者也。斯则象外之意,系表之言,固蕴而不出矣。

荀粲之言充分反映出,在汉末的知识分子看来,以往的儒学传统在形而上的层面有所欠缺,至少是"蕴而不出",已无法满足当时士大夫阶层的精神需要。这也是魏晋之际儒学衰弱而玄学兴起的原因之一。只有吸收消化了玄学、佛学而在形而上学方面有充分的展开,儒学才得以重新崛起。因此,相对于先秦儒学或者宋明以前的整个儒学传统,宋明新儒学之所以为"新",就其内容来说,首先是儒家道德形上学的充分展开与建立。无论在朱子学还是阳明学这两大不同的典范中,这一点都得到了共同的表现。

二、从中国本土到东亚的扩展

在宋代以前,儒学几乎完全是属于中国本土的一套思想与实践。如果说秦汉以前儒学还只是整个中国众多思想系统之中的"一家之言"的话，那么，儒学从春秋到汉代尤其汉武帝时代，就是一个从鲁国的地方性知识发展成为整个中国主流意识形态的过程。汉武帝之后到宋明新儒学产生之前，儒学无论如何与中国传统思想内部的其他思想形态如佛道等此消彼长，其意识形态的主导性地位都未丧失。同时，在宋明新儒学之前，儒学只是作为支配中国人行为的价值与观念系统，并未对其他国家和地区的人们产生根本性的影响。

但是，和以往的儒学不同，到了宋明时代，儒学不再只是中国人的意识形态，而扩展成为整个东亚意识的主导性组成部分。无论在朝鲜半岛、日本乃至越南等地，都逐渐形成了具有自己民族特色的儒学传统。比如，在日本，就形成了具有日本特色的日本朱子学和日本阳明学。在朝鲜半岛，阳明学虽然一直受到压制，甚至在中国的阳明学正式传入朝鲜半岛之前就已经受到朝鲜半岛正统朱子学者的负面评价，但也以家学的形式暗中流传。至于朱子学，则长期成为朝鲜半岛的国家意识形态，也出现了诸如李滉（退溪，1501—1570 年）等人那样具有相当理论创造性的朱子学者。因此，从儒学的发展的地域扩张来看，如果说从先秦到两汉是所谓古典儒学时期的话，相对于这一时期儒学从鲁国的地方知识发展成为整个中国的意识形态，宋明新儒学的一个特点就是从中国扩展到了整个东亚，构成整个东亚士人意识的重要内容。这一点，可以说是宋明新儒学的第二个"新"之所在。

三、儒家经典诠释新典范的形成

宋明新儒学之所以为"新"，还有另外一个重要方面，那就是儒家经典诠释新典范的形成。这一儒家经典诠释的新典范，既表现在儒家经典内容的变化上，也表现在对儒家经典诠释的方法上。

在一定意义上，儒家传统的形成和发展是一个经典诠释的过程。孔子时已自称"述而不作"。战国以后尤其汉代儒学确定其国家意识形态地位之后，儒学的发展就主要是通过对既有的儒家经典进行不断诠释来实现的。宋明理学以前，儒家的经典诠释主要是围绕"五经"进行的。科举考试也是以"五经"为内容。但是,由于朱熹将《中庸》和《大学》从《礼记》中选出作为单独的两篇文献与《论语》、《孟子》共同组成"四书",并且大力提高"四书"的地位,有所谓"四书,五经之阶梯也"之说,元代以后,"四书"的地位即超过了"五经",科举考试的内容也从"五经"转向"四书"。朱熹的《四书集注》,更是成为科举考试的标准。

除了从"五经"到"四书"这种儒家经典内容的变化之外,相对以往尤其汉代以来长期形成的解经传统,儒家经典诠释的方法在宋明时期也发生了重要的变化。宋明以前,儒家经典诠释的方法是汉代即确立的一套以训诂、考证为主的方法,所谓"汉学"。宋明儒者诠释儒家经典则整体上不再以文字训诂和名物度数的考证为重,而是意在阐发经典中所蕴涵的微言大义,即其中的"义理"。相对于"汉学"的所谓"宋学",正是指宋明理学的儒家经典诠释的方法。也正是相对于以往"汉学"的经典诠释典范,"宋学"构成儒家经典诠释史上的一个新的典范。

第二节 宋明新儒学兴起的先驱

唐代是科举制得以完善的时代。但是,从唐初开始,科举取士一直倾向于偏重文学的进士科,修习儒家经典为主的明经科不受重视,掌握整个国家政治运作的官僚系统中充斥着以文才见长的文学之士。安史之乱后,盛唐之世迅速转向衰落。整个士人阶层开始反思衰落的原因。许多儒家知识分子认为,"学"的核心内容不应当是文学性的"文",而应当是关乎价值系统、道德伦理规范的"道"。就"文"与"道"的关系而言,应当是"文以道为本"。用梁肃(753—793 年)的话来说,就是"文之作,上所以发扬道德,正性命之际;次所以裁成典礼,厚人伦之义;又其次,所以昭显义类,立天下之中"①。如此一来,只有在反映作为价值体系、道德伦理规范的"道"的意义上,历史上的儒家经典以及相关的各种文字作品才有意义。根据包弼德的研究,当时和梁肃有同样看法的还有萧颖士(约

---

① 参见《全唐文》卷五百一十八,中华书局 1983 年版。

717—760 年)、李华(约 710—767 年)、贾至(718—772 年)、独孤及
(725—777 年)等人。实际上,这一看法反映了当时许多儒家知识分子的
心声。①

不过,尽管这些儒家知识分子有关"文"与"道"关系的讨论已经开启
了追求普遍、永恒的"圣人之道"的契机,但是,突出反映了这一趋势,从
而普遍被认为是宋代新儒学复兴先驱的人物,还是要首推韩愈(768—
824 年)及其学生李翱(772—841 年)。在"文"与"道"逐渐分离的基础
上,韩愈和李翱为代表的"古文运动"进一步提出了"文以载道"的主张以
及儒家"道统"说。正如钱穆先生曾经指出的:韩愈构成宋代新儒学的渊
源,所谓"何以治宋学必始于唐,而以昌黎韩氏为之率耶?曰:寻水者必
穷其源,则水之所自来者无遁隐。韩氏论学虽疎,然其排佛老而返之儒,
倡言师道,确立道统,则皆宋儒之所滥觞也"②。中唐以降在韩愈和李翱
处得到集中反映的这种思想取向,可以说是"安史之乱"以来中国社会变
迁在思想领域的必然反映。

一、韩 愈

韩愈认为儒学是一个有着传承谱系的精神传统。这种精神传统的传
承可以通过亲传口授,如尧、舜、禹之间的传承;也可以通过经典文献的中
介而使得后人不必经由亲传口授而与以往的圣人心心相印,如孟子之与
孔子。在韩愈看来,真正的儒家之道传至孟子便已失传,而尽管并未明
言,韩愈自己却显然表示了接续、发扬并传递儒家道统的担当意识。

就其发生学的直接意义而言,韩愈提出道统说或许是针对佛老。因
为就道统说的形式上来看,这种说法一般被认为是受到佛教传法世系的
影响。而韩愈又不断强调儒家道统不同于佛老之道,所谓"斯吾所谓道,
非向所谓老与佛之道也",并在《原道》文末提出了针对佛教徒的"人其

---

① 参见包弼德著,刘宁译:《斯文:唐宋思想的转型》第 4 章,江苏人民出版社 2001 年
版。

② 钱穆:《中国近三百年学术史》,商务印书馆 1997 年版,第 2 页。

人,火其书,庐其居"的严厉主张。

不过,除了这一直接的发生学意义之外,就整个儒家思想史尤其宋明新儒学的产生来说,道统说更重要的意义在于,在韩愈看来,作为一种"道统"的儒学传统是一种超越性的普遍价值,可以不为特定的社会结构和时空所限。后来宋明新儒学所继承与发展的一个基本精神方向,恰恰正是这一点。而如何承继并发扬孟子之后失传的圣人之道,也相应构成整个宋明时代道学人物以不同方式和话语所思考与实践的焦点问题。因此,韩愈所谓"学所以为道"的观念,的确开了宋明新儒学的先声。

道统说的直接现实所指之一是排斥佛教,而韩愈在当时也的确是以排斥佛教著称。在韩愈看来,作为一种外来的异族文化,佛教思想与中国社会固有的价值观念、伦理秩序大相径庭、彼此冲突。因此,统治阶层对佛教不应加以扶持。韩愈不仅认为对佛教徒要"人其人,火其书,庐其居",甚至提出要皇帝将佛骨"投诸水火,永绝根本"。除了文化上的原因之外,韩愈排斥佛教在另一个立论上的直接根据是当时佛教寺院经济对整个国家经济秩序的严重破坏。由于初唐以来统治阶层对佛教的大力扶持,使得寺院经济得到了空前的发展。寺庙既有大批田产和劳力,又有免除役税的特权,同时还成为富家大族逃避徭役的保护区。如果说这一点对国家经济的损害在初唐还尚未得到明显的反映,那么,中唐尤其"安史之乱"以后,由于藩镇割据,中央财政锐减,普通地主阶层和平民阶层的负担日益加重。因此,从整个国家经济利益的角度出发,势必会要求对佛教的寺院经济加以限制。

韩愈排斥佛教所运用的策略是提倡儒家的道统,而道统说的基本内容,除了以上所言之外,具体一点就是推尊孟子。在唐代之前,孟子的地位并不比其他诸子高,而是与荀子、扬雄、董仲舒等人并称。而在韩愈的道统说中,孟子成为独得孔子之道的第一人,其地位显然得到了大大的提升。对韩愈来说,之所以要尊孟,正是因为孟子是儒家历史上勇于同异端学说作斗争的楷模人物。在孟子的时代,杨朱与墨家之学盛行,而孟子辟杨墨不遗余力。在韩愈自己的时代,佛教盛行,韩愈则以孟子自任,将佛教作为当时的异端。

韩愈对《大学》的表彰并阐发,可以说开了宋明理学的先声。《大学》原来只是《礼记》中的一篇,汉唐时期并未受到儒家学者的重视。我们如今都知道《大学》可以说是宋明理学中最重要的文献之一,朱子学和阳明学虽有不同,但都围绕《大学》的基本观念展开则无异。《大学》成为“四书”之一,当然是朱熹的贡献。不过,在这点上,韩愈功不可没。韩愈将《大学》阐发为一种政治伦理思想,这主要是为了批评佛教的出世立场。因为《大学》维护社会的宗法秩序和伦理纲常,强调社会义务,针对佛教,是一种有力的批判武器。当然,因为韩愈的主要着眼点在于政治社会问题,在阐发《大学》的思想时,他就并未措意于“格物”、“致知”的观念,而后者恰恰是宋明理学在诠释《大学》时最为重视的。这是由于韩愈所处的时代,复兴儒学的主要课题首先在于重建儒学在政治社会结构中的地位,尚未深入儒学理论内部的问题。

韩愈虽然没有处理后来宋明理学中深层的理论课题,但有些问题,他也已经有所触及。比如,对于后来理学史上广泛深入讨论的“性”与“情”的问题,韩愈就提出了他自己的看法。在韩愈看来,人的“性”是先天本有的,而人的“情”则是后天与外界发生接触之后才产生的。而在人性的问题上,韩愈同于董仲舒等人认为人性有上中下不同的“三品”。但他认为,判定人性上中下品级的标准是“仁义礼智信”之“五德”。这样,其性三品说即演变成“所以为性者五”的说法。这种看法与后来理学家从“天地之性”(或“义理之性”)以及“气质之性”的角度来界定人性的讨论不同。在“情”的问题上,韩愈同样持三品说。人的情有喜、怒、哀、惧、爱、恶、欲七种,情的发动也有上中下三品。至于一个人的情是上中下三品中的哪一种,则取决于其性。

从韩愈的性情论来看,他对以往儒家的人性论包括孟子、荀子、扬雄等人的人性论有所批评,也反对将人性的善恶完全归于外在的环境与教育。他的性情论主要是为了反对佛教的人性论并总结汉唐以来儒家的人性论。不过,后来的理学家虽然对韩愈的性情论有所吸收,但却进一步发展了它并在一个更高的理论层面上回归于孟子的性善论。

二、李　翱

韩愈虽然对性与情都有自己的看法,但对二者之间的关系并未深论。对此,其弟子李翱则提出了相当深入的看法。在李翱看来,性与情二者之间不具时间上的先后关系,而是逻辑上的先后关系,即前者是后者的根据,后者因前者而产生。而且性也离不开情,只有通过情,性自身才能得到表现。

在此基础上,李翱又将性情与善恶关联起来。他认为,性是善的根源,情则是恶的渊薮。显然,在性的问题上,李翱与韩愈的性三品说不同,而是回到了孟子性善论和"人皆可以为尧舜"的立场。李翱认为,人的本性都是善的,这是人之所以可能成为圣人的内在根据。至于人之所以会有恶,则是由于受到了情的干扰。他有一个比喻,性就像水一样,本来是清明的;情则像沙子一样,是造成水浑浊的根源。换言之,李翱对于性情关系的看法是进一步将之与善恶问题关联起来,并认为性善情恶。

不过,仔细分析,李翱的这种看法与其认为"情由性而生"的看法有矛盾之处,因为既然情由性而产生,那么,纯善的性如何产生恶的情呢?事实上,这触及了东西方哲学的一个普遍难题,即恶的起源问题。当然,古今中外许多哲学家都未能对此作出完善的说明,后来的理学家也是一样。

在李翱看来,性的发动就是情,因此圣人也有情,但圣人的境界是"寂然不动,不往而到,不言而神,不耀而光,制作参乎天地,变化合乎阴阳",因而虽然其实有情,但看似无情。所谓"虽有情也,未尝有情也",就是指的圣人那种"不动心"的精神境界和气象。这一点,在后来程颢《定性书》中得到了进一步的发挥。在这个意义上,也可以说李翱发了程颢的先声。

既然李翱推崇寂然不动的精神境界,那么,如何达到这种精神境界呢?对此,李翱也有相关的论说。也正是在这一点上,显示出他比韩愈更加关心儒家传统一贯重视的自我修养的问题。李翱认为,人们受到后天的干扰则昏,要从这种长久之"昏"的状态中回到性的原初状态,需"弗虑弗思"，而"弗虑弗思"是为了使作为恶的根源的"情"无从产生。既然"情既不生"，那么人们的思虑就自然合乎正道，所思所虑都是"正思"，这样的话，就能够达到"寂然不动"的"至诚"境界。当然，对于"弗虑弗思"与"正思"之间的关系，李翱还没有进行深入与明确的分析，在后来的理学中，尤其在王门后学王龙溪等人的思想中，这一点得到了充分的阐释。

除了"弗虑弗思"这种复性之方以外，李翱还讨论了作为复性工夫的另一方面，即《大学》的"格物致知"，这也是为韩愈所忽略的。李翱将"格物致知"解释为"物至之时，其心昭昭然明辨焉，而不应于物者"，与其"弗虑弗思"、"动静皆离"的思想是一致的。心不应物并不是说心与外物不相接触，而是指在应事接物时不受到干扰而始终保持"昭昭然明辨"和"寂然不动"的状态，这也是后来程颢所谓的"定性"的境界。

韩愈在道统说中提高了孟子的地位，李翱又特别在孔子和孟子之间加上了子思。从目前最新考古文献如郭店竹简和上海博物馆的竹简来看，不能不说李翱是有敏锐的观察力的。而李翱加上子思，是为了提高《中庸》这部儒家经典的地位。[①] 后来理学家重视《中庸》，则是对李翱这种看法的进一步发展。总之，在韩愈和李翱的时期，已经开启了许多后来理学的思想课题，也正是在这个意义上，可以说韩愈和李翱堪称宋明新儒学兴起的先驱人物。

当然，除了思想的准备之外，由唐到宋的社会变迁以及这种变迁所引发的社会思潮的变化，也是宋明新儒学兴起的重要条件。尤其北宋初期社会思潮的变化，更是为新儒学的兴起提供了直接的氛围，这一点由于以往的研究已经有较为充分的说明[②]，迄今并无异议，此处也就不赘言了。

---

① 余英时指出，唐代僧人对于《中庸》的重视，应该对李翱有所影响。参见余英时：《朱熹的历史世界——宋代士大夫政治文化研究》上篇，三联书店 2004 年版。
② 参见陈来：《宋明理学》第一章第二节"北宋前期的社会思潮"，华东师范大学出版社 2004 年版，第 27—32 页。

第三节　宋明新儒学的流派划分

一、地域的划分

对于理学中不同的流派,历史上最早有所谓"濂、洛、关、闽"的说法,这是按照地域来划分的。

其中,"濂"是指周敦颐,因为周敦颐晚年居庐山濂溪并以"濂溪"自号。"洛"是指程颢、程颐兄弟二人,因为他们居于洛阳讲学,从学弟子甚众。"关"是指张载,因为张载长期居于陕西眉县的横渠镇讲学,而陕西号称关中,故张载之学也称"关学"。"闽"是指朱熹,因为朱熹生长于福建,也长期在福建的崇安、建阳讲学。

这种传统的划分方法基本上反映了宋代理学的主要流派,但是,它有两个最大的问题。一是没有将南宋的陆九渊包括在内,另一个则是完全没有涉及明代的阳明学。因此,用这种地域划分的方法很难涵盖整个宋明理学的传统。

二、类型学的划分①

比较常见的对于宋明理学流派的划分,其实主要可以说是一种类型学的划分方法,即根据理学史上理论立场的不同类别来加以区分。目前,主要有四种不同的划分方式:

1. 二分说。这是传统的划分法,即"理学"和"心学"二分。具体来说,即是"程朱理学"与"陆王心学"。这种分类法一直到目前都仍然在一定范围内流行。"程朱"其实是指程颐和朱熹,"陆王"则是指陆象山与王阳明。这种说法大体抓住了整个宋明理学的两大基本理论形态或范式,也指出了最重要的两位人物(朱熹、王阳明)及其先驱(程颐、陆象山)。但是,这种说法未免过于简略,大陆与港台研究者都有深入探讨与进一步

---

① 这一小节为彭国翔、周贵华撰写。

划分,但具体做法有所差别。首先,大陆与港台学者都认为二分法对所谓"程朱"中的"程"而言,是以程颐掩程颢,忽略了二程的差别。冯友兰自认为研究中国哲学史的两个基本贡献之一就是区分了二程的不同,其实黄宗羲在《明儒学案》中已经指出了二程的差别以及对于后来不同学脉的影响。牟宗三也曾指出"程朱"一说的最大问题就是将程颢埋没了。其次,冯友兰等强调在二分中,张载、王夫之一系的气学具有独立的意义,可划出而单为一系,形成一种"三系说"。再次,牟宗三指出两分法忽略了宋明理学传统中另外两位重要人物,即北宋的胡宏和晚明的刘宗周。在此基础上,他也提出了一种"三系说"。最后,是大陆学者在综合前述立场的基础上,提出了"四系说"。

2. 三分说。大陆学者依据于马克思主义的立场、观点与方法,对宋明理学予以了重新考察,在理学、心学外,划分出具有唯物主义倾向的气学,而成三系。冯友兰更愿意称宋明理学为道学,并认为道学是玄学的继承与发展。在他看来,玄学与道学都是围绕一般与特殊问题建立的。对一般与特殊,玄学以有与无表达,道学转而用理与气来表达,形成了其前期学说,代表人物为二程、张载与朱熹。二程讲理,称理学;张载主气,称气学;朱熹则理气并重,代表这个阶段的总结与高峰。心学作为理学的对立面,与理学的对立,在二程那里已经开始,到朱熹与陆九渊那里就尖锐地表现了出来。最终心学由王阳明完成。心学与理学虽然互相对立,但也互为补充,使道学的内容变得完整。在心学与理学的对立中被忽略的气学,直到明朝中叶才得到复兴,其代表人物是王廷相与罗钦顺。从学说发生的内在逻辑看,陆王心学是对程朱理学的否定,而王廷相与罗钦顺的气学又是对心学的否定。这时期的气学标志着后期道学的开端,到清代王夫之达到高峰。冯友兰认为,作为后期道学主将的王夫之,与作为前期道学主将的朱熹,双峰并峙,是宋以后的道学最大的两个代表。张岱年则主张宋明理学虽然融合有老庄思想、佛教思想与道教思想,但仍属古代儒家思想的继承与发展,应称"新儒学"。在他看来,宋明理学的发展与分派是对哲学的基本问题的不同回答的结果。按照最基本的"本根"范畴系统,在宋明理学中有三种范畴,即理则、气体、心,以此三者构成三种学说,所谓"唯理论"(客观唯心论)、"唯气论"、(唯物论)"唯心论"(主观唯心论)。在此基础上,形成了张载、王廷相与王夫之的"气本论"派,二程、朱熹的"理本论"派,陆九渊、王守仁的"心本论"派。但他对后二派的划分有时有摇摆,比如将二程的程颐与程颢划为理本论与心本论的两极,把程颢归入"心本论"派。他还强调,前述三种本根论是相生互转的,特别在宋以后的哲学中表现得相当明显。① 张立文则认为,宋明理学作为社会思潮,有主流派和非主流派之分,其区别就在于其作用和影响不同,社会效果有异。濂、洛、关、闽(周敦颐、程颢与程颐、张载、朱熹),加上邵雍、张栻、陆九渊、王守仁、王夫之等为主流派;王安石的"新学",苏轼、苏辙的"蜀学",吕祖谦的"婺学",陈亮的永康之学和叶适的永嘉之学等为非主流派。进而在综合前人研究的基础上,明确提出宋明理学"三系说":一系是程朱道学(亦可称理学)派;一系是陆王心学派;一系是张(载)王(夫之)气学派。②

港台学者多推崇心性,而贬低理气,这直接影响了他们对宋明理学的分系。其中最有代表性的是牟宗三。牟宗三在理学、心学外,再开出性学,而成程朱、陆王、胡刘三系。他认为,北宋理学周敦颐、张载、程颢不分系,此后可以分为三个不同的系统。程颐、朱熹为一系,这一系的文献依据是结合《中庸》、《易传》和《大学》,而以《大学》为主。陆象山、王阳明为一系,这一系的文献重点放在《孟子》。这两系其实也就是以往所谓的"理学"与"心学"。但除了这两系之外,牟宗三认为还有胡宏、刘宗周一系。如果说程颐、朱熹一系较为偏重《中庸》、《易传》所强调的客体性的"性"、"理"的一面,陆象山、王阳明一系较为侧重《论语》、《孟子》所强调的主体性的"心"的一面,胡宏、刘宗周一系则在二者之间较为平衡,可称为"以心著性"的形态。③ 牟宗三的"三系说"其实可以说是在冯友兰的

---

① 参见向世陵:《理气性心之间——宋明理学的分系与四系》,人民出版社 2008 年版,第 213—226 页。

② 参见张立文:《宋明理学研究》,人民出版社 2002 年版,第 17—23 页。

③ 参见牟宗三:《心体与性体》,正中书局 1968 年版。简要的说明也可参见蔡仁厚:《宋明理学》(北宋篇、南宋篇),学生书局 1980 年版。

基础上的修正。和冯友兰一样,牟宗三认为"理学"、"心学"之分不能显示二程的差别,因为在他看来,朱熹只是继承了程颐,"程朱"之说无形中取消了程颢的地位。另外,在牟宗三看来,"理学"和"心学"的两分法也遗漏了南宋的胡宏和晚明的刘宗周所代表的整个宋明理学中的又一种重要理论形态。的确,无论胡宏和刘宗周是否构成一种思想的谱系,他们的思想形态,确实难以简单地为"理学"、"心学"所容纳。也正是在牟宗三之后,胡宏、刘宗周才逐渐引起了学界的重视和进一步的研究。这可以说是牟宗三"三系说"的最大贡献。不过,历史上历来认为朱熹是宋代儒学的集大成者,但牟宗三在其"三系说"中却判定朱熹其实并未能真正继承北宋周敦颐、张载和程颢所代表的"天道性命相贯通"的儒家传统智慧,是所谓"别子为宗"。这种对于朱熹的评价问题,不免引起了广泛的争论。

3. 四分说。在大陆还出现了四分说,有两种。第一种是在综合前述三分说的基础上形成的。即在传统二分理学与心学上,将唯物主义倾向的气学与重性的性学区分出来,而成程朱道学派、陆王心学派、张王气学派与湖湘学派。程朱道学是以二程与朱熹为代表的理本论哲学,陆王心学是以陆九渊、王阳明为代表的心本论哲学,张王气学是以张载、王夫之为代表的气本论哲学,湖湘学是以胡宏、张栻为代表的性本论哲学。① 与这样的提法相似的还有另外一种提法,即道学(理学)、气学、性学与心学。这个区分的主要特点是确立宋明理学的基本范畴为四大范畴,即理、气、性、心,并进一步将其归摄为性,由此以性范畴与性学作为中介与枢纽来阐释宋明理学的基本特质与学说的发展。②

第二种认为,整个宋明理学传统可以分为四个基本流派或类型,即"理学"、"心学"、"气学"、"数学"。③ "理学"以程颐、朱熹为代表,"心学"以陆九渊、王阳明为代表,"气学"以张载、王廷相为代表,"数学"以邵

---

① 参见方国根撰"理学"词条,载《中国大百科全书》(第二版,哲学卷),中国大百科全书出版社 2009 年版。
② 参见向世陵:《理气性心之间——宋明理学的分系与四系》,第 265、414 页。
③ 参见陈来:《宋明理学》,华东师范大学出版社 2004 年版。

雍为代表。而从"气学"到"数学"到"理学"再到"心学",则历史、逻辑地展现了宋明理学的整个发展过程。

4. 不分系或者一系说。也可以认为宋明理学就整体而言并没有那种独立的一以贯之的明确理论系统,虽然宋明理学家们在阐述自己的学问时各有偏重,但基本上都是各种范畴都有涉及。在这个意义上,可以认为宋明理学没有系,或者只有笼统的一系。在这一类观点中值得注意的是劳思光的"一系三阶段"说。劳思光在其大著《中国哲学史》中提出了关于宋明理学的"一系三阶段"说。该说是直接以作者自己的哲学观以及对于宋明理学的理解为基础提出的。劳思光认为,整个宋明理学可以按照不同时期理学家们的不同理论侧重分成三个阶段:第一阶段是周敦颐、张载所代表的宇宙论的思路;第二阶段是程颐、朱熹所代表的形上学的思路;第三阶段是陆象山、王阳明所代表的心性论的思路。劳思光的"一系三阶段"说并不只是一种描述性的说法,而同样是包含了价值判断在内。根据他自己的哲学立场,真正能够反映儒学精神的是心性论的思路,而谈心性问题不必与形上学问题尤其是宇宙论问题发生关涉。之所以如此,是由于劳思光自己所持的一项基本哲学立场,那就是,存在与价值分属两个截然不同的领域,价值问题无须在存在的层面得到论证。劳思光和牟宗三虽然都没有直接明确地讨论对方关于宋明理学的划分,但显然二人在存在与价值的关系问题上有着明显不同的看法,对于《中庸》、《易传》的看法也随之有相当的差别。按照劳思光的看法,道德主体性的建立无须存在层面的保证,但牟宗三根据他所理解的儒家"天道性命相贯通"的宗旨,存在和价值必须彼此配合,谈价值问题不能弃存在于不顾。主要侧重道德主体性的《论语》、《孟子》与侧重客体性的《中庸》、《易传》必须配合起来,后者的地位不容轻忽。当然,除了这一点关键的差别之外,劳思光的"一系三阶段"无法容纳牟宗三特别重视的胡宏、刘宗周,也是很显然的。

三、两大典范:朱子学与阳明学

以上四种对于宋明理学不同流派的划分,在一定意义上都各自有其充分的理由。当然,每一种划分方法也都有各自的侧重。不过,如果我们不局限于中国的宋明理学这一脉络,而是将宋明理学置于当时东亚儒学的整体脉络来看的话,我们可以说,11—17世纪整个新儒学无非两大基本典范,那就是:朱子学和阳明学。事实上,即使仅限于中国宋明理学的脉络,我们同样可以说,朱子学和阳明学仍然毫不夸张地可以说是其中最为重要和最有代表性的两大典范。

第七章　朱子之前新儒学的发展

第一节　新儒学的奠基

周敦颐、张载、程颢、程颐和邵雍是新儒学的奠基者,合称"北宋五子"。周敦颐提出了儒家的宇宙生成论,张载建立起气本论的思想,二程建立起以"理"为核心的思想,邵雍则精研象数学,以"数"来解释宇宙。对"理"的真正重视始于二程,在这个意义上可以说他们是新儒学最重要的奠基者。后来,周、张、二程因对新儒学的杰出贡献而同人道统之列,传统上,他们代表的学派分别称为濂学(周)、洛学(二程)、关学(张)。

一、周　敦　颐

周敦颐(1017—1073 年),字茂叔,湖南道州营道(今湖南道县)人。他晚年定居庐山,以家乡的溪水之名濂溪来命名山间的溪水,并将自己的书屋称为濂溪书堂,因此被学者称为濂溪先生。由于二程曾向他问学,他被后人公认为道学的开山之祖。他所代表的学派传统上称为"濂学"。

周敦颐担任过洪州分宁县主簿和几任县令、南安军司理参军、广东转运判官、广东提刑、知南康军等职位。在他任分宁县主簿时,有一疑案,经他一审问,便了结了此案,显示了他在断案方面的能力。从他的事状来看,虽然他的官职卑微,但他可以说是古代社会理想的官吏。

周敦颐以儒家经典《周易》和《中庸》为主要思想资源,试图将这两个经典贯通起来,以建立儒家的形上学。他还注重发掘先秦儒家的精神资源,突出儒家思想对于最高精神境界的追求,对后来的道学产生了重大的影响。当然,周敦颐的思想资源没有限于儒家传统,他还利用、吸收了道家(也包括道教)的思想资源。

周敦颐的思想与儒家经典《周易》的紧密联系,也体现在他的著作的名字当中,据友人潘兴嗣为其所撰墓志铭中的叙述,他作"《太极图易说》、《易通》数十篇"。[1] 但至南宋时流传的周敦颐的主要著作是《太极图说》和《通书》。朱熹认为,《通书》可能本名《易通》,在流行的过程中,《通书》成为更习用的叫法。[2] 至于《易说》,朱熹认为已经失传。今人提出了不同于朱熹的看法,认为《易说》便是《太极图说》,也即所谓《太极图易说》。[3] 这一看法,是有一定的理由的。不过,也不排除这种可能,即《易说》和《易通》在流传中出现残缺,被合为《通书》。[4] 而无论《太极图说》是否即是《易说》,它与《周易》的联系都是极为明显的。另外,在朱熹所见各种版本中,《太极图说》都是附于《通书》后,朱熹在整理时将《太极图说》独立出来,列为周敦颐著作的第一篇,从而突出了《太极图说》的地位。这样的编排与潘兴嗣将《太极图》排在前面也是一致的。除了《太极图说》和《通书》,周敦颐还有一些诗文,其中《爱莲说》是传世的佳作。

(一)太极动静

《太极图》是一个宇宙演化的图式,《太极图说》中提出了精致的宇宙演化的理论。《太极图》和《太极图说》所反映的主要思想是,万物根源于原初的统一体"太极"。

《太极图说》说:

> 无极而太极。太极动而生阳,动极而静,静而生阴。静极复动。一动一静,互为其根;分阴分阳,两仪立焉。阳变阴合,而生水、火、木、金、土。五气顺布,四时行焉。五行,一阴阳也;阴阳,一太极也;太极,本无极也。五行之生也,各一其性。无极之真,二五之精,妙合

---

① 《濂溪先生墓志铭》,《周敦颐集》,中华书局1990年版,第91页。
② 参见朱熹:《周子太极通书后序》,《朱文公文集》卷七十五,《四部丛刊》本。
③ 参见冯友兰:《中国哲学史史料学》,《三松堂全集》第六卷,河南人民出版社2001年版,第418页;侯外庐等主编:《宋明理学史》,人民出版社1987年版,第50页。
④ 参见冯友兰:《中国哲学史新编》第五册,《三松堂全集》第十卷,第54—55页。

而凝。"乾道成男,坤道成女",二气交感,化生万物。万物生生,而变化无穷焉。①

"太极"作为宇宙的终极的存在,是无形无象、无穷无尽的。太极的显著运动产生了阳气,动的状态发展到了极点,便向相反的方向转化,变为静,太极的相对静止产生了阴气。这个说法表明,不仅太极的动静有一个明显的先后过程,而且太极有一个原初的静的状态。这隐含了宇宙有开端的思想。太极从原初的静的状态开始了运动,接下来则是动静交替的无限的过程。从阴阳二气都是从太极中分化出来可以得出,"太极"是混沌未分的统一体,也即是"元气"。因而,太极自身能够动静。周敦颐对"太极"的理解,与汉唐以来的理解是一致的。"太极"在《易传》中仅出现了一次,《系辞》上传说,"易有太极,是生两仪,两仪生四象,四象生八卦"。汉唐时期的儒家一直将太极解释为气,孔颖达《周易正义》说:"太极,谓天地未分之前,元气混而为一,即是太初、太一也。"不仅将太极看做未分的元气,还将其与太一、太始视为同一。这在某种程度上说明,"太极"还未成为一个主要的概念。到北宋初,儒者越来越多地使用这一概念,并且也都以太极为元气。周敦颐说"分阴分阳,两仪立焉",明确地以阴阳解释《系辞》的两仪,表明了他的宇宙生成论直接来自《周易》的模式。

但《周易》是讲占筮,只讲两仪、四象、八卦,并没有五行的观念,周敦颐认为阴阳二气产生五行之气,表明他还吸收了汉代宇宙论的思想。阳气主施,能变动,阴气主受,与阳气相配合,所以说"阳变阴合",阴阳之气共同产生了五行之气,即金、木、水、火、土。"五行"在宇宙生成的环节中,可以对多样性作出解释。"五行一阴阳,阴阳一太极,太极本无极",概括了五行统一于阴阳二气,阴阳二气统一于太极,而太极无穷无限。在五行产生后,便是万物生生不穷的过程,周敦颐强调了二气交感是万物生成的原因。

周敦颐在《通书》中说"五行阴阳,阴阳太极,四时运行,万物终始",

① 《周敦颐集》,第3—5页。

与《太极图说》里的思想是相同的。《通书》对《太极图说》的宇宙论思想又有所阐发：

> 二气五行，化生万物，五殊二实，二本则一。是万为一，一实万分，万一各正，小大有定。①

二本则一，就是《太极图说》所说的"阴阳一太极"，"是万为一，一实万分"，是说万物皆来源于太极元气，太极元气分化为万物，万物都从共同的源泉"太极"中生出。用"一"与"万"来表达太极与万物的关系，为后来的学者提供了一个思考问题的模式。

现在来看《太极图》：

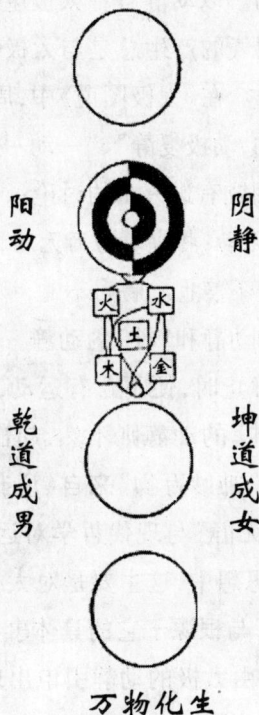

图的第一圈表示太极处于原始的静的状态，以下各圈是阴阳分化、演生五

---

① 《通书·理性命第二十二》，《周敦颐集》，第31页。

行,以及二气交感至万物生化诸阶段。由于儒家传统中并没有这样的图式,图式的来源自然受到了学者的重视。南宋初有学者提出《太极图》来自北宋初的道士陈抟。后来又有很多人考证,尽管细节不同,但多认定《太极图》与道教有关。① 然而图只是表达思想的方式,况且《太极图说》蕴涵的极富哲理的思想,并非图式所能提供。《太极图说》的基本思想来自《周易》也是显而易见的。因此,根据图式的来源来探求周敦颐思想的渊源,并无多少合理性。可以说,周敦颐创造性地利用了道教的图式,这一图式原本与修炼有关,周敦颐赋予了图式新的意义。

周敦颐的宇宙发展图式是:太极——阴阳——五行——万物,在整个过程中,动、静是关键性的。以动静解释太极生两仪——阴阳的过程,是周敦颐的创见。他认为阳气的产生总是与太极的动相联系,阴气的产生则总是与太极的静相联系。在《太极图说》中,周敦颐对动静的关系作了哲理性的概括:"静极复动,动极复静"、"一动一静,互为其根"。

在《通书》中对动静问题有进一步的讨论:

> 动而无静,静而无动,物也。动而无动,静而无静,神也。动而无动,静而无静,非不动不静也。物则不通,神妙万物。②

周敦颐区分了一般事物的动静和"神"的动静。个别的事物有动有静,在运动时,不含有静止,当静止时,便不含有运动,因此,动即是动,静即是静,是互相排斥的。但"神"的动静则不然,超出了一般所说的动静,是"动而无动,静而无静"。"神妙万物"来自《说卦》的"神也者,妙万物而为言"。"动而无动,静而无静"与现代哲学对运动和静止的辩证了解是比较遥远的,在周敦颐的思想中,这主要是对太极的动静的描述,以显示出作为万物之源的"太极"与根源于它的具体事物的不同。在南宋以后,朱熹将"太极"解释为理,由太极的动静引申出理是否有动静的问题,与周敦颐的思想有了很大的不同。

还有一个问题需要说明。在《太极图说》中,无极、太极是颇为复杂

---

① 参见朱伯崑:《易学哲学史》第二卷,华夏出版社1995年版,第89—92页。
② 《通书·动静第十六》,《周敦颐集》,第26页。

的问题。虽然《通书》与《太极图说》有诸多相通之处，但《通书》中只有
"太极"的概念，而没有出现"无极"的概念。这一点引起了后来学者的注
意，并据此推论，《太极图说》是周敦颐的早年之作，在更晚的《通书》中，
他已放弃了"无极"这一概念，南宋的陆九渊便持这种观点。[①] 众所周知，
太极是《周易》的最高范畴，"无极"是一个来自道家的概念。老子说："复
归于无极"。"无极"出现在《太极图说》中，这个名词的道家渊源令一些
儒家学者感到不安。陆九渊的出发点是反对"无极"，却牵涉到《太极图
说》这一著作的可信度和重要性。朱熹强调《太极图说》的重要性，而与
陆九渊有无极太极之辩。他们的论辩涉及很多问题，这里要提到的是，二
者对"无极"的理解不同。陆九渊认为，在《太极图说》中，"无极"是指虚
无的实体，是在太极之上的独立实体，因此他反对"无极"；朱熹则认为
《太极图说》中的"无极"并非指虚无实体，这一名词是被用来表征最高的
实在的无形无象、无限的特质。[②] 这两种不同的理解是由《太极图说》的
表达所引起，尽管《太极图说》要表达的思想是确定的，但对文本的两种
不同的理解却一直存在，从古至今。[③]

(二)主静无欲

在论述了万物化生的过程之后，周敦颐点明了人在宇宙中的地位、人
的特性以及圣人所发挥的作用：

> 惟人也，得其秀而最灵。形既生矣，神发知矣，五性感动，而善恶
> 分，万事出矣。圣人定之以中正仁义，而主静，立人极焉。[④]

人禀受了气之精华，由宇宙间最灵秀的气所构成。虽然人与万物都是阴
阳之气所构成，但构成人的气最为精致，因此，人在宇宙间的地位是特殊

---

① 参见《濂溪学案》下，《宋元学案》卷十二，《黄宗羲全集》(增订版)第三册，浙江古
  籍出版社 2005 年版，第 610 页。
② 参见《濂溪学案》下，《宋元学案》卷十二，《黄宗羲全集》(增订版)第三册，第
  610—614 页。
③ 劳思光认为，无极与太极有先后的次序。参见劳思光：《新编中国哲学史》卷三
  上，广西师范大学出版社 2005 年版，第 73 页。冯友兰则遵循了朱熹的解释。参
  见冯友兰：《三松堂全集》第十卷，第 57 页。本节也沿用了这一解释。
④ 《太极图说》，《周敦颐集》，第 5—6 页。

的,古典儒学中人优于动物和草木的观念在这里得到了体现。人生而有形,也就有了知觉能力和思维能力,感于外物,而由此有了善恶。圣人以仁义中正为道德原则,又以主静的方法进行修养。在这段话中,立人极的思想很重要,人极的意义就是人类的标准。

以静为主要的修养方法,表明周敦颐未能自觉地在修养方法上与道家区分开来。那么,如何能够做到静呢? 周敦颐自己注释说,"无欲故静","无欲"也是"一"。《通书》中有一段问答:

> "圣可学乎?"曰:"可。"曰:"有要乎?"曰:"有。""请闻焉。"曰:"一为要。一者无欲也,无欲则静虚动直,静虚则明,明则通;动直则公,公则溥。明通公溥,庶矣乎!"①

对圣人可学的肯定,是道学一致的信念,此后随着道学的展开,此信念又得到了强化。周敦颐认为,学圣人要做到"一",一的含义是纯一,没有任何的杂念,这也即是无欲。无欲,就可以达到内心虚静,行为正直。静虚是人自身排除感性欲望所呈现的精神状态,动直是这一精神的外在表现。虚静则明彻通达,动直则公正广大。这段话也即是对圣人境界的描述。通过"一"的修养所达到的目标是静虚动直,包含了动静两个方面。在《通书》中,周敦颐更多地将动、静并提,因此,不能因他主张"主静",就认为他偏于"静",排斥"动"。如上所说,他的问题在于他所主张的修养方法未能显示出儒家的性格。很显然,"主静"的"静",也非一般所说的动静之静,是有其特定含义的。

"无欲"的提法,更显示了来自道家的影响。"无欲"是周敦颐思想中的一个要点。他曾作《养心亭说》,也强调无欲。先秦的孟子强调寡欲对心的养护的作用,他说:"养心莫善于寡欲。其为人也寡欲,虽有不存焉者,寡矣;其为人也多欲,虽有存焉者,寡矣。"②周敦颐显然更进了一步,他说:"予谓养心不止于寡欲而存焉耳。盖寡焉以至于无,无则诚立明通。诚立,贤也;明通,圣也。是圣贤非性生,必养心而致之。养心之善有

---

① 《通书·圣学第二十》,《周敦颐集》,第29—30页。
② 《孟子·尽心下》。

大焉如此,存乎其人而已。"①孟子所说的寡欲,是指减少欲望,对欲望要求适当地节制。周敦颐所说的"无欲",并不是说要人禁绝一切感性欲望,而是指特定的修养中所达到的没有欲念的状态。② 但无论如何,"无欲"的提法还是显得过于偏向佛道了,"寡欲"则能体现儒家与佛道的不同。

主静是周敦颐修养论的一个特色。在周敦颐的思想中,"主静"与"太极"原初的静的状态,形成了某种对应,而且也与另一引人注意的概念"无极"一脉相通。从人性论来说,周敦颐说"五性感动而善恶分",继承了《礼记》"人生而静"的思想,"主静"是要达到人的原初状态。因而,主静的修养方法,是有着宇宙论和人性论的根据的。

(三)诚 与 神

在《通书》中,"诚"是最为重要的观念,这受到了以"诚"为重要观念的《中庸》的影响。周敦颐从本体、境界和工夫的意义上论述了诚的观念。《通书》中首先说:

> 诚者,圣人之本。"大哉乾元,万物资始",诚之源也。"乾道变化,各正性命",诚斯立焉。纯粹至善者也。故曰:"一阴一阳之谓道,继之者善也,成之者性也。"元、亨,诚之通;利、贞,诚之复。大哉《易》也,性命之源乎!③

"诚"是圣人的境界,也是达致圣人的工夫,而作为形上的原理,则为"圣人之本"。④ 接下来这段话引用《易传》说明乾元是诚的根源,"乾道变化,各正性命",是说"诚"成为人的本性。周敦颐以乾元解释诚的根源,从而说明诚是人性所固有。

"诚"是成圣的主要方法,所以,周敦颐又说:"圣,诚而已矣。""诚"是最高的道德原理,一切的道德原则和道德行为都源于"诚",以诚为本:

> 诚,五常之本,百行之源也。静无而动有,至正而明达也。五常

---

① 《养心亭说》,《周敦颐集》,第50页。
② 参见陈来:《宋明理学》,第43页。
③ 《通书·诚上第一》,《周敦颐集》,第12页。
④ 劳思光:《新编中国哲学史》卷三上,第80页。

百行,非诚,非也,邪暗,塞也。故诚则无事矣。①

一切的道德原则和道德行为,如果没有诚作为根本,就失去了意义,突出了"诚"的本体意义。在《太极图说》中提到圣人以仁义中正为道德原则,这里以诚为五常之本,对仁义等道德原则的来源问题进行了回答。

《宋元学案》中黄百家的按语中,引用了明代学者薛瑄(1389—1465年,字德温,号敬轩,谥文清)的话:"《通书》一'诚'字括尽。"②可见,历来学者都将"诚"视为《通书》的核心。在《通书》中,"神"的观念虽然没有"诚"来得重要,却也是一个值得注意的观念,"诚"是一个本体意义的范畴,"神"则是不同层面的,属于"用"的层面:

> 寂然不动者,诚也;感而遂通者,神也;动而未形、有无之间者,几也。诚精故明,神应故妙,几微故幽。诚、神、几,曰圣人。③

"寂然不动","感而遂通",是《系辞》对蓍法的神妙莫测的描述,周敦颐认为,圣人同样具有这样的特质。寂然不动,是说圣人本性,没有活动,没有思维;感而遂通,是指圣人应物感应神速,无不通达,这便是神。"几"则是寂、感之间的中间环节。"寂然不动"是圣人与众人之所同,"感而遂通"则体现了圣人的与众不同。要达到"感而遂通",必须有"思"的工夫:

> 《洪范》曰:"思曰睿,睿作圣。"无思,本也;思通,用也。几动于彼,诚动于此。无思而无不通,为圣人。不思,则不能通微;不睿,则不能无不通。是则无不通生于通微,通微生于思。故思者,圣功之本,而吉凶之几也。④

无思并不是不用思考,而是与"寂然"同意,有无思的境界,才能思而无不通。"思"是通晓几微之理的途径,所以,"思"是非常重要的。"思"在这里还带有方法的意义。诚、神与几是周敦颐反复论及的,而"思"则指出了入手处。通微,无不通,是圣人所具有的神的力量达到的效果。将"思"作为工夫,是周敦颐思想的又一特点。

---

① 《通书·诚下第二》,《周敦颐集》,第 14 页。
② 《濂溪学案》上,《宋元学案》卷十一,《黄宗羲全集》(增订版)第三册,第 590 页。
③ 《通书·圣第四》,《周敦颐集》,第 16—17 页。
④ 《通书·思第九》,《周敦颐集》,第 21 页。

（四）性

在《太极图说》中，周敦颐提到了"五性"，但语焉不详，在《通书》首章，又有将"诚"看做人的本性的思想。除此之外，《通书》另有一章较为集中地以刚柔来论人性：

> 性者，刚柔、善恶，中而已矣。
>
> 刚善，为义，为直，为断，为严毅，为干固；恶，为猛，为隘，为强梁。柔善，为慈，为顺，为巽；恶，为懦弱，为无断，为邪佞。唯中也者，和也，中节也，天下之达道也，圣人之事也。故圣人立教，俾人自易其恶，自至其中而止矣。①
>
> 刚善刚恶，柔亦如之，中焉止矣。②

周敦颐认为，人性有刚柔善恶之不同。刚柔是对性的主要规定，而刚、柔又有善、恶之分。善的刚为义、严毅、果断等品质，恶的刚则为强梁；善的柔为慈爱，恶的柔为懦弱等。具体说来，刚善、刚恶、柔善、柔恶构成了四种不同的人性，加上"中"，共有五种类型。在不同的类型中，性偏杂的人居多，性中者少。刚善、柔善显然胜于刚恶、柔恶，因此，刚柔之恶都要努力去除，但最理想的，是"中"，刚、柔都还是偏。这或许即是周敦颐的"五性"说。

按照后来的理解，刚柔的说法是指气质之性，因为刚柔是描述气的性质的范畴，这样来理解是有道理的。但周敦颐并未提出"气质之性"的概念，只是隐含了这一思想。周敦颐关于人性刚柔不齐的思想，得到了后来道学家的重视。周敦颐也将"诚"看做人的本性，因此，他对人性的了解不是仅就气的性质而论，所以，朱熹认为，周敦颐也讲了仁义之性。关于这一点，值得注意的是，周敦颐多以"仁义中正"连用，而不是"仁义礼智"，中正的观念主要来自《周易》，提法的不同表明周敦颐在观念上与后人也是不尽相同的。

对"恶"的来源的解释，周敦颐的说法也不完全统一。如他说"五性

---

① 《通书·师第七》，《周敦颐集》，第19页。
② 《通书·理性命第二十二》，《周敦颐集》，第30页。

感动而善恶分",这种说法似乎将恶看做是后天才有的;但以气来论性,又有善、恶是先天决定的倾向。

(五)孔颜乐处

在《通书》中,孔子的弟子颜回的形象得到了充分的重视。周敦颐说:

> 圣希天,贤希圣,士希贤。伊尹、颜渊,大贤也。伊尹耻其君不为尧、舜,一夫不得其所,若挞于市。颜渊"不迁怒,不贰过","三月不违仁"。志伊尹之所志,学颜子之所学。①

在外王和内圣两个方面,伊尹和颜回堪称典范。士人要以伊尹和颜回为学习的对象,要有伊尹之志,学颜回之所学。在《论语》中记载,在孔子众多的弟子中,颜回最为好学。因此,在追求成为圣人的道路上,他已远远走在了众人的前面。那么,颜回究竟有什么不同常人之处呢? 孔子曾称赞颜回说:"贤哉,回也! 一箪食,一瓢饮,在陋巷,人不堪其忧,回也不改其乐。贤哉,回也!"颜回居住在陋巷之中,过着贫苦的日子,但还保持内心的快乐,这就是其超出常人之处。周敦颐对此有所讨论,他说:

> 颜子"一箪食,一瓢饮,人不堪其忧,而不改其乐"。夫富贵,人所爱也。颜子不爱不求而乐乎贫者,独何心哉? 天地间有至贵可爱可求而异乎彼者,见其大而忘其小焉尔。见其大则心泰,心泰则无不足。②

周敦颐认为,颜回已经达到了超乎富贵的人生境界。常人追求富贵,因而处于贫贱时便忧戚,处于富贵才感到快乐,这种乐是由外在的因素决定的。颜回的乐则来自内心的充实,使他充实的是世间最可宝贵的东西,也就是"道"。周敦颐说:"君子以道充为贵。"③这种来自内心充实的乐,是不会受到外在因素的影响的,因而颜回虽处于贫困之中,却依然其乐不改。

---

① 《通书·志学第十》,《周敦颐集》,第21—22页。
② 《通书·颜子第二十三》,《周敦颐集》,第31页。
③ 《通书·富贵第三十三》,《周敦颐集》,第38页。

　　周敦颐不仅在其著作中讨论了颜回之乐,还引导年少的二程去寻求这种快乐。周敦颐在当时并不为人所知,二程的父亲程珦很欣赏他,命只有十四五岁的二程从学于他。程颢后来回忆早年周敦颐对他的教诲时说:

　　　　昔受学于周茂叔,每令寻颜子仲尼乐处,所乐何事。①

此后,"寻孔颜乐处"成了宋明理学的重大课题。程颐和他的门人进一步讨论了颜子"所乐何事"的问题:

　　　　鲜于侁问伊川曰:"颜子何以能不改其乐?"正叔曰:"颜子所乐者何事?"侁对曰:"乐道而已。"伊川曰:"使颜子而乐道,不为颜子矣。"②

鲜于侁认为,颜子所乐的就是"道",程颐则认为,"道"并不是"乐"的对象,把道当做乐的对象是降低了颜子的境界。程颐反对将颜子之乐理解为"乐道",这表明,在他看来孔颜之乐不是一般的审美性活动。在《论语集注》中,朱熹注解孔子赞颜回这段话时,引程子之言:"箪瓢陋巷非可乐,盖自有其乐尔。"③这是说,贫穷本身并无可乐之处,又引周敦颐令二程寻仲尼颜子之乐,然后朱熹说:"程子之言,引而不发,盖欲学者深思而自得之。今亦不敢妄为之说。"④朱熹认为,二程之所以并不明确说孔颜所乐何事,是有深意的,是要令学者自得。因此他也同样没有给出明确的解释。

　　周敦颐首先倡导寻孔颜乐处,说明他也感受到了这种快乐。他将这个课题提了出来,对学者产生了深刻的影响,"孔颜乐处"成为学者追求的理想境界。寻求孔颜乐处使得古代儒家以博施济众和克己复礼为内容的仁学增添了人格美和精神境界的内容。⑤

---

①　《河南程氏遗书》卷二上,《二程集》,中华书局1981年版,第21页。

②　《河南程氏外书》卷七,《二程集》,第395页。

③　《四书章句集注》,中华书局1983年版,第87页。

④　《四书章句集注》,第87页。

⑤　参见陈来:《宋明理学》,第36页。

二、张 载

张载以"气"为世界的本原,建立起完整的气本论的思想。他最先提出了"天地之性"和"气质之性"的区分,强调"变化气质",并阐发了儒家的万物一体之旨,主张"大其心",达到万物一体的境界。

张载(1020—1077 年),字子厚,祖籍大梁(今河南开封),生于长安。因久居陕西凤翔府郿县横渠镇讲学,学者称他为横渠先生。

张载嘉祐二年(1057 年)登进士第,历任祁州司法参军、丹州云岩县令、著作佐郎等职。熙宁二年(1069 年)任崇文院校书,熙宁十年(1077年)同知太常礼院。同年谒告而归,行至临潼,卒于馆舍。

张载少年的时候,喜欢研究军事,21 岁时,他见到范仲淹,范仲淹对他说:"儒者自有名教可乐,何事于兵?"①劝他读《中庸》。他读了《中庸》后,并未满足,又"访诸释老之书,累年尽究其说,知无所得,反而求之六经"。② 在经典中,他用力最多的是《周易》。对释老思想的了解和对《周易》的钻研,使张载能够从儒家立场对佛老进行深刻的批判。在北宋的道学家中,张载与二程对佛道都有激烈的批评。但与二程不同,张载的哲学思想是在对佛老的批判中建立起来的。张载在关中地区讲学,有很大的影响,《宋史》本传中说:"载古学力行,为关中士人宗师。"③他所开创的学派,传统上称为"关学"。

张载的关学与二程洛学在当时是两个互有影响的学派。张载的年纪较长,就亲缘关系上说,二程是他的表侄,但他们在学术上的往来犹如同辈。张载曾写信问程颢有关修养的问题,这一次的讨论有着重要的意义,后者的答书即是著名的《定性书》。张载的《西铭》得到了二程的高度评价,在程门有较大的影响。

张载的主要著作有《易说》、《正蒙》、《经学理窟》,其中以《正蒙》最

---

① 《道学》一,《宋史》卷四百二十七,中华书局 1977 年版,第 12723 页。
② 《道学》一,《宋史》卷四百二十七,第 12723 页。
③ 《道学》一,《宋史》卷四百二十七,第 12724 页。

为重要。《正蒙》是他在晚年所编集，其中有不少来自《易说》。在张载死后，门人苏炳等将《正蒙》区分为十七篇，按古例以每篇篇首的两个字来名篇，《西铭》是第十七篇《乾称》的开头部分。除了以上著作，还有《语录》和《张横渠先生文集》。

（一）太虚即气

张载提出："由太虚，有天之名；由气化，有道之名；合虚与气，有性之名；合性与知觉，有心之名。"①天、道、性、心四个重要观念一步步地建立在太虚与气这两个概念的基础之上，有关太虚与气的理论构成了张载全部哲学论说的基础。

"太虚"一词，本义是指广大的空间。张载对"太虚"进行了描述：

> 气坱然太虚，升降飞扬，未尝止息，《易》所谓"细缊"，庄生所谓"生物以息相吹"，"野马"者欤！此虚实、动静之机，阴阳、刚柔之始。②

张载认为，气弥漫于太虚，不断地运动变化，这就是《易》所说的"细缊"，庄子所说的野马尘埃，二者都是形容气盛之貌。气中包含着内在的动力，即"虚实、动静之机"，从而引起阴阳、刚柔的交替变化。也就是说，"太虚"并非如人想象的那样，是一个虚空，而是为气所充满。为了说明这一点，张载格外地重视庄子所说的野马、《易》所说的细缊。从哲学上来讲，张载认为"太虚"是气的本体，所谓本体，是指气的本然状态：

> 太虚无形，气之本体，其聚其散，变化之客形尔。③

客形，即是出入不定的形状，也就是气的暂时的形态。万物由气之聚而生成，其气散而为太虚，乃是必然。张载说：

> 太虚不能无气，气不能不聚而为万物，万物不能不散而为太虚。循是出入，是皆不得已而然也。④

这样，太虚为无形的本体，万物根源于太虚并最终返于太虚。在这里，张

---

① 《正蒙·太和篇》，《张载集》，中华书局 1978 年版，第 9 页。
② 《正蒙·太和篇》，《张载集》，第 8 页。
③ 《正蒙·太和篇》，《张载集》，第 7 页。
④ 《正蒙·太和篇》，《张载集》，第 7 页。

载接受了古代原有的气散而复聚的观念。

在张载哲学中,"太虚即气",是一个重要的论断。张载说:"知太虚即气,则无无。"①这与"太虚为气之本体"似乎矛盾,但实际不然。从"太虚不能无气"的说法来看,"太虚"实际是广大的空间与其中所涵充的絪缊之气,进一步说,太虚是原始的气,极其稀薄,极其精微。所以,"太虚即气"也即是一个肯定最高实有为"气"的论断,因而气也就是存在之本体。②"太虚"和"气"都是表示最高的实有。③

可见,在张载的用法中,"气"的观念已经有了新的发展。张载说:

　　凡可状,皆有也;凡有,皆象也;凡象,皆气也。④

这是认为,一切可以被形容、摹状的都是实在的现象,一切现象都是气的不同表现。根据这个思想,不仅太虚(本体)是气,各种有形体的万物都是气。张载进而指出:

　　所谓气也者,非待其蒸郁凝聚,接于目而后知之;苟健、顺、动、止、浩然、湛然之得言,皆可名之象尔。然则象若非气,指何为象?⑤

以上所说的"气",是作为最普遍的概念。在一切存有都是气的意义上,气的概念已经相当于"物质",当然,气没有西方哲学传统中物质概念的机械性,是自我运动的。

张载用"太虚即气"和"凡象皆有"的观点来反对佛道的虚能生气和将世界看做空幻的理论。他说:

　　若谓虚能生气,则虚无穷,气有限,体用殊绝,入老氏"有生于无"、自然之论,不识所谓有无混一之常;若谓万象为太虚中所见之物,则物与虚不相资。⑥

张载认为,佛道二教都割裂了体用的关系,而体用应当是一致的。

---

① 《正蒙·太和篇》,《张载集》,第8页。
② 参见陈荣捷:《宋明理学之概念与历史》,台湾"中央研究院"中国文哲研究所筹备处1996年版,第45页。
③ 参见劳思光:《新编中国哲学史》卷三上,第132页。
④ 《正蒙·乾称篇》,《张载集》,第62页。
⑤ 《正蒙·神化篇》,《张载集》,第16页。
⑥ 《正蒙·太和篇》,《张载集》,第8页。

在张载的哲学中,"太虚即气"和"太虚无形,气之本体"是从不同意义上对太虚与气的关系的表达,通过前一个判断,张载反对了以往人们的想象中的以及佛道二教的虚空的观念;通过后一个判断,确立了"太虚"在其思想中的哲学意义。张载以"气"为最高的存在,发展出气本论的哲学。他认为,"气"是永恒存在的,有生灭的是具体的有形之物。张载的气本论是中国古代气论的一个非常完备的本体论形态。

太虚与气的学说的终极意义是解决人生的问题,所以,张载在《太和篇》中便提出:"气之为物,散入无形,适得吾体;聚为有象,不失吾常。""太虚不能无气,气不能不聚而为万物,万物不能不散而为太虚。循是出入,是皆不得已而然也。然则圣人尽道其间,兼体而不累者,存神其至矣。"①这是说,气聚则生,气散则死,知死生之说,便能不为生死问题所惑所累,而持一种顺其自然的态度。他批评佛道的人生态度,"彼语寂灭者往而不反,徇生执有者物而不化,二者虽有间矣,以言乎失道则均焉。"②道教求长生,佛教讲无生,虽然有所不同,但都是错误的。

(二)神 化

《易传》中说"一阴一阳之谓道",张载根据这句话将"道"理解为气化的过程,他提出,"由气化有道之名"。

《易传》中说,"阴阳不测之谓神","神"是神妙不测之意,这是"神"字在《易传》中的一个主要用法。张载继承了《周易》所特有的"神"的观念,提出了神化论。张载说:

> 神,天德,化,天道。德,其体,道,其用,一于气而已。③

张载所说的"天",即指太虚而言。神是气的内在本性,因而是体;化是气化的运行过程,因而是用。神和化都是气的不同方面。神、化是天之体用,而圣人要"穷神知化",以与天合德。《系辞》中说:"穷神知化,德之盛也";张载则说:"大而位天德,然后能穷神知化。"④

---

① 《正蒙·太和篇》,《张载集》,第7页。
② 《正蒙·太和篇》,《张载集》,第7页。
③ 《正蒙·神化篇》,《张载集》,第15页。
④ 《正蒙·神化篇》,《张载集》,第17页。

张载提出"一物两体"的思想,对宇宙的神化做了更深层的讨论。他说:"一物两体,气也;一故神,两故化。"①两体便是指诸如虚实、动静、聚散、清浊等,引申开来,两是指相反的两个方面,既指属性,也指过程。张载指出:"两不立则一不可见,一不可见则两之用息。"②这是说,有相反的两方才有统一体,没有统一体,相反的现象也就不复存在。张载又说:"气有阴阳,推行有渐为化,合一不测为神。"③这是说,气包含了阴阳两个方面,也就是"一物两体"之义,阴阳变化神妙莫测,因而用神来描述。

张载由神化之说,又从哲学上讲鬼、神的意义,与一般所说鬼神不同。他认为,鬼为气之屈,神为气之伸。"气"的屈伸,解释了一切事物的生成与死亡。"物之初生,气日至而滋息;物生既盈,气日反而游散。至之谓神,以其伸也;反之谓鬼,以其归也。"④他提出:"天道不穷,寒暑也;众动不穷,屈伸也。鬼神之实,不越二端而已矣。"⑤"二端"是张载概括一切对立面的词汇,这里的"二端"是指"屈伸"。张载又提出:"鬼神者,二气之良能也。"⑥"良能"的意义是自然而有的能力,因而鬼、神只是气的活动的属性。在气化理论中引入"鬼"、"神"两个范畴,用以说明气化的过程,是张载学说的一个特色。这种对"鬼神"的理解在道学中影响极大。

张载还提出了"理"的问题,这无疑是很重要的一点。张载注意到了气的变化所表现出的必然性。他说:"天地之气,虽聚散、攻取百涂,然其为理也顺而不妄。"⑦气的变化表现为理,在气的聚散攻取中,"顺而不妄"者就是理。他又说:"若阴阳之气,则循环迭至,聚散相盈,升降相求,细缊氤相揉,盖相兼相制,欲一之而不能,此其所以屈伸无方,运行不息,莫或使之,不曰性命之理,谓之何哉?"⑧张载以气为最根本的观念,以气

---

①《正蒙·参两篇》,《张载集》,第10页。
②《正蒙·太和篇》,《张载集》,第9页。
③《正蒙·神化篇》,《张载集》,第16页。
④《正蒙·动物篇》,《张载集》,第19页。
⑤《正蒙·太和篇》,《张载集》,第9页。
⑥《正蒙·太和篇》,《张载集》,第9页。
⑦《正蒙·太和篇》,《张载集》,第7页。
⑧《正蒙·参两篇》,《张载集》,第12页。

为所使来定义理,理是气化中的理。

在张载哲学中,"神"是讲运动的根据,"理"是讲运动的条理。在新儒学的发展中,"理"的范畴越来越重要,但在张载的思想中,"神"比"理"显得更为重要。相对而言,张载对理的讨论还是比较少的,但对"理"的定义是明确的。

(三)性 与 心

张载以太虚和气的学说为基础来解释人性的本源和本质。他认为,人的本性来自太虚之气的属性,由此在性与天道之间建立起直接的联系。张载说:

> 天性在人,正犹水性之在冰,凝释虽异,为物一也;受光有小大、昏明,其照纳不二也。①

张载的比喻是在说明,气聚而生成人,构成人的气的本然状态是太虚之气,所以人皆有太虚之性,是为人的本性。气自身的昏明并不能蒙蔽其本性,张载指出"天所性者通极于道,气之昏明不足以蔽之"。② 由于性根源于太虚,因而并非人所特有,而是万物所普遍具有的,于是张载提出"性者万物之一原,非有我之得私也"。③ 并且,张载指出:"性与天道合一存乎诚。"④在本体论上性与天道是合一的,而在人生论上实现性与天道的合一,也即使本性得以实现,则在于"诚"。

张载将"性"的观念区分为二。根源于太虚的性在张载的哲学中称为天地之性,另有由气质所决定的性:"形而后有气质之性,善反之则天地之性存焉。故气质之性,君子有弗性者焉。"⑤天地之性是普遍的性,是人的本性,或者说是人性的本质。气质之性是随着个体的生成而具有,只体现了每一个体的特殊性,并非人性的本质。

"气质之性"的概念,意谓气本身有其属性。人物都由气所构成,人

---

① 《正蒙·诚明篇》,《张载集》,第22页。
② 《正蒙·诚明篇》,《张载集》,第21页。
③ 《正蒙·诚明篇》,《张载集》,第21页。
④ 《正蒙·诚明篇》,《张载集》,第20页。
⑤ 《正蒙·诚明篇》,《张载集》,第23页。

物之别以及人类个体间的差异都是气的不同所致：

> 凡物莫不有是性，由通蔽开塞，所以有人物之别，由蔽有厚薄，故有智愚之别。塞者牢不可开，厚者可以开而开之也难，薄者开之也易，开则达于天道，与圣人一。①

张载认为，天地之性普遍地存在于人与物，但构成人和物的气是不同的，人与物的差别是气质的通蔽开塞造成的。塞与开是两个极端。塞者不可开，开者达于天道。而就一般人类而言，人与人存在的差别，但只是蔽有厚薄这种程度上的不同。

儒家传统中，孟子提出性善论，之后的荀子认为性恶，在秦汉之后则以人性有善有恶的观点为主流。这种人性有善有恶的观点之所以为人接受，是因为现实中，人确有善、恶的不同。张载区分天地之性和气质之性，为性善论提供了新的论证：

> 性于人无不善，系其善反不善反而已。②

这里，性是指天地之性而言，人的本性来源于太虚（天），自无不善。这意味着有善有不善，只是现实表现出来的人性，而非深层的本性。不善的人，是由于未能省悟而回归本性。

但张载提出"气质之性"的概念，所要解决的主要问题是人的品质何以存在差别，而未多解释"恶"的问题。他论"气质之性"时，主要是用描述气的属性的刚、柔等说法。"气质之性"与"天地之性"的区别在于，气质之性总是有所偏，天地之性则如太虚而无所偏：

> 人之刚柔、缓急，有才与不才，气之偏也。天本参和不偏，养其气，反之本而不偏，则尽性而天矣。③

"反之本"也就是复性，也可以说是"尽性"。"气质之性"这一概念的提出，是基于"气"的差异，气有清浊偏正，则是一个不待论证的明显的事实。

---

① 《性理拾遗》，《张载集》，第 374 页。
② 《正蒙·诚明篇》，《张载集》，第 22 页。
③ 《正蒙·诚明篇》，《张载集》，第 23 页。

张载所说"气质之性"与"天地之性"是一对概念,"气质之性"并不包括决定欲望的自然属性。人的自然属性有另外的概念来表示,即"攻取之性"。张载认为人的自然属性都是气的属性,他称之为"攻取之性":

> 湛一,气之本;攻取,气之欲。口腹于饮食,鼻舌于臭味,皆攻取之性也。知德者属厌而已,不以嗜欲累其心,不以小害大、末表本焉尔。①

"湛一之性"指太虚之气的本性。"湛一之性"与"攻取之性"是并立的关系,因为这些自然属性是人所不能无的,所以重要的是对待这些自然欲望的态度。不以小害大,小是指感性欲望,大则指道德理性。

在张载哲学中,"天地之性"与"气质之性"的理论与"太虚即气"的学说完全相应。天地之性是基于其本体论而提出的人的本然之性,这种认为人有本然之性的观点在两宋理学中被普遍接受。张载依据其人性理论提出了"变化气质",也成为道学家的共同主张。张载说:"为学大益在自求变化气质,不尔皆为人之弊,卒无所发明,不得见圣人之奥。"②并且说:"有志于学者,都更不论气质之美恶,只看志如何。"③他指出,现实中的人没有成为圣贤,主要是因为不学:

> 人之气质美恶与贵贱寿夭之理,皆是所受定分。如气质恶者学即能移,今人所以多为气所使而不得为贤者,盖为不知学。④

虽然"气质"并不影响最终的为学结果,但却决定了每个个体的具体为学过程。因个体气质有差异,每个个体需要的努力就不同。张载说:"人一己百,人十己千,如此不至者,犹难罪性,语气可也。"⑤张载更进一步指出,"变化气质"的困难与后天所习不无关系:

> 大凡宽偏者是所禀之气也,气者自万物散殊时各有所得之气,习者自胎胞中以至于婴孩时皆是习也。及其长而自有所立,自所学者

---

① 《正蒙·诚明篇》,《张载集》,第22页。
② 《语录中》,《张载集》,第321页。
③ 《语录中》,《张载集》,第321页。
④ 《经学理窟·气质》,《张载集》,第266页。
⑤ 《语录中》,《张载集》,第322页。

方谓之学，……性犹有气之恶者为病，气又有习以害之，此所以要鞭辟止于齐，强学以胜其气习。其间则更有缓急精粗，则是人之性虽同，气则有异。①

张载区分了"习"与"学"。他所说的"习"特指自出生至婴儿的阶段。婴儿阶段是一个单纯接受的过程，这一时期的所习影响到"气"的发展，使之固定下来。至为学时，开始了一个全新的阶段。"学"是一种主动的行为，可以使以往的"气习"得以改变。张载指出，"学至于成性，则气无由胜"②，学者要以德胜气③，这个讲法也为朱熹等人所接受。

与性有密切关系的是心，张载对"心"以及心性关系作了明确的界说。他说"合性与知觉，有心之名"④，这是指心包含性而有知觉的特性。张载还提出"心统性情者也"⑤。这里的统，也即是合，情即是知觉作用。综合两种说法，可以得出，张载认为心是总括性情而以知觉为其本质。后来，"心统性情"的提法在理学史上被广为接受。张载还论述了心的作用。他说："心能尽性，'人能弘道'也；性不知检其心，'非道弘人'也。"⑥这是说，"心"作为道德主体，能够通过自己的活动来实现性；而"性"作为深层的本质，并不能约束心的活动。

（四）万物一体

《正蒙》的最后一篇《乾称》开始的一段文字，是张载原来为学者所写的一篇铭文，题为"订顽"，程颐改称"西铭"。张载在《西铭》中提出了儒家的万物一体观。他是最早提出这一思想的儒家学者。万物一体的观念，发生很早，但有不同的类型，如庄子说"天地与我并生，万物与我为一"⑦，惠施有"泛爱万物，天地一体"⑧的思想。与这些思想相比，张载所

---

① 《语录下》，《张载集》，第329页。
② 《经学理窟·气质》，《张载集》，第266页。
③ 《正蒙·诚明篇》，《张载集》，第23页。
④ 《正蒙·太和篇》，《张载集》，第9页。
⑤ 《性理拾遗》，《张载集》，第374页。
⑥ 《正蒙·诚明篇》，《张载集》，第22页。
⑦ 《庄子·齐物论》。
⑧ 《庄子·齐物论》。

阐发的万物一体观的特色在于它是以原始儒家的仁学为基础的。二程认为，《西铭》代表了孟子以后儒家的最杰出的见解。万物一体观后成为宋明儒学中的重要思想。

《西铭》说：

> 乾称父，坤称母；予兹藐焉，乃混然中处。故天地之塞吾其体，天地之帅吾其性。民吾同胞，物吾与也。大君者，吾父母宗子；其大臣，宗子之家相也。尊高年，所以长其长；慈孤弱，所以幼吾幼。圣其合德，贤其秀也。凡天下之疲癃残疾，惸独鳏寡，皆吾兄弟之颠连而无告者也。[1]

在这段话中，"民胞物与"是万物一体观的突出体现。民是指他人，"物"则是指除了人之外的天地间的一切存在，既包括其他人之外的生命存在，也包括各种非生命的客观存在。人民都是我的同胞兄弟，万物都是我的伙伴。今人在看到将大君比喻为嫡长子时，往往认为这只是将政治领域看做家庭伦理的延伸，但这显然未能理解《西铭》之旨。这段话将天地看做是父母、君主看做是大家庭的嫡长子等等，是以基于血缘关系的家族、宗法所具有的亲情关系为参照，表达了人与人之间的一体关系。接下来的"凡天下之疲癃残疾，惸独鳏寡，皆吾兄弟之颠连而无告者也"，更是明确地揭示了这种将自我与他人视为兄弟一般的一体关系。若从儒家传统来看，《西铭》中更值得注意的是对"物"的态度。对张载来说，与自我具有一体关系的，并不仅仅是自我之外的其他所有人，还包括除了人类之外的宇宙间一切的存在。《西铭》的特点是，以"吾"为中心，他人为吾同胞，万物为吾伙伴，强调吾对他人、对万物有着义务和责任。[2] 朱熹曾指出，"大君者，吾父母宗子"云，尽是从"民吾同胞，物吾与也"[3]来说。朱熹如此解读，也正是透过了父母宗子这些表述的表层意义，来了解其深层的内涵。《西铭》通过"民吾同胞"、"物我与也"这样的表达，推展了古典儒学

---

① 《正蒙·乾称篇》，《张载集》，第 62 页。
② 参见彭国翔：《西铭万物一体观发微——兼论儒家人文主义的基本特征》，《清华哲学年鉴 2002》，河北大学出版社 2003 年版，第 164—184 页。
③ 《朱子语类》卷九十八，中华书局 1994 年版，第 2521 页。

"亲亲、仁民、爱物"的仁爱思想。

在《西铭》的整篇文字中，"天地之塞吾其体，天地之帅吾其性"，是关键之处。天地之气构成了人，也构成了万物，万物一体是以一气流通为基础的。在《西铭》的最后，张载说："富贵福泽，将厚吾之生也；贫贱忧戚，庸玉女于成也。存，吾顺事；没，吾宁也。"对人和宇宙万物的关系的理解，使人超越了形体之私，从而在对待自己的生命时持有了一种超越的态度。

人与万物的一体关系，具有本体论上的含义。同时，万物一体也是应达到的一种境界。在实际中，人并不一定能真正地认识到自己与万物的一体关系。因而，张载提出要"大其心"，超越耳目闻见之狭：

> 大其心则能体天下之物，物有未体，则心为有外。世人之心，止于闻见之狭。圣人尽性，不以见闻梏其心，其视天下无一物非我，……见闻之知，乃物交而知，非德性所知；德性所知，不萌于见闻。①

"视天下无一物非我"，是主观的态度。张载强调"大其心"，也就是超越个体的经验之心。经验之心所认识的"我"与"物"，是各自独立的，不相关的，唯有超越于经验之上，才会感受到物与我息息相通。"体物"的体，朱熹解释为"置心物中"②，没有了物、我的区分，才能"置心于物"，不然，如何能将己之心置于"外物"中呢？

值得注意的是，张载明确区分了两种知识："德性之知"与"见闻之知"。对两种知识类型的区分具有重要的意义。张载指出，道德知识（德性所知）不是源于经验。张载还说："诚明所知乃天德良知，非闻见小知而已。"③张载所表达的"民胞物与"的思想，正是与"闻见小知"相对的大心之知。若只以见闻为心，将心局限于经验范围之内，便是自小其心了。

---

① 《正蒙·大心篇》，《张载集》，第 24 页。
② 《朱子语类》卷九十八，第 2518 页。
③ 《正蒙·诚明篇》，《张载集》，第 20 页。

三、程　颢

程颢对新儒学的最大贡献在于,他提出"天即理",阐发了天理的观念;他提出"器亦道,道亦器"的观点,对后世学者的道器观、理气观有重要影响。他对"仁"的重视,影响了早期道学的发展。

程颢(1032—1085 年),字伯淳,河南伊川人。他死后,文彦博题其墓称"明道先生",因而后来学者皆尊为"明道先生"。他与其弟程颐(伊川)同为著名的道学家,世人将他们并称"二程"。由于他们长期在洛阳讲学,他们的学派传统上称为"洛学"。

程颢年轻时举进士,任过县主簿、县令、著作佐郎。神宗时王安石变法,程颢任太子中允权监察御史里行,曾上疏批评王安石的新政。后改签书镇宁军节度判官、太常承、知扶沟、监汝州酒税等职。哲宗继位后召为宗正寺承,未及出任便因疾而终,时年 54 岁。

程颢年少时受学于周敦颐,在周敦颐的引导下,立下了求"道"的志向。他求道的经历与张载相似,也是先出入于佛道,而后再回到儒家的经典。程颐在为程颢所作的《行状》中说:"先生为学:自十五六时,闻汝南周茂叔论道,遂厌科举之业,慨然有求道之志。未知其要,泛滥于诸家,出入于老、释者几十年,返求诸《六经》而后得之。"①程颐认为,程颢所得即是已经中断了千年的孔孟之学。他说:"周公没,圣人之道不行;孟轲死,圣人之学不传。道不行,百世无善治;学不传,千载无真儒。……先生生千四百年之后,得不传之学于遗经,志将以斯道觉斯民。"②程颐的这一讲法将程颢与他的新儒学与传统的儒学连接起来。

程颢平生没有著书,他的讲学语录与程颐的语录合编为《河南程氏遗书》,由南宋朱熹编订。《遗书》第十一至十四卷为明道先生语,第十五至二十二卷为伊川先生语,前面的十卷为二先生语,仅有个别的语录明了归属。除了讲学语录,明道还有若干诗文,编为《明道先生文集》四卷,与

---

① 《明道先生行状》,《二程集》,第 638 页。
② 《明道先生墓表》,《二程集》,第 640 页。

程颐的文集合为《河南程氏文集》，其中《答横渠先生定性书》极为重要。

（一）天　理

程颢曾说："吾学虽有所受，天理二字却是自家体贴出来。"①可见"天理"二字在其学说中意义的重大。"天理"是他和程颐的学说的核心。"天理"较早见于《礼记·乐记》，指与人欲相对的人生准则，程颢所说的"天理"并不同于《乐记》中这一已有的概念。他所说的"天理"与"理"意义相同，或者说，"天理"是对"理"的限定，用来指宇宙的普遍法则。

天理观的形成是基于程颢的创见："天即理"。"天"在上古时代是具有人格的神，在《诗经》、《尚书》等儒家经典中所说的"天"都具有人格神的意义，"天"还有一个更具人格意味的称谓：帝。程颢认为，古典时代所说的"天"并非有人格的上帝，而是指"理"：

> 天者理也。神者妙万物而为言者也。帝者以主宰事而名。②

通过将天解释为理，"理"具有了上古时代"天"所具有的本体地位，成为最高的哲学范畴。

程颢肯定了理的普遍性和必然性，他说：

> 理则天下只是一个理，故推至四海而准，须是质诸天地，考诸三王不易之理。③

> 万物皆只是一个天理，己何与焉？至如言"天讨有罪，五刑五用哉！天命有德，五服五章哉！"此都只是天理自然当如此。人几时与？④

理是超越时空的，并且是必然如此，不可变易的。基于对宇宙人生的体会，真实地感到宇宙原则的普遍性、永恒性，使得他对"理"的理解本体化了。二程还以"百理具在，平铺放著"⑤这样的说法来说明"理"的客观实在性和自足性。

---

① 《河南程氏外书》卷十二，《二程集》，第 424 页。
② 《河南程氏遗书》卷十一，《二程集》，第 132 页。
③ 《河南程氏遗书》卷二上，《二程集》，第 38 页。
④ 《河南程氏遗书》卷二上，《二程集》，第 30 页。
⑤ 《河南程氏遗书》卷二上，《二程集》，第 34 页。

二程之所以能够发展起理的学说,使"理"成为最终占据核心地位的观念,还在于他们将"理"与"道"统一了起来。程颢所说的理,又可以叫做"道":

> 盖上天之载,无声无臭,其体则谓之易,其理则谓之道,其用则谓之神。①

这里的"体",不是体用对待的体,而是指变化流行的总体,"神"是指各种具体的运动变化。天地变化的法则称为道。"道"的本义是"路",可以引申出自然法则和原则的含义,在二程的哲学中,道和理是相通的。

程颢提出:"故有道有理,天人一也,更不分别。"②这是说,他所体认的天理是一个贯通自然与社会的普遍原理,这个普遍原理是天人合一的基础。儒家传统中,《中庸》的"与天地参"和《易传》的"与天地合其德",都表达了天人合一的思想。张载首次以"天人合一"的表述,来论天人关系。程颢则说:"天人本无二,不必言合。"③此言有批评张载之意,认为讲"合"字,似乎先将天人分开了。因而,道虽然可析为天道、人道,但二者是统一的,程颐说:"道一也,岂人道自是人道,天道自是天道?《中庸》言:'尽己之性,则能尽人之性;能尽人之性,则能尽物之性;能尽物之性,则可以赞天地之化育。'此言可见矣。"④二程的"天人一理"说是传统的天人合一的一个新的形式。

总而言之,二程所说的"理"的最主要的意义是指自然的法则和道德的原则,在他们看来,两者在本质上是统一的。"天理"作为道德法则的意义是他们的基本的用法。后来,整个宋明儒学继承了二程对"理"的这种重视,这是这一时期的新儒学被称为"理学"的基本原因。

(二)形上形下

对于多数人来说,理学中较难以理解的是理、事(物)关系的问题,对于这一问题的讨论,是从形上形下的区分切入的。

---

① 《河南程氏遗书》卷一,《二程集》,第4页。
② 《河南程氏遗书》卷二上,《二程集》,第20页。
③ 《河南程氏遗书》卷六,《二程集》,第81页。
④ 《河南程氏遗书》卷十八,《二程集》,第182页。

《周易·系辞》中说:"形而上者谓之道,形而下者谓之器。"因思维的不同,学者对《系辞》的这两句话的理解也不同。程颢说:

> 《系辞》曰:"形而上者谓之道,形而下者谓之器。"……又曰:"一阴一阳之谓道。"阴阳亦形而下者也,而曰道者,惟此语截得上下最分明,元来只是此道,要在人默而识之也。①

这是说,凡是物质的东西,具体的东西都是属于"形而下"的,是器;凡是普遍的、抽象的东西都是属于"形而上"的,是道。感性地存在的东西是形而下的,只有用理性才能把握的东西是形而上的。程颢认为,"形而上者谓之道,形而下者谓之器",这个讲法"截得上下最分明",将感性的具体和抽象的一般本质划分开来。《系辞》中还有一个非常重要的讲法,"一阴一阳之谓道",程颢指出,阴阳是气,也是形而下者。

程颢曾说:"若如或者以清虚一大为天道,则乃以器言而非道也。"②这是对张载的批评。张载在《正蒙》中并未将"清虚一大"连用,这是程颢概括出来的,他认为这四个字是张载思想中的"关键字"。清、虚等词都是描述具体的属性,因此,在程颢看来,张载并没有弄清楚"形上"与"形下"的区分。

程颢在强调道器之别的同时指出:

> 形而上为道,形而下为器,须著如此说。器亦道,道亦器,但得道在,不系今与后,己与人。③

"须著如此说",是说对形上、形下的区分是必要的,不可认器为道。然而,道并不是与器截然分开的独立实体,道不离器,器不离道,道就在器之中,器之中必然有道。

事物之理和事物是有别的,就思维对于对象的把握来说,哲学首先必须要区分抽象和具体,但又必须了解,就实际的存在而言,道就寓于器之中。有的研究者认为,"器亦道、道亦器"的表述表明,明道不注重区分形

---

① 《河南程氏遗书》卷十一,《二程集》,第118页。
② 《河南程氏遗书》卷十一,《二程集》,第118页。
③ 《河南程氏遗书》卷一,《二程集》,第4页。

上形下。① 其实,从"截得上下最分明"的讲法以及对横渠的批评来看,明道是强调形上形下的明确区分的。二程以阴阳为形而下者,形而上者是理,后来,南宋的陆九渊认为阴阳即是形而上者,这样的理解,从二程的立场来看,所犯错误与张载相同,即以"器"为"道"。

就社会领域而言,道指道德法则,器指实际事务、百姓日用。道就体现在日用伦常之中,不能脱离日用伦常,这便是儒家所追求的"道"的性格。所以,明道说:"道之外无物,物之外无道,是天地之间无适而非道也。即父子而父子在所亲,即君臣而君臣在所严,以至为夫妇、为长幼、为朋友,无所为而非道,此道所以不可须臾离也。"②道不可离,所以人必须依道而行。

(三)识　仁

"仁"的观念在北宋道学中有了重要的发展。对这一观念的发展作出贡献的,首先是张载。程颢很推重张载的《西铭》,认为这篇文字真正把握到了"仁之体"。他说:"《订顽》一篇,意极完备,乃仁之体也。"③程颢对"仁"的理解受到了《西铭》所体现的儒家万物一体精神的影响。张载阐发了"万物一体",但尚未将"一体"与"仁"联系起来,程颢突出了以一体论仁。

程颢说:

> 医书言手足痿痹为不仁,此言最善名状。仁者以天地万物为一体,莫非己也。认得为己,何所不至? 若不有诸己,自不与己相干。如手足不仁,气已不贯,皆不属己。故"博施济众",乃圣之功用。仁至难言,故止曰:"己欲立而立人,己欲达而达人,能近取譬,可谓仁之方也。"欲令如是观仁,可以得仁之体。④

这是认为,仁的精神境界就是与万物一体的境界。万物与"我"原本是一体,这个整体就是大"己"。程颢认为,这可以用古典中医理论把手足痿

---

① 参见冯友兰:《中国哲学史》下,《三松堂全集》卷三,第307页。
② 《河南程氏遗书》卷四,《二程集》,第73—74页。
③ 《河南程氏遗书》卷二上,《二程集》,第15页。
④ 《河南程氏遗书》卷二上,《二程集》,第15页。

库称为"不仁"的说法来理解,在肢体麻木的情况下,人就不会感到肢体是整个身体的一部分,这就是不仁。所以,仁者会真切地感到宇宙的每一部分都与自己息息相关,"莫非己也"。程颢指出,孔子言仁,在不同的问答中所言不同,是由于"仁"的含义很难用语言表达出来。他提出"以天地万物为一体"为孔子所说"己欲立而立人,己欲达而达人"的本质,孔子如此说,是要令人通过这一说法来把握"仁"(观仁)。明道认为,"博施济众"是仁的具体表现,而非仁之体,即不是仁的本身,或者说根本。

程颢指出,将他人万物都视为自己的一部分,就会无不爱,对他人的苦痛有切己的感受:

> 若夫至仁,则天地为一身,而天地之间,品物万形为四肢百体。夫人岂有视四肢百体而不爱者哉?……医生有以手足风顽谓之四体不仁,为其疾痛不以累其心故也。夫手足在我,而疾痛不与知焉,非不仁而何?①

万物都是我这一躯体的肢体,"仁"是意识的一种状态,就像知觉到肢体的痛痒一样,意识到自己对他人是负有责任的。可见,明道所提倡的新仁学的重点是要落实到仁民爱物之上。这种以物我一体、民胞物与的精神,可以说是儒家伦理精神的精粹。

对仁的境界的理解和体验叫做"识仁":

> 学者须先识仁。仁者浑然与物同体。义、礼、知、信,皆仁也。识得此理,以诚敬存之而已,不须防检,不须穷索。若心懈则有防,心苟不懈,何防之有?理有未得,故须穷索。存久自明,安待穷索?此道与物无对,大不足以名之,天地之用皆我之用。孟子言"万物皆备于我",须反身而诚,乃为大乐。若反身未诚,则犹是二物有对,以己合彼,终未有之,又安得乐?②

这段话为吕大临所记,后世称之为《识仁篇》。吕大临在见二程之后,以防检穷索为学,明道语之以识仁。因此,这段话尤其注重要人培养和追求

---

① 《河南程氏遗书》卷四,《二程集》,第74页。
② 《河南程氏遗书》卷二上,《二程集》,第17页。

"与物同体"的精神境界,落实到内心生活中来。明道认为,"识得此理,以诚、敬存之而已",是说要以诚敬保存仁心。诚、敬可以保存仁心,所以不需要防守自己。在另一处,程颢曾说:"学要在敬也、诚也,中间便有个仁。"①也应与上述思想联系起来考察,讲的仍是"识得此理"后。

"仁"的伦理意义是指人应将万物与人都看成与自己息息相关的部分去给予爱。明道主张"学者须先识仁",这涉及了道德认知在道德实践中的地位。明道显然是强调了道德认知的优先性。不过,明道所说的"识"或者"观"都更多地基于一种直觉体会,而不同于一般所说的认知。②

(四)定　性

程颢在年轻的时候,就显示出了不寻常的哲学智慧,这突出体现在《定性书》中。《定性书》是答复张载的书信。张载的来书提到,"定性未能不动,犹累于外物",答书即由此得名。一般认为,《定性书》写作时,张载已经年近 40,而程颢则年仅 25 岁左右。

程颢在《定性书》中说:

> 所谓定者,动亦定,静亦定,无将迎,无内外。苟以外物为外,牵己而从之,是以己性为有内外也。且以性为随物于外,则当其在外时,何者为在内? 是有意于绝外诱,而不知性之无内外也。既以内外为二本,则又乌可遽语定哉? 夫天地之常,以其心普万物而无心;圣人之常,以其情顺万事而无情。故君子之学,莫若廓然而大公,物来而顺应。

> 《易》曰:"贞吉悔亡,憧憧往来,朋从尔思。"苟规规于外诱之除,将见灭于东而生于西也。非惟日之不足,顾其端无穷,不可得而除也。人之情各有所蔽,故不能适道,大率患在于自私而用智。自私则不能以有为为应迹,用智则不能以明觉为自然。今以恶外物之心,而求照无物之地,是反鉴而索照也。《易》曰:"艮其背,不获其身,行其

---

① 《河南程氏遗书》卷十四,《二程集》,第 141 页。
② 参见蔡世昌:《北宋道学的"中和"说》,《中国哲学史》2004 年第 1 期。

庭,不见其人。"孟氏亦曰:"所恶于智者,为其凿也。"与其非外而是内,不若内外之两忘也。两忘则澄然无事矣。无事则定,定则明,明则尚何应物之为累哉?圣人之喜,以物之当喜;圣人之怒,以物之当怒。是圣人之喜怒,不系于心而系于物也。是则圣人岂不应于物哉?乌得以从外者为非,而更求在内者为是也?今以自私用智之喜怒,而视圣人喜怒之正为如何哉?夫人之情,易发而难制者,惟怒为甚。第能于怒时遽忘其怒,而观理之是非,亦可见外诱之不足恶,而于道亦思过半矣。①

明道此书是程门修养工夫的首脑,涉及"定"的含义,合内外、应付情感的方法等重要问题。这篇文字也是程颢留下来的唯一的自己所写的一篇哲理性的文字。

张载所说的定性不动,是指达到一种内心的平静安定,明道认为,"定"与静不同,"静"是指静默、无念,"定"是心理内在的安定与平静,真正的"定"是"动"、"静"皆定。他对"定"的理解,是兼动静而言的。因而,获得内心的平静,并不需要去思与不接事物。

张载明显地感到来自外物的系累,使得他很难达到内心的平静。程颢极为敏锐地看到了张载将内、外对峙起来。程颢认为,性无内外,以外物为累,是人主观地划分了内外的界限,在做了这样的划分之后,便会时时意识到内外之间的紧张,也就难免有牵己从物之感。将内外对峙起来,是以内外为二本,这样,是无从达到"定"的。因为总会有各种各样的事情发生,事物来时,便会打破暂时的"静"。

程颢指出,圣人的境界是情顺万物而无情。平静的心境无须排除喜怒哀乐之情,而是当喜则喜,当怒而怒,皆合于理,这样,喜怒之情并不构成对人的干扰。事实上,情感也不是完全能排除的。所谓"廓然大公,物来顺应",是指情感完全顺应事物的自然状态,不杂有任何个人的执著。

张载所说的以外物为累,是一种未能摆脱小我之境,明道所阐发的则是一种儒者的"无我之境",这表明他已将佛、道的"无"的境界吸收到儒

① 《河南程氏文集》卷二,《二程集》,第460页。

者的修养实践中来。明道所说的"情顺万事而无情"与《金刚经》的"应无所住而生其心"是相同的。①

程颢提出的达到这一境界的方法是"内外两忘"。是内而非外,是人制造出来的困扰,内外两忘则无事,自然平定。

在书信的最后,程颢说,对于常人来说,"怒"是一种难以控制的情感,但如果能明见理之是非,便自然能够以义理克制。未能达到廓然大公时,就须努力来对治这种消极的情感。

通篇来看,《定性书》中所说的"性",实际指的是"心",后来朱熹指出了这一点。②

(五)性

众所周知,"性即理"是程颐提出,程颢还未提出这种用法,但这是二人共有的思想。程颢提出"道即性":

> 道即性也。若道外寻性,性外寻道,便不是。圣贤论天德,盖谓自家元是天然完全自足之物,若无所污坏,即当直而行之;若小有污坏,即当敬以治之,使复如旧。所以能使复旧者,盖为自家本质元是完足之物。③

"道即性"的意义应与"性即理"相同,如伊川曾说"道与性一"④。这条语录在《二程遗书》卷一的开始,足以引人注意。整段话突出了人在道德上是天然完全自足的,这种自足保证了性可以复旧。后来的"心学"更加确信和强调人的这种"自足性"。

程颢还讨论了性与气的关系:

> "生之谓性",性即气,气即性,生之谓也。人生气禀,理有善恶,然不是性中元有此,两物相对而生也。有自幼而善,有自幼而恶,是气禀有然也。善固性也,然恶亦不可不谓之性也。盖"生之谓性"、"人生而静"以上不容说,才说性时,便已不是性也。凡人说性,只是

---

① 参见陈来:《有无之境——王阳明哲学的精神》,人民出版社 1991 年版,第238—241 页。
② 参见《朱子语类》卷九十五,第 2441 页。
③ 《河南程氏遗书》卷一,《二程集》,第 1 页。
④ 《河南程氏遗书》卷二十五,《二程集》,第 318 页。

说"继之者善"也,孟子言人性善是也。夫所谓"继之者善"也者,犹水流而就下也。皆水也,有流而至海,终无所污,此何烦人力之为也?有流而未远,固已渐浊;有出而甚速,方有所浊。有浊之多者,有浊之少者。清浊虽不同,然不可以浊者不为水也。如此,则人不可以不加澄治之功。故用力敏勇则疾清,用力缓怠则迟清,及其清也,则却只是元初水也。亦不是将清来换却浊,亦不是取出浊来置在一隅也。水之清,则性善之谓也。故不是善与恶在性中为两物相对,各自出来。①

"生之谓性"是较早的有关人性的说法,是说生而自然具有的就是性,告子即持这种观点,而主张"性无善恶"。孟子批评这一观点。程颢重新解释了"生之谓性"。他认为,这是说的气禀。在程颢看来,"恶"并不是像孟子所认为的那样,完全是后天形成的。由于气禀,人有生而为善,生而为恶。由气禀决定的人性,也应当是性。因此,善、恶都是"性"。可以看出,这里所讲是指"气质之性"。

程颢认为,人物生成,方可以言性,但此时的性已不是人性的本来面目。"人生而静以上",是指人物未生时。"才说性,便不是性"的讲法,是指本然之性,本然之性是先于具体人物的。由于明道并没有对"性"字作出区分,这句话从字面上看有些不好理解。

程颢指出,孟子所说的性善,只说到"继之者善"。这个说法来自《周易·系辞》:"继之者善,成之者性"。程颢引用这句话是说,孟子是说人性的源头,而没有说到具体现实的人性。他自己所说的"性即气",说的是具体现实的人性,也就是"成之者性"。孟子的说法和他自己的说法并不矛盾,但所指不同。在他看来,孟子的人性论是不全面的。

程颢在说明他的思想时,选择了一个巧妙的比喻,即以水的清浊喻善、恶。水浊,须加以澄治之功,气禀的恶,也可通过努力变化。明道用水的清浊来喻善恶,富有成效地说明了恶与善的关系,如同"水"只是清,浊水经澄清就转为清水,水的浊只是暂时的状态,性也是如此,去除了

---

① 《河南程氏遗书》卷一,《二程集》,第10页。

恶，便是善，"恶"只是一种表现的状态。因此，不是善与恶在性中为两物相对。

四、程　颐

程颐对"理"的学说做了许多重要的发明。他提出"理"为"所以然"，开启了理气二元的观点；他所提出的"性即理"，与程颢的"天即理"同功。并且，他提出了一个儒家学者自我发展的纲领：涵养须用敬，进学则在致知。

程颐(1033—1107 年)，字正叔，后人称之为伊川先生。程颐在少年时代曾做过一件大事。在 18 岁那一年，他上书仁宗，在书中自陈所学，劝皇帝以王道为心，并要求召见，虽并未实现，但此举已不寻常。在 27 岁廷试报罢后，他多年没有为官。他的父亲程珦曾屡次得到保荐儿子做官的机会，程颐都让给了同族的人。当时朝臣多次推荐，他也不就。直到程颢死后他才出仕。元祐元年"以布衣被召"，任崇正殿说书，成为年少的哲宗皇帝的老师。这在当时是一件有影响的事情。

程颐比其兄程颢仅少 1 岁，年十四五岁时与程颢一同受学于周敦颐。程颐在太学学习的时候，主教者胡瑗以"颜子所好何学论"为题试诸生，程颐也作了一篇。他在文中提出，颜回所好之学，为"学以至圣人之道"，并肯定"圣人可学而至"①。胡瑗看后大为惊异。在这篇少作中可见来自周敦颐的影响。

当道学影响扩大后，兄弟数人同从学于一人并不少见，但像他们兄弟那样，两人都成为著名的哲学家，却是绝无仅有的。因此，对兄弟二人进行比较成为有趣的事情。二程气象的不同，是学者所谈论最多的。明道温然和平，伊川则严毅庄重。因性格的不同，伊川的思想与明道显示出了完全不同的境界取向，明道的境界是洒落，伊川的境界是敬畏。②

程颐的讲学语录收在《程氏遗书》中，比程颢的语录为多。《周易程

---

① 《河南程氏文集》卷八，《二程集》，第 577 页。
② 参见陈来：《宋明理学》，第 126 页；《有无之境——王阳明哲学的精神》，第 244 页。

180

氏传》是他的重要哲学著作。《河南程氏经说》也以他的解经之作为主。这些著作都收录在中华书局标点本《二程集》中。

（一）所以然为道

《周易·系辞》中说"一阴一阳之谓道"，这句话的本义是说，阴阳的对立统一是宇宙的规律；程颐结合了《系辞》中另一句话"形而上者谓之道，形而下者谓之器"，对这句话做了新的解释：

> "一阴一阳之谓道"，道非阴阳也，所以一阴一阳道也，如一阖一辟谓之变。①

> 离了阴阳更无道，所以阴阳者是道也。阴阳，气也。气是形而下者，道是形而上者。②

与程颢相同，程颐认为，阴阳不是道，阴阳只是形而下。程颐进一步提出，道是所以一阴一阳者，即是使气能够运动、支配气的运动的东西。这个思想强调，气的往来运动，其中有一种支配它如此运动的规律和根据。两段话中，"所以一阴一阳"和"所以阴阳者"是相同的意义，表达上的区别可能与语录这种口语化的形式及记录时的简化有关。关于程颐的这个解释，后来朱熹说："若只言'阴阳之谓道'，则阴阳是道。今曰'一阴一阳'，则是所以循环者乃道也。'一阖一辟谓之变，亦然。'"③朱熹的这个讲法突出了"一阴一阳之谓道"这句话是讲阴阳与道的关系，若将阴阳理解为道，就没有弄清楚其主旨。按照这样的解释，一阴一阳是指气的不间断的循环过程，道则是一阴一阳开合往来过程的内在根据。

一方面，与程颢相同，程颐认为道是不能离开阴阳的，形上形下不是空间上分别的独立实体。另一方面，将"道"解释为阴阳二气运行的"所以根据"。程颐以"所以一阴一阳"来解释道的思想，在新的意义上把这一命题解释为理与气的关系。明代的学者罗钦顺认为以理气为二，始于

---

① 《河南程氏遗书》卷三，《二程集》，第 67 页。
② 《河南程氏遗书》卷十五，《二程集》，第 162 页。
③ 《朱子语类》卷七十四，第 1896 页。

伊川。① 他指出,程颐以理为气的存在、运动的"所以然",即气的存在与运动变化的根据,实际上把理与气看做两种不同的实体。罗钦顺的这个看法是有道理的。

程颐的另一个思想,也关系到理、气分合的问题。程颐曾提出:"屈伸往来只是理,不必将既屈之气,复为方伸之气。生生之理,自然不息。如复言'七日来复',其间元不断续,阳已复生,物极必返,其理须如此。"②这是认为,新的事物都是宇宙间新的气生成,具体的气都是有产生的、有消尽的。这个观点与张载不同,是程颐的一个新见。屈伸往来只是理,在表达上稍嫌不严密,意思却很明白,是屈伸往来之所以然者为理。这里,将理视为独立于气的永恒实体。程颐这个思想,后来被概括为气有生灭,理无生灭,或者气有聚散,理无聚散,是明代以后理气之辩的焦点问题之一。

(二)体用一源

从哲学上看,程颐的"所以阴阳者是道"是一个本体论的命题。周敦颐讲"太极动而生阳,静而生阴",没有将宇宙论与本体论区分开来,按照这一宇宙发生论,阴阳的发生也有一个开始。程颐建立的是一个纯粹的本体论的体系。他提出:"动静无端,阴阳无始"③。这是说,动和静、阴和阳既没有开始,也不会终结,阴阳的变化是一个永恒的过程。

程颐从本体论的立场批评老子说:

"一阴一阳之谓道",此理故深,说则无可说。所以阴阳者道,既曰气,则便是二,言开阖,已是感,既二则便有感。所以开阖者道,开阖便是阴阳。老氏言虚而生气,非也。④

这是说,道是阴阳二气的所以然,开阖是阴阳二气之事,道是开阖之理。不是先有道体或虚无的实体而后产生气。

---

① 参见《诸儒学案》中一,《明儒学案》卷四十七,《黄宗羲全集》(增订版)第八册,第407页。
② 《河南程氏遗书》卷十五,《二程集》,第167页。
③ 《河南程氏经说》卷一,《二程集》,第1029页。
④ 《河南程氏遗书》卷十五,《二程集》,第160页。

张载曾批评老子"虚能生气"的观点是一种"体用殊绝"之论,这表明,在张载看来,体用之间是不应割裂的。但与程颐相比,张载对体用关系的理解也不够精微,这体现在他所说的"太虚"是离天地万物而有的,若在程颐看来,体用仍然是"有间"。程颐在《程氏易传》的序中论述体用的关系说:

> 至微者,理也;至著者,象也。体用一源,显微无间。①

他对体用的讨论,源于对象和理的关系的解释。他认为,就象和理的关系来说,理无形,为其体;象有形,为其用;有体必有用,即"体用一源"。理无形,隐藏在内部;象有形,显露在外部;理通过象显现出来,即"显微无间"。"体用一源、显微无间"成为程颐的本体论的基本原则。他说:

> 至显者莫如事,至微者莫如理,而事理一致,微显一源。古之君子所谓善学者,以其能通于此而已。②

事是指具体的事物,理是指事物之所以然。事物是理的显现,理是事物内部的深微的本质,两者是相互统一的。

"体用一源,显微无间"的原则,将本体和现象理解为相互蕴涵的关系,在理论思维上,反对本体和现象在时间上有先后。这个原则对整个新儒学的发展产生了深刻的影响。后来朱熹贯彻这个原则,对周敦颐的《太极图说》进行了本体论的解释;更彻底地贯彻这一原则的是王阳明,明代思想的特点是不重本体论的建构,而重实践的工夫,王阳明以这个原则来讲心之本体与修养方法。③

(三)性理与气质

在先秦,孟子和荀子在性本善和性本恶上有很大的分歧,他们的讨论所注重的根本问题,是善与性的关系。④ 孟子将善看做人所固有,得到了程颐的极力肯定。程颐认为,孟子的性善论是对圣学的巨大贡献,性善论

---

① 《河南程氏易传序》,《二程集》,第 582 页。
② 《河南程氏遗书》卷二十五,《二程集》,第 323 页。
③ 参见朱伯崑:《宋明理学中的"体用一原"观》,《中国哲学史》1992 年第 1 期。
④ 参见张岱年:《中国哲学大纲》,《张岱年全集》第二册,河北人民出版社 1996 年版,第 279 页。

也是显示孟子卓越之处的学说。他指出:"孟子所以独出诸儒者,以能明
性也。"①程颐提出:"性即理也,所谓理性是也。天下之理,原其所自,未
有不善。"②性与理的统一,是道学的一个重大的结论。这个命题强调了
人的本性完全合乎道德原则,并与宇宙普遍法则一致。"性即理"的提
出,发展了儒家的性善论。

一个完备的人性理论要说明善恶的来源的问题,在程颐的学说中,以
理来解释善,以气来解释恶。程颐认为,气禀决定了人有善恶。他说:

> 性即是理,理则自尧、舜至于涂人,一也。才禀于气,气有清浊。
> 禀其清者为贤,禀其浊者为愚。③

人所禀受的气有清浊,这种清浊直接影响到人的贤愚。贤愚的概念包含
着道德水平的意义。但气禀之浊是可以改变的:

> 气清则才善,气浊则才恶。禀得至清之气生者为圣人,禀得至浊
> 之气生者为愚人。如韩愈所言、公都子所问之人是也。然此论生知
> 之圣人。若夫学而知之,气无清浊,皆可至于善而复性之本。所谓
> "尧舜性之",是生知也;"汤武反之",是学而知之也。孔子所言上知
> 下愚不移,亦无不移之理,所以不移,只有二,自暴自弃是也。④

程颐认为,即便是禀受了最为浑浊的气,也可以通过学习来改变。生而知
之的人是极少的,大多数的人都是学而知之。不为善,都是不肯为学。程
颐将"才"与"性"相对,"才"是由气质所决定的,是指材质。

真正意义上的性是指理,气禀只能在宽泛的意义上叫做性。程颐认
为,古人所讲的"性",有些并不是真正意义上的人性(理),而是讲禀受。
他指出:"性字不可一概论,'生之谓性',止训所禀受也。'天命之谓性',
此言性之理也。"⑤"生之谓性"是告子的观点,为孟子所反对,二程都认
为可以从气禀的角度来理解这个说法。程颐将《中庸》首句所说的性解

---

① 《河南程氏遗书》卷十八,《二程集》,第 204 页。
② 《河南程氏遗书》卷二十二上,《二程集》,第 292 页。
③ 《河南程氏遗书》卷十八,《二程集》,第 204 页。
④ 《河南程氏遗书》卷二十二上,《二程集》,第 291—292 页。
⑤ 《河南程氏遗书》卷二十四,《二程集》,第 313 页。

释为"理",后来成为对《中庸》首句的权威解释。"天命之谓性",是说天所命于人、赋予人的,就是性,经程颐的解释,这句话就成了后来朱熹提出的"禀理为性"说的一个经典的表达。因为天命赋予人,从人的角度来说,就是人从天禀受得来。因此,朱熹在《中庸章句》中,按照程颐的解释,将首句的"性"字解释为理。

程颐将孔子所说的"性相近",也解释为气禀,这个解释也影响极大。在他看来,孟子所说的"性"是人人相同的,不可谓相近,孔子所说的相近的性,乃是指人的禀受。他说:"孟子言性之善,是性之本;孔子言性相近,谓其禀受处不相远也。"①"性之本"是相对于"气禀"所说,气禀是受生之后。性之本也称为"极本穷源之性"②。

程颐提出:"论性不论气,不备;论气不论性,不明。"③这个说法表明,论气是对论性的补充,在肯定性善的前提下,对于儒家人性论来说,发展出气质之说,是必要的。将性(理)、气结合起来讨论人性,在朱熹那里得到了进一步发展。

(四)已发未发

《中庸》首章提中和之说,谓"喜怒哀乐之未发谓之中,发而皆中节谓之和",二程对此都很重视。程颐与弟子吕大临、苏季明曾经就中和的问题进行过讨论与反复辩难,在此过程中,他较为周详地思考了已发未发的问题。

未发和已发,在《中庸》中是指情感的未发和已发的心理状态。程颐在与吕大临的讨论中先提出"凡言心者皆指已发而言"。这个说法与《中庸》并不一致,因为,如果"心"在任何时候都是"已发",那么情感未发作时的意识状态也是已发。吕大临反驳他的这个观点说:"凡言心者,皆指已发而言。然则未发之前,谓之无心可乎?窃谓未发之前,心体昭昭具在,已发乃心之用也。"为了回应吕大临的反驳,程颐修正了这个说法。

---

① 《河南程氏遗书》卷二十二上,《二程集》,第291页。
② 《河南程氏遗书》卷三,《二程集》,第63页。
③ 《河南程氏遗书》卷六,《二程集》,第81页。

他说:"凡言心者,指已发而言,此固未当。心一也,有指体而言者(小注:寂然不动是也),有指用而言者(感而遂通天下之故是也)。惟观其所见如何耳。"①意思是说,心有已发和未发两个时候和状态,他引用《易传》的"寂感"说解释:寂然不动时是心之体,感而遂通天下之故是心之用。未发是心之体,已发只是用。

程门对已发未发的讨论,最终是要解决工夫实践的问题。程颐和弟子苏季明对此进行了讨论:

(苏季明问)"或曰:'喜怒哀乐未发之前求中',可否?"

曰:"不可。既思于喜怒哀乐未发之前求之,又却是思也。既思即是已发。(思与喜怒哀乐一般。)才发便谓之和,不可谓之中也。"

又问:"吕学士言:'当求于喜怒哀乐未发之前。'信斯言也,恐无著摸,如之何而可?"

曰:"看此语如何地下。若言存养于喜怒哀乐未发之时,则可;若言求中于喜怒哀乐未发之前,则不可。"②

程颐从"既思便是已发,才发便是和"的立场出发,认为"求中于未发之前"的工夫路数不可取。因为"求"作为体认,即体验的心理活动,已经预设了一个对象,而"中"作为思虑未萌、事物未至时的宁静状态,正是排除了一切意向性的认知活动的状态,"求中于未发之前"是不可能的,因此未发的工夫只能是平日涵养。程颐认为,"涵养久则喜怒哀乐发自中节"③,人应在未发时涵养,这样便能保有未发之中,并保证已发之和。

在新儒学的讨论中,已发未发是一个极为复杂的问题。程颐先后提出了两种看法,以心有已发、未发为确定的意见。后来,朱熹进一步检讨了"心为已发"的观点,在朱熹本人的思想中,已发未发有两种意义:一是

---

① 《与吕大临论中书》,《河南程氏文集》卷九,《二程集》,第608—609页。

② 《河南程氏遗书》卷十八,《二程集》,第200页。

③ 《河南程氏遗书》卷十八,《二程集》,第201页。

指心理活动的不同阶段或状态;一是心性哲学中的已发未发。①

(五)主 敬

"敬"是程颐提倡的主要修养方法,未发的涵养,在于主敬。"敬"字来源于儒家经典,如《论语》谓"修己以敬",《周易》谓"敬以直内"。二程都很重视儒家传统有关敬的思想,程颐将"敬"发展为儒学精神性的话语。②

程颐说:"所谓敬者,主一之谓敬。所谓一者,无适之谓一。"③敬,即是"主一",主一并不是主于一事,而是指心不散乱,也就是主于"内",使意念集中于自己的内心:

> 敬只是主一也。主一,则既不之东,又不之西,如是则只是中。既不之此,又不之彼,如是则只是内。④

即主一并非对具体对象的专一,表明程颐所说的"敬"具有形式的意义,用于表征意识或心灵的意向、状态的某种形式特征。⑤

意识的这种集中状态,可用"虚"、"实"二字来描述。当心中有主,就其有主而言,可以说是"实",如程颐说:"中有主则实,实则外患不能入,自然无事。"⑥人心主于敬,便不会受到外界的干扰。就像一个容器,如果盛满了水后,再投到水中,江海中的水便不能进入。就其无思虑杂念而言,又可以说是"虚",程颐说:"'敬以直内',有主于内则虚,自然无非僻之心。如是,则安得不虚。"⑦

至于如何主一,程颐以为只需"整齐严肃"。他说:"有以一为难见,不可下工夫。如何一者,无他,只是整齐严肃,则心便一,一则自是无非僻

---

① 参见陈来:《宋明理学》,第 133—134 页。
② 参见秦家懿(Julia Ching):"What Is Confucian Spirituality?" *Confucianism: The Dynamic of Tradition*, Irene Ebered, New York: Macmillan, 1986.
③ 《河南程氏遗书》卷十五,《二程集》,第 169 页。
④ 《河南程氏遗书》卷十五,《二程集》,第 149 页。
⑤ 参见陈来:《有无之境》,第 311 页。
⑥ 《河南程氏遗书》卷一,《二程集》,第 8 页。
⑦ 《河南程氏遗书》卷十五,《二程集》,第 149 页。

之奸。此意但涵养久之,则天理自然明。"①又说:"俨然正其衣冠,尊其瞻视,其中自有个敬处。"②"但惟是动容貌、整思虑,则自然生敬。"③衣冠端正、容貌恭敬,便能唤起内心的"敬"。外表的整齐严肃,看来平常,然而若能不间断按此法修养,就会达到"天理自然明"的效果。

程颐强调,在初始的阶段,主敬的工夫必须要着意用力:

> 问:"敬还用意否?"曰:"其始安得不用意? 若能不用意,却是都无事了。"④

"用意"是指人对所做的事情或欲达到的目的有强烈的意向。必须要用意,但也不可太过。程颐说:"'必有事焉',谓必有所事,是敬也。勿正,正之为言轻,勿忘是敬也。正之之甚,遂至于助长。"⑤"勿忘"、"勿助"、"必有事焉"是《孟子》论工夫的用语,程颐用"必有事焉"来指心主于敬,用"勿助"指不要有过于执著的意向。太过用意反而会为其所制。

程颐还讨论了"敬"与"静"的关系。他认为,"敬则自虚静,不可把虚静唤作敬"。⑥ 主敬能够使内心平静,不受纷扰,但"静"本身不是"敬"。学者在实践当中,要注重分别,不可错将"静"作为"敬"。如果只是虚静,就与释氏没有分别。程颐说:"才说静,便入于释氏之说也。不用静字,只用敬字。才说著静字,便是忘也。"⑦程颐反对以"静"为精神修养的目标。对于"静坐",他并不反对。他认为,静坐是有助于学者持敬的,对于初学者来说,静坐往往是一个较为有效的辅助手段。

程颐通过对"敬"的规定和讨论,提出了一个较为成熟的儒家精神修养的学说。程颐所追求的是一种严肃主义的境界。主敬的修养方法后来得到了朱熹的大力倡导,在新儒学中有很大的影响。

---

① 《河南程氏遗书》卷十五,《二程集》,第150页
② 《河南程氏遗书》卷十八,《二程集》,第185页。
③ 《河南程氏遗书》卷十五,《二程集》,第149页。
④ 《河南程氏遗书》卷十八,《二程集》,第189页。
⑤ 《河南程氏遗书》卷十五,《二程集》,第171页。
⑥ 《河南程氏遗书》卷十五,《二程集》,第157页。
⑦ 《河南程氏遗书》卷十八,《二程集》,第189页。

（六）穷理与格物

程颐认为，人不仅应当修养自己的心性，还要增进对"理"的认识。所以，他分外重视《周易·说卦》中"穷理"的讲法。他结合《大学》所说的"格物"，提出了"穷理"的理论。相对于"主敬"来说，格物主要体现为一种认识活动，是"为学"的工夫。程颐说："涵养须用敬，进学则在致知。"①因此，程颐的工夫论有广狭两说：狭义是指主敬；广义则包括格物致知在内。

《大学》中提出了"格物"、"致知"、"诚意"、"正心"等八个条目，程颐解释"格物"说："格犹穷也，物犹理也，犹曰穷其理而已也。"②将"格物"的意义解释为穷理，是程颐的一大贡献。"格物"成为程颐讨论的重点，他的讨论涉及了格物的范围、途径和过程。

道学的"物"的概念有广泛的意义，不是仅指客观的物质实体，而是指一切事物，天地之间，眼前所接，无非是物，因此，哪些应当列入"格物"活动的范围、作为格物的对象，是首先应当明确的问题。程颐的观点是对这个有代表性的问题的回答：

> 问："格物是外物，是性分中物？"曰："不拘。凡眼前无非是物，物物皆有理。如火之所以热，水之所以寒，至于君臣父子间皆是理。"③

程颐认为，格物的物无分内外。格物的范围是如此之广，那么是否应分主次先后呢？这对于学者来说是一个紧要的问题：

> 问："致知，先求之四端，如何？"曰："求之性情，固是切于身，然一草一木皆有理，须是察。"④

程颐肯定了这种重性情之德的观点，同时表示，草木之理也不应排斥，以防止偏向于内的倾向。程颐指出："格物之理，不若察之于身，其得犹

---

① 《河南程氏遗书》卷十八，《二程集》，第188页。
② 《河南程氏遗书》卷二十五，《二程集》，第316页。
③ 《河南程氏遗书》卷十九，《二程集》，第247页。
④ 《河南程氏遗书》卷十八，《二程集》，第193页。

切。"①在所有事物当中，对身心的省察，是最为切要的。因而，草木之理固然须察，但显然并非学者之先务。程颐的立场具有合理性。

程颐与门人讨论了格物的过程的问题，其中主要的问题是，物是无限多的，人若要达到知至，是否需要将一切事物的理——格过：

> 或问："格物须物物格之，还只格一物而万理皆知？"曰："怎生便会该通？若只格一物便通众理，虽颜子亦不敢如此道。须是今日格一件，明日又格一件，积习既多，然后脱然自有贯通处。"②

格物不需要将万物一件一件全部格过，但积习的过程是必要的。按照程颐的思想，在积累至一定阶段，会达到贯通，因此，不必格尽天下之物就可以把握天下之理。根据在于，理是统一的，"所以能穷者，只为万物皆是一理"。③

而穷理的主要途径，不外乎儒者的日常活动。程颐说："穷理亦多端：或读书，讲明义理；或论古今人物，别其是非；或应接事物而处其当，皆穷理也。"④穷理的途径当然不限于上述几种，但从中不难看出，穷理并不需要什么特别的方式。属于直接实践的活动限于道德的践履，经典的学习则是间接的方式。穷理主要是通过读书讲学和道德践履，认识和把握道德准则与形上之理。这些活动，特别是经典的学习，不是泛泛的，而是一个连续的过程，从而保证会达到认识的飞跃（贯通）。

格物的终极目的是在于明善，因此，要反对在格物的中间过程中泛观物理：

> 致知，但知止于至善，为人子止于孝，为人父止于慈之类，不须外面，只务观物理，泛然正如游骑无所归也。⑤

程颐对格物的解释，他关于格物的对象、范围和方法、程序的理论，后来由朱熹加以综合发展，成为宋明时代士人精神发展的基本方法。

---

① 《河南程氏遗书》卷十七，《二程集》，第175页。
② 《河南程氏遗书》卷十八，《二程集》，第188页。
③ 《河南程氏遗书》卷十五，《二程集》，第157页。
④ 《河南程氏遗书》卷十八，《二程集》，第188页。
⑤ 《河南程氏遗书》卷七，《二程集》，第100页。

五、邵 雍

邵雍是北宋时期新儒学的象数学的代表人物。他特别重视"数",因此,他的学说一般被称为"数学"。他还提出"以物观物",体现了客观的立场。

邵雍(1011—1077 年),字尧夫,死后赐康节,所以后人称他康节先生。先世居河北范阳,至他父亲时移居河南。父亲死后,邵雍在洛阳定居。他曾多次被举荐授官,在反复辞谢之后不得已而受命,但最终还是以病为由而不赴任。他的生活接近于隐士,他将自己的居所命名为"安乐窝",很能体现他的自适。

在"北宋五子"当中,邵雍比周敦颐长 6 岁,是最为年长的一位。他年少时,"自雄其才",青年时开始学习,"坚苦刻厉","寒不炉,暑不扇,夜不就席者数年"[1]。中年游走四方,之后定居洛阳。

邵雍曾得到宋初学者李之才的传授。李之才听说邵雍好学,便主动访邵雍,他对邵雍影响较深。而李之才又是陈抟的传人。因此,邵雍的思想来自于陈抟的系统,受到了道教和道家学说的影响。但他从儒家的立场来解说《周易》,发展了陈抟之学中数学的一面,在北宋新儒学中独树一帜。

邵雍与二程都居于洛阳,他们关系很好,尽管学术旨趣不同。据记载,邵雍欲将自己的专长——数学传给二程,二程却表示没有工夫。[2] 邵雍甚至将程颢作为平生的知己,他生前嘱咐家人,请程颢来为他撰写墓志铭。黄百家在《宋元学案》中感叹说:"周、程、张、邵五子并时而生,又皆知交相好"[3],盛赞当时学术之兴的局面。

邵雍的主要著作有《皇极经世书》,并有诗集《击壤集》。

(一)先 天 学

《易学》有义理学派和象数学派。着重从阴阳奇偶之数和卦爻象以

---

① 《道学》一,《宋史》卷四百二十七,第 12726 页。
② 参见《百源学案》下,《宋元学案》卷十,《黄宗羲全集》(增订版)第三册,第 569 页。
③ 《百源学案》上,《宋元学案》卷九,《黄宗羲全集》(增订版)第三册,第 442 页。

及八卦所象征的物象解说《周易》经传文义的,称为象数学;着重从卦名的意义和卦的性质解释《周易》经传文,以及从事阐发卦爻象和卦爻辞义理的,则属于义理之学。《周易》是新儒学形成时期建立形上学所依据的主要经典,邵雍主要利用《周易》的数的原理提出了一个宇宙论。邵雍主张"数生象",在奇偶之数基础上讲卦象的变化,所以,他的学说称为数学。程颐代表的义理学派与邵雍不同,程颐认为,"有理而后有象,有象而后有数"①。

邵雍的学说又被称为"先天学"。这是由"先天图"而得名。南宋的学者朱震整理了先天图传授的线索,他认为"陈抟以先天图传种放,放传穆修,穆修传李之才,之才传邵雍"。② 李之才的卦变说,以乾、坤为本,坎、离为用,以乾、坤交一而为复姤,称为"先天卦变说"。邵雍以乾、坤、坎、离为四正卦,由此推衍出一套图式。他认为以乾、坤、坎、离位四正卦的图式乃伏羲所画,是先天方位,称此类图式为先天图,称其学为先天学;而以坎、离、震、兑为四正卦的图式,传统上认为是文王之易,因此,他称之为后天之学。"先天"的意义主要是指先于《易》而有,指此图式乃自然而有,非人力有意所为。这就是在道学中很有影响的"画前有易"的思想——在伏羲画卦以前就有八卦和六十四卦,在《周易》这部书之前就已经有《周易》了。

邵雍的先天图,按照朱熹《周易本义》所说,主要有四种,即《八卦次序图》、《八卦方位图》、《六十四卦次序图》(横图)、《六十四卦方位图》(圆图)。其中,《八卦次序图》和《六十四卦次序图》反映了邵雍数学的基本思想。

邵雍的数学基于从太极到两仪、四象、万物的数的演进的思想,后者直接来自《周易·系辞》"易有太极,是生两仪,两仪生四象,四象生八卦"。《系辞》的这句话为学者提供了可资利用的模式。邵雍认为,八卦、六十四卦的形成过程是"一分为二,二分为四,四分为八"的过程。"一分

① 《答张闳中书》,《河南程氏文集》卷九,《二程集》,第615页。
② 朱震:《汉上易传表》,《汉上易传》,上海古籍出版社1989年版,第5页。

为二"是其基本法则,程颢称之为"加一倍法"①。这个过程是,太极判为一奇一偶,为两仪,在两仪上各加一奇一偶,而有四象,四象之上再各加一奇一偶,便有八个三画卦(八卦),八卦上再各加两仪,成为四画,分为十六,四画之上各生一奇一偶而为五画,即分为三十二,五画之上再各生奇偶,形成六十四个六画卦。邵雍以加一倍法,解释六十四卦卦数和卦象的形成,是将奇偶二数的演变置于第一位,有这个数学的法则,才有六十四卦。

邵雍进而认为,"一分为二"也是万物形成过程的法则。他说:

> 天生于动者也,地生于静者也。一动一静交而天地之道尽矣。动之始则阳生焉,动之极则阴生焉。一阴一阳交而天之用尽之矣。静之始则柔生焉,静之极则刚生焉。一刚一柔交而地之用尽之矣。动之大者谓之太阳,动之小者谓之少阳;静之大者谓之太阴,静之小者谓之少阴。太阳为日,太阴为月,少阳为星,少阴为辰。日月星辰交而天之体尽之矣。静之大者谓之太柔,静之小者谓之少柔,动之大者谓之太刚,动之小者谓之少刚,太柔为水,太刚为火,少柔为土,少刚为石。水火土石交而地之体尽之矣。②

邵雍以日、月、星、辰为天之四体,水、火、土、石为地之四体,按照《周易》两仪、四象的模式来描述宇宙生成过程,而没有采用"五行",五行以金、木、水、火、土为构成宇宙的基本要素。邵伯温解释说,"五行"代表了后天,而四象、四体代表了先天。先天是后天产生的根源,因此,"水火土石"是"五行之所自出"③。

邵雍还利用《六十四卦方位图》(圆图)制定了一个历史年表,说明人类历史演变过程和宇宙演变的过程。这个年表称为皇极经世图。这个年谱用元、会、运、世计算时间。以十二会为一元,三十运为一会,十二世为一运,三十年为一世。这些是"年"以上的时间单位。古人习惯用的计算

① 《河南程氏外书》卷十二,《二程集》,第428页。
② 《观物内篇》,《百源学案》上,《黄宗羲全集》(增订版)第三册,第443页。
③ 《百源学案》上,《黄宗羲全集》(增订版)第三册,第444页。

时间的方法，一年有十二月，一月有三十天，一天有十二时辰，其规律是"十二与三十迭相为用"，由此邵雍认为，从一年往上推，也是"十二与三十迭相为用"。所以，以三十年为一世，十二世为一运，三十运为一会，十二会为一元。计算起来，一元共有 129600 年。

邵雍将这种经世的纪年与六十四卦相配，一元的第一会共 10800 年，此时为《复》卦。《复》卦初爻为阳，表示一阳初起，如果以一年来相比，则此时相当于子月，如以一日夜来比，此时相当于子时，此时"会"中天形成了，即所谓"天开于子"。第二会又有 10800 年，为《临》卦，二阳已起，此时相当于丑月、丑时，在这期间大地形成，所以说"地辟于丑"。元之第三会，此时三阳已起，如《泰》卦所表示，如以一年来比，此时相当于寅月，在此会第六运中，合前共计第七十六运中，开物而万物生，人类也于此时产生，即所谓"人生于寅"。往后每增加一会，阳爻都向上多增加一个，至第六会时便全部为阳爻，如《乾》卦，代表人类的文化进入全盛期。唐尧即于此会的第三十运中的第九世开始实行"圣王之治"。至"元"之第七会，此时阳仍极盛，而阴已始起，此后阴爻开始增加，表示这时的历史开始逐渐衰落，到第十一会，即月戌，如《剥》卦所示，这时，世界上的万物便灭绝，如同冬日到来，即"闭物"。至"元"之第十二运，即月亥，如《坤》卦所示，阴达到极盛，这个世界便消灭了。此后，将另有新的天地，进入新的周期，其中人物重新生长，重新坏灭，……无限循环。

邵雍将卦气说加以推衍，制定了宇宙历史年表，将卦气说中的阴阳消长法推广到宇宙和人类社会中，这种观点是以阴阳消长为宇宙的普遍规律。他依据阴阳消长的法则得出了天地有终始的结论。整个宇宙中的事物都是有终始的，整个宇宙是许多个世界生灭联系的过程。邵雍的数学致力于寻找宇宙和历史过程的规律性，"数"主要反映宇宙历史演化中兴衰的周期，但具有某种神秘的色彩。[①]

（二）以物观物

在邵雍的思想中，"观"是一个很重要的观念，他很重视"观"的角度

---

① 参见朱伯崑：《易学哲学史》第二卷，第 156—157 页；陈来：《宋明理学》，第 10 页。

和立场。他说:

> 夫古今者,在天地之间犹旦暮也。以今观今,则谓之今矣;以后
> 观今,则今亦谓之古矣;以今观古,则谓之古矣;以古自观,则古亦谓
> 之今矣。是知古亦未必为古,今亦未必为今,皆自我而观之也。安知
> 千古之前,万古之后,其人不自我而观之也。①

他认为古今皆相对于一定时代的人而言,这种古今观主张超越特定的人的立场即今人(我)来看待古今之别。

邵雍还提出了"观物"的思想,其核心是超越自我,也就是"无我"。他说:

> 夫所以谓之观物者,非以目观之也,非观之以目而观之以心也,
> 非观之以心而观之以理也。②

"观物"首先是一种最高明的认识事物的方法。观物并不是对外物的感性直观,这只能认识事物的表面的性质,"观物"要用心去观,但接下来,邵雍又否定了用心去观,因为一般所说的"心",都是个体的心,因而,邵雍主张应超越个体的局限,所以他又提出观之以"理"。邵雍又说:

> 圣人之所以能一万物之情者,谓其圣人之能反观也。所以谓之
> 反观者,不以我观物也。不以我观物者,以物观物之谓也。既能以物
> 观物,又安有我于其间哉?③

圣人之所以能顺应万物的本性,是因为圣人不以我观物,而是以物观物。所谓"观之以理",因其按照事物本来的状态来看待事物,又可以说是"以物观物",与以"我"观物相对。以"我"观物,就会带有主观的成见,以"物"观物,可以反映事物的本来面目。所以邵雍说:"以物观物,性也;以我观物,情也。性公而明,情偏而暗。"④认识事物的时候,要避免主观的影响,而采取客观性的立场。

"以物观物"不仅是认识事物的方法,更主要是一种修养的方法。从

---

① 《观物内篇》,《百源学案》上,《黄宗羲全集》(增订版)第三册,第447页。
② 《观物内篇》,《百源学案》上,《黄宗羲全集》(增订版)第三册,第449页。
③ 《观物内篇》,《百源学案》上,《黄宗羲全集》(增订版)第三册,第449页。
④ 《观物外篇》,《百源学案》上,《黄宗羲全集》(增订版)第三册,第456页。

认识方面说,若不能避免主观的影响,就不能认识事物之理;从修养方面
来说,对事物的情感态度,是因为它本来就会在一切人中引起同样的感情
反应,若使"我"的情绪参与其中,情感的发生便会不中节。邵雍指出:
"以物喜物,以物悲物,此发而皆中节也。"①这是说,见到可喜的事物则
喜,见到可悲的事物则悲,这种悲喜,是从事物本身的情况、本来面目出发
的,不杂有任何的私心杂念,不是从个人的利益出发的偏见。《中庸》说:
"喜怒哀乐之未发谓之中,发而皆中节,谓之和。"如何使情能发而中节,
是道学家所关注的问题。邵雍认为,喜怒哀乐不带有主观情绪,喜怒不出
于己,便可以中节。

　　邵雍的"以物观物"要求人们"无我"。"无我"就是要"因物",即顺
应事物。"以物观物"与程颢所说的"情顺万物而无情","廓然而大公,物
来顺应","圣人之喜以物之当喜,圣人之怒以物之当怒,是圣人之喜怒系
于心而不系于物",是完全一致的。

　　因此,以物观物,包括对自然世界的观察和了解,更指人对身在其中
的整个世界的态度,是主体基于一定的精神境界观照事物、看待事物的态
度。他的"以物观物"说,根本目的在于倡导一种无我的生活态度与
境界。②

第二节　新儒学的流传

　　周敦颐、张载、二程、邵雍提出了各自的学说,在以后的新儒学的发展
中,二程学说影响逐渐扩大,成为新儒学的主流。在张载生前,关学之盛
不下洛学,但再传者很少。这部分要归因于在他逝世后,二程讲学影响还
很大。在此后很长的时期内,张载的思想只有一部分在新儒学中产生影
响,成为新儒学的共同观念,他以气为最高实体的学说直到明代中后期才
有回响。邵雍的学说则处在边缘的位置上,虽然他与周、张、二程共同被

　　①　《观物外篇》,《百源学案》上,《黄宗羲全集》(增订版)第三册,第457页。

　　②　参见陈来:《宋明理学》,第94、96页。

确认为伊洛之学的渊源之一。

程门多贤,是洛学影响扩大的重要原因。杨时传道东南,道南一派成为洛学正传。继程门高第之后,胡宏开创的湖湘学派,是南宋初重要的道学支派,在当时产生了很大的影响。

一、二程之学的南传与道南一脉

二程同时讲学,吸引了众多弟子。早期的弟子多由两人共同来教导。明道早亡,此后程门的发展扩大,便赖伊川一人。《宋史》伊川本传中说他"平生诲人不倦,故学者出其门者最多"。① 伊川继续讲学期间,有新入门者,也有先曾从学于明道的弟子又从学于他。程门最后所达到的规模是很可观的,见于《伊洛渊源录》者即有 42 人。

二程传道之初,并非容易。在二程的弟子中,李籲(字端伯)和刘绚(字质夫)是较早的著名弟子,二人都早逝,因而影响不大。但他们在程门极为有功。伊川在《祭李端伯文中说》:"自予兄弟倡明道学,世方惊疑,能使学者视效而信从,子与刘质夫为有力矣。"②他们不仅传道有力,记录二程讲学语录的贡献也极大。伊川曾说李端伯所记语录最为准确,能得其意,后来朱熹在编订《二程遗书》时将他所记语录列为卷一。明道语录四卷,皆刘质夫所记,保存了明道的重要思想。

在日后,程门高第并出。谢良佐(1050—1103 年,字显道,号上蔡先生)、杨时(1053—1135 年,字中立,号龟山先生)、游酢(1053—1132 年,字定夫)、吕大临(1040—1092,字与叔),称程门"四先生"。其中又以谢良佐和杨时最为突出,他们是深得二程喜爱的弟子,"明道喜龟山,伊川喜上蔡"③,是治理学者所熟知的。游酢"鼎足谢杨"④。吕大临本是张载的弟子,在张载死后,又投到程门。此外,尹焞(字彦明)也是程门著名的弟子,他是程颐晚年弟子,以守师说最醇而见称。

---

① 《道学》一,《宋史》卷四百二十七,第 12722 页。
② 《河南程氏文集》卷十一,《二程集》,第 643 页。
③ 《龟山学案》,《宋元学案》卷二十五,《黄宗羲全集》(增订版)第四册,第 195 页。
④ 《廌山学案》,《宋元学案》卷二十六,《黄宗羲全集》(增订版)第四册,第 250 页。

程门弟子通过在各地讲学,传播了二程的思想。杨时和游酢为福建人,他们将洛学传到福建等地,谢良佐传学于荆楚,吕大临将洛学传入关中。伊川晚年受到政治上的攻击,他的学说被禁为伪学,而洛学终能日盛,门人发挥了重要的作用。

门人的讲学扩大、延续了洛学的影响。门人中,杨时和尹燉最后死,谢良佐和游酢都亡于北宋末年。在南渡后,杨时被东南学者推为程氏正宗。杨时三传而有朱子。谢良佐弟子中著名者有朱震,但朱震重象数学,日后传其学者较少。游酢门人不多,尹燉及门者较众,但亦不及杨时之传得朱子而光大。此外,尚有一些学者曾从游数位程门高第。还有些学者与程门高第交游,虽然并不是弟子的身份,但在思想上受到他们的影响。

杨时传至朱子,是新儒学发展至南宋的最主要的线索。朱熹曾从学于罗从彦弟子李侗,从彦是杨时的门人。杨时为福建南剑人,他在东南传道,因此杨时—罗从彦—李侗—朱熹这一系,一般称为道南一派,被视作理学传绪的正宗。据记载,杨时拜见程颢后,当其归家时,程颢曾说:"吾道南矣。"①杨时果然未负程颢的厚望。

(一)杨 时

杨时(1053—1135 年),字中立,福建南剑将乐人,号龟山先生。熙宁九年(1076 年)中进士第,多年不仕。后历任知浏阳、余杭、肖山,又任荆州教授、秘书郎、著作郎、迩英殿说书、右谏议大夫兼侍讲、国子祭酒。

杨时中进士第后,调官不赴,到颍昌以师礼拜见程颢。在程颢死后,又师事程颐。这时的杨时年已 40,对程颐仍十分恭敬。著名的"程门立雪"体现了他敬师之诚。据记载,一日程颐瞑目静坐,他与游酢侍立一旁,一直没有离开,待伊川既觉,门外之雪已深一尺。②

二程门人虽然多从学于他们两兄弟,因而并无明道弟子、伊川弟子之分,但个性较强的弟子会显示出他更倾向于哪位老师。杨时便明显地倾向于明道的为学立场。他继承发展了程颢重视内向体验的思想,并结合

___

① 《河南程氏外书》,《二程集》,第 429 页。
② 参见《道学》二,《宋史》卷四百二十八,第 12738 页。

《中庸》所说的"已发未发",提倡静中体验未发。他所受程颐影响,主要是"理一分殊"的思想。程颐阐发"理一分殊"之旨,便是为了解答他的疑惑。杨时将从二程所得加以融会,论学进入了新境。

1. 一体与分殊

程颢提出学者须先识仁,弟子多受其影响。杨时主要继承了程颢以一体言仁的思想。程颢和张载的仁学是相通的,他们突出了万物一体的观念,对杨时影响甚大。杨时反对以博爱论仁,以为以爱论仁不合于孔子的思想。他说:"世之论者,以为仁者爱而已矣。盖未尝究观孔子之言耳。"①他指出孔子回答门人有关仁的问题时,只讲了求仁之方,没有讲仁之体,而仁之体,也即是仁的根本,便是"万物与我为一"。弟子记载:"余从容问曰:'万物与我为一,其仁之体乎?'曰:'然。'"②杨时又说:"能常操而存者,天下与吾一体也耳,孰非吾仁乎?"③这也是主张天下万物与我为一即是仁。

杨时在注重天下一体的同时,也注重分殊,这与程颢有所不同。二程推崇张载《西铭》,因而杨时也对《西铭》分外重视,但他对《西铭》的接受,是先抱有怀疑后再转而深信。杨时初时怀疑《西铭》"乾称父、坤称母"的说法与墨氏兼爱之说相近,与伊川反复辩论,伊川告以"理一分殊"之旨,他始豁然无疑。程颐说:

> 《西铭》明理一而分殊,墨氏则二本而无分。分殊之蔽,私胜而失仁;无分之罪,兼爱而无义。分立而推理一,以止私胜之流,仁之方也;无别而迷兼爱,至于无父之极,义之贼也。④

程颐的这一思想强调了《西铭》的万物一体说并不排斥个人对不同对象承担的义务不同,这与杨时的期待是一致的,所以才解开了他的疑惑。程颐将"分立而推理一"看做是仁之方,强调了"分殊"的重要性。杨时继承了程颐"理一分殊"的讲法。他说:"天下之物,理一而分殊。知其理一,

---

① 《浦城县重建文宣王殿记》,《龟山集》卷二十四,第7页,文渊阁《四库全书》本。
② 《语录二》,《龟山集》卷十一,第1页。
③ 《论语精义》卷六下引,文渊阁《四库全书》本。
④ 《答杨时论〈西铭〉书》,《河南程氏文集》卷九,《二程集》,第609页。

所以为仁;知其分殊,所以为义。"①

程颐提出的"理一分殊"可以说是对程颢和张载的一体观的补充和修正,重视理一分殊也成为道南一派的特点。日后的李侗指出理一分殊正是儒家与释氏区别所在,强调分殊的重要性。李侗对朱熹说:

> 所云语录中有仁者浑然与物同体一句,即认得《西铭》意旨,所见路脉甚正,宜以是推广求之。然要见一视同仁气象却不难,须是理会分殊,虽毫发不可失,方是儒者气象。②

李侗认为,在某种意义上体认万物同体的仁学境界不如理会分殊更困难和重要。李侗主张既要达到"与物同体"的境界,又要把这种境界落实到人伦日用的"分殊"。

杨时将儒家的人生追求理解为求仁。"求仁"出自《论语·述而》,孔子说伯夷叔齐"求仁而得仁"。杨时很重视求仁之学,提出"学者求仁而已"③。在《求仁斋记》也说:"尝谓古之学者求仁而已矣。"并且他又说:"人大抵须先理会仁之为道,知仁则知心,知心则知性,是三者初无异也。横渠作《西铭》,亦只是要学者求仁而已。"④

关于求仁的方法,杨时主张静中体验。他说:

> 君子之学,求仁而已。……后世之士未尝精思力究,妄以肤见臆度,求圣人之微言,分文析字,寸量铢较,所谓得之而不知去本益远矣。夫至道之归,固非笔舌所能尽也。要以身体之,心验之,雍容自尽于燕闲静一之中,默而识之,兼忘于书言意象之表,则庶乎其至矣。⑤

任何语言文字都不能将"至道"表达出来,因而求仁,必须超越语言,诉诸内心直观。明道的仁学基于心理体验,杨时继承了明道之学。但他强调静中体验,与程颢有所不同。二程都未将"静"作为重要的修养方法,他

---

① 《龟山学案》,《宋元学案》卷二十五,《黄宗羲全集》(增订版)第四册,第206页。
② 《延平答问》庚辰七月书,文渊阁《四库全书》本。
③ 《答胡德辉问》,《龟山集》卷十四,第7页。
④ 《语录三》,《龟山集》卷十二,第29页。
⑤ 《寄翁好德》,《龟山集》卷十七,第12页。

们主张以"敬"取代"静"。在程门中,杨时的修养方法是有特色的。而谢良佐并不主张静的工夫,他的语录记载:"问:'一日静坐,见一切事平等,皆在我和气中,此是仁否?'曰:'此只是静中工夫,只是心虚气平也。'"①这说明谢良佐并不认为通过静可以获得"仁"的体验。

2. 体验未发

二程很重视《中庸》首章的中和问题。特别是程颐,对此有过详细的讨论。但程颐对于《中庸》所说的代表了理想境界的未发,见解实际是很模糊的,因此,他只强调主一无适。② 杨时与程颐不同,由于受到程颢的注重内向的直觉体验的影响,他主张体验未发:

> 《中庸》曰:喜怒哀乐未发谓之中,发而皆中节谓之和。学者当
> 于喜怒哀乐未发之际以心体之,则中之义自见。③

杨时所说"于喜怒哀乐未发之际以心体之",是指去努力体验思维和情感没有活动的内心状态。这样的体认是强调在一种特殊的宁静的状态下的内向的直觉体验。他认为在这种内向的直觉中,他能体验到什么是中。因此,杨时将未发的工夫归结为体认。他直接切入到《中庸》文本中去。《中庸》说,"中也者,天下之大本",杨时认为"体验未发",就是对"大本"的追求,就是按照《中庸》所指示的来展开修养工夫。而且认为,在体验到"中"之后,就会自然达到"发而皆中节"。他说:"执而无失,无人欲之私也,发必中节矣。发而中节,中固未尝忘也。"④

在经典中,除了《中庸》,《书经·大禹谟》也提到了"中":"道心惟微,人心惟危,惟精惟一,允执厥中"。杨时认为,《中庸》说的"喜怒哀乐未发之谓中"的中,也就是《尚书·大禹谟》说的"道心惟微"、"允执厥中"的中。他说:

> 道心之微,非精一,其孰能执之? 惟道心之微,而验之于喜怒哀
> 乐未发之际,则其义自见,非言论所及也。尧咨舜,舜命禹,三圣相

---

① 《上蔡学案》,《宋元学案》卷二十四,《黄宗羲全集》(增订版)第四册,第170页。
② 参见陈来:《朱子哲学研究》,华东师范大学出版社2000年版,第160页。
③ 《龟山学案》,《宋元学案》卷二十五,《黄宗羲全集》(增订版)第四册,第204页。
④ 《龟山学案》,《宋元学案》卷二十五,《黄宗羲全集》(增订版)第四册,第204页。

授,惟中而已。①

《尚书》中要执的中就是道心,因此未发之中也即是道心。他认为,尧舜禹相传的就是执守道心。道心之微,很难由认识去把握,所以,人需要在喜怒哀乐未发之际来体验中,即体验道心。将《尚书》与《中庸》结合,体现了杨时试图将经典中的话语集中起来的努力。杨时对"体验未发"的重视,使"中和"的问题在南宋道学中成为重要的课题。

3. 反身格物

二程都重视《大学》中的"格物",特别是程颐,提出了格物的方法、步骤,将"格物"作为重要的为学方法。杨时自然也不会忽视格物的问题。对"格物"的看法,进一步表明了杨时的为学立场。

《大学》说,"物格而后知至",这并不意味着要一一穷尽所有事物之理才能达到知至,穷尽万物是不可能的,也是不必要的。程颐认为,今日格一物,明日格一物,积久自然贯通。杨时对求仁、体验未发的理解使他不像程颐那样注重"今日格一件,明日格一件"的工夫,他提出了"反身"的格物说:

> 为是道者,必先明乎善,然后知所以为善也。明善在致知,致知在格物。号物之数至于万,则物盖有不可胜穷者。反身而诚,则举天下之物在我矣。《诗》曰:"天生蒸民,有物有则。"凡形色具于吾身者,无非物也,而各有则焉。反而求之,则天下之理得矣。由是而通天下之志,类万物之情,参天地之化,其则不远矣。②

与程颐相同,他也指出"格物"的最终目的是为了明善,明善要通过格物。杨时认为,物不可胜数,因此不需一一穷尽。他认为,格物不是要泛穷天下之物,在人身者,耳目口鼻都是物,各有其则,格物,就是要格这些物。他说:"目之于色,耳之于声,口鼻之于臭味,接于外不得遁者,其必有以也。"③因而要反身求之,"其则不远",也即是不需外求之意。并且他认

---

① 《龟山学案》,《宋元学案》卷二十五,《黄宗羲全集》(增订版)第四册,第203页。
② 《龟山学案》,《宋元学案》卷二十五,《黄宗羲全集》(增订版)第四册,第204页。
③ 《龟山学案》,《宋元学案》卷二十五,《黄宗羲全集》(增订版)第四册,第206页。

为,反身求得的理,也就是天下之理。通天下之志,类万物之情,参天地之化,分别出自《易传》和《中庸》,在这里用来说明已通晓天下之理。

杨时对格物的理解重在"反身",在提法上与后来朱熹的"即物"有明显的区别。朱熹继承发展了程颐的格物思想,大讲特讲"即物穷理"。从道学的整个发展来看,杨时的格物说并没有像后来的心学那样,完全收到内心,但又与程朱的格物说大不相同。杨时的格物说,从格物的范围来讲,不包括程朱所注重的"外物",但需要注意,他也并未完全排斥典章制度的学习研究①;在过程上,不同于程颐主张以积累贯通达到对最高的理的认识,而是通过反身而求来了解天地万物的普遍法则。杨时说"反身而诚,则举天下之物在我",是以孟子所说"万物皆备于我"为前提。孟子说:"万物皆备于我矣,反身而诚,乐莫大焉。"②因而杨时也没有对此进一步展开论证。

杨时的格物说,体现了在伊川之后对"格物"的不同致思,后来朱熹从客观性的立场出发对杨时提出了批评。

(二)道南指诀

通过对体验未发、对格物问题的思考,杨时确立了道南一派的发展方向,经罗从彦和李侗的发展,这一派的特点更加突出,成为以静为宗、以体验为主的学派,"体验未发"是这一派相传的真诀。

杨时在当时吸引了众多士人前来从学,其中有许多人都是不远千里而来。罗从彦"在杨门为独得其传"③。

罗从彦(1072—1135年),字仲素,南剑州剑浦人。他闻听同郡杨时得河南程氏学,便徒步前往求学。见到杨时三日后,便惊汗浃背,说道:"不至是,几虚过一生矣。"杨时讲易,讲到《乾》卦第四爻时说,"伊川说甚善",罗从彦即去见程颐,当面问学。程颐告之,杨时都已讲过,从彦谢过程颐后,又回到杨时那里,继续完成学业。杨时曾说,"惟从彦可与言

① 参见陈来:《宋明理学》,第112页。
② 《孟子·尽心上》。
③ 《豫章学案》,《宋元学案》卷三十九,《黄宗羲全集》(增订版)第四册,第560页。

道"。当时,杨时倡道东南,游其门者甚众,《宋史》本传中称,"时弟子千余人,无及从彦者"。①

罗从彦在从学于杨时后,杨时教他静中体验的方法。《语录》记载:

> 语仲素曰:某尝有数句教学者读书之法,云:以身体之,以心验之,从容默会于燕闲静一之中,超然自得于言象之表。②

罗从彦深得龟山之旨,他在官职期满后,入罗浮山静坐。他静坐是为了体验未发。杨时提倡体验未发,罗从彦又提出看"未发气象",对杨时有所补充。后他以观"未发气象"教弟子李侗。

李侗(1093—1163年),字愿中,南剑州剑浦人,因久居延平,学者称"延平先生"。他因罗从彦从学于龟山多年,并曾亲见伊川而向往之。李侗也得到从彦器重,是从彦所挑选的传道之人。李侗从学罗从彦后,守其所传。从彦之孙罗博文曾说:"延平先生之传,乃某伯祖仲素先生之道,河洛之学,源远流长。"③朱熹的父亲朱松也曾从罗从彦游,朱熹知李侗的洛学渊源,对李侗极为推重。李侗成为他早年最重要的老师。《延平答问》载李侗与朱熹书中说:

> 某曩时从罗先生问学,终日相对静坐,只说文字,未尝及一杂语。先生极好静坐。某时未有知,退入室中亦只静坐而已。先生令静中看喜怒哀乐未发之谓中,未发时做何气象。④

罗从彦要李侗静中看喜怒哀乐未发时气象,李侗按照罗从彦的指引,以静坐为主要的工夫。静坐是李侗一生的得力处。

罗从彦并没有说"未发气象"究竟是何种气象,李侗强调,未发的体验是与洒落的气象相联系的。李侗说:

> 尝爱黄鲁直作濂溪诗序云"春陵周茂叔,人品甚高,胸中洒落,如光风霁月",此句形容有道者气象绝佳。胸中洒落即作为尽洒落矣。学者至此虽甚远,然亦不可不常存此体段在胸中,庶几遇事廓

① 《道学》二,《宋史》,第12743页。
② 《龟山集》卷十二,第28页。
③ 《李延平集》卷四,《丛书集成初编》本。
④ 《延平答问》庚辰五月八日书。

　　然。于道理少进。……某尝谓遇事若能无毫发固滞,便是洒落,即此
　　心廓然大公,无彼己之偏倚,庶几于理道一贯。①

这里所说胸中洒落,也即是明道《定性书》中的"廓然大公"的境界。明道
本与周敦颐相近。明道曾说:"自再见周茂叔后,吟风弄月以归,有吾与
点之意。"②李侗又讲"融释"③,也是指胸中与作为的自得气象。通过静
坐,体验到未发之中,也就自然有此气象。李侗所追求的境界,体现了这
一派为明道之学的正传。

　　李侗也以从彦所传引导朱熹。朱熹说李侗论《中庸》则言:

　　　　圣门之传是书,其所以开悟后学无遗策矣。然所谓"心喜怒哀
　　乐未发谓之中"者,又一篇之指要。若徒记诵而已,则亦奚以为哉?
　　必也体之于身,实见是理。④

　　朱熹还在《答何叔京书》中说:"李先生教人,大抵令于静中体认大本
未发时气象分明,即处事应物自然中节,此乃龟山门下相传指诀。"⑤

　　杨时传至李侗,更集中于体认,在精神体验方面有独特的贡献。罗李
的工夫完全是静坐,静坐作为一种修炼的方式,可以为不同的传统所采
用,学者在这种高度沉静的修养中,可以获得某种特殊的、在日常生活中
所没有的体验。所获得的这种内心体验,与学者的目的有关。采取相同
的静的体验方式,也可以得到不同的体验。道南学者的讲述表明,他们在
静坐中达到了他们既定的修养目标,获得了未发的体验。朱熹亦在《延
平李先生行状》中说:"若是者盖久之,而知天下之大本真有在乎是也。"
这种体验的实在性是不必怀疑的。

　　然而能否获得未发的体验,与个人的精神气质有极大的关系,朱熹便
始终未能契入。朱熹从师承上来说是道南传人,这一派也因他而光大,但他
并未继承道南之学。朱熹由道南直溯伊洛,道学的发展也进入了新的阶段。

①　《延平答问》庚辰五月八日书。
②　《河南程氏遗书》卷三,《二程集》,第53页。
③　《延平答问》戊寅十一月十三日书。
④　《延平李先生行状》,《朱文公文集》卷九十七,《四部丛刊》本。
⑤　《答何叔京》,《朱文公文集》卷四十,《答何叔京》第二书。

二、胡宏与湖湘学派

南渡后,湖湘学派是道学的一个重要支派。一般认为,湖湘学派由胡安国初创,胡宏做了理论开创的工作,胡宏的弟子张栻对湖湘学派的发展起到了重要作用。在程门高第相继逝去之后,南宋道学的发展在很大程度上得益于湖湘学派的形成和发展。

(一)胡　宏

胡宏(1106—1161 年),字仁仲,祖籍福建崇安,南宋初因战乱避居湖南,后来寓居衡山五峰,学者称他为五峰先生。

胡宏 20 岁时入京师,曾师事杨时,后又从侯师圣游。他以振兴道学为己任。他一生未仕,在衡山讲学二十余年。他提出了独到的见解,开创了湖湘之学。

胡宏的父亲胡安国(字康侯)是著名的学者,曾与杨时、谢良佐、游酢交游。他作《春秋传》,将二程道学的观念灌注在《春秋》之中,此书在宋代以后与朱熹的《四书集注》同被作为科举考试的标准。值得一提的是,胡安国之子胡寅(字明仲,本为其弟之子)也是出色的学者,所著《论语详说》行于世,朱熹《论语集注》中也采用了他的论语说。

胡宏最先用力于二程之学,"集其遗言,行思而坐诵"①。后又研究周敦颐和张载的思想。当时,周敦颐的著作影响还不大,胡宏指出此书"文质而义精","言淡而味长"②。他研读并整理了《正蒙》,将全书分为《内书》五卷,《外书》五卷,在湖湘学者中间流传。胡宏对周敦颐、邵雍、二程、张载都极为推尊,他在《张子正蒙序》中说:"《易》:'穷则变,变则通'。是以我宋受命,贤哲仍生,春陵有周子敦颐,洛阳有邵子雍,大程子颢,小程子颐,而秦中有横渠张先生。"③他的思想也体现了力图消化周、张、二程各家思想的努力。

---

① 《程子雅言前序》,《胡宏集》,中华书局 1987 年版,第 158 页。
② 《周子通书序》,《胡宏集》,第 161 页。
③ 《横渠正蒙序》,《胡宏集》,第 162 页。

胡宏一生未出仕。秦桧当朝时,曾企图招徕胡宏,遭到拒绝。但他很关心天下国家,他在绍兴年间向高宗上书,表达他对时政的看法,告君主以仁为本。

胡宏的主要哲学著作是《知言》,此书为湖湘学者所推崇。后来,朱熹对《知言》的一些观点进行了批评,与张栻、吕祖谦共同讨论了这些思想,整理为《知言疑义》。后流传下来的《知言》一书,见于《疑义》的部分在原处已没有再保留,而自为一卷(即《知言疑义》)。中华书局出版的汇集胡宏基本思想材料的《胡宏集》中,将《知言疑义》作为附录一收录。

1. 性为大本

胡宏思想的一个主要特色是他从本体论的角度来论"性",将"性"看做宇宙的根本。他提出:

> 非性无物,非气无形。性,其气之本乎![1]

"非性无物",表明性是事物存在的根源和根据。气构成事物的形,就性对事物存在的作用而言,性是"气之本"。胡宏认为,由于"性"的作用,才有气的运动流行。他说:

> 水有源,故其流不穷;木有根,故其生不穷;气有性,故其运不息。[2]

> 气之流行,性为之主。[3]

这是说,气的运动是以"性"为其根据。胡宏将性具有的本体地位概括为"性立天下之有"[4],"性,天下之大本也"[5]。胡宏还说:"有而不能无者,性之谓与!"[6]这是对"性"的本体地位的强调。

这种对"性"的理解受到了二程区分形上、形下的思想的直接影响。胡宏说:

---

① 《知言·事物》,《胡宏集》,第22页。
② 《知言·好恶》,《胡宏集》,第11页。
③ 《知言·事物》,《胡宏集》,第22页。
④ 《知言·事物》,《胡宏集》,第21页。
⑤ 《知言疑义》,《胡宏集》,第328页。
⑥ 《知言·一气》,《胡宏集》,第28页。

　　　　形而在上者谓之性,形而在下者谓之物。性有大体,人尽之矣。
一人之性,万物备之矣。论其体,则浑沦乎天地,博浃于万物,虽圣人
不得而名焉。论其生,则散而万殊,善恶吉凶百行俱载,不可掩遏。
论至于是,则知物有定性,而性无定体矣。①

胡宏认为,性是形而上的,具体的物是形而下的。"性"是整个宇宙的本
体和根据,同时,作为宇宙本性的性具体体现为人性和物性,每一具体事
物都有其确定的规定性,各不相同,因此说"物有定性"而"性无定体"。
在宇宙中,人具备了宇宙本性的"大体",而物也全备了人之性。因此,胡
宏又指出:"故观万物之流形,其性则异;察万物之本性,其源则一。"②这
是说,就万物各自具有的性来说,这些性是各自差别的,但从根源上来看,
这些彼此差别的性有着共同的本源,即宇宙本性。

　　胡宏从本体的意义上来言性,与传统在人性、物性的意义上言性有很
大的不同,因此,他对传统以善恶言性亦不以为然。所以,在人性论的主
张上,胡宏与道学的主流有所不同。他认为"善"作为伦理学的范畴并不
能穷尽"性"的本义:

　　　　或问性。曰:"性也者,天地之所以立也。"曰:"然则孟轲氏、荀
卿氏、杨雄氏之以善恶言性也,非与?"曰:"性也者,天地鬼神之奥
也,善不足以名之,况恶乎?"或者问曰:"何谓也?"曰:"宏闻之先君
子曰:'孟子所以独出诸儒之表者,以其知性也。'宏请曰:'何谓也?'
先君子曰:'孟子道性善云者,叹美之辞也,不与恶对。'"③

在胡宏看来,性是宇宙的本性,其普遍性、终极性、根本性是"善"所无法
表达出来的。因此,胡宏认为,孟子性善说的"善"是表示对"性"的赞叹,
不能在与恶相对的意义上来理解。这就意味着,如果"善"只是一个与恶
相对的范畴,那么性善论也不可以作为有关人性的终极理论。

　　为了巩固孟子的性善论,朱熹对胡宏的人性理论进行了激烈的批评。

----

① 《释疑孟·辨》,《胡宏集》,第319页。
② 《知言·往来》,《胡宏集》,第14页。
③ 《知言疑义》,《胡宏集》,第333页。

朱熹认为,说恶不足以言性,是可以的,但说善不足以言性,就犯下了严重的错误。胡宏对"性"(包括人性)的理解,认为人性是超越善恶之上的,这固然比传统儒学通过"善"得到的理解,更为崇高,但受到朱熹的批评,又是有其必然性的。不过,朱熹将胡宏的观点归结为"性无善恶",作为《知言》的主要错误指出来,这一批评是不恰当的。

由于胡宏将"性"作为表示哲学本体的范畴,学界将其理论称为"性本论"。"性本论"在本质上与理本论是一致的,胡宏所说的"性"相当于朱熹后来所说的理。① 朱熹说:"凡是天地生出那物,便都是那里有理,五峰谓'性立天下之有',说得好。"②胡宏的"性本论"是二程与朱熹的理论之间的一个环节,具有独特性。

2. 性体心用

胡宏的心性论的特点是心性对言,将心性理解为体用的关系,性是体,心是用。

在北宋道学中,心性关系的讨论与中、和的问题相关联。在前已述,程颐与其弟子吕大临曾就《中庸》所说的"中和"展开讨论,涉及了中、和的名义,涉及心性的问题。吕大临认为"中"即性,程颐指出,"中者所以状性之体段";吕大临又将"中"与心联系起来,说"喜怒哀乐之未发,则赤子之心",程颐提出,"赤子之心,发而未远于中,若便谓之中,是不识大本"。并且提出,"凡言心者,皆指已发而言"。但程颐又修正了这一看法,他说:"凡言心者,指已发而言,此固未当,心一也,有指体而言者,有指用而言者。"③

程门的讨论为胡宏的心性论提供了思想材料。胡宏认为未发指性,已发指心:

> 窃谓未发只可言性,已发乃可言心。故伊川曰"中者,所以状性之体段",而不言状心之体段也。④

---

① 参见陈来:《宋明理学》,第117—118页。
② 《朱子语类》卷一百一,第2582页。
③ 《与吕大临论中书》,《二程集》,第606—609页。
④ 《与僧吉甫书》,《胡宏集》,第115页。

他对"已发"的理解与伊川先前提出的观点"已发只可言心"相同。胡宏引用了伊川的观点,"中"是描述"性"的,而不是描述心。在伊川与吕大临的讨论中,伊川严格区分心性,吕大临则并不严格地区分心性,因而将"中"与心联系起来,伊川力图纠正吕大临的这一倾向。胡宏也认为必须将范畴弄清楚,他强调说:"恐伊川指性指心,盖有深意,非苟然也。心性,固是名,然名者,实之表著也。义各不同,故名亦异,难直混为一事也。"①胡宏认为心、性的区别即是已发、未发的区别。

胡宏以心为已发,性为未发,是把性与心的关系理解为体用的关系。胡宏说:

> 非圣人能名道也,有是道则有是名也。圣人指明其体曰性,指明其用曰心。性不能不动,动则心矣。②

这是说,性是心之体,心是性之用,性是意识活动(心)的本质,意识活动是这一本质(性)的表现。"动则心矣",动即是"发"。性之不动即未发;性之动即已发,即心。可以看出,在胡宏的思想中,已发、未发是与体用相同的概念。

程门谢良佐也有"性体心用"的思想,他认为,"性,本体也;目视耳听手举足运见于作用者,心也。"③这个观点以作用为心。但相比之下,性体心用的观点在胡宏的思想体系当中更为系统,也更为重要。胡宏的"性体心用"说,与由朱熹加以发挥的"心统性情"说代表了两种不同的理论建构。

3. 心以成性

胡宏认为,心性的体用关系决定了心的重要作用,因性不动,动的是心,所以圣人才重视心。胡宏指出心在道德实践中的作用体现在心能够实现本性:

> 性,天下之大本也。尧、舜、禹、汤、文王、仲尼六君子先后相诏,

---

① 《与僧吉甫书》,《胡宏集》,第 116 页。
② 《知言疑义》,《胡宏集》,第 336 页。
③ 《上蔡语录》卷一,文渊阁《四库全书》本。

必曰心而不曰性,何也?曰:心也者,知天地,宰万物,以成性者也。

六君子,尽心者也,故能立天下之大本。①

胡宏认为,从本体论来讲,性是第一位的,是宇宙的根源,但心在道德实践中是最重要的。所以,古圣贤的道统只强调心而不强调性。性是宇宙的根本,是未发,动则为心,心具有认识自然、主导实践的能力,使人实现、完成自己的本性。"宰万物",并不是说心实际地决定了客观事物,而是指意识主体指导实际的决定作用。只有通过心的作用,人性才能得以完成。

胡宏论心的特性说:"心无不在,本天道变化,为世俗酬酢,参天地,备万物,人之为道,至大也,至善也。"②胡宏还强调了心的永恒性,他说:"有而不能无者,性之谓与!宰物而不死者,心之谓与!"③宰物而不死,表达了"心"的永恒性。胡宏也借"无死生"的说法来表达心在时间上的永恒性:

> 或问:"心有死生乎?"曰:"无死生。"曰:"然则人死,其心安在?"曰:"子既知其死矣,而问安在邪!"或问:"何谓也?"曰:"夫惟不死,是以知之,又何问焉!"或者未达。胡子笑曰:"甚哉子之蔽也。子无以形观心,而以心观心,则知之矣。"④

在这段问答中,胡宏实际上并不是客观地论证心继续存在,而是超越了常人之见来认识心,只有这样,才能认识到心的永恒性,所以问者始终不达。胡宏的表述方式使他受到了对佛教非常警惕的朱熹的批评。朱熹批评"心无死生"近于佛教的轮回,是因为他并未能理解胡宏之意,他对心的理解与胡宏不同。

胡宏在范畴上注重区分心性,性为体、心为用,其意义是明确的。而在北宋张载和程颢的讨论中,"定性"已形成固定的用法,他们所说的"定性",是指心而言。胡宏在讨论中也沿用了"定性"这个讲法,如他说,"心

---

① 《知言疑义》,《胡宏集》,第328页。
② 《知言疑义》,《胡宏集》,第331页。
③ 《知言·一气》,《胡宏集》,第28页。
④ 《知言疑义》,《胡宏集》,第333页。

纯则性定而气正"①,反过来讲,则是"性定则心宰"②。这里的性定是指一种意识状态,性实际就是指心,心也不是泛指意识,而是特指意识结构中的理性和意志。除了"定性"以外,在相关联的表述中,也可以断定"性"是指心,如他说:"气之流行,性为之主。性之流行,心为之主。"③这里,前后所说的"性"的意义有所不同。气之流行,性为之主,所说的性即是宇宙本性。至于"性之流行",在胡宏的观念中,性自身并不变化,所以这里也是《定性书》中所说的性,即心的本然的存在状态。心为之主,是说心能主宰。

心能成性,是以心性的体用关系为根据。心能成性与张载所讲的心能尽性也是相通的。在强调心的作用时,胡宏也继承了明道的思想,他说:"天下莫大于心,患在不能推之尔。"④胡宏的心性论既吸收了前人思想,又有独创之处。

4. 天理人欲同体异用

胡宏提出:"天理人欲同体而异用,同行而异情。进修君子宜深别焉。"⑤这是说,同一行为活动,有天理人欲之别,因此在道德生活中,要将天理人欲区别开来。其区别是,欲的合理的展开,即是天理;欲的无节,便是人欲。胡宏以夫妇之道来说明这一点:

> 夫妇之道,人丑之者,以淫欲为事也;圣人安之者,以保合为义也。接而知有礼也,交而知有道焉,惟敬者为能守而勿失也。《语》曰:"乐而不淫",则得性命之正矣。谓之淫欲者,非陋庸人而何?⑥

夫妇之道本身是有其本体意义和道德意义的,是阴阳之道在人类社会的体现,圣人能够认识夫妇之道的大义,以保合为义,依礼而行,行之而安,并不排斥男女之事,以夫妇之事为"淫欲"只是庸人之见。

---

① 《知言·仲尼》,《胡宏集》,第16页。
② 《知言·义理》《胡宏集》,第30页。
③ 《知言·事物》,《胡宏集》,第22页。
④ 《知言·纷华》,《胡宏集》,第25页。
⑤ 《知言疑义》,《胡宏集》,第329页。
⑥ 《知言·阴阳》,《胡宏集》,第7页。

胡宏的这一思想建立在他对"道"的理解上。他认为,道是宇宙间普遍存在的法则,一切都不能离开道,道即寓于人的日常生活之中,包括饮食男女之事:

> 道充乎身,塞乎天地,而拘于躯者不见其大;存乎饮食男女之事,而溺于流者不知其精。①

一切事物,人类社会的一切活动都有其准则,包括饮食男女之事,也有其则,即儒家的"礼"的规定。圣人行之有道,便是天理,小人往往溺之无节,便是人欲。

后来,朱熹认为,可以讲天理人欲同行异情,但讲天理人欲同体异用则不可。朱熹指出,讲天理人欲同体,则体中也有人欲。朱熹批评胡宏以天理人欲为一区,这个批评主要是因为朱熹将"体"理解为本体,而本体是无人欲之杂的。朱熹的批评是不合理的,胡宏所讲的体并不是本体。胡宏又说:"好恶,性也。小人好恶以己,君子好恶以道。察乎此,则天理人欲可知。"②他这里区别天理人欲,天理是好恶以道,人欲乃好恶以己,以道是公,以己是私,天理人欲之别即见。这也是天理人欲同体异用思想的体现。

胡宏"天理人欲同体异用"的思想强调了两点:(1)要在道德生活中严于理欲之辨;(2)欲的正当展开是天理,人的自然欲望是不应加以绝对排斥的。如胡宏又说:"夫人目于五色,耳于五声,口于五味,其性固然,非外来也。圣人因其性而导之。"③也是说,这些自然的欲望是人固有的,不能禁绝的,而是要按照社会准则合理地展开。至于存理去欲,胡宏与张载、二程的看法并无不同。胡宏也说:"人欲盛,则于天理昏;理素明,则无欲矣。"④这里的无欲的"欲",是指私欲,而不是泛指人的自然欲望。

5. 先察识后涵养

已发未发说作为一种心性哲学主要是为确定适当的修养方法提供理

① 《知言·天命》,《胡宏集》,第3页。
② 《知言疑义》,《胡宏集》,第330页。
③ 《知言·阴阳》,《胡宏集》,第9页。
④ 《知言·纷华》,《胡宏集》,第24页。

论的基础。胡宏在理论上讲心为已发,性为未发,所以只须于已发处用功。在良心发见处省察,而后努力加以扩充。在察识与存养的先后问题上,胡宏是主张先察识的。

明道言"学者须先识仁",胡宏继承明道这一思想。他认为:"欲为仁,必先识仁之体"①。胡宏又提出先察识,后存养。他说:

> 齐王见牛而不忍杀,此良心之苗裔,因利欲之间而见者也。一有见焉,操而存之,存而养之,养而充之,以至于大,大而不已,与天地同矣。此心在人,其发见之端不同,要在识之而矣。②

胡宏以孟子中的例子来说明日用之间良心会发见,要求人在日常中察见意识活动的良心,一旦察见,加以涵养、扩充,就能实现"心"的作用。胡宏所讲,是一种积极地扩充人的本心的工夫。从胡宏的论述可以看出,他的先察识的思想既师明道,又本于孟子。

后来湖湘学者将胡宏的这一主张方法概括为"先察识后涵养",他们对此更加强调。如胡伯逢说:"必有所觉知,然后有地可以施功而为仁也。"③吴翌也说:"若不令省察苗裔,便令培壅根本,夫苗裔之萌且未能知,而还将孰为根本而培壅哉?此亦何异闭目坐禅、未见良心之发便敢自谓'我已见性'者?"④吴翌的这个说法认为,如果没有从道德意识活动中的善端入手,单纯进行未发的工夫,是不能保证知性见性的。

胡宏强调在已发处用功,与道南一派注重体验未发不同。当朱熹始终未能按照李侗的指引获得未发之中的体验时,他先转向了胡宏的这一边。正是胡宏的思想帮助朱熹暂时解决了关于已发未发工夫的问题。朱熹曾对先察识的观点深表赞同,他说:"其良心萌蘗亦未尝不因事而发见,学者于是致察而操存之,则庶乎可以贯乎大本达道之全体而复其初矣。"⑤朱熹在经过第二次中和之悟后,开始反对湖湘学派在已发处用功

---

① 《知言疑义》,《胡宏集》,第 334 页。
② 《知言疑义》,《胡宏集》,第 335 页。
③ 《五峰学案》,《宋元学案》卷四十二,《黄宗羲全集》(增订版)第四册,第 693 页。
④ 《五峰学案》,《宋元学案》卷四十二,《黄宗羲全集》(增订版)第四册,第 695 页。
⑤ 《与张钦夫》第三书,《朱文公集》卷三十。

的修养方法。朱熹认为,先察识后涵养的工夫论,只是重视枝叶,而忽视了"培其根本"。在他看来,未发的涵养是更为根本的工夫,培养了根本,枝叶自然繁茂。胡宏与朱熹的工夫路数的差异,是道学工夫论的要点所在。①

(二)张栻与湖湘学派的发展

胡宏在衡山讲学二十余年,门人众多,形成了有影响力的湖湘学派。在胡宏死后,门人张栻成为学派的领袖,扩大了湖湘学派的规模和影响。

张栻(1133—1180 年),字敬夫,号南轩,四川广汉人。他的父亲张浚在宋高宗、孝宗两朝为官,官至宰相。他自幼随父居于外地,后迁湖南衡阳。张栻一生为官十余年,先后知严州、袁州、静江、江陵诸州府。他为官期间,改革地方弊政,减轻人民负担。

《宋史》本传记载,张栻在初见胡宏时,胡宏即以孔门论仁亲切之旨相告。宏称之曰:"圣门有人矣!"②自此他更加勉力,以古圣贤自期,作《希颜录》,表明了他的志向。所以,朱熹说他"闻道最早"③。在当时,张栻在学界有很高的声望,与朱熹、吕祖谦时称"东南三贤"。

一位出众的学术领袖对于学派地位的提高、影响的扩大起着重要的作用。乾道元年(1165 年),张栻受湖南安抚使刘珙之聘,主岳麓书院教事,从学者众,岳麓成为当时湖湘学派的中心。湖湘学派在规模得到扩大的同时,也更为活跃。

这一时期,湖湘学派与朱熹之间的交流以及随之而来的论辩是这一学派发展中的大事件,在南宋学术思想史中也有重要的意义。

在李侗死后,朱熹与张栻通书论学。乾道三年(1167 年),朱熹赴潭州访张栻。在这一次的交流中,朱熹基本接受了湖湘学派先察识后涵养的思想。但不久之后,朱熹又得出了新的结论,也由此对《知言》提出种种疑问。在朱熹的提议下,张栻与朱熹、吕祖谦三人共同讨论了《知言》。

---

① 参见钱穆:《宋明理学概述》,学生书局 1984 年版,第 134 页。
② 《道学》三,《宋史》,第 12770 页。
③ 《祭南轩墓文》,《朱文公文集》卷八十七。

胡宏的学说集中于《知言》一书,张栻作《知言》序说,"其言约,其义精,诚道学之枢要"①。认为《知言》有很高的学术价值。朱熹对《知言》提出了诸多批评。从《知言疑义》中可以看到,张栻对朱熹的观点有赞同,亦有辩论。朱熹对《知言》的批评,主要是集中于人性论、性体心用和先察识后涵养。张栻认为,"论性而曰'善不足以名之',诚为未当";"其精微纯粹,正当以至善名之";"心性分体用,诚为有病";但他坚持先察识,后涵养。② 这表明,在朱熹的影响之下,南轩试图对师说有所修正。他所要修正的,主要是在他看来与二程不合的一些观点。他所坚持的"先察识后涵养",实际上是与明道一致的。

对于来自学派外部的批评,以胡氏子弟为主的湖湘学者与南轩的态度不同,他们极力维护师说。《宋元学案》中说,胡实(字广仲,五峰之从弟)、胡大原(字伯逢,五峰之从子)、吴翌(字晦叔,五峰门人),"守其师说甚固,与朱子、南轩皆有辩论,不以《知言疑义》为然"③。

从北宋到南宋初,仁说成为道学中重要的课题。在对《知言》的辩论后,湖湘学者还与朱熹就"仁"说展开了辩论。

张栻在乾道七年(1171 年)退居长沙后,编成《洙泗言仁录》,附以二程对仁的解释,并作了进一步的发挥。他这个做法本于伊川所说,"将圣贤所言仁处类聚观之","当合孔孟言仁处,大概研穷之"④。张栻的仁说宗二程,同时也受到胡宏的影响。他第一次与胡宏相见,所谈的就是仁的问题。胡宏说:"仁者,天地之心也。"⑤张栻接受了这个说法:"仁者天地之心。天地之心而存乎人,所谓仁也。"⑥张栻在编成《洙泗言仁录》后,呈与朱熹看。朱熹不赞成专重"仁"字,并且反对"仁者天地之心"的讲法,而赞成伊川"天地以生物为心"的说法,由此引发了仁说之辩。在辩

---

① 《宋张栻胡子知言序》,《胡宏集》,第 338 页。
② 《知言疑义》,《胡宏集》,第 331、337 页。
③ 《五峰学案》,《宋元学案》卷四十二,《黄宗羲全集》(增订版)第四册,第 693 页。
④ 《河南程氏遗书》卷十八、二十四,《二程集》,第 182、314 页。
⑤ 《知言·天命》,《胡宏集》,第 4 页。
⑥ 《洙泗言仁录·序》。

论中,张栻的观点最终并未与朱熹的立场完全一致。①

其他湖湘学者与朱熹论辩的焦点是谢良佐的知觉言仁说。除了推重胡宏,湖湘学者的仁说多受上蔡影响。上蔡提出"心有知觉之谓仁",这一思想继承了程颢以人的感受性为基础建立新仁学的方向。朱熹批评上蔡和湖湘学者以知觉言仁。湖湘学者维护上蔡的观点。胡广仲认为:"心有所觉之谓仁,此谢先生救拔千余年陷溺固滞之病,岂可轻议哉!夫知者,知此者也;觉者,觉此者也。""以觉言仁者,明其发见之端也。"②胡大原也说:"'心有知觉之谓仁',此上蔡传道端的之语,恐不可谓有病。"③朱熹与他们进行了反复论辩。对于以觉言仁,张栻认为,知觉不可以训仁④,但他肯定知觉的地位。

在与朱熹的辩论结束不久之后,湖湘学派因张栻的去世而影响渐小。此后,朱子影响越来越大,湖湘学派的理论便不再受到重视。自元代以后,《知言》已不甚行于世。传统上认为,张栻之学比胡宏之学更为纯粹,这反映了正统的观点。

① 朱熹本人表示,他与南轩反复论仁,"亦有一二处未合"。参见《朱子语类》卷一百三,第 2606 页。
② 《五峰学案》,《宋元学案》卷四十二,《黄宗羲全集》(增订版)第四册,第 692 页。
③ 《五峰学案》,《宋元学案》卷四十二,《黄宗羲全集》(增订版)第四册,第 693 页。
④ 参见《南轩学案》,《宋元学案》卷五十,《黄宗羲全集》(增订版)第四册,第 963 页。

第八章　朱子对宋代新儒学的
整合与朱子学的形成

第一节　朱子的理学建构

朱熹是宋代道学的集大成者。他继承了二程哲学,从二程哲学的立场对南宋初有影响的道学支派进行了统合与整理,建立起综合的道学思想体系。在这一体系中,他深入地探讨了前人所未讨论的哲学问题,也试图以他的方式解决北宋以来提出的重要问题,并总结了道学的修养方法。他所建立的哲学体系以理气论、心性论和格物致知论为主体,具有鲜明的理性主义的特征。

朱熹(1130—1200 年),字元晦,一字仲晦,号晦庵,祖籍徽州婺源(今属江西)。他的父亲朱松在福建为官,居住在福建。朱熹出生于福建中部的尤溪,后长期居住在崇安,晚年迁至建阳考亭,在那里终老。朱熹一生的主要活动是著书讲学。福建是他久居之地,也主要在那里讲学,因此,他的学派传统上被称为"闽学"。

朱熹 19 岁中进士第,后任泉州同安县主簿,后来又曾任枢密院编修官、秘书省秘书郎。还先后在江西的南康、福建的漳州、湖南的潭州(今长沙)做过最高行政长官,政绩显著。65 岁时,被召入都,除焕章阁待制兼侍讲,为时很短。而在中进士后,他总共也不过"仕于外者仅九考,立朝才四十日"①。

---

① 《道学》三,《宋史》卷四百二十九,第 12767 页。

朱熹幼年就对宇宙问题发生兴趣,询问"天之上何物"①,并很早就开始在父亲以及父亲的朋友的指导下,学习儒家经典和二程论语说。他中间也有出入佛老的经历。他于1153年初见李侗,此后在李侗的影响下,走上道学的发展道路。受学期间,李侗教他"体验未发",但他始终未曾找到这种体验。在李侗去世之后,他继续从哲学上探究已发、未发的问题,经过两次中和之悟——丙戌之悟与乙丑之悟,导出了他的整个心性情理论,确定了理性主义的哲学方向。②

朱熹的著作极为繁富,其中重要的有《四书集注》、《四书或问》、《周易本义》、《太极解义》、《通书解》、《西铭解义》,讲学语录《朱子语类》一百四十卷,文集《朱文公文集》一百二十卷。文集中有大量论学书信阐发其哲学思想,并有多篇哲学论文,其中重要者有《已发未发说》、《仁说》等。

朱熹还编辑了学术史著作。他与吕祖谦共同编辑了《近思录》,从周敦颐、张载、二程的著作和语录中选出重要者,按照内容分卷,分别加以标题,使道学的论题明确化。此书成为道学的入门书籍。他还编有《伊洛渊源录》,选录周、程、张、邵、司马光和程门弟子的传记资料,确立了道学的谱系,影响极大。

一、理 与 气

(一)理气二物

二程对形上、形下的区分深刻地影响了朱熹。朱熹通过区分形上、形下得到了对世界的一种理解,即宇宙及万物是由理、气共同构成。朱熹说:"天地之间有理有气。理也者,形而上之道也,生物之本也;气也者,形而下之器也,生物之具也。是以人物之生必禀此理然后有性,必禀此气然后有形。"③朱熹认为,理构成了万物的性,气构成万物的形。理与气是

---

① 王懋竑:《朱熹年谱》卷一,中华书局1998年版,第2页。
② 参见陈来:《朱子哲学研究》,第193页。
③ 《答黄道夫》一,《朱文公文集》卷五十八。

两种不同的存在,"气则能凝结造作","理则只是个净洁空阔底世界,无形迹,他却不会造作"①。仅有理,并不能生物,有气才能生物,气是能酝酿凝聚生物的"质料"。于是,朱熹有人物的生成是"理与气合"的说法。这种说法并不意味着在生成具体的人物之前,理与气是分开的。朱熹主张,"理未尝离乎气"②。因此,在朱熹的思想中,在人物生成之前,理即存在于气中,随气流行。理与气合,是讲人物的构成,并含有理安顿在一定的气质之中的意义。朱熹特别地强调了理、气为二物,"所谓理与气,此绝是二物,但在物上看,则二物浑沦,不可分开各在一处,然不害二物之各为一物也"③。这是说,具体的事物是理与气共同构成,理气浑沦不可分,但从存有上说,理气不可相混,"各为一物",肯定理气是两种不同的实有。

朱熹指出,虽未有物,但此物之理已经存在:

> 若在理上看,则虽未有物,而已有物之理,然亦但有其理而已,未尝实有是物也。④

然而在朱熹的哲学中,给人以深刻印象的是他对人伦世界的"理"的强调:

> 未有这事,先有这理。如未有君臣,已先有君臣之理;未有父子,已先有父子之理。不成元无此理,直待有君臣父子,却旋将道理入在里面!⑤

这种理在物(事)先的思想意在说明"理"不是人为安排,是出于自然。

朱熹还提出"理在气先"的思想。理在气先主要是对天地之理与天地之气的关系的讨论。朱熹强调理气不相离,所以理与气并无时间先后的间隔;同时,朱熹认为,理是气之本⑥,所以他又说理在气先:

---

① 《朱子语类》卷一,第3页。
② 《朱子语类》卷一,第3页。
③ 《答刘叔文》一,《朱文公文集》卷四十六。
④ 《答刘叔文》一,《朱文公文集》卷四十六。
⑤ 《朱子语类》卷九十五,第2436页。
⑥ 参见《朱子语类》卷一,第2页。

或问:"必有是理,然后有是气,如何?"曰:"此本无先后之可言。然必欲推其所从来,则须说先有是理。"①

理气并无时间上的先后可言,"理在气先"的思想强调的是有理方能有气,而不是有理之后才有气。因此,在朱熹的思想脉络中,"理在气先"实际上是对理为气本的极端强调。

在朱熹的观念中,"理在气先"是"理"亘古至今的前提:

问:"有是理便有是气,似不可分先后?"曰:"要之,也先有理。只不可说是今日有是理,明日却有是气;也须有先后。且如万一山河大地都陷了,毕竟理却只在这里。"②

在对理气先后的这一讨论中,所谓的"先后"不是时间意义上的前后也被明确了。朱熹所讲的"理在气先"一般被现代学者称为"逻辑在先",逻辑是广义地指理论上的联系。"理"的永恒性是朱熹关心的问题。"理"的长存在朱熹看来是必然的,也是自然的,而"理"的不在才是不可想象的,"理"乃是天地万物的根本。朱熹说:

未有天地之先,毕竟也只是理。有此理,便有此天地;若无此理,便亦无天地,无人无物,都无该载了!③

朱熹强调"未有天地之先,毕竟先有此理",这一说法突出了理的独立性,与实际存在并非同一问题。与天地之理的长存相应的,是天地之气的生生不穷,构成具体的人或物的"气"随着人物的消亡而销烁殆尽,新的气不断地产生,生成新的人或物。朱熹对"气"的这种理解接受了程颐的观念。天地之理,在朱熹的哲学中,即是"太极"。通过将太极解释为理,这一概念被安置在其理气论中。朱熹指出,"太极"这一概念的含义即是"根本性":"原'极'之所以得名,盖取枢极之义。圣人谓之'太极'者,所以指夫天地万物之根也。"④

从思想方法上来说,对时间上无分先后的理气确立逻辑上的次序,是

---

① 《朱子语类》卷一,第3页。
② 《朱子语类》卷一,第4页。
③ 《朱子语类》卷一,第1页。
④ 《朱子语类》卷九十四,第2366页。

以形上、形下的区分为基础:

> 问:"先有理,抑先有气?"曰:"理未尝离乎气。然理形而上者,
> 气形而下者。自形而上下言,岂无先后!"①

二程注重形上与形下的区分,特别是程颐,赋予了"形而上者"以"所以"的意义,朱熹哲学中对理气先后的讨论,明确了形而上者的第一性、形而下者的第二性。

朱熹对"理"的理解明显地把"理"实体化了,这是他的理气论的最基本的特征。一般称之为理气二元论,以与气一元论相区别。但朱熹的世界观并不是二元论的,而是理一元论。

(二)理气动静

朱熹讨论了理、气的动静问题。在朱熹的理气论中,理气的关系,从逻辑上讲,是"理在气先";从存在上讲,则是理气不可分。在朱熹看来,气的运行受其中的理的支配。他说,"疑此气是依傍这理行"②,而气的运动表现出规律性即是"理"的发见:

> 问:"理在气中发见处如何?"曰:"如阴阳五行错综不失条绪,便
> 是理。"③

在朱熹的思想中,"理"是被实体化的,"理"是否有动静的问题便是在此基础上提出来的。

朱熹在理是否有动静的问题上,有两个基本的说法:一是"太极犹人,动静犹马"。人马这一比喻呈现出理与气在动态中的关系。周敦颐在《太极图说》中说"太极动而生阳,动极而静,静而生阴",在周敦颐的思想中,太极是指未分的元气,因而太极自身是有动静的。朱熹根据他的理气论,对太极的动静提出了新的解释。朱熹指出,气有动静,而在气中的实体——"理"自身无动静。所谓"理"的动静是因气的动静而言的。朱熹说:

---

① 《朱子语类》卷一,第3页。
② 《朱子语类》卷一,第3页。
③ 《朱子语类》卷一,第3页。

> 盖太极者,本然之妙也;动静者,所乘之机也。太极,形而上之道
> 也;阴阳,形而下之器也。①

朱熹认为,动静只是太极所乘气机的动静。朱熹用通俗的比喻来说明太极(理)自身的不动:

> 太极理也,动静气也。气行则理亦行,二者常相依而未尝相离
> 也。太极犹人,动静犹马;马所以载人,人所以乘马。马之一出一入,
> 人亦与之一出一入。盖一动一静,而太极之妙未尝不在焉。②

气行理亦行,因而也可以说理有相对的动静,如同乘在马背上的人,自己虽然没动,但因为马的跑动,相对于地,他也是运动的。"本然之妙","妙"是《周易》中对变化的描述,周敦颐发挥了《周易》的思想,提出"物则不通,神妙万物"。朱熹将太极说成是"本然之妙",是值得注意的,这与"理"是"气"动静的根据有相通之处。而人马的比喻并不能表达这层含义,这一比喻主要是说明"太极"的"动而无动,静而无静"。具体的动静是属于现象世界的表现,对于"理"这一抽象的观念做形象的说明是必要的。

二是理有动静,故气有动静。朱熹说:"理有动静,故气有动静;若理无动静,则气何自而有动静乎?"③根据朱熹的论说,这是说理是气能动静的根据。

对理自身是否有动静的讨论,充分体现了朱熹对形而上者的认识。

(三)理一分殊

"理一分殊"之说始于程颐。程颐提出理一分殊,主要是强调《西铭》的万物一体说并不排斥个人对不同对象承担的义务不同,但也包含了这样的思想,即一般的道德原理可以表现为不同的具体规范,不同的具体规范中含有共同的原理。朱熹继承了程颐"理一分殊"之说,而周敦颐的《太极图说》为他提供了可资利用的思想,使他将"理一分殊"之说加以

---

① 《〈太极图说〉解》,《朱子全书》第十三册,上海古籍出版社、安徽教育出版社2002年版,第72页。
② 《朱子语类》卷九十四,第2376页。
③ 《答郑子上》十四,《朱文公文集》卷五十六。

扩展。

"理一分殊"是朱熹理气论的精要之处。朱熹认为,万物都是禀受了天地之理为性,"理一分殊"是对作为宇宙本体的天地之理与万物之性的关系的说明:

> 太极只是天地万物之理。在天地言,则天地中有太极;在万物言,则万物中各有太极。①

> 盖合而言之,万物统体一太极也;分而言之,一物各具一太极也。②

> 本只是一太极,而万物各有禀受,又自各全具一太极尔。如月在天,只一而已;及散在江湖,则随处可见,不可谓月已分也。③

朱熹认为,把天地万物作为一个总体看,其中有一个太极,是宇宙的本体,太极是一,而每一个事物都禀受了这个宇宙本体的太极(理)作为自己的性理。万物所各自具有的,都是完整的太极。为了说明这如何可能,朱熹用了水月的比喻。从思想资料的来源说,水月的比喻来自《华严经》,《华严经》说到月现一切水,本月未曾分,但朱熹只是借用这一比喻。这样,就万物而言,万物各具一太极;就"太极"而言,则是"太极"普遍存在于一切事物当中,"即阴阳而在阴阳,即五行而在五行,即万物而在万物"④。

太极散在万物,而万物各具太极,还不是"理一分殊"之旨的全部,还要认识到,万物各具一太极的同时,便有了各自的理。朱熹非常重视《太极图说》的五行、阴阳、太极之说,他指出:"盖既曰各具一太极,则此处便又有阴阳五行许多道理。"他进而以《周易》的卦爻为例来说明,"《先天》之说,亦是太极散为六十四卦,三百八十四爻,而一卦一爻莫不具一太极,其各具一太极处,又便有许多道理"⑤。各具一太极,是指太极的整体即在万物之中,"各具一太极处,又便有许多道理",是指太极随气质而成为

---

① 《朱子语类》卷一,第1页。
② 《近思录》卷一,文渊阁《四库全书》本。
③ 《朱子语类》卷九十四,第2408页。
④ 《朱子语类》卷九十四,第2371页。
⑤ 《答黄直卿》五,《朱文公文集》卷四十六。

此物的"分理"。因而,从最高的层次来看,万理都是天理的不同表现,这就是程颐所说的"万物一理"。所谓"万物一理",并不是说万物的理直接表现为同一。一类事物的普遍之理与这一类的具体事物的理的关系也是如此:

> 如这片板,只是一个道理,这一路子恁地去,那一路子恁地去。如一所屋,只是一个道理,有厅,有堂。如草木,只是一个道理,有桃有李。如这众人,只是一个道理,有张三,有李四;李四不可为张三,张三不可为李四。如阴阳,《西铭》言理一分殊,亦是如此。①

每一类事物都有这一类事物的理,所以说"道理只是一个",事物不同,普遍之理在事物上的表现不同。太极散在万物,又各自有一个道理,亦是分殊,这时分殊是有差别的。在分殊中,体现了理的广大。朱熹说:"分得愈见不同,愈见得理大。"②

从上面的讨论看,"理一分殊"一是指"万物各具一太极",万物之性与宇宙本体是相同的;一是指普遍之理在万物的表现不同。

二、心 与 性

(一)天命之性与气质之性

发挥程颐的"性即理"和阐发张程的气质之说是朱熹人性学说的重要内容。朱熹从理气两个方面来解说人性,使他在同一问题的表述上极为清晰。

朱熹非常重视程颐的"性即理"说。朱熹指出:"诸儒论性不同,非是于善恶上不明,乃是'性'字安顿不着。"③程颐提出性即理,还只是对人性的一种规定,经朱熹的发展,这一命题又具有了如下的内涵,即性是人所禀受的天理。朱熹说:"性者,即天理也,万物禀而受之,无一理之不具。"④朱熹还依据《周易》的"继之者善,成之者性"阐发了"性"与"天

---

① 《朱子语类》卷六,第102页。
② 《朱子语类》卷六,第102页。
③ 《朱子语类》卷四,第84页。
④ 《朱子语类》卷五,第96页。

理"的区别：

> "继之者善,成之者性"。这个理在天地间时,只是善,无有不善
> 者。生物得来,方始名曰"性"。只是这理,在天则曰"命",在人则曰
> "性"。①

人未生时,天地之理是公共的,不能叫做性,人生以后,此理为人所有,才可以叫做性。

朱熹通过"继之者善"这一说法,在"仁义礼智"这些具体伦理原则和天道的普遍原则间建立起宇宙论的联系。他说:"吾之仁义礼智,即天之元亨利贞,凡吾之所有者,皆自彼而来也。"②天道的元、亨、利、贞,在人则表现为仁、义、礼、智。

性即理的"性",朱熹称为"天命之性"。伊川曾指出《中庸》首句"天命之谓性"是说性之理,并且"天所赋为命,物所受为性"是伊川本有的说法。朱熹更加重视《中庸》所说的"天命之谓性"。从人和物的角度来看,人物之性是从天禀受而来;从天的角度来看,则可以说是天命与或赋予万物的。通过禀理为性说,《中庸》所说的"天命之谓性"成为"性即理"的经典根据。

"天命之性"必须与气结合,而不能独立存在。朱熹说:"所谓天命之与气质,亦相衮同。才有天命,便有气质,不能相离。"③"天命"是天命之性的简称,因天命之性必须与气质结合,朱熹提出了"性之本体"的概念。他解释程颢所说的"才说性时便已不是性"说:"大抵人有此形气,则是此理始具于形气之中,而谓之性。才是说性,便已涉乎有生而兼乎气质,不得为性之本体也。"④也就是说,性之本体,是指未与气质相结合的"性"。在人物生成后,因朱熹的理气观主张理气为二物,所以"天命"与气虽然未尝相离,但并不与气相杂,朱熹指出:"虽其方在气中,然气自是气,性

---

① 《朱子语类》卷五,第83页。
② 《朱子语类》卷六十,第1462页。
③ 《朱子语类》卷四,第64页。
④ 《朱子语类》卷九十五,第2430页。

自是性,亦不相夹杂"①。

理无不同,气则自然有差别。性、气虽不相杂,但不好的气质会影响"性"的实现。气的不同是不言而喻的。朱熹说:"盖气是有形之物,才是有形之物,便自有美有恶也。"②气有清浊昏明,按照朱熹的理论,与不同的气结合,"性"的实现的情况也不同。朱熹常将理在气中比喻为明珠在水中:

> 理在气中,如一个明珠在水里。理在清底气中,如珠在那清底水里面,透底都明;理在浊底气中,如珠在那浊底水里面,外面更不见光明处。③

这个比喻中,"理"似乎是实有一物,而"理"当然不是如明珠实有一物。这一比喻主要用来说明气质只能遮蔽理。在浊水中,明珠本身没有变化,却无法透出光亮,以此来比喻在浊的气中,善的本性不能得以表现。气质的差异解释了何以人都禀受了天地之理为性,却生而有善,有不善。性与气质的结合,即形成所谓"气质之性"。朱熹说:"论天地之性,则专指理言;论气质之性,则以理与气杂而言之。"④也就是说,"气质之性",综合反映了理与气的作用。

朱熹强调,变化气质极难。儒家的性善论所指向的一个必然结论是人皆可为圣人。但若不能令人信服地解释现实中成圣的困难,这一理论就难免流于虚幻。在儒家的课题中,说明圣人可学而至,以及说明成为圣人的现实的困难,都是十分必要的。

朱熹从理与气禀两个方面来认识人性,以理气论解释了"气质之性"的形成。天命之性与气质之性是不同的层次的人性,而不是两种人性,天命之性与气质的并立,即"性"在气质中,成为他的人性理论的要点。按照这个理论,气禀成为恶的根源主要是因为浑浊造成的对理(本性)的隔蔽。这在一定程度上导致了朱熹从根本上对气的贬抑。朱熹说:"性是

---

① 《朱子语类》卷四,第67页。
② 《朱子语类》卷四,第68页。
③ 《朱子语类》卷四,第73页。
④ 《朱子语类》卷四,第67页。

形而上者,气是形而下者。形而上者全是天理,形而下者只是渣滓。"①这是在价值意义上看的。如果只从本体论来看,气构成了万物之形,没有"气",就没有"物",理与气的形上形下的区别并不表示价值意义上的高下。延伸到人性论中,才有了对理、气的价值上的判断。

(二)性体情用

在程颐的观念中,基于性即理的观念,提出仁、义、礼、智为性,恻隐、羞恶、辞让、是非四端为情,朱熹接受了这一区分,并注重阐发性情的关系。孟子以"四端"来论证人性善,朱熹说"因其情之发,而性之本然可得而见,犹有物在中而绪见于外也"②。朱熹系统地论述了由四端可证明性有仁、义、礼、智:

> 性之理虽无形,而端的之发最可验。故由其恻隐,所以必知其有仁;由其羞恶,所以必知其有义;由其恭敬,所以必知其有礼;由其是非,所以必知其有智。使其本无是理于内,则何以有是端于外? 由其有是端于外,所以必知有是理于内,不可诬也。③

性是情的根据,情是性的表现。朱熹用"体用"来说明性情的这一关系,性是体,情是用。

朱熹还以《中庸》中所说的已发、未发来说明性情的体用关系:

> 性情一物,其所以分,只为未发已发之不同耳。若不以未发已发分之,则何者为性,何者为情耶?④

已发、未发的问题是朱熹早年最为用力的问题,在最初他并没有从性、情的关系来理解已发、未发,而是以性为未发,心为已发。后来,他改变了这种认识,将"情"引入到已发、未发的问题中。未发只可言性,已发便是情。在朱熹的哲学中"情"有着重要的地位。

在朱熹的论述中,性情体用说常常是与性善论联系在一起的。在这些语境下,可以理解为"情"仅是狭义地指四端,即道德情感。但中国古

---

① 《朱子语类》卷五,第97页。
② 《孟子集注》卷三,《四书章句集注》,第238页。
③ 《答陈器之》二,《朱文公文集》卷五十八。
④ 《答何叔京》十八,《朱文公文集》卷四十。

典哲学中以喜怒哀乐爱恶欲为情,指人的情感活动。因此,在朱熹的哲学中,情也不仅是四端。《中庸》中本来即说"喜怒哀乐之未发",朱熹注释说:"喜怒哀乐,情也。其未发,则性也。"①因此,朱熹认为,性是善的,情则有善有恶:"性才发,便是情。情有善恶,性则全善。"②这就导致了体用并不一致。并且重要的是,如果按照朱熹的推理方式,由情之善可见性之善,由情之不善,也可以说,性有不善了。但朱熹并没有这样来思考问题。在性与情的问题上,韩愈认为性情皆分品,主张情与性的一致。朱熹则完全在"性即理"的前提下来讨论性情的关系。

虽然朱熹对性、情的讨论中存在着一些有待解决的问题,但在他的理论中,有关性情的论述加强了对性善论的论证。性的源头是"天命","性"是人所禀受的天理,但必须在人伦日用中表现出为善,才能证明性善。

(三)心统性情

朱熹主要是以知觉来定义"心"的。为了说明心的知觉的来源,他论及了心与气的关系。朱熹认为心的知觉功能是以"气"为物质基础,但需有知觉之理,"先有知觉之理,理未知觉;气聚成形,理与气合,便能知觉"。因此,"知觉"是"气"所具有的一种功能,"能觉者,气之灵也"③。心的主要特性是虚灵,虚灵的特性是心自然而有,因此朱熹将虚灵说成是"心之本体",如说"虚灵自是心之本体,非我所能虚也"④。本体只是指本然如此。与心与气的关系相比,心与理的问题是朱熹更为关注的问题。他的基本观点是,心与理为一,心具众理。心与理的关系,又是与心统性情的思想交织在一起的。

"心统性情",本是张载首先提出,但张载并未多作说明。朱熹非常重视这个讲法,并加以详细解说。朱熹认为,心统性情的"统"字有两个

---

① 《中庸章句》,《四书章句集注》,第18页。
② 《朱子语类》卷五,第90页。
③ 《朱子语类》卷五,第85页。
④ 《朱子语类》卷五,第87页。

含义：一是"兼"。朱熹说："心统性情，统犹兼也。"①兼即是包括的意思。朱熹认为，心包含性。朱熹有一个习用的重要表达，理是"得之于天而具于心"②。即在他看来，理是存在于心中的。存在于心中的理，便是性。这构成了心与理一的前提：

> 问："心是知觉，性是理。心与理如何得贯通为一？"曰："不须去著实通，本来贯通。""如何本来贯通？"曰："理无心，则无着处。"③

> 心与理一，不是理在前面为一物，理便在心之中，心包蓄不住，随事而发。④

孟子有"仁义礼智根于心"的说法，在朱熹的思想中，"性"是实体性地存在于心中。朱熹对心性关系的这一理解，将心性从结构上区分开来。不可指心为性，亦不可指性为心。

朱熹将心包含"性"表达为"心以性为体"，性情又是体用的关系。因此，完整地来理解，心是一个包总了性情的总体。他说：

> 心主于身，其所以为体者，性也；所以为用者，情也。是以贯乎动静而无不在焉。⑤

性情都是心的不同方面。所以，朱熹坚持论心必兼性情然后语意完备，这也构成了他论心的一个特点。

"统"字的另一个含义，是主宰。张栻最先提出"心主性情"的提法，朱熹表示赞成，并且用"主"字来解释"心统性情"的"统"的含义：

> 性是体，情是用，性情皆出于心，故心能统之。统如统兵之统，言有以主之也。⑥

那么，"心主性情"该如何来理解呢？朱熹作了进一步的说明：

> 心主性情。但以吾心观之，未发而知觉不昧者，即是心之主乎

---

① 《朱子语类》卷九十八，第2513页。
② 《朱子语类》卷九十八，第2514页。
③ 《朱子语类》卷五，第85页。
④ 《朱子语类》卷五，第85页。
⑤ 《答何叔京》二十九，《朱文公文集》卷四十。
⑥ 《朱子语类》卷九十八，第2513页。

性,已发而品节不差,则是心之主乎情。①

这是说,心中具有天理,在未发时心能够意识到理,也就是不昧,这就是心对性的主宰;情时已发,心作为意识主体能够对情感起到主导、控制的作用。心主性情是笼统地说,由于性情分属已发未发,因此,心对二者的主宰是在不同意义上来说的。

从心统性情的观点来看已发、未发说,性是未发,情是已发,心贯穿于未发、已发:

> 在天为命,禀于人为性,既发为情。此其脉理甚实,仍更分明易晓。唯心乃虚明洞彻,统前后而为言耳。②

在工夫论上,朱熹更强调"未发"时心对性的主宰。他说:"心,主宰之谓也。动静皆主宰,非是静时无所用,及至动时方有主宰也。"③未发时的主敬,是涵养"本原",比已发的工夫更为根本。

朱熹的心性论全面地继承了古代儒家心性论的主要概念——心、性、情,用"心统性情"的模式建立起了完备的心性论。心、性、情各有确切的对象,不可混淆,是朱子学的一个基本理论特征。

(四)道心与人心

"道心、人心"记载于《尚书》(伪古文《尚书·大禹谟》),但在宋代以前并没有受到特别的注意,直到二程才得到重视。朱熹更加注重对人心、道心的辨析。朱熹对道心、人心的论述的特色是将之与理气相关联。

孟子强调"恻隐之心、羞恶之心、辞让之心、是非之心"人皆有之,在朱熹看来,人心并不是只有这些道德意识,还包括其他内容。"心"是一个知觉的主体,"心者人之知觉主于身而应事物者也"④。按照心所知觉的内容不同,有人心、道心的区分,而区分的根源,则是理气的两分。朱熹解释《尚书·大禹谟》"道心惟微,人心惟危"说:

> 心之虚灵知觉,一而已矣。而以为有人心道心之异者,则以其或

---

① 《答胡广仲》五,《朱文公文集》卷四十二。
② 《朱子语类》卷一,第90页。
③ 《朱子语类》卷五,第94页。
④ 《大禹谟解》,《朱文公文集》卷六十五。

生于形气之私，或原于性命之正，而所以为知觉者不同。是以或危殆
而不安，或微妙而难见耳。①

人之生，都是禀受气为形体，禀受理为本性。道德意识为发自本性的理，即道心，感性的欲念根于构成人的血肉之躯的气，即人心。感性欲念如果不加以控制，就有流于不善的可能，所以殆危不安。道德意识常潜存于内心，微妙难见。需要说明的是，形气之私的"私"并没有贬义，只是"属自家体段"，而不是公共的。人心"皆生于吾身血气形体，而他人无与，是所谓私也"②。因此，"人心"与道学中所讲"人欲"并不相同。后者在道学家的讨论中，是指私欲。人欲与天理是对立的，人心和道心的关系并不就是对立的。

虽然对道心、人心的解释建立在理气论的基础之上，但朱熹通过"道心"、"人心"来讨论的其实仍然是《孟子》中的古老问题。在《孟子》中说，人皆有本心，"一箪食，一豆羹，得之则生，弗得则死；呼尔而与之，行道之人弗受；蹴尔而与之，乞人不屑"，便是本心的显现，至于"万钟则不辨礼义而受之"，便是"失其本心"③。朱熹说："饮食，人心也"；"非其道非其义，万钟不取，道心也"④。朱熹将实际中发生的"非义而取"的行为看做是听任"人心"的结果。朱熹强调的是"道心"人皆有之，但必须正视"人心"流于"恶"的可能。朱熹认为，圣人也不能无人心，但在圣人，则完全是"道心主宰"⑤，并且是完全出于自然。众人之心无法达到圣人那样，因而必须有意识地以道心来主宰人心。所以，他在《中庸章句序》中强调"必使道心常为一身之主，而人心每听命焉"，也就使感性欲望服从于道德理性。

由于人皆有性，所以下愚也有道心；人皆有形，所以圣人也不能无人心。人心是不能去除的，所以朱熹有"人心"与"道心"为一的说法。"人

---

① 《中庸章句序》，《四书章句集注》，第14页。
② 《朱子语类》卷六十二，第1486页。
③ 《孟子·告子上》。
④ 《朱子语类》卷七十八，第2012页。
⑤ 《朱子语类》卷七十八，第2010页。

心与道心为一,恰似无了那人心相似。"①人心与道心为一的含义,也是指人心合乎义理,而不是说"人心"便是道心。道心和人心的区分是十分明确的:

> 问:"人心、道心,如饮食男女之欲,出于其正,即道心矣。又如何分别?"曰:"这个毕竟是生于血气。"②

这是说,自然之欲并不能说是道心,只有道德意识才能被称做道心。道心与人心,一个是道德的,另一个是非道德的。人心与道心为一,是出于对人只有"一心"的肯定。

在程朱从不同角度对心的讨论中,"心"是否有善恶已成为一个突出的问题。朱熹认为:"心有善恶,性无不善;若论气质之性,亦有不善。"③孟子的性善论,同时也是一种心善论,朱熹从理气两方面论人性,对孟子的性善论有所修正,强调了根本的人性是善,非根本的人性有善有恶,在心的问题上,则持心有善恶的观点。因此,朱熹对问题的讨论也更为复杂,孟子用"失其本心"来解释"恶",朱熹则突出了"人心"与"道心"的冲突。从人的伦理生活实际来看,人的内心常常交织着道德观念与感性情欲的冲突,朱熹的讨论是有其意义的。

三、格物致知论

(一)格物与致知

格物、致知出自《大学》,二程对《大学》十分重视,程颐将"格物"与理学的课题"穷理"联系起来,朱熹大力发展了程颐的"格物说"。以"格物"为基本的为学方法,成为朱熹思想体系的重要特征。

朱熹在《大学章句序》中说:"大学之书,古之大学所以教人之法也。盖自天降生民,则既莫不与之以仁义礼智之性矣。然其气质之禀或不能齐,是以不能皆有以知其性之所有而全之也。一有聪明睿智能尽其性者

---

① 《朱子语类》卷七十八,第 2012 页。
② 《朱子语类》卷七十八,第 2012 页。
③ 《朱子语类》卷五,第 89 页。

出于其间,则天必命之以为亿兆之君师,使之治而教之,以复其性。"大学之教的根本目的是让人认识并实现自己的本性,然而朱熹强调,大学的教人之法,并不仅是让人只注意其自身,而是既注重自己的性情之德,也要关注周围的事物,做到"切于己而不遗于物"①。朱熹认为,程颐所说的"格物莫若察之于身,其得之犹切"和"求之于性情固是切于身,然一草一木皆有理,须是察",两说互相发明,示人不可偏向一处。当一身之中以至万物之理,理会得多,人便会有所觉悟。

在对《大学》"格物"的注释上,朱熹遵循了程颐的解释:

> 格,至也;物,犹事也。穷至事物之理,欲其极处无不到也。②

朱熹指出,《大学》不说穷理,只说"格物",是因为只说"穷理"则无可捉摸③,说"格物"则指出了"穷理"的入手处,必须到具体事物上穷理。朱熹还进一步指出,格物是"所以"穷理④,也就是说,格物以穷理为目的,是穷理的方法和途径。"穷理"是穷事物的"所当然"与"所以然"。朱熹在《大学或问》中说:"天下之物,则必有其所以然之故,与其所当然之则,所谓理也。"

通晓了事物之理之后,人的知识得到了扩充,即是"致知"。朱熹解释"格物"与"致知"的关系说:

> 致知、格物,只是一事,非是今日格物,明日又致知。格物,以理言也;致知,以心言也。⑤

格物是致知的方法,致知是通过格物来实现的。因而,朱熹说"格物所以致知",格物是工夫,致知是格物的结果。在对"致知"作字义的解释时,朱熹指出:"致,推极也;知,犹识也。推极吾之知识,欲其所知无不尽也。"⑥在朱熹的理论中,"致知"并不是独立于"格物"之外的一项工夫。

---

① 《大学或问》,《四书或问》,上海古籍出版社2001年版,第25页。
② 《大学章句》,《四书章句集注》,第4页。
③ 参见《朱子语类》卷十五,第289页。
④ 参见《朱子语类》卷十五,第294页。
⑤ 《朱子语类》卷十五,第292页。
⑥ 《大学章句》,《四书章句集注》,第4页。

在对"格物"与"致知"的解释上,朱熹所主张的是,致知必须通过格物,若不格物,便无缘得知。

朱熹有关格物的方法的理论,主要来自程颐。"格物"并没有什么特殊的方法,只是"今日格一件,明日格一件"。在实践中,朱熹指明圣人教人的为学方法之所以从"格物"开始,无非是让人从眼前接触的事事物物中领会道理,在日用中做工夫。每遇到一事,便是做工夫处,"遇事接物之间,各须一一去理会始得。不成是精底去理会,粗底便放过了;大底去理会,小底又不问了。如此,终是有欠缺。但随事遇物,皆一一去穷极,自然分明"①。日常读书、应事接物,都是"穷理"的途径。程颐强调,物物皆有理,"穷理"不能只穷一物,也不是要穷尽天下之物,而是经过积累而达到贯通。由于这一点非常重要,朱熹将这一思想写进著名的"补格物致知传"中。从理论上来讲,程颐所讲"今日格一件,明日格一件"只是格物的中间过程,在这时,人们从一事上只知道一个道理,必须要在达到贯通之后,才是格物的完成。达到贯通后,人们认识到,具体事物之理只是一理。对于在实践中是否一定能达到贯通,在朱熹看来,是毫无疑问的。就如同要去某个地方,目的地只在那里,只要行,自然有到的时候,"学得熟便通"②。而这基于一种哲学上的预设,理一分殊,万物一理。

朱熹指出,最后所达到的豁然贯通与积累的过程不同,其区别在于贯通是自然而然达到的,以往的积累是有意识的努力。朱熹说:"积习既多,自当脱然有贯通处,乃是零零碎碎凑合将来,不知不觉,自然醒悟。其始固须用力,及其得之也,又却不假用力。"③"格物"是一个有渐有顿的过程,豁然贯通是在以往积累的基础上达到的,是穷理熟后的自然结果。在每格一物的具体环节上,朱熹引延平之语以为法:

> 为学之初,且当常存此心,勿为他事所胜。凡遇一事,即当且就此事反复推寻,以究其理;待此一事融释脱落,然后循序少进,而别穷

---

① 《朱子语类》卷十五,第 286 页。
② 《朱子语类》卷一百二十,第 2898 页。
③ 《朱子语类》卷十八,第 394 页。

一事。①

朱熹认为延平所说意味深切。贯通建立在格过众多的理的基础之上,并且是对每一理都能穷尽,无所遗。这就是朱熹所说的"真积力久"。

达到了贯通,便是"物格、知至"。在朱熹的用语中,格物是就一物上穷尽一物之理,格过此物后,便可称为物格。至脱然贯通后,也可称为物格。知至则主要指达到贯通后的结果。格物并不需要格尽天下之物,因此,知至也并不意味着无所不知,但此时学者已经具有了对未曾格过之事作出正确"推理"的能力。朱熹说:"知至只是到脱然贯通处,虽未能事事知得,然理会得已极多。万一有插生一件差异底事来,也都识得他破。只是贯通,便不知底亦通将去。"②这是"知至"的效果。

朱熹在《大学》这篇简短的文献上投入了巨大的精力。他根据对章次内的观察,将《大学》分为经、传两部分,并认为传的部分缺少了对"致知在格物"的解释,他作了一篇补传。为《大学》补传的做法意味着朱熹将自己的思想作为《大学》的正文的内容,因此他是十分谨慎的。朱熹所作的补传如下:

> 所谓致知在格物者,言欲致吾之知,在即物而穷其理也。盖人心之灵莫不有知,而天下之物莫不有理,惟于理有未穷,故其知有不尽也。是以《大学》始教,必使学者即凡天下之物,莫不因其已知之理而益穷之,以求至乎其极。至于用力之久,而一旦豁然贯通焉,则众物之表里精粗无不到,而吾心之全体大用无不明矣。此谓物格,此谓知之至也。③

补传是朱熹的精心之作,以精练的语言集中地表达了他的思想。豁然贯通所达到的是心的"全体大用无不明",这是以"心具众理"为前提的。

朱熹主张的格物穷理,就其终极目的和出发点而言,在于明善,但就格物穷理的中间过程所包括的范围来说,也表现出明显的知识取向。他

---

① 《大学或问》,《四书或问》,第28页。
② 《朱子语类》卷一八,第396页。
③ 《大学章句》,《四书章句集注》,第6—7页。

特别地强调了儒家经典的学习的重要性,对以后新儒学的发展产生了很大的影响。

(二)致知与涵养

二程都很重视"敬",伊川偏于严肃的主敬方法更为朱熹所倡导。朱熹所说的主敬有广义与狭义之分。狭义的主敬涵养专指未发工夫;广义则指贯通已发未发,贯通动静的全过程,因而朱熹说:"'敬'字工夫,真圣门第一义,彻头彻尾,不可顷刻间断。"①

朱熹论敬,接受了程颐的主一的思想,还吸收了程门弟子的有关说法。朱熹指出:

> 然敬有甚物?只如"畏"字相似。不是块然兀坐,耳无闻、目无见、全不省事之谓;只收敛身心、整齐纯一,不恁地放纵,便是敬。②

> 敬只是常惺惺法,所谓静中有个觉处。③

> 敬不是万事休置之谓,只是随事专一,谨畏,不放逸耳。④

按照前面所说"敬"有广狭之分,前面两条语录是说狭义的主敬涵养,因而突出了"敬"不是"静"。具体说来,这种不同在于,内心要处于敬畏的状态,这种畏并不是对某一具体对象的畏惧,还要处于一种警觉、警醒的状态。惺惺,又称提撕,表示与昏倦相对的警觉状态。"惺惺"的说法是佛教所常用,朱熹的这一讲法直接来自谢良佐。后面一条,是指处事要有专一谨畏的态度,便是广义的"敬"的工夫了。随事专一,是说遇一事,便专一于此事,敬在事上,如应接宾客,敬便在应接上。做到这一点,便无论有事还是无事,敬都不会间断。

由于朱熹区分未发与已发,注重未发时的涵养工夫,所以特别强调未发时的主敬。所谓未发时的主敬,是指在无所思虑与情感未发生时,保持一种收敛、谨畏和警觉的知觉状态。主敬与穷理是两种基本的修养方法。"格物"的修养方法,需要积累渐进的过程,因而这一方法对于道德修养

---

① 《朱子语类》卷十二,第 210 页。
② 《朱子语类》卷十二,第 208 页。
③ 《朱子语类》卷六十二,第 1503 页。
④ 《朱子语类》卷十二,第 211 页。

的作用只能是间接的,其直接的作用主要是增进人的知识。主敬则对心性直接起到涵养的作用。朱熹强调在日常用功时,主敬、穷理两项工夫不可偏废,如同车之两轮,鸟之两翼。朱熹指出主敬与穷理是统一的,"主敬、穷理虽二端,其实一本"①。

学者实践着主敬与穷理两项工夫,一项工夫的进步会使其以更佳的状态来进行另一项工夫,这是从修养的实际体验中得来的。朱熹从理论上总结了穷理与主敬的交相作用。朱熹说:"学者工夫唯在居敬、穷理二事。此二事互相发。能穷理,则居敬工夫日益进;能居敬,则穷理工夫日益密。"②因"敬"使人保持一种警省的状态,而人是以"心"穷理,心专一、清明才能够见道理分明,在这个意义上,朱熹认为,"持敬是穷理之本"③。

朱熹讨论了实践中致知与主敬是否有先后的问题。他认为,致知与涵养无分先后,他举程颐的话来说明:"程子'为学莫先于致知。'是知在先;又曰:'未有致知而不在敬者。'则敬也在先。"④从中可以推出,所说先后只是侧重不同,在实际的为学中,不存在绝对地要从致知开始,还是涵养开始。

除了未发时的主敬涵养,朱熹所说的涵养还包括已发时对已知义理的涵养。这是穷理之后的必要的工夫。他说:"人之于义理,若见得后,又有涵养底工夫,日日在这里面,便意思自好,理义也容易得见。"⑤这是说,涵养能够使学者浸润在义理之中,从而能更好地认识义理。朱熹进而指出,涵养与穷理是互相渗透、互相包含的:"涵养中自有穷理工夫,穷其所养之理;穷理中自有涵养工夫,养其所穷之理,两项都不相离,才见成两处,便不得。"⑥这是说,涵养也就是穷所涵泳之理,在这个过程中对理的认识得到深化,而穷理也可以说是对所穷之理的涵泳。因而,如果将涵养与穷理绝对地看做不相关之事,是不可以的。

---

① 《朱子语类》卷九,第150页。
② 《朱子语类》卷九,第150页。
③ 《朱子语类》卷九,第150页。
④ 《朱子语类》卷十二,第218页。
⑤ 《朱子语类》卷九,第150页。
⑥ 《朱子语类》卷九,第149页。

第二节 朱子学的形成

朱熹建立了完整的理学系统,在他死后,门人各有发展。经朱子门人后学的持续努力,在朱子死一百多年后,朱子思想成为官方的思想体系。元朝皇庆二年(1313年),朱子学与科举考试结合,通过科举考试制度,朱子学得到了推广普及。在以后数百年的历史中,朱子学对中国社会产生了巨大的作用和影响。一般所说朱子学,不仅指朱子本人的学说,还包括了门人后学的论说。门人后学对朱子思想的阐释、发展,是朱子学传统的重要构成部分。

一、朱子学的传播

(一)朱子门人的集体运动

朱子学能够影响深远,因素是多方面的,朱子门人是其中极其重要的原因。而朱子思想影响的扩大,又绝非几人之力所致,乃是无数门人的共同努力的结果。朱子门人以集体之力传播、推动了朱熹的理学思想。①

朱熹一生十分重视教育,在为官所到之处,亦不忘聚徒讲学,并且曾修复多所书院。在淳熙年间(1174—1189年),理学已经兴盛,朱熹更得以广传其学。朱子门人在人数上,在孔子之后都是罕见的。除了从学于朱熹的正式门人,还有许多私淑弟子,亦算做门人之列。朱子门人,有名字可考者计有480余人。不知其名而不可考者,也应在少数。② 从地域来说,可知的有福建、浙江、江西、湖南、安徽、江苏、四川、湖北、广东、河南等地,可谓来自全国。朱子讲学,主要是在福建,门人自然以福建籍最多,而能吸引各地学者,也可见当时理学的兴盛。分属各地的弟子通过讲学,扩大了朱子学的传播范围。

在朱子门人中,继朱子而讲学者,大有人在。《宋史·道学传》记载

---

① 参见陈荣捷:《朱门之特色及其意义》,《朱子门人》,学生书局1982年版。

② 参见陈荣捷:《朱子门人》,第9页。

了重要的弟子的讲学活动。黄榦回到故里闽县后，"弟子日盛，巴蜀、江、湖之士皆来"。李燔居家讲道，学者宗之，与黄榦并称曰"黄李"。李方子归家之后，也是"学者毕集"。①

在官方书院或自己创建的书院讲学，是传播朱子思想的重要途径。李燔曾为白鹿洞书院堂长，一时"学者云集，讲学之盛，它郡无与比"②。张洽也曾为白鹿洞书院堂长，并在复兴白鹿洞书院中起到了重要作用。白鹿洞书院一度废弛，在他被招为堂长后，他挑选好学之士作为讲学对象，而在讲学兴起后，他又辞去堂长。③ 辅广筑传贻书院。陈埴在江淮制使所建的明道书院做山长，从游者甚盛。④ 当时书院林立，多为朱门所专。朱门弟子还在自己掌教的书院邀请同门来讲学，在书院中举行定期的讲会，拓宽了广泛传播朱子思想的渠道。

多数弟子都能以传道为职志。至于朱子门人弟子的数字，据记载，杨履正的学生多达数百人。⑤ 其他门徒之众，可以想见。朱门的发展扩大了朱子学在社会上的影响。

除了在书院讲学，朱门弟子还极力在太学中推行朱子思想。刘爚和私淑朱子的李道传为此付出了努力。嘉定四年（1211 年），李道传向朝廷奏请，他说："今学禁虽除，而未尝明示天下以除之之意，愿下明诏，崇高正义，取朱熹《论语、孟子集注》、《中庸、大学章句》、《或问》四书，颁之太学。"⑥这次的请求未能获准。在嘉定五年（1212 年），刘爚升任国子祭酒后，朱子《语孟集注》终于被作为太学的教科书。《语孟集注》成为太学教科书的过程表明，南宋末的统治者初时并不重视朱子的思想，在整个过程中，门人和私淑弟子的作用是关键的。在《四书集注》成为太学教学内容

---

① 《道学》四，《宋史》卷四百三十，第 12782—12791 页。
② 《道学》四，《宋史》卷四百三十，第 12783 页。
③ 参见《道学》四，《宋史》卷四百三十，第 12787 页。
④ 参见《木钟学案》，《宋元学案》卷六十五，《黄宗羲全集》（增订版）第五册，第 508 页。
⑤ 参见《沧州诸儒学案》，《宋元学案》卷六十九，《黄宗羲全集》（增订版）第五册，第 777 页。
⑥ 《刘李诸儒学案》，《宋元学案》卷三十，《黄宗羲全集》（增订版）第四册，第 357 页。

后,朱熹的影响就更加广泛了。

弟子还积极刊刻朱子的著作,这对朱子思想的流传也是非常重要的。与刊行朱子本人的著作相比,整理刊行朱子讲学语录,则是更需众人努力的工作。朱子讲学时间长,门人众多,记录者也多,朱子的门人多重视整理推广朱子学说,陆续刊行了多种语录和语类,为以后完整语类的编定准备了条件。而《朱子语类》的最终编定工作直到朱子死后70年,才由黎靖德完成。《朱子语类》是全面系统收集朱子学术思想言论的文献,是朱子学形成的基本的要素。

朱子学的广泛传播,也与朱门对童蒙教育的重视有极大关系。朱熹本人非常重视儿童教育,他编有《童蒙须知》,弟子中也有人受到了他的影响,注重编写适合儿童学习的理学读物。程端蒙著《性理字训》三十条,解释了性、命、心、情、才、志、仁、义、礼、智等理学概念,表达上更通俗易晓,且基本上是四言成句,朗朗上口,容易记诵。此书的形式得到了肯定。后来,朱熹的三传弟子程若庸又将其增广为一百八十条,增广的《性理字训》在元代成为家塾的启蒙教材,影响深远。

(二)黄榦与陈淳

在朱子众多门人中,以黄榦和陈淳对朱学的贡献最大。黄榦注重道统和居敬穷理,陈淳注重字义,二人对朱子学各有发展。

1. 黄榦与道统说

黄榦(1152—1221年),字直卿,号勉斋,福州闽县人。在父亲去世后,黄榦曾去见刘清之,刘清之是朱子的同调。刘清之一见黄榦,便发现了其非凡的天分,命他受业于朱熹。朱熹生前对黄榦所望甚重,在竹林精舍成后,曾有"它时可请直卿代即讲席"之语。[①] 他在朱门中也有很高的威望,在朱熹死后,他对朱子学的发展起到了极为重要的作用。传统上认为他是朱子的正宗继承者。全祖望说:"嘉定而后,足以光其师传,为有体有用之儒者,勉斋黄文肃公其人。"[②]黄榦曾帮助朱熹编成礼书,所著有

---

① 《道学》四,《宋史》卷四百三十,第12778页。
② 《勉斋学案》,《宋元学案》卷六十三,《黄宗羲全集》(增订版)第五册,第430页。

经解、文集,行于世。

黄榦注重道统说,作有《圣贤道统传授总叙说》。"道统"的观念由韩愈首先提出,为道学家所重视,程颐认为他们兄弟继承了孔孟的绝学,张载亦提出"为往圣继绝学"。朱熹在《中庸》序中阐发了他的道统说,黄榦发挥了《中庸序》的主旨。他在《叙说》的最后说:

> 先师文公之学,见之"四书",而其要则尤以《大学》为入道之序。盖持敬也,诚意、正心、修身,而见于齐家、治国、平天下,外有以极其规模之大,而内有以尽其节目之详。此又先师之得其统于二程者也。圣贤相传,垂世立教,灿然明白,若天之垂象昭昭然而隐也,虽其详略之不同,愈讲而愈明也。……故尝撮其要旨而明之:居敬以立其本,穷理以致其知,克己以灭其私,存诚以致其实。以是四者而存诸心,则千圣万贤所以传道而教人者,不越乎此矣。①

他强调了朱子对《大学》的重视和居敬穷理的宗旨,并指出这是朱子得于程子之统。他在嘉定七年(1214 年)所撰《徽州朱文公祠堂记》中说:

> 道原于天,具于人心,著于事物,载于方策:明而行之,存乎其人。……孔、孟之道,周、程、张子继之;周、程、张子之道,文公先生又继之。此道统之传,历万世而可考也。②

黄榦历叙道统,总结了道学在宋代从周子至朱子的发展。③

对于朱子学的推动方面,黄榦的贡献在于他系统阐述了朱子得于二程之传,准确地评价了朱子在道统中的地位。黄榦于嘉定十四年(1221 年)作《朱子行状》,他说:

> 道之正统待人而后传。自周以来,任传道之责,得统之正者,不过数人,而能使斯道章章较著者,一二人而止耳。由孔子而后,曾子、子思继其微,至孟子而始著。由孟子而后,周、程、张子继其绝,至先

---

① 《勉斋学案》,《宋元学案》卷六十三,《黄宗羲全集》(增订版)第五册,第 431—432 页。

② 《勉斋集》卷十九,文渊阁《四库全书》本。

③ 余英时指出,宋以后流行的道统说,由朱熹正式提出,而在黄榦手上完成。余英时:《朱熹的历史世界》,三联书店 2004 年版,第 17 页。

生而始著。①

也就是说，朱子对道学的贡献相当于先秦的孟子。《宋史》黄榦本传中说，黄榦对朱子的评价，"识者以为知言"。世人对黄榦的道统说的接受充分表明朱子学的正统地位已稳固地建立起来。

2. 陈淳与《北溪字义》

陈淳(1159—1223 年)②，字安卿，漳州龙溪北溪人，人称北溪先生。他在朱熹出守漳州时，前往问学。朱熹曾对人说："南来，吾道喜得陈淳"③，对他十分赞赏。后来他又前往朱熹那里再度学习，在学术上达到了很高的造诣。在朱子死后，朱学还面对着陆学，陈淳"卫师门甚力"。他长期讲学，负有盛名，《宋史》本传称其"名播天下"。他传播朱学的影响极大，其讲学成果《四书性理字义》，也称《北溪字义》，流传甚广，非一般讲学者可比。陈淳的著作编为《北溪全集》，共五十卷，《性理字义》附于全集之后。

朱熹在继承前人的基础上建立了系统的思想体系，在这一体系中，北宋道学家所使用的概念，或被他赋予了自己的解释，或被他更加明确化。在《性理字义》中，陈淳以朱熹的思想为准，对道学的基本概念作了梳理和详尽的解释。例如，将太极解释为理，便是朱子学的解释。因而《性理字义》使用的是朱子哲学话语，对推广朱子学有重要意义。《性理字义》的学术成就在于，它呈现了朱子的范畴体系，是对朱子哲学的发展。在朱子的体系中，每一个概念都各得其所，准确全面地理解每一概念已是不易做到，从整体上加以把握更难，这也是此书成为朱子学重要典籍之一的原因。

《性理字义》本来便是陈淳晚年讲学的记录，由学生记录下来，经陈淳改定而成。因此，在刊行后，便为众多的学者提供了学习朱子思想的入门书籍。此书南宋末年刊布后，屡经重刊。此书还在朝鲜、日本接受朱子

---

① 《黄勉斋先生文集》卷八，引自王懋竑：《朱熹年谱》，第 523 页。
② 陈淳生卒年系根据陈宓《陈公墓志铭》、《福建通志》本传、《漳州府志》本传，见侯外庐：《宋明理学史》上，第 490 页。
③ 《道学》四，《宋史》卷四百三十，第 12788 页。

学的过程中起到了重要的作用。①

《严陵讲义》是陈淳较《性理字义》早的讲学记录,分道学体统、师友渊源、用功节目和读书次第四个部分。前两个部分是关乎道学与道统的;在用功节目中,他提出"致知与力行",体现了朱子思想中两个重要的方面;在读书次第中,他阐发了朱子重四书的观点,起到了推广朱子之书的作用。

(三)朱门传绪

朱子门人的讲学活动,扩大了朱门的力量。但朱子学在社会上发挥广泛而深远的影响,还要归功于数代的门人。在朱门的传人中,南宋末的真德秀和黄震、由南宋传至元代的北山学派和主要活动时期为元代中期的吴澄对推动、传播、发展朱子学尤为有力。

1. 真德秀

真德秀(1178—1235 年),字景元,建宁浦城(今属福建)人,早年从詹体仁游,是朱子的再传。他是在朱熹之后声望很高的学者,学者称西山先生。

真德秀对朱子学的发展起到了重要的作用。黄宗羲说:"自韩侂胄立伪学之名以锢善类,凡近时大儒之书,皆显禁绝之。先生晚出独立,慨然以斯文自任,讲习而服行之。党禁既开,而正学遂明于天下后世,多其力也。"②当时,与真德秀共同推动理学的还有魏了翁,后者是朱熹的私淑弟子。庆元党禁对朱学的打击是很大的,在党禁后若没有有力的推动者出现,朱学的兴盛至少要缓慢得多。

传播朱学有不同的层次,在下有书院,在上有筵讲。在书院讲学者众多,真德秀则是在上筵讲的代表,并且有着突出的贡献。真德秀是庆元五年(1199 年)的进士,理宗时曾知泉州、福州,召为户部尚书,后改翰林学士,拜参知政事。真德秀是理宗时的理学名臣,他以经筵待读的身份,讲

---

① 《北溪字义》在朝鲜、日本流传情况,可参见张加才:《诠释与建构——陈淳与朱子学》,人民出版社 2004 年版。

② 《西山真氏学案》,《宋元学案》卷八十一,《黄宗羲全集》(增订版)第六册,第 178 页。

明理学。对上筵讲与在下讲学是不同性质的,内容要有针对性。真德秀
所作《大学衍义》,便是正君心之作,特别强调"诚心"的观念。《大学衍
义》是《西山读书记》的一部分,定名《大学衍义》,是取推衍《大学》思想
之意。他将《大学衍义》进给理宗后,得到了理宗的称赞。元代尊称朱
学,此书在元代中后期受到了更多的重视,成为经筵必讲之书。

真德秀的另一主要著作《心经》,也有很大影响。他采撷古先圣贤论
心的格言汇编为《心经》,其书以十六字心传为首,以朱子尊德性铭为终。
在程朱理学传入朝鲜后,《心经》也流传朝鲜,朝鲜的著名朱子学者李退
溪早年曾以《心经》为宗。①

2. 黄震

在朱门中,辅广之传是较为突出的。辅广(字汉卿),赵州庆元人。
《宋元学案》中说:"至有明,传其学者不绝。"黄宗羲的先辈,也是明初接
续辅广之传的学者。②

辅广的众多传人中,以黄震最为著名,黄震是他的三传弟子。黄震,
字东发,他约生于宋嘉定六年(1213 年),卒年当在元初③,浙江慈溪人。
黄震曾从学于王文贯,王文贯从学于余端臣,余端臣学宗庆元辅氏。黄震
是浙江宁波宗朱熹之学的代表人物,全祖望在《东发学案》中说:"四明之
专宗朱氏者,东发为最。"④四明本来是宗陆九渊之学的,而尊崇朱学则从
黄震和史蒙卿开始。黄震对在当地传播朱学起到了主要的作用。作为朱
子学的继承者,黄震在宋末是很突出的。在宋亡后,他不食而死,弟子以
"文洁"私谥之。

黄震的主要著作是《黄氏日钞》,共九十七卷。由于黄震在书中并没有
墨守朱子成说,以至黄百家在《宋元学案》中说:"《日钞》之作折衷诸儒,即

---

① 参见陈来:《宋明理学》,第 311 页。
② 参见《潜庵学案》,《宋元学案》卷六十四,《黄宗羲全集》(增订版)第五册,第 472
页。
③ 此处黄震生年采用侯外庐《宋明理学史》的说法,见该书上册第 622 页。
④ 《东发学案》,《宋元学案》卷八十六,《黄宗羲全集》(增订版)第六册,第 394 页。

于考亭亦不肯苟同,其所自得者深也。今但言文洁之上接考亭,岂知言哉!"①这表明,在朱子学发展中,黄震是一位比较有独立思想的学者。

3. 北山四先生

对后世的影响,要推黄榦的传人影响最大。黄百家说:"黄勉斋榦得朱子之正统,其门人一传于金华何北山基,以递传于王鲁斋柏,金仁山履祥,许白云谦,又于江右传饶双峰鲁,其后遂有吴草庐澄,上接朱子之经学,可谓盛矣。"②由黄榦一线下来有两个分支:一是由何基至许谦;一是由饶鲁至吴澄。这也是朱学由宋到元的主要线索。

由黄榦传至何基这一线,绵延数世,何基、王柏、金履祥、许谦,这四代学者合称为北山四先生。这一派的传人在元初发挥了重要的作用。他们是浙江金华地区的学者,朱子门人在金华地区有数人,但都不及黄榦传人影响大。

何基(1188—1269 年),字子恭,学者称北山先生。当时其父任临川县丞,黄榦为县令,他随父亲在临川,因此得以从学于黄榦。他回到金华后,并没有开门授徒讲学。在朱熹的门人杨与立与他见面后,对他极为推服,学者开始登门求学。北山的宗旨是熟读"四书",他推崇朱子《集注》,忠实于朱子思想。他晚年时说:"《集注》义理自足,若添入诸家语,反觉缓散。"③他的这一态度,对传播朱子思想很有利。他的著作有《大学发挥》、《中庸发挥》、《易学启蒙发挥》等,这些著作大部分佚失,现存《北山遗集》四卷。

王柏(1197—1274 年),字会之,号鲁斋。他从杨与立那里得知何基得朱熹之传,便前往求学。后来从学于王柏的人很多,他首先教人的是《大学》。他曾受聘在丽泽书院、上蔡书院执教。他的著作比较多,但大部分也都散佚。其中《朱子指要》一书较为值得注意。在朱子学传播过程中,这类著作是非常必要的。

---

① 《东发学案》,《黄宗羲全集》(增订版)第六册,第 396 页。
② 《双峰学案》,《宋元学案》卷八十三,《黄宗羲全集》(增订版)第六册,第 312 页。
③ 《北山四先生学案》,《宋元学案》卷八十二,《黄宗羲全集》(增订版)第六册,第 216 页。

金履祥(1232—1303年),字吉父,从学于王柏,并登北山之门,学者称仁山先生。他一生讲学著述,著《通鉴前编》二十卷,《大学章句疏义》二卷,《论语孟子集注考证》十七卷。他的《论孟考证》,与朱子不尽相同。

金华一支在传至许谦后,进入鼎盛时期。许谦(1270—1337年),字益之,自号白云山人,学者称白云先生。他与何基一样,认为朱子的《四书集注》已经阐发了四书的精义。他与学者说:"学以圣人为准的,然必得圣人之心,而后可学圣人之事。圣贤之心,具在四书,而四书之义,备于朱子,顾其辞约意广,读者安可以易心求之乎?"他对程朱理学的传播,起了很大的作用。《元史》记载当时"远而幽、冀、齐、鲁,近而荆、扬、吴、越,皆不惮百舍来受业焉"。"四方之士,以不及门为耻"。① 讲学之盛况,远超过了他的前辈。许谦著有《读四书章句集注丛说》二十卷。

元以后,王柏的弟子张翌(字达善,称导江先生)到北方讲学,教授《四书集注》,金华朱学越出本地,传播更广。黄百家说:"盖是时北方盛行朱子之学,然皆无师授,导江以四传世嫡起而乘之。"②这反映了理学北传后,在北方朱学的传授者很少,不能满足传播朱学的需求。可见,元朝统一后,金华学者成为传播朱学的重要力量。总体说来,北山四先生在学说方面的贡献是有限的,但传道有功,且是黄榦的传人,因此在历史上有很高的地位。

4. 吴澄

黄榦之传,饶鲁这一支不及何基一支兴盛,但却出现了真正继承朱子之学的学者吴澄。

吴澄(1249—1333年),字幼清,号草庐,江西抚州崇仁(今江西省崇仁县)人。他生于理宗淳祐九年,卒于元惠宗元统元年,身历宋元两朝,是元代中期最有声望的学者,也是元代最著名的哲学家。吴澄与元初的许衡并称,被视为南北儒学的宗师。从师承上来说,吴澄是饶鲁的再传弟

---

① 《儒学》一,《元史》卷一百八十九,中华书局1976年版,第4319—4320页。
② 《北山四先生学案》,《宋元学案》卷八十二,《黄宗羲全集》(增订版)第六册,第246页。

子。他从学于饶鲁的门人程若庸,为朱熹的四传弟子。他使理学在元代发扬光大。

吴澄在元统一之初,并没有为官,而是以授徒为业。他在 47 岁时曾到江西行省的豫章游历,被地方官迎入郡学讲学,前来听讲的南北学者很多。几年后,朝廷授予他七品的官职,他推辞不过,但他到京城后已有人代官,即南归,沿途讲学,生徒越来越多。在元武宗至大元年(1308 年),他被召为国子监承,大至四年(1311 年),升为国子司业。后来因为他的教学宗旨与许衡不同,遭到反对,于元仁宗皇庆元年(1312 年),以有疾为由,辞去官职。此事也可见许衡影响之大。

在元代的大儒中,只有吴澄是朱门的传人。因此,他也是元代更为自觉地继承宋代理学的学者。这体现在他有很强的道统的意识和自觉。他曾作道统图,用《周易》的元、亨、利、贞的模式来说明道统的发展历程。他说:"中古之统,仲尼其元,颜曾其亨,子思其利,孟子其贞乎。近古之统,周子其元,程张其亨,朱子其利,孰为其贞乎? 未之有也,然则可以终无所归哉?"①显然,他是以贞自任的。

吴澄在继承朱熹的思想的同时,也有所发展。吴澄的理气论是接着朱熹来讲的,并对朱熹的观点有所推进。他首次提出了"理在气中"的命题,并提出"理者非别有一物在气中"的思想。还将理气的讨论和有无的讨论结合起来。他的观点对明代学者产生了一定的影响。在心性论上,吴澄继承了程颐、朱熹的观点,并对象山心学有所吸收。吴澄强调"舍心无以为学",重视心的修养,体现了对宋代各家的学说的综合。吴澄的思想不仅是对宋代理学的总结,也有了新的特色。②

二、朱子学权威的确立

1271 年,元统一全国,为朱子学的继续发展提供了充分的条件。尤

---

① 《元史》卷一百七十一,第 4013 页。吴澄《道统图并叙》,见于《吴文正公外集》卷二"杂识十"。

② 参见方旭东:《尊德性与道问学——吴澄思想研究》,人民出版社 2005 年版,第 6 页。

为重要的是,在学者的推动之下,元的统治者确立了朱子学的权威地位。

(一)朱学在北方的兴起

朱子学的传授是在南方,在元灭南宋之前,理学已经通过儒者传到北方。理学的由南到北,始于赵复。

赵复(约1215—? 年)①,字仁甫,湖北德安人,学者称他"江汉先生"。在朱门中,黄榦曾经知德安,理学传播于德安,应是黄榦之力。赵复于朱门,并无直接的师承关系,是一位自学有得的学者。宋理宗端平二年(1235年),元兵攻占湖北德安,姚枢奉命寻找儒、道、释中人,皆带回北方,赵复也在其中。赵复被俘后,曾企图自杀而未遂,却因而对理学的传播起到了关键的作用。《元史》记载:"先是,南北道绝,载集不相通,至是复以所记程朱所著诸经传注,尽录以付枢。"②在南北隔绝的情况下,一个儒者便可起到重要的作用。回到燕京后,从学于赵复的有百余人。杨惟中很重视赵复,与姚枢建太极书院,请赵复讲学。赵复编著了一系列的书籍,有《伊洛发挥》、《师友图》、《希贤录》等,介绍理学的传承和学旨。

黄百家曾说:"有元之学者,鲁斋、静修、草庐三人耳。"③在被黄百家称许的元代大儒中,有两位出自赵复之传,即许衡(鲁斋)和刘因(静修)。许衡和刘因是元朝初期北方的两大儒,对元朝儒学的兴创起到很大的作用。黄百家说:"鲁斋,静修,盖元之所籍以立国者也。"④除了刘因和许衡,郝经、窦默等人也都曾游于赵复之门。

刘因(1247—1293年),字梦吉。刘因有很高的天资,早年学习时,对汉儒的经学很不满,《元史》本传中说他初为经学,究训诂疏释之说,辄叹曰:"圣人精义,殆不止此。"在看到周、张、程、邵、朱、吕之书后,"一见能

---

① 此处赵复生年采用侯外庐《宋明理学史》的说法,见该书上册第683页,书中认为赵复卒于1306年以后。

② 《元史》卷一百八十九,第4314页。

③ 《静修学案》,《宋元学案》卷九十一,《黄宗羲全集》(增订版)第六册,第555页。

④ 《静修学案》,《宋元学案》卷九十一,《黄宗羲全集》(增订版)第六册,第555页。

发其微",并且说:"我固谓当有是也。"①刘因的学术声名得到朝廷的重视,至元十九年(1282年)他被诏为承德郎、右赞善大夫,但不久他即以母病辞归。至元二十八年(1291年),又诏以集贤学士、嘉议大夫,他都辞而不就,在民间授徒讲学。他所编《四书集义精要》三十六卷,有很高的学术水准。

许衡(1209—1281年),字仲平,河内人,学者称鲁斋先生。他继赵复之后,"兴绝学于北方"②。许衡年少时,嗜学如饥渴,接触到理学后才认为得到了真正的学问。许衡曾任国子祭酒,对朝廷政策有很大的作用。他力劝元帝兴儒学,以作为推行汉法的重要内容。许衡的学术成就并不高,他的贡献是对理学的推广和对元初儒学的兴创。黄百家说:"数十年彬彬号称名卿材大夫者,皆其门人,于是国人始知有圣贤之学。"③《元史》记载,吴师道,国子助教,其为教,一本朱熹之旨,而遵许衡之成法。④许衡是促使朱熹《四书集注》成为科举考试标准的有力人物。

刘因和许衡对理学的态度很能反映理学传到北方后满足了士人精神追求这一事实。而这也是理学能够在北方兴起的最根本的原因。

(二)朱子学与科举制的结合

元仁宗皇庆二年(1313年),在汉族儒臣的推动下,仁宗颁令将朱熹的《四书集注》作为全国科举考试的标准,规定科场考试,不论蒙古人、色目人还是南人、汉人,第一场明经科,以《四书》为命题范围,《四书》都用朱熹《集注》。两年后,即延祐二年(1315年),正式开科考试。

朱子学与科举的结合,有着重要的意义。在朱子学与科举结合之后,士人可以在习举业的过程中学习朱子理学思想的精华。在科举制度的推动下,朱子学在全国的读书阶层中推广普及。虞集在《考亭书院重建文公祠堂记》中说:"群经、四书之说,自朱子折衷论定,学者传

---

① 《刘因传》,《元史》卷一百七十一,第4008页。
② 《鲁斋学案》,《宋元学案》卷九十,《黄宗羲全集》(增订版)第六册,第535页。
③ 《鲁斋学案》,《宋元学案》卷九十,《黄宗羲全集》(增订版)第六册,第556页。
④ 参见《元史》卷一百九十,第4344页。

之，我国家尊信其学，而讲诵授受，必以是为则，而天下之学皆朱子之书。"①

因为科举重朱子的传注，元朝的朱子学者，多用力于朱子《四书集注》的集释。学者致力于以朱子文字或朱门后学的阐说来补充朱子的集注，出现了大量的成果，如胡炳文的《四书通》，詹道传的《四书纂笺》，史伯璿的《四书管窥》，在同类作品中属于上乘。② 有功于朱子四书学的学者，还有陈樉（1252—1334 年，字寿翁）。《元史》本传中说，他认为朱熹对圣门最为有功，见"熹殁未久，而诸家之说，往往乱其本真，乃著《四书发明》，《书传纂疏》，《礼记集义》等书，计数十万言。凡诸儒之说，有畔于朱氏者，刊而去之；其微辞隐义，则引而伸之；而其所未备者，复为说以补其缺。于是朱熹之说大明于世。"这段记载反映了元代朱子学的一些问题，即也说明了陈樉的贡献。他还善于教学。元代的大儒吴澄也评价说，"樉有功于朱学为多"③。

学者对朱子《四书集注》的重视，当然并不能完全归因于科举，因为在朱子著作中，《四书集注》是朱子本人倾力之作，因此一直为学者所重视。朱熹将《论语》、《孟子》、《大学》、《中庸》合编为"四书"，他一生致力于"四书"的诠释，因此，《四书集注》具有很高的造诣。这是《四书集注》能够成为科举考试标准的主要原因。在科举制的驱动之下，《四书集注》在元代成为学者用功的焦点。

朱子学与科举制的结合，确立了朱子学的权威地位，也使朱子学逐渐趋于僵化。科举考试完全以朱熹的解释为标准，不再给士人发挥创造性的空间。虽然后来朱子学的僵化很大程度上归咎于科举，但最初在对朱子学的推广中，科举制度起到了无可替代的作用。而朱子学的僵化也是要经历较长时期之后才会出现的情况。

① 《道学古园录》卷三十六，引自侯外庐：《宋明理学史》。
② 参见朱鸿林：《中国近世儒学实质的思辨与习学》，北京大学出版社 2005 年版，第137 页。
③ 《元史》卷一百八十九，第 4320 页。

第九章　阳明学的兴起与流传

第一节　先声:陆象山与孟子学的再生

一、象山心学

陆象山继承北宋道学家程颢强调心的道德唯心主义立场,主张心与理的统一。心作为终极的原则,是道德价值和宇宙秩序的根源,具有自足性和不可分解性的特点,所有的工夫都必须围绕心展开,因此象山之学被称为"心学",以与程颐、朱熹所代表的"理学"相区别。心学与理学共同构成新儒学的两个主要派别。

陆象山,名九渊,字子静,号存斋,生于宋高宗绍兴九年(1139 年),死于宋光宗绍熙四年(1193 年),江西抚州金溪(今江西临川)人。晚年讲学于贵溪的应天山。应天山山高五里,其形如象,经他易名为象山,自称象山居士,学者称象山先生。

象山 34 岁(乾道八年,1172 年)举进士,先在地方上任县主簿。淳熙九年(1182 年)除国子正,翌年(1183 年)冬迁敕令所删定官。淳熙十三年(1186 年)除将做监丞,为给事中王信所驳,改主台州崇道观而回到家乡江西,在象山筑精舍讲学。绍兴初,知湖北荆门军,政绩斐然。但仅一年余,即病故于任所,年 54 岁。

象山思想颇为早熟。他 4 岁时,问父亲"天地何所穷际?"[①]8 岁读

---

①　《年谱》,《陆九渊集》卷三十六,中华书局 1980 年版,第 481 页。

《论语》，便怀疑有子之言支离。① 听到有人诵读伊川语录，他说："伊川之言，奚为与孔、孟之言不类?"②十几岁时，他读古书遇到"宇宙"二字，忽然省悟到宇宙"元来无穷"③。乾道八年，象山参加进士考试，考官吕祖谦（东莱，1137—1181 年）读到他的文章"天地之性人为贵论"，大加叹赏说："此卷超绝有学问者，必是江西陆子静之文。"④

象山自觉地认同、继承和发展了孟子学的传统。他的弟子詹阜民问他说："先生之学亦有所受乎?"象山说："因读孟子而自得之。"⑤他又曾说："窃不自揆，区区之学，自谓孟子之后，至是而始一明也。"⑥象山之学与孟子学的渊源关系具体体现在：(1)在伦理学上，象山继承孟子"四端之心"、"心之所同然"和"仁义礼智根于心"的道德主体性立场，提出"本心"的观念和"心即理"的命题，进一步发展了道德唯心主义的传统。(2)在工夫论上，象山本于孟子"大体"、"小体"之辨，主张"先立乎其大"；本于孟子"道在迩而求诸远"、"事在易而求诸难"、"学问之道无他，求其放心而已矣"以及"尧舜之道，孝弟而已矣"等语，强调"易简工夫"；本于孔孟"义利"之辨以及孟子"士尚志"等语，主张"辨志"；本于孟子"操则存，舍则亡"、"存其心，养其性"以及"苟得其养无物不长"等语，主张"存心、养心、求放心"⑦，强调道德的觉悟和道德主体性的培养，从而与朱熹"格物穷理"的理性主义立场形成鲜明的对比。

(一)心 即 理

"心即理"是象山心学的核心命题。据《年谱》记载，象山 13 岁时读古书，看到"宇宙"二字，注解说："四方上下曰宇，往古来今曰宙。"忽然大

---

① 参见《年谱》，《陆九渊集》卷三十六，第 481 页。
② 《年谱》，《陆九渊集》卷三十六，第 481—482 页。
③ 《年谱》，《陆九渊集》卷三十六，第 483 页。
④ 《年谱》，《陆九渊集》卷三十六，第 486—487 页。
⑤ 《语录下》，《陆九渊集》卷三十五，第 471 页。
⑥ 《与路彦彬》，《陆九渊集》卷十，第 134 页。
⑦ 牟宗三先生认为象山学预设之分解立义全在《孟子》，而其本人又不取分解立义之方式以期重新有所立，此论颇精。可参见《从陆象山到刘蕺山》，上海古籍出版社 2001 年版，第 1—18 页。

省说:"元来无穷。人与天地万物,皆在无穷之中者也。"于是提笔写道:
"宇宙内事,乃己分内事;己分内事,乃宇宙内事。"①又曰:"宇宙便是吾
心,吾心即是宇宙。东海有圣人出焉,此心同也,此理同也;西海有圣人出
焉,此心同也,此理同也;南海、北海有圣人出焉,此心同也,此理同也;千
百世之上至千百世之下有圣人出焉,此心此理,亦莫不同也。"②宇宙"元
来无穷"是说宇宙在时间上是永恒的,在空间上是无限的,这是对童年时
困惑他的问题"天地何所穷际"的解答。"宇宙内事,乃己分内事;己分内
事,乃宇宙内事"是说我(己)与宇宙万物不是对立的主客关系,而是一个
整体,不可分割,我的行为应该对宇宙万物负起责任,这体现了象山对于
宇宙和人生的态度。"心同理同"的思想是"心即理"说的直接来源,一直
贯穿在他后来的思想中。

象山"心即理"命题的正式提出,见于寄李宰书:

> 人皆有是心,心皆具是理,心即理也。③

"心即理"的命题,也许对一般人,特别是持有"素朴实在论"(naive real-
ism)观点的人来说似乎有点突兀。因为按照"素朴实在论"的常识看法,
事物是独立于我们心(意识)之外的实在,作为事物规律的理也是客观
的,不依赖于心,心与理是不同的。但象山却论证说:"盖心,一心也,理,
一理也。至当归一,精义无二。此心此理,实不容有二。"④具体来说,这
一论证展开为三个环节:(1)一切人的心只是一心。象山说:"心只是一
个心。某之心,吾友之心,上而千百载圣贤之心,下而千百载复有一圣贤,
其心亦只如此。"⑤这个心不是指个体的经验意识意义上的心,而是指超
越你我、圣凡的心。(2)一切物的理只是一理。象山说:"塞宇宙一理耳。
学者之所以学,欲明此理耳。此理之大,岂有限量?"⑥又说:"万物森然于

---

① 《年谱》,《陆九渊集》卷三十六,第481—482页。
② 《年谱》,《陆九渊集》卷三十六,第482页。
③ 《与李宰》,《陆九渊集》卷十一,第149页。
④ 《与曾宅之》,《陆九渊集》卷一,第4—5页。
⑤ 《语录下》,《陆九渊集》卷三十五,第444页。
⑥ 《与赵咏道四》,《陆九渊集》卷十二,第161页。

方寸之间,满心而发,充塞宇宙,无非此理。"①作为宇宙规律的"理"和道德原则的"理"都是"此理"的表现。(3)最根本的只是一个。世界的基础和根据只是一理,而此理即在吾心之中;心中含有万物之理,万物都是此理的表现。因此,心与理全然相同,心即是理。

为了进一步理解这一命题,我们需要理解什么是象山所说的心。象山说:

> 人非木石,安得"无心"? 心于五官最尊大。《洪范》曰:"思曰睿,睿作圣。"孟子曰:"心之官则思,思则得之,不思则不得也。"又曰:"存乎人者,岂无仁义之心哉?"又曰:"至于心,独无所同然乎?"又曰:"君子之所以异于人者,以其存心也。"又曰:"非独贤者有是心也,人皆有之,贤者能勿丧耳。"又曰:"人之所以异于禽兽者几希,庶民去之,君子存之。""去之"者,去此心也,故曰:"此之谓失其本心";"存之"者,存其心也,故曰:"大人者不失其赤子之心。"四端者,即此心也。"天之所以与我者",即此心也。②

在这段文字中,心一方面是指思维的器官,具有认知(思)的功能;另一方面心即是"本心"。"本心"的观念来源于《孟子》,是象山心学中重要的观念。孟子曰:"人之所不学而能者,其良能也;所不虑而知者,其良知也。孩提之童无不知爱其亲者,及其长也,无不知敬其兄也。"③孟子认为亲亲是仁,敬长是义,人先天地具有仁义之心,这个先天的仁义之心即是良知,孟子又称为"本心"。本心即是人的道德意识和情感。

象山解释"本心"说:

> 恻隐,仁之端也;羞恶,义之端也;辞让,礼之端也;是非,智之端也。此即是本心。④

由此可见,"本心"就是孟子所说的仁、义、礼、智之心,是每一个人先天固有的道德意识和道德情感,是心的本来状态,因此又称为本心。

① 《语录上》,《陆九渊集》卷三十四,第423页。
② 《与李宰》,《陆九渊集》卷十二,第149页。
③ 《孟子·尽心上》。
④ 《年谱》,《陆九渊集》卷三十六,第487页。

既然心是仁、义、礼、智之心，那么理也就是仁、义、礼、智之理。因为在孟子学"仁义礼智根于心"的"仁义内在"的传统看来，作为道德意识和道德情感的心与作为道德原则的理是同一的。因此，象山主张心即是理。

象山"心即理"的命题不仅肯定了心与理的同一，而且肯定了作为道德意识与道德情感的心与道德原则的理是先验的、普遍的、永恒的。在象山的话语语境中，"宇宙便是吾心，吾心即是宇宙"和"塞宇宙一理耳"的表达体现了心与理的普遍性。"墟墓兴哀宗庙钦，斯人千古不磨心"体现了心的永恒性。象山曾经告诫学者："女耳自聪，目自明，事父自能孝，事兄自能弟，本无欠缺，不必他求，在自立而已。"①在他看来，道德意识如同耳聪目明一样，是本来固有的，是先验的。

象山"心即理"的命题通常被诠释者从强与弱的两种意义上来了解：从强的意义上来说，"心即理"被看做一个形而上学的表达，讨论的是心与宇宙普遍规律的关系问题。"心即理"承诺了心是宇宙的本体（"宇宙即是吾心，吾心即是宇宙"），万物由心所派生，（"万物森然于方寸之间"），宇宙的普遍规律根源于心。按照这一理解，象山"心即理"的命题常常被贴上"唯心主义"的标签，以与"唯物主义"区别。从弱的意义上来说，"心即理"主要是一个伦理学的命题，讨论的是道德原则与道德意识的关系问题，所谓心即理，是说道德原则（理）与道德意识（本心）是同一的，道德原则根源于伦理主体，是每一个人先天就具有的，道德原则具有普遍性与永恒性。从象山心学的内在义理脉络来说，象山心即理的命题并不是对世界的本原是什么这样一个形而上学问题的回应，毋宁说，心即理的命题自觉地认同了孟子学"仁义礼智根于心"的传统，侧重于强调道德原则（仁义礼智）的内在性和主体性，代表了一种道德唯心主义的立场。但是，由于象山在论学中没有明确地区分作为一般经验意识的心和作为先验道德意识的本心，也没有区分作为宇宙普遍规律的理和作为道德原则的理，甚至将宇宙的普遍规律化约为作为道德原则的理，"心即理"的命题在宋明道学的语境中受到了来自不同方面特别是朱子学学者

---

① 《语录上》，《陆九渊集》卷三十四，第399页。

的批评。

(二)发明本心

象山心即理的命题承诺了本心是道德原则(理)的根源。所谓本心,在道学家的话语语境中又可以被称为心之本体,心之本体是指心的本来状态。按照象山的看法,每一个人的心的本来状态(心体)虽然都是与理同一的,所谓"人同此心,心同此理"。但是,此心体并不是人人都能够达到和存养,只有圣人的心才是人的本心,即心之本体。故象山又说:"东海有圣人出焉,西海有圣人出焉,此心同也,此理同也。"①因此,未达到圣人的境界和地位,便未得此心,即未必能心同理同,心与理一。为了恢复心之本体,象山主张"发明本心"。象山说:

> 愚不肖者之蔽在于物欲,贤者智者之蔽在于意见,高下汙洁虽不同,其为蔽理溺心而不得其正则一也。②

> 有所蒙蔽,有所移夺,有所陷溺,则此心为之不灵,此理为之不明,是谓不得其正,其见乃邪见,其说乃邪说。③

> 人心有病,须是剥落。剥落得一番,即一番清明。④

象山认为,心的本来状态虽然与理为一,但由于个人的气禀、资质以及私意、物欲、俗习、邪见的缠绕和蒙蔽,不能保持心的本来状态,所谓"宇宙不曾限隔人,人自限隔宇宙"⑤。为了恢复心之本体,必须痛下工夫,做一番"去蔽"、"剥落"的"正心"工夫。只有去除、消解物欲与意见,才能恢复心之本体。

"去蔽"、"剥落"的工夫预设了心之本体受了蒙蔽,强调对负面的私意和物欲的去除。但象山更强调从心上来做工夫,积极地保存、养护这个本心。他说:

> 人孰无心,道不外索,患在戕贼之耳,放失之耳。古人教人,不过

---

① 《年谱》,《陆九渊集》卷三十六,第483页。
② 《与邓文范一》,《陆九渊集》卷一,第11页。
③ 《与李宰二》,《陆九渊集》卷十一,第149页。
④ 《语录下》,《陆九渊集》卷三十五,第458页。
⑤ 《语录上》,《陆九渊集》卷三十四,第401页。

存心、养心,求放心。此心之良,人所固有,人惟不知保养而反戕贼放失之耳。苟知其如此,而防闲其戕贼放失之端,日夕保养灌溉,使之畅茂条达,如手足之捍头面,则岂有艰难支离之事。①

所谓"存心"、"养心"、"求放心",是指对本心的保存、养护,不使本心放失,这与孟子的说法是一致的。

象山又特别强调"明理"、"知本",他说:

此理本天所以与我,非由外铄。明得此理,即是主宰。真能为主,则外物不能移,邪说不能惑。②

《论语》中多有无头柄的说话。如"知及之,仁不能守之"之类,不知所及、所守者何事;如"学而时习之",不知时习者何事。非学有本领,未易读也。苟学有本领,则知之所及者,及此也;仁之所守者,守此也;时习之,习此也。说者说此,乐者乐此,如高屋之上建瓴水矣。学苟知本,《六经》皆我注脚。③

所谓"明理"、"知本",即认识到心即是理的道理,也就是明心。在象山看来,如果能认识到心即是理,则能自做主宰,树立自己的道德主体性。他向弟子解释《大学》的"格物"说:

先生云:"……致知在格物,格物是下手处。"伯敏云:"如何样格物?"先生云:"研究物理。"伯敏云:"天下万物不胜其繁,如何尽研究得?"先生云:"万物皆备于我,只要明理。"④

象山认为,"格物"的"格"虽然是穷究至极的意思,但"格物"的物却不是泛指天下万物,而是孟子所说的"万物皆备"的我。所谓格物,不是指程朱穷物之所以然的工夫,也不是指读书穷理的工夫,而是格心,也就是指穷尽此心皆备之理。

至于如何"明理"、"知本",象山特别强调"静坐"与"悟"。《语录》载:

---

① 《与舒西美》,《陆九渊集》卷五,第64页。
② 《与曾宅之》,《陆九渊集》卷一,第4页。
③ 《语录上》,《陆九渊集》卷三十四,第395页。
④ 《语录下》,《陆九渊集》卷三十五,第440页。

他日侍坐无所问。先生谓曰:"学者能常闭目亦佳。"某因此无事则安坐瞑目,用力操存,夜以继日,如此者半月。一日下楼,忽觉此心已复澄莹,中立窃异之,遂见先生。先生目逆而视之曰:"此理已显也。"某问先生:"何以知之?"曰:"占之眸子而已。"①

象山又曾以断扇讼这件日常之事使杨简(字敬仲,称慈湖先生,1141—1226 年)悟彻本心:

四明杨敬仲时主富阳簿,摄事临安府中,始承教于先生。及反富阳,三月二十一日,先生过之,问:"如何是本心?"先生曰:"恻隐,仁之端也;羞恶,义之端也;辞让,礼之端也;是非,智之端也。此即是本心。"对曰:"简儿时已晓得。毕竟如何是本心?"凡数问,先生终不易其说,敬仲亦未省。偶有鬻扇者讼至于庭,敬仲断其曲直讫,又问如初。先生曰:"闻适来断扇讼,是者知其为是,非者知其为非,此即敬仲本心。"敬仲忽大觉,始北面纳弟子礼。故敬仲每云:"简发本心之问,先生举是日扇讼是非答,简忽省此心之无始末,忽省此心之无所不通。"②

上面这两段材料反映了象山在教学实践中把"静坐"与"悟"作为"发明本心"的方法。在这一点上,象山无疑受到了禅宗的影响,具有道德直觉主义的倾向。

通过上面的讨论,象山"发明本心"的工夫论主张可以从消极与积极两个方面来了解。"去蔽、剥落"是从消极方面来说的,这一主张预设了心之本体受到蒙蔽,为了恢复心之本体,必须消除负面的、不合理的欲望与邪见。"尽心"、"存心"、"求放心"与"明理"、"知本"作为"发明本心"的工夫则是从积极方面来说的,强调在心上做工夫。其中,"尽心"、"存心"、"求放心"强调对本心的保存、养护,侧重于道德涵养;"明理、知本"强调对本心的觉悟,侧重于道德认知;而静坐与悟则是发明本心的具体方法和途径。

---

① 《语录下》,《陆九渊集》卷三十五,第 471 页。
② 《年谱》,《陆九渊集》卷三十六,第 487—488 页。

(三)义利之辨

宋孝宗淳熙八年(1181年)春天,陆象山赴江西南康拜访正在做知南康军的朱熹。应朱熹邀请,象山登白鹿洞书院讲席,为诸生讲《论语·里仁篇》"君子喻于义,小人喻于利"章,他说:

> 此章以义利判君子小人,辞旨晓白,然读之者苟不切己观省,亦恐未能有益也。某平日读此,不无所感:窃谓学者于此,当辨其志。人之所喻由其所习,所习由其所志。志乎义,则所习者必在于义,所习在义,斯喻于义矣;志乎利,则所习者必在于利,所习在利,斯喻于利矣。故学者之志不可不辨也。科举取士久矣,名儒钜公皆由此出,今为士者固不能免此。然场屋之得失,顾其技与有司好恶如何耳,非所以为君子小人之辨也。而今世以此相尚,使汩没于此而不能自拔,则终日从事者,虽曰圣贤之书,而要其志之所乡,则有与圣贤背而驰者矣。推而上之,则又惟官资崇卑、禄廪厚薄是计,岂能悉心力于国事民隐,以无负于任使之者哉?从事其间,更历之多,讲习之熟,安得不有所喻?顾恐不在于义耳。诚能深思是身,不可使之为小人之归,其于利欲之习,怛焉为之痛心疾首,专志乎义而日勉焉,博学、审问、慎思、明辨而笃行之。由是而进于场屋,其文必皆道其平日之学、胸中之蕴,而不诡于圣人。由是而仕,必皆共其职,勤其事,心乎国,心乎民,而不为身计,其得不谓之君子乎?①

在这次讲演中,象山发挥了他的讲演天才,阐明了他对义利之辨的看法。讲演十分成功,听众受到了很大感动,座中甚至有流涕者。时逢早春,天气微冷,朱熹也为之感动得汗出挥扇。据象山说,朱熹听了讲演再三说:"某在此不曾说到这里,负愧何言!"②讲演结束后,朱熹立即请象山将讲演内容书写成讲义,刻在石上,并且作了一个跋。跋中说:这篇讲义"至其所以发明敷畅,则又恳到明白,而皆有以切中学者隐微深痼之病,盖听

---

① 《白鹿洞书院论语讲义》,《陆九渊集》卷二十三,第275—276页。
② 《语录上》,《陆九渊集》卷三十四,第428页。

者莫不悚然动心焉"①。

象山认为,每个人的思想决定于其日常所习,人的所习又决定于他的志趣和动机。一个人的志向和动机在于义,他的所习所喻就在于义;一个人的志向动机在乎利,他的所习所喻也就在乎利。因而,要做君子,不做小人,首先必须检查自己的志,看自己的追求、志趣是义还是利。

象山认为,决定一个人是否是有道德的人或不道德的人,主要不在于他的表面行为,而在于他的内心动机。他举例说,一个人终日埋头学习圣贤之书,这个行为看起来很好,可是如果他读书的动机只是为了求取科举功名,那他就不能被称为一个君子。也就是说,一个人是小人还是君子,主要在"辨志",即辨察其决定行为的动机。

象山认为,评价某人是道德的还是不道德的,显然不能仅仅依据某人行为上是否合于准则的要求,而必须考察其内在的动机,从道德原则出发,为了道德原则的行为,才具有道德的性质。在这个意义上,象山所谓义利之辨,义即道德动机,利即利己动机。在象山看来,一个动机是道德的,则必定是与利己对立的,也就是说,道德性原则是与自然利己主义完全对立的。②

义利问题是中国传统哲学,特别是儒家哲学的一个重要问题。一般来说,孔孟所说的义,是指行为必须遵循的原则,利指个人的私利。在儒学发展史上,义利之辨涉及个人利益与社会整体利益、道德理想与物质利益、精神需要与物质需要的关系问题。象山在白鹿洞讲演中围绕义利问题进行的发挥,强调作为道德动机的义和功利动机的利的对立,认为评价一个人的道德人格的主要依据在于其行为的动机是否是道德的,从而把义利问题的讨论进一步引向深入。

二、朱 陆 异 同

(一)尊德性与道问学

淳熙二年(1175 年)夏,吕东莱(名祖谦,1139—1193 年)出面约请朱

---

① 《白鹿洞书院论语讲义》,《陆九渊集》卷二十三,第 276 页。
② 参见陈来:《宋明理学》,第 160—161 页。

熹、陆象山兄弟相会于江西信州鹅湖寺,讨论学术异同,史称"鹅湖之会"。据《象山全集》记载,淳熙二年四月,吕东莱拜访朱熹于建阳,共同编辑《近思录》。五月末,他与朱熹一同抵达鹅湖寺,参加会议的有象山、象山长兄陆子寿(九龄,学者称复斋先生)、临川守赵景明及其所邀请的刘子澄和江浙诸友。六月八日散会。① 陆氏兄弟在出发前,曾预先交换意见以求共识,结果长兄陆子寿赞同象山的见解,还写了一首诗表达自己的观点:

> 孩提知爱长知钦,古圣相传只此心。
>
> 大抵有基方筑室,未闻无址忽成岑。
>
> 留情传注翻蓁塞,着意精微转陆沉。
>
> 珍重友朋相切琢,须知至乐在于今。②

象山对其兄诗中"古圣相传只此心"一句略有不满,在前往鹅湖寺的旅途上,象山也作了一首诗作为应答:

> 墟墓兴哀宗庙钦,斯人千古不磨心。
>
> 涓流滴到沧溟水,拳石崇成泰华岑。
>
> 易简工夫终久大,支离事业竟浮沉。
>
> 欲知自下升高处,真伪先须辨只今。③

第一句是说,见到墟墓,则兴起悲哀之情;见到宗庙,则兴起钦敬之心;这种悲哀之情和钦敬之心是人的本心的流露。本心是天赋的,即每个人生下来都有,永恒而相同,并不是像陆九龄所说的是"古圣相传"的。第二句本于孟子"源泉混混,不舍昼夜,盈科而后进,有本者若是"④之义。第三句则说明他自己的为学方法是"易简工夫",而讥讽朱熹的方法是"支离事业"。

陆氏兄弟见到朱熹时,轮番与之辩论,并提出这两首诗;据说朱熹听

---

① 关于"鹅湖之会"始末,读者可参见陈荣捷:《宋明理学之概念与历史》中"鹅湖之会"条,第311页。

② 《语录上》,《陆九渊集》卷三十四,第427页。

③ 《语录上》,《陆九渊集》卷三十四,第427—428页。

④ 《孟子·离娄下》。

到"易简工夫终久大,支离事业竟浮沉"时,为之"失色"。《象山年谱》录《朱亨道书》云:

> 鹅湖之会,论及教人。元晦之意,欲令人泛观博览,而后归之约。二陆之意,欲先发明人之本心,而后使之博览。朱以陆之教人为太简,陆以朱之教人为支离,此颇不合。先生更欲与元晦辩,以为尧舜之前何书何读?复斋止之。①

根据朱亨道所说,朱陆争论的焦点是如何看待和处理为学工夫中心性的道德涵养与经典的研究两者之间的关系。陆象山认为,为学的目的只是实现道德的境界,经典的学习或对外物的研究都不能直接有助于这个目的,人的本心就是道德原则的根源,因此只要体认到心即是理的道理,并且保存、完养本心使之不放失,就能够实现这个目的。在象山心学的体系中,求放心、存心的工夫并不需要以读书穷理为手段。陆象山强调,尧舜之前无书无典册,而尧舜仍能成圣成贤,这说明对成圣成贤来说读书不是必要的途径。依这个立场,人若一字不识仍可堂堂正正地做个人,即做一个真正的人、道德的人。当然,陆九渊也不完全反对读圣人之书,但他强调,如果不在主体方面发明本心以确立选择取舍的标准,而去徒然泛观,那就无法对纷然复杂、真伪相混、精粗并淆的内容进行拣择,其结果正足以弊害本心。②

象山的这个立场,用《中庸》的语言来说,就是始终强调尊德性对道问学的优先性。尊德性是本,道问学是末,道问学必须服从于尊德性。用孟子的话说,就是要"先立乎其大者"。《语录》载:

> 朱元晦曾作书与学者云:"陆子静专以尊德性诲人,故游其门者多践履之士,然于道问学处欠了。某教人岂不是道问学处多了些子?故游某之门者践履多不及之。"观此,则是元晦欲去两短,合两长。然吾以为不可,既不知尊德性,焉有所谓道问学?③

---

① 《年谱》"淳熙二年"条,《陆九渊集》卷三十六,第491页。
② 参见陈来:《宋明理学》,第154—155页。
③ 《语录上》,《陆九渊集》卷三十四,第400页。

朱陆都承认尊德性与道问学的必要性,但他们的差异在于如何看待尊德性与道问学在为学工夫中的次序和地位。按照象山心学的立场,"发明本心",即"明理"、"知本"的道德觉悟和"存心"、"养心"的道德涵养是工夫之本、之先,学习经典的道问学则是工夫之末、之后。朱熹却强调格物致知与居敬涵养交养互发,如车之两轮、鸟之两翼,不可或缺,因此尊德性与道问学的工夫同等重要。

(二)性即理与心即理

朱陆学术的异同不仅体现在"为学之方"上,而且体现在他们的核心命题上:朱熹主张"性即理",陆象山主张"心即理"。"性即理"与"心即理"的不同,反映了朱陆对心、性、心性关系以及心性与理的关系的理解是不同的。

首先,朱陆对心的理解不同。朱熹详细地探讨了心的来源及其构成。他说:"所觉者,心之理也;能觉者,气之灵也。"①又说:"是先有知觉之理,理未知觉,气聚成形,理与气合,便能知觉。"②这是说,心是理与气结合后形成的产物,理是在先的,理之中包含知觉之理,有理即有气,气凝聚而成形,理与气相结合,便能知觉。心是人的知觉,知觉作为"气之灵",一方面指感知与思维的能力,另一方面指具体的意念、思维活动。根据朱熹的这一看法,心是由理与气共同构成的,"心具众理",但心不是理,性才是理。陆象山则直接基于孟子道德主体性的立场,承认心即是理,"心即理"中的"心"主要指超越的道德本心。

但是,由于象山并没有严格地区分作为一般知觉的心与作为先验道德意识的本心,朱熹批评象山"心即理"的命题过分夸大了心的现成性和能动性,难免混同于禅宗"作用是性"和告子"生之谓性"的思想。象山门人曾祖道在象山死后从学于朱熹,朱熹问他象山教他些什么,他说:

> 象山与祖道言:"目能视、耳能听、鼻能知香臭、口能知味、心能思、手足能运动,如何更要甚存诚持敬,硬要将一物去治一物? 须要

---

① 《朱子语类》卷五,第85页。
② 《朱子语类》卷五,第85页。

如此做甚？咏归舞雩，自是吾子家风。"祖道曰："是则是有此理，恐非初学者所到地位。"象山曰："吾子有之，而必欲外铄以为本，可惜也！"祖道曰："此恐只是先生见处。今使祖道便要如此，恐成猖狂妄行，蹈乎大方者矣！"象山曰："缠绕旧习，如落陷阱，卒除不得！"先生曰："陆子静所学，分明是禅。"①

象山曾经告诫学者："汝耳自聪，目自明，事父自能孝，事兄自能弟，本无欠缺，不必他求，在自立而已。"②佛教也认为，心之知觉，目视耳闻，饥来吃饭，困来即眠，这些不但是心的作用，而且是性的直接发见，以见性成佛的性即见闻知觉运动的作用。朱熹批评说："告子只说那生来底便是性，手足运行，耳目视听，与夫心有知觉之类。……他只是说生处，精神魂魄，凡动用处是也。正如禅家说：'如何是佛？'曰：'见性成佛。''如何是性？'曰：'作用是性。'盖谓目之视，耳之听，手之捉执，足之运奔，皆性也。"③朱熹认为象山不过以作用为本心，鼓吹的本心不过还是思虑知觉之心，实质上就是佛教"作用是性"的思想，与告子"生之谓性"的观点没有差别。

其次，朱陆对人性的理解不同。朱熹继承程颐"论性不论气不备，论气不论性不明"④的思想，划分了天命之性与气质之性。天命之性是指人物禀受的天地之理，又叫做本然之性；气质之性是指受到气质熏染的性理之性，是本然之性的转化形态。气质之性是现实的人性，不同于气质。气是所禀受的阴阳五行之气，质是由气积聚而成的一定形质。气质是指形气及其构成的一定体质，气质之禀的美恶清浊是造成人的善恶品质的先天根据。从这一思想出发，他批评象山说："陆子静之学，看他千般万般病，只在不知有气禀之杂，把许多粗恶底气都把做心之妙理，合当恁地自然做将去。"⑤又说："异端之学，以性自私，固为大病，然又不察气质情欲

---

① 《朱子语类》卷一百一十六，第2798—2799页。
② 《语录上》，《陆九渊集》卷三十四，第399页。
③ 《朱子语类》卷五十九，第1376页。
④ 《遗书》卷六，《二程集》，第81页。
⑤ 《朱子语类》卷一百二十四，第2977页。

之偏而率意妄行,便谓无非至理,此尤害事。近世儒者之论,亦有近似之者,不可不察也。"[1]朱熹认为象山心即理的命题忽视了恶的先天来源,难免把气质之禀的浊恶混同于理,从而在道德实践上造成猖狂妄行的弊病。象山则认同孟子学的立场,认为恶完全是后天形成的,与先天无关。

最后,朱陆对心性的关系理解不同。朱熹继承张载的"心统性情"[2]说和程颐的"心分体用"[3]说,主张明确地区分心与性。他解释"心统性情"说:"性是体,情是用,性情皆出于心,故心能统之。统如统兵之统,言有以主之也。且如仁义礼智是性也,孟子曰:'仁义礼智根于心。'恻隐、羞恶、辞逊、是非,本是情也,孟子曰:'恻隐之心,羞恶之心,辞逊之心,是非之心。'以此言之,则见得心可以统性情。"[4]在朱熹看来,孟子既讲仁义之心,又讲恻隐之心、羞恶之心、辞让之心、是非之心,则仁义礼智是性,恻隐、羞恶、辞让、是非是情,心则是统括性与情的总体性范畴,心与性、情有明确的区别。陆象山则认为,孟子所说的"四端之心"即是仁义礼智之性,本心是道德意识和道德情感的统一体,心与性并无区别。《象山语录》载门人李伯敏所录云:"伯敏云:'如何是尽心? 性、才、心、情如何分别?'先生云:'如吾友此言,又是枝叶。虽然,此非吾友之过,盖举世之弊。今之学者读书,只是解字,更不求血脉。且如情、性、心、才,都只是一般物事,言偶不同耳。……若必欲说时,则在天者为性,在人者为心。此盖随吾友而言,其实不须如此。'"[5]象山拒斥对心性作字义上的分解,认为心是整体的、自足的、不可分解的,心即是性,心性是二而一的。

(三)阴阳为形而上者与阴阳为形而下者

淳熙十三至十四年间(1186—1187年),朱熹与象山季兄陆九韶(字子美,号梭山居士)围绕"无极"、"太极"问题通信辩论过数次。这是朱熹

---

①　《答吴伯丰十一》,《晦庵先生朱文公文集》卷五十二,《朱子全书》第二十二册,第2438页。

②　张载说:"心统性情者也",详《性理拾遗》,《张载集》,第374页。

③　程颐说:"心一也,有指体而言者(小注:寂然不动是也),有指用而言者(小注:感而遂通天下之故是也)。"详《与吕大临论中书》,《二程集》,第609页。

④　《朱子语类》卷九十八,第2513页。

⑤　《语录下》,《陆九渊集》卷三十五,第444页。

与陆象山"太极"、"无极"之辩的序幕。

淳熙十五年(1188 年),陆象山替其兄辩护。四月,象山写下了与朱熹论无极太极第一书,约二千字。象山同意其兄的观点,提出两点看法:(1)《太极图说》不是周敦颐写的。他引用朱熹关于太极图授受渊源的看法,认为太极图始出于陈抟,而陈抟习传的是老氏之学,所以"无极"之说来自老子,儒家的圣人从来没有讲过无极。(2)《通书》的"中"即是"太极",未尝听说有"错认太极为一物者",因此不需要在太极之上加无极二字;《通书》与二程都不言无极,极字训中,无极即无中,文理不通。①

十一月,朱熹回信,约二千字。他表达了两点看法:(1)孔子以前的圣贤不讲太极,而孔子讲了,不可以孔子之前圣贤不讲太极而非议孔子太极之说。同理,周敦颐之前的圣贤没有说过无极,而周敦颐说了,因此不能认为周敦颐之前的圣贤不说无极而抵制无极的说法。(2)极不训中,极是"至极"之义,无极是"无方所无形状"的意思。②

象山立即答复,他反对以"无方所无形体"来解释无极,认为阴阳已是形而上,如果加无极于太极之上,是"床上加床";搭上无字,正是老氏之学。③ 信长达三千字。

翌年正月,朱熹复书千余字,逐段反驳,认为极是"名此理之至极",中是"状此理之不偏"。经书皆言极,未尝谓极为中。无极而太极,犹言"莫之为而为,莫之致而致",非谓别有一物。④

这场辩论除了涉及对无极太极的意义和用法的争论外,还涉及一个哲学问题,即阴阳是形而上者还是形而下者。陆象山认为,阴阳是形而上的存在。他说:"《大传》曰:'形而上者谓之道',又曰'一阴一阳之谓道'。一阴一阳已是形而上者,况太极乎?"⑤又说:"易之为道,一阴一阳

---

① 参见《与朱元晦一》,《陆九渊集》卷二,第 22—24 页。
② 参见《答陆子静四》,《晦庵先生朱文公文集》卷三十六,《朱子全书》第二十一册,第 1566—1570 页。
③ 参见《与朱元晦二》,《陆九渊集》卷二,第 27—28 页。
④ 参见《答陆子静五》,《晦庵先生朱文公文集》卷三十六,《朱子全书》第二十一册,第 1572—1574 页。
⑤ 《与朱元晦一》,《陆九渊集》卷二,第 23 页。

而已,先后、始终、动静、晦明、上下、进退、往来……何适而非一阴一阳哉?"①这是说,道是一个流行变化的总过程,阴阳的对立统一构成道;道既然是超乎形象的,那么构成道的统一体的对立双方——阴阳也就是超乎形象的。朱熹则认为,阴阳是形而下者,道(理)是形而上者。他说:"凡有形有象者,皆器也。其所以为是器之理者,则道也。如是则来书所谓始终、晦明、奇偶之属,皆阴阳所为之器,独其所以为是器之理……乃为道耳。"②这是说,阴阳是构成具体事物——器的元素,是有形的,而作为器的根据的理才是道,是超乎形象的。

"无极"、"太极"之辩体现了朱陆对理气与道器的关系理解不同。在朱熹看来,理与气、道与器的关系是不离不杂的,也就是说,一方面,理、道与气、器不可分离;另一方面,理与道又是超越于具体的气、器之上的实体,是气与器存在的根据。理、道与气、器构成世界的两种实在,理、道代表了事物的形式层面,气、器代表了事物的质料层面。陆象山则反对朱熹对理、气与道、器的二元论区分,主张道即体现在阴阳的流行变化中,而不是独立于阴阳流行变化的抽象实体和普遍规律。

第二节 王阳明的良知学

陆象山的学说在当时有相当大的影响,然而在他死后的一个时期里,他所代表的心学相对于理学来说趋于沉寂。到了明中期,在王阳明的倡导之下,象山心学才重新活跃起来,并得到了很大的发展。王阳明继承了陆象山心与理一的道德唯心主义立场,反对朱熹的理气二元论的宇宙论倾向和"即物而穷理"的理性主义立场,重新把为学的工夫落实到心上,提出"致良知"的学说,进一步把陆象山的心学精致化。因此,后世把陆象山与王阳明的学说合称为"陆王心学"。

① 《与朱元晦一》,《陆九渊集》卷二,第29页。
② 《答陆子静六》,《晦庵先生朱文公文集》卷三十六,《朱子全书》第二十一册,第1573页。

　　王阳明名守仁,字伯安,生于明宪宗成化八年(1472年),死于明世宗嘉靖七年(1529年),谥文成。他的祖籍是浙江余姚,青年时父亲迁家至山阴(越城),后来他结庐于距越城不远的阳明洞天,自号阳明子,学者称他为阳明先生。

　　王阳明21岁中举人,28岁举进士,授刑部主事,后改兵部主事。34岁时,因抗疏反对当时把持朝政的宦官刘瑾,受廷杖四十,被贬到偏远的贵州龙场驿。刘瑾死后,知庐陵县,历任吏部主事、员外郎、郎中、南京太仆寺少卿、鸿胪寺卿,正德末年以左佥都御史、右副都御史巡抚南赣汀漳,平定闽、赣、粤交界的农民暴动。正德十四年(1519年),江西的宁王朱宸濠在蓄谋多年之后发动叛乱,以10万大军,自江西东下南京,当时正在江西的王阳明立即起兵讨之。在强弱悬殊的情况下,他运用机智的谋略,以卓越的胆识,率兵35天三战而生擒朱宸濠,将这场震动朝野的大叛乱彻底平定,因而受命兼巡抚江西,后以大功升南京兵部尚书,封为新建伯。晚年奉命兼都察院左都御史提督两广,平息广西少数民族暴动,功成病归,死于江西南安。

　　王阳明的思想和教学宗旨经历了一个不断演变与发展的过程。他青年时爱好骑射,研习兵法,泛滥于辞章之学。18岁时,他在回家乡余姚的途中拜访了当时的程朱派学者娄谅(字克贞,号一斋,1422—1491年)。后者向他介绍了朱熹的格物说和圣人可学而至的思想,使他深受启发。乡试中举后,王阳明从事于宋儒的格物致知之学,不得其门而入,于是出入于释老之学。正德三年(1508年),王阳明谪居贵州龙场驿,一夜忽悟"格物致知"之旨,以为"圣人之道,吾性自足",于是怀疑朱熹所定《大学章句》把"知至"章置于"诚意"章之前,又于"知本"章、"知至"章补传以释"格物致知"之义,不符合古本《大学》之义。次年(1509年),王阳明应贵州提学副使席书(字文同,1461—1527年)之聘,在贵阳书院阐发"知行合一"之旨。正德五年(1510年),王阳明在辰州、常州教学者静坐,以补小学工夫。正德七年(1512年),王阳明根据《大学》古本,立"诚意格物"之教。正德九年(1514年),王阳明升南京鸿胪寺卿期间,教学者做存天理去人欲、省察克治的工夫。正德十六年(1521年),阳明50岁,在江西南昌提揭"致良知"之教。嘉靖元年至六年(1522—1527 年)，王阳明因守父丧居越城(浙江绍兴县治)，辟稽山书院，阐发致良知与《大学》"万物同体"之旨。嘉靖六年(1527 年)，阳明奉命出征广西思田，门人钱德洪(号绪山，1497—1574 年)与王畿(号龙溪，1498—1583 年)辩论良知善恶之旨，在天泉桥上就正于阳明，阳明阐发"四句教"。"四句教"的思想代表了王阳明晚年学问的化境。

一、心 外 无 理①

王阳明年轻时曾在朱熹的影响下尝试从事格物穷理的工夫。有一次他想到朱熹说过一草一木都有理，都应格过，由此逐步做到圣人，便与一个朋友，以庭前的竹子为对象，面对翠竹，冥思苦想地格了 7 天，结果不但没有穷到理，两人反因此而累倒。从此，一直有一个问题困扰着他：理究竟在哪里？ 后来他被贬到龙场，在艰难困苦的条件下，端居默坐，思考圣人处此将何所为，忽一夜大悟"格物致知"之旨，"始知圣人之道，吾性自足，向之求理于事物者，误也"，史称"龙场悟道"。"龙场悟道"引导王阳明得到了一个实质的结论：理本来不是存在于外部事物，而完全地内在于我们的心中。"龙场悟道"之后，他提出了"心即理"和"心外无理"的思想。

《传习录》上记载了王阳明与其弟子徐爱(字曰仁，号横山，1488—1518 年)关于"心即理"的讨论：

> 爱(徐爱)问："'知止而后有定'，朱子以为'事事物物皆有定理'，似与先生之说相戾。"先生曰："于事事物物上求至善，却是义外也。至善是心之本体。只是'明明德'到'至精至一处'便是。然亦未尝离却事物。"②

朱熹《大学或问》说："知止云者，物格知至，而于天下之事，皆有以知

---

① 参见陈来：《有无之境——王阳明哲学的精神》，第 24—33 页；《宋明理学》，第 200—204 页。
② 《传习录》上，《王阳明全集》卷一，上海古籍出版社 1992 年版，第 2 页。

其至善之所在,是则吾所当止之地也。能知所止,则方寸之间,事事物物皆有定理矣。"①王阳明认为,朱熹所说的"事事物物皆有定理"的理只是至善的义,即人的行为必须遵守的道德原理。在阳明看来,至善作为人的行为必须遵守的道德原理不可能存在于外部事物,道德法则是纯粹内在的,事物的道德秩序只是来自行动赋予它的道德法则,如果把道德原理看成源于外部事物,这就犯了孟子所批判的"义外"说,即把义代表的道德原则看做外在性的错误。所以,人们穷理求至善,只需在自己心上去发掘、去寻找。而不能把心与理割裂为二,去心外的事物上去寻找至善。

心即理的思想不仅强调道德价值的内在性,而且强调道德法则根源于道德主体(心)。《传习录》上又载:

爱问:"至善只求诸心,恐于天下事理有不能尽。"先生曰:"心即理也。天下又有心外之事,心外之理乎?"爱曰:"如事父之孝,事君之忠,交友之信,治民之仁,其间有许多理在,恐亦不可不察。"先生叹曰:"此说之蔽久矣,岂一语所能悟?今姑就所问者言之:且如事父,不成去父上求个孝的理;事君,不成去君上求个忠的理;交友治民,不成去友上、民上求个信与仁的理。都只在此心,心即理也。此心无私欲之蔽,即是天理,不须外面添一分。以此纯乎天理之心,发之事父便是孝,发之事君便是忠,发之交友治民便是信与仁。只在此心去人欲存、天理上用功便是。"②

阳明认为,如果就理作为道德法则而言,朱熹的格物穷理说意味着道德法则存在于心外的事物,而实际上道德法则并不存在于道德行为的对象上,而是根源于道德的主体,如孝的法则并不存在于父母身上,忠的法则也不存在于君主身上,等等。这些孝忠之理只是人的意识通过实践所赋予行为与事物的。

心即理的思想也联系到礼仪规范的根源问题,因为在儒家传统中,礼是理的观念的基本意义之一。礼即社会生活中具体的礼仪规定与节文准

---

① 《大学或问上》,《四书或问》,第6页。
② 《传习录》上,《王阳明全集》卷一,第2页。

则。心即理的思想在一般性善论者可能并不难接受,但要把礼也说成心的产物,就难免遇到困难,因为社会礼仪明显地更少先验性,而更多地依赖于社会和人为。《传习录》上载:

> 爱曰:"闻先生如此说,爱已觉有省悟处。但旧说缠于胸中,尚有未脱然者。如事父一事,其间温凊定省之类有许多节目,不亦须讲求否?"先生曰:"如何不讲求?只是有个头脑,只是就此心去人欲、存天理上讲求。就如讲求冬温,也只是要尽此心之孝,恐怕有一毫人欲间杂;讲求夏凊,也只是要尽此心之孝,恐怕有一毫人欲间杂。只是讲求得此心。此心若无人欲,纯是天理,是个诚于孝亲的心,冬时自然思量父母的寒,便自要去求个温的道理;夏时自然思量父母的热,便自要去求个凊的道理。这都是那诚孝的心发出来的条件。却是须有这诚孝的心,然后有这条件发出来。譬之树木,这诚孝的心便是根,许多条件便是枝叶。须先有根,然后有枝叶。不是先寻了枝叶,然后去种根。《礼记》言'孝子之有深爱者,必有和气;有和气者,必有愉色;有愉色者,必有婉容。'须是有个深爱做根,便自然如此。"①

王阳明认为,礼所代表的行为的具体方式和规定,其意义本来是使伦理精神的表现规范化,而如果这些仪节本身被异化为目的,忘了它首先必须同是真实的道德情感的表现方式,那就是本末倒置了。他认为,人们只要能真正保有真实的道德意识和情感,他们就自然能选择对应具体情况的适宜的行为方式。因此,仪节应当是道德本心的作用和表现。从而,在根源上,仪节构成的礼也是来自人心的。更重要的是,心即理的命题表示,仪节的周全并非至善的完成,动机(心)的善才是真正的善。故阳明说:

> 理也者,心之条理也。是理也,发之于亲则为孝,发之于君则为忠,发之于朋友则为信。千变万化,至不可穷竭,而莫非发于吾之一心。②

---

① 《大学或问上》,《四书或问》,第2—3页。
② 《书诸阳伯卷》,《王阳明全集》卷八,第277页。

这表示,心即是理,在一个意义上,可以表述为心之条理即是理,是指人的知觉活动的展开有其自然的条理,这些条理也就是人的行为的道德准则。如依人的知觉的自然条理,事亲自然是孝,交友自然是信。因而,是人的知觉的自然条理在实践活动中赋予了事物以条理,使事物呈现出道德秩序。所以,事物之理论其根源不在心外。把道德原则看成人心固有的条理,认为这个条理是事物的道德秩序的根源,这是伦理准则上的主观主义。

根据这些思想,阳明提出:

> 心外无物、心外无事、心外无理、心外无义、心外无善。吾心之处事物,纯乎理而无人伪之杂谓之善,非在事物有定所之可求也。处物为义,是吾心之得其宜也,义非在外可袭而取也。格者格此也,致者致此也。①

心外无理主要强调心外无善,善的动机意识是使行为具备道德意义的根源,因而善只能来自主体而不是外,格物与致知都必须围绕着挖掘、呈现这一至善的根源入手。

王阳明心即理或心外无理命题中的心只是指心体或心之本体而言,这个心之本体也就是从孟子到陆九渊的本心的概念,它不是现象意识层面的经验的自我,而是先验的纯粹道德主体。

在朱熹的哲学中,所谓物理包含必然与当然两个方面,必然指自然法则,当然指道德法则。王阳明的心即理或心外无理说只提出了对当然的一种解释,而对于事物中是否有必然之理,这一类物理能否归结为内心的条理,格此心能否穷尽此类物理,都没有给予回答。从而,在一般宋明理学的理解脉络中,心通常包含的知觉意义及理通常包含的规律意义,使得心外无理说在令人接受方面遇到很大的困难。

二、心 外 无 物②

王阳明根据《大学》里"正心"、"诚意"、"致知"、"格物"的排列,对

---

① 《与王纯甫二》,《王阳明全集》卷四,第156页。
② 参见陈来:《宋明理学》,第204—206页;《有无之境——王阳明哲学的精神》,第47—61页。

心、意、知、物作了一个定义：

> 身之主宰便是心，心之所发便是意，意之本体便是知，意之所在便是物。[1]

在"意之所在便是物"这句话中，意是指意识、意向、意念。意之所在是指意向对象、意识对象。物主要是指事，即构成人类社会实践的政治活动、道德活动、教育活动等。这个命题表示，意识必然有其对象，意识是对象的意识，而事物只有在与意识、意向相关的结构中才能被定义，所以这个定义本质上是从心上说物。他认为，事物作为人的意向结构的一个极，是不能脱离主体的，正如我们在日常生活中所看到的，一切活动都是意识参与下的活动，在这个意义下，离开主体的事物是没有的。

在阳明这个"意之所在便是物"的定义中，作为"意之所在"的"物"显然包括两种：一种是意所指向的实在之物或意识已投入其中的现实活动；另一种是仅作为意识之中的对象。就是说，在意之所在便是物中他并未规定物一定是客观的、外在的、现成的，这个意之所在可以是存在的，也可以是非存在的即仅仅是观念的；可以是实物，也可以仅仅是意识之流中的对象。王阳明只是强调意一定有其对象，有其内容，至于对象是否实在并不重要，因为他要强调的是意向行为本身。

王阳明认为，"意"具有一种对对象的指向性质，物只是作为意的对象才有意义，是意构成了事的意义（理），事物的秩序来自构成它的意，因而物不能脱离意识结构来定义。由于意念是决定事物道德性的根源，事物的理必须由善的"意"赋予它，因而意是决定事物的要素，物不过是意的结果。在这里，意向对象是否实在，意向是否已对象化都是不重要的，重要的是意向行为本身，因为意向行为本身决定着作为对象的物的性质。"意在于事亲即事亲便为一物"[2]，事亲这个"物"既可以指正在实现的活动或已经实现的活动，也可以指意念内容。对于阳明来说，"物"主要不是指现实的东西，而是指意向之物，即呈现在意识中的东西。

---

① 《传习录》上，《王阳明全集》卷一，第6页。
② 《传习录》上，《王阳明全集》卷一，第6页。

　　"意之所在便是物"是王阳明"心外无物"说的主要论点和论证。在了解王阳明"心外无物"说的问题上十分重要的一点是,我们必须了解他提出这一原理的目的是什么,用他自己的话来说,须辨明其立言宗旨。这个作为宗旨的目的就是,他的"心外无物"说及其中所有对物的解说都是针对自青年时代面竹格物以来一直困扰他的格物问题。他的意之所在便是物的命题根本正是要把物归结为意念,只有把格物的物归结为意念,才能把格物解释为格心,"心外无物"的意义就是要人在心上做格物工夫。

　　然而,尽管王阳明曾肯定"心外无物"的物是指事而言,但他始终没有明确地把实在的客观物体排除在"心外无物"这一命题的适用范围之外。由于物的通常意义包括山川草木乃至人等万物,这使得阳明"心外无物"说必然会面对外界事物客观实在性的挑战。《传习录》载:

　　　　先生游南镇,一友指岩中花树问曰:"天下无心外之物,如此花树,在深山中自开自落,于我心亦何相关?"先生曰:"你未看此花时,此花与汝心同归于寂。你来看此花时,则此花颜色一时明白起来,便知此花不在你的心外。"①

这段语录就是著名的"南镇观花"说。王阳明回避了花是否不以我们的意识所在而自开自落这样一个形上学的问题,只是用你未看此花时,此花与汝心同归于寂说明意向作用与意向对象的不可分离性。对王阳明来说,"心外无物"说的提出本来不是面对外在的客观存在的物体,而是着眼于实践意向对事的构成作用,因而"心外无物"说本来与那种认为个体意识之外什么都不存在的思想不相干。

　　如果用现代西方哲学的话语来诠释,那么王阳明在"南镇观花"说中采取了现象学的"悬置"(epoche)方法。德国现象学家胡塞尔认为,在我们与世界的认知关系中,我们的自然态度预设了外部时空世界的实存,并预设了作为心理及肉身个体的我们自身的实存。胡塞尔主张将这种自然态度"放进括弧之中"(brackets)或让它失去作用。这种放进括弧的悬置并不否认事实世界的实存,只是抑制住关于这个世界和我们在其中的身

_____

① 《传习录》下,《王阳明全集》卷三,第107—108页。

体存在的判断。① 王阳明悬置了花的实存,但并未否定花的实存,只是认为人对花的感知不能离开心,这与主张心是世界的本原的形而上学唯心主义是不同的。

三、知行合一②

正德四年(1509 年),王阳明应提学副使席书之聘,在贵阳书院提倡"知行合一"学说。《传习录》上记载了他和弟子徐爱关于"知行合一"的讨论。阳明的"知行合一"说可以表达为以下几个提法和命题:

> 爱曰:"如今人尽有知得父当孝、兄当弟者,却不能孝、不能弟,便是知与行分明是两件。"先生曰:"此已被私欲隔断,不是知行的本体了。未有知而不行者。知而不行,只是未知。圣贤教人知行,正是安复那本体,不是着你只恁的便罢。故《大学》指个真知行与人看,说'如好好色,如恶恶臭'。见好色属知,好好色属行。只见那好色时已自好了,不是见了后又立个心去好。闻恶臭属知,恶恶臭属行。只闻那恶臭时已自恶了,不是闻了后别立个心去恶。如鼻塞人虽见恶臭在前,鼻中不曾闻得,便亦不甚恶,亦只是不曾知臭。就如称某人知孝、某人知弟,必是其人已曾行孝行弟,方可称他知孝知弟,不成只是晓得说些孝弟的话,便可称为知孝弟。又如知痛,必已自痛了方知痛;知寒,必已自寒了;知饥,必已自饥了:知行如何分得开? 此便是知行的本体,不曾有私意隔断的。"③

这段语录说明,在阳明看来,知与行是相互联系、相互包含的,一切使知行分裂的现象都背离了知行的本来意义,即"知行的本体"。首先,就一般的知觉和心理行为的关系来说,知与行是互相联系、互相包含的。譬如《大学》所说"好好色"这一现象,包括两个环节,看见好色("见好色")与

---

① 参见尼古拉斯·布宁、余纪元编著:《西方哲学英汉对照辞典》"现象学还原"条,人民出版社 2001 年版,第 744 页。
② 参见陈来:《宋明理学》,第 209—212 页;《有无之境——王阳明哲学的精神》,第 93—105 页。
③ 《传习录》上,《王阳明全集》卷一,第 3—4 页。

喜欢好色（"好好色"）。看见好色的知觉活动属于知，喜欢好色的心理行为属于行；看见好色的同时就自然喜欢好色了。闻恶臭与恶恶臭也是同样的道理。其次，就道德认识与道德实践的关系来说，知与行同样是互相联系、互相包含的。譬如知孝知弟的道德认识必然蕴涵着行孝行悌的道德实践。知道"当孝弟而不能孝弟的人"就不是知而不行，而根本被认为是"未知"。

宋儒曾提出"真知必能行"的思想，阳明用"知行本体"代替了宋儒的"真知"概念，强调知与行的规定相互包含，在其本来意义上是合一的。这样，在阳明看来，真知就不仅仅意味着必能行，而且真知即是行，所谓"真知即所以为行，不行不足谓之知"①。这一命题重点强调"不行不足谓之知"。"不行不足谓之知"有两个方面的意思：首先，就一般的人类活动来说，作为实践活动的行是作为认识活动的知的来源。阳明说："食味之美恶必待入口而后知，岂有不待入口而已先知食味之美恶者邪？……路歧之险夷，必待身亲履历而后知，岂有不待身亲履历而已先知路歧之险夷者邪？"②也就是说，食物是否好吃，道路是否平坦，必须依赖于实践活动才能为我们所知，脱离了人的实践活动，也就无所谓认识，实践（行）是认识（知）的基础。其次，就道德生活来说，作为道德认识活动的知只有付诸作为道德实践活动的行，才具有道德的价值。譬如对不行孝弟的人就不能说他知孝知弟，所以道德评价上的知必然联系着、包含着行。

阳明针对学者将知行的工夫分裂为二的做法，提出"知是行的主意，行是知的工夫"③。"知是行的主意"是说行以知为指导；"行是知的工夫"是说行是达到知的途径和手段。这一表达重点在强调"行是知的工夫"。阳明说："如言学孝，则必服劳奉养，躬行孝道，然后谓之学；岂徒悬空口耳讲说，而遂可以谓之学孝乎？学射则必张弓挟矢，引满中的；学书则必伸纸执笔，操觚染翰。尽天下之学，无有不行而可以言学者，则学之

---

① 《传习录》下，《王阳明全集》卷三，第 42 页。
② 《答顾东桥书》，《传习录》中，《王阳明全集》卷二，第 42 页。
③ 《传习录》上，《王阳明全集》卷一，第 4 页。

始固已即是行矣。"①在阳明看来，无论道德认识活动还是一般的知识性活动，都以实践活动为基础，实践是获得知识的必要条件。

阳明说："知是行之始，行是知之成。若会得时，只说一个知已自有行在，只说一个行已自有知在。"②这一说法是从动态的过程来了解知行相互联系、相互包含的关系。意识属知，行为属行，意识是行为过程的第一阶段，行为是意识的完成阶段，知中有行的因素，行中有知的因素，两个范畴的规定是互相包含的，知行是合一的。

阳明又说："知之真切笃实处即是行，行之明觉精察处即是知，知行工夫本不可离。"③这一说法认为，知行只是一个过程，在这个过程中，切实用力的方面叫做行，认识理解的方面叫做知，两者是不可分的，是一事的两方面。

王阳明提倡"知行合一"说的根本目的，也就是他所说的"立言宗旨"，是为了反对把知行分做两截的做法，克服"一念不善"。有人问知行合一，阳明说：

> 此须识我立言宗旨。今人学问，只因知、行分作两件，故有一念发动，虽是不善，然却未曾行，便不去禁止。我今说个知行合一，正要人晓得一念发动处，便即是行了；发动处有不善，就将这不善的念克倒了，须要彻根彻底，不使那一念不善潜伏在胸中。此是我立言宗旨。④

所谓"一念发动处便即是行"，是说一念发动不善便是行恶了，而一念发动为善还不就是行善了。所以，只有善的意念或对善的了解还不是知善、行善，只有把善的意念落实为为善的行动，才是真正的知善、行善。而人并不是一定有明显的恶劣行为才是行恶，只要有恶的意念就是行恶了。从为善方面来说，有行才是知；从去恶方面来说，有不善之念便是行了。

中国传统哲学中，知一般指知识，行一般指行为。知行问题不仅仅涉

---

① 《王阳明全集》卷二，第45页。
② 《传习录》上，《王阳明全集》卷一，第4页。
③ 《答顾东桥书》，《传习中录》，《王阳明全集》卷二，第42页。
④ 《传习录》下，《王阳明全集》卷三，第96页。

及认识论上认识与实践的关系问题,而且也涉及伦理学上道德认知与道德实践的关系问题。在宋儒的话语系统中,知与行不仅有知识与实践的区别,也可以指两种不同的行为,如求知与躬行。王阳明所讲的知,有两种含义:一是指知孝知悌等道德认识;二是指知射知书的对普通事物的认识。他所讲的行,包含三方面的意义:一是表现于外的道德行为,如孝顺父母与尊敬兄长等活动;二是发念动意等内心的活动;三是对于外物的行动,如射箭、写字、走路等。由于阳明对知行的了解和界定与宋儒有所差别,特别是他把意念、动机的萌动等心理行为也称之为行,因此其"知行合一"说往往受到后世儒者的误解与批评。

四、致 良 知①

《大学》提出"致知",王阳明认为致知的知就是孟子所讲的良知,因而把致知发挥为致良知。"致良知"说是王阳明心学思想在晚年更为成熟的一种形式。

孟子说:"人之所不学而能者,其良能也;所不虑而知者,其良知也。孩提之童无不知爱其亲者,及其长也,无不知敬其兄也。"根据这个说法,良知是指人的不依赖于环境、教育而自然具有的道德意识与道德情感。"不学"表示其先验性,"不虑"表示其直觉性,良即兼此二者而言。王阳明继承了孟子的思想,他说:

> 心自然会知:见父自然知孝,见兄自然知弟,见孺子入井自然知恻隐,此便是良知,不假外求。②

"自然"表示不承认良知得自外界,把良知看做主体本有的内在的特征。

阳明特别强调良知作为"是非之心"的意义:

> 良知只是个是非之心,是非只是个好恶,只好恶就尽了是非,只是非就尽了万事万变。③

---

① 参见陈来:《宋明理学》,第212—215页;《有无之境——王阳明哲学的精神》,第178—185页。
② 《传习录》上,《王阳明全集》卷一,第6页。
③ 《传习录》下,《王阳明全集》卷三,第111页。

良知是人的内在的道德判断与道德评价标准,良知作为意识结构中的一个独立部分,具有对意念活动的指导、监督、评价、判断的作用。良知作为先验原则,不仅表现为知是知非或知善知恶,还表现为好善恶恶,既是道德理性,又是道德情感。良知不仅指示我们何者为是何者为非,而且使我们好所是、恶所非,它是道德意识与道德情感的统一。

良知不仅具有先验的性质,而且具有普遍的品格。王阳明认为:"自圣人以至于愚人,自一人之心以达于四海之远,自千古之前以至于万代之后,无有不同。是良知也者,是所谓'天下之大本'也。"①良知作为人的是非善恶标准,圣愚皆同,本来圆满,原无欠缺,不须假借,是人人固有、各各相同的。

王阳明晚年更明确提出:"致吾心之良知者,致知也。"②以致知为致良知,什么是致良知? 他说:

> 致者,至也,如云丧致乎哀之致。《易》言"知至至之","知至"者,知也;"至之"者,致也。"致知"云者,非若后儒所谓充扩其知识之谓也,致吾心之良知焉耳。良知者,孟子所谓"是非之心,人皆有之"者也。是非之心,不待虑而知,不待学而能,是故谓之良知,是乃天命之性,吾心之本体,自然灵昭明觉者也。③

朱熹格物的观念有三个要点,即物、穷理、至极。王阳明致知的观念也有三个要点,即扩充、至极、实行。以至解释致,即扩充良知而至其极。同时,王阳明强调:"知如何而为温凊之节,知如何而为奉送之宜者,所谓知也,而未可谓之致知。必致其知如何为温凊之节者之知,而实以之温凊,致其知如何为奉养之宜者之知,而实以之奉养,然后谓之致知。……可以知致知之必在于行,而不行之不可以为致知也明矣。"④这都是指出致知包含着将所知诉诸实践的意义,表明行是致良知的一个内在的要求和规定。

---

① 《书朱守乾卷》,《王阳明全集》卷八,第 279 页。
② 《与顾东桥书》,《王阳明全集》卷二,第 45 页。
③ 《大学问》,《王阳明全集》卷二十六,第 971 页。
④ 《答顾东桥书》,《传习录》中,《王阳明全集》卷二,第 48—50 页。

所以，致良知，一方面是指人应扩充自己的良知，扩充到最大限度；另一方面是指把良知所知实在地付诸行为中去，从内外两方面加强为善去恶的道德实践。

王阳明的思想总体上说是强调道德实践，在他看来，道德知识不需要到外面去寻找，人具有先验的道德知识，因而所谓为学工夫，关键在依知识而践行之。为了实现这一点，他早年提出知行本体只是一个，认为在本体的意义上，未有知而不行者，知而不行只是未知。在这个意义上，知识不见诸实践就不能算做知。但在晚年的致良知说中，他把良知与致良知纳入知行关系。这个理论的出发点也是强调人把良知所知贯彻到行为实践，而因这个学说区分良知与致知，于是王阳明就不能像知而未行只是未知那样讲良知不致便不是良知。这样一来，他在晚年虽仍提倡知行合一，但反复强调的是良知人人具有，而不能致其良知。其重点不再强调知行本体的合一，而是强调知行工夫的合一了，即知之必实行之。

五、四句教①

嘉靖六年（1527 年），阳明阐发了著名的"四句教"，钱德洪记载此事说：

丁亥年九月，先生起复征思、田。将命行时，德洪与汝中论学。汝中举先生教言曰："无善无恶是心之体，有善有恶是意之动，知善知恶是良知，为善去恶是格物。"德洪曰："此意如何？"汝中曰："此恐未是究竟话头。若说心体是无善无恶，意亦是无善无恶的意，知亦是无善无恶的知，物是无善无恶的物矣。若说意有善恶，毕竟心体还有善恶在。"德洪曰："心体是'天命之性'，原是无善无恶的；但人有习心，意念上见有善恶在，格、致、诚、正、修，此正是复那性体工夫。若原无善恶，工夫亦不消说矣。"是夕侍坐天泉桥，各举请正。先生曰："我今将行，正要你们来讲破此意。二君之见，正好相资为用，不可

---

① 参见陈来：《宋明理学》，第 215—217 页；《有无之境——王阳明哲学的精神》，第 193—212 页。

各执一边。我这里接人原有此二种。利根之人，直从本原上悟入，人心本体原是明莹无滞的，原是个未发之中；利根之人一悟本体即是工夫，人己内外一齐俱透了。其次不免有习心在，本体受蔽，故且教在意念上实落为善去恶，工夫熟后，渣滓去得尽时，本体亦明尽了。汝中之见，是我这里接利根人的；德洪之见，是我这里为其次立法的。二君相取为用，则中人上下皆可引入于道；若各执一边，眼前便有失人，便于道体各有未尽。"既而曰："已后与朋友讲学，切不可失了我的宗旨：无善无恶是心之体，有善有恶是意之动，知善知恶的是良知，为善去恶是格物。只依我这话头随人指点，自没病痛。此原是彻上彻下工夫。利根之人，世亦难遇。本体工夫一悟尽透，此颜子、明道所不敢承当，岂可轻易望人！人有习心，不教他在良知上实用为善去恶功夫，只去悬空想个本体，一切事为俱不着实，不过养成一个虚寂。此个病痛不是小小，不可不早说破。"是日德洪、汝中俱有省。①

《王阳明年谱》记述略有差异：

　　……是日夜分，客始散，先生将入内，闻洪与畿候立庭下，先生复出，使移席天泉桥上。德洪举与畿论辩请问。先生喜曰："正要二君有此一问！我今将行，朋友中更无有论证及此者，二君之见正好相取，不可相病。汝中须用德洪功夫，德洪须透汝中本体。二君相取为益，吾学更无遗念矣。"德洪请问。先生曰："有只是你自有，良知本体原来无有，本体只是太虚。太虚之中，日月星辰，风雨露雷，阴霾饐气，何物不有？而又何一物得为太虚之障？人心本体亦复如是。太虚无形，一过而化，亦何费纤毫气力？德洪功夫须要如此，便是合得本体工夫。"……②

根据上述材料，王阳明晚年以"四句教"教人，四句教是："无善无恶心之体，有善有恶意之动，知善知恶是良知，为善去恶是格物。"四句教是王门一大公案，钱德洪的主张被称为"四有句"，王畿的主张被称为"四无句"。

---

① 《传习录》下，《王阳明全集》卷三，第117—118页。
② 《年谱三》，《王阳明全集》卷三十五，第1306页。

四句教涉及本体与工夫的讨论,但聚讼纷纭的是首句"无善无恶心之体"。关于"无善无恶心之体",如果脱离上下文语境,在宋明理学的语境中可以有四种不同的诠释:一是把"无善无恶"解释为超越善恶对待的绝对至善,比如王阳明的另一个弟子邹守益(号东廓,1491—1562 年)在《青原赠处》一文中就将无善无恶心之体记为"至善无恶者心"。这一理解是根据阳明"至善者心之本体也"的思想来的。二是把无善无恶等同于告子所说的"性无善无不善"。这两种理解都认为"无善无恶心之体"讨论的是人性善恶的问题。不同的是,前者认为无善无恶心之体是说人性是超越善恶对待之上的绝对的至善,后者认为无善无恶心之体是指人性是一种具有道德中立性质的属性。三是把"无善无恶"等同于禅宗所说的"不思善不思恶",湛门学者许孚远(字孟仲,号敬庵,1535—1604 年)、陈建(字廷肇,号清澜,1497—1567 年)和程朱学者便攻击阳明学为禅学。四是把"无善无恶"解释为"无善念与无恶念"。比如黄宗羲便说:"其实无善无恶者,无善念恶念耳,非谓性无善无恶也。下句意之有善有恶,亦是有善念恶念耳。……四句本是无病,学者错会文致,彼以无善无恶言性者,谓无善无恶,斯为至善。"①

但是,如果我们根据《年谱》记载的王阳明对钱德洪的教言来看,"无善无恶心之体"所讨论的问题与伦理学的善恶无关。按照阳明的说法,心的本来的状态正如虚空一样,各种星辰风雷在太虚运动出没,一过而化,绝不会成为滞泥在太虚之中的障碍,因为太虚本然之体是对任何事物无滞无执的。人心本体即本然状态也具有纯粹的无滞性,与太虚一样,喜怒哀乐往来出没于人心,但心之本体无喜无怒无滞无执,因此人心之七情,都应使之一过而化,不使任何一种留滞心中。这个无滞无执著的心体就叫做无善无恶心之体。所以王阳明主张,七情顺其自然之流行,皆是良知之用,不可分别善恶,但不可有执著。因此,无善无恶心之体根本上是强调心作为情绪——心理的感受主体具有的无滞性、无执著性。②

---

① 《明儒学案·姚江学案》,《黄宗羲全集》(增订版)第七册,第 198 页。
② 参见陈来:《有无之境——王阳明哲学的精神》,第 203—205 页。

这个思想表明,良知不仅是知善知恶的道德主体,又是具有无善无恶的情绪主体。无善无恶心之体是指出良知作为情绪主体具有的虚无特性,这种特性表现在良知不使自己着在哪一事物上,而使之成为良知流行无滞的障碍。因此,四句教中无善无恶的思想讨论的是一个与道德伦理不同面向的问题,指心对任何东西都不执著的本然特性是人实现理想的自在境界的内在根据。它所指向的,就是周敦颐、程颢、邵雍等追求的洒落、和乐的自得境界,其中也明显地吸收了禅宗的生存智慧。[①]

明代学者管志道(字登之,号东溟,1536—1608 年)显然看到了这一点,他说:

> 若阳明无善无恶之旨,则本《大学》"正心"之义说来,而《大学》"正心"条目,实从"止至善"说来,故曰身有所忿懥、恐惧、好乐、忧患,则不得其正,谓心不可有善恶之所,一有善恶之所,即非心体之本然也。况《大学》从"诚意"说到"正心",则既无恶而有善矣。即有忿、惧、忧、乐之所皆从善来,不从恶来;然而一涉有所,便谓之不得其正,则正心之功,岂但恶不可有,善亦何可有哉! 以无善无恶为心之体,阳明盖从"有所"二字而发也。心至于了无善恶之所,则止于至善矣。[②]

管志道认为,如果把阳明的四句教还原到本来的上下文语境来了解,则四句教是针对《大学》"正心"说而阐发的。《大学》说:"身有所忿懥,则不得其正;有所恐惧,则不得其正;有所好乐,则不得其正;有所忧患,则不得其正。""正心"讨论的是如何应付情绪、情感的方法。在他看来,即使忿懥、恐惧、好乐、忧患等情绪是合乎道德的情绪,但若滞而不化,同样会违背心的本然状态。只有心不执著于任何情绪,才能达到"至善"的境界。这一解释是符合阳明思想的。

---

① 参见陈来:《宋明理学》,第 216—217 页。
② 管志道:《续答顾泾阳丈书并质疑续编》,《续问辨牍》(《北京图书馆古籍珍本丛刊》本)卷三。

六、万物一体

王阳明在起征广西思田之前,也就是他去世前一年,曾应门弟子请求,写了《大学问》。在《大学问》中,王阳明提出了"万物一体"说:

> 大人者,以天地万物为一体者也。其视天下犹一家,中国犹一人焉。若夫间形骸而分尔我者,小人矣。大人之能以天地万物为一体也,非意之也,其心之仁本若是,其与天地万物而为一也。岂惟大人,虽小人之心亦莫不然,彼顾自小之耳。是故见孺子之入井,而必有怵惕恻隐之心焉,是其仁之与孺子而为一体也。孺子犹同类者也,见鸟兽之哀鸣觳觫,而必有不忍之心焉,是其仁之与鸟兽而为一体也。鸟兽犹有知觉者也,见草木之摧折而必有悯恤之心焉,是其仁之与草木而为一体也。草木犹有生意者也,见瓦石之毁坏而必有顾惜之心焉,是其仁之与瓦石而为一体也。是其一体之仁也,虽小人之心亦必有之。是乃根于天命之性,而自然灵昭不昧者也,是故谓之"明德"。小人之心既已分隔隘陋矣,而其一体之仁犹能不昧若此者,是其未动于欲,而未蔽于私之时也。及其动于欲,蔽于私,而利害相攻,忿怒相激,则将戕物圮类,无所不为,其甚至有骨肉相残者,而一体之仁亡矣。是故苟无私欲之蔽,则虽小人之心,而其一体之仁犹大人也;一有私欲之蔽,则虽大人之心,而其分隔隘陋犹小人矣。故夫为大人之学者,亦惟去其私欲之蔽,以自明其明德,复其天地万物一体之本然而已耳;非能于本体之外而有所增益之也。①

在这篇脍炙人口的文章中,王阳明阐发了以下观点:第一,"以天地万物为一体"是大人(仁者)的一种精神境界,具体表现为"视天下犹一家,中国犹一人"。"视天下犹一家"也就是张载《西铭》中所说的"乾称父,坤称母,予兹藐焉,乃混然中处。故天地之塞,吾其体;天地之帅,吾其性。民吾同胞,物吾与也。"②认为宇宙好比一个大家庭,乾坤是其中的父母,

---

① 《大学问》,《王阳明全集》卷二十六,第968页。
② 《正蒙·乾称》,《张载集》,第62页。

人好比其中的子女,人作为这个大家庭的成员,应该承担一个成员的责任和义务。"视中国犹一人"也就是程颢所说的"仁者以天地万物为一体,莫非己也,认得为己,何所不至?"①认为自然界的每一种事物,都是自己身体的一部分,与自己息息相关、休戚与共。由于人与自然共同构成一个身体,这种存在的一体性要求儒者在意识上真切地自觉其为一体,从而对万事万物怀抱仁的态度。在这种世界观和态度中,自然界的事物并不是我们的他者,不是与我们相对立的异在无关的他者,而是自己本身的一部分。"视"体现为一种对宇宙和人生的一种态度,这种态度就是大人的精神境界。

第二,从存有论上来说,"天地万物为一体"是说人与自然界在存在状态上来说具有一体性。一方面,天地之间一气流通,万物本来就处于一气流通的一体联系之中。另一方面,人的恻隐之心(仁)、鸟兽的知觉、草木的生意等都是天地间一气的体现,万物与我不可分割,息息相关,具有一体性。

第三,从心性本体论上来说,"以天地万物为一体"是心的本体。王阳明说:"大人者能以天地万物一体也,非意之也,其心之仁本若是。"这是说,心之本体原本是以万物一体的。但人的现实的经验的心不能以天地万物为一体,是由于他的本心受到了污蔽和垢染,人经过修养所实现的万物一体的大我之境,既是精神经过提升所达到的至仁之境,又是回复到心的本来之体。

第四,从工夫的角度来说,实现万物一体之仁的境界和恢复以天地万物为一体的心的本来的状态需要明明德与亲民交互为用。朱熹把《大学》古本中的"亲民"改为"新民"。王阳明不同意这种改法,恢复《大学》"亲民"的原文,并以一体之仁来解释亲民。他说:"明明德者,立其天地万物一体之体也;亲民者,达其天地万物一体之用也;故明明德必在于亲民,而亲民乃所以明其明德也。"②万物一体是明德本体,因此明明德的工

---

① 《河南程氏遗书》卷二上,《二程集》,第15页。
② 《大学问》,《王阳明全集》卷二十六,第968页。

夫亦当一体乎万物。在逻辑上看,明德与亲民是体用的关系,但在实践的层面,明明德必须落实在亲民的实践层面上,才是真正实现了万物一体的境界。亲民是明明德的具体方式和手段,脱离了亲民的社会实践去明明德是不可能的。两者事实上是互为体用的。

总之,王阳明认为,"以天地万物为一体"在存有的状态上实然如此,在心体上本然如此,在境界上应然如此。这一思想体现了儒家传统文化博施济众、仁民爱物、视人犹己、民胞物与的优秀精神。

第三节 阳明学的多元发展

王阳明的学说在明中后期产生了巨大而深远的影响,其门弟子根据他不同时期的讲学思想和自身的问题意识,将他的思想沿着不同的方向加以发展。学术界一般将王阳明门弟子及其再传弟子的学说称为"阳明后学"。阳明后学按地域可以划分为三大主要派别,即江右王门、浙中王门、泰州王门。按学问宗旨的特色可以划分为:(1)王龙溪(畿)为代表的无善无恶派,认为王阳明的"四句教"不是定本,提倡"四无"说,主张心意知物只是一事,若悟得心是无善无恶之心,则意、知、物皆无善无恶,可称"主无派";(2)王心斋(艮)、罗近溪(汝芳)为代表的泰州学派,强调良知自然、现成,"不犯作手",可称"自然派";(3)聂双江(豹)、罗念庵(洪先)为代表的主静归寂派,主张良知是超越情感、知觉发生层面的虚寂、隐微的本体,工夫只在体上做,可称"主静派";(4)钱绪山(德洪)、邹东廓(守益)为代表的王学稳健派,认为良知即天理之灵明,欲证本体,必须先下工夫,可称"正统派",又可称"主修派"。① 这四派代表了阳明学的多元化诠释和展开,其中,尤其以前三派影响最大。

一、王龙溪与阳明学的展开

王龙溪受王阳明晚年思想,特别是"四句教"的影响,进一步提出"四

---

① 参见陈来为彭国翔著《良知学的展开——王龙溪与中晚明的阳明学》(三联书店 2005 年版)所作《序》。

无"说,从本体与工夫方面开展了王阳明学说中"无"的智慧,并基于王阳明"体用一源"的思想,批判了当时流行的"良知异见",捍卫了阳明良知学的基本品格,为推动阳明学在明中后期知识精英阶层中的传播和发展作出了很大的贡献。因此,黄宗羲说:"文成(王阳明)之后不能无龙溪,……而先生(王龙溪)疏河导源,于文成之学,固多所发明也。"①

王龙溪(1498—1583年),名畿,字汝中,号龙溪,浙江山阴(今绍兴)人。嘉靖十一年(1532年)进士,授南京职方主事。不久以病告归,病愈后改任南京兵部武选郎中。因得罪当时的首辅夏言,以伪学被罢黜,以后专以讲学为业,达四十余年,卒年86岁。

王龙溪是王阳明同郡宗人,年轻时豪迈不羁,天资颖悟,喜欢饮酒赌博,"每见方巾中衣往来讲学者,窃骂之"②。王阳明为了收揽他,派遣门人魏良器(字师颜,号药湖)投其所好,与他共赌,并告诉他师门日日如此。龙溪感到十分惊讶,求见阳明。见到阳明后,他被阳明所折服,于是拜阳明为师。嘉靖五年(1526年),龙溪会试考中后,因当时主政者不喜心学,未参加廷试而归。回乡后,他与钱绪山(德洪)共同协助王阳明指导后学。当时,四方学子士人向王阳明学习的人,往往先由他们辅导,而后卒业于阳明,因此被称为"教授师"。嘉靖八年(1529年),龙溪赴京殿试,途中听到王阳明去世的噩耗,便南归奔丧,扶榇归越,并与钱绪山扶持阳明遗孤,经纪其家,守丧三年。

王龙溪把毕生的精力都贡献给了讲学活动,他到处主持讲会,致力于宣传"致良知"学说。他"林下四十余年,无日不讲学,自两都及吴、楚、闽、越、江、浙皆有讲舍,莫不以先生为宗盟。年八十,犹周流不倦"③。他在各处讲会论学的记录(会语)记载了他的学术活动和主要思想,他的思

① 《浙中王门学案二·郎中王龙溪先生畿》,《明儒学案》卷十二,《黄宗羲全集》(增订版)第七册,第270页。
② 《江右王门学案四·处士魏药湖先生良器》,《明儒学案》卷十九,《黄宗羲全集》(增订版)第七册,第535页。
③ 《浙中王门学案二·郎中王龙溪先生畿》,《明儒学案》卷十二,《黄宗羲全集》(增订版)第七册,第269页。

想材料被编为《龙溪王先生全集》。

(一)四 无 说

王阳明在嘉靖六年"天泉证道"的谈话中说:"吾教法原有此两种:四无之说为上根人立教,四有之说为中根以下人立教。上根之人,悟得无善无恶心体,便从无处立根基,意与知物,皆从无生,一了百当,即本体便是工夫,易简直截,更无剩欠,顿悟之学也;中根以下之人,未尝悟得本体,未免在有善有恶上立根基,心与知物,皆从有生,须用为善去恶工夫随处对治,使之渐渐入悟,从有以归于无,复还本体,及其成功一也。"①这表明,王阳明认为学问之道有两种方式:一种是从"本体"入手;另一种是从"工夫"入手。"本体"这里是指心之本体,从本体入手是指对心之本体要有所"悟"。"工夫"指具体的修养努力,在意念上保养善念,克除恶念。从王阳明四句教来看,他强调的"心之本体"的规定就是"无善无恶",所以"悟"就是要悟到心体是"无"。

王龙溪赞成王阳明"心之本体是无善无恶"和"悟得本体即是工夫"的思想,并进一步加以发挥说:

> 体用显微,只是一机;心意知物,只是一事。若悟得心是无善无恶之心,意即是无善无恶之意,知即是无善无恶之知,物即是无善无恶之物。盖无心之心则藏密,无意之意则应圆,无知之知则体寂,无物之物则用神。②

龙溪认为,阳明的"四句教"蕴涵着一个矛盾,即与理学中"体用一源,显微无间"的方法论主张不一致。在他看来,心体与意、知、物是本体—发用、隐微—显现的关系。"有是体即有是用",因此心体(本体)若是无善无恶的,则作为心之发用的意、作为"意之体"的知和作为"意之用"的物也是无善无恶的。所以他主张四句教后三句应改为"意即无善无恶之意,知即无善无恶之知,物即无善无恶之物"。这种看法王阳明称其为"四无"说。这个思想认为,如果能真正体悟到心体是无善无恶的,即体

---

① 《天泉证道记》,《龙溪王先生全集》卷之一,《四库全书存目丛书》集部,第98册。
② 《天泉证道记》,《龙溪王先生全集》卷之一。

悟到心体是无执著的,那么他的意念和知觉活动也就达到无执著的,而外部事物对他来说也就不存在什么根本差别、不需要去进行什么计较了。

王龙溪又说:

> 天命之性粹然至善,神感神应,其机自不容己,无善可名。恶固本无,善亦不可得而有也。是谓无善无恶。若有善有恶,则意动于物,非自然之流行,著于有矣。自性流行者,动而无动;著于有者,动而动也。意是心之所发,若是有善有恶之意,则知与物一齐皆有,心亦不可谓之无矣。①

龙溪区别了两种"意":一种是"心之所发"的意,由于是本体(心)的发用和表现,因此是无善无恶、纯粹至善的;一种是"动于物"的意,由于是受外部事物的刺激而发生,因此是有善有恶的。心所发动的意识活动作为本性的一种作用和表现,对外部事物的感应本来是十分自然的,不需要安排、计较、预期、计划、算计的。不计较就说明它并不预设对何者肯定(善)和对何者否定(恶),这种意向状态就是无善无恶。受外部事物刺激而发生的意识活动作为后天的经验意识,则难免有所安排、预期、计划和算计,即预设了肯定与否定的差别,因而是有善有恶的。如果主体对外部事物的感应能够像它应该做到的那样不假思索、当下自然,这就是"自性之流行",即自然在外感的刺激上自然地作出反应。如果有所计较,就不是自然流行,这就叫做"著",也就是执著。"动而无动"也就是程颢《定性书》所说的"动亦定,静亦定"、"情顺万物而无情"的"定"的境界。他还认为,如果意念在任何时候都有执著,这就表明任何时候都预设了肯定与否定的差别,任何时候都是有善有恶,而这与承认心之本体是无执著这一点就相矛盾了,从而"心亦不可谓之无矣"。在他看来,人只要能真正顿悟心体是无善无恶,即心体是无执著的,那么他的意念和知觉活动也就达到无执著了,而外部事物对他来说也就不存在什么根本的差别,不需要去进行什么计较了,用他自己的话来说,就是心、意、知、物都是无善无

---

① 《天泉证道记》,《龙溪王先生全集》卷之一。

恶的。①

龙溪的"四无"说强调心的无执著、无留滞的本然状态,在境界上指向定的境界,在工夫上主张悟的优先性。在他看来,如果觉悟到心的无善无恶的本然状态,自然可以达到定的境界。什么是悟呢? 龙溪说:

> 当下本体,如空中鸟迹,水中月影,若有若无,若沉若浮,拟议即乖;趋向转背,神机妙应,当体本空,从何处识他? 于此得个悟入,方是无形象中真面目,不著纤毫力中大著力处也。②

这是说,我们心的本来状态就像空中鸟飞过的痕迹、水中的月影一样,是空灵无滞的,它本身并不是虚幻或空无的非存在,说它空是指它之中的一切意识情感活动都像空中鸟迹一样不会滞留不化或妨碍未来的意识活动。所谓悟,就是要悟到心的无执著、无留滞的"无"的本然状态。

龙溪把他的四无说称为"先天之学",把他的同门友人钱德洪的四有说叫做"后天之学",主张"以先天统后天":

> 先生(王龙溪)谓遵岩子曰:"正心,先天之学也;诚意,后天之学也。"
>
> 遵岩子曰:"必以先天后天分心与意者,何也?"
>
> 先生曰:"吾人一切世情嗜欲,皆从意生。心本至善,动于意始有不善。若能在先天心体上立根,则意所动自无不善,一切世情嗜欲自无所容,致知工夫自然易简省力,所谓后天而奉天时也。若在后天动意上立根,未免有世情嗜欲之杂,才落牵缠便费斩截,致知工夫转觉繁难,欲复先天心体便有许多费力处。"③

龙溪认为《大学》的"正心"是在本心上用功,是先天之学,"诚意"是在意上用功,是后天之学。先天之学是纯任本心,使得意识的产生,无不以良知心体为根据,排除了一切嗜欲杂念;后天之学则是在经验意识产生之后,再以良知心体施以衡量判断,而此时的意识很可能已经脱离了本心的

① 参见陈来:《宋明理学》,第253—255页。
② 《答楚侗》,《浙中王门学案二》,《明儒学案》卷十二,《黄宗羲全集》(增订版)第七册,第278页。
③ 《三山丽泽录》,《龙溪王先生全集》卷之一。

控制,不能保持自身的纯善无恶,需要时时加以对治。先天之学从根源入手,简易直接,后天之学则落牵缠,费斩截。①

（二）一念说

王龙溪对王阳明良知学的诠释,特别强调"念"或"一念"。他详细探讨了"念"的形式、特征和发生结构,提出"无念"说,进一步将"四无"说中蕴涵的工夫展开。

王龙溪认为,人的意念活动可以分为两种:一种是"初念";另一种是"转念"。他举孟子"乍见孺子入井"的例子说:

> 今人乍见孺子入井,皆有怵惕恻隐之心,乃其最初无欲一念,所谓元也。转念则为纳交、要誉、恶其声而然,流于欲矣。元者始也,亨通、利遂、贞正皆本于最初一念,统天也。②

在这个例子中,"怵惕恻隐之心"是人在"乍见孺子入井"后自然产生的最初反应,叫做"初念"（"最初一念"）,"纳交、要誉、恶声"之心则是掺杂了私心杂念的经验意识,叫做"转念"。前者是未经反思的、当下的、直接的、自然的意识反应活动;后者是经过反思、权衡、思考后产生的念头。

龙溪又把"初念"叫做"见在心"、"见在一念":

> 今心为念,是为见在心,所谓正念也;二心为念,是为将迎心,所谓邪念也。③

> 见在一念,无将迎,无住著,天机常活,便是了当千百年事业,更无剩欠,故曰一念万年。④

"见在心"、"见在一念"也就是当下一念,其特点是"无将迎,无住著"。只要是见在心,就是"正念";只要是转念,就是"邪念"。正念与邪念的区分主要以是否有"将迎"的意向为标准,而不是以动机的善恶为标准。

龙溪认为,当下一念的特征是"无起无不起":

---

① 参见彭国翔:《良知学的展开——王龙溪与中晚明的阳明学》,第99—102页。
② 《南雍凭虚阁会语》,《龙溪王先生全集》卷之五。
③ 《念堂说》,《龙溪王先生全集》卷之十七。
④ 《水西别言》,《龙溪王先生全集》卷之十六。

若不转念,一切运谋设法,皆是良知之妙用,皆未尝有所起,所谓百虑而一致也。才有一毫纳交、要誉、恶声之心,即为转念,方是起了。①

思虑未起,不与已起相对。才有起时便为鬼神觑破,便是修行天力,非退藏密机。……日逐应感,只默默理会当下一念,凝然洒然,无起无不起,时时觌面相呈,时时全体放下。②

当下一念是"思虑未起","思虑未起"并不是指"不思不虑"的纯粹空无的意识状态,而是"所思所虑一出于自然,而未尝有别思别虑"③。龙溪说:"吾人思虑自朝至暮,未尝有一息之停,譬如日月自然往来,亦未尝有一息之停,而实未尝动也。若思虑出于自然,如日月之往来,则虽终日思虑,常感常寂,不失贞明之体,起而未尝起也。"④这表明,当下一念是本心(良知)的自然流行和发用,时时呈现,因此是"无不起";当下一念又不同于受外物的刺激而发作的纷扰的思虑活动,它的特征是无将迎,无住著,无期必,因此是"无起"(起作)。

从这一思想出发,龙溪提出"无念"的主张:

良知之思,自然明白简易,睿之谓也。良知之思,自然明通公溥,无邪之谓也。惠能曰:"不思善,不思恶",却又"不断百思想",此上乘之学、不二法门也。若卧轮则为声闻之断见矣。夫良知不学而知,即一念起,千里失之,此孔孟同归之指,而未尝戾于《诗》、《书》者也。⑤

念归于一,精神自不至流散。如马之有辔衔,操纵缓急,自中其节也;如水之有源,其出无穷也。圣狂之分无他,只在一念克与罔之间而已。一念明定,便是缉熙之学。一念者,无念也,即念而离念也。

---

① 《赠思默》,《浙中王门学案二》,《明儒学案》卷十二,《黄宗羲全集》(增订版)第七册,第287页。
② 《万履庵漫语》,《龙溪王先生全集》卷之十六。
③ 《答南明汪子问》,《龙溪王先生全集》卷之三。
④ 《答万履庵》,《龙溪王先生全集》卷之九。
⑤ 《答南明汪子问》,《龙溪王先生全集》卷之三。

故君子之学,以无念为宗。①

《六祖坛经·机缘品第七》说卧龙禅师偈云:"卧龙有伎俩,能断百思想。对境心不起,菩提日日长。"惠能认为他未明心地,示一偈曰:"惠能没伎俩,不断百思想。对境心数起,菩提作么长?"惠能又立"无念为宗":"无念者,于念而无念。""于诸境上,心不染曰无念。于自念上,常离诸境,不于境上生心。若只百物不思,念尽除却,一念绝即死。"②龙溪借鉴禅宗的这一思想,认为"无念"并不是指断除一切念头,而是指"即念而离念",这也就是禅宗讲的"应无所住而生其心"。在禅宗看来,如果心没有执著,则心的一切意念活动都是正当的、合理的。

龙溪的"无念"说又受到杨慈湖"不起意"说的影响。他说:"慈湖'不起意'之说,善用之未尝不是。盖人心惟有一意,始能起经纶、成变化。意根于心,心无欲则念自一,一念万年,无有起作,正是本心自然之用。"③在他看来,所谓"不起意",并不是指杜绝一切意念活动,而是指使心"无有起作",即不生邪念或欲念,保持心的初念或正念流行,初念或正念也就是"根于心"的意。

龙溪的"一念"说是对"四无"说的进一步发展。他所说的"念",相当于"四无"说中的心之所发的"意","意"和"念"都是良知心体的自然发用。他所说的"见在一念",是良知的当下呈现,其无将迎、无住著的特征体现了良知心体无善无恶的意向状态。他所说的"即念而离念",也就是"四无"说中所说的"无意之意则应圆"。

(三)良知异见说

自王阳明提出良知学说后,其门弟子围绕什么是良知提出了不同的观点,相互间展开了激烈的辩论。王龙溪归纳概括了当时流行的几种代表性的观点:

有谓良知非觉照,须本于归寂而始得。如镜之照物,明体寂然,

① 《趋庭漫语对应斌儿》,《龙溪王先生全集》卷之十五。
② 《六祖坛经·决疑品第三》。
③ 《与阳和张子问答》,《龙溪王先生全集》卷之五。

而妍媸自辨。滞于照,则明反眩矣。(1)

有谓良知无见成,由于修证而始全,如金之在矿,非火符锻炼,则金不可得而成也。(2)

有谓良知是从已发立教,非未发无知之本旨。(3)

有谓良知本来无欲, 直心以动, 无不是道, 不待复加销欲之功。(4)

有谓学有主宰,有流行。主宰所以立性,流行所以立命,而以良知分体用。(5)

有谓学贵循序, 求之有本末, 得之无内外, 而以致知别始终。(6)①

(1)和(3)代表了归寂主静派的观点,(2)代表了修证派的观点,(4)代表了自然派的观点,(5)代表了刘邦采(字君亮,号狮泉)的观点,(6)据唐君毅先生说是王艮的观点,但严格来说这一观点并不是对良知本体的看法,而是从致良知工夫的角度立论。②

针对这几种观点,王龙溪一一作了评论:

寂者,心之本体,寂以照为用。守其空知而遗照,是乖其用也。

见入井之孺子而恻隐,见呼蹴之食而羞恶,仁义之心,本来完具,感触神应,不学而能也。若谓良知由修而后全,挠其体也。

良知原是未发之中,无知而无不知,若良知之前复求未发,即为沉空之见矣。

古人立教,原为有欲设,销欲正所以复还无欲之体,非有所加也。

主宰即流行之体,流行即主宰之用,体用一源,不可得而分,分则离矣。

所求即得之之因,所得即求之之证,始终一贯,不可得而别,别则支矣。③

---

① 《抚州拟砚台会语》,《龙溪王先生全集》卷之一。
② 关于"良知异见"的讨论,读者可参见彭国翔:《良知学的展开——王龙溪与中晚明的阳明学》,第321—329页。
③ 《抚州拟砚台会语》,《龙溪王先生全集》卷之一。

又说：

> 盖良知原是无中生有，无知而无不知。致良知工夫原为未悟者设，为有欲者设。虚寂原是良知之体，明觉原是良知之用，体用一源，原无先后之分。学者不循其本，不探其原，而惟意见言说之腾，只益其纷纷耳。而其最近似者不知良知本来易简，徒泥其所诲之迹而未究其所悟之真，哄然指以为禅。同异毫厘之间自有真血脉路，明者当自得之，非可以口舌争也。①

龙溪认为，良知是一个"体用一源、显微无间"的结构，体即是本体、本质，用即是发用、现象。体和用既不是发生学上派生（先）与被派生（后）的关系，也不是柏拉图主义中实在与现象的关系，而是即体即用、即存有即活动的关系：虚寂、潜隐、未发、静代表了良知体的方面，感通、显现、已发、动代表了良知用的方面，良知是即寂即感、即隐即显、即未发即已发、即动即静的存在。良知的体即显现在用中，良知的用又是体的表现。基于这一思想，他认为归寂主静派把"虚寂"看做是良知的本体，把"觉照"看做是良知的功用，从而在工夫论上主张"归寂"，即离开觉照追求虚寂的本体，这是割裂了良知体用的关系。归寂主静派又认为良知是未发之中，不同于已发层面的情感和知觉，同样是脱离用而追求空幻的本体。修证派反对良知现成，主张只有通过后天工夫的修证，才能恢复良知本体，这也是对良知本体错误的看法，因为良知本体人人具足，不需要工夫的培养。刘狮泉等人主张良知有体有用，体是主宰，用是流行，从而把工夫分割而分立性与立命两截，同样是割裂了良知的体和用。

王龙溪对良知异见的批评，坚持了王阳明"体用一源"的思想。王阳明曾说："盖体用一源，有是体即有是用，有未发之中，即有发而中节之和。"②又说："心不可以动静为体用。动静时也，即体而言用在体，即用而言体在用，是谓体用一源。"③阳明认为良知无前后、内外的分别，是贯通

① 《滁阳会语》，《龙溪王先生全集》卷之二。
② 《传习录》上，《王阳明全集》卷一，第17页。
③ 《传习录》上，《王阳明全集》卷一，第31页。

寂感、动静、已发未发的存在;良知是一个体用一源的结构:体是用之体,用是体之用。在龙溪看来,阳明后学中归寂主静派、自然派和修证派都未能彻底贯彻这一思想,在某种程度上都割裂了良知体用的关系,从而对良知和致良知作出了多元的诠释,因此,这些只是"异见",不能代表阳明良知说的真正立场。

(四)知识之辨

王龙溪继承了宋代理学中区别"德性之知"与"见闻之知"的做法,进一步提出"知识之辨":"知"即是良知,"识"即是知识,二者是不同的。他说:

> 夫志有二,知亦有二。有德性之知,有闻见之知。德性之知求诸己,所谓良知也;闻见之知缘于外,所谓知识也。毫厘千里,辨诸此而已。①

> 良知者,不由学虑而得,德性之知,求诸己也;知识者,由学虑而得,闻见之知,资诸外也。②

良知与知识的区别体现在:良知是天赋的,知识是通过学习、思考而获得的;良知是反求自我就可以发现的,知识则是借助对外部事物的考察而产生的。

知与识的区别还体现在"无分别"与"有分别":

> 凡一切应感有分别者,识也;无分别者,知也。目能别色,耳能别声,妍媸清浊,了然不爽,是名为识;目之于色,耳之于声,湛然寂静,不于一法生分别,是名知。③

> 夫知之与识,差若毫厘,缪实千里,不可不辨。无分别者,知也;有分别者,识也。知是本心之灵,是谓根本知,无知无不知;性是神解,不同妄识托境作意而知,亦不同太虚廓落断灭而无知也。④

> 良知与知识所争只一字,皆不能外于知也。良知无知而无不知,

---

① 《水西同志会籍》,《龙溪王先生全集》卷之二。
② 《书婺源同志会约》,《龙溪王先生全集》卷之二。
③ 《与屠坪石》,《龙溪王先生全集》卷之十一。
④ 《与孟两峰》,《龙溪王先生全集》卷之九。

是学问大头脑。良知如明镜之照物,妍媸黑白,自然能分别,未尝有
纤毫影子留于镜体之中;识则未免在影子上起分别之心,有所凝滞拣
择,失却明镜自然之照。①

"识"和"根本知"是佛教哲学的范畴。识一般指对事物或外境的认识、识
别或了别,"根本知"则指摆脱了对事物概念、名相的执著,对事物实相的
一种真实的认识。王龙溪认为良知与知识的区别就相当于识和根本知的
区别。识(知识)的特征是"有分别",譬如眼睛能分别出颜色,耳朵能听
辨出声音;知(良知)的特征则是"无分别"的。识是分别计较,在境上生
心;知是能分别而无凝滞,就像镜子未尝留滞影子一样。"良知无知而无
不知"的说法表明,王龙溪所理解的良知相当于佛教中所说的般若。王
龙溪用无分别和有分别这样一对佛教观念来区别良知与知识旨在强调,
良知是本心的认识能力,不同于对外境和事物的辨别能力,良知的特征是
无滞留、无执著。

龙溪认为,知与识的关系是"同出而异名",因此他又强调"变识为
知":

> 直心以动,自见天则,德性之知也。泥于意识,始乖始离。夫心
> 本寂然,意则其应感之迹;知本浑然,识则其分别之影。万欲起于意,
> 万缘生于识。意胜则心劣,识显则知隐。故圣学之要,莫先于绝意去
> 识。绝意非无意也,去识非无识也。意统于心,心为之主,则意为诚
> 意,非意象之纷纭矣;识根于知,知为之主,则识为默识,非识神之恍
> 惚矣。譬之明镜照物,体本虚而妍媸自辨,所谓天则也;若有影迹留
> 于其中,虚明之体反为所蔽,所谓意识也。②

> 变识为知,非是去识以全知,耳目不离声色,而一毫不为所引,天
> 聪明也,是为默识。③

佛教主张"转识成智",如唯识宗认为,"阿赖耶识"中的"有漏"种子是我

---

① 《答吴悟斋》,《龙溪王先生全集》卷之十。
② 《意识解》,《龙溪王先生全集》卷之八。
③ 《与屠坪石》,《龙溪王先生全集》卷之十一。

法二执二障的根子,可以通过累世的修炼,使"有漏"种子逐渐消失,成佛的"无漏"种子逐渐增长,八识都变为成佛的智慧。王龙溪借用这一说法,强调"变识为知"是要使"意统于心","识根于知",如此则不会出现"意胜而心劣"与"识显则知隐"的情况。"变识为知"并不是要否定知识,而是指不执著于对外物和外境的区别,在各种知识的运用过程中保持良知的主宰与明定,如此便自然达到"良知不由见闻而有,而见闻莫非良知之用"的境界。①

(五)格物与致知

王龙溪在《大学首章讲义》中解释"格物"说:

> 物者,事也。良知之感应谓之物,物即"物有本末"之物,不诚则无物矣。格者,天然之格式,所谓天则也。"致知在格物"者,正感正应,顺其天则之自然而我无容心焉,是之谓格物。故曰格其心之物也,格其意之物也,格其知之物也,合内外之道也。②

他又说:

> "天生蒸民,有物有则",良知是天然之则,物是伦物所感之应迹。如有父子之物,斯有孝慈之则;有视听之物,斯有聪明之则。伦物感应实事上,循其天则之自然,而后物得其理,是之谓格物。非即以物为理也。③

良知是道德法则的根源,物是良知活动的对象。物是使良知得以呈现的外部事物,比如对应于父子之物,良知呈现为慈孝之则;对应于君臣之物,则呈现为忠敬之则。这里的物显然主要是指人伦关系,而这些人伦关系的规范和准则却是良知主体提供和决定的。格的意义是"格式",即规矩、规范,格物的过程体现为以良知去规范人伦事物。君臣父子等人伦关系各得其理,适合良知的规范,这就是格物。"正感正应"是指对外部事物要自然地顺着良知去反应,不要安排计度。物得其理即人顺应良知以

---

① 参见彭国翔:《良知学的展开——王龙溪与中晚明的阳明学》,第60—61页。
② 《大学首章讲义》,《龙溪王先生全集》卷之八。
③ 《格物问答原旨·答敬所五子》,《龙溪王先生全集》卷之六。

应外感的过程,使伦物(事)具有了道德的秩序,如良知遇父便知当孝,行其孝亲之良知,则父子之物格。因此,格物的实践使事物具有了道德的意义与条理。格的过程即规范人伦关系的过程,物即人伦关系。①

王龙溪在与聂双江围绕"格物致知"的辩论中,进一步强调了格物的工夫论意义:

> 所谓"致知在格物",格物正是致知实用力之地,不可以内外分者也。若谓"工夫只是致知",而谓"格物无工夫",其流之弊,便至于绝物,便是仙佛之学。徒知致知在格物,而不悟格物正是致其未发之知,其流之弊,便至于逐物,便是支离之学。②

> 格物正是致知下手实地,故曰"在格物"。格是天则,良知所本有,犹所谓天然格式也。若不在感应上参勘得过,打叠得下,终落悬空,对境终有动处。良知本虚,格物乃实,虚实相生,天则常见,方是真立本也。③

王龙溪批评只讲致知不讲格物的"绝物",又批评只讲格物而不讲致知的"逐物"。针对双江"格物无工夫"的说法,龙溪强调工夫不能只限于主体自身,还必须落实到人伦日用的各种实事上去。如果道德实践仅仅局限于自我意识的领域,一旦与外物交接,便难以保证实际的行为仍然符合道德法则。另外,佛道两家的基本特征便是缺乏经世之学而将修养工夫限于个体自我,双江只讲致知而否定格物的做法难以与佛道两家划清界限。④

王龙溪的格物致知说对物的解释坚持了王阳明"意之所在便是物"的规定,他解释心意知物的关系说:"身之主宰为心,心之发动为意,意之明觉为知,知之感应为物"⑤,从而得出"夫身心意知物,只是一物;格致诚

---

① 参见陈来:《宋明理学》,第 264—265 页。
② 《答聂双江》,《龙溪王先生全集》卷之九。
③ 《与聂双江》,《龙溪王先生全集》卷之九。
④ 参见彭国翔:《良知学的展开——王龙溪与中晚明的阳明学》,第 424—427 页。
⑤ 《新安斗山书院会语》,《龙溪王先生全集》卷之七。

正修只是一事"①的结论。因此,他所说的格物不同于朱熹穷究物理的知识性活动,而是纯粹的道德实践。

二、王心斋、罗近溪与阳明学的社会推广

泰州学派是以王心斋为中心,以王心斋的再传、三传弟子和受泰州(王心斋)之学影响的学者组成的学术圈。泰州学派按传承方式可以划分为两种:一种属于直线传承谱系,即王心斋传王襞(号东崖,1511—1587 年)、王栋(字隆吉,号一庵,1503—1581 年)、林春(字子仁,号东城)、徐樾(字子直,号波石),徐樾传颜钧(字子和,号山农,1504—1596年),颜钧传何心隐(原名梁汝元,1517—1579 年)、罗汝芳(字惟德,号近溪,1515—1588 年),罗汝芳传杨起元(字贞复,号复所,1547—1599 年)。这一谱系的学者具有明确的师承关系,往往是口耳相传,具有较强的学派归属意识,多能继承、发扬心斋之学,代表了泰州之学的进一步展开。另一种则属于间接传承谱系,如黄宗羲《明儒学案·泰州学案》中所列的赵贞吉(字孟静,号大洲,1508—1576 年)一支与耿定向(字在伦,号天台,1524—1596 年)一支。这一谱系的学者与王心斋及其再传、三传弟子是亦师亦友的关系,相比而言,学派归属意识较为淡薄,但受到直线传承谱系中的学者间接和侧面的影响,虽然在局部方面偏离甚至背离了泰州学派的精神,但基本上仍保持了对泰州之学的某种认同。

从阳明学到泰州学派的发展来看,泰州学派将王阳明的"良知"还原为人的前意识、前反思的意识,赋予人的直接的、未经思虑营谋的经验和日常生存活动以合理性,一方面扩展了传统上以道德性为核心内容的儒家精神性的内涵,另一方面由于将人的自然的、直接的生存活动纳入良知的结构,体现了阳明后学中自然主义、行为主义和非伦理化的倾向。在工夫论上,泰州学派崇尚"自然",提倡"乐学",强调觉悟的优先性,反对宋儒强调的庄敬持养的涵养工夫,这是王阳明"悟得本体即是工夫"说的进一步展开。在社会实践方面,泰州学派关注普通人的日常生活,肯定从奉

---

① 《新安斗山书院会语》,《龙溪王先生全集》卷之七。

养父母、和处兄弟、养活妻子到安全生命、维系生计、保护躯体以至光大门户、显亲扬名等一系列家族伦理和世俗伦理的原理和规范,并且热衷于民间讲学,促进了阳明学的社会化推广,在明代中后期产生了很大的影响。

(一)王 心 斋

王心斋(1483—1541 年),本名王银,王阳明取《周易》艮卦义,为他更名艮,字汝止,江苏泰州安丰场(今江苏东台)人。因曾经构筑斗室于居所后,坐息其间,号心斋,学者称为心斋先生。

王艮出身灶户之家,7 岁入乡塾读书,11 岁家贫失学,在家料理家务。后随父经商山东,家境渐渐富裕起来。他在山东时,曾谒孔庙,有志于圣学,常随身携带《论语》、《大学》、《孝经》等书,不懂之处逢人便问,不拘泥于传注,久而久之,他对这些经典的熟悉达到了"信口谈解"的程度。他还"闭关静思","默坐体道",终于,在他 27 岁时,一夜"梦天堕压身,万人奔号求救",他"举臂起之,视其日月星辰失次,复手整之"。醒来,"汗溢如雨,心体洞彻"①。从此以后,他认为自己已经悟道,于是"按礼经制五常冠,深衣、大带、笏板服之"②,行则规圆矩方,坐则焚香默识,俨然"以先觉为己任"。正德末年,他听说王阳明巡抚江西,讲良知之学,因与他的格物说有相似处,于是戴上他那纸糊的五常冠,穿上仿古的深衣,手执上面写着"非礼勿视,非礼勿听,非礼勿言,非礼勿动"的笏板,前往拜访王阳明。几经辩难,终于折服,便倾心称弟子。王阳明对门人说:"往日擒宸濠,一无所动,今却为斯人动矣!"③王阳明擒朱宸濠后,回到家乡越城。王心斋跟随王阳明到越城,从事讲学活动。嘉靖初年,王心斋曾向王阳明请问孔子车制,他想仿照孔子车制做车,像孔子一样乘车周游天下,王阳明对此"笑而不答"。王心斋回家后自制一小蒲车,在车上写着"天

---

① 《泰州学案一·处士王心斋先生艮》,《明儒学案》卷三十二,《黄宗羲全集》(增订版)第七册,第 828 页。

② 《泰州学案一·处士王心斋先生艮》,《明儒学案》卷三十二,《黄宗羲全集》(增订版)第七册,第 828 页。

③ 《泰州学案一·处士王心斋先生艮》,《明儒学案》卷三十二,《黄宗羲全集》(增订版)第七册,第 829 页。

下一个,万物一体;入山林求会隐逸,过市井启发愚蒙"①等语,招摇于道路,沿途聚讲,直抵京师,京师的人"以怪魁目之"②。王阳明去世后,他回到家乡泰州安丰场,开门授徒,四处讲学。嘉靖二十年(1541 年),病卒于家,年 58 岁。

王心斋的著作在他卒后由王氏族人汇合其子王襞、族弟王栋的著作编为《淮南王氏三贤全书》。清末民初,东台人袁承业在《三贤全书》基础上,加以校订,自编《王艮弟子谱系》补入,编为《明儒王心斋先生遗集》出版。

1. 良知自然说

阳明后学中,王心斋对于良知的了解"以自然为宗"③。所谓"自然",可以从本体与工夫两方面去了解。从本体上来说,"自然"即"天然",也就是说良知是人人具足,个个圆成,现成自在的;从工夫上说,"自然"即"不犯作手",也就是说良知不需要人为的努力、安排和布置。王心斋的这一思想,是与他对王阳明"良知即天命之性"④和"良知即是天理"⑤说的了解分不开的。

王心斋赞同王阳明"良知即天命之性"的观点,进一步提出"良知即性"说:

> 夫良知即性,性即天,天即乾也。⑥
>
> 天性之体,本自活泼,鸢飞鱼跃,便是此体。⑦
>
> 良知之体,与鸢鱼同一活泼泼地,当思则思,思过则已。如"周公思兼三王","夜以继日,幸而得之,坐以待旦",何尝缠绕? 要之自

① 《年谱·嘉靖元年条》,《明儒王心斋先生遗集》卷三,东台袁氏铅印本。
② 《泰州学案一·处士王心斋先生艮》,《明儒学案》卷三十二,《黄宗羲全集》(增订版)第七册,第 829 页。
③ 《浙中王门学案五·教谕胡今山先生瀚》,《明儒学案》卷十五,第 330 页。
④ 王阳明说:"良知者,孟子所谓'是非之心,人皆有之'者也。是非之心,不待虑而知,不待学而能,是故谓之良知,是乃天命之性,吾心之本体,自然灵昭明觉者也。"(《大学问》,《王阳明全集》卷二十六,第 971 页。)
⑤ 《传习录》中,《王阳明全集》卷二,第 72 页。
⑥ 《答朱惟实》,《明儒王心斋先生遗集》卷二。
⑦ 《语录》,《明儒王心斋先生遗集》卷一。

然天则,不着人力安排。①

在王心斋看来,"良知"即是《中庸》所说的"天命之性",性和天是良知的别名。"鸢飞戾天,鱼跃于渊"是《中庸》引《诗经》的句子。王心斋解释说:"此道在天地间遍满流行,无物不有,无时不然,原无古今之异,故曰'鸢飞戾天,鱼跃于渊',言其上下察也。"②"良知即性"包括三个方面的意思:(1)良知即性体(性的本来状态),性体即道体(宇宙流行变化的过程),天道流行不息,无时不在,无处不在,超越了具体的时空,具有普遍性和永恒性,天道体现在人身上就是良知;(2)良知是人人具足,不假外求的;(3)良知具有自然、活泼、生动的特征。

心斋又有《良知天理说》:

> 天理者,天然自有之理也。良知者,不虑而知,不学而能者也。惟其不虑而知,不学而能,所以为天然自有之理;惟其天然自有之理,所以不虑而知,不学而能也。故孔子曰:"知之为知之,不知为不知",是良知也;"入太庙,每事问",是天理也。惟其"知之为知之,不知为不知",所以"入太庙,每事问";惟其"入太庙,每事问",便是"知之为知之,不知为不知"。③

心斋认为,天理并不是外在于人的普遍原则和道德规范,而是孟子所说的"不虑而知"、"不学而能"的良知良能,即人天生即具有的、自发的、直接的、未经思虑营谋的前意识的知觉和能力。在他看来,孔子所说的"知之为知之,不知为不知"的"知",就是每一个人先天固有的良知的体现。

良知是"天然自有之理"的说法另外蕴涵着良知是自然的,不是人为的。王心斋辨"天理人欲"说:

> 天理者,天然自有之理也;才欲安排如何,便是人欲。④
> 只心有所向,便是欲;有所见,便是妄。既无所向,又无所见,便

---

① 《语录》,《明儒王心斋先生遗集》卷一。
② 《答徐风冈节推》,《明儒王心斋先生遗集》卷二。
③ 《良知天理说》,《明儒王心斋先生遗集》卷一。
④ 《语录》,《明儒王心斋先生遗集》卷一。

是无极而太极。良知一点，分分明明，停停当当，不用安排思索。①

程子曰："心有所向便是欲。"在心斋看来，这句话是说欲并不仅仅是指不道德的私欲而已，只要心有所执著、有所计较、有所安排、有所意必都是欲。良知不同于欲，是不需要任何执著、安排、思索的。因此心斋又说："凡涉人为，皆是作伪，故伪字从人从为。"②心斋的这一思想表明，他所说的良知不同于心的意向性活动和人为的努力，具有"自然"的特色。

由于心斋的良知说崇尚自然，因而他反对程朱派理学的庄敬持养：

> 问"庄敬持养工夫"。曰："道一而已矣！中也，良知也，性也，一也。识得此理，则现现成成，自自在在，即此不失，便是庄敬；即此常存，便是持养，真不须防检。不识此理，庄敬未免著意；才著意，便是私心。"③

程明道《识仁篇》说："学者须先识仁，识得此理，以诚敬存之而已。"王心斋发挥了明道"识仁"和"不须防检"的思想，反对持敬，强调"识得此理"的优先性。他说："曰致曰体认，知天理也。否则日用不知矣。"④他把致良知的"致"了解为"体认"，认为人只要认识到良知现现成成、自自在在、停停当当，常存不失，这就是圣学工夫。

王心斋的良知自然说强调良知的现成性、自在性、圆满性和"悟"的优先性，在理论上将人们直接的、自发的、未经思虑营谋的经验纳入良知的结构，必然会减蚀良知知是知非的伦理品格，体现了良知的非伦理化倾向；在道德实践上，则会导致因过分信任良知，从而忽视致良知工夫的弊病。

2. 百姓日用即道

王心斋善于"指百姓日用以发明良知之学"⑤。《心斋语录》中记载

① 《与俞纯夫》，《明儒王心斋先生遗集》卷二。
② 《语录》，《明儒王心斋先生遗集》卷一。
③ 《泰州王门学案一·心斋语录》，《明儒学案》卷三十二，《黄宗羲全集》（增订版）第七册，第837页。
④ 《良知天理说》，《明儒王心斋先生遗集》卷一。
⑤ 《年谱》"嘉靖三年甲申"条，《明儒王心斋先生遗集》卷三。

着许多这样的生动例子：

> 一友初见，先生指之曰："即尔此时就是。"友未达。曰："尔此时
> 何等戒惧，私欲从何处入？常常如此，便是'允执厥中'。"①

"此时"是指"初见"的当下，良知本来处于戒慎恐惧的状态，排斥了私心
杂念的侵扰，不需要人为的、有意识的去戒慎恐惧，如果能够常常保任这
种状态，便是"允执厥中"的境界。又有例：

> 有学者问"放心难于求"，先生呼之，即起而应。先生曰："尔心
> 见在，更何求心乎？"②

"呼之"后"即起而应"是普通人平常的自然反应，王心斋利用这一例子指
点学者良知(心)当下见在，本无放失。又有例：

> 或问"中"。先生曰："此童仆之往来者，'中'也。"③

"童仆之往来"井然有序，有条不紊，即此便是"中"。

这些例子说明，王心斋善于利用讲学活动的当下、童仆之往来和普通
人视听言动的日常活动，指点学者摆脱知见，当下反观内照，体认良知
心体。

王心斋通过以"日用见在指点良知"，提出"百姓日用即道"思想。他
说："百姓日用条理处，即是圣人之条理处。圣人知便不失，百姓不知便
会失。"④又说："圣人之道，无异于百姓日用。凡有异者，皆谓之异端。"⑤
"百姓日用"即普通人的日常活动，"百姓日用即道"是说道即体现在普通
人的未经安排、不假思索的日常活动中，并不是什么高远、玄妙的东西。
邹德涵《聚所先生语录》中记载的一则语录很好地体现了这一思想：

> 往年有一友问心斋先生云："如何是无思而无不通？"
>
> 先生唤其仆，即应；命之取茶，即捧茶至。其友复问，先生曰：
> "才此仆未尝先有期我呼他的心，我一呼之便应，这便是无思无

---

① 《语录》，《明儒王心斋先生遗集》卷一。
② 《语录》，《明儒王心斋先生遗集》卷一。
③ 《语录》，《明儒王心斋先生遗集》卷一。
④ 《语录》，《明儒王心斋先生遗集》卷一。
⑤ 《语录》，《明儒王心斋先生遗集》卷一。

不通。"

是友曰:"如此则满天下都是圣人了。"

先生曰:"却是日用而不知,有时懒困著了,或作诈不应,便不是此时的心。"阳明先生一日与门人讲"大公顺应",不悟。忽同门人游田间,见耕者之妻送饭,其夫受之食,食毕即与之持去。先生曰:"这便是大公顺应。"门人疑之,先生曰:"他却是日用不知的。若有事恼起来,便失这心体。"①

正如日常生活中童子捧茶、农夫用饭一样,只要是不假思索、自自然然,而又不逆于理,这就是道。圣人与一般人的不同在于"迷"与"悟"的不同,圣人时时都处于觉悟的状态中,而一般人则习不察,行不著,日用而不知。

王心斋"百姓日用即道"的思想一方面肯定了普通人日常活动的合理性,反映了儒学关注大众日常生活的面向;另一方面主张良知就体现在普通人自然的反应活动中,心体(良知)通过当下的行为或行为趋向表现出来,体现了儒学中行为主义的倾向。

3. 淮南格物说

王心斋提出了自己对《大学》"格物"的独特解释。他认为,《大学》一书乃是"经世完书",不存在缺简,也不需要补传。古本《大学》"自天子以至于庶人,壹是皆以修身为本,其本乱而末治者否矣;其所厚者薄,所薄者厚,未之有也;此谓知本,此谓知之至也"一节文字就是解释"格物致知"的。"格物"的"物"不是指一般的事物,而是《大学》所说的"物有本末"之"物"。他说:"身与天下国家一物也,惟一物而有本末之谓。"②也就是说,物是指由身与天下国家构成的大物,而不是指一草一木等小物。他根据《大学》"壹是皆以修身为本"的思想,推出身是本,万物是末:"身也者,天地万物之本也;天地万物,末也。"③在他看来,只有在万物中区别出什么是本,什么是末,才能把握格物的意旨。什么是"格"呢?他说:

---

① 《江右王门学案一·聚所先生语录》,《明儒学案》卷十六,《黄宗羲全集》(增订版)第七册,第405页。
② 《答问补遗》,《明儒王心斋先生遗集》卷一。
③ 《答问补遗》,《明儒王心斋先生遗集》卷一。

"格如格式之格,即后絜矩之谓。吾身是个矩,天下国家是个方,絜矩,则知方之不正,由矩之不正也。是以只去正矩,却不在方上求。矩正则方正矣,方正则成格矣,故曰物格。"①"絜矩"即衡量。心斋认为,格就是以本为标准去衡量末。身是本,身是絜矩量度所根据的矩,以身为本,身正则家国天下也就容易正了。这就是所谓的"淮南格物"说。

王心斋的"淮南格物"说强调"修身以立本","正己而物正",这本是《大学》的应有之义。但心斋除此之外,又提出"安身"、"尊身"、"保身"的主张。他解释《大学》"止至善"说:"止至善者,安身也。安身者,立天下之大本也。"②"知身之为本,是以明明德而亲民也。身未安,本不立也。本乱而末治者,否矣。"③王阳明曾说:"至善者,心之本体。"④在王心斋看来,若以至善为心之本体,则至善与明德就没有差别了,这与《大学》经文的意思不符。因此,他认为《大学》的"止至善"是"安身"的意思。"安身"不同于王阳明以视听言动和躯体行为合于义理的思想,而是指保全和珍惜个体的血肉之躯和感性生命。《语录》记载他和弟子的问答:

> 有疑先生安身之说者,问焉,曰:"夷、齐虽不安其身,然而安其心矣。"先生曰:"安其身而安其心者,上也;不安其身而安其心者,次之;不安其身又不安其心,斯其为下矣。危其身于天地万物者,谓之失本。洁其身于天地万物者,为之遗末。"⑤

伯夷、叔齐拒食周粟,饿死于首阳山,历来被传统儒家看做舍生取义的典范。但王心斋认为,珍爱感性生命应该与珍重道德原则具有同等重要的意义。因此,他又提倡"尊身"。《语录》记载了他与他的学生徐樾的谈话:"身与道原是一件,至尊者此道,至尊者此身。尊身不尊道不谓之尊身,尊道不尊身不谓之尊道。须道尊身尊,才是至善。故曰:'天下有道,

---

① 《答问补遗》,《明儒王心斋先生遗集》卷一。
② 《答问补遗》,《明儒王心斋先生遗集》卷一。
③ 《答问补遗》,《明儒王心斋先生遗集》卷一。
④ 《传习录》下,《王阳明全集》卷三,第97页。
⑤ 《语录》,《明儒王心斋先生遗集》卷一。

以道殉身;天下无道,以身殉道。'"①这是把身的价值提高到与道同样的
地位。在他看来,安身、尊身的身是指个体的血肉之躯和感性生命,安身
与安心、尊道与尊身具有同等重要的价值,只有把二者很好地结合起来,
才是大学所说的"至善"。由于这一思想明显地与儒家"杀身成仁"、"舍
生取义"的道德理想主义立场相违背,因此,黄宗羲批评他"开一临难苟
免之隙"②。

王心斋又有《明哲保身论》,明确地提出"保身"的主张:

> 明哲者,良知也。明哲保身者,良知良能也,所谓"不虑而知,不
> 学而能"者也,人皆有之,圣人与我同也。知保身者,则必爱身如宝。
> 能爱身,则不敢不爱人。能爱人,则人必爱我。人爱我,则吾身
> 保矣。③

王心斋把保全自己的生命看做良知的内容,并由保身推出爱人,由爱人推
出人爱我;由人爱我,则可以达到保身的目的。这一思想是以爱人为实现
保身的手段,不同于传统儒学以爱人为仁者的德性和绝对的道德律令的
思想,渗透了功利主义的色彩,体现了儒学在社会化传播中世俗化的
倾向。

4. 乐学说

王心斋写了一首很著名的诗,叫《乐学歌》:

> 人心本自乐,自将私欲缚。私欲一萌时,良知还自觉。一觉便消
> 除,人心依旧乐。乐是乐此学,学是学此乐。不乐不是学,不学不是
> 乐。乐便然后学,学便然后乐。乐是学,学是乐。于戏! 天下之乐,
> 何如此学! 天下之学,何如此乐!④

这首诗有三层意思:前一句是说乐是心的本来的状态,只不过被私欲束
缚,不能快乐;后两句是说私欲产生时,良知一觉即化,人心又恢复到本然
之乐,这是由觉悟所产生的快乐;后面几句是说为学就是以良知去除私欲

---

① 《答问补遗》,《明儒王心斋先生遗集》卷一。
② 《泰州王门学案一·心斋语录》,《黄宗羲全集》(增订版)第七册,第830页。
③ 《明哲保身论》,《明儒王心斋先生遗集》卷一。
④ 《乐学歌》,《诗文杂著》,《明儒王心斋先生遗集》卷二。

来求得此乐。乐就是在良知实践中当下受用,没有乐的学问不是真正的学问,不由良知之学而得的乐不是真乐。乐既是为学的出发点,也是为学的过程和归宿。

王心斋又说:"人心本无事,有事心不乐。有事行无事,多事亦不错。"①这是说,人心本来无所执著,无所系累,无所束缚;如果有所执著,有所系累,有所束缚,则会妨碍心的本然之乐。如果人以无事之心做各种具体的事,那么即使行再多的事,也不碍不累心之乐。

王心斋"乐学"的思想后来被他的儿子王襞发展了。王襞说:"才提起一个学字,却似便要起几层意思。不知原无一物,原自现成,顺明觉自然之应而已。"②在他看来,宋儒以来的一般为学方法,规矩太严,用工太苦,克念忍欲,心灵受到很大束缚。心体原无一物,良知本自现成,人只要顺其明觉自然。正如饥来吃饭,困来即眠,不假安排思索,不拟议,自然自在。

王襞区分了两种乐,"有所倚之乐"与"无所倚之乐":

> 有有所倚而后乐者,乐以人者也。一失其所倚,则慊然若不足也;无所倚而自乐者,乐以天者也,舒惨欣戚,荣悴得丧,无适而不可也。③

"有所倚之乐"是依赖于对象或对于对象发生的乐,"无所倚之乐"则是一种精神境界,无论有无对象或对象如何变化,人始终都能保持一种和乐洒脱的襟怀。

王襞又说:

> 既无所倚,则乐者果何物乎? 道乎? 心乎? 曰:无物故乐,有物则否矣。且乐即道,乐即心也。而曰所乐者道,所乐者心,是床上之

---

① 《示学者》,《明儒王心斋先生遗集》卷二。
② 《泰州学案一·东崖语录》,《明儒学案》卷三十二,《黄宗羲全集》(增订版)第七册,第843页。
③ 《泰州学案一·东崖语录》,《明儒学案》卷三十二,《黄宗羲全集》(增订版)第七册,第844页。

床也。①

乐只是心的境界,这个境界本身即是道。因而说道是乐的对象,或说乐是由作为对象的道所引起的,都是不正确的。

自北宋道学家周敦颐教二程"寻孔、颜乐处,所乐何事"之后,"寻孔颜乐处,所乐何事"便成为理学的一大公案。如果乐是指乐贫,但贫穷本身又无可乐;如果乐是乐道,则预设了道是一对象化的存在,与一般的作为意向性的快乐又区别不开来。究竟乐是什么呢? 王心斋父子乐学的思想回答了这一问题:乐即是道。也就是说,乐是一种精神境界,是与道合一的自然的心理状态。这一思想与宋儒是相同的。但是,在宋儒看来,乐与敬并不是矛盾的,譬如二程就曾说:"敬则自然和乐。"②但王心斋却反对持敬,过分地强调乐,没有看到乐(和乐)与敬(敬畏)是统一的。这就难免背离了王阳明洒落即敬畏的思想。因此,他所提倡的乐学说客观上造成了泰州后学中自然主义快乐说的流行。

(二)罗近溪

罗近溪是王心斋的三传弟子③,与王阳明的高第弟子王龙溪并称为"二溪"④。罗近溪继承泰州学派"自然"、"乐学"、"百姓日用即道"的传统和王龙溪"悟得本体即是工夫"的思想,通过对儒家经典的创造性诠

---

① 《泰州学案一·东崖语录》,《明儒学案》卷三十二,《黄宗羲全集》(增订版)第七册,第844页。

② 《夏东岩文集》,《崇仁学案四》,《明儒学案》卷四,《黄宗羲全集》(增订版)第七册,第64页。

③ 按颜钧撰《履历》与《自传》,颜钧先师事王艮高第弟子徐樾三年,后赴泰州,从学于王艮门下三月,得王艮面授"大成"之学。据此亦可以将颜钧划为王艮直传弟子。罗近溪师从于颜钧,则为王艮再传弟子。然据黄宣民先生考证,颜钧得王艮面授"大成"之学说似与王艮本人作《答徐子直书》所语有出入(详黄宣民编订之《颜钧年谱》,《颜钧集》,中国社会科学出版社1996年版,第124—126页),故本书采用学术界通行的说法,即王艮传徐樾,徐樾传颜钧,颜钧传罗近溪,将罗近溪划为王艮的三传弟子。

④ 按陶望龄撰《近溪先生语要·序》云:"新建(王阳明)之道,传之者为心斋(王艮)、龙溪(王畿)。心斋之徒最显盛;而龙溪晚出,尤寿考,益阐其说,学者称为二王先生。心斋数传至近溪。近溪与龙溪一时并主讲席于江左右,学者又称二溪焉。友人有获侍二溪者,常言'龙溪笔胜舌,近溪舌胜笔'。"

释,提出"求仁"、"赤子之心、不学不虑"与"孝弟慈"的讲学宗旨和"当下即是"、"浑沦顺适"的工夫论主张,代表了阳明学向泰州学派发展的重要环节。

罗近溪,名汝芳,字惟德,生于正德十年(1515 年)五月初二日,卒于万历十六年(1588 年)九月初二日。祖籍江西南城(今江西省南城县),因家在南城泗石溪上,号"近溪"。

罗近溪嘉靖二十三年(1544 年,30 岁)举会试,嘉靖三十二年(1553 年,39 岁)中进士,选授太湖(安徽安庆)令;历任刑部山东司主事、刑部郎中、宁国府(安徽宣城)守、山东东昌太守。万历二年(1574 年),迁云南按察副使,万历五年(1577 年)转云南左参政。因入京进表后应邀至城外广慧寺讲学, 朝中士大夫纷纷赴寺听讲, 引起内阁首辅张居正的不满, 张居正遣给谏周良寅弹劾他"事毕不行, 潜住京师", 于是被勒令致仕。

罗近溪学问宗旨的形成和提出与他的生命体验、对儒家经典的融贯性理解以及他的问学、证道、讲学经历具有密切的关系。根据他晚年的回忆、自述和相关传记资料,他早年致力于家庭伦理——孝弟的实践[①];嘉靖十九年(1540 年,26 岁),他在江西豫章(南昌)谒见颜钧后,悟"体仁"之旨,放弃了早年默坐澄心、"克去己私"的后天工夫路数[②];嘉靖二十七年(1548 年,34 岁),他拜他的学生胡宗正为师学习《易经》,三月后悟"先天未画前",认识到《易经》是"孝弟之良究极本原"[③],"孝弟即日用内事,不虑而知即先天未画也"[④],主张赤子孩提之知能即乾坤之知能,从而贯通了《易经》与"四书"的义理;嘉靖三十一年(1552 年,38 岁),罗近溪悟《大学》"格物"之说,认识到"大学"即"大人之学",即《大学》阐扬的"大

---

① 《近溪子集·乐》(《耿中丞杨太史批点近溪罗子全集》,《四库全书存目丛书》集部,第 130 册,下同),第 25 页;《一贯编·四书总论》(《四库全书存目丛书》子部,第 86 册),第 15 页。
② 《一贯编·四书总论》,第 15 页。
③ 《近溪子集·乐》,第 26—27 页。
④ 《一贯编·心性下》,第 45 页。

人以天地万物为一体"的思想,"格物"是"学为大人"的方法和程序,进一步发展了王心斋的"淮南格物"说①;"格物"之悟后,近溪从《大学》的"至善"推演到"孝弟慈","以孝弟慈为天生明德,本自一人之身,而未及国家天下",于是"凝顿精神,沉思数月",悟"孝弟慈"即"明明德于天下","孝弟慈"即"天命之性",从而贯通了《大学》和《中庸》的道理②;嘉靖三十二年(1553年,39岁),近溪问道于泰山丈人,悟早年所认者不是心体,所用者不是真功,但以其来自外道,甚不甘心,于是返归孔孟,有"心性"之悟③,认识到"心性原属化机,变现随时,本无实体"④,主张"善言心者,不如把个生字来替了他"⑤;"心性"之悟后,近溪拒斥早年所用之定静工夫,主张工夫的自然、浑沦、顺适;罗近溪晚年学问归于平实,以《大学》"孝弟慈"为讲学宗旨。

罗近溪的著作有《罗明德公文集》(又名《近溪子文集》),他的讲学语录被编辑为《明道录》、《近溪子集》、《一贯编》、《盱坛直诠》、《盱江罗近溪先生全集》等。

1. 知能说

"知能"是罗近溪哲学的核心范畴。他详细探讨了知能的根源、结构和特征,提出了自己的"良知"说。

"知能"的说法来源于《易传》和《孟子》。《易传》曰:"乾以易知,坤以简能",《孟子》曰:"其不虑而知,良知也;其不学而能,良能也。"近溪认为,孟子所说的"良知"、"良能"根源于《易传》所说的"乾知"、"坤能"。前者是"赤子孩提之知能",后者是"造化之知能"。赤子、孩提知爱亲敬长和能爱亲敬长是先天的、自发的知觉和能力,不是通过后天的学习和思虑而获得的,体现了乾坤"易简"的德性。⑥

---

① 《近溪子附集》(《耿中丞杨太史批点近溪罗子全集》)二卷,第3页。
② 《一贯编·四书总论》,第18页。
③ 《一贯编·心性上》,第1—3页。
④ 《近溪语要》(《耿中丞杨太史批点近溪罗子全集》)卷下,第30页。
⑤ 《近溪子集·数》,第52页。
⑥ 《近溪子续集》(《耿中丞杨太史批点近溪罗子全集》)卷下,第36页。

　　根据这一理解,近溪主张把"良知良能"的"良"字训作"易直":

　　　　良训作易直。易也者,其感而遂通之轻妙处也,原不出于思量;直也者,其发而即至之迅速处也,原难与以人力。所以良知谓之"不虑",良能谓之"不学",却是虑与学到不得的去处也。①

"易"是简易之义,"直"是直截之义,"易直"形容赤子孩提爱亲敬长的知觉和能力具有直接性和自发性,一感即通,一触即发,不需要人为的努力和后天的思虑与学习。

　　关于知与能的关系,近溪说:

　　　　知者,吾心之体,属之乾,故"乾以易知";能者,心知之用,属之坤,故"坤以简能"。乾足统坤,言乾而坤自在其中;知足该能,言知则能自在其中。如下文知爱其亲,知敬其兄,既说知爱亲,知敬兄,则能爱亲,能敬兄,不待言矣。②

　　近溪认为,知能是心之体用的关系:知是心之体(本体),能是心知之用(发用)。二者的关系与乾坤的关系是同构的:乾统率坤,坤顺承乾;故知该(赅)括能,能顺从知。也就是说,知处于主导的地位,能处于从属的地位。因此,在近溪看来,孟子只说"知爱其亲"、"知敬其兄",就自然赅括了"能敬其兄"、"能爱其亲",知蕴涵着能。

　　近溪进一步区分了两种知:一种是"不虑而知";另一种是"以虑而知":

　　　　问:"吾侪请教,或言观心,或言行己,或言博学,或言守静,皆未见许,然则谁人方可言道耶?"

　　　　罗子曰:"此捧茶童子却是道也。"

　　　　一友率尔曰:"此小仆也能戒慎恐惧耶?"

　　　　罗子不暇答,但徐徐云:"茶房到此有几层厅事?"

　　　　众曰:"有三层。"

　　　　罗子叹曰:"好造化! 过许多的门限阶级,幸未打破一个钟子。"

_____

① 《一贯编·心性下》,第5页。
② 《一贯编·孟子下》,第32页。

其友略悟曰："小仆于此果也似解戒惧，但奈何他却日用不知。"

罗子又难之曰："他若不是知，如何会捧茶？又会戒惧？"

其友语塞。

徐为之解曰："汝辈只晓得说知，而不晓得知有两样：童子日用捧茶是一个知，此则不虑而知，其知属之天也；觉得是知能捧茶又是一个知，此则以虑而知，其知属之人也。天之知只是顺而出之，所谓顺则成人成物也；人之知却是反而求之，所谓逆则成圣成神也。故曰'以先知觉后知，以先觉觉后觉也。人能以觉悟之窍而妙合不虑之良，使浑然为一，而纯然无间，方是'睿以通微'，又曰'神明不测'也。"①

这就是著名的"捧茶童子即是道"的比喻。近溪通过这一比喻，区分了两种"知"："童子日用捧茶"是一种知，这种知表现为童子知道如何捧茶和捧茶活动中的戒惧心理，而知道如何捧茶与捧茶活动中的戒惧心理又通过在捧茶时不曾打破茶杯的行为表现出来，这种"知"叫做"不虑而知"，是先天的知。"觉得是知能捧茶"又是一个知，是指对知道如何捧茶和捧茶活动中的戒惧心理的觉悟，这种"知"叫做"以虑而知"，是人的后天的反思。"不虑而知"之"知"不待反思，是每一个人本来具有的知觉能力，是原初的知；"以虑而知"之"知"是通过反思而知，也就是"逆觉之知"。二者的关系是，"以虑而知"之"知"奠基于"不虑而知"之"知"，人们如果能够通过后天的反思觉悟到先天的不学不虑的良知，就能够成为圣人。

罗近溪又把不虑而知之知叫做"德性之知"，把以虑而知之知叫做"觉悟之知"：

"知"有两样，有本诸德性者，有出诸觉悟者。此三个"知"字，当属觉悟上看；至于三个"知之"的"之"字，却当属之德性也。盖论德性之良知良能，原是通古今，一圣愚，人人具足，而个个圆成者也。然虽圣人，亦必待感触觉悟方才受用得。即如尧、舜，亦谓"闻一善言，见一善行，沛然若决江河而不能御"，可见也是从感触而后觉悟，但

---

① 《一贯编·心性上》，第21页。

以其觉悟之速,便象生成使然。其次则稍迟缓,故有三等不同。至谓
及其知之一也,则所知的德性皆是不待学而能,不待虑而后知,即困
知之所知者亦与生知之所知者更无毫发不同。①

孔子曰:"我非生而知之者,好古以敏求者也。"②《中庸》曰:"或生而知
之,或学而知之,或困而知之,及其知之一也。"近溪认为,"生而知之"、
"学而知之"、"困而知之"的"知"属于觉悟之知,"知之"的"之"字则指
"德性之知"而言。德性之良知良能,人人本具,个个圆成,不待学习而
成。但德性之良知良能必须觉悟,方才受用,若不能觉悟,则日用而不知,
与愚夫愚妇一样。圣人的觉悟比常人迅速,仿佛生成使然,因此谓之"生
而知之",常人的觉悟则稍微迟缓,因此有"学而知之"与"困而知之"的分
别。这一思想认为圣人与常人的区别在觉悟的迟速,明显是受到禅宗
"前念迷即凡夫,后念觉即佛"思想的影响。

近溪的"知能"说是王阳明"良知"说的进一步发展。与王阳明始终
强调良知是"知是知非"的道德判断能力不同,近溪侧重于强调良知"不
学不虑"的简易性和直接性。他通过区分"不虑而知"与"以虑而知"、
"德性之知"与"觉悟之知",一方面揭示了作为反思的"逆觉之知"奠基
于前反思的"良知"之上,从而把王阳明的"良知"开展得更为源初;另一
方面,由于罗近溪把人的类似本能式的反应和前意识的活动纳入良知的
结构,在丰富良知内涵的同时,也减蚀了良知的伦理品格。

2. 赤子之心说

从"知能"说出发,罗近溪进一步讨论了孟子的"赤子之心"说。《孟
子·离娄下》说:"大人者,不失其赤子之心者也。"朱熹注说:"大人之心,
通达万变;赤子之心,则纯一无伪而已。然大人之所以为大人,正以其不
为物诱,而有以全其纯一无伪之本然。是以扩而充之,则无所不知,无所
不能,而极其大也。"近溪不同意朱熹的注解,《盱坛直诠》记录了他与学
生下面的问答:

---

① 《近溪子集·射》,第33—34页。

② 《论语·述而》。

问:"晦庵先生谓由良知而充之,以至无所不知;由良能而充之,以至无所不能;方是大人不失赤子之心。此意如何?"

师(近溪)曰:"若有不知,岂得谓之良知;若有不能,岂得谓之良能?故自赤子即已无所不知,无所不能也。"①

……据我看孟子此条,不是说大人方能不失赤子之心,却是说赤子之心自能做得大人。若赤子之心止大人不失,则全不识心者也。且问天下之人,谁人无心?谁人之心不是赤子原日的心?子如不信,则请偏观天下之耳,天下之目,谁人曾换过赤子之耳以为耳,换过赤子之目为目也哉?今人言心,不晓得从头说心,却说后来心之所知所能,是不认得原日之耳目,而徒指后来耳之所听、目之所视者也。此岂善说耳目者?噫!耳目且然,心无异矣。②

近溪认为,如果按照朱熹的注解,那么只有通过扩充赤子之心的良知良能才能达到圣人"无所不知"、"无所不能"的境界,这一说法预设了赤子之心还有不足,还有待于扩充,这与孟子"良知良能"的说法是矛盾的。因为"良知"、"良能"之所以称之为"良",本身就包含着"无所不知、无所不能"的规定性,如果说良知还需要后天的扩充,那么就与良知概念本身的规定性矛盾了。换句话说,孟子所说的"大人不失其赤子之心",是说赤子之心是成圣的根据,是人人本有的,而不是只有圣人(大人)才有。在近溪看来,一般人之所以把"大人者不失其赤子之心者也"解释为只有大人才能保全赤子之心,是因为混同了"原日的心"(赤子之心)与"后来心"。"原日的心"是赤子之心("良知良能"),"后来心"是后天的经验意识和通过学习而获得的能力("所知所能"),把赤子与大人之间的区别了解为知识的多少和才能的高低,这与孟子的思想是不符的。

当有人不明白"赤子之心"何以"无所不知,无所不能"时,近溪当机指点说:

于是坐中诸友竟求赤子无所不知、无所不能而竟莫得其实,乃命

---

① 《盱坛直诠》下卷,台北:广文书局 1977 年版,第 202—204 页。
② 《一贯编·孟子下》,第 5—6 页。

静坐歌诗,偶及于"万紫千红总是春"之句,师因怃然叹曰:"诸君知红紫之皆春,则知赤子之皆知能矣。盖天之春见于花草之间,而人之性见于视听之际,今试抱赤子而弄之,人从左呼则目即盼左,人从右呼则目即盼右,其耳盖无时而不听,其目盖无处而不盼,其听其盼,盖无时无处而不展转,则岂非无时无处而无所不知能哉?"①

近溪认为,赤子的良知良能(赤子之心)即体现在像"左呼则目即盼左"、"右呼则目即盼右"等当下的、直接的知觉活动和前意识的行为反应中,不受具体的时空条件的限制,时时处处都可以显现出来。从这一意义上来说,赤子之心具有"无所不知"、"无所不能"的特征。"无所不知"的"知"并不是指通过学习而获得的知识,而是指赤子原初的、自发的知觉活动,"无所不能"的"能"也不是指通过培养而获得的能力,而是指赤子自然的、直接的反应能力。

罗近溪进一步将孟子"大人者不失其赤子之心"的思想与《中庸》"圣则不勉而中,不思而得"的思想联系起来,认为"大人者不失赤子之心是《中庸》精髓",他说:

> 《中庸》专谈性道,而性道首之天命,故曰"道之大原出于天",又曰"圣希天"。夫天则莫之为而为,莫之致而至者也;圣则不思而自得,不勉而自中者也。今日吾人之学则希圣而希天者也,既欲求以希圣直至希天,乃而不寻思自己有甚东西可与他打得对同,不差毫发,却如何去希得他,而与之同归一致也耶? 反思原日天初生我只是个赤子,而赤子之心却说浑然天理。细看其知不必虑,能不必学,果然与莫之为而为莫之致而至的体段浑然打得对同过也。然则圣人之为圣人,只是把自己不虑不学的现在对同莫为莫致的源头,我常敬顺乎天,天常生化乎我,久久便自然成个不思不勉而从容中道的圣人也。圣如孔子,又对同得更加亲切,看见赤子出胎最初啼叫一声,想其叫时,只是爱恋母亲怀抱,却指着这个爱根而名为仁,推充这个爱根以来做人,合而言之曰"仁者人也,亲亲为大"。若做人的常是亲亲,则

---

① 《盱坛直诠》下卷,第203—204页。

爱深而其气自和,气和而其容自婉,一些不忍恶人,一些不敢慢人,所以时时中庸而位天育物,其气象出之自然,其功化成之浑然也。①

周敦颐曰:"贤希圣,圣希天"。近溪认为,若以"希圣"、"希天"为终极价值理想,则要寻思自己有个什么东西与圣、天打得对同,不差毫发,方能成圣成天。《中庸》曰:"圣则不勉而中,不思而得。"《孟子》曰:"莫之为而为者天也,莫之致而致者命也。"②在近溪看来,赤子之心的不学不虑与《中庸》所说的圣人的"不思"、"不勉",孟子所说的"莫之为而为"、"莫之致而致"的体段是相同的。因此,只要把自己不学不虑的现在对同莫为莫致的源头,常敬顺乎天,天常生化乎我,久久便自然成个不勉而从容中道的圣人。

罗近溪的"赤子之心"说强调当下的、直接的知觉和前意识的反应能力是每一个人本有的"良知良能",不需要后天的学习和培养,只要觉悟到自身本来具有这种良知良能,并且按照这种良知良能去行动,就能够成为圣人。因此,他所说的赤子之心,既不同于伦理学意义上的道德本心,也不同于认识论意义上的认知主体,而是相当于禅宗所说的"知觉作用"。③ 在工夫论上,这一学说主张赤子之心(良知良能)的自足性和圆满性,拒斥后天工夫的培养和扩充,其实质是以觉悟为工夫。

3. 孝弟慈说

"孝弟慈"的说法来源于《大学》。《大学》说:"孝者,所以事君也;弟者,所以事长也;慈者,所以使众也。"近溪把《大学》的"孝弟慈"与《孟子》的"赤子之心"、《中庸》的"天命之性"、《论语》的"仁"联系起来,提出"孝弟慈即天命之性","孝弟慈即仁"、"孝弟慈即明明德于天下"等思想,作为他晚年的讲学宗旨。这一宗旨代表了他的思想的圆熟形态。

(1)孝弟慈即天命之性

按近溪自述,他在嘉靖三十一年(1552 年)经历了一次"格物"之悟,

---

① 《近溪子集·射》,第 5—6 页。
② 《孟子·万章上》。
③ 参见陈来:《宋明理学》,第 282—283 页。

格物之悟使他认识到《大学》一书为古代圣贤和儒家经典格言的选编，以帮助人们依照这些格言学为大人。这些格言讲的就是孝弟慈的道理。"格物"之悟后，他"凝顿精神，沉思数月"，终于认识到《大学》之"孝弟慈"即《中庸》之"天命之性"①。他说：

> 由一身之孝弟慈而观之一家，一家之中未尝有一人而不孝弟慈者；由一家而观之一国，一国之中未尝有一人而不孝弟慈者；由一国之孝弟慈而观之天下，天下之大，亦未尝有一人而不孝弟慈者；又由缙绅士夫以推之群黎百姓，缙绅士夫固是要立身行道，以显亲扬名、光大门户而尽此孝弟慈矣；而群黎百姓，虽职业之高下不同，而供养父母、抚育子孙，其求尽此孝弟慈亦未尝有不同者也；又由孩提、少长以推之壮盛、衰老，孩提、少长固是爱亲、敬长，以能知能行此孝弟慈矣；便至壮盛之时，未有弃却父母子孙而不思孝弟慈；岂止壮盛，便至衰老、临终，又谁肯弃却父母子孙而不思以孝弟慈也哉？

> 又时乘闲暇，纵步街衢，肆览大众、车马之交驰，负荷之杂沓，其间人数何啻亿兆之多，品级亦将千百其异。然自东徂西，自朝及暮，人人有个归着，以安其生；步步有个防简，以全其命。窥觑其中，总是父母、妻子之念固结维系，所以勤谨生涯、保护躯体，而自有不能已者。其时《中庸》天命不已与君子畏敬不忘，又与《大学》贯通无二。②

按近溪回忆，他幼濡庭训，嬉嬉于骨肉之间，怡怡于日用之际，十分快乐；十五从师，与闻道学，立志另径蹊径，以去息念存心，别起户牖，以去穷经造理，但至于劳苦身心。于是将孟子孩提爱敬之良，不虑不学之妙，征之幼稚，以至少长，果是自己曾经受用。按照孝弟慈的良知去学去行，就易简顺适，不按照孝弟慈的良知去学去行，就勉强劳苦。③ 通过这样一番切身的经历和体验，近溪认识到《大学》所说的"孝弟慈"就是《中庸》所说

---

① 《一贯编·四书总论》，第18页。
② 《一贯编·四书总论》，第17—18页。
③ 参见《一贯编·四书总论》，第16—17页。

的"天命之性"：一方面，孝弟慈是天生自然的德性，是人人不容已的，这种不容已的德性即体现了天命之不容已；另一方面，人们勤谨生涯，保护躯体的意识和行为即是孝弟慈的具体表现，这种对生计的维系和生命的保护即是《中庸》所说的对天命的戒惧敬畏。这一思想的特色在于，通过强调生命的价值和对生命的珍视，把传统理学视为心性涵养工夫的"戒慎恐惧"扩展到生命伦理领域，从而丰富了孝弟慈的内涵。

近溪认为，《大学》的"孝弟慈"和《中庸》的"天命之性"都根源于《易经》的"生生"学说：

> 孔门《学》、《庸》，全从《周易》"生生"一语化将出来。盖天命不已，方是生而又生；生而又生，方是父母而己身，己身而子，子而又孙，以至曾而且玄也。故父母、兄弟、子孙，是替天命生生不已显现个皮肤；天命生生不已，是替孝父母、弟兄长、慈子孙通透个骨髓。直竖起来，便成上下今古；横亘将去，便作家国天下。①

"生生"即生生不已。"天命不已"出自《诗经》"维天之命，于穆不已"。"天命生生不已"是说，宇宙是一个创生不息的过程。在近溪看来，宇宙的创生不息与人类的生殖繁衍具有关联性，即宇宙的创生不息体现为父母—兄弟—子孙的世代繁衍；孝顺父母、尊敬兄长、慈爱子孙的伦理活动又彰显了宇宙创生不息的德性。因此，他又说："四时之行，水土之化，无一物不有所自生，则无一物而不好生，便谓之曰'天命之谓性'也。夫惟好生为天命之性，故太和纲缊，凝结此身。其始之生也，以孝弟慈而生；是以其终之成也，必以孝弟慈而成也。"②按照这一说法，孝弟慈不仅仅是一种个人和家族维持和爱护生命的伦理活动，而且是宇宙创生的德性，具有超道德的宇宙价值。

近溪通过把《大学》的"孝弟慈"与《中庸》的"天命之性"和《易经》的"生生"思想联系起来，一方面为"孝弟慈"的德性奠定了宇宙论的根据，另一方面又肯定了勤谨生涯、保护躯体等世俗价值的合理性。

① 《一贯编·四书总论》，第18—19页。
② 《一贯编·中庸》，第38—39页。

（2）孝弟慈即仁

《论语》曰："孝弟者,其为仁之本与! 君子务本,本立而道生。"程颐曰："孝弟也者,其为仁之本与! 言为仁之本,非仁之本也。"①又曰："盖孝弟是仁之一事,谓之行仁之本则可,谓之是仁之本则不可。盖仁是性,孝弟是用也。性中只有仁义礼智四者,几曾有孝弟来? 仁主于爱,爱莫大于爱亲。故曰:'孝弟也者,其为仁之本欤!'"②程颐从"仁性爱情"的观点出发,认为孝弟作为道德情感,不属于性。性是道德的先天根据,孝弟则是性的发露,不是仁之本,而是"行仁"之本。近溪则认为,"仁义是个虚名,而孝弟乃是其名之实也"③,主张孝悌是仁之本:

> "孝弟也者,其为仁之本与",本犹根也。树必根于地,而人必根于亲也。根离于地,树则仆矣;心违乎亲,人其能有成也耶? 故顺父母,和兄弟,一家翕然,即气至滋息,根之入地也深,而树之蕃茂也将不可御矣。④

近溪认为,"孝弟者为仁之本"不是像程颐说的那样仁为性、为体,孝为爱、为用;而是说孝弟是仁的"本根",仁与孝弟的关系犹如树与根,人与父母亲的关系,仁是从孝生出来的。他说:"古本仁作人最是,即如人言,树必有三大根始茂,本犹根也。夫人亦然,亦有三大根,一父母,一兄弟,一妻子。树之根伐其一不荣,伐其二将槁,伐其三立枯矣,人胡不以树为鉴哉。"⑤仁字即人字,"孝弟者为仁之本"犹言"孝弟者为人之本",孝悌是人最根本的德性。

有人问他仁与孝有何分别时,他说:

> 亦无分别。孔子云:"仁者人也",盖仁是天地生生的大德,而吾人从父母一体而分,亦只是一团生意,故曰"形色天性也,惟圣人而后能践形",即目明、耳聪、手恭、足重、色温、口止,便生机不拂,充长

---

① 《河南程氏遗书》卷十一,《二程集》,第125页。
② 《河南程氏遗书》卷十八,《二程集》,第183页。
③ 《近溪子集·御》,第36页。
④ 《一贯编·论语上》,第10页。
⑤ 《盱坛直诠》下卷,第151页。

条畅,人固以仁而立,仁亦以人而成。人既成,则孝无不全矣。故生
理本直,枉则逆,逆非孝也;生理本活,滞则死,死非孝也;生理本公,
私则小,小亦非孝也。①

《孝经》曰:"天地之性人为贵,人之行莫大于孝。"近溪这段话是发挥《孝
经》的义旨。近溪认为,仁是天地生生不已的德行,这种德行就体现在人
的生命伦理活动中。人们如果能够爱护自己的身体,使身体的活动自然、
合理,则生命便能蓬勃发展,这就是仁,仁与人是相辅相成的关系。同时,
孝也是生命的伦理,生命的伦理具有"直"、"活"、"公"等属性,"直"指不
去阻碍生命的发展,"活"指不使生命力停滞,"公"指不自私。做到了孝,
也就实现了仁,二者同样是相辅相成的关系:"孝以成仁,亦以仁成"。

近溪又对他的弟子杨起元说:

> 人生于父母,不可不知所以为子;而父母所生者人也,不可不知
> 所以为人。以其所以为子者为人,是谓事天如事亲,而可以言仁矣;
> 以其所以为人者为子,是谓事亲如事天,而可以言孝矣。②

《孝经》孔子告哀公曰:"仁者人也,亲亲为大",下文曰"思事亲不可以不
知人,思知人不可以不知天"。在近溪看来,孝是指事亲如事天,仁是指
事天如事亲,仁与孝虽然言说的侧重点不一样,其实没有分别。

近溪通过以仁言孝,以孝言仁,仁孝并言,一方面把仁还原为孝,认为
仁来源于孝,仁的内涵即孝;另一方面又把孝提升为仁,认为孝是宇宙
"生生"的德性(仁)。这一思想认为,作为生命伦理活动的孝不仅仅具有
道德的价值,而且具有超道德的价值,从而打破了传统儒学把孝主要理解
为道德原则和道德规范的局限。

(3)孝弟慈即明明德于天下

近溪早年认为,"孝弟慈"作为家庭伦理,即是《大学》所说的"至
善";"孝弟慈"作为个人的德性,即是《大学》所说的"明德"。后来他认
识到,"孝弟慈"即是《大学》所说的"明明德于天下",个人之孝弟慈即可

---

① 《近溪子集·礼》,第21—22页。
② 《仁孝训序》,《证学编》卷四,《续修四库全书》子部,第1129册。

推及家国天下。这一说法表明,近溪认为孝弟慈不仅仅是个人的德性和家庭的伦理,而且也是社会—政治的伦理。

门人问《大学》宗旨,近溪说:

> 夫孩提之爱亲是孝,孩提之敬兄是弟,未有学养子而嫁是慈保赤子,又孩提爱敬之所自生者也。此个孝弟慈原人人不虑而自知,人人不学而自能,亦天下万世人人不约而自同者也。今只以所自知者而为知,以所自能者而为能,则为父子兄弟足法而人自法之,便叫做明明德于天下;又叫做人人亲其亲,长其长而天下平也。此三件事,从造化中流出,从母胎中带来,遍天遍地,亘古亘今。试看此时薄海内外,风俗气候万万不齐,而家家户户谁不是以此三件事过日子也。只尧、舜、禹、汤、文、武,便皆晓得此三件事,修诸己而率乎人,以后却尽乱做,不晓得以此修己率人。故纵有作为,亦是小道;纵有治平,亦是小康。却不知天下原有此三件大道理,而古先帝王原有此三件大学术也。故孔子将帝王修己率人的道理学术,既定为六经,又将六经中至善的格言,定为修己率人规矩,而使后世之学者,格著物之本末始终,知皆扩而充之,老吾老以及人之老,长吾长以及人之长,幼吾幼以及人之幼,使家家户户共相爱敬,共相慈和而共相安乐,虽百岁老翁,皆嬉嬉都如赤子一般,便叫做雍熙太和,而为大顺大化,总而名之曰大学也已。①

近溪认为,"孝弟慈"是人人不学不虑的良知良能,是天生自然的明德,一个人若能以良知为知,以良能为能,则别人自然会以之为表率而去效法。人人效法,则人人都能做到孝弟慈。人人都能做到孝弟慈,便是明明德于天下,也就是孟子所说的"人人亲其亲,长其长,而天下平"。在他看来,家庭是由父母、兄弟、妻子组成,奉养父母、和处兄弟、养活妻子是人们生活中的三件大事,如果人人奉养父母、和处兄弟、养活妻子,即"老吾老以及人之老,长吾长以及人之长,幼吾幼以及人之幼",则子女与父母、弟弟与哥哥、妻子与丈夫便会同心同德,恭敬和美,达到一种理想的社会状态。

---

① 《一贯编·大学》,第7—8页。

因此,"孝弟慈"是"六经"之至善格言,既是修己的准则,也是率人的规矩。

近溪"孝弟慈即明明德于天下"的思想一方面体现了儒家"正己而物正"的政治理想,另一方面主张将作为家族伦理的孝悌慈扩展至整个社会政治领域。有人问"立身行道果是何道"?他说:"大学之道也。大学明德、亲民、止至善许大的事,也只是立个身。盖丈夫之所谓身,联属天下国家而后成者也。如言孝则必老吾老以及人之老,天下皆孝,而其孝始成,苟一人不孝,即不得谓之孝也;如言弟则必长吾长以及人之长,天下皆弟,而其弟始成,苟一人不弟,即不得谓之弟也。是则以天下之孝为孝,方为大孝;以天下之弟为弟,方为大弟也。"[1]在近溪看来,孝弟慈不仅是一种家族伦理,局限于家族血缘关系,而且也是社会—政治伦理,只有人人都做到了孝弟慈,才是真正的孝弟慈。

(4)天明与光景

近溪早年从事于默坐澄心的工夫,追求心如明镜、止水的宁静、安定境界,以至于产生了心理和生理的失调。嘉靖三十二年癸丑(1553 年),近溪北上赴试,经过临清时,又忽然生了一场重病,据语录记载,他曾"问道于泰山丈人":

泰山丈人言曰:"君身病稍康,心病则复何如?"余默不应。

翁曰:"君自有生以来,遇触而气每不动,当倦而目辄不暝,扰攘而意自不纷,梦寐而境悉不忘,此皆君心锢疾,今仍昔也。可不亟图疗耶?"

余愕然曰:"是则余之心得,曷云是病?"

翁曰:"人之心身体出天常,随物感通,原无定执。君似宿生操持强力太甚,一念耿光,遂成结习。日中固无纷扰,梦里亦自昭然。君今谩喜无病,不悟天体渐失,岂惟心病,而身亦不能久延矣!盖人之志虑常在目前,荡荡平平,与天地相交,此则阳光宣朗,是为神境,令人血气精爽,内外条畅。如或志虑沉滞胸臆,隐隐约约于水鉴相

---

① 《近溪子集·射》,第19页。

涵，此则阴灵存想，是为鬼界，令人脉络绊缠，内外交泥……余惊起叩谢，伏地汗流，从是执念渐消，血脉循轨矣。"①

泰山丈人指出，人的身心受外部事物的刺激而产生感应，本来是自然而然，没有任何执著的。如果把捉、强制使心不受外部事物的干扰，虽然暂时可以达到一种定静、光明的境界，但因为这种定静、光明的境界是后天用工而得，是不能恒久的，又称之为"鬼界"。心体本来是光明的，而非人力之所为，又称之为"神境"。如果把追求定静、光明的念头留滞在心中，反而违背了身心没有执著（"原无定执"）的本然状态，很容易造成生理和心理的失调。

近溪问道于泰山丈人后，认识到早年体验的澄然湛然的心体并非真正的心体，从事默坐澄心的定静工夫也并非真正的工夫，因而反对宋儒以来"静观喜怒哀乐未发气象"和"静坐中养出端倪"的主静的工夫路数，认为静默中体验心体所产生的湛然、光明、廓然、洞然等景象只是"光景"，并不是心之本体。他说：

> 天地生人，原是一团灵物，万感万应而莫究根源，浑浑沦沦而初无名色，只一心字亦是强立。后人不省，缘此起个念头，就会生个识见；因识露个光景，便谓吾心实有如是本体，实有如是朗照，实有如是澄湛，实有如是自在宽舒。不知此段光景原从妄起，必随妄灭。及来应事接物，还是用着天然灵妙浑沦的心。心尽在为他作主干事，他却嫌其不见光景形色，回头只去想念前段心体，甚至欲把捉终身，以为纯亦不已，望显发灵通以为宇泰天光，用力愈劳，而违心愈远。②

近溪认为，心本来是浑沦灵妙、无方所、无形迹的，是超越言语和形象的存在，不同于处于时空中的具体的存在者，不能被对象化地认识。人们如果把心作为对象化的存在者去认识，必然会把指向某物的意识（"念头"）当做是心，从而产生关于心的虚假的意见，虚假的意见又会呈露出各种景象，近溪称之为"光景"。"光景"是比喻性的说法，本来指日光的影子。

---

① 《泰山丈人》，《罗明德公文集》卷三，明崇祯五年陈懋德刻本，第70—71页。
② 《近溪子续集》卷下，第32—33页。

正如日光的影子不同于日光本身一样,虚假的意见呈露出的各种景象并不是真实的心之本体。近溪"光景"的说法表明,心之本体并不是某种特殊的神秘的意识状态,如澄然、湛然等景象,而是与生俱来、不虑而知的良知,也叫做"天明":

> 会中一友每常用工,每坐便闭目观心,予恐其门路或差也,乃问之曰:"君今相对,见得心中如何?"
>
> 曰:"炯炯然也,但常恐不能保守,奈何?"
>
> 子曰:"且莫论保守,只恐或未是尔。"
>
> 子曰:"此处更无虚假,安得不是?且大家俱在此坐,而中炯炯,至此未之有改也。"
>
> 予曰:"……天性之知,原不容昧,但能尽心求之,明觉通透,其机自显而无蔽矣。……况圣贤之学,本之赤子之心以为根源,又征诸庶人之心以为日用。君才言常时是合得,若坐下心中炯炯,却赤子之心原未带来,而与大众亦不一般也。……盖吾人有生有死,我与老丈俱存日无多,适才炯炯浑非天性,而出自人为。今日天人之分,便是将来神鬼之关也。今在生前能以天明为明,则言动条畅,意气舒展;比至殁身,不为神者无几。若今不以天明为明,只沉滞襟膈,留恋景光,幽阴既久,殁不为鬼神者亦无几矣。老丈方谓得力,岂知此一念头翻为鬼种,其中藏乃鬼窟也哉?……"①

近溪认为,着力捕捉、体验内心呈现的特别状态与景象只是追求虚幻的假象,并不是真实的心体呈现,这种工夫只是留恋景光。如果用力太过,这种工夫的结果就是沉滞胸膈,身心俱病,正如他自己早年曾经历过的那样。真实的心体只是赤子之心与大众日用平常心,这个心本来是明明白白,灵妙通透,故称为天明。而体验到内心光明感并不是真正的明,只有在人的日用生活中发现的灵觉才是天明。

(5)当下即是与追往逆来

---

① 《近溪子续集》卷下,第28—29页。

近溪中年讲学,时常以"当下"指点学者心体。① 有一学生苦于杂念纷生,愤嫉难治,近溪指点说:

（近溪）曰:"……所云念头之杂,忿怒之形,亦皆是说前日后日事也。孔子谓'不追既往,不逆将来',工夫紧要,只论目前。今且说此时相对,中心念头果是何如?"

曰:"若论此一时,则此已恭敬安和,只在专志听教,一毫杂念也自不生。"

曰:"吾子既已见得此时心体有如此好处,却果信得透彻否?"

大众忻然起曰:"据此时心体,的确可以为圣为贤,而甚无难事也。"②

有人问"如何观未发气象"时,近溪说:

（近溪）曰:"子不知如何谓为喜怒哀乐未发,又如何知得去观其气象也耶? 我且诘子,此时对面相讲,有喜怒也无?"

曰:"无。"

"有哀乐也无?"

曰:"无。"

曰:"既谓俱无,便是喜怒哀乐未发也。此个未发之中,是吾人本心常体。若人识得此个常体中中平平,无起无作,则物至而知,知而喜怒哀乐出焉,自然与预先有物横其中者天渊不侔矣,岂不中节而

---

① 耿定向《读近溪子集》曰:"盖余自嘉靖戊午(1558 年)获交近溪子于京邸,其时近溪子谈道,直指当下性真,令人反身默识,绝不效世儒詹詹然训解文义,譬则韩白用兵,直捣中坚,搴旗斩将,不为野战者。"(《近溪子附集》卷之一,《耿中丞杨太史批点近溪罗子全集》)又谭希思撰《皇明理学名臣传》云:"出守宁国……公即境即言,发其浑沦活泼之机,启以并生同生之天。有苦思虑起灭者,则以心体未透觉之;有以中常炯炯为得力者,则以赤子原本带来正之;有以持心不放为工夫者,则以意念端倪、闻见想象之错认者提醒之。"(《近溪子集》卷末,《耿中丞杨太史批点近溪罗子全集》)按:近溪于嘉靖三十六年(丁巳,1557 年)赴任刑部,嘉靖三十七年(戊午,1558 年)于京中结识耿定向,时近溪 44 岁。嘉靖四十一年(壬戌,1562 年)近溪 48 岁,补守宁国,在任四年。据耿定向和谭希思所说可推出,近溪在中年常以"当下"指点学者。

② 《近溪子集·射》,第 38 页。

和也哉?"①

有人问:"今时谈学皆有宗旨,而先生独无,何也?"近溪说:

> (近溪学)曰:"此时我问子答,是知能之良否?"
>
> 曰:"是知能之良也。"
>
> 曰:"此个问答,要学虑否?"
>
> 曰:"不要学,不要虑也。"②

二人以"中"相诘难,近溪调解说:

> 二子之言,各有攸当。但中之为理,即此时一堂上下,人将百计,其耳目心志,亦岂不有百样,却于二子所言,一字一句无有一人不入于耳,亦无有一人不想于心者,何哉?盖因各人于此坐立之时,一切市喧俱不乱闻,凡百世事俱已忘记,个个倾着耳孔,而耳孔已虚;个个开着心窍,而心窍亦虚。其虚既百人如一,故其视听心思即百样人亦如一也。然则人生均受天中,而天中必以虚显,岂不各有攸当哉?③

在近溪看来,在讲会中"我问你答"、"我讲你听"等特定的"当下"情境,人处于一种无期必、无适莫、无喜怒哀乐、无思虑的纯粹意识状态,这种主客未分的纯粹意识状态便是人的心体。回忆(追往)、预期(逆来)等意识活动是"当下化"(Vergegenwärtigung)的行为④,"当下化"的行为是把过去与未来的意识提升、再现于当前的意识,这与原初的"当下"状态(心体)是不同的。人若能于此当下反观内照,则可以彻悟心体。

近溪所说的"当下",作为人生存、体验的本真状态,不仅是指相对于过去、未来的现在(此时)而言,而且指一种前反思的、前课题化的意识状态,这种意识状态不同于对象化的意识,而是一种更原初的意识状态。近

---

① 《一贯编·四书总论》,第 13 页。

② 《一贯编·心性下》,第 16 页。

③ 《一贯编·心性下》,第 37—38 页。

④ 德国哲学家胡塞尔用"当下化"来描述广义上的想象或"再现"、"再造"的行为。胡塞尔认为,"当下化"行为中包着各种意义上的想象行为,例如,"再当下化"(Wiedervergegenwärtigung)意识着"回忆"行为;"前当下化"(Vorvergegenwärtigung)意味着"期待"行为。参见倪梁康:《胡塞尔现象学概念通释》,三联书店 1999 年版,第 476—477 页。

溪认为,这种意识状态并不是每一个人都能觉察、体验得到的,大部分人"习焉而不察","日用而不知"。如果能觉察到这种意识状态,则"当下即是工夫"。《近溪语录》载:

> (近溪)曰:"戒谨恐惧姑置之,且言子心之宁静何状耶?"
>
> ……
>
> 适执事供茶,循序无差,罗子目以告生曰:"谛观群胥此际供事,心则宁静否?"
>
> 此生意未解。
>
> ……
>
> 曰:"如是宁静正与戒惧相合,而又何相妨耶? 今业举者,多安意于读书作文,居则理家,出则应务,自以此为日用常行。至论讲学做圣贤,却当别项道路,且须异样工夫。故每每以闭户静坐为宁静,以矜持把捉为戒惧,欲得乎此,恐失乎彼者,殆将十人而九矣。曾不思天命率性,道本是个中庸,中庸解作平常,固平常之人所共由也,且顺臾不可离。顺臾不可离,固寻常时刻所常在也。诸生试听适才童子击鼓敲钟,一音一响铿铿朗朗;诸乡老拱立而听,一句一字,晓晓了了。以至诸吏胥、执事供茶,亦一步一趋,明明白白,一堂何曾外却一人,一人何曾离却一刻,而不是此心之远用,此道之现前也耶?"
>
> 生曰:"戒惧似用工之意,不应如是现成。"
>
> 曰:"诸生可言适才童冠歌诗之时与吏胥进茶之时全不戒惧邪? 其戒惧又全不用工耶?"①

近溪通过"吏胥供茶"、"童冠歌诗"等生动的例子指出,宁静、戒惧、中和等都是人心本有的,也是在日常生活中自然地体现着的。吏胥为长官供茶、童冠歌诗时无喜无怒、不偏不倚、不动不乱、见在明白、见在恐惧、见在自然、见在停当、自然防检、自然中和、自然宁静、自然专一,人若能自觉到这种意识状态(本体),则"当下即是工夫"。所谓"当下即是工夫",不是说于当下另去做工夫,而是说"工夫合本体,本体做工夫",也就是说本体

---

① 《一贯编·心性下》,第22—23页。

在当下做工夫。近溪论"学而时习之"说:"圣人之学,工夫与本体,原合一而相成也。时时习之,于工夫似觉紧切,而轻重疾徐,终不若因时之为恰好。盖因时则是工夫合本体,而本体做工夫,当下即可言悦,更不必再竢习熟而后悦。"①在近溪看来,本体与工夫原不可分,本体中有工夫,工夫中有本体,工夫是指本体之工夫,而不是指人为的用功而言。孔子所说"学而时习之"之"时",并不是"时时"之义,而是"因时"之义。"因时"是"本体做工夫",而"工夫合本体",因此当下便可以得到悦的受用。故近溪又说:"盖说做工夫,是指道体之精详处;说做道体,是工夫之贯彻处。道体既人人具足,则岂有全无工夫之人?道体既时时不离,则岂有全无工夫之时?故孟子云:'行矣不著,习矣不察',所以终身在于道体工夫之中,仅是宁静,而不自知其为宁静;仅是戒惧,而不自知其为戒惧,天下古今盖莫不皆然也。"②近溪的这一思想是王阳明"戒慎恐惧是本体,不睹不闻是工夫"说的进一步发挥。

"当下即是"蕴涵的另一个含义是"工夫不离当下"。近溪说:"如致广大而尽精微,则须理会自己当下视听云为、起居食息之德性,果是广大否也,果是精微否也。若果真见广大之无不该,精微之无不妙,吾知其致之尽之,工夫自有莫可已焉者矣。如'极高明而道中庸',则其理会亦然,其真见亦然。吾知其极之道之,工夫亦自有莫可已焉者矣。故四书五经,非不专攻,然不外吾当下之显露者,以专而攻之也;诸子百家,非不博习,然不外吾当下之现在者,以博而习之也。"③又说:"圣贤之道,原非高远,不能反求,便觉得高远耳。学问之事,亦无重难,但离却当下,便觉重难耳。"④近溪通过对《中庸》"尊德性而道问学、致广大而尽精微、极高明而道中庸"的诠释,指出"广大"与"精微"是德性(本体)的固有品格,这种固有品格就体现在人的日常的、当下的活动(如视听云为、起居饮食等)中;人们如果在当下的日常活动中体认("理会")到德性本体,自然会做

①《一贯编·论语上》,第6页。
②《一贯编·心性下》,第23页。
③《一贯编·中庸》,第35—36页。
④《一贯编·中庸》,第36页。

"致之"、"尽之"、"极之"、"道之"的工夫。本体当下呈露、当下显现，故工夫不应离却当下，学习经典的活动也要与当下的体认统一起来。

通过以上的讨论，我们可以看到近溪"当下即是"的思想包括三个方面的含义：(1)当下即是本体：本体当下具足，当下呈现；(2)当下即是工夫：本体当下做工夫；(3)工夫不离当下：工夫要围绕当下展开，要合于当下之本体。

近溪"当下即是"的思想一方面继承了王艮"以日用见在指点良知"的思想①；另一方面也受到佛教特别是禅宗"当下即是"思想的影响。《五灯会元》曰："龙潭崇信禅师……一日问曰：'某自到来，不蒙指示心要。'皇(天皇道悟)曰：'自汝到来，吾未尝不指汝心要。'师曰：'何处指示？'皇曰：'汝擎茶来，吾为汝接；汝行食来，吾为汝受；汝和南时，吾便低首。何处不指示心要？'师低头良久。皇曰：'见则直下便见，拟思即差。'师当下开解。"②天皇道悟通过龙潭崇信当下的行为("擎茶"、"行食")指出，日常生活中的一言一行都是佛性的表现，人们的行为如果不假思索，不作计较，纯任自然，就是道。近溪"当下即是"的思想吸收了禅宗的智慧。

三、聂双江、罗念庵与阳明学的转折

聂双江继承了周敦颐、陈白沙(名献章，字公甫，号实斋，1428—1500年)以来的"主静"思想和道南学派"观夫喜怒哀乐未发之前"的传统，特别重视王阳明《传习录》上"收敛为主"和早期"默坐澄心"的教法，主张用《中庸》的"未发之中"来解释"良知"：良知是超越情感、知觉发生层面的虚寂的、隐微的本体，情感、知觉是良知本体的发用；前者属于先天的、超越的层面，后者属于后天的、经验的层面。由于良知在本体论上具有优先性，因此聂双江在工夫论上强调"执体以应用，归寂以通感"。

罗念庵认识到当时流行的现成良知说带来的种种弊病，他自觉地认

---

① 王艮以日用见在指点良知，曾说："童子捧茶即是中。"
② 《五灯会元》卷七，中华书局 1984 年版，第 370—371 页。

同聂双江的"归寂"说,同样主张应该严格地区分良知与知觉、已发与未发、寂与感:良知是先验的、纯粹的、自主的、寂静的、至善的本体,不同于后天的、已发的、经验的知觉。但不同于聂双江的是,他在晚年对良知的看法发生了转变,主张良知是贯通内外、动静、已发未发、寂感的存在,从而把阳明的良知学发展到更加精微的阶段。在工夫论上,他把"致良知"与"主静"、"无欲"的方法联系起来,强调对良知本体"收摄保聚"的涵养工夫。

由于聂、罗二人明确地区分了良知与知觉,并且主张以归寂、主静为特色的涵养本原工夫的优先性,因此在某种意义上偏离了阳明良知学心性一元、性情一元的思想和在事事物物上致良知的实行的、健动的精神,体现了阳明学的转折和向宋学的回归。

(一)聂 双 江

聂双江(1487—1563年),名豹,字文蔚,江西吉安永丰(今江西省吉安县)人,后因徙家双溪(今浙江余杭县境内),故自号双江。

聂双江正德十二年(1517年)举进士,十五年(1520年)授华亭知县,兴学校,修水利,减赋税,革积弊,甚有政声。嘉靖四年(1525年),召入为福建道监察御史,未赴,后转任应天。嘉靖七年(1528年),巡抚福建,次年出任苏州知府。嘉靖二十年(1541年),起复,知山西平阳府。根据《明史》记载,其时"山西频中寇,民无宁日"。朝廷用聂双江的计策,修关练卒,先事以待,寇来被却。双江因退寇有功,嘉靖二十二年(1543年),升陕西按察司副使,"备兵潼关"。后因遭权臣恶言,逮下诏狱,落职归。嘉靖二十九年(1550年),召拜右佥都御史,尚未赴,又迁兵部右侍郎,不久转兵部左侍郎,升至兵部尚书。后因反对"开海滨互市禁",忤旨罢归,数年而卒,年77岁,赠太子少保,谥"贞襄"。聂双江的著作有《双江聂先生文集》和《困辨录》。

聂双江在巡按应天府时曾到越城谒见王阳明,《传习录》中卷收集了两通王阳明写给他的书信。王阳明死后,他以王阳明高第弟子钱绪山、王龙溪为证,拜王阳明为师。黄宗羲《明儒学案》评论聂双江之学说:"先生之学,狱中闲久静极,忽见此心真体,光明莹彻,万物皆备。乃喜曰:'此未发之中也,守是不失,天下之理皆从此出矣。'及出,与来学立静坐法,使之归寂以通感,执体以应用。"①由此可以看出,聂双江的"归寂"说的提出,是与他狱中静坐的体验和对《中庸》"未发之中"的了解分不开的。

1. 良知即未发之中

聂双江良知说的特色在于用《中庸》"未发之中"的思想来解释良知。他继承了朱熹乾道五年"中和"之悟后的"已发"、"未发"说,主张"未发"与"已发"是标志心理活动的不同阶段和状态的范畴;"未发"不同于"未发之中",未发之中即是良知;未发工夫具有优先性。

具体而言,什么是"未发"呢?聂双江赞同程颐和朱熹关于"心有已发与未发"的思想,认为《中庸》所说的"未发"有两层含义:(1)未发是指喜怒哀乐的情感未发作的时候。他说:"窃谓无时不喜怒,谓喜怒无未发之时,可也。人固有时不喜,亦有时乎不怒,感物而动,与化俱徂,安得遽谓无未发之时哉?"②喜怒哀乐的情感有发作的时候,也有不发作的时候,《中庸》所说的"喜怒哀乐之未发"是指喜怒哀乐的情感未发作的时候。这一观点被称为"未发有时"说,即未发指未与外物接触、情感未发作的时候,已发是指受外物的刺激、情感发作的时候。这是按照字面的意义来解释《中庸》的未发已发。(2)未发是指喜怒哀乐未发作的前意识心理状态。他说:"夫喜怒哀乐岂无未发之时?但于其未发也,可以验吾寂然之体,常存此体,不离须臾,则大本立而达道行,初未尝遂以未发为大本也。"③未发不是指在中的本体,而是指喜怒哀乐未发作时的内心状态,《中庸》所说的"喜怒哀乐未发之谓中"是说喜怒哀乐未发作的时候可以体验到中("大本")。这一观点被称为"未发非体"说,其实质是主张未发不即是未发之中(本体)。

什么是"未发之中"呢?聂双江反复援引程子的话说:"程子曰:'不

---

① 《江右王门学案二·贞襄聂双江先生豹》,《明儒学案》卷十七,《黄宗羲全集》(增订版)第七册,第 427 页。

② 《答欧阳南野三》,《双江聂先生文集》卷之八,《四库全书存目丛书》集部,第 72 册,下同。

③ 《答黄洛村》,《双江聂先生文集》卷之十一。

睹不闻便是未发之中。'不闻曰隐,不睹曰微,隐微曰独。谓之独者,言人
生只有此件学问,只有此处,天下之物无以尚之之谓也。"①这是说,未发
之中是超越人的视听等知觉活动的隐微的、寂静的本体,也就是《中庸》
所说的"独"。另外,聂双江又认同王阳明"未发之中不可谓常人俱有"的
思想,认为未发之中是指境界,是通过工夫培养而达到的结果。

聂双江进一步区分了"独"和"独知",提出良知是未发之中的思想。
他说:"独知是良知的萌芽。"②这是主张把独知当做已发的范畴,不同于
作为"不睹不闻"的独。良知是独(未发之中),而不是独知。这一思想认
为,良知是超越人的思虑、情感发生状态的本体,不属于后天的、经验的
层面。

基于对未发与未发之中的讨论,聂双江在工夫论上继承宋代理学
"静中体验未发气象"和"涵养本原"的思想,坚持未发工夫的优先性。他
在《困辨录·辨中》中特别援引《朱子语类》中朱熹论"中和"的三段语
录,称之为朱子"悟后定论",认为"龟山一派,每言静中体认,又言平日涵
养,只此四字,便见吾儒真下手处"③。"静中体认"即"静中以体夫喜怒
哀乐未发气象",主张通过静坐,排斥外物的干扰和闲思杂虑,在情感、思
虑未发生时(未发)体验本体(未发之中)。"主敬涵养"是程朱以来所强
调的未发工夫,区别于格物致知的已发工夫。聂双江十分欣赏程颐"敬
而无失便是中"④的思想,主张通过戒慎恐惧的工夫来存养、保任中(本
体)。

聂双江良知即是未发之中的观点提出之后,立即遭到江右王门学者
的批评,以至于邹东廓说"四方同志之士环而攻之"。聂双江在致友人书
信中列举了几种代表性的批评,并一一作了回应:

　　试以诸公之所以疑于仆者请之:有曰喜怒哀乐无未发之时,其曰

---

① 《答欧阳南野三》,《双江聂先生文集》卷之八。
② 《答王龙溪》(即《致知议略》),《双江聂先生文集》卷之十一。
③ 《辨中》,《困辨录》卷一,《续修四库全书》子部,第939册。
④ 程颐说:"敬而无失,便是喜怒哀乐未发之谓中也。敬不可谓之中,但敬而无失,
　即所以中也。"《河南程氏遗书》卷二上,中华书局1981年版,第44页。

未发,特指其不动者言之。诚如所论,则"发而中节"一句无乃赘乎?
大本达道,文当何所分属乎? 不曰道之未发,而曰喜怒哀乐之未发,
此又一说也。盖情之中节者为道,道无未发。又曰无时无喜怒哀乐,
安得有未发之时? 此与无时无感之语相类。然则日夜之所息,指何
者为息乎? 旦昼之所为,非指喜怒哀乐之发者言之乎?①

这三种观点代表了当时江右王门学者欧阳德(字崇一,号南野,1496—
1554 年)、陈九川(字惟濬,号明水,1494—1562 年)、邹守益等人的观点。
第一种观点可以概括为"未发非时"说。欧阳德说:"夫喜怒哀乐本无未
发之时,即思虑不生、安闲恬静、虚融淡泊,无名可名,名之曰乐。故未发
非时也,言乎心之体也。喜怒哀乐之发,知之用也。即喜怒哀乐之发,而
有未发者,故曰喜怒哀乐之未发。犹之曰:聪明者视听之未发,而非视听
有未发之时。"②这是说,喜怒哀乐的情感时常发作,并无真正的喜怒哀乐
未发作的时候,因此《中庸》所说"未发"并不是指喜怒哀乐没有发作的时
候,而是指心之体(良知)而言。良知是心之本体,喜怒哀乐是良知的发
用,本体即潜隐于发用之中。第二种观点可以概括为"发而未发者谓之
中"。未发是指心之本体(中)而言,发即心之发用,指喜怒哀乐而言,喜
怒哀乐皆中节则谓之和。黄洛村援引江右诸公的观点说:"诸公之意,以
子思子不曰道之未发,而曰喜怒哀乐之未发,盖喜怒哀乐其发也,而曰喜怒
哀乐之未发,何也? 盖自其发而未发者谓之中,自其发而中节者谓之和。
天道常运也,自其运而不变者谓之体,自其运而已者谓之用,天道人心,合
而观之者也。"③这是说,《中庸》所说的"喜怒哀乐之未发"并不是指喜怒
哀乐未发作的时候,而是指心之本体(中)而言;"发"则是指心之发用,即
喜怒哀乐;喜怒哀乐发而皆中节则谓之和。未发(中)与发(喜怒哀乐)是
体(本体)和用(发用)的关系,体即显现在用中。这一观点主张未发是心
之本体(中),明显不同于聂双江的"未发非体"说。第三种观点可以概括

---

① 《答黄洛村二》,《双江聂先生文集》卷之九。
② 《答欧阳南野三》引欧阳南野语,《双江聂先生文集》卷之八。
③ 《答黄洛村》引黄洛村语,《双江聂先生文集》卷之十一。

为"无时无喜怒哀乐"说。江右学者认为,心无时不处于知觉活动状态,并无无喜怒哀乐的时候,这与第一种观点"未发非时"说相似。

针对江右学者的质疑,聂双江从三个方面进行了辩护。第一,聂双江认为,如果《中庸》的"未发"是指心之体(良知)而言,那么按照江右王门学者的立场,良知既是未发之中,又是发而皆中节之和,《中庸》本文便只说"喜怒哀乐未发之谓中"一句就可以了,没有必要再分说"发而皆中节谓之和"一句了。第二,他认为"道"与"未发"是不同的,未发是指喜怒哀乐的情感未发作的时候和状态,道则是指喜怒哀乐的情感中节的状态,也就是《中庸》所说的"和",道已经预设了喜怒哀乐情感的发作,不能用"未发"来描述。第三,他引用孟子的"夜气"说,认为"日夜之所息"说的正是喜怒哀乐未发作时的内心状态,即未发之气象。

聂双江与江右诸学者围绕"喜怒哀乐之未发谓之中"的辩论,体现了朱子学与阳明学的对立。聂双江基于朱子学二元论的立场,认为心有已发与未发的时候和状态,未发之中是指在中的本体,已发是指情。江右阳明学者则基于阳明"体用一源"的思想,认为"良知即是未发之中,即是发而皆中节之和",良知"常发而常不发","离已发之外别无未发",强调《中庸》所说的发与未发是针对中(良知)而言的,良知是贯通已发与未发的存在,未发之中与已发之和是体用的关系,良知即体现在情感与知觉活动中,并不是超越情感和知觉活动的本体。

2. 归寂主静说

嘉靖二十五年(1546年),聂双江被捕入狱,在狱中,他撰写了《困辨录》一书。出狱后,他提出"归寂"的主张。所谓"归寂",即"归寂以通感,执体以应用"。这一工夫论和方法论主张的提出,是与他对心的体用关系和良知的了解分不开的。

在心的体用关系上,聂双江赞同程颐"心一也,寂然不动者体也,感而遂通天下之故者用也"的观点,认为心具有体用的结构。他说:

> 心之虚灵知觉,均之为良知也。然虚灵言其体,知觉言其用。[1]

---

[1] 《答松江吴节推》,《双江聂先生文集》卷之八。

朱熹说:"心之虚灵知觉,一而已。"①王阳明说:"心之虚灵明觉,即所谓本然之良知也。"②一般认为,"虚灵"的说法来源于佛教,特别是禅宗。虚灵是能知、能觉,指先验的认识能力;知觉是所知、所觉,即经验的认识。聂双江区别了心之"虚灵"与心之"知觉":心之虚灵是良知本体(体),心之知觉是良知本体的发用(用)。他曾用一个比喻来说明良知本体与知觉的关系:良知本体好比镜体之明,知觉好比明镜之照。他又把体用的关系理解为"源流"和"本末"的关系。③ 源流与本末的隐喻说明,聂双江所理解的良知本体与知觉的关系,既是发生论上先与后、派生与被派生的关系,又是本体论上本质与现象、本体与功用的关系。这一思想认为,良知是潜隐于感性知觉(现象)背后的本质,知觉是良知本体的功能,并以良知本体为终极根据。

由于聂双江明确地区别了良知和知觉,因此,他不满意阳明学者以知觉为良知的观点。他评论当时阳明后学的良知之学说:

> 今天下从事于良知之学者,乃浸以失其真,何哉? 良知者未发之中,备物敦化,不属知觉,而世常以知觉求之,盖不得于孩提爱敬之言而失之也。孟子曰:孩提之童,不学不虑,知爱知敬,是盖即其所发以验其中之所有。故曰:"亲亲,仁也;敬长,义也。"初非指爱敬为良知也。犹曰恻隐羞恶,仁义之端,而遂以恻隐羞恶为仁义,可乎哉? 今夫以爱敬为良知,则将以知觉为本体;以知觉为本体,则将以不学不虑为工夫。其流之弊,浅陋者恣情玩意,拘迫者病己而揠苗,入高虚者遗弃简旷,以耘为无益而舍之。是三人者,猖狂荒谬,其受病不同,而失之于外一也。④

聂双江认为,孟子所说的良知即《中庸》所说的"未发之中"(不睹不闻之独体),是本体、主宰(心的自主性);爱亲敬长等道德知觉属于本体之发

---

① 《中庸章句序》,《晦庵先生朱文公文集》卷七十六,《朱子全书》第二十四册,第3764页。

② 参见《传习录》中,《王阳明全集》卷二,第47页。

③ 《答欧阳南野三》,《双江聂先生文集》卷之八。

④ 《送王惟中归泉州序》,《双江聂先生文集》卷之四。

用,主宰之流行。良知与知觉不是同一层次的范畴,前者是形上的、超越的层次,后者是经验的、现象的层次,二者具有严格的界限。如果把良知混同于知觉,就会夸大良知的现成性和自足性,否认工夫修养的必要性,造成"猖狂荒谬"的弊病。因此,他又说:"孟子言孩提之童,不学不虑,知爱知敬。盖言其中有物以主之,爱敬则主之所发也。今不从事于所主,以充满乎本体之量,而欲坐享其不学不虑之成,难矣!"①

聂双江在"心有体用"和"良知即未发之中"的观点基础上,提出了"良知本寂"和"归寂"说:

> 窃谓良知本寂,感于物而后有知;知其发也,不可遂以知发为良知,而忘其发之所自也。心主乎内,应于外而后有外;外其影也,不可以其外应者为心,而遂求心于外也。故学问之道,自其主乎内之寂然者求之,使之寂而常定也,则感无不通,外无不该,动无不制,而天下之能事毕矣。譬之鉴悬于此,而物来自照;钟之在簏,而扣无不应。此谓无内外、动静、先后,而一之者也。②

良知是未发之中,是不睹不闻的独体,也就是"寂"。寂是指良知本体精明、隐微、静专、虚灵、宁定的本然状态。知觉是受外物的刺激而产生的,是良知的发用。良知与知觉是内外、形影的关系。为学之方在于"自其主乎内之寂然者求之",也就是"归寂以通感,立体以达用"。而寂即是心之本体,也就是良知,良知是知觉的主宰。"归寂"强调从良知本体上用工夫,使良知本体彰显出来,从而来宰制后天的知觉活动。

"归寂"的具体途径是"主静":

> 夫学虽静也,静非对动而言者。"无欲故静"四字,乃濂溪所自著。无欲然后能寂然不动。寂然不动,天地之心也,只此便是喜怒哀乐未发时气象,然岂初学之士可一蹴能至哉?其功必始于静坐。静坐久然后气定,气定而后见天地之心,见天地之心而后可以语学。即平旦之好恶而观之,则原委自见,故学以主静焉至矣。戒惧不睹,恐

---

① 《致知议略》,《双江聂先生文集》卷之十一。
② 《答欧阳南野三》,《双江聂先生文集》卷之八。

惧不闻,观之谓也。观之而反纷扰云者,非观之罪,不善观之罪也。

矜持欲速,二三杂为,是求静而反动矣。①

周敦颐主张"主静无欲",又自注说:"无欲故静"。在双江看来,"无欲"是恢复寂、静的本体和达到寂、静的境界的方法。静并不是相对于动而言的相对的宁静状态,而是指寂静的本体和寂静(定)的境界,也就是《易经》复卦所说的"天地之心"和宋儒津津乐道的"喜怒哀乐未发时气象"。什么是无欲呢? 双江说:"周子所谓无欲者,非专指邪欲言,凡有所著,如意、必、固、我皆欲也。"②也就是说,无欲并不仅仅指克治不道德的私心杂念,也是对心理意向的一种调控方法,只有扫除心的任何执著和意向性活动,寂静的本体才能显现。故双江又说:"一念不起便是未发之中"③。所谓"一念不起",并不是指心如木石,而是指扫除一切邪念,使正念流行,也就是《金刚经》所说的"应无所住而生其心"。

双江认为,无欲并不是人人都可以做到的,对于初学者来说,下手工夫是静坐。通过静坐,排除外物的刺激和情感、思虑活动的纷扰,达到一种宁静的心理状态。在这种宁静的心理状态中,寂静的本体(天地之心)便会呈现出来。在他看来,《中庸》所说的"戒慎恐惧"的涵养未发的工夫与宋儒所说的"观未发气象"的体认未发的工夫并不是矛盾的,而是互相包含、互为前提的。

3. 致知格物说

王阳明晚年在《答顾东桥书》中解释《大学》"致知格物"说:"所谓致知格物者,致吾心之良知于事事物物也。吾心之良知,即所谓天理也。致吾心良知之天理于事事物物,则事事物物皆得其理矣。致吾心之良知者,致知也。事事物物皆得其理者,格物也。"④与早年把格物解释为"正念头"的思想不同,王阳明在这里把格物解释为"事事物物皆得其理",这一说法中的格物实际上是"物格",即致知工夫达到的效果,而不是独立的

---

① 《答亢子益问学》,《双江聂先生文集》卷之八。

② 《答陈履旋给舍》,《双江聂先生文集》卷之九。

③ 《答陈履旋给舍》,《双江聂先生文集》卷之九。

④ 《传习录》中,《王阳明全集》卷二,第45页。

工夫。

聂双江受王阳明这一思想的影响,进一步提出"格物无工夫"说:

> 知者心之体,虚灵不昧,即明德也。致者,充满其虚灵之本体,江汉濯之,秋阳暴之,可以合德天地,并明日月,而斯之谓致。致知即致中也。寂然不动,先天而天弗违者也。格物者,致知之功用,物各付物,感而遂通天下之故,何思何虑,后天而奉天时也,如好好色而恶恶臭之类是也。①

> 致知之功,要在于意欲之不动,非以周乎物而不过之为致也。镜悬于此,而物来自照,则所照者广;若执镜随物以鉴其形,所照几何?……致知如磨镜,格物如镜之照,谬谓格物无工夫者以此。②

双江认为,"致知"的"知"是指"心之体",也就是他所说的"虚灵之寂体"。"致"是"充养"之义,即扩充、培养的意思。致知是通过对本体的扩充、培养,消除一切蒙蔽心体的意见和欲望,以求达到恢复本体全体的工夫。格物是致知达到的自然效果,不需要人为的努力,因此又可以说"格物无工夫"。双江用"磨镜"的比喻说明,正如镜面被尘垢斑蚀所蒙蔽,只有通过打磨才能恢复镜面的光明一样,良知本体在现实中也难免被各种意见、欲望所蒙蔽,只有通过致知工夫的培养才能恢复。根据这一思想,双江批评阳明学者在事事物物上致良知的方法忽略了对良知本体的培养工夫,而一味地在良知的发用处用功("照上用功"),这是"舍本逐末"的做法,就好比镜面还没打磨光明,却让它无物不照一样。

双江以致为充养之义,以致知为致中,这与王阳明的致知说是不同的。阳明所说的致知的致,包括三层意思:一是扩充;二是至极;三是实行。致良知一方面是指人应扩充自己的良知,扩充到最大限度;另一方面是指把良知所知实在地付诸行为中去,从内外两方面加强为善去恶的道德实践。双江则只强调致的充养之义,认为致知是涵养本原的未发工夫(致中),而不承认在事事物物上致良知的合理性,这就违背了王阳明致

---

① 《答亢子益问学》,《双江聂先生文集》卷之八。
② 《致知议略》,《双江聂先生文集》卷之十一。

良知说"实行"的精神。

双江"致知格物"说提出后,立即在阳明后学中引起极大的反响。王龙溪曾写信与他进行了反复的辩论。王龙溪说:"格物是致知(于)日可见之行,随在致此良知,周乎物而不过,天然之则也。"①双江驳斥说:"今曰'格物是致知日可见之行,随在致此良知,周乎物而不过',是以推而行之为致,全属人为,终日与物作对,能免牵己而从之乎?"②龙溪回答说:"公见吾人为格致之学者,认知识为良知,不能入微,致其自然之觉,终日在应迹上执泥有象,安排凑泊,以求其是当,故苦口拈出虚寂话头,以救学者之蔽,固非欲求异于师门也。然因此遂斩然谓'格物无工夫',虽以不肖'随在致此良知、周乎物而不过'之说,亦以为全属人为,终日与物作对,牵己而从之,恐亦不免于惩羹吹齑之过耳。"③王龙溪基于王阳明的格物致知说,认为格物是致知的工夫,所谓格物,是指把良知固有的法则(天则)推行于人伦事物,使人伦事物得到良知的规范。双江则不同意龙溪以致为"推而行之"之义,反对把良知推行于事事物物作为致知的说法,强调致知是对寂体的扩充、培养。二者的区别在于,龙溪强调格物致知不仅仅局限于内在的道德修养,而且也表现为外在的道德实践活动,而双江则把致知理解为纯粹内在的道德修养。

(二)罗 念 庵

罗念庵(1504—1564年),名洪先,字达夫,江西吉水人。因"长读书至'克念至圣'",自号念庵居士。

罗念庵少时仰慕程朱学者罗伦(字应魁,号一峰,1431—1478年),15岁时,他听说王阳明讲学于江西赣州虔台,欲往受学,被父亲阻止。《传习录》刊刻问世后,念庵读之废寝忘食。23岁,念庵遵奉父命,师事同里李谷平(1478—1548年)。嘉靖八年(1529年),念庵举进士第一,授翰林院修撰。嘉靖十八年(1539年),召拜左春坊赞善。次年至京,因上书言

---

① 《致知议略》,《双江聂先生文集》卷之十一。
② 《致知议略》,《双江聂先生文集》卷之十一。
③ 《致知议辩》,《龙溪先生全集》卷之六。

储贰事,忤逆上意,被黜谪为民。归田后,他在家乡开辟石莲洞,静坐之外,长年出游,四处讲学,求师问友。嘉靖三十七年(1558 年),严嵩写信劝他出山做官,他以毕志林壑为借口而推却。六年后,卒于家。隆庆中赠光禄少卿,谥"文恭"。罗念庵的著作有《念庵罗先生文集》。

罗念庵生平未曾见到阳明。阳明去世后,钱绪山(德洪)请他校订《阳明年谱》,他自称后学,不称门人。在阳明弟子中,他与王龙溪、聂双江往来尤为密切。他曾撰写《冬游记》、《戊申夏游记》、《甲寅夏游记》,记载了他和龙溪等人论学、辩难的经历。他又曾为聂双江的《困辨录》撰写序和点评。他早年认同王龙溪的见在良知说,以良知为是非之心,致力于为善去恶的践履工夫,后来觉得被龙溪"良知时时见在"一句所误导,而欠缺培养本原的未发工夫。聂双江"归寂"说提出后,他说:"双江所言,真是霹雳手段,许多英雄瞒昧,被他一口道著,如康庄大道,更无可疑。"[1]他认为双江的归寂说与自己的思想不谋而合,因此提倡"主静无欲"的宗旨。嘉靖三十四年,他与龙溪同游楚山,静坐三月,自称"静久大觉",咏《夜坐诗》十首,回来后写信给蒋信(字卿实,号道林,1483—1559年),阐发了"万物一体"的思想。因此,黄宗羲《明儒学案》评价他的学术旨趣的变化说:"先生之学,始致力于践履,中归摄于寂静,晚彻悟于仁体。"[2]

1. 良知说

罗念庵对良知的认识经历了一个不断转变的过程。他在《〈困辨录〉序》中自述为学经历说:

> 昔者闻良知之学悦之,以为是非之心人皆有之,吾惟即所感以求自然之则,其亦庶乎有据矣。已而察之,执感以为据,即不免于为感所役。吾之心无时可息,则于是非者亦将有时而淆也。又尝凝精而待之以虚,无计其为感与否也。吾之心暂息矣,而是非之则似亦不可

---

① 《江右王门学案三·文恭罗念庵先生洪先》,《明儒学案》卷十八,《黄宗羲全集》(增订版)第七册,第 446 页。
② 《江右王门学案三·文恭罗念庵先生洪先》,《明儒学案》卷十八,《黄宗羲全集》(增订版)第七册,第 446 页。

得而欺。因自省曰："昔之役者,其逐于已发;而今之息者,其近于未
发矣乎!"盖自良知言之,无分于发与未发也。自知之所以能良者言
之,则固有未发者以主之于中,而或至于不良,乃其发而不知返也。①
罗念庵早年信从王阳明的良知说,认为良知就是孟子所说的是非之心,是
人人本有的道德判断能力;良知即体现在心的感应和知觉活动中,于是致
力于从心的感应、知觉活动中去把握作为是非法则的良知。后来认识到
如果把心只理解为感应和知觉活动,一方面,难免把心沦为受外物刺激而
产生感应的消极的、被动的存在,忽视了心的自主性;另一方面,因为作为
感应和知觉活动的心是流行不息、念念变迁的,必然会造成善恶意识夹
杂,是非法则混淆,不能保证道德本体(良知)的纯粹性。于是收摄精神,
排除外物的干扰,在虚静中体认良知,终于认识到心有已发与未发,良知
即是未发之中,是知觉之所以具有道德价值的先验根据。因此,他反思了
王阳明的"良知"概念,提出了自己对"良知"的界说:

(1)良知即至善

王阳明曾说:"至善也者,心之本体也。动而后有不善,而本体之知,
未尝不知也。"②罗念庵解释说:

　　夫孟子所言良知,指不学不虑当之,是知乃所以良也。知者感
也,而所以为良者非感也。《传习录》有曰:"无善无恶者理之静,有
善有恶者气之动。不动于气即无善无恶,是谓至善。"夫至善者非良
乎? 此阳明之本旨也。③

念庵认为,孟子所说的良知是超越善恶对待的,具有至善的伦理品格,不
同于后天的知觉。知觉是现象层面的经验意识,是受外物的刺激而产生
的,有善有恶,而良知则是知觉"所以良"者,也就是说,良知是知觉之所
以具有道德价值的先天根据。

《甲寅夏游记》一文中,念庵进一步发挥了这一观点:

---

① 《〈困辨录〉序》,《明儒学案》卷十八,《黄宗羲全集》(增订版)第七册,第483页。
② 《大学古本序》,《王阳明全集》卷七,第243页。
③ 《江右王门学案三·答陈明水》,《明儒学案》卷十八,《黄宗羲全集》(增订版)第
　　七册,第457页。

> 夫良知者,言乎不学不虑,自然之明觉,盖即至善之谓也。吾心之善,吾知之;吾心之恶,吾知之,不可谓非知也。善恶交杂,岂有为主于中者乎? 中无所主,而谓知本常明,恐未可也。知有未明,依此行之,而谓无乖戾于既发之后,能顺应于事物之来,恐未可也。故知善知恶之知,随出随泯,特一时之发见焉耳。一时之发见,未可尽指为本体,则自然之明觉,固当反求其根源。①

念庵认为, 作为"自然之明觉"的良知不同于"知善知恶之知"(是非之心), 因为知善知恶之知作为道德判断能力一方面预设了善恶的存在, 属于经验的意识, 不足以作为判断善恶、区别是非的标准; 另一方面, 知善知恶之知只是良知本体偶然的、一时的发露和显现, 并不是良知的"全体"。良知是"主于中"者, 也就是说, 良知是超越于知善知恶之知的在中的本体, 具有自主性。知善知恶之知奠基于良知, 以良知为先验的根据。

(2) 良知即天性

王阳明曾说:"良知者,孟子所谓'是非之心,人皆有之'者也。是非之心,不待虑而知,不待学而能,是故谓之良知,是乃天命之性,吾心之本体,自然灵昭明觉者也。"②罗念庵解释说:

> 《中庸》言性,所指在于不睹不闻。盖以君子之学,惟于其所不睹不闻者,而戒慎恐惧耳。舍不睹不闻之外,无所用其戒慎恐惧也。夫不睹不闻,可谓隐而未形,微而未著矣。然吾之发见于外者,即此未形者之所为,而未始有加;吾之彰显于外者,即此未著者之所为,而未始有加。③

《中庸》说:"道也者,不可须臾离也;可离,非道也。是故君子戒慎乎其所不睹,恐惧乎其所不闻。莫见乎隐,莫显乎微。故君子慎其独也。"在念庵看来,《中庸》所说的"不睹不闻"是描述良知(天性)的存在状态的,所

---

① 《甲寅夏游记》,《明儒学案》卷十八,《黄宗羲全集》(增订版)第七册,第478页。
② 《大学问》,《王阳明全集》卷二十六,第971页。
③ 《戊申夏游记》,《江右王门学案三》,《明儒学案》卷十八,《黄宗羲全集》(增订版)第七册,第476页。

谓"不睹不闻"，是指良知潜隐而未显现、精微而未著明的状态，是超越了视听等感官知觉活动的存在。

念庵又把良知称为不睹不闻之独体：

> 不睹不闻，即吾心之常知处。自其常知不可以形求者，谓之不睹；自其常知不可以言显者，谓之不闻，固非窈冥之状也。①

> 谓良知与物无对，故谓之独，诚是也。独知之明，良知固不泯矣。卜度拟议，果皆良知矣乎？《中庸》言独，而注增"独知"二字，言良知者因喜附之，或非子思意也。来谕谓"独指天命之性言"，得之矣。②

在念庵看来，独与独知是不同的，独是天命之性，也就是良知；独知是良知的萌芽，不能以独知为良知。《中庸》所说的独指天命之性而言，是超越的本体。这一思想与聂双江是相同的。

（3）良知即未发之中

聂双江曾把孟子的良知解释为《中庸》的未发之中，未发之中不仅是隐微的本体，而且是通过戒惧工夫而达到的境界。念庵继承了这一思想，他说：

> 阳明先生良知之教，本之孟子乍见入井、孩提爱敬、平旦好恶三者，以其皆有未发者存，故谓之良。③

念庵认为，乍见孺子入井而产生的怵惕恻隐之心、孩提之童爱亲敬长、平旦好恶的道德情感属于良知的发用流行层面，其深层的根据则是作为未发的良知本体。在他看来，阳明所说的良知即是指作为未发层面的良知。

《戊申夏游记》载：

> 先生（王阳明）又曰："良知是未发之中。"又曰："当知未发之中，常人亦未能皆有。"岂非以良知之发，为未泯之善端，未发之中，当因发而后致？盖必常静常定，然后可谓之中。则凡致知者，亦必即其所

---

① 《答刘月川》，《明儒学案》卷十八，《黄宗羲全集》（增订版）第七册，第452页。
② 《与詹毅斋》，《明儒学案》卷十八，《黄宗羲全集》（增订版）第七册，第469页。
③ 《答董蓉山》，《明儒学案》卷十八，《黄宗羲全集》（增订版）第七册，第460页。

未泯,而益充其所未至,然后可以为诚意,固未尝以一端之善为圣人之极则也。①

念庵认为,王阳明所说的良知是未发之中,未发之中是指通过戒惧工夫而达到的境界,这种境界并不是一般人都能达到的。恻隐、爱敬等道德情感只是良知的萌芽、端倪,并不就是良知全体本身。未发之中指通过工夫而达到的恒久的静定的境界。

罗念庵以上关于"良知是未发之中"的思想与聂双江是相同的。但是,他晚年撰写了《读〈困辨录〉抄序》,表达了对双江"未发有时"和"未发非体"说的不满:

> 公(聂双江)之言曰:"心主乎内应于外,而后有外,外其影也。"心果有内外乎? 又曰:"未发非体也,于未发之时而见吾之寂体。未发非时也,寂无体不可见也,见之谓仁,见之谓知,道之鲜也。"余惧见寂之非寂也。是故自其发而不出位者言之,谓之寂;自其常寂而通微者言之,谓之发;盖原其能戒惧而无思为,非实有可指得以示之人也。故收摄敛聚可以言静,而不可谓为寂然之体;喜怒哀乐可以言时,而不可谓无未发之中。何也? 心无时亦无体,执见而后有可指也。②

罗念庵认为,双江的"未发非体也,于未发之时而见吾之寂体"说预设了寂体(良知)是一个实体性的存在,而实际上寂体只是指"能戒惧、无思为"的功能,不能够被实体化;双江以未发为喜怒哀乐未发生的时候是可以的,但心却"无时亦无体",未发与已发只是描述本体的潜隐与显现的不同状态的。据此,念庵批评双江的良知说割裂了内外、寂感、已发与未发。

根据上面的讨论,我们可以看出,罗念庵的良知说与王阳明的良知说是不同的。王阳明认为,"良知只是个是非之心"③,良知与是非之心并不

---

① 《戊申夏游记》,《明儒学案》卷十八,《黄宗羲全集》(增订版)第七册,第477页。
② 《江右王门学案三·读〈困辨录〉抄序》,《明儒学案》卷十八,《黄宗羲全集》(增订版)第七册,第486页。
③ 《传习录》下,《王阳明全集》卷三,第111页。

是分属于两个不同的层面,良知即体现在是非之心中,并不是离是非之心外另有一个良知作为主宰;是非之心作为良知的显现,即是良知本身,二者的关系好比王龙溪所说的"昭昭之天"与"广大之天"的关系,昭昭之天即是广大之天。罗念庵的良知至善说则认为是非之心只是良知的一时之发见(一端),不即是良知本体之全体;良知不同于知善知恶之知,而是"主于中"的纯粹至善的伦理本体。王阳明认为,"良知即是独知时,此知之外更无知"①,离独知无所谓良知。罗念庵的良知即天性说则强调良知不同于独知,而是不睹不闻的独体。王阳明认为,良知即是未发之中,即是发而皆中节之和,良知是贯通已发未发的存在。罗念庵的良知即未发之中说则主张良知是未发之中,不同于已发的道德情感。但是,值得注意的是,罗念庵在晚年不再坚持心有已发与未发的朱子学立场,而提出"心无时亦无体"②的观点,主张良知是内外、动静、寂感合一的存在,说明他对良知的理解经历了一个颇为曲折的过程后,又表现出对阳明以"体用一源"为特征的良知说的某种认同。

2. 寂感说

聂双江的"良知本寂"说认为,心有体有用,虚灵是良知(本体)的特征,是寂;知觉则是良知(本体)的发用,是感。这一学说提出之后,阳明后学曾围绕"寂感"问题展开过一场辩论。这一场辩论涉及心的寂感、动静、体用、未发与已发等问题。江右学者邹东廓等人提出"寂感无二时,体用无二界"③说,反对聂双江以寂(良知)为心之体、感(知觉)为心之用,分寂感为心理活动的不同阶段和状态的观点。陈明水则反对聂双江"心有定体"的观点,主张"心无定体,感无停机"④说。

罗念庵早年赞同聂双江"心有定体"的观点,他写信反驳陈明水的"心无定体"说:

---

① 《答人问良知二首》,《王阳明全集》卷二十,第791页。
② 《江右王门学案三·读〈困辨录〉抄序》,《明儒学案》卷十八,《黄宗羲全集》(增订版)第七册,第486页。
③ 《再答双江》,《东廓邹先生文集》卷之六,《四库全书存目》集部,第66册。
④ 《简罗近溪先生》,《明水陈先生文集》卷之一,《四库全书存目》集部,第72册。

来教云："心无定体,感无停机。"凡可以致思著力者,感也,而所以出思发知者,不可得而指也。"谓"心有感而无寂",是执事之识本心也,不肖难之于心,则谓"心有定体,寂然不动"者是也。"感无停机,时动时静"是也。心体唯其寂也,故虽出思发知,不可以见闻指。然其凝聚纯一,渊然精深者,亦唯于著己近里者能默识之,亦不容以言指也,是谓"天下之至诚"。动应惟其有时也,故虽出思发知,莫不为感。然其或作或息,或行或止,或语或默,或视或瞑,万有不齐,而机难预定,固未始有常也,是谓"天下之至神"。惟至诚者乃可以语至神,此《中庸》通篇意也。

来教云："欲于感前求寂,是谓画蛇添足。欲于感中求寂,是谓骑驴觅驴。"不肖验之于心,又皆有可言者。自其后念之未至,而吾寂然者未始不存,谓之感前有寂可也。自其今念之已行,而吾寂然者未始不存,谓之感中有寂可也。感有时而变易,而寂然者未始变易;感有万殊,而寂然者惟一,此中与和、情与性所由以名也。①

陈明水基于王阳明寂感合一的观点,认为心没有固定的、寂然不动的体段,而是始终处于流行、发用、活动的状态中,寂与感是体和用、本质和现象的关系:寂在感中,即感之本体;感在寂中,即寂之妙用。因此,他反对把寂当做超越感之上的固定不动的本体(心之体)。罗念庵则认为,心有固定的、寂然不动的体段,寂感是心的活动的不同阶段和状态。当心处于感动的时候和状态时,"感中有寂",本体(寂)即体现在感中;当心处于寂静的时候和状态时,"感前有寂",本体(寂)离感而存在。寂感的关系相当于中庸所说的中与和、性与情的关系:中、性是标志寂的范畴,和、情是标志感的范畴。

《甲寅夏游记》中,罗念庵又与王龙溪讨论了"寂感"问题:

龙溪曰:"近日觉何如?"

曰:"一二年来与前又别,当时之为收摄保聚偏矣,盖识吾心之本然者,犹未尽也,以为寂在感先,感由寂发。夫谓感由寂发可也,然

① 《答陈明水》,《明儒学案》卷十八,《黄宗羲全集》(增订版)第七册,第455页。

不免于执寂有处；谓寂在感先可也，然不免于指感有时，彼此既分，动静为二，此乃二氏之所深非以为边见者。我坚信而固执之，其流之弊，必至重于为我，疏于应物，盖久而后疑之。夫心一而已，自其不出位而言，谓之寂，位有常尊，非守内之谓也；自其常通微而言，谓之感，发微而通，非逐外之谓也。寂非守内，故未可言处，以其能感故也，绝感之寂，寂非真寂矣；感非逐外，故未可言时，以其本寂故也，离寂之感，感非正感矣。此乃同出而异名，吾心之本然也。寂者一，感者不一，是故有动有静，有作有止。人知动作之为感矣，不知静与动，止与作之异者境也，而在吾心未尝随境异也。随境有异，是离寂之感矣。感而至于酬酢万变，不可胜穷，而皆不外乎通微，是乃所谓几也。故酬酢万变，而于寂者未尝有碍；非不碍也，吾有所主故也；苟无所主，则亦驰逐而不返矣。声臭俱泯，而于感者未尝有息；非不息也，吾无所倚故也；苟有所倚，则亦胶固而不通矣。此所谓收摄保聚之功，君子知几之学也。①

这段对话反映了罗念庵对寂感的认识发生了变化。"寂在感先，感由寂发"是他初年受聂双江影响的观点。聂双江主张寂感是先后、体用的关系，体用犹如源流本末，体能生用，故感由寂发。罗念庵认识到"寂在感先"的说法预设了寂与感属于不同的时间阶段，标志着动静两个状态，这样的感是"离寂之感"，而不是真正的感。"感由寂发"的说法则认为寂（本体）是实体性的、对象化的存在，这样的寂是"绝感之寂"，而不是真正的寂。二者都是割裂了寂感的关系。

鉴于此，他重新对寂感作了界定："夫心一而已，自其不出位而言，谓之寂，位有常尊，非守内之谓也；自其常通微而言，谓之感，发微而通，非逐外之谓也。""不出位"指"主于中"的本体而言，"通微"指心的应感不落于有形迹，不至于纷乱而言。这一思想认为，寂感是同一层次的范畴，所谓"同出而异名"。寂表征心（本体）的隐微的状态，感是表征心的

---

① 《甲寅夏游记》，《明儒学案》卷十八，《黄宗羲全集》（增订版）第七册，第479—480页。

活动的状态，几则是表征心即寂即感、即隐即显的状态；寂是心的本体，感是寂的功能。这就反对了把寂感看做动静二时而导致的把寂感分裂为二，把寂实体化、对象化的观点，从方法论的角度来说，罗念庵把寂感理解为本体—功能的关系，而不是像聂双江把寂看做隐藏于感之后、超越于感之上的本体，从而在某种意义上坚持了阳明学即体即用的精神。

3. 主静无欲说

"主静无欲"说是周敦颐、陈白沙以来提倡的精神修养方法。周敦颐《太极图说》说："圣人定之以中正仁义，圣人之道，仁义中正而已矣。而主静，无欲故静。"《通书》说："'圣可学乎？'曰：'可。'曰：'有要乎？'曰：'有。'请闻焉。曰：'一为要。一者无欲也，无欲则静虚、动直。静虚则明，明则通；动直则公，公则溥。明通公溥，庶矣乎！'"罗念庵继承了这一修养方法，主张"欲希圣必自无欲始，求无欲必自静始"①。

什么是静呢？他说：

> "主静"、"立极"，濂溪尝有是言矣，此非濂溪之言也，"戒惧于不睹不闻"，子思尝言之矣。不睹不闻，静也，微而隐而见焉，显焉，非不动也。此无欲之体，无极之真，大易所由以生生，非有物以为之根原。静为动根，静在动中故也。此即所谓"动而无动，静而无静，神妙万物者"也。故曰"阴阳一太极，太极本无极。"彼得意而忘言，故不执言，而直显其意若此，兄所引"动静一源、显微无间"是也。而指以静为时动时静，则浅之为静矣。《易》言显也，见也，凡天地之交错变易、日用之酬应作止，皆易也，皆动也，而其根则本静，本于无极，此即所谓根原也。②

这段话从形上学、心性本体论、人生论的角度讨论了静。从形上学的角度来说，宇宙的运动（天地之交错变易）是动，动的根源是静，静是宇宙的本

---

① 《答高白坪》，《明儒学案》卷十八，《黄宗羲全集》（增订版）第七册，第 452 页。
② 《答董蓉山》，《念庵罗先生文集》卷之一，《四库全书存目丛书》集部，第 89 册，下同。

体。静与动的关系也就是太极与阴阳的关系:太极是阴阳变化的根据和本源,阴阳变化是太极的表现("阴阳一太极")。从心性本体论的角度来说,"静"是《中庸》所说的"不睹不闻",即超越视听等感官知觉活动的本体("无欲之体")。本体一方面是潜隐精微的、静的,一方面是显露发见的、动的,静与动的关系是"隐微"与"显见"的关系。从人生论的角度来说,人生日常的应酬活动是动,动的根源是静。总之,罗念庵认为静不是相对于动而言的静,而是动的根源、根据,静通过动显现出来。从思维方式上来说,罗念庵的这一思想继承了程颐"动静一源,显微无间"的方法论主张,提倡"动而无动,静而无静",认为动与静是相互依存、相互渗透、相互转化的关系,反对将动静割裂开来,这无疑是一种辩证的看法。但是,与程颐强调"动为天地之心"的思想相比,罗念庵更强调静在本体论上的优先地位。

罗念庵认为,"静"不仅是宇宙的本体,也是心的本体,其特征是"无欲"。他说:"道心之言微,性之言定,无欲之言静,致虚之言立本,未发之言寂,一也。"①这是说,周敦颐所说的"无欲故静"的"静"也就是《尚书》所说的"道心之微"的"微",程颢所说的"定性"的"定",陈白沙所说的"致虚"的"虚",聂双江所说的"未发"的寂体。无欲、定、虚、寂都是从不同方面描述本体的存在状态的。所谓无欲,是说心的本然状态是纯粹至善的。他说:

盖人生而静,未有不善;不善,动之妄也。②

吾不能复无极之真者,孰为之乎?盖动而后有不善,有欲而后有动,动于欲而后有学。学者,学其未动焉者也。学其未动,而动其善矣,动无动矣,此其大略也。③

"人生而静"的说法来自《礼记·乐记》。《乐记》说:"人生而静,天之性也。感物而动,性之欲也。""无极之真"指无欲的本体。在罗念庵看来,

① 《〈困辨录〉序》,《明儒学案》卷十八,《黄宗羲全集》(增订版)第七册,第483页。
② 《甲寅夏游记》,《明儒学案》卷十八,《黄宗羲全集》(增订版)第七册,第478页。
③ 《答董蓉山》,《念庵罗先生文集》卷之一。

人生有一个静的阶段,在这个静的阶段中,人具有至善的伦理品格,不善是由于不合理的"动"(妄动)产生的,妄动又是由于欲望产生的。为学的目的是以恢复人的无欲的静的本来状态,达到程子所说的"动而无动"的定的境界。

罗念庵认为,"主静"是恢复无欲的本体和达到无欲的境界的途径:

> 夫至动莫如心,圣人犹且危之,苟无所主,随感而发,譬之御马,衔勒去手,求斯须驰骤之中度,岂可得哉?①

> 念之起伏,如生龙活蛇,捕缚不定,此不得机括者耳。此必知解技能心安贴不下。若识得心体,自不应有此。静中隐然有物,此即是心动不昧,此处常作主宰,是一生不了念。一切放下,是千休千处得,是真作主宰定。②

陈白沙曾说:"求吾之约,惟在静坐。久之,然后见吾此心之体隐然呈露,常若有物,日用间种种应酬,随吾所欲,如马之御衔勒也。"③在念庵看来,所谓"主静",也就是使"心有所主",即使心做主宰,挺立道德的主体性。具体途径是:通过静坐,摆脱一切意念活动和知识性活动,隐微的心体便会呈现发露;心体呈现发露后,如果能够自觉到它,心体自会做主宰,使一切知觉活动都受到宰制而无不合理。

罗念庵又将"主静"与"致良知"联系起来,他说:

> 神发为知,良知者,静而明也,妄动以杂之,几始失而难复矣。④

> 良知犹言良心,主静者求以致之。收摄敛聚,自戒惧以入精微。彼徒知觉焉者杂真妄而出之者也。主静则不逐于妄,学之功也。何言乎其杂真妄也?譬之于水,良知源泉也,知觉其流也,流不能不杂于物,故须静以澄汰之,与出于源泉者,其旨不能以不殊。⑤

---

① 《〈困辨录〉序》,《明儒学案》卷十八,《黄宗羲全集》(增订版)第七册,第483页。
② 《答万日忠》,《念庵罗先生文集》卷之一。
③ 《白沙学案上·复赵提学》,《明儒学案》卷五,《黄宗羲全集》(增订版)第七册,第83—84页。
④ 《甲寅夏游记》,《明儒学案》卷十八,《黄宗羲全集》(增订版)第七册,第478页。
⑤ 《江右王门学案三·读〈困辨录〉抄序》,《明儒学案》卷十八,《黄宗羲全集》(增订版)第七册,第485—486页。

　　致良知者,致吾心虚静而寂焉,以出吾之是非,非逐感应以求其是非,使人扰扰外驰,而无所于归以为学也。①

良知(良心)是静的,主静是致良知的途径。致良知的方法在于"收摄保聚":"收"是指收拾精神,使之向内;"摄"是指摄感以归寂,使感生于寂;"保"是指保养本体;"聚"是指使心专一,不散乱。收摄保聚的入手处在于《中庸》所说的"戒慎恐惧"。戒慎恐惧属于未发的工夫,不同于在意念发生后的省察克治工夫。

　　通过以上的讨论,我们可以看出,罗念庵的"主静无欲"说涵括了周敦颐"无欲故静"、程朱"涵养未发之中"、陈白沙"静中养出端倪"、聂双江"归寂主静"的思想。这一工夫论主张注重对良知本体的静中体认和平日涵养,侧重于未发的工夫。因此,在某种意义上偏离了王阳明事事物物上致良知的健动的、实行的精神。

---

① 《双江七十序》,《明儒学案》卷十八,《黄宗羲全集》(增订版)第七册,第486—487页。

第十章 新儒学的其他线索

第一节 象 数 学[①]

易学主要分为两大学派,即象数学派和义理学派。象数学派主张从阴阳奇偶之数和卦爻象以及八卦所象征的物象,解说《周易》经传文;义理学派主张从卦名的意义和卦的性质解释周易经传文,注重阐发卦爻象和卦爻辞义理。象数学派又分为数学派和象学派;义理学派又分为理学派、气学派、心学派和功利学派等不同的流派。这两大学派的对立,来源于《易传》中的"取象"说和"取义"说。

北宋象数之学的倡导者,始于宋初的陈抟。陈抟提出了许多图式解说《周易》的原理,成为图书之学的创始人。陈抟传其易学于种放,后又传至刘牧和李之才。刘牧推崇河图、洛书,李之才则宣扬卦变说。象数之学影响到周敦颐与邵雍。其中,周敦颐着重讲象,提出太极图说,论述宇宙形成的过程,为儒家成圣人的理论提供依据;邵雍则着重讲数,提出先天学,创立了易学中的数学派。义理学派的倡导者出于被称为"宋初三先生"之一的胡瑗(字翼之,993—1059年),其后传至程颐,程颐著《伊川易传》,创立了理学派的易学体系;而同时的张载则吸收孔颖达气论学说,著《横渠易说》和《正蒙》,创立了气学派的易学体系。

南宋时期,邵、程、张三家易学广为流传,而程氏易学成为易学发散的主流。象数之学通过程朱学派中的人物而得到发展,如程颐的再传弟子

---

① 本节可参见朱伯崑著《易学哲学史》第三编、第四编"宋明易学"部分,华夏出版社1995年版。

朱震对象数之学的整理,朱熹的好友和学生蔡元定及其子蔡沉对河图、洛
书学说的阐发。朱熹作为宋代理学大师,通过《周易》经传的解释,对北
宋以来的易学哲学的发展作了一次总结。他以程氏学为骨干,融会各家
之长,建立起一个庞大的易学哲学体系,完成了建立理学本体论的任务,
对以后几个世纪的易学哲学的发展都起了深刻的影响。

明代,象学则成为象数之学的主流。此派易学不仅主取象说,而且兼
论理和数,同程朱派的"取义"说展开了论争。著名易学家来知德就是其
代表人物。其后,方以智父子解释《周易》经传,继承了象学的传统,又吸
收了数学派的观点,对元明以来的象数之学作了一次总结,标志着象数之
学发展的高峰。

一、朱　震①

朱震是二程弟子谢良佐(字显道,1050—1103 年)即上蔡的门人,他
的易学以程氏易传为主,融会邵雍和张载,并采取汉唐以来象数之学的观
点解释程颐和张载的易学思想,企图恢复被王弼所分裂的象数之学的
传统。

朱震,字子发,湖北荆门军(今湖北荆门县)人,一说邵武人。生于宋
神宗熙宁五年(1072 年),死于高宗绍兴八年(1138 年)。朱震于宋徽宗
政和时登进士第,担任过州县官。靖康元年(1126 年),被朝廷召为太学
春秋博士。南宋绍兴年间,曾担任过经筵侍讲,为宋高宗讲解《周易》,并
将他所作的《周易集传》九卷、《周易图》三卷和《周易丛说》一卷送呈高
宗。因为他居住的地方荆门在汉水上游,后人便称他的《周易集传》为
《汉上易传》。

朱震对汉易和北宋的象数之学作了一次总结,为象数派的易学提供
了一套理论体系。他受程颐和张载的影响,一方面以气解释太极,在哲学
上导出了气为世界本原的结论,成为南宋时期气论哲学的阐发者;另一方
面又阐发了程氏的"体用一源"说,对宋明哲学中的本体论的发展起了一

---

① 可参见朱伯崑:《易学哲学史》第二卷第七章第一节"朱震《易传》与《易丛说》"。

定的作用。由于他主张有象而后有数,成为象数学派中具有唯物主义倾向的代表人物。

(一)圣人设卦本以观象

朱震在《周易》占筮体例上主张"取象说",即取八卦所象征的物象解释《周易》卦爻象和卦爻辞。因此,他解释《易传·系辞》中"圣人设卦观象"一章说:

> 圣人设卦本以观象,不言而见吉凶。自伏羲至于尧、舜、文王,近者同时,远者万有千岁,其道如出乎一人观象而自得也。圣人忧患后世,惧观之者其智有不足以知此,于是系之卦辞,又系之爻辞,以明告之,非得已也,为观象而未知者设也。①

这是说,伏羲设卦,教人观察卦象,推测吉凶。后来的圣人如文王,忧虑后人不能观卦象而知吉凶,于是系之于卦爻辞,解释卦爻象。

他解释《系辞》文"彖者言乎象者也"说:

> 设卦观象,默而识之,不得已而有彖者,所以言乎一卦之象也。玩其彖辞而不得,观其象可也。②

这是说,辞是用来解释象的,一卦之象乃一卦之体,《周易》一书以卦象为其结构。

他又解释《象传》的意义说:

> 易者,象也,有卦象,有爻象;象也者,言乎象者也,言卦象也;爻动乎内,言爻象也。夫子之大象,别以八卦取义,错综而成之。有取两体者,有取互体者,有取变卦者。大概彖有未尽者,于大象申之。③

这是引《系辞》文解释《象》的由来,认为《彖》、《象》二传都是解释卦象的,《大象》是对象的补充。并且指出,象有两种含义:一是指卦爻象;二是指八卦所取之物象,如《大象》所取八卦之象。

朱震认为,圣人建立奇偶卦象,是用来表现圣人之意,即《系辞》所说

---

① 《系辞上》,《汉上易传》卷七,第225页。
② 《系辞上》,《汉上易传》卷七,第226页。
③ 《乾·象》,《汉上易传》卷一,第7页。

"立象以尽意",离开卦象,则不能尽其意。他说:"圣人于无形之中建立有象,因象而得名,因名而得意,则言之所不能尽见者,尽矣。"①他认为卦爻象即奇偶之象乃得意的根据。根据这一看法,他批评王弼离卦象而求义理的做法违背了系辞所说圣人立象以尽意的原则。

关于八卦和筮法的起源,朱震阐发了《系辞》的观象说,认为卦爻象来源于圣人对天地万物的摹写。他解释《易传》中释《系辞》文"圣人观象制器"一章说:

> 盖动于人情,见于风气,有是时必有是象。易者,象也。易之有象,拟诸其形容而已。犹绘画之事,雕刻之工,一毫损益,则不相似矣。②

这是说,易之有象,来于对物象之模画;八卦之象,来于对八类事物的模拟。他解释《系辞》文"拟诸形容,象其物宜"说:"圣人见天下之至赜,将以示人,故拟诸其形容,象其八物之宜。形,一定也,刚柔以立本也;容,变动也,变通以趋时也;是故谓之象。立象则卦也、变通也,在其中矣。"③这是说,圣人所立之卦象,是模拟天地风雷水火山泽人物之形体及其运动变化的趋势,所以称其为象。

关于数,他说:

> 在天成象者,阴阳也;在地成形者,刚柔也。天变则地化,变者阴阳,极而相变也。阴阳之气变于上,刚柔之形化于下。故策二十八者其数七,策三十二者其数八,策三十六者其数九,策二十四者其数六。阴阳交错,刚柔互分。④

此是对"在天成象,在地成形,变化见矣"的解释。他以阴阳二气为天象,以刚柔体质为地形,认为筮法中的七八九六之数取法于天象阴阳之变、地形刚柔之化。二气运行,阳极则阴,阴极则阳,所以策数七为少阳,九为老阳,八为少阴,六为老阴。九六为数之极,极则变,其相变,取法于阴阳寒

① 《系辞上》,《汉上易传》卷七,第 243 页。
② 《系辞下》,《汉上易传》卷八,第 250 页。
③ 《系辞上》,《汉上易传》卷七,第 244 页。
④ 《系辞上》,《汉上易传》卷七,第 224 页。

暑之变。据此阴阳之变效法地形之化而为爻,故爻有刚柔之分。他把七八九六之数归于阴阳二气之变易,实际上认为,有气而后有数。

关于象和数的关系,他解释《系辞》"大衍之数"章说:

> 易含万象,策数乃数之一,又有爻数,卦数,五行,十日,十二辰,五声,十二律,纳甲之数,不可一端。①

此是以著数为万象之一,其他数如爻数、卦数、纳甲之数,亦皆万象之不同表现。他将数纳入象的领域,以数为象表现自己的形式。所以又称奇偶之数为象,所谓乾奇坤偶者象也。此种观点,实际上认为有象方有数。

关于气和象的关系,他在《易传》中解释《系辞》文"乾坤其易之门耶"一章说:

> 乾刚者,阳之物,老阳之策也,其德则健。坤柔者,阴之物,老阴之策也,其德则顺。阴阳气也,刚柔形也。气变而有形,形具而有体,是故总策成爻,健顺合德而刚柔之体见矣。圣人以此体天地之撰。体,形容之也;撰,定也;形容天地之所定者,体造物也,即刚柔有体是也。天神也,地明也,通神明之德者,示幽显一源也,即阴阳合德是已。阴阳相荡,刚柔相推,自乾坤而变八卦,自八卦而变六十四卦,三百八十四爻。其称名也杂然不齐,枝叶至扶疏矣,而亦不越乎阴阳二端而已。②

此段文字可代表朱震的易学观。他以阴阳为气,刚柔为形,健顺为德。认为阴阳二气是无形的,其变而为有形之物,则具刚柔之体,所以揲著而成爻,爻有刚柔而成卦。卦以刚柔为体,健顺为德。其以刚柔为体,乃形容天地所造之物,有一定体质,非刚则柔,此即以体天地之撰;以健顺为德,乃通达天地阴阳之性能,即阳健阴顺之性为幽,乾健坤顺之德为显,卦象之德来于阴阳二气之性,此即以通神明之德,幽显一源。由于二气相荡,刚柔相推,所以《乾》、《坤》两卦变为六十四卦,三百八十四爻。卦象之称谓,虽参差不一,说到底无非是阴阳二气之变易而已。朱震此段论述,有

① 《系辞上》,《汉上易传》卷七,第237页。
② 《系辞下》,《汉上易传》卷八,第255页。

两点值得注意:一是以阴阳二气之变化为卦象和卦爻德及其变易的根源,此种观点,实际上主张有气而后有象,如其所说气聚而有见故谓之象,象成而有形故谓之器;二是以天地之所定者解释天地之撰,按汉易和韩康伯注,皆以撰为数,而朱震则训撰为定,意谓天地之内,万物之象皆有一定的体质。此种解释,同样表示其推崇气和象。

总之,朱震认为先有天地万物,而后有卦爻象。《乾》、《坤》卦画,卦爻之象及其变化,皆来于圣人对天地万物的摹写。并由此导出了有气而后有象,有象而后有数的结论,同邵雍一派主张有数而后有象形成鲜明的对照,成为象数之学中具有唯物主义倾向的代表人物。

(二)太 极 说

朱震在易学史和哲学史上影响较大的是他的太极说。他解释《易传》"大衍之数五十,其用四十有九"说:

> 一者体也,太极不动之数,四十有九者用也。两仪四象分太极之数,总之则一,散之则四十有九,非四十有九之外,复有一而其一不用也。方其一也,两仪四象未始不具;及其散也,太极未始或亡,体用不相离也。四十有九者七也,是故爻用六,蓍用七,卦用八,玄用九,十即五也,十盈数,不可衍也。分之左右而为二,以象两者,分阴阳刚柔也。挂一于小指以象三者,一太极两仪也。揲之四以象四时者,阴阳寒暑即四象也。①

这是说,"不用之一"乃不动之数为太极,是体;"四十有九"参与揲蓍成卦的过程,为用。但此太极之一并非单一之数,而是四十九数之总合,其散开即是四十有九。当其未散开之时,包含有两仪、四象;当其散开之后,两仪、四象又分有太极之数,太极并不因此而消失。此即体中有用,用中有体,体用不相分离。

朱震以太极之一为体,以四十九之数为用,又是吸取了程颐的"体用一源"说。他在《汉上易传·丛说》中说:

> 动静一源,显微无间,知四十有九为一之用,即知一为四十有九

---

① 《系辞上》,《汉上易传》卷七,第234页。

之体矣。①

程颐以"体用一源"说明义理和事象的关系，而朱震用来说明一和四十九的关系，即以四十九为太极之一自身的展开，四十九有数可数，故为显；一隐于四十九之中，故为微；二者不相分离，此即显微无间。此种观点，必然引出两仪、四象、八卦，六十四卦以及三百八十四爻亦是太极之数逻辑的展开，从而使太极这一范畴获得了本体论的意义。

在世界观的意义上，朱震又以"太虚"即混而未分之气为太极，太极是阴阳二气的根本。他解释"易有太极"说：

> 太极者阴阳之本也，两仪者阴阳之分也，四象者金木水火土也，八卦者阴阳五行布于四时而生万物也。故不知八卦则不知五行，不知五行则不知阴阳，不知阴阳则不知太极。②

这是说，太极为阴阳二气的根本，阴阳二气分化为五行，阴阳五行之气的运行分布于四季而生万物。由八卦而知有五行，由五行而知有阴阳，由阴阳而知有太极，太极即在阴阳、五行、八卦之中。这一观点认为，万物的生成皆本于阴阳五行之气，太极作为阴阳之本，又不脱离万物而存在。

他解释《说卦》文"是以立天之道曰阴与阳"一章说：

> 易有太极，太虚也。阴阳者，太虚聚而有气也；柔刚者，气聚而有体也。仁义根于太虚，见于气体而动于知觉者也。③

这是以太虚解释太极，认为太虚凝聚则有阴阳二气，此即立天之道曰阴阳。阴阳二气凝聚而为刚柔形体，此即立地之道曰柔与刚。仁义之德源于太虚，表现于人的形气而此即立人之道曰仁与义。这一说法表明，朱震以阴阳为太虚凝聚之气，太极是气尚未分化的状态，所谓太极即阴阳二气混而为一。因此，他批评王弼的太极观说："四十九因于太极，而太极非无也，一气混沦而未判之时也。"④此处明确认为太极乃混而未分之气。

朱震又说：

---

① 《汉上易传·丛说》，第367页。
② 《汉上易传·丛说》，第389页。
③ 《说卦》，《汉上易传》卷九，第264页。
④ 《汉上易传·丛说》，第366页。

至隐之中,万象具焉,见而有形,是为万物。人见其无形也,以为未始有物焉,而不知所谓物者,实根于此。今有形之初,本于胞胎,胞胎之初,源于一气。而一气而动,缊缊相感,可谓至隐矣,故圣人画卦以示之。一,画之微,太极、两仪、四象、八卦无所不备。谓之四象,则五行在其中矣。①

程颐曾说:"冲漠无朕,万象森然已具。"②但程颐以无形无迹者为理,而朱震则以至隐者为气。气未分化,故称其为一气。气动而分为阴阳,缊缊相感,但尚未成为有形之物,所以称其为至隐。朱震认为,此一气虽无形可见,但却是一切有形之物的本原。所以圣人画卦,以一表示一气。此一画,虽然细微,但从太极到八卦皆在其中,如同一气虽为至隐,但万象莫不具备。朱震此论,就易学说,所谓一,即其所说的一者太极不动数;就画卦说,此一画即邵雍说的太极之象;就哲学说,一指一气,即混而未分之气,即太极或太虚之气;又就易学说,此太极不动之一,散开为四十九之数,表现为两仪、四象和八卦;就哲学说,此太极未分之气,动则分为阴阳二气,形成天和地,又散为五行之气,变为四时,阴阳五行之气聚而为万物,万物形体消失后,其所禀之气又归于太极未分之气。

朱震的太极观,融合了张载、邵雍、程颐的太极观,而又不同张、邵、程三家。在世界观上则坚持了气为世界本原的路线,为气学派本体论的形成奠定了基础。

二、来知德③

来知德是明代著名的易学家。他继承朱熹易学的思想,主张以象解易,提出一些新的体例解释周易六十四卦象,代表了明代象数之学发展的新方向。

来知德,字矣鲜,号瞿唐,四川梁山(今梁平县人)人,活动于明代嘉

---

① 《汉上易传·丛说》,第389页。
② 《河南程氏遗书》卷十五,《二程集》,第153页。
③ 参见朱伯崑:《易学哲学史》第三卷第八章第四节"来知德《周易集注》"。

靖、万历之间,因会试不第,于是移居万县深山,专门研究易理,用 29 年的时间,完成《周易集注》一书。

《周易集注》是在总结以往象学发展的基础上写成的。在解经的体例上,来知德抛弃了传统的卦变说,提出错综说、爻变说、中爻说等来解说六十四卦的卦爻象和卦爻辞,发展了易学中的取象说。在易学哲学上,来知德主张道不离器,理气合一,从而又对朱熹提出批评。关于理和象的关系,来知德主张理寓于象中,以象为第一位。由于他的易学自成体系,颇多新意,当时被推为"绝学"。

(一)舍象不可以言易

来知德认为,伏羲、文王、周公三圣之易,皆依据卦爻象揭示或解说事理,"舍象不可以言易",所以他特别重视卦爻象,并以取象说为其易学的出发点。他解释《系辞》"圣人立象以尽意"说:

> 立象者,伏羲画一奇以象阳,画一偶以象阴也。立象则大而天地,小而万物,精及无形,粗及有象,悉包括于其中矣。①

这是说,象有两仪:一指卦画之形象,即卦象;一指卦象所象征的天地万物之象,即卦爻辞中所说的事物。如《乾》、《坤》卦画为卦象,马牛为其所取之物象。

来知德认为,八卦和六十四卦象,是天地万物的象征。卦爻辞中所说的事物,如马、牛、飞龙、虎、豹、鱼、男、女等,同其卦爻象有同在的逻辑联系,易学家的任务就是揭示此种关系。因此,他在《易经字义》中专门有"象"一文,对取象说作了详细阐发。他说:

> 殊不知圣人立象,有卦情之象,有卦画之象,有大象之象,有中爻之象,有错卦之象,有综卦之象,有爻变之象,有占中之象。正如释卦名义,有以卦德释者,有以卦象释者,有以卦体释者,有以卦综释者,即此意也。所以说"拟诸其形容,象其物宜"。但形容物宜,可拟可象,即是象矣。②

① 《系辞上》,《周易集注》卷十三,上海古籍出版社影印本 1990 年版,第 362 页。
② 《易经字义》,《周易集注》卷首上,第 8 页。

"卦情之象"，如乾本为马，《乾》卦之性情为变化，故取龙象；又如《中孚》卦，其情为信，所以卦爻辞所取物象有豚即鱼知风、鹤知秋、鸡知旦等，表示三物皆有信。"卦画之象"，如《剥》卦一阳覆于上，五阴在下，列于两旁，犹如宅、庐、床之象，故卦爻辞有"剥床"、"剥庐"之说。"大象之象"，即大象文所取上下两体之象。"中爻之象"，即卦中二至五爻，二四爻成一卦象，三五爻又成一卦象，实即汉易所说的互体取象。"有错卦之象"，即与本卦阴阳爻相对立之卦象，如《离》与《坎》。"综卦之象"，即上下两体倒转象，如《兑》与《巽》、《屯》与《蒙》。"爻变之象"，即一阴爻变为阳，或一阳爻变为阴，则依《乾》、《坤》父母卦取象，如《乾》之本象为马，《坎》与《震》皆得《乾》之一画，故亦取为马；《坤》之本象为牛，《离》得《坤》之一画，故亦言牛。这就是来知德的取象说。

来知德把上述种种又概括为取象说、错综说、爻变说、中爻说四种体例，以为依据此四种体例，即可解释通卦爻辞和卦爻象之间的关系。因此，他的《周易集注》又有《易经字义》和《六十四卦启蒙说》，对此四条原则加以论述，并于集注中依此四种体例，解说六十四卦的卦爻象和卦爻辞，乃至《易传》中的文句。

关于象与理、数的关系，来知德主张"有象即有数，有数即有理"①。他把程颐提出的"假象以显义"或"因象以明理"，改为"假象以寓理"，即以形象为理存在的基础，认为无象则无理，从而从理学派的观点分化出来。他不以理为数之理，而以数为理之数，又继承了程朱派的有理则有数说，同数学派的观点对立起来。

（二）阴阳之理非对待即流行

来知德为了解释错综卦说，讨论了阴阳变易的法则，提出"非对待即流行"说。他说：

> 孔子将《序卦》一连者，特借其一端之理以序之，其实恐后学颠倒文王所序之卦也，一端之理在所缓也。又恐后学以序卦为定理，不知其中有错有综，有此二体，故杂乱其卦。前者居于后，后者居于前，

---

① 《周易集注·自序》，第3页。

止将二体两卦有错有综者,下释其意。如乾刚坤柔,比乐师忧是也。使非有此《杂卦》,象必失其传也。①

来知德认为,孔子作《序卦》,将六十四卦连续起来加以解说,目的是怕后人将卦序颠倒。因为只是讲一方面的道理,又怕后人以其为定理,又作《杂卦》,说明六十四卦的结构,其排列无非是一错一综。所以《杂卦》中六十四卦的顺序,前后排列又不同于序卦,而是按错综关系,讲说卦序,如乾刚坤柔、比乐师忧等,目的是表明序卦中的六十四卦的结构也是有错有综,象并未失传。

来知德把六十四卦分为错卦和综卦两大类。"错"即"阴阳横相对也"②,指一左一右两卦在同位上的阴阳爻互不相同,如《乾》与《坤》,《夬》与《剥》、《泰》与《否》等卦称为相错。"综"即"阴阳上下相颠倒也"③,指一个卦颠倒过来成为另一个卦,如《屯》倒过来成为《蒙》,则《屯》与《蒙》相综;《需》倒过来成为《讼》,则《需》与《讼》相综;《师》倒过来成为《比》,则《师》与《比》相综。

来知德认为,六十四卦卦序,体现了天道和人事变化的规律。其中的综卦,表示万物万事的盈虚消长过程,即阴阳流行的过程;错卦则表示天地和男女既对立又相交的规律,即阴阳对待的法则。他从哲学上解释错综说:

> 天地造化之理,独阴独阳,不能生成,故有刚必有柔,有男必有女,所以八卦相错。④

> 盖易以道阴阳,阴阳之理流行不常,原非死物胶固一定者,故颠之倒之,可上可下者,以其流行不常耳。⑤

这是以阴阳相错即相对待解释错卦象,以阴阳互为消长即流行解释综卦象。

---

① 《杂卦》,《周易集注》卷十五,第412页。
② 《易经字义·中爻》,《周易集注》卷首上,第10页。
③ 《易经字义·中爻》,《周易集注》卷首上,第10页。
④ 《易经字义·错》,《周易集注》卷首上,第8页。
⑤ 《易经字义·综》,《周易集注》卷首上,第9页。

来知德依据此说,又解释了《说卦》中的八卦方位说,认为伏羲八卦圆图是讲对待,而文王八卦圆图是讲流行,有对待即有流行。如果只讲流行,而不讲对待,有阳而无阴,或有阴而无阳,刚柔不相摩,男女不相配,也就没有变化的过程,万物也就不能生成了。所以说"言文王之流行,必有伏羲之对待,而后可流行也"①,流行即出于对待。

来知德认为,不仅卦爻象有对待和流行,整个物质世界的变化也都遵循着这一法则,而周易中的对待和流行,乃天地阴阳之对待和流行法则的反映。他说:"以易名书者,以字之义有交易、变易之义。交易以对待言,如天气下降,以交于地;地气上腾,以交于天也。变易以流行言,如阳极则变阴,阴极则变阳也。阴阳之理,非交易则变易。"②"非交易则变易"即非对待则流行。对待与流行皆是一阴一阳的变化,前者为体,后者为用,有体则有用,二者不可分离。这一学说是对易学中阴阳变易学说的进一步发挥,其以对待和流行为世界变化的普遍法则,并把对待视为流行的根源,以对立面的相互作用解释运动变化的源泉,无疑是一种辩证思维。

(三)道器不相离

来知德从象学出发,还讨论了道器关系、理气关系。由于他推崇象学,在象和理的关系上主张理寓于象中,理不能离象而存在,因此在道器、理气关系上提出"道器不相离"说。

他解释《系辞》道和器说:

> 阴阳之象皆形也。形而上者,超乎形器之上,无声无臭,则理也,故谓之道;形而下者,则囿于形器之下,有色有象,止于形而已,故谓之器。③

这是以阴阳之理为道,以阴阳之象为器。就易学说,《乾》、《坤》卦画和阴阳卦象为器,健顺之理则为道。

关于道与器的关系,他说:

---

① 《说卦》,《周易集注》卷十五,第 401 页。
② 《周易上经》,《周易集注》卷一,第 62 页。
③ 《系辞上》,《周易集注》卷十三,第 364 页。

　　　　道器不相离,如有天地就有太极之理在里面;如有人身此躯体,
　　　就有五性之理藏于此躯体之中。所以孔子分形上形下,不离形
　　　字也。①

这是说,凡形器之物,都有其理寓于其中。如太极作为天地之理即在天地
中,人的五性之理即存在于躯体之中。所以孔子讲形上和形下,皆不离有
形之体。照这种说法,实际上是以形器为道或理存在的基础,道不离器。

　　来知德又讨论了理气关系。他注"乾道变化,各正性命,保合太和乃
利贞"说:

　　　　物所受为性,天所赋为命。保者常存而不亏,合者翕聚而不散;
　　　太和,阴阳会合冲和之气也。各正者,各正于万物向实之初;保合者,
　　　保合于万物向实之后。就各正言,则曰性命,性命虽以理言,而不离
　　　乎气;就保合言,则曰太和,太和虽以气言,而不离乎理。其实非有
　　　二也。②

向实,谓结为是实。他以太和为阴阳二气之会合,以性命为二气之理,认
为万物禀气而成形向实,禀理而各得其正,其气聚而不散,其理常存不亏,
则利而坚固,以此解释天道之利贞。此处,提出理气不相离说,认为二者
乃统一体,合二为一,不可分割。

　　他注《系辞》文"原始反终,故知生死之说"说:

　　　　人物之始,此阴阳之气;人物之终,此阴阳之气。其始也,气聚而
　　　理随以完,故生;其终也,气散而理随心尽,故死。③

这是说,气聚而生,其理则备;气散而死,其理亦尽。认为万物之理,随气
之聚散而生灭。此说明显地置气于第一位,理依赖于气。这就抛弃了程
朱学派气有聚散而理无生灭的理先气后说,从而走向了气本论的道路。

　　他又解释《系辞》文"一阴一阳之谓道"说:

　　　　理乘气机以出入,一阴一阳。气之散殊,即太极之理各足而富有

────────────

①　《系辞上》,《周易集注》卷十三,第364页。
②　《乾·彖》,《周易集注》卷一,第68页。
③　《系辞上》,《周易集注》卷十三,第342页。

者也;气之迭运,即太极之理流行而日新者也。故谓之道。①
"理乘气机以出入"本于朱熹《太极图说解》"太极者本然之妙也;动静者,所乘之机也",即理搭于气而行。下文是说,气散而为万殊,太极之理则随之而寓于万殊之中,无物不有,此即富有。气之运行,阴阳推移,太极之理也因气之流行而日新。这一过程称之为道。来知德的这一说法同朱熹相比,有两点不同:一是认为理随气的运动变化而日新;二是以流行过程为道,而不是如朱熹于《本义》所说的"其理则所谓道",即把道作为气的流行的根据。在他看来,一阴一阳是气化流行之过程,太极作为阴阳之理即寓于其气化过程之中,任何条件下,理气皆不能分离。

三、方 以 智②

方以智,字密之,号曼公,安徽桐城人。明万历三十九年辛亥(1611年)生。方以智青年时代面对社会危机,立志改革,自负要提三尺剑,纠集志士,建立开明政治。崇祯七年(1634年),方以智在南京结交黄宗羲、陈贞慧、吴应箕、侯方域等人,参加复社的政治活动。崇祯十三年(1640年)中进士,任翰林院检讨。明王朝覆灭后,南走五岭,改姓名为吴石公,别号愚道人,以卖药为生。1646年,桂王在肇庆称帝,任命方以智为詹事府左中允,充经筵讲官。后受太监王坤排挤而辞官,又屡遭阉官诬害,流亡岭南,与王夫之结为知交。1650年,清兵下广东,为避追捕,方以智在梧州出家为僧,改名大智,字无可,别号弘智、药地、浮山愚者、愚者大师、极丸老人等。后北返,在金陵天界寺潜隐著书。自1664年起,居吉安青原山净居寺。1671年(清康熙十年),方以智因广东某文案受牵连,押赴问罪途中,死于江西万安县惶恐滩。③

方以智是明末清初的大思想家和哲学家之一,也是一位著名的自然科学家和文字、音韵学家。他关于自然科学方面的著述是《物理小识》,

---

① 《系辞上》,《周易集注》卷十三,第344页。
② 参见朱伯崑:《易学哲学史》第三卷第八章第五节"方以智与《周易时论合编》"。
③ 方以智死事参见余英时:《方以智晚节考》(增订版),三联书店2004年版。

文字和音韵学的著作是《通雅》,哲学著作有《东西均》、《药地炮庄》、《易余》和《古今性说合编》等。

方以智的易学来自于方氏家学的传统。他的曾祖父方学渐著有《易蠡》,祖父方大镇著有《易意》和《野同录》。方以智的名字就是其祖父依《系辞》文"著之德圆而神,卦之德方以知"而命名的。他的父亲方孔炤(字潜夫,号仁植)尤精通易学,著有《易荡》,他的老师王宣(王虚舟)著有《风姬易溯》和《孔易衍》。方以智的易学主要来于他的父亲方孔炤和他的老师王宣。由他的父亲方孔炤三易其稿,去世后在方以智主持下,由他的儿子方中德、方中通和方中履编辑成书的《周易时论合编》,是桐城方氏易学的代表作。这本书主要包括三个部分:一是选录汉唐到明末各家的易注,特别是方以智曾祖父方学渐、祖父方大镇、外祖父吴应宾、他的老师王宣易学著作中的文句;二是方孔炤解易的文字;三是方以智自作的按语和解说。此外,书前附有《图象几表》八卷,列图式百多幅,并作了解说。此书反映了方氏学派的易学观。

(一)虚空皆象数

方氏易学特别注重象数,认为一部《周易》,由象数构成,而义理即寓于象数之中。宇宙中一切事物皆有其象和数,包括虚空在内,从而提出"虚空皆象数"①这一命题。方以智说:

> 虚空不得不卦,卦不得不辞,犹大一之不得不天地也;不得不贵贱刚柔,不得不类聚群分,犹无在无不在者,不得不成象成形而在也。费象即隐无象,费形即隐无形,因知不落有无之太极,而太极即践卦爻之形矣。总总之伦,无非阴阳之象;不知不能;蕴于知能。以贤治愚,鼓德业为饮食,至动至赜,两端交纲。圣人曰,表之以理,而易简如此矣。知易简即知险阻,而险阻皆易简也。②

"大一"即太极,"知能"本于《系辞》文"乾以易知,坤以简能"。"两端"是

---

① 《周易时论合编·凡例》,《续修四库全书》经部,第十五册,上海古籍出版社 1995 年版。

② 《周易时论合编·系辞提纲》。

指阴阳。"易简"和"险阻"是指《周易》中象数和物理。这是说，太极作为世界的本原，虽无形象，但成为天地万象，即在成形成象之中，离万象别无太极，此即"费象即隐无象，费形即隐无形"。就筮法说，太极作为卦爻本原，即表现在卦爻象中，此即"太极即践卦爻之形"。总之，一切伦类，无非阴阳之象，乾坤之知能，别无离万象和卦象而存在的虚无的世界，此即"虚空不得不卦，卦不得不辞"。

方氏易学因受汉易和邵雍易学的影响，不仅重视象，而且重视数，所以象数并称，认为一切象，都有数的规定性。关于数，方孔炤说：

> 一切阴阳五行皆有度数，而变在其中。所以即在其中，圣人制度数，以议德行，表于甲历之节。卦皆其本然，而圣人表之，即以节天地矣。制度通变，皆不离度。①

这是说，一切阴阳五行之象，都有数的规定性，按其度数而变化，所以圣人依其本有的度数而制定历法，如节卦《象》所说"君子以制度数，议德行"，从而裁节天地之化，如区分四时，划分周期，故立制度以通变，不能脱离度数。方以智进一步认为，物理和礼乐等皆有数的规定性，数是事物变化的过程和规律的征验，即"深几变化，非数何征？"②离开天地万物之数或河洛之数，别无太极之一，或王弼派说的一以统众的一。

为了论证虚空皆象数，方氏进而讨论了象、数、理、气的关系。方孔炤说：

> 易合理象数为费隐一贯之书，善前民用，适中于时。神也，准也，变也，度也，皆因二贞一之几，随物征验者也。③

"费隐"，费是指象数，隐是指理。"适中于时"是指时而符合中道。"神"、"准"，是指理言；"变"、"度"是指象数言。"因二贞一"，二是指象数，一是指理。这是说《周易》一书，合理象数而为一，即费隐不相分离。所以能指导人的行动，随时符合中道。贞一之理贯于象数之中，方有事物

---

① 《周易时论合编·系辞》。
② 《周易时论合编·图象几表·极数概》。
③ 《周易时论合编·系辞下》。

变化的苗头,所谓"因二贞一之几",验之物物而皆然。理象数三者统一。

关于象和数的关系,方以智在《东西均·象数》中引黄道周的话说:"圣人因之作易,积辰为岁,积爻为象,因象立数,因数明卦。""因象立数"是说爻象有刚柔变易之不同,故立数以表示其差异,如立六爻十八变之数,六十四卦之数等。此亦是说,有象方有数。方以智于此章中说:"因象而知无象,则无象之理始显;因象有数,有数记之,而万理始可析合,则象数乃破执之精法。"①此段话,基本上是发挥其父和黄道周的"象历为数"和"因象立数"的观点。

关于理和象的关系,方孔炤解释说:"见器即见形,见形即见象,见象即见理。"②认为形、象、理三者是相互联系的,不容分割,强调理寓于象,不能离象言理。

关于数和理的关系,方氏父子一方面继承了程朱派有理则有数说,另一方面又发挥了邵雍的理数观,企图将二说结合起来,强调将理与数结合起来,数不能脱离理。讲数而不离理,所以能通变化之道。任数而失理,则流为术数。

关于理和数关系,方以智发挥说:"凡不可见之理寓可见之象者,皆数也。以数极数而知之,皆蓍也。"③是说,卦爻象中之理,又通过数的形式表现出来。又说:"至理一合,无所不合,万事万理以数为征。"④此又是以数为表现事理的标志。

由此,方以智得出结论说:

> 为物不二之至理,隐不可见,质皆气也。征其端几,不离象数。
>
> 彼扫器言道,离费穷隐者,偏权也。⑤

此是说,万物之至理,虽不可见,但万物的形质皆气所为,形质是可见的。其变化的端几,通过象和数,方能认识,此即"征其端几,不离象数"。因

---

① 《东西均·象数》,中华书局 1962 年版,第 101 页。

② 《周易时论合编·系辞上》。

③ 《周易时论合编·系辞上》。

④ 《周易时论合编·系辞上》。

⑤ 《物理小识·象数理气征几论》,文渊阁《四库全书》本,第 867 册。

此,离开象数,不能了解形质的变化的过程,也就不能认识万物之至理,所谓"离费穷隐者,偏权也",即片面的看法。方氏此论,鲜明地表述了理、气、象、数统一的观点,认为数是依赖于气的,可以说是对方氏家学象数观的总结。

方氏的象数观,在易学史和哲学史上都有其重要意义。就易学史说,他们认为离开象和数便没有《周易》。河洛图式和邵雍的先后天图式,由象和数组成,概括了一切象和数的变化法则,乃天地万物变化的缩影。他们并不否认义理学派所推崇的易简之理和无形无象之至理,但认为《周易》所说的理,即存在于象数之中,特别是河洛等图式之中。显然,这是站在象数学派的立场,对理气象数的争论作了一次总结。尤其值得注意的是,在象数问题上,他们主张有象即有数、有气则有数,不以数为气和象的本原,又是继承了朱震一派的象数之学的传统,其象数观不同于数学派,属于唯物主义的路线。这同他们关心自然现象的变化,通晓自然科学方面的知识,提倡质测之学是分不开的。就哲学史说,"虚空皆象数"这一命题,也是宋元以来儒家哲学反对佛道两家世界观的继续。如果说,以程朱为代表的义理学派,以理反对虚无的世界;以张载为代表的气学派,以气作为反对虚空世界的武器,那么,以方氏为代表的象数学派,则在上述传统上,提出"虚空皆象数",以象数为理气之表法,又以象数为武器驳斥了崇虚逃玄的说教。其所谓象数,并不脱离理和气,就这一点说,"虚空皆象数"这一命题,又是对儒家易学哲学反对佛老二氏以世界为虚幻或以虚无为妙道的总结。

(二)先天在后天中

邵雍以其先天图为伏羲易,以后天图为文王易,并提出画前有易说,解释六十四卦的形成。方氏继承了邵雍之说,力辩先天易学是《周易》的根源。认为先后天图和河洛图式乃一完整体系,不容分割或偏废。虚空皆象数,包括先天图式在内。据此,方氏讨论了伏羲八卦和文王八卦的关系、先天和后天的问题,提出"先天在后天中"这一命题,发展了邵雍易学中的先后天说。

方氏关于先后天二图式的论述,贯穿一中心观念,即以先天卦为体,后天卦为用。此说本于邵雍，但方氏强调先天卦即存在于后天卦中，二者不能分离。比如他们解释《说卦传》"神也者妙万物而为言者也"一章说：

> 三四章皆言先天，五六章皆言后天，此因卦位而分指之也。其实落一画后，即后天矣。其行于先天、后天之中者，所谓神也。神即谓之先天可也。究竟无先无后，惟有此时。六经妙字，独见于此。①

"三四章"是指《说卦》"天地定位"和"雷以动之"二章；"五六章"是指《说卦》"帝出乎震"和"神也者"二章。"神"是指阴阳二气或天地之气变化的功能和化育万物的作用。方氏认为，前者讲先天八卦图，后者讲后天八卦图，就八卦图像说，皆已成为后天，此即"落一画后，即后天矣"。但此两种图式中，皆有阴阳变易的功能，存于其中，就是说，皆为阴阳二气变化之神的表法，其不同，仅在于八卦所处的方位差异而已。就这种意义说，阴阳变易之神可称为先天，其后天则为八卦图像。因为先天之神即存在于后天图像之中，归根到底，二者并无先后之分，皆可归结为时用。此即唯有此时。有此时用，方显示出阴阳变化，成就万物而神妙莫测。

方氏此论，其意义有二：一是先后天八卦图式，就其图式说，虽有先后天之分，但就义理说，两图式皆讲阴阳变易，先天图式乃阴阳变易之体制，后天图式乃其时用，二者融而为一，既不能离开后天时用，而别求先天之体，亦不能弃先天之体，只讲后天时用；二是先后二天图皆有其象数，有象数者即是后天，而阴阳变易之神作为先天，如邵雍所说的即存于先后二天图像中。因此，先后天在时间上并无先后之分，皆归结为趋时变化，以前民用。此两点意义，归结为一点，就是"先天在后天中"。方氏此说，表面上看，是发挥邵雍的先后二天说，但其着眼点，不在先天，而在后天；不在其体，而在其用；强调先天不能脱离后天孤立地存在。其理论思维是，先天作为本原的东西，并不脱离后天即万象的变化过程而存在。

方氏依据其对先后天图式的理解，进而在哲学上讨论了先天和后天的关系。就哲学范畴说，方氏对先后二天的理解，内涵不一：或指本原的东西为先天，派生的东西为后天，或指自然赋予的，即本性的东西为先天；

---

① 《周易时论合编·说卦》。

以后来形成的东西为后天；或以本来就有的为先天，人为的东西为后天，或指内在的本质为先天，外部的表现为后天；或指无形象者为先天，有形象者为后天；或指经验以外者为先天，经验为后天；或以不学而能者为先天，以学问为后天。这些含义，并非方氏所自创，乃沿用宋元明以来诸家的说法。但方氏认为，无论哪种含义，作为先天的东西即在后天之中，先天不脱离后天而孤立存在。

方孔炤论《系辞》文"夫乾天下之至健也，德行恒易以知险"一章说：

> 末章备言德行恒易简以知险阻，而示人研悦知言，则以苟且为易简者，不善明矣。要惟天下之理得，则动赜象数皆易简也，研极精入，正所以易简也。上下传两收德行，贵在乾坤之纯，惟至惟恒，则用六子六十四之杂而皆纯矣。本自易知简能者，先天也；善用其知能者，后天也。先在后中，止有善用，故《易》示人善用之方，即是贞一，而易之所以为易，即在其中，岂忧缺少哉！①

乾易坤简之德，即表现在六子卦和六十四卦之中。就人同易简之理的关系说，易知和简能，乃乾坤之本性，为先天；善于用其易知简能，为后天之事。而先天即在后天之中，所以只有善于用其知能，方能理解其本性，易理即存在于善用之方中。方氏此说，以乾易坤简，乾知坤能为先天之纯，以六子卦和六十四卦和形成为后天之杂；以本性为先天，以用其本性为后天；以体在用中，论证先天依赖于后天，不能空谈本性。

方孔炤进而阐述此观点说：

> 先天不能不后天，纯不能不杂居。此吉凶同患者，所以神明乎天道民故也。纯在杂中，譬之水焉。水之味甘，水弥此盂，甘亦弥此盂也。必知其甘之所在，而水味得矣。因凝而冰，亦此盂水也。因加温焉，温亦弥此盂也。因甘之宜人而洁则宜，秽则不宜，此不可不知也。……圣人知器知来，皆以易简知险阻之理而知之也。知杂之即纯，而又知杂中之纯焉，又知纯在杂中之善不善焉，皆以知易简之

---

① 《周易时论合编·系辞下》。

善知之也。①

此是对《系辞》"八卦以象告"的解释。纯是指《乾》、《坤》两卦,杂是指六子卦象,刚柔杂居。是说,八卦以其画象示人吉凶,是因为"先天不能不后天",即作为先天的健顺之理,总是寓于后天卦象之中;乾坤之德行总是居于六子卦之中,此即"纯不能不杂居"。所以,圣人断吉凶,与民同德,总要通晓天道和民事。下文是以水之甘味,论证纯在杂中,先天在后天中。如水满盂中,其甘味即充满于此盂之中;又如其中之水凝而为冰,冰亦充满此盂之中,加温后,其温度亦充满于此盂中。水洁则其甘味适口,水污则味不适口。总之,水之甘味和温度,皆存在清浊寒温等不同的状态中,此即"纯在杂中"。所以,圣人了解器物,预测来事,依易简而知险阻之理,不仅知杂不离纯,而且知纯在杂中,又知杂中之纯有善与不善之分。

方氏此论,实际上以本质的东西为先天,如水的味道和温度,以具体的形态和状态为后天,如盂中之水、水之清浊等。以水的本质不脱离水的具体的状态,论证先天即存于后天之中,以此说明乾健坤顺之德行即在六十四卦的卦象之中。此即先天不能不后天。由于他强调后天是先天存在的基础,先天之功用即表现在后天的器物中。

方氏进而得出结论说:"后天之学固先天,先天之学亦后天也。止尽后天,即是先天,无先无后,无容辞矣。"②认为离开后天别无先天之学。此种观点,实际上是对邵雍先天易学的一种扬弃。

方氏关于先后天问题的辩论,在易学史和哲学史上也有其意义。就易学史说,他们以后天为先天存在的基础,其目的在于肯定象数是《周易》之根本,是对其"虚空皆象数"的阐发。因为象数属于后天范畴,易贵时用,不能脱离象数,即不能脱离后天。邵雍所说的画前之易,先天易学,即在后天诸图式中。此是对邵雍先天易学的一种修正。方氏认为先天之体即在后天之用中,从而扬弃了贵体贱用的观点,这在易学史上是一大创

① 《周易时论合编·系辞下》。
② 《周易时论合编·系辞下》。

见,将先天易学纳入了后天时用的道路。

就哲学史说,方孔炤提出先天之学亦后天,不承认有脱离后天的先天之学。借用欧洲哲学的范畴说,如果先天之学是指形而上学,即后物理学,那么,方氏则认为,离开物理之学,即后天之学,别无形而上学。方氏并不否认形上学的原则,即不否认先天的东西,但断言形上的东西不在人伦物理即后天之上或其后,从而否定了各种形式的唯心主义本体论。方氏关于先后天问题的辩论,虽出于对象数之学的理解,但就明代哲学发展的历史说,也是对心学派中先后天之争的回答。

(三)河洛中五说

方氏父子极其推崇河洛图式,他们本于朱熹、蔡沉的河十九洛说,融合邵雍的先后天说,并折中元明以来诸家说,以"中五"为中心观念,将《系辞》中的"天地之数"、"大衍之数"、"参伍错综"说和《说卦》中的"参两"说,串通在一起,形成一套逻辑的体系,解释河洛二图的结构及其变化的法则,作为世界变化的基本模式。

关于河图和洛书的关系,方氏吸取了传统的说法,即以河图为体,洛书为用,认为这两个图式是统一的。但此二图式又互相效法、相互依存,体用互藏,即图体藏用,书用藏体,河图之体即藏于洛书之用中。

方氏认为,河洛二图都出于天地之数五十有五,所以其体用互藏。他解释《系辞》"天地之数"章说:

> 十止是五,五藏四中,四用半为二,二即藏三,三即一也。十不用,而金火易为洛书。故但言五之圆,而八方在矣。①

这是说,从天一到地十,共十个数,但此十个数,由五个天数和五个地数构成,所以说"十止是五"。就河图说,五居中宫,一二三四和六七八九,分居四方,此即"五藏四中",但此四方之数,总归为阳奇阴偶之数起作用,此即"四用半为二"。阳奇为一,阴偶为二,合而为三;此即"二即藏三"。但此三又出于一分为二,终归结为一,此即"三即一也"。此一指大一,即太极之一。意思是说,太极之一分为天奇地偶之数,一二三四和六七八九

---

① 《周易时论合编·系辞上》。

居于四方之位,五和十则居于中央,成为河图图式;河图中十之数不用,配以五行,金火互易其位,即七九之数易位,则为洛书图式。但中五居于中央,统率四方之数,成为河洛二图的中心。这是据"天地之数"解释河洛图式的结构,其论点是,五居天地之数之中位,故河洛图式以中五为核心。

为了说明河洛之数的形成和演变,方氏于《图象表几》中,列有《密衍》图,解释了从中一到河图,再到洛书"密衍"的程序和法则。其特点是,以中五之一为起点,衍为中五,中五又衍为中十,中十又衍为五行生数一二三四,此四个生数各加中五,又衍为五行成数六七八九,则为河图之数。河图从最中心中五之一到外围共五个层次,乃中五之数形成及其逻辑展开的过程。而洛书之数又是河图之数的演变,即河图去十,而七九易位为洛书。

方氏父子以"河洛中五"说解释《周易》经传文句,视其为《周易》的基本准则,而且以河洛图式为天地万物生成变化的模式、宇宙的表法,从而将整个世界及其变化的过程联结为一个整体或系统,使其图书之学闪烁着辩证思维的光芒。

(四)阴阳五行观

方以智父子的易学,从易学中的气论观点出发,解释阴阳和五行的起源及其性能。他们吸收了张载以来"虚空即气"的观点,提出"两间皆气"①说,认为天地之间充满了气,一切有形的和无形的东西都是气化的产物。大一之气或元气自身分化为阴阳二气,阴阳二气自相盘旋,相互转化,又分出五行之气,五气凝聚成形则为五材,即水、火、木、金、土,五材又隐藏着五气,五气各具阴阳之性,彼此相制而相成,交相为用,最终又归于一气。阴阳五行皆一气流行的产物。气分为阴阳,再分为五行,并非分而相离,而是相互包含,阴阳即在五行中,"一时俱生俱成"②,没有时间上的先后程序,但仍有差别和层次。这种观点是说,从大一之气到阴阳二气,再到五行之气,此种分化或转化的过程,同样基于蕴涵关系,是一逻辑地

---

① 《周易时论合编·图象几表·两间质约》。
② 《周易时论合编·图象几表·图书五行》。

展开的系列。

关于阴阳二气的关系,方氏提出了阴阳体用互藏说。他们认为,阳气无形体,以阴为体;此阴之体又以阳为用。如火性为阳,其凝聚成体而为阴,方有火炎向上,这是阳以阴为体;水性为阴,其中藏有阳气,方能流动润下。这是阴之体又以阳为用,即其功能属于阳。总之,阳总是藏于阴之中,成为主导。这就是阴阳体用互藏,又叫做阴阳自转为主客体用。阴阳不仅相互渗透,而且互为体用,相互包含,是一个不可分离的整体。因此,由气构成的万物就"物物有水火,物物有坎离"①,都含有阴阳两个方面。这种解释,不仅表示阴阳相互依存,不容分割,而且突出了阳的主体作用。其以实体为阴,功能为阳,以功能和实体相互渗透和转化的观点,说明任何物体都具有两重性。

关于五行之间的关系,方氏阐发了"五行互藏互化"说。方氏认为,五行各有其性能,水为湿气,火为燥气,木为生气,土为冲和之气,能调和各种气,所以水、火、木、金四气皆因土而成形,为五材,土形为五材之主。五行不仅相生相克,而且互藏互化。如海水夜而发光,烧酒能发热,因为水中有火的成分;积雪融化凝为泥沙,因水中有土的成分。地中之土气,遇冷化为水,地面受日照生温热,温热之气渗入地中,积久则转为干燥,干燥之极则化为火,火燃既久,土石化为灰烬,从地穴中喷涌而出为火山。总之,五行之气相互包含,一行之中各具四行,自然物性所以有差别,在于所禀五行之气的多少强弱不同。

方氏易学还研究了五行之中哪一行最为重要的问题,提出了"五行尊火"说。方氏认为,五行说到底可以归之为水火二行,如气候的变化归为寒暑,气体的变化基于水火,五脏则以心肾为主,心为水,肾为火。这是因水火二气乃阴阳二气的代表,就易学说,坎离乃乾坤之正用。关于水火二气,方氏更推崇火气。他们认为五行以火为尊,火为五行之宗主,又是万物生成变化和生命的源泉。土、水、金、木四行皆火之所生,火主动,水气得火气方能升降,木得火方能向荣,金更是由火而炼成。火存在于各种

---

① 《周易时论合编·坎》。

物体之中,钻木、击金石、海水夜明,皆能出火。火气无形体,而以其功能藏于万有之中,故能生物。就人的生理而言,形骸五脏六腑十二经络,独以心火为君,命火为臣,方能助生化食,资养骨肉。此火不调,则百病生;此火一散,则百骸废。因此,五行以火为尊。

方氏的阴阳五行说以阴阳互藏和五行相化的观点,考察了物质世界运动变化的过程,认为固体、液体和气体之间不存在绝对的鸿沟,物质的形态可以相互转化,实体和功能也可以相互转化,但无论如何转化,作为物质的气是不灭的。这就将宋明以来的阴阳五行学说发展到了一个新的水平,从而丰富和发展了张载、王廷相的气论哲学。

(五)太极即在有极中

方氏易学从"先天在后天中"的理论思维出发,进一步提出"太极即在有极中"的命题,讨论了太极与卦爻象、本体与现象的关系。

方氏反对以太极为虚无实体或浑沦之物,而是以理气的统一体为太极。太极作为所以为气者,即在气中。它既非有,亦非无,而是有与无的统一体。方以智于《周易时论合编》中阐述这一观点说:

> 两间皆气也,而所以为气者在其中,即万物共一太极,而物物各一太极也。儒者不得已而以理呼之,所谓至理统一切事理者也。有精言其理御气者,有冒言其统理气者。①

这是说,所以然之理即在气中,万物皆由理气构成,所以"万物共一太极";每一物也由理气构成,所以说"物物各一太极,不得已而以理呼之",这是说为了表明太极乃气之所以然,只好以理称之。意思是,称太极为理,并不意味着太极不包含气。由于太极之理居于理之最高层次,故又以"至理"称之。

方氏以太极为理气统一体的思想不仅扬弃了理学派以理为太极的太极观,而且扬弃了气学派和象数学派以太极为元气混而为一的观点,对太极观中的理气之争作了一次总结。

从上述的太极观出发,方氏进而提出"三极"说,即"太极"、"无极"

---

① 《周易时论合编·系辞上》。

和"有极"，论证了"太极即在有极中"这一命题。"无极"，是指卦爻象和万象之所以然，无形无象，此是取朱熹义。"有极"，是指卦象和万象有其规定性，故称有极。"太极"，是指万象之所以然，既非落于无象，亦非落于有象，既不偏于无，也不偏于有，乃有无之统一体。方孔炤说："不得不形之卦画，号曰有极。而推其未始有形，号曰无极。因贯一不落有无者，号曰太极。"[①]是说，太极作为万象的本体，就其为万象之所以然说，为无极，就其展开为万象说，又为有极，太极具有无极和有极两方面，而不容分割。

方氏还将太极和万象的关系概括为"大一"和"大二"的关系。太极是万象的本原，故称太一；万象始于阴阳二象，故称大二。方以智解释说："十六卦互相摄入，万理具备，谓之大二，其弥之者谓之大一。然舍大二，岂有大一哉！"[②]"十六卦"，是指先后天八卦之合，无非阴阳二爻相互交错，故称大二。太极之一即充满其中，所以离大二，别无大一。方氏又称这一观点为"大二即大一"。

方氏依其太极观，进而讨论了太极同天地万物的关系。按照方氏太极即在有极中的观点，太极作为世界的本体，此本体亦只能存于天地万物之中。方以智引其外祖父（吴应宾）和祖父论道与天地万物的关系说：

先外祖曰：道之生物，非若祖父子孙也，生之而与之同时者也；道之成物，非若工于器也，成之而与之同体者也；道之函物，非若匮于实也，函之而与之同处者也。无先后、能所、内外而一者也。先祖曰：同时同体同处，则可名之善即不可名之善，明矣。道无先后，无能所，无内外，而又不妨历历可分合指数也。[③]

吴观我认为，道作为万物的本体，其生物，并非祖父生子孙的关系，而是同时而生，即有道即有万物；其成物，并非如工匠造器物，而是与万物同为一体；其包含万物，亦非如匮之盛果实，而是与万物同居一处。所以道同万

---

①　参见《周易时论合编·图象几表》。

②　《周易时论合编·说卦》。

③　《周易时论合编·系辞上》。

物融为一体,在时间上无先后之分,空间无内外之别,亦无创造和被创造之分。此种论点,无非是说,本体同万物不可分割,或者说作为本体的道即在万物之中。如果以道为太极,此一阴一阳之道即在万物之中。"可名之善"是指万物,本于《系辞》语"继之者善";"不可名之善"是指一阴一阳之道,道作为本体,无善名可说,但二者同为一体。

总之,方氏的太极观,从太极仪象的关系,推广到太极同天地万物的关系,进而讨论了本体与现象的问题。其基本观点是,现象乃本体自身之展开,所谓一以用二,一在二中,从而得出本体即在现象中,太极即在有极中的结论;其理论思维的特点是,认为抽象的东西、本质的东西、规律性的东西、本原的东西,并不脱离具体的、有形象的、物质的和派生的东西而存在。也就是说,一般的东西总是同特殊的东西结合在一起,一般的东西自身具有多样性,一般总是特殊中的一般,从而批评了脱离特殊而追求一般、脱离物质实体而追求规律、脱离现象而追求本质的本体论的学说。

第二节 事功之学

南宋时期,新儒学的流派还有功利学派。功利学派的倡导者为永嘉学派和永康学派。

永嘉学派肇始于薛季宣(字士龙,艮斋,1134—1173 年)。《宋元学案》的编辑者之一黄百家说:"季宣既得道洁之传,加以考订千载,凡夫礼、乐、兵、农,莫不该通委曲,真可施之实用。又得陈傅良继之,其徒益盛,此亦一时灿然学问之区也。"①袁溉(道洁)是程门弟子,其学"自六经、百氏,下至博弈、小数、方术、兵书,无所不通。"②薛季宣受学于袁溉,对礼乐制度、田赋、兵制、地形、水利等问题都很有研究。陈傅良(字君举,号止斋,1137—1203 年)是薛季宣的门人,精通《周礼》。薛季宣和陈

---

① 《艮斋学案》,《宋元学案》卷五十二,《黄宗羲全集》(增订版)第五册,第51页。
② 《艮斋学案》,《宋元学案》卷五十二,《黄宗羲全集》(增订版)第五册,第50页。

傅良都提倡事功,讲求实用,因此被朱熹及其门人视为"功利之学"。①

永嘉学派的代表人物是叶适。全祖望(1705—1755 年)评论说:"水心较止斋又稍晚出,其学始同而终异。永嘉功利之说,至水心始一洗之……乾淳诸老既殁,学术之会总为朱陆二派,而水心断断其间,遂称鼎足。"②按照这一说法,永嘉之学经过叶适的阐发,成为与朱陆相抗衡的流派。

永康学派的代表人物是陈亮。黄百家说:"永嘉之学,薛、郑俱出自程子。是时陈同甫亮又崛兴于永康,无所承接。然其为学,俱以读书经济为事,嗤黜空疏,随人牙后谈性命者,以为灰埃。亦遂为世所忌,以为近于功利,俱目之为浙学。"③"薛"是指薛季宣;"郑"是指郑伯熊(景望,永嘉人)。郑伯熊是二程门人周行己的私淑弟子。陈亮虽曾以师礼事郑伯熊,但他主张事功,反对空谈性命,学术倾向与永嘉学派是相同的。因为薛季宣、陈傅良、叶适和陈亮都是浙江人,他们的学说又被称为"浙学"。

功利学派的倡导者,就其师承关系说,虽然出自程门后学,但其学术思想体系并非洛学传统,而是独树一帜,以经济为己任,置事功于第一位,反对空谈义理,成为程朱理学和陆氏心学的反对派。他们尖锐地批评了程朱理学与陆氏心学的道德性命之说,将儒家学说引向了经邦济世的务实主义,代表了宋明时期儒家思想发展的新倾向,在当时和后来都起了很大的影响。④

一、陈　亮

陈亮(1143—1194 年),字同甫,号龙川,浙江永康龙窟山人。陈亮原名汝能,后改名为亮,他期望成为像诸葛亮那样的政治家和军事家。

陈亮青年时爱好军事,曾研究古人用兵事迹,加以评论,写成《酌古论》。乾道五年(1169 年),陈亮上《中兴五论》,提出不与金人媾和、争取

---

① 《艮斋学案》,《宋元学案》卷五十二,《黄宗羲全集》(增订版)第五册,第 51 页。
② 《水心学案》上,《宋元学案》卷五十四,《黄宗羲全集》(增订版)第五册,第 106 页。
③ 《龙川学案》,《宋元学案》卷五十六,《黄宗羲全集》(增订版)第五册,第 216 页。
④ 参见朱伯崑:《易学哲学史》第二卷,第 546—547 页。

中兴的建议,但未得到统治者采纳。淳熙五年(1178 年),陈亮又连续三次上书,批评朝廷的苟安政策和士人中空谈性命的风气,力主抗战。宋孝宗很受感动,将擢用他,但执政的大臣反对,致无结果。淳熙十五年(1188 年),陈亮亲自到金陵一带观察形势,再度上书,反对"和议",朝廷不理。返乡后,陈亮在家乡设私塾讲学。绍熙四年(1193 年),陈亮参加进士试,状元及第,授"金书建康军判官厅公事",但未及就任而卒。

陈亮的哲学思想集中反映在他与朱熹的"王霸、义利"之辨中。这一场辩论从淳熙九年(1182 年)开始,至绍熙四年(1193 年)结束,前后共十一年。辩论涉及对道(形上)与物(形下)、王道与霸道、义和利的不同理解,体现了新儒学中理学与功利之学的矛盾。

陈亮的主要著作有《龙川文集》。

(一)道常行于事物之中

程颐和朱熹特别强调道与器的区分,认为道是形而上者,器是形而下者。陈亮反对程朱形上与形下的区分,他说:"夫盈宇宙者,无非物;日用之间,无非事。"①又说:"天下岂有道外之事哉?"②这是说,实在的世界只有一个,即具体的事物构成的现实世界,并没有超越现实世界的形而上的理的世界。

陈亮认为,道作为事物的法则和规律,体现在具体的事物之中。他说:"夫道非出于形气之表,而常行于事物之间者也。"③又说:"夫道之在天下,何物非道,千途万辙,因事作则。"④程颐与朱熹认为事物的"所以然"之理是在"形气之表",所谓"形气之表"就是"形上"的意思。陈亮指出,道并不是形上的存在,道与具体事物是统一的、无法分离的,道作为一般的法则,即寓于个别的事物之中。根据这一思想,陈亮批评了当时的理学家离物言道的态度:"世之学者玩心于无形之表,以为卓然而

---

① 《经书发题·书经》,《陈亮集》卷十,中华书局 1974 年版,第 100 页。
② 《勉强行道大有功》,《陈亮集》卷九,第 97 页。
③ 《勉强行道大有功》,《陈亮集》卷九,第 97 页。
④ 《与应仲实》,《陈亮集》卷十九,第 260 页。

有见。"① 认为理学家脱离具体的事物而追求抽象的道理,是不能解决实际问题的。

陈亮认为,道不能离开人而存在。他说:"夫'不为尧存,不为桀亡'者,非谓其舍人而为道也。若谓道之存亡非人所能与,则舍人可以为道,而释氏之言不诬矣。"②这一观点是批评朱熹的。朱熹说:"若论道之常存,却又初非人所能预,只是此个自是亘古亘今、常在不灭之物。虽千百年被人作坏,终殄灭他不得耳。"③陈亮不同意朱熹把道看做永恒不灭的、不依赖于人的存在,主张道是与人的活动联系起来的,道就体现在人的活动中。因此,他又说:"人之所以与天地并立而为三者,非天地常独运而人为有息也。人不立,则天地不能以独运,舍天地则无以为道矣。"④陈亮所要强调的是,天、地、人并立为"三才",人与天地是密切联系在一起的,天、地、人不存在,道也就不存在,并没有"在天地之先"和人之外的永恒不变的道。

陈亮所说的道,既指自然的规律,也指道德的原则和社会的秩序。就道作为道德的原则和社会的秩序来说,他所说的道"非舍人而为道"的观点是正确的,因为道德和社会领域是人的活动的领域,离开了人的活动,当然无所谓"道"。但是,基于唯物主义的立场,自然规律是客观的,是不以人的意志为转移的,即作为自然规律的道是"不为尧存,不为桀亡"的。在这个意义上来说,陈亮"舍人而为道"的思想混淆了道的不同意义,夸大了人的作用。

(二)王霸、义利之辨

儒学中关于"王霸"的争辩起源于战国时期。"王"是指"王道";"霸"是指"霸道"。孟子推崇王道而贬抑霸道。《孟子·公孙丑上》说:"以力假仁者霸","以德行仁者王"。孟子认为霸道是一种凭借实力的强

---

① 《与应仲实》,《陈亮集》卷十九,第 259 页。
② 《乙巳春与朱元晦书之一》,《陈亮集》卷二十,第 285 页。
③ 《答陈同甫》,《晦庵先生朱文公文集》卷三十六,《朱子全书》第二十一册,上海古籍出版社 2002 年版,第 1583 页。
④ 《乙巳春答朱元晦书之一》,《陈亮集》卷二十,第 285 页。

权政治,王道是一种以道德为基础的仁政。荀子说:"隆礼尊贤而王,重法爱民而霸。"①认为二者同样可以强国,但王道比霸道更为理想。

程朱理学重新提出了王霸之辨的问题,并把王霸与义利的讨论结合起来,认为王道行仁义而顺天理,霸道假借仁义以济其私利。三代的圣王遵循道德的原则办事,他们所统治的社会,也就是最完美的社会;他们的政治,称为王道,以义为出发点。汉唐的统治者都是为了自己的利益,照着所谓人欲办事,他们所统治的社会只能是不完全的,他们的政治称为霸道,以利为出发点。

陈亮反驳朱熹王霸之辨的思想,他同朱熹围绕三代与汉唐政治的评价以及道德与功利的关系问题进行了辩论,在哲学上,这一场辩论也是陈亮与朱熹"形上"、"形下"之辨的延伸。

朱熹推崇三代的圣王,贬抑汉唐的君主。陈亮则对汉高祖、唐太宗的事功推崇备至。他说:"汉唐之君,本领非不洪大开廓,故能以其国与天地并立,而人物赖以生息。"②认为刘邦、李世民的立国功业为人民谋得了福利。朱熹以是否实现道德的理想和社会的正义作为评价政治人物的标准,陈亮则以是否给民众谋得福利为标准。

朱熹认为,三代的圣王与汉唐的君主的区别在于:三代的圣王行仁义而顺天理,汉唐的君主假仁义以济其私。意思是说,三代的圣王遵循的是道义的原则,汉唐的君主则把道义作为达到其私利的手段。陈亮则认为,高祖太宗"禁暴戡乱,爱人利物而不可掩者,其本领宏大开廓故也"③。认为刘邦、李世民的禁暴戡乱,爱人利物,正是孟子讲的恻隐之心。④ 至于刘邦、李世民的谋位,是为了推行仁政,那是大功大德的救民之心。而所谓的三代也有征伐和谋位的霸道。⑤

朱熹认为,三代圣王之道在秦汉以后就从来没有实现过。他说:"千

---

① 《荀子·强国》。
② 《甲辰秋答朱元晦书》,《陈亮集》卷二十,第 281 页。
③ 《乙巳春答朱元晦书之一》,《陈亮集》卷二十,第 286 页。
④ 《乙巳春答朱元晦书之一》,《陈亮集》卷二十,第 286 页。
⑤ 参见《乙巳春答朱元晦书之一》,《陈亮集》卷二十,第 285—286 页。

五百年之间,尧舜三王周公孔子所传之道,未尝一日得行于天地之间也。"尽管三代圣王之道从来没有实现过,但是并不因为没有实现而不存在,道是永恒的。陈亮反驳朱熹的这一观点说:

> 信斯言也,千五百年之间,天地亦是架漏过时,而人心亦是牵补度日,万物何以阜蕃,而道何以常存乎?……诸儒自处者曰义曰王,汉唐做得成者曰利曰霸。一头自如此说,一头自如彼做。说得虽甚好,做得亦不恶:如此却是义利双行,王霸并用。如亮之说,却是直上直下,只有一个头颅做得成耳。①

陈亮认为,道是不能离开事物而单独存在的,如果没有表现道的事物,道就不存在;道既然常存,就说明汉唐也体现了道。"直上直下"、"一个头颅"的说法表明,陈亮不承认朱熹形上与形下的区分,认为形而上的道即体现在形而下的具体事物中。

朱熹认为,义是道德的动机,利是利己的动机,义和利是截然不同的。三代圣王做事是出于道德的动机(义),而汉唐君主"心乃利欲之心,迹乃利欲之迹"。陈亮则认为,义要体现在利,故利也就是义,义利双行,缺一不可。他所说的利,不是无节制的一己私利,而是泛指民众的福利。他说:"禹无功,何以成六府? 乾无利,何以具四德?"②

陈亮与朱熹书信往返辩论之后,陈亮把所有往来书信送与陈傅良评断。陈傅良说:

> 功到成处便是有德,事到济处便是有理;此同甫之说也。如此则三代圣贤枉作工夫。功有适成,何必有德? 事有偶济,何必有理? 此晦庵之说也。如此则汉祖、唐宗,贤于仆区不远。③

陈傅良的断语说明,陈亮与朱熹的不同主要体现在他们对道德(义)与事功(利)的关系理解不一样。朱熹基于道德优先的立场,认为判断一件行为是否具有价值的标准在于是否是出于道德的动机(义),而不在于行为

---

① 参见《甲辰秋答朱元晦书》,《陈亮集》卷二十,第 281 页。
② 《龙川学案·鉴判喻芦隐先生偁》,《宋元学案》卷五十六,《黄宗羲全集》(增订版)第五册,第 237 页。
③ 《龙川学案》,《宋元学案》卷五十六,《黄宗羲全集》(增订版)第五册,第 225 页。

的后果和效益。陈亮则认为,行为的后果和效益与道义的原则是统一的,二者是分不开的。

二、叶 适

叶适(1150—1223 年),字正则,浙江温州永嘉人。因晚年讲学于永嘉城外水心村,学者称水心先生。

叶适淳熙五年(1178 年)擢进士第二,授平江节度推官,历任太常博士,代理工部、兵部、吏部侍郎等职,官至宝文阁待制。他力主抗金,并揭露当时兵弱财困的积弊。开禧二年(1206 年)年,韩侂胄(1152—1207年)贸然北伐,兵败,调任叶适知建康府兼沿江制置使。叶适指挥得当,击退来犯金兵,保全江淮。继而措置屯田,建立堡坞,巩固江防。开禧三年(1207 年),韩侂胄保守党被诛,中丞雷孝友弹劾叶适"附侂胄用兵"罪,叶适被夺职,返归故乡,从事讲学,著述终身。

叶适主要著作有《习学记言》、《水心先生文集》及《别集》。

(一)道在于物

叶适继承了薛季宣的"道不离器"说,在道与物的关系上主张道在物中。他说:

> 物之所在,道则在焉;物有止,道无止也。非知道者不能该物,非知物者不能至道。道虽广大,理备事足,而终归之于物,不使散流。①

这是说,具体的事物是有规定性的存在,道则不局限于某一个别的事物。道虽然是对个别事物的概括和抽象,但却不能脱离个别事物。人们掌握了道,就可以统率个别事物;但只有了解个别事物,才能得到道。"道虽广大"、"而终归于物"的说法表明,道和物是统一的,不容分割,而统一的基础是物。

叶适又说:

> 夫形于天地之间者,物也;皆一而有不同者,物之情也;因其不同而听之,不失其所以一者,物之理也;坚凝纷错,逃遁谲伏,无不释然

---

① 《四言诗》,《习学记言序目》卷四十七,中华书局 1977 年版,第 702 页。

而解,油然而遇者,由其理之不可乱也。①

物是宇宙间有形的存在,物一方面具有多样性(不同),但另一方面又有统一性(一),这是物本身所固有的("物之情")。物的统一性即是"物之理",物之理是贯穿在多样性的物之中的内在条理。理不是离开物,更不是在物之外、之上而与物相对待的另一个存在。

根据这一思想,叶适驳斥了老子"道先天地生"的思想:

> "有物混成,先天地生",老氏之言道如此。按自古圣人,中天地而立,因天地而教,道可言,未有于天地之先而言道者。②

> 夫有天地与人而道行焉,未知其孰先后也。老子私其道以自喜,故曰"先天地生",又曰"天法道",又曰"天得一以清"。且道果混成而在天地之先乎? 道法天乎? 天法道乎? 一得天乎,天得一乎? 山林之学,不稽于古圣贤,以道言天,而其慢侮如此。③

这是说,道与天地等个体事物是统一的。有天地,天地之道即寓于其中;有人,人道即行于其中。道与个体事物无所谓谁先谁后的问题。老子之学讲道先天地而生,以天地之道先于天地而存在,实际上是以道慢天。

他又批评理学家离开实事而空谈性命道德说:

> 书有刚柔比偶,乐有声器,礼有威仪,物有规矩,事有度数,而性命道德未有超然遗物而独立者也。④

书道、礼乐之道、事物之理以及道德性命,都不能脱离具体的形器而独立存在。先王之道作为治理天下的最高原则,同样不能脱离古代的典章和器物:"上古圣人之治天下,至矣。其道在于器数,其通变在于事物;……则无验于事者其言不合,无考于器者其道不化,论高而实违,是又不可也。"⑤先王之道是通过器物而流传于后世的,发扬先王之道,必须考察其形器,否则便是空谈。

---

① 《进卷·诗》,《水心别集》卷五,《叶适集》,中华书局1961年版,第699页。
② 《律赋》,《习学记言序目》卷四十七,第700页。
③ 《老子》,《习学记言序目》卷十五,第213页。
④ 《进卷·大学》,《水心别集》卷七,《叶适集》,第730页。
⑤ 《进卷·总义》,《水心别集》卷五,《叶适集》,第693—694页。

从道不能离器的思想出发,叶适又对《尚书·洪范》中的"皇极"进行了探讨:

> 极之于天下,无不有也。耳目聪明,血气和平,饮食嗜好,能壮能老,一身之极也;孝慈友弟,不相疾怨,养老守孤,不饥不寒,一家之极也;刑罚衰止,盗贼不作,时和岁丰,财用不匮,一国之极也;……是故圣人作焉,执大道以冒之,使之有以为异而无以害异,是之谓皇极。①

"极"是事物的标准和典范。叶适认为,极就存在于事物之中,并不是像程朱所说的那样,有一个抽象的极,离开事物而单独存在于形上世界中。他又说:

> 室人之为室也,栋宇几筵,旁障周设,然后以庙以寝,以库以廏,而游居寝饭于其下,泰然无外事之忧;车人之为车也,轮盖舆轸,辐毂辀辕,然后以载以驾,以式以顾,而南首梁、楚,北历燕、晋,肆焉无重趼之劳。夫其所以为是车与室也,无不备也。有一不备,是不极也,不极则不居矣。②

叶适通过"车"和"室"的例子说明,车、室的极是建立在构成车、室的具体器物的基础之上的,离开了构成车、室的具体器物,车、室的极也不存在。因此,他得出这样一个结论:"夫极非有物,而所以建是极者则有物也。君子必将即其所以建者而言之,自有适无,而后皇极乃可得而论也。"③这是说,极是抽象的原则,就体现在具体的物中,离开了具体的物,也无所谓极。这是对程朱太极说的批评。

(二)功利说

汉代的儒者董仲舒说:"正其谊不谋其利,明其道不计其功。"理学家对这句话极为推崇,特别强调"义利"之辨。一般来说,在理学的语境中,义是指道德的原则,利是指个人的私利。理学家基于道德优先的立场,重义而轻利,叶适批评说:

---

① 《进卷·皇极》,《水心别集》卷七,《叶适集》,第728页。
② 《进卷·皇极》,《水心别集》卷七,《叶适集》,第728—729页。
③ 《进卷·皇极》,《水心别集》卷七,《叶适集》,第729页。

"仁人正谊不谋利,明道不计功",此语初看极好,细看全疏阔。古人以利与人而不自居其功,故道义光明。后世儒者行仲舒之论,既无功利,则道义者乃无用之虚语尔。①

叶适认为,道义和功利并不是对立的,而是统一的,道义离不开功利。他举例说,古代的圣人能够给人民谋得福利,而自己又不居其功,那是很好的道德行为。如果做什么事都不讲效益,那么道义就是空的。

从这种功利说出发,叶适特别强调"重商"和"理财"。他说:

> 按《书》"懋迁有无化居",周讥而不征,春秋通商惠工,皆以国家之力扶持商贾,流通货币,故子产拒韩宣子一环不与,今其词尚存也。汉高祖始行困辱商人之策,至武帝乃有算船告缗之令,盐铁榷酤之入,极于平准,取天下百货自居之。夫四民(士、农、工、商)交致其用而后治化兴,抑末厚本,非正论也。②

自秦汉以来,封建统治者奉行崇本(农)抑末(工商)的政策,商人一直被看做"四民"(士农工商)之末。叶适指出,这种做法是不正确的。他说:"四民古今未有不以世,至于烝进髦士,则古人盖曰无类,虽工商不敢绝也。"③他借孔子"有教无类"的说法,认为工商之民也可以进入士的阶层,有权从事文化政治活动。叶适的这一思想反映了在南宋时期,东南沿海地区工商业比较发达的背景下,工商之民在政治上、经济上要求取得进一步自由发展的愿望。

关于"理财",他说:"古之人未有不善理财而为圣君贤臣者也。"④认为理财是君臣重要的事情。理财不同于"聚敛",他说:"理财与聚敛异,今之言理财者,聚敛而已矣。"⑤叶适主张"以天下之财与天下共理之",所谓"与天下共理之",是说"开阖、敛散、轻重之权不一出于上,而富人大

① 《列传》,《习学记言序目》卷二十三,第 324 页。
② 《书》,《习学记言序目》卷十九,第 273 页。
③ 《齐语》,《习学记言序目》卷十二,第 167 页。
④ 《财记上》,《水心别集》卷二,《叶适集》,第 658 页。
⑤ 《财记上》,《水心别集》卷二,《叶适集》,第 657 页。

贾分而有之"①。他举一个例子来说明:"今之理财者自理之欤? 为天下理之欤? 父有十子,阖其大门日取其子而不计其后,将以富其父欤? 抑爱其子者必使之与其父欤? 抑孝其亲者固将尽困其子欤? 抑其父固共其子之财者欤?"②叶适强调,理财必然要讲利,这是毋庸讳言的,那种"徒曰我不为利","以不言利为义",从而使理财之事"坐视小人为之",都是迂腐的见解。在他看来,"上有余而下不困,斯为理财而已矣"③。

通过上面的讨论,我们可以看出,叶适所说的"功利","功"是指事功,"利"是指福利,即大众的物质生活需求。功利派主张,政治理念和道德原则应对国计民生产生实际效益,使百姓富足安乐,方有其价值和生命力。道义不能脱离功利,天理不能脱离人欲。这种功利观,并非不讲道义,而是主张义利合一,不同于西方功利主义以个人为本位,以行为的效果作为评价的唯一尺度的学说,而是主张将效果、利益和道义融为一体。

第三节　气　学

北宋哲学家张载倡导的"气学"在他去世之后,一直没有得到较大的发展。直到明代中叶以后,才出现了气学的复兴,代表性人物是罗钦顺、王廷相。气学在清朝有继续发展,出现了王夫之、戴震。但他们之学标志着中国古典气学乃至中国古典哲学走向终结。④

罗钦顺从批判程朱理学的理气说出发,肯定理在气中,理不是气外的另一个实体,而是气运动变化的规律,从而在本体论上恢复了张载的气本论学说。但是,罗钦顺在心性论上依然没有摆脱朱熹二元论的影响,因此他又被学者称为"朱学后劲"⑤。

王廷相推崇张载之学,肯定"元气"是世界唯一的实体,在理气关系

① 《财记上》,《水心别集》卷二,《叶适集》,第658—659页。
② 《财记上》,《水心别集》卷二,《叶适集》,第659—660页。
③ 《财记上》,《水心别集》卷二,《叶适集》,第658页。
④ 王夫之、戴震在第十一章另述。
⑤ 参见容肇祖:《明代思想史》第六章"朱学的后劲",齐鲁书社1992年版。

的问题上则主张"理载于气",理是气运动的属性和功能,反对"理可离气而论"的观点,并进一步把气一元论的观点应用于对人性问题的考察,提出"气外无性"、气有善有恶,故"性有善有恶"的观点,在明代儒学中产生了较大的影响。

明代的气学是在批判心学和改造理学的过程中建立起来的。气学家虽然在世界本原问题上主张气是世界的本原和终极的实在,在理气关系问题上强调气的第一性,但是,他们也讨论了传统理学和心学关注的心性、人性、知行、格物致知等问题。在这些问题的看法上,他们或受到传统理学的影响,或提出一些不同的观点,这都是属于道学内部的争论。

一、罗 钦 顺

罗钦顺(1465—1547 年),字允升,号整庵,江西泰和人。弘治六年(1492 年)举进士,授翰林院编修。弘治十五年(1502 年),被任命为南京国子监司业。正德三年(1508 年),因反对宦官刘瑾,被削职为民。正德五年(1510 年),刘瑾被诛后复职。后晋升为南京太常少卿,南京吏部右侍郎、左侍郎。嘉靖初,升南京吏部尚书。后改礼部尚书,因父亲去世,未就任。又被任命为吏部尚书,固辞不就。辞官后居家二十余年,从事著述。死后赐太子太保,谥文庄。

罗钦顺早年曾钻研过佛学。他自叙说:"及官京师,偶逢一老僧,漫问何由成佛,渠亦漫举禅语为答云:'佛在庭前柏树子。'愚意其必有所谓,为之精思达旦。揽衣将起,则恍然而悟,不觉流汗通体。既而得禅家《证道歌》一编,读之,如合符节,自以为至奇至妙,天下之理莫或加焉。"[1]他到南京任职后,深入研究了程朱理学,批判了佛教的思想。他说:"盖佛氏以知觉为性,所以一悟便见得个虚空境界。《证道歌》所谓'了了见,无一物,亦无人,亦无佛'是也。渠千言万语,只是说这个境界。"[2]正是由于出入佛老的经历,使他认识到佛教以"知觉为性"的思想

---

① 《困知记》卷下,中华书局 1990 年版,第 34 页。
② 《困知记》续卷上,第 61 页。

混淆了心和性,从而主张"心性之辨"。

罗钦顺哲学的性格体现在他对程朱理学的修正和对阳明心学的批评上。他不同意程朱以理为世界本原的理本论思想,鲜明地提出"理气为一物"的观点,建立了气本论的哲学。他晚年批判性地改造了程朱的"理一分殊"说,并把理一分殊说作为考察人性问题的方法论主张。他曾写信与王阳明讨论"格物"的问题,基于朱子学的立场反驳了王阳明"重内而遗外"的思想。他又写信与王阳明的弟子欧阳德辩论,认为良知不同于知觉,良知是心而非性,对阳明学"心即理"的学说提出严厉的批评。

罗钦顺的主要哲学著作是《困知记》,此外,还有《整庵存稿》二十卷,《整庵续稿》十三卷。

(一)理气为一物

罗钦顺的理气说受到北宋哲学家程颢道器观的影响。程颢说:"形而上为道,形而下为器,须著如此说。器亦道,道亦器。"①又说:"《系辞》曰:'形而上者谓之道,形而下者谓之器。'又曰:'立天之道曰阴与阳,立地之道曰柔与刚,立人之道曰仁与义。'又曰:'一阴一阳之谓道。'阴阳亦形而下者也,而曰道者,惟此语截得上下最分明,元来只此是道,要在人默而识之也。"②罗钦顺解释说:

> 窃详其意,盖以上天之载无声无臭,不说个形而上下,则此理无自而明,非溺于空虚,即胶于形器,故曰"须着如此说"。名虽有道器之别,然实非二物,故曰"器亦道,道亦器"也。至于"原来只此是道"一语,则理气浑然,更无罅缝,虽欲二之,自不容于二之,正欲学者就形而下者之中,悟形而上者之妙,二之则不是也。③

又说:

> 明道先生尝历举《系辞》"形而上下"数语,乃从而申之曰:"阴阳亦形而下者也,而曰道者,惟此语截得上下最分明。元来只此是道,要

---

① 《河南程氏遗书》卷一,《二程集》,第4页。
② 《河南程氏遗书》卷十一,《二程集》,第118页。
③ 《答林次崖金宪》,《困知记·附录》,第156页。

在人默而识之也。"截字当为斩截之意。盖"立天之道曰阴与阳"及"一阴一阳之谓道"二语,各不过七八字耳,即此便见形而上下浑然无间,何等斩截得分明! 若将作分截看,则下句"原来只此是道"更说不去,盖道器自不容分也。①

罗钦顺赞同程颢"器亦道,道亦器"的观点,认为道与器虽然有形上与形下的区分,但道并不是独立于器之外的实体。所谓"器外无道,道外无器"。在他看来,程颢说的"惟此语截得上下最分明"语中的"截"是"斩截"即断定之义,而不是"分截"即分割之义。程颢的本义并不是把道和器分截为不同的实体,分属于形上与形下,而是断定形上(道)与形下(器)不容分割为二。正如《系辞》"立天之道曰阴与阳"、"一阴一阳之谓道"这两句话也没有把作为形而上的道和作为形而下的阴阳分截为二,而是断定了道和阴阳、理和气是"浑然无间"的关系。

从道器说出发,罗钦顺批评了程朱的理气说:

> 所谓叔子小有未合者,刘元成记其语有云:"所以阴阳者道。"又云:"所以阖辟者道。"窃详"所以"二字,固指言形而上者,然未免微有二物之嫌。以伯子"元来只此是道"之语观之,自见浑然之妙,似不须更著"所以"字也。所谓朱子小有未合者,盖其言有云:"理与气决是二物。"又云:"气强理弱。"又云:"若无此气,则此理如何顿放。"似此类颇多。②

罗钦顺认为,程颐(叔子)以理为气的存在、运动的"所以然",即气的存在与运动变化的根据,并把理看做不杂于气而又不离于气的形上实体,实际上把理与气看做两种不同的实体(物)。朱熹"理与气决是二物"、"气强理弱"、"若无此气,则此理如何顿放"的说法同样也预设了理与气为两种不同的实体。这与程颢"元来只是此道"所表达的道与阴阳、理与气"浑然无间",不容分割为二的思想是不同的。据此,他提出"理气为一物"③

---

① 《困知记》四续,第 106—107 页。
② 《困知记》卷上,第 5 页。
③ 《与林次崖金宪》,《困知记·附录》,第 151 页。

的思想。

"理气为一物"的说法主张理不是独立于气之外的实体,并不是说理与气没有分别。罗钦顺说:

> 盖通天地,亘古今,无非一气而已。气本一也,而一动一静,一往一来,一阖一辟,一升一降,循环无已。积微而著,由著复微,为四时之温凉寒暑,为万物之生长收藏,为斯民之日用彝伦,为人事之成败得失。千条万绪,纷纭胶轕而卒不可乱,有莫知其所以然而然,是即所谓理也。①

罗钦顺认为,宇宙中充满了气,气无处不有,无时不有,在空间和时间上都是无限的。气的运动形式为动静、往来、阖辟、升降、循环不已;气的运动变化是一个隐微—显著—隐微的过程,春夏秋冬的更替,植物的生长收藏,人类的生活规范,人事的成败得失,都体现了气的运动变化。但气的运动变化过程是有规律的,所以万事万物的变化,虽然千条万绪,复杂多端,纠缠在一起,并不混乱,而是有其秩序和条理,此即是理。

罗钦顺进一步认为,理并非主宰气的运动变化的某种实体,而是阴阳变易自身所固有的规律性。他说:

> 理只是气之理,当于气之转折处观之。往而来,来而往,便是转折处也。夫往而不能不来,来而不能不往,有莫知其所以然而然,若有一物主宰乎其间而使之然者,此理之所以名也。②

"理只是气之理"是说理依赖于气,理是气的内在的条理。"气之转折处"即"一气之运,直行去为阳,转过来便是阴"③,也就是气分化为阴阳和阴阳二气往来转化的运动形式。"往而不能不来,来而不能不往"说明气的运动变化遵循必然的规律。在罗钦顺看来,气分化为阴阳和阴阳往来转化有其必然的规律,理并不是某种实体居于气的运动变化中,主宰着气的运动变化,而是气自身运动变化的规律性。气的运动变化的规律皆出于

---

① 《困知记》卷上,第4、5页。
② 《困知记》续卷上,第68页。
③ 《困知记》四续,第102页。

自然,没有主宰者使其然。因此,他又把气运动变化的自然而然、必然的规律(理)称之为"自然之机,不宰之宰"①。这一思想发挥了张载"阴阳之气,则循环迭至……运行不息,莫或使之"的思想,以理为气运动变化的规律,构成了对朱熹"理宰气"和"理载于气"的批评。

从"理气为一物","理只是气之理"的思想出发,罗钦顺批评了朱熹"理气合凝"的说法:

> 周子《太极图说》……至于"无极之真,二五之精,妙合而凝"三语,愚则不能无疑。凡物必两而后可以言合,太极与阴阳果二物乎?其为物也果二,则方其未合之先各安在耶?朱子终身认理气为二物,其源盖出于此。愚也积数十年潜玩之功,至今未敢以为然也。②

如果理和气像朱熹所解释的那样是"妙合而凝"的关系,那就意味着,具体事物产生之前,理与气是各自独立流行于宇宙之中的,理是在一定的形气结聚时才搭附、安顿到气之中。罗钦顺认为这是不可能的,因为不可能有没有理的纯粹的气,也不可能有离开气而独立的理。

罗钦顺还讨论了明代儒学家薛瑄(字德温,号敬轩,1392—1464 年)的"理气聚散"说。他说:

> 薛文清《读书录》……云:"理气无缝隙,故曰器亦道,道亦器。"其言当矣。至于反复证明"气有聚散,理无聚散"之说,愚则不能无疑。其一有一无,其为缝隙也大矣,安得谓之"器亦道,道亦器"耶?盖文清之于理气,亦始终认为二物,故其言未免时有窒碍也。③

罗钦顺认为,薛瑄一方面主张理气无先后,理在气中,另一方面又主张气有聚散,理无聚散,这两种说法之间是有内在矛盾的,其错误的根源在于把理气看成两个实体。他阐述自己的看法说:"气聚而生,形而为有,有此物即有此理;气散而死,终归于无,无此物即无此理。"④这是说,一个事物或一类事物消散之后,这个事物的理或此类事物的理也就不再存在,不

---

① 《困知记》卷上,第 5 页。
② 《困知记》卷下,第 29 页。
③ 《困知记》卷下,第 38 页。
④ 《困知记》卷下,第 30 页。

能说这些理是永恒的。对于天地来说,由于"若夫天地之运,万古如一,又何死生存亡之有"①,所以天地之理与天地一样,都是永恒的。在这里,罗钦顺显然区分了特殊规律与普遍规律。事物的特殊属性和规律不是永恒的,是与这些事物的存在相始终的,而宇宙的普遍本性与规律则是没有生灭的。罗钦顺的这些看法以及他敏锐地把聚散问题归结为理是否有生灭的问题,是有见地的。②

(二)理一分殊

"理一分殊"的说法出自程颐论张载《西铭》书,本来是一个伦理学的命题。程颐用"理一分殊"的观点维护张载《西铭》的"万物一体"说,认为张载的"万物一体"说与墨子的"兼爱"说不同,并不与儒家"爱有差等"说相矛盾。朱熹根据"理一分殊"中"理"的不同意义,区别了理一分殊的具体内涵:(1)在伦理的意义上,理一分殊讨论的是普遍的道德原理与具体的道德规范的关系。理一分殊是说,普遍的道德原则表现为不同的具体道德规范,各种道德行为中又包含着普遍的道德原则。譬如,仁爱的原则在具体实施中体现为亲亲、仁民、爱物的不同,但亲亲、仁民、爱物虽然亲疏有别,又都是仁爱原则的共同体现。(2)在性理的意义上,理一分殊讨论的是太极与万物之性的关系。理一分殊是说,宇宙万物的本体只是一个太极,而每一个事物中都包含着与那本体的太极完全相同的太极作为自己的本性。这也是朱熹所说的"统体一太极,物物一太极"。(3)在物理的意义上,理一分殊讨论的是普遍之理与特殊事物的规律之间的关系。理一分殊是说,每一类事物都有这一类事物的理,事物不同,普遍之理在事物上的具体表现就不同。事物的具体规律性质是各有差别的,这与物物具有的太极各个相同是不一样的。③

罗钦顺特别重视"理一分殊"的思想,他说:

　　窃以性命之妙,无出"理一分殊"四字。……盖人物之生,受气

---

①　《困知记》卷下,第30页。

②　参见陈来:《宋明理学》,第233页。

③　参见陈来:《宋明理学》,第130—132页。

之初，其理唯一；成形之后，其分则殊。其分之殊，莫非自然之理，其理之一，常在分殊之中。此所以为性命之妙也。语其一，故人皆可以为尧、舜；语其殊，故上智与下愚不移。①

盈天地之间者惟万物，人固万物中一物尔。"乾道变化，各正性命"，人犹物也，我犹人也，其理容有二哉？然形质既具，则其分不能不殊。分殊，故各私其身；理一，故皆备于我。②

罗钦顺认为，万物在受气之初禀受了共同的理，这表现为"理一"；而万物各自具有了自己特定的形体之后，它们的性就有了差别，这表现为"分殊"。"理一"是指人物具有的共同本性，"分殊"是人物各自具有的不同特性。天、地、人都是物，因而他们的理有统一性。类的属性与个体的属性是一般与个别的关系，也就是理一与分殊关系。譬如说，万物之性都是性，但个别表现有仁有智，有贤有愚，又是有差别的。

罗钦顺的这一思想与朱熹在性理的意义对"理一分殊"的界定是不同的。在朱熹看来，每一个个别事物中包含的太极，即作为万物之性的太极与作为宇宙本体的太极是没有区别的，而罗钦顺则认为，作为万物共同的性的理表现在个别事物上是有差别的。

罗钦顺进一步把"理一分殊"作为考察人物之性的方法论主张，批评了朱熹区分"气质之性"与"天命之性"的做法：

请以从古以来凡言性者明之。"若有恒性"，理之一也；"克绥厥猷"，则分之殊者，隐然寓乎其间。"成之者性"，理之一也；"仁者"、"知者"、"百姓"也、"相近"也者，分之殊也。"天命之谓性"，理之一也；"率性之谓道"，分之殊也。"性善"，理之一也，而其言未及乎分殊。"有性善，有性不善"，分之殊也，而其言未及乎理一。程、张本思、孟以言性，既专主乎理，复推气质之说，则分之殊者诚亦尽之。但曰"天命之性"，固已就气质而言之矣，曰"气质之性"，性非天命之谓乎？一性而两名，且以气质与天命对言，语终未莹。朱子犹恐人之视

① 《困知记》卷上，第7页。
② 《困知记》卷上，第3页。

为二物也,乃曰"气质之性,即太极全体堕在气质之中"。夫既以堕言,理气不容无罅缝矣。惟以理一分殊蔽之,自无往而不通,而所谓"天下无性外之物",岂不亶其然乎!①

罗钦顺认为,孟子讲性善,只看到了人性的普遍的一面,即都有成圣成贤的根据和可能性,但并没有看到人性的具体的特殊性、差别性;告子等主张有性善有性不善,看到了人性的个体表现的差异,但却忽视了差异中也有普遍性;张载、程颐想把普遍性和差别性结合起来,但走了一条错误的实体化的道路。在罗钦顺看来,普遍即寓于特殊之中,普遍表现为特殊。天命是理,气质是气。天命是气质的天命,没有离开气质而孤立存在的天命。气质之性既然是性,表明它就是气质的理,也就是气质的天命,因而天命之性、气质之性只能是一个。根据他的理气观,理只是气之理,气流行于天地之间,其理为普遍之理,这是气一则理一;万物既生之后,形气获得了各自的规定,其理就各自不同,这属于气万则理万。根据理一分殊的原则论性,自不需言天命、气质之两名。人物只有一个性,不需要用天命之性、气质之性两个名称去指称它,更不能认为人或物中有两个不同的性。因此,他批评朱子"太极全体堕在气质之中"的说法分割了天命之性与气质之性。

根据这一思想,罗钦顺批评杨慈湖说:"'易有太极,是生两仪',乃统体之太极;'乾道变化,各正性命',则物物各具一太极矣。其所以为太极则一,而分则殊。惟其分殊,故其用亦别。若谓'天地人物之变化,皆吾心之变化',而以'发育万物'归之吾心,是不知有分之殊矣。既不知分之殊,又恶可语夫理之一哉!盖发育万物自是造化之功用,人何与焉!……况天地之变化,万古自如;人心之变化,与生俱生,则亦与生俱尽,谓其常住不灭,无是理也。慈湖误矣!藐然数尺之躯,乃欲私造化以为己物,何其不知量哉!"②他认为杨简"天地人物之变化皆吾心之变化"的说法是不懂得"理一分殊"的道理,因为宇宙(天地)与人心是不同的。宇宙是永

---

① 《困知记》卷上,第7—8页。
② 《困知记》续卷下,第81页。

恒的,是离开人的意识而独立存在的;人心是短暂的,怎么能说天地是人心所创造的呢?

(三)心性之辨

罗钦顺在明代儒学史上影响较大的思想,一是主张"理气为一物",一是主张区别心与性。在心性论上,他继承了朱熹以心为知觉灵明,以性为理的看法。他说:

> 夫心者,人之神明;性者,人之生理。理之所在谓之心,心之所有谓之性,不可混而为一也。……二者初不相离,而实不容相混。精之又精,乃见其真。其或认心以为性,真所谓"差毫厘而谬千里"者矣。①

"神明"又称为"虚灵知觉"。这是说,心是人的知觉作用,性是人的生理,心能明其理,心中之理便是性。心是主观认识能力,性作为生理是认识的对象,故二者不可混而为一。因此他又说:"盖心之所灵者,以有性焉,不谓性即灵也。"他认为应该把作为人的本质的性的概念与作为人的思维活动的功能的心的概念区别开来。他说:

> 夫《易》,圣人之所以极深而研几也。易道则然,即天道也。其在人也,容有二乎!是故至精者,性也;至变者,情也;至神者,心也。所贵乎存心者,固将极其深,研其几,以无失乎性情之正也。若徒有见乎至神者,遂以为道在是矣,而深之不能极,而几之不能研,顾欲通天下之志,成天下之务,有是理哉?!②

这是引用《易传》"天下之至精"、"天下之至变"、"天下之至神"句论证心和性的区别。"天下之至精"即人之性,"天下之至变"即人之情,"天下之至神"即人之心。神为神速之义,就人心说,指思维的活动,有感而应,非常神速。至精是就义理说的,至神是就功用说的。故心性不能混同。他又说:

> 能通之妙,乃此心之神;而所通之理,是乃所谓道也。若认精神

---

① 《困知记》卷上,第1页。
② 《困知记》卷上,第1页。

以为道,则错矣。《易大传》曰:"一阴一阳之谓道。"又曰:"阴阳不测之谓神。"道为实体,神为妙用,虽非判然二物,而实不容于相混,圣人所以两言之也。①

罗钦顺以"能通"解释心,以"所通"解释理或性,即以心之神为主观认识能力,以理或性为认识的对象。他又说:"能思者心,所思而得者,性之理也。"②他认为,《系辞》一方面说一阴一阳之谓道,另一方面又说阴阳不测之谓神,即区分了道和神。因为道是阴阳二气化育万物的规律,而神是阴阳二气化育万物的功能,前者为实体,后者为功用,不可混同。就人道说,人心之神,属于妙用,其性之理属于实体,二者也不应混同。由此可以看出,罗钦顺辨别心和性,实际上是区分心和理。其目的在于说明道或理具有客观的规律性,不出于人之心,也不依赖于人之神明。

从心性之辨出发,罗钦顺批评了心学。他批评陆象山说:"象山之教学者,顾以为'此心但存,则此理自明',……苟学而不思,此理终无由而得。凡其当如此自如此者,虽或有出于灵觉之妙,而轻重长短,类皆无所取中,非过焉斯不及矣。遂乃执灵觉以为至道,谓非禅学而何!"③罗钦顺认为,心的作用,在于思考性之理,能思其理,才能使行为合乎中道,否则单凭灵觉之妙用,不极深研几,其所思所为,非过即不及。不区别心和性,即执灵觉以为至道,必然陷于禅学而不能自拔。

罗钦顺批评陈白沙说:"近世道学之倡,陈白沙不为无力,而学术之误,亦恐自白沙始。'至无而动,至近而神',此白沙自得之妙也。愚前所谓'徒见夫至神者,遂以为道在是矣,而深之不能极,而几之不能研',虽不为白沙而发,而白沙之病正恐在此。"④在陈白沙看来,"至无"是指心体处于虚静状态,"至近"是指心内,"动"谓形于外,"神"谓精神,神妙不测。"至无而动,至近而神"是说人心本虚静,不受外物干扰,即是至道;但此种境界,不需积累,无须外求,即在心内,所谓自我得之。罗钦顺指

---

① 《困知记》续卷下,第82页。
② 《困知记》卷下,第35页。
③ 《困知记》卷下,第35页。
④ 《困知记》卷下,第39页。

出，这是以心之神明为道，违背了《系辞》区别神和道的宗旨。

罗钦顺又写信给王阳明的弟子欧阳德，辩论了良知与天理的关系。他说：

> 夫谓良知即天理，则天性、明觉只是一事。区区之见，要不免于二之。盖天性之真，乃其本体；明觉自然，乃其妙用。天性正于受生之初，明觉发于既生之后；有体必有用，而用不可以为体也。此非仆之臆说，其在《乐记》，则所谓"人生而静，天之性"，即天性之真也；"感物而动，性之欲"，即明觉之自然也。在《易大传》，则所谓"天下之至精"，即天性之真也；"天下之至神"，即明觉之自然也。①

罗钦顺认为，应该严格地区分本体与功用，"天性"是属于本体的范畴，"明觉"是属于功用的范畴，二者是不同的。良知是明觉，是心的认识功能，属于心而不是性，属于用而不是体。良知即天理的说法是把作为明觉的用当做作为天性的体，混淆了心与性、体和用。

（四）格物穷理说

罗钦顺从"心性"之辨和"理一分殊"的思想出发，提出自己的"格物"说。他说：

> 格物之义，程朱之训明且尽矣，当为万物无疑。人之有心，固然亦是一物，然专以格物为格此心则不可。《说卦传》曰："观变于阴阳而立卦，发挥于刚柔而生爻，和顺于道德而理于义，穷理尽性以至于命。"后两句皆主卦爻而言。"穷理"云者，即卦爻而穷之也。盖一卦有一卦之理，一爻有一爻之理，皆所当穷。穷到极处却止是一理。此理在人则谓之性，在天则谓之命。心也者，人之神明而理之存主处也。岂可谓心即理，而以穷理为穷此心哉！……②

罗钦顺认为，格物的物是指包括心在内的万物而言，所谓格物，也就是"穷理"。《说卦》说的"穷理"，是指穷一卦一爻之理，穷至极处，便发现天地万物皆出于阴阳之理。此理在人便是性。心作为人的神明，在于认

---

① 《答欧阳少司成崇一》，《困知记·附录》，第118页。
② 《答允恕弟》，《困知记·附录》，第114页。

识和存住此理,故心自身非理。穷理是穷卦爻象和事物之理,不是如王阳明所说的致吾心良知之天理。格物是就卦爻象和事物上穷理,不是王阳明所说的"格心"。这一思想从心性之辨出发,继承了程朱以格为"至",以"穷至事物之理"为格物的说法。

罗钦顺又说:

> 仆言"理一分殊最尽",只是说道体。又尝言,"所贵乎格物者,正欲即其分之殊,而有见乎理之一",方是说下学工夫。举"分殊"则事物不待言矣。①

> 人固万物中一物尔,须灼然见得此理之在天地者与其在人心者无二;在人心者与其在鸟兽草木金石者无二;在鸟兽草木金石者与其在天地者无二;方可谓之物格知至,方可谓之知性知天。②

这是说,格物是从"分殊"上认识"理一",即通过考察天地万物之理和人心所有之理,通晓贯通于自然界和人类社会中的太极之理。因此,他又解释格物之格说:

> 格物之格,正是"通彻无间"之意,盖工夫至到,则通彻无间,物即我,我即物,浑然一致,虽合字亦不必用矣。③

罗钦顺认为,我与万物只是一物,天人万物只是一理,格物就是最后达到万物一体、万物一理的觉解。他以"通彻无间"解释格,实际上是把"格物"了解为"物格"的境界,而不是格物的工夫。

总之,罗钦顺认为格物的对象是包括心在内的天地万物;格物也就是穷理,穷理的具体途径是通过探究具体事物特殊的规律,认识到天地万物普遍的规律;格物的目的是觉解到万物一理,实现物我"浑然一致"的境界。这一思想与王阳明格物说的不同在于,罗钦顺认为格物并不是指纠正意念的道德活动,而是穷究事物之理的知性活动;理是天地万物的客观规律,并不仅仅是心的道德法则。

---

① 《答林次崖第二书》,《困知记·附录》,第159—160页。
② 《答欧阳少司成崇一》,《困知记·附录》,第123页。
③ 《困知记》卷上,第4页。

二、王　廷　相

王廷相,字子衡,号浚川,河南仪封(今河南兰考县)人。生于明成化十年(1474年),弘治十五年(1502年)举进士,选翰林院庶吉士,任兵部给事中。正德三年(1508年),因反对宦官刘瑾,谪亳州判官。正德五年(1510年),授监察御史。正德八年(1513年),督学北畿。正德九年(1514年),由于宦官诬陷,系狱,谪赣榆县丞。后升任四川按察司提学金事、山东提学副使,有政绩。嘉靖年间,历任湖广按察使、兵部左右侍郎、南京兵部尚书、都察院左都御史等。后因郭勋事牵连,罢归田里。嘉靖二十二年(1543年),病卒于家。

王廷相博学多识,对天文学、音律学都有颇深研究,对农学、生物学等也十分关心。自然科学的知识是他的唯物主义思想的来源之一。

王廷相的著作编辑为《王氏家藏集》和《王浚川所著书》两种,其中主要哲学著作是《慎言》、《雅述》、《太极辩》、《横渠理气辨》、《答何柏斋造化论》等。

(一)元 气 说[①]

"元气"是中国古代哲学,特别是汉代易学宇宙论的一个重要概念。王廷相把汉代以来的"太极元气"说和张载的"太虚即气"说结合起来,以元气解释太极,反对朱熹"太极即理"说把理作为世界的本原,并在"元气"的基础上描述了宇宙生成变化的图景,进一步发展了张载以来的气本论思想。

王廷相认为,元气是世界唯一的实体。他说:"天地之先,元气而已矣。元气之上无物,故元气为道之本。"[②]这是说,元气是世界上最根本的实在,没有在元气之上的东西。

王廷相认为,元气即是太极。他说:

太极之说,始于"易有太极"之论。推极造化之源,不可名言,故

---

① 参见朱伯崑:《易学哲学史》第三卷,第173—185页。
② 《雅述上》,《王廷相集》第三册,中华书局1989年版,第835页。

曰太极;求其实,即天地未判之前,大始浑沌清虚之气是也。①

> 元气之外无太极,阴阳之外无气。以元气之上,不可意象求,故
> 曰太极;以天地万物未形,浑沦冲虚,不可以名义别,故曰元气;以天
> 地万物既形,有清浊、牝牡、屈伸、往来之象,故曰阴阳。三者一物也,
> 亦一道也,但有先后之序耳。②

这是说,太极是宇宙生成的根源,其实质即"大始浑沌清虚之气",也就是
阴阳二气未分化的原始浑沦状态。太极即元气,其中阴阳二气未分,天地
万物未成形,故为元气;当其分为阴阳二气,形成天地万物,又各有阴阳之
别,故为阴阳。太极、元气、阴阳本是一物,其不同仅在于是否已成为具有
固定形质的个体事物,此即"但有先后之序"。

王廷相认为,元气作为"浑沦冲虚"之气,即是"太虚"。他分析"元
气"、"太极"、"太虚"三个概念说:

> 道体不可言无生有、有无。天地未判,元气混涵,清虚无间,造化
> 之元机也。有虚即有气,虚不离气,气不离虚,无所始、无所终之妙
> 也。不可知其所至,故曰太极;不可以为象,故曰太虚,非曰阴阳之外
> 有极有虚也。二气感化,群象显设,天地万物所由以生也,非实
> 体乎?③

"道体不可言无生有、有无"④是说道体不能说从无生有,不能说有无。这
是根据张载《正蒙》"知太虚即气则无无"⑤而来。在王廷相看来,元气即
是"道体",即元气是变化流行的实体。元气作为宇宙的本体,并非虚无;
清通而无象,故称太虚;无法知其极限,故称太极。当阴阳二气相交感,万
象显露,天地万物由此而生,可称为有;个体事物形成后,又由壮大而衰

---

① 《太极辩》,《王廷相集》第二册,第596页。
② 《太极辩》,《王廷相集》第二册,第597页。
③ 《慎言·道体》,《王廷相集》第三册,第751页。
④ "道体不可言无生有有无"一句有两种标点方法:(1)"道体不可言无生有、有无";
  (2)"道体不可言无,生有有无"。张岱年先生认为(1)是正确的标点,(2)是错误
  的标点。参见张岱年:《中国古典哲学概念范畴要论》,中国社会科学出版社1987
  年版,第69—70页。
⑤ 《正蒙·太和篇》,《张载集》,第8页。

亡,可称为无。但太极之气作为造化之"元机"或"实体",未尝消灭。所以"道体不可言无"。因此,王廷相又说:"元气之上无物,故曰太极,言推究于至极,不可得而知,故论道体必以元气为始。故曰有虚即有气,虚不离气,气不离虚,无所始无所终之妙也。气为造化之宗枢,安得不谓之有?"①这是说,就其为造化之实体说,为元气;就元气充满无限的虚空说,为太虚;就其为世界的本原说,为太极。三者为一,故非虚无。

王廷相认为,元气的运动形式是"聚散"。他说:

> 有聚气,有游气。游、聚合,物以之而化。化则育,育则大,大则久,久则衰,衰则散,散则无。而游聚之本未尝息焉。②

这是说,气聚而为物,物从无到有,从有转无。物虽然有生成与毁灭,但气却没有生成、毁灭。他论证气的不灭说:"是故气有聚散,无灭息。雨水之始,气化也,得火之炎,复蒸而为气;草木之生,气结也,得火之灼,复化而为烟。以形观之,若有有、无之分矣,而气之出入于太虚者,初未尝减也。"③意思是说,气化而为雨水,遇火炎则变为蒸气;气凝结而为草木,火烧则化为烟气。物体的形态虽有生灭,但构成其形体的气则出入于太空中,并未减损,如同海水凝聚而为冰,融化又为水,冰之形态有生灭,海水并无减损。气之变化有聚散,故物体之形态有生灭;物体的形态虽有生灭,但气并无增减。这一思想明确提出气不灭说,并以物体形态的转化论证气不灭,是对张载气论的阐发。

王廷相认为,元气运动变化的根源在于"神"。他说:

> 余尝以为元气之上无物,有元气即有元神,有元神即能运行而为阴阳,有阴阳则天地万物之性理备矣,非元气之外又有物以主宰之也。今曰"所以阴阳者道也",夫道也者,空虚无着之名也,何以能动静而为阴阳?④

此处说的"元神"或"神",取张载"一故神"义,是指气运动变化的性能。

---

① 《答何柏斋造化论》,《王廷相集》第三册,第964页。
② 《慎言·道体》,《王廷相集》第三册,第753页。
③ 《慎言·道体》,《王廷相集》第三册,第753页。
④ 《答薛君采论性书》,《王廷相集》第二册,第517页。

认为气运行而分为阴阳,基于元气之神,但神作为阴阳二气之动因不在气之外,非如程颐说的所以阴阳者道也,即以道居于阴阳二气之上而主宰气的变化;而在气之中,如张载说的神与性乃气所固有。他解释说:"阴阳也者,气之体也;阖辟动静者,性之能也;屈伸相感者,机之由也;缊缊而化者,神之妙也。"①以神为元气运动变化的根源的意义在于,王廷相承认事物运动变化的根源在于事物的内部。

王廷相又提出气种说,他说:

> 有太虚之气,则有阴阳。有阴阳,则万物之种一本皆具。随气之美恶大小而受化,虽天之所得亦然也。阴阳之精,一化而为水火,再化而为土,万物莫不藉以生之,而其种则本于元气之固有,非水火土所得而专也。②

此是说,太虚之气分为阴阳,阳气化为火,阴气化为水,水火又化为土,万物依土而生,但其种子为元气所固有。关于种子,他说:"仆尝谓天地之间,无非气之所成,故人有人之气,物有物之气,则人有人之种,物有物之种。如五金有五金之种,草木有草木之种,各各具足,不相凌犯,不相假借。"③是说,万物皆由气构成,但万物各有类型,总是以其类则相禅,不相假借,如人只生人,而不生马。这是因为万物禀有的气种不同,故其品类、性能、材质各不相同,而且永不改易。他说:"万物巨细柔刚各异其材,声色臭味各殊其性,阅千古而不变者,气种之有定也。人不肖其父,则肖其母,数世之后,必有与祖同其体貌者,气种之复其本也。"④他依子孙容貌肖其父母和祖辈的遗传性,论证其气种有定说。

根据上述思想,王廷相批评朱熹的"太极为理"说:

> 万理皆出于气,无悬空独立之理。造化自有入无,自无为有,此气常在,未尝澌灭。所谓太极,不于天地未判之气主之而谁主之耶?故未判,则理存于太虚;既判,则理载于天地。程子所谓"冲漠无朕,

① 《慎言·道体》,《王廷相集》第三册,第 754 页。
② 《慎言·道体》,《王廷相集》第三册,第 754—755 页。
③ 《答顾华玉杂论》,《王廷相集》第二册,第 671 页。
④ 《慎言·道体》,《王廷相集》第三册,第 754 页。

万象森然已具",正此谓耳。若谓"只有此理,便会能动静生阴阳",尤其不通之论! 理,虚而无著者也。动静者,气本之感也;阴阳者,气之名义也。理无机发,何以能动静? 理虚无象,阴阳何由从理中出? 此论皆窒碍不通,率易无当,可谓过矣。[1]

"造化自有入无"两句,是指万物基于气的聚散,故其形体有生有灭,生为有,灭为无。此段文义有二:前半段是说,气聚而为有形之物,物体消亡后,其气又归于太虚,气则永恒不灭。所以太极作为天地未判前的实体,只能是元气或太虚之气。至于所谓理,乃气和万象的性能,未有天地前,依赖于元气;已有天地后,又依赖于天地万物,此即程颐说的冲漠无朕,万象森然已具。因为理非独立自存的实体,故其不能为太极。他将程氏语,解释为万物皆具备其理,即理在象中,非象在理中,以此反对朱熹的命题:未有天地,毕竟是有此理。总之,其以理依于气的观点,论证太极是气而不是理。后半段是说,若以太极为理,所谓太极动而生阳或静而生阴,乃不通之论。因为理非实体,即理虚而无着,无发动之机括,不能动静,其自身又无形象,故不能产生阴阳二气。此是驳斥朱熹对周敦颐太极说的解释或朱熹的"太极生阴阳"的命题。

(二)理载于气[2]

王廷相详细地讨论了理气的关系。他说:

> 气,物之原也;理,气之具也;器,气之成也。《易》曰:"形而上者为道,形而下者为器。"然谓之形,以气言之矣。[3]

朱熹曾说:"理也者,形而上之道也,生物之本也;气也者,形而下之器也,生物之具也。"[4]王廷相则将此说颠倒过来,以气为生物之本,以理为气之具。具,谓材质。"理为气之具"是说,理乃气所具有的性能。在他看来,形是针对气而言的:气之无形为形而上,为道;气之成形为形而下,为器。

---

① 《太极辩》,《王廷相集》第二册,第596—597页。
② 参见朱伯崑:《易学哲学史》第三卷,第173—185页。
③ 《慎言·道体》,《王廷相集》第三册,第751—752页。
④ 《答黄道夫》,《晦庵先生朱文公文集》卷五十八,《朱子全书》第二十三册,第2755页。

根据这一说法,理作为气的性能,无形体,故为道;气作为物之原,成为形体,故为器。无形之理和有形之物都不能脱离气。

他又说:

> 夫万物之生,气为理之本,理乃气之载,所谓有元气则有动静,有天地则有化育,有父子则有慈孝,有耳目则有聪明是也。①

> 天内外皆气,地中亦气,物虚实皆气,通极上下造化之实体也。是故虚受乎气,非能生气也;理载于气,非能始气也。②

王廷相认为,气是宇宙的唯一实体,理是气所固有的性能。气是承载理的实体,理不是独立于气之外的实体。理和气的关系譬如耳目和聪明的关系,有耳目才有聪明。这表明,王廷相坚持气是第一性的,理是第二性的。

根据这一思想,他批评宋儒的"理能生气"和"理在气先"说:

> 世儒谓"理能生气",即老氏道生天地矣;谓理可离气而论,是形性不相待而立,即佛氏以山河大地为病,而别有所谓真性矣,可乎,不可乎!③

> 老、庄谓道生天地,宋儒谓天地之先只有此理,此乃改易面目立论耳,与老、庄之旨何殊?愚谓天地未生,只有元气,元气具,则造化人物之道理即此而在,故元气之上无物、无道、无理。④

这是说,作为天地万物本原的道和理,即造化人物之道理,只存在元气之中,离开元气别无造化之道。道家的道生天地说和理学家的理生气说承认理和道是派生天地万物的实体,割裂了理与气的关系。他认为这两家的理论同佛氏于山河大地之外别立真空本性是一样的。

程朱认为,理是永恒不变的,气是有变化的,理无生灭,气有生灭。王廷相反驳说:"元气即道体。有虚即有气,有气即有道。气有变化,是道有变化。气即道,道即气,不得以离合论者。或谓气有变,道一而不变,是

---

① 《太极辩》,《王廷相集》第二册,第597册。
② 《慎言·道体》,《王廷相集》第三册,第753页。
③ 《慎言·道体》,《王廷相集》第三册,第753页。
④ 《雅述上》,《王廷相集》第三册,第841页。

道自道,气自气,歧然二物,非一贯之妙也。"①这是说,道是变化的,道的变化决定于气的变化。

朱熹的"理一分殊"说认为,太极包含所有的理,而每个事物又都具有太极的全体。王廷相驳斥说:

> 儒者曰:"太极散而为万物,万物各具一太极",斯言误矣。何也? 元气化为万物,万物各受元气而生,有美恶,有偏全,或人,或物,或大,或小,万万不齐,谓之各得太极一气则可,谓之各具一太极则不可。②

> 天地之间,一气生生,而常而变,万有不齐,故气一则理一,气万则理万。世儒专言理一而遗万,偏矣。天有天之理,地有地之理,人有人之理,物有物之理,幽有幽之理,明有明之理,各各差别。统而言之,皆气之化,大德敦厚,本始一源也;分而言之,气有百昌,小德川流,各正性命也。③

这是说,天地万物都是一气所化,气既是统一的,又是差别的。由于气化的具体过程不同形成了众多的不同事物,这些事物虽都是气所构成,但每个事物都有自己的构成方式、自己的条理秩序。天、人、物各自有自己的特殊的规律。气的变化既然是万殊的,理作为气的条理、规律必然也是万殊的、具体的。

(三)性有善有恶

王廷相基于气一元论的立场,用气来解释人性,在人性论上得出"性有善有恶"的结论。

王廷相认为,性来源于气。他说:

> 人具形气而后性出焉。今曰"性与气合",是性别是一物,不从气出,人有生之后各相来附合耳,此理然乎? 人有生气则性存,无生气则性灭矣,一贯之道,不可离而论者也。如耳之能听,目之能视,心

① 《雅述上》,《王廷相集》第三册,第 848 页。
② 《雅述上》,《王廷相集》第三册,第 849—850 页。
③ 《雅述上》,《王廷相集》第三册,第 848 页。

之能思,皆耳目心之固有者;无耳目,无心,则视听与思尚能存乎?①
朱熹曾说:"人之有生,性与气合而已",认为人性是由理与气结合而构成
的。王廷相反对这种二元论的观点,在他看来,"生气"形成人的生命,无
生命则无人性,如同无耳目则无视听,无心则无思虑一样。因此,他认同
程颢"生之谓性"和"气即性,性即气,生之谓也"的说法,在人性的来源问
题上主张"性生于气"②。

王廷相认为,气有善有恶,因此性也有善有恶。他说:

> 天之气有善有恶,观四时风雨、霾雾、霜雹之会,与夫寒暑、毒疠、
> 瘴疫之偏,可睹矣。况人之生,本于父母精血之凑,与天地之气又隔
> 一层。世儒曰"人禀天气,故有善而无恶",近于不知本始。③

> 气有清浊粹驳,则性安得无善恶之杂?④

在他看来,霾、雾、霜、雹与毒、疠、瘴、疫等自然现象是气之"偏",即气的
流行的异常状态,这种异常状态即是气之恶。人禀受气而生,气有善有
恶,因此人性也有善有恶。人性中的善来源于气禀的清粹,恶来源于气禀
的浊驳。因此,他又说:"性果出于气质,其得浊驳而生者,自禀夫为恶之
具,非天与之而何哉? 故曰'天命之谓性。'"⑤这是认为人性中的恶具有
宇宙论的先天的根源。

王廷相进一步认为,性是一定气质的性,没有脱离气质之外的性。
他说:

> 余以为人物之性无非气质所为者,离气言性,则性无处所,与虚
> 同归;离性言气,则气非生动,与死同途;是性与气相资,而有不得相
> 离者也。但主于气质,则性必有恶,而孟子性善之说不通矣。故又强
> 出本然之性之论,超乎形气之外而不杂,以附会于性善之旨,使孔子
> 之论反为下乘,可乎哉? 不思性之善者,莫有过于圣人,而其性亦惟

---

① 《雅述上》,《王廷相集》第三册,第851页。
② 《雅述上》,《王廷相集》第三册,第837页。
③ 《雅述上》,《王廷相集》第三册,第840页。
④ 《答薛君采论性书》,《王廷相集》第二册,第518页。
⑤ 《答薛君采论性书》,《王廷相集》第二册,第519页。

具于气质之中，但其气之所禀清明淳粹，与众人异，故其性之所成，纯
善而无恶耳，又何有所超出也哉？圣人之性，既不离乎气质，众人可
知矣。气有清浊粹驳，则性安得无善恶之杂？故曰："惟上智与下愚
不移。"是性也者，乃气之生理，一本之道也。信如诸儒之论，则气自
为气，性自为性，形、性二本、不相待而立矣。①

王廷相认为，性并不是超越于气之外的东西，而是由气质所决定的，即
"气质所为"。由于人的气禀有清浊粹驳之不同，故人性亦有善有恶。气
质清明的人性善，气质浊驳的人性恶。根据这个立场，他认为宋儒区分本
然之性与气质之性也是错误的，因为既然现实的人性没有不受气质影响
的，既然性出于气，也就没有不受气质影响的本然之性。这个观点蕴涵
着，人只有气质之性，而无脱离气的影响的本然之性。

（四）知识与见闻

王廷相考察了认识的来源、认识的能力和认识的过程等问题，提出知
识是"思与见闻之会"的原则，在认识论上坚持了唯物主义的路线。
他说：

> 心者，栖神之舍；神者，知识之本；思者，神识之妙用也。自圣人
> 以下，必待此而后知。故神者，在内之灵；见闻者，在外之资。物理不
> 见不闻，虽圣哲亦不能索而知之。使婴儿孩提之时，即闭之幽室，不
> 接物焉，长而出之，则日用之物不能辩矣，而况天地之高远，鬼神之幽
> 冥，天下古今事变，杳无端倪，可得而知之乎？夫神性虽灵，必藉见闻
> 思虑而知。积知之久，以类贯通，而上天下地，入于至细至精，而无不
> 达矣。……夫圣贤之所以为知者，不过思与见闻之会而已。②

这是说，"心"是人的思维的物质性器官，"神"（精神）是人的认识能力，
思（思维）是神的具体运用。知识是"见闻"（感性认识）与"思"（理性认
识）的结合。认识来源于"见闻"，即人的感性认识。认识的对象是"物
理"，即不依赖于人的意识而客观存在的事物的规律。有了感性认识之

----

① 《答薛君采论性书》，《王廷相集》第二册，第518页。
② 《雅述上》，《王廷相集》第三册，第836页。

后,必须加以"思虑",才可以把感性认识提高到理性认识,获得认识上"以类贯通"的质的飞跃。"婴儿孩提"的例子说明,"见闻"在认识中具有重要的作用。

基于知识是"思与见闻之会"的原则,王廷相批评了张载以来"德性之知"的思想。他说:

> 世之儒者乃曰:思虑见闻为有知,不足为知之至,别出德性之知为无知,以为大知。嗟乎! 其禅乎! 不思甚矣。殊不知思与见闻必由吾心之神,此内外相须之自然也。德性之知,其不为幽闭之孩提者几希矣。禅学之惑人每如此。①

张载曾说:"见闻之知,乃物交而知,非德性所知;德性所知,不萌于见闻。"②认为德性之知作为一种理性认识,是不依靠"见闻"的。王廷相认为,知识只是见闻与思虑的结合,没有超乎思虑见闻的所谓德性之知。他还指出,人们生来就有的只是饮食本能与感官的感觉,此外的知识都是经验而得的。他说:"婴儿在胞中自能饮食,出胞时便能视听,此天性之知,神化之不容已者。自余因习而知,因悟而知,因过而知,因疑而知,皆人道之知也。"③这是说,人的认识能力虽然是天赋的,但知识却是接触事物之后获得的。这一思想实际上是否认了先验的认识,认为一切知识都是有所见闻再经思考而得到的。

王廷相重视见闻的重要性,但也注意到了见闻的局限性。他说:"见闻梏其识者多矣,其大有三:怪诞梏中正之识,牵合附会梏至诚之识,笃守先哲梏自得之识。三识梏而圣人之道离矣。故君子之学,游心于造化之上,体究乎万物之实,求中正至诚之理而执之。"④他认为,见闻之知也有怪诞不实、牵强附会、迷信古人之处,这三识不仅无益于人的认识,而且对人的认识有妨碍。因此,他认为对于耳目见闻之知,也要善用。"善用

① 《雅述上》,《王廷相集》第三册,第836页。
② 《正蒙·大心篇》,《张载集》,第24页。
③ 《雅述上》,《王廷相集》第三册,第836页。
④ 《慎言·见闻》,《王廷相集》第三册,第770页。

之,足以广其心;不善用之,适以狭其心"①,从而避免了陷入狭隘的经验论。

第四节　刘宗周对晚明儒学的整合

刘宗周近惩阳明后学,特别是龙溪、泰州之学之流弊,远绍周、张、程、朱之余绪,批判性地继承了阳明心学的传统,构建了理气、心性、性情一元论的哲学体系,提出以"慎独"、"诚意"为宗旨的工夫论主张,代表了晚明儒学的综合阶段。

刘宗周,字起东,浙江绍兴府山阴县(今属浙江省绍兴市)水澄里人。生于明万历六年(1578 年),卒于明弘光元年(清顺治二年,1645 年)。刘宗周的父亲刘坡,字秦台。刘宗周在他父亲去世五个月后出生,长大后因怀念父亲,别号"念台"以志痛,学者称念台先生。又因迁居、讲学于江阴县城北的蕺山,自称蕺山长,学者尊称他为蕺山先生。

刘宗周万历二十九年(1601 年)登进士,在万历朝历官行人司行人、礼部主事、光禄寺丞、尚书司少卿、太仆寺少卿、通政司右通政。曾因弹劾宦官魏忠贤、保姆客氏而被罚俸,终以敢于直谏而被革职夺官。崇祯朝历官顺天府尹、工部左侍郎、吏部左侍郎、都察院左都御史,又屡因忠正直谏而被革职夺官。南明弘光朝,复起为左都御史。弘光覆亡,浙江失守,刘宗周坚守臣节,绝食 23 日而死。死后,明鲁王谥曰"忠端",唐王谥曰"忠正",清乾隆又追谥曰"忠介"。他的著作编辑为《刘子全书》。

刘宗周少时从外祖父章颖受学,进士后师从湛门学者许孚远。黄宗羲评论他对阳明学的态度说:"盖先生于新建之学凡三变:始而疑,中而信,终而辨难不遗余力。"②据《年谱》,宗周早年不喜象山、阳明之学,认为"象山、阳明之学,皆直信本心以证圣,不喜言克己功夫,则更不用学问

---

① 《慎言·见闻》,《王廷相集》第三册,第 773 页。
② 黄宗羲:《子刘子行状》卷下,《黄宗羲全集》(增订版)第一册,第 254 页。

思辨之事矣"①,他受许孚远、顾宪成(字叔时,号泾阳,1550—1612 年)、高攀龙(字云从,号景逸,1562—1626 年)等人的影响,崇尚朱子学。天启年间,他革职在家时详细阅读、考订了明代诸儒文集、传记,辑成《皇明道统录》(该书大部分内容被黄宗羲收入《明儒学案·师说》),对薛敬轩、陈白沙、罗整庵、王龙溪皆有微词,但对王阳明的致良知说则推崇备至,认为阳明的致良知说"自孔孟以来,未有若此之深切著明者也"②。刘宗周晚年删定王阳明的《传习录》,名为《传信录》,并撰写了《原旨》、《大学诚意章句》、《证学杂解》、《良知说》、《人谱》等著作,修正了阳明的思想,批判了龙溪、泰州之学,提出自己以"慎独"、"诚意"为宗旨的思想。

刘宗周是明代最后一位大儒,平生尚忠信,严操守,重气节。他一生通籍四十五年,在朝仅只四年多,大半时间是在野讲学著书,曾先后讲学于京师首善书院和家乡的蕺山书院(又称证人书院)。据《年谱》记载,他"盛年用功过于严毅,平居斋庄端肃,见之者不寒而栗。及晚年,造履益醇,涵养益粹,又如坐春风中,不觉浃于肌肤之深也。"③因此,黄宗羲评价他的气象说:"从严毅清苦之中,发为光风霁月。"④

一、意 与 诚 意

刘宗周特别注重《大学》八条目之一的"诚意",他的整个哲学也是围绕"意"与"诚意"的思想建立起来的。在"意"的看法上,他不同意传统理学"意为心之所发"的观点,主张"意为心之所存",并详细地辨析了心与意、意与知、意与念的不同,提出"意是心之所向","意是心之主宰","意蕴于心,非心之所发","心本于意","意藏于知,非知之所起"等命题,强调《大学》"正心"与"致知"的工夫都可以归结为"诚意"。

---

① 戴琏璋、吴光主编:《刘宗周年谱》,《刘宗周全集》第五册,台北"中央研究院"中国文哲所筹备处 1997 年版,第 143 页。按:宗周子刘汋系此条于"万历三十一年癸卯"(1603 年),姚名达以为不合,改系之"万历四十一年癸丑"(1613 年)下。

② 戴琏璋、吴光主编:《刘宗周年谱》,《刘宗周全集》第五册,"天启七年丁卯(1627)"条,第 226 页。

③ 《年谱》"弘光元年"条,《刘宗周全集》第五册,第 529 页。

④ 黄宗羲:《子刘子行状》卷下,《黄宗羲全集》(增订版)第一册,第 250 页。

(一)心意之辨

王阳明曾界定《大学》的心、意、知、物说:"身之主宰便是心,心之所发便是意,意之本体便是知,意之所在便是物。"①在王阳明的心性论中,意是指人的后天的经验的意识,标志着心的现实的活动。刘宗周不同意王阳明把意界定为"心之所发",他坚持从《大学》本文出发来重新界定意:

> 《大学》之言心也,曰忿懥、恐惧、好乐、忧患而已。此四者,心之体也。其言意也,则曰好好色、恶恶臭。好恶者,此心最初之机,即四者之所自来。故意蕴于心,非心之所发也。②

刘宗周认为,《大学》本文以好恶来讲诚意,以忿懥、恐惧、好乐、忧患来讲心。好恶是指人的内在的、原初的道德情感和意向,而忿懥、恐惧、好乐、忧患等情绪则是根源于原初的好恶的道德情感,意是比心更为深层、更为本质的范畴,是"心之所蕴",不同于已发的意念。他又说:

> 然则好恶者,正指心之所存言也。此心之存主,原有善而无恶。何以见其必有善而无恶也? 以好必于善,恶必于恶。好必于善,如好好色,断断乎必于此;恶必于恶,如恶恶臭,断断乎必不于彼。必如此而必不于彼,正见其存主之诚处。故好恶相反而相成,虽两用而止一几,所谓"几者,动之微,吉之先见者"。盖此之好恶,原不到作用上看,虽能好能恶、民好民恶,总向此中流出,而但就意言,则只指其必于此,必不于彼者,七情之好恶也。③

刘宗周区分了两种"好恶":一种是作为"心之存主"的好恶;另一种是"七情之好恶"。"七情"也就是《礼记·乐记》中所说的"喜怒哀惧爱恶欲","七情之好恶"是指一般的喜好、厌恶的情绪。刘宗周认为,《大学》中所说的"好恶"不同于一般的喜好、厌恶的情绪。《大学》中所说的"好恶"

---

① 《传习录》上,《王阳明全集》卷一,第 6 页。
② 《蕺山学案·语录》,《明儒学案》卷六十二,《黄宗羲全集》(增订版)第八册,第896 页。
③ 《蕺山学案·答叶廷秀问》,《明儒学案》卷六十二,《黄宗羲全集》(增订版)第八册,第 934 页。

是指"心之所存",具有"好善恶恶"的伦理品格,而一般的喜好、厌恶的情绪在道德价值上有善有恶,不能保证其有善而无恶的纯粹性。

刘宗周认为,作为"好善恶恶"的意有一个特征,即具有固定的指向:

> 心所向曰意,正是盘针之必向南也。只向南,非起身至南也。凡言向者,皆指定向而言,离定字便无向字可下。可知意为心之主宰矣。①

> 心体只是一个光明藏,谓之明德,就光明藏中讨出个子午,见此一点光明原不是荡而无归者。愚独以意字当之,子午是活适莫,适莫是死子午。其实活者是意,死者非意,总之一心也。②

> 又问:"心有无意时否?"先生曰:"意者心之所以为心也。止言心,则心只是径寸虚体耳。着个'意'字,方见下了定盘针,有子午可指。然定盘针与盘子终是两物。意之于心,只是虚体中一点精神,仍只是一个心,本非滞于有也,安得云无?"③

刘宗周用"定盘针"的比喻说明,"好善恶恶"的意正如指南针的指针固定地指向南一样,是人心的内在的、原初的、本来的意向,引导、决定、主宰着心的方向。

刘宗周通过"心意之辨",强调"意蕴于心"、"意是心之所存"、"意是心之所向"、"意是心之主宰",在工夫论上是为了强调"诚意"的优先性,以诚意来统摄正心:

> 盖心虽不可以已发言,而《大学》之言心也,则多从已发。不观"正心"章专以忿懥好乐、恐惧忧患言乎? 分明从发见处指点。且"正"之为义,如云方方正正,有伦有脊之谓,《易》所谓"效法之谓坤"也,与诚意字不同。诚以体言,正以用言,故正心先诚意,由末以

① 《蕺山学案·商疑答史孝復》,《明儒学案》卷六十二,《黄宗羲全集》(增订版)第八册,第 940 页。
② 《蕺山学案·商疑答史孝復》,《明儒学案》卷六十二,《黄宗羲全集》(增订版)第八册,第 939—940 页。
③ 《蕺山学案·答董标心意十则》,《明儒学案》卷六十二,《黄宗羲全集》(增订版)第八册,第 936—937 页。

之本也。《中庸》言中和,中即诚,和即正,中为天下之大本,诚为正本也。凡书之言心也,皆合意知而言者也。独《大学》分意知而言之,一节推进一节,故即谓心为用、意为体,亦得。①

刘宗周认为,从《大学》来说,意为本体,心为发用,因此诚意为工夫之本,正心为工夫之末。从《中庸》来说,中为本体,和为发用,因此致中为工夫之本,致和为工夫之末。如果以意作为心的发用的范畴,那么便预设了心是未发的范畴,从而造成“欲正其未发之心,先诚其已发之意”、“以致和为致中”,工夫有分为已发未发、不能合一的弊病。

(二)意知之辨

王阳明曾说:“良知只是个是非之心,是非只是个好恶,只好恶就尽了是非,只是非就尽了万事万变。”②又说:“见好色属知,好好色属行,只见好色时已自好了,不是见后又立个心去好;闻恶臭属知,恶恶臭属行,只闻恶臭时已自恶了,不是闻后别立个心去恶。”③刘宗周特别欣赏阳明的这一思想,认为这是阳明“洞见心体”处。他说:

> 余尝谓好善恶恶是良知,舍好善恶恶,无所谓知善知恶者。好即是知好,恶即是知恶,非谓既知了善方去好善,既知了恶方去恶恶。④

在他看来,好善恶恶的道德情感(意)与知善知恶的道德判断能力(知)是同样原初的,好善恶恶的意即蕴涵了知善知恶的知,知与意并不是发生学上先后的关系。因此,他又说:“又就意中指出最初之机,则仅有知善知恶之知而已,此即意之不可欺者也。故知藏于意,非意之所起也。”这是说,意是人的先天的、内在的道德意向,知善知恶的良知就蕴藏、包含在这种道德意向中,并不是由意产生的。

根据这一思想,刘宗周反对王阳明“有善有恶意之动,知善知恶知之

---

① 《蕺山学案·答董标心意十则》,《明儒学案》卷六十二,《黄宗羲全集》(增订版)第八册,第937页。
② 《传习录》下,《王阳明全集》卷三,第111页。
③ 《传习录》上,《王阳明全集》卷一,第4页。
④ 《蕺山学案·语录》,《明儒学案》卷六十二,《黄宗羲全集》(增订版)第八册,第912页。

良"的说法：

> "有善有恶意之动,知善知恶知之良"二语决不能相入,则知与意分明是两事矣。将意先动而知随之耶？抑知先主而意继之耶？如意先动而知随之,则知落后著,不得谓良;如知先主而意继之,则离照之下,安得更留鬼魅？若或驱意于心之外,独以知与心,则法惟有除意,不当诚意矣。且自来经传无有以意为心外者,求其说而不得,无乃即知即意乎？果即知即意,则知良意亦良,更不待言。①

刘宗周认为,如果像王阳明那样把意看做后天的、经验的、善念与恶念夹杂的意识活动,把良知看做知善知恶的道德判断能力,知善知恶这一规定有可能被理解为预设了善恶之念而良知知之,这样的良知就成了后于善恶之念的东西,不能保证良知的先验性和纯粹性。所以,必须把好善恶恶的意向设定为根本。这个意向不是有了对象或意念才有的,而是本来就有的,正如水本来就有向下的意向,指南针本来就有向南的指向。这一思想认为,在好善恶恶的意中已经包含了知善知恶的知,良知即是意。

刘宗周通过意知之辨,在工夫论主张把致知与诚意的工夫统一起来。他说："然则致知工夫不是另一项,仍只就诚意中看出,如离却意根一步,亦更无致知可言。"②又说："鄙意则谓良知原有依据处,即是意,故提起诚意而用致知工夫,庶几所知不至荡而无归也。"③这都是说,诚意是统帅,致知是辅助诚意的方法,没有诚意的主宰,所致的知可能只是没有定向的知觉、意念;有诚意作为主导,致知才能保证在至善的方向上发挥作用。

(三)意念之辨

刘宗周又区别了作为"好善恶恶"的意和一般的意念。有人问："好

---

① 《蕺山学案·语录》,《明儒学案》卷六十二,《黄宗羲全集》(增订版)第八册,第913页。
② 《蕺山学案·语录》,《明儒学案》卷六十二,《黄宗羲全集》(增订版)第八册,第912页。
③ 《蕺山学案·商疑答史孝復》,《明儒学案》卷六十二,《黄宗羲全集》(增订版)第八册,第941页。

善恶恶,非所发乎?"他回答说:

> 意之好恶,与起念之好恶不同。意之好恶,一机而互见;起念之好恶,两在而异情。以念为意,何啻千里?①

这是说,作为"好善恶恶"的意不同于后天的、经验层面的现实意念,因为后天的好恶预设了好恶的对象,对某物的喜好与对某物的厌恶是两种不同的情绪和情感,所谓"两在而异情";好善恶恶的意则是人的深层的道德意向,好善即是恶不善,恶不善即是好善,所谓"一机而互见"。前者是"起念之好恶",后者是"意之好恶",二者是不同的。

刘宗周认为,好善恶恶的意之所以不同于"起念之好恶"(一般的好恶情绪),是因为意具有"自好自恶"的特征。他说:

> 如恶恶臭,如好好色,盖言独体之好恶也。元来只是自好自恶,故欺曰"自欺",慊曰"自慊"。既是自好自恶,则好在善,即是恶在不善;恶在不善,即是好在善。故好恶虽两意而一几。②

"自好自恶"的说法强调,作为好善恶恶的意是人的内在的、本有的道德意向,而不是受到外物的刺激而产生的。

刘宗周又说:

> 故念有善恶,而物即与之为善恶,物本无善恶也;念有昏明,而知即与之为昏明,知本无昏明也;念有真妄,而意即与之为真妄,意本无真妄也;念有起灭,而心即与之为起灭,心本无起灭也。③

这是说,念与物、知、意、心不是同一层次的范畴。念的特征是有"善恶"、"昏明"、"真妄"、"起灭",即念是由于受外物的刺激而产生的,夹杂善恶、真妄的,暂时的经验意识,既不同于作为"明觉"(知善知恶)的知(良知),也不同于作为纯粹道德意向的意和作为恒定本体的心。

---

① 《蕺山学案·语录》,《明儒学案》卷六十二,《黄宗羲全集》(增订版)第八册,第901页。
② 《蕺山学案·语录》,《明儒学案》卷六十二,《黄宗羲全集》(增订版)第八册,第911页。
③ 《蕺山学案·语录》,《明儒学案》卷六十二,《黄宗羲全集》(增订版)第八册,第904页。

基于意念之辨，刘宗周在工夫论上反对"以念为意"。他批评杨慈湖和王龙溪说："慈湖宗无意，亦以念为意也，只是死念法。若意，则何可无者？无意则无心矣。龙溪有'无心之心则体寂，无意之意则应圆'，此的传慈湖衣钵也。文成云：'慈湖不免着在无意上。'则龙溪之说非师门定本可知。若夫子之毋意，正可与诚意之说相发明。诚意乃所以毋意也，毋意者，毋自欺也。"①这是说，杨慈湖和王龙溪都把意与念看做同一层次的范畴，因而提出"不起意"和"无意之意则应圆"的主张，这与孔子"毋意"的主张是相违背的。因为孔子所说的"毋意"并不是指断除一切意念活动，而是指不欺瞒好善恶恶的意，也就是《大学》所说的"诚意"，诚意是达到毋意的手段，做到了诚意，自然会毋意。

二、独与慎独②

"独"与"慎独"的观念来源于儒家经典《中庸》与《大学》。《中庸》说："天命之谓性，率性之谓道，修道之谓教。道也者，不可须臾离也。可离，非道也。是故君子戒慎乎其其所不睹，恐惧乎其所不闻。莫见乎隐，莫显乎微，故君子慎其独也。"《大学》说："所谓诚其意者，毋自欺也。如恶恶臭，如好好色，此之谓自谦，故君子必慎其独也。"又说："小人闲居为不善，无所不至。见君子而后厌然，掩其不善而著其善。人之视己，如见肺肝然，则何益矣！此谓诚于中，形于外，故君子必慎其独也。"刘宗周解释"独"说：

> "独"字是虚位。从性体看来，则曰莫见莫显，是思虑未起、鬼神莫知也；从心体看来，则曰十目十手，是思虑既起、吾心独知时也。然性体即在心体中看出。③

刘宗周认为，独既是性体，也是心体。从《中庸》来说，"独"是指

---

① 《蕺山学案·语录》，《明儒学案》卷六十二，《黄宗羲全集》（增订版）第八册，第906页。

② 参见陈来：《宋明理学》，第296—299页。

③ 《蕺山学案·语录》，《明儒学案》卷六十二，《黄宗羲全集》（增订版）第八册，第895页。

"一念未起之中，耳目有所不及加，而天下之可睹可闻者即于此而在，冲膜无朕之中万象森然已备"。从《大学》来说，"独"是指思虑既起、己所独知的时候。独知是独，思虑未起时也是独。因此，他不同意朱熹仅把独作为己发独知来看待。他说："朱子于独字下补一知字，可为扩前圣所未发，然专以属之动念边事，何耶？岂静中无知乎？使知有间于动静，则不得谓之知矣。"①

刘宗周又把独称为独体，独体也就是作为心之主宰的意。他说："如恶恶臭、如好好色，盖言独体之好恶也。"②又说："又就意中指出最初之机，则仅有知善知恶之知而已，此即意之不可欺者也。故知藏于意，非意之所起也。又就知中指出最初之机，则仅有体物不遗之物而已，此所谓独也。故物即是知，非知之所照也。《大学》之教，一层切一层，真是水穷山尽。学问原不以诚意为主，以致良知为用神者。"③刘宗周的这些看法是要把良知与意统一起来，以意释知，良知即是意。

刘宗周把"独"理解为意，他又把诚意与慎独的工夫统一起来：

> 意根最微，诚体本天。本天者，至善者也。以其至善，还之至微，乃见其真。止、定、静、安、虑次第俱到，以归之得，得无所得，乃为真得，禅家所谓向一毛孔立脚是也。此处圆满，无处不圆满；此处亏欠，无处不亏欠。故君子起戒于微，以克完其天心焉。欺之为言欠也，所自者欠也。自处一动，便有夹杂；因无夹杂，故无亏欠。而端倪在好恶之地，性光呈露，善必好，恶必恶，彼此两关，乃呈至善，故谓之"如好好色，如恶恶臭"。此时浑然天体用事，不著人力丝毫。于此寻个下手工夫，惟有慎之一法，乃得还他本位，曰独。仍不许乱动手脚一毫，所谓诚之者也。此是尧、舜以来相传心法，学

① 《蕺山学案·语录》，《明儒学案》卷六十二，《黄宗羲全集》（增订版）第八册，第906页。

② 《蕺山学案·语录》，《明儒学案》卷六十二，《黄宗羲全集》（增订版）第八册，第911页。

③ 《蕺山学案·语录》，《明儒学案》卷六十二，《黄宗羲全集》（增订版）第八册，第896页。

者勿得草草放过。①

刘宗周认为,陈白沙所说的"端倪"应指好善恶恶之意,这个意也就是独,诚意就是保此意向不受影响。诚意的具体方法是慎独,这个独是用工夫下手处,但工夫又不能用力,只有慎独的方法才能保定这个原初的意向。

三、四德与七情②

刘宗周对《中庸》的"喜怒哀乐"与《礼记·乐记》的"喜怒哀惧爱恶欲"作了区分。他称前者为"四德",后者为"七情":

> 喜怒哀乐虽错综其文,实以气序而言。至散而为七情,曰喜怒哀惧爱恶欲,是性情之变,离乎天而出乎人者,故纷然错出而不齐。所为"感于物而动,性之欲也",七者合而言之,皆欲也。君子存理遏欲之功,正用之于此。若喜怒哀乐四者,其发与未发,更无人力可施也。③

在传统理学中,《中庸》所说的"喜怒哀乐"与《乐记》所说的"喜怒哀惧爱恶欲"并没有区分,都是指人的情感、欲望的心理现象。刘宗周认为,喜怒哀乐具有本体论的意义,七情则是人受外物的刺激而产生的反应,是"欲"。他进一步指出,喜怒哀乐四者并不只是描述情感活现象的范畴,从本源上说,这四者是表征气化运动秩序的范畴。他说:"维天于穆,一气流行,自喜而乐,自乐而怒,自怒而哀,自哀而复喜。"④他把喜怒哀乐等同于宋儒常用的元亨利贞,作为表征一切像四季流行运动一样的气化循环过程的范畴,认为每一气化过程的循环可以分为四个不同的阶段,在每一阶段上都有自己的特殊运动表现,这四者交替循环,体现了宇宙有秩序的变易过程。刘宗周认为人心也属于气,因而心的总体活动也是喜怒哀

---

① 《蕺山学案·语录》,《明儒学案》卷六十二,《黄宗羲全集》(增订版)第八册,第915页。
② 参见陈来:《宋明理学》,第299—301页。
③ 《蕺山学案·独证编》,《明儒学案》卷六十二,《黄宗羲全集》(增订版)第八册,第899页。
④ 《蕺山学案·语录》,《明儒学案》卷六十二,《黄宗羲全集》(增订版)第八册,第902页。

乐四者永久交替循环的过程。从而,即使在意识的不活跃的状态即寂然不动的状态中,正如生命没有停止一样,心并没有死亡,其总体过程也并没有停止,四气仍在交替循环,所以说:当其寂然不动之时,喜怒哀乐未始滞于无。感而遂通即意识明显活动时,四气依然交替表现,故说:寂然不动之中,四气实相为循环,而感而遂通之际,四气又迭以时出。

由于心的过程被理解为气的过程,他就把原来作为气之流行的规定同时作为心的过程的规定。或者说,由于这两个过程是统一的,他就把心的过程的规定同时作为气之流行的普遍规定。他从这样的观点认为,四者之情是四气正常交替的表现,七者之情是四气正常交替发生变异所产生的。由于四者之情是心气流行的正常条理与规定,无过不及,所以这四者也就是道德原则,他说:"《中庸》言喜怒哀乐,专指四德而言,非以七情言也。喜,仁之德也;怒,义之德也;乐,礼之德也;哀,智之德也。而其所谓中,即信之德也。"①喜怒哀乐就天道而言,即元亨利贞,故称为四气;就人道来说,即仁义礼智,故称四德。根据这种思想,性情之正与德行之理本质上是宇宙实体气的运行的正常秩序与条理。作为欲的七情,则是由于外感引发的变异,如在外感的作用下,正常的怒变而为忿懥等。刘宗周说:又有遂感而见者,如喜也而溢为好,乐也而溢为乐,怒也而积为忿懥,一哀也而分为恐为惧、为忧为患。

四、义理之性即气质之本性②

刘宗周讨论"理气"关系说:"理即是气之理,断然不在气先,不在气外。"③这是说,气是世界上唯一的实在。气的运行体现了一定的秩序和条理,这种秩序和条理叫做理。理并不是独立于气之外或先于气的实在。

从理气一元论立场出发,刘宗周指出:"凡言性者,皆指气质而言也。

---

① 《蕺山学案·语录》,《明儒学案》卷六十二,《黄宗羲全集》(增订版)第八册,第903页。

② 参见陈来:《宋明理学》,第301—304页。

③ 《蕺山学案·语录》,《明儒学案》卷六十二,《黄宗羲全集》(增订版)第八册,第900页。

或曰有气质之性、有义理之性，亦非也。盈天地间，止有气质之性，更无义理之性。如曰'气质之理'即是，岂可曰'义理之理'乎？"①由于理是气之理，因而性是指气质的性。天地之间流行的气是气，气质指气积聚为一定形体的存在，即积聚为形质的气。而气质的理，就叫做性。因而性是指一定气质的性，一定气质的理。刘宗周认为气质之性这句话是可通的，因为气质之性就是指气质的性。而性本来就是气质的性，并没有独立于气质或气质之外的性。在这个意义上，只有气质之性这句话是可说的，其他的说法如义理之性就不可通了。正如理是气之理，没有独立于气的理；性是气质的性，没有独立于气质的性。他认为，人或物只有一个性，而没有两个性，这个性就是气质之性，即人或物这一特定性质的性。气质之性就是一种类的属性，每一类事物都有其特定的气质，因而每类气质的属性便各不相同。

从理是气之理，性是气之性出发，刘宗周反对宋儒提出的人既有气质之性又有义理之性的说法，并认为气的不同造成了性的差别，所谓人性就是人类特定气质决定的性，没有第二个性。宋儒认为人之心如水，义理之性如水之清，气质之性造成了水之浊，刘宗周则认为，人心如水，气质之性即如水之清，水的浊是由习造成的。他说：

> 要而论之，气质之性即义理之性，义理之性即天命之性，善则俱善。子思曰："喜怒哀乐之未发谓之中。"非气质之粹然者乎？其有不善者，不过只是乐而淫、哀而伤，其间差之毫厘与差之寻丈，同是一个过不及，则皆自善而流者也。惟是既有过不及之分数，则积此以往，容有十百千万倍蓰而无算者，此则习之为害，而非其性之罪也。②

喜怒哀乐四气的正常流行，正是气质纯粹无杂的表现，未发之中即是指四气的有序运行，并不是气外的其他东西，四气的有序运行就是四德。因而，喜怒哀乐就是气质的性，就是仁义礼智，从而也就是义理之性。而气

---

① 《蕺山学案·语录》，《明儒学案》卷六十二，《黄宗羲全集》（增订版）第八册，第905页。

② 《蕺山学案·答王嗣奭》，《明儒学案》卷六十二，《黄宗羲全集》（增订版）第八册，第942页。

质之性归根到底又是宇宙一气流行的条理,因而气质之性也就是天命之性。如果说天命之性、义理之性是善的,那么气质之性也是善的。他还指出:

> 若既有气质之性,又有义理之性,将使学者任气质而遗义理,则"可以为善,可以为不善"之说信矣;又或遗气质而求义理,则无善无不善之说信矣;又或衡气质义理而并重,则有性善有性不善之说信矣。三者之说信,而性善之旨复晦,此孟氏之所忧也。须知性只是气质之性,而义理者气质之本然,乃所以为性也。①

如果气质之性不即是义理之性,则气质本身就不是必然善的,从而任气质在理论上就是可能为善可能为不善。如果导致气质义理性二元论,那就意味性中有善有不善。这些都是刘宗周反对的。他认为性并不是一种独立的实体,性就是一定气质的特性,义理不过是指气的运行的本然状态而已。他认为一性也,自理而言则曰仁义礼智,自气而言则曰喜怒哀乐,也是强调性理只是指气的有条理的运行。

五、心性一物,即情即性②

刘宗周思想中一个很重要的观点就是心性关系与理气关系是相同的。他说:"有心而后有性,有气而后有道,有事而后有理。故性者心之性,道者气之道,理者事之理也。"③他更明确强调人心一气而已矣。从明中期以来,理学心学都把心当做属于气的一个范畴,认为心与性的关系就是气与理的关系,这在刘宗周看来更为明显,他说:

> 性者心之理也。心以气言,而性,其条理也。离心无性,离气无理,虽谓气即性、性即气,犹二之也。④

① 《蕺山学案·天命章说》,《明儒学案》卷六十二,《黄宗羲全集》(增订版)第八册,第971页。
② 参见陈来:《宋明理学》,第305—307页。
③ 《蕺山学案·会语》,《明儒学案》卷六十二,《黄宗羲全集》(增订版)第八册,第924页。
④ 《蕺山学案·答沈中柱》,《明儒学案》卷六十二,《黄宗羲全集》(增订版)第八册,第947页。

夫性因心而名者也。盈天地间一性也。而在人则专以心言。性者,心之性也。心之所同然者,理也。生而有此理之谓性,非性为心之理也。如谓心但一物而已,得性之理以储之而后灵,则心之与性断然不能为一物矣。……夫心,囿于形者也。形而上者谓之道,形而下者谓之器也。上与下一体而分,而性若踞于形骸之表,则已分有常尊矣。故将自其分者而观之,灿然四端,物物一太极;又将自其合者而观之,浑然一理,统体一太极。此性之所以为上,而心其形之者与?①

刘宗周认为,既然心即气、性即理,心性之间的关系就可以由理气的关系直接推出。本体论上离气无理,故心性论上离心无性,但这种离心无性,与宋儒讲性是与气不离不杂的实体的观点不同。正如罗钦顺讲理气一物,刘宗周主张心性一物,在他看来,理只是气的未发生变异的本然流转及其有序更迭,性只是心的本然流行和正常条理。所以他认为孟子说"恻隐之心,仁也"是正确的,因为孟子以心言性,并没有把心性分为二物。他认为《中庸》即喜怒哀乐言天命之性也是正确的,因为这也是以心之气言性。当然,刘宗周并不认为气就是性,而是说人之心气流行运转,喜怒哀乐迭相循环,此种正常表现就是仁义礼智,就是性,因而需在气上认性,不能离气言性。

根据这样的立场,他提出了对性与情的看法。朱熹的性情论认为仁是性,是心中之理,是未发;发而为恻隐,恻隐之心属情。刘宗周反对以未发为性、已发为情,他还认为:"孟子言这恻隐心就是仁,何善如之?仁义礼智皆生而有之,所谓性也,乃所以为善也。指情言性,非因情见性也;即心言性,非离心言善也。后之解者曰:'因所发之情而见所存之性,因所情之善而见所性之善。'岂不毫厘而千里乎?"②对于刘宗周来说,性情之别并不是内在的本质与外在的现象的区别。恻隐之心既是情,也是性。恻隐之心就是仁,而不是什么仁之已发,指情言性,即心言性,都是强调不

① 《蕺山学案·原性》,《明儒学案》卷六十二,《黄宗羲全集》(增订版)第八册,第950页。

② 《蕺山学案·语录》,《明儒学案》卷六十二,《黄宗羲全集》(增订版)第八册,第918页。

要把性理解为与心、情不同层次的隐微实体。当然指情言性并不是泛指一切情为性，而是就恻隐等四端而言。刘宗周还说：

> 即情即性也，并未尝以已发为情，与性字对也。乃若其情者，恻隐、羞、恶、辞让、是非之心是也。孟子言这恻隐心就是仁，非因恻隐之发而见所存之仁也。①

> 心以气言，而性，其条理也。离心无性，离气无理。……恻隐、羞恶、辞让、是非，皆指一气流行之机，呈于有知有觉之顷，其理有如此，而非于所知觉之外，另有四端名色也。②

> 盈天地间一气而已矣，气聚而有形，形载而有质，质具而有体，体列而有官，官呈而性著焉，于是有仁义礼智之名。仁非他也，即恻隐之心是；义非他也，即羞恶之心是；礼非他也，即辞让之心是；智非他也，即是非之心自也。是孟子明以心言性也。而后之人必曰心自心，性自性，一之不可，二之不得，又展转和会之不得，无乃遁已乎！至《中庸》，则直以喜怒哀乐逗出中和之名，言天命之性即此而在也，此非有异指也。恻隐之心，喜之变也；羞恶之心，怒之变也；辞让之心，乐之变也；是非之心，哀之变也。是子思子又明以心之气言性也。③

所谓即心即性，即情即性，是把性直接地理解为合于心气流行的正当意识与情感。人只有一个性，这个性从理的方面看，即从人道的合理性来说是仁义礼智；而从气的方面看，就是喜怒哀乐的有序迭运。正如理是气之条理，性也是心之条理，性就是心气流行之机，是呈现为知觉的东西，是知觉自身的秩序、规范和条理。

① 《蕺山学案·商疑答史孝復》，《明儒学案》卷六十二，《黄宗羲全集》（增订版）第八册，第940页。
② 《蕺山学案·答沈中柱》，《明儒学案》卷六十二，《黄宗羲全集》（增订版）第八册，第947页。
③ 《蕺山学案·原性》，《明儒学案》卷六十二，《黄宗羲全集》（增订版）第八册，第950页。

第十一章　明清之际与新儒学的典范转移

第一节　黄宗羲：从心性到工夫

黄宗羲在哲学上继承了王阳明、刘蕺山以来的心学传统和明代气学派学者的气一元论思想，自觉地用理气的关系来解释心性、性情的关系，提出"心即气"、"性即心之性"、"气质之本然是性"等观点，体现了明末儒学心学与气学的综合倾向。

黄宗羲，字太冲，号南雷，学者称梨洲先生，浙江省余姚县（今余姚市）黄竹浦人，生于明万历三十八年（1610年），卒于清康熙三十四年（1695年）。

黄宗羲生活于明末清初社会大变动的时代，一生经历坎坷。他的父亲黄尊素（字真长，号白安）是万历四十四年（1616年）进士，天启年间官至御史，因弹劾魏忠贤，被逮入狱，受酷刑而死。黄宗羲年轻时尊奉父亲遗命，拜刘宗周为师学习。崇祯元年（1628年），阉党遭禁，19岁的黄宗羲赴北京为父亲讼冤，在公堂之上用铁锥击伤主谋许显纯，一时震动朝野。崇祯三年（1630年），黄宗羲经周镳介绍加入复社，积极从事反对阉党的斗争。崇祯十一年（1638年），阉党余孽阮大铖在南京图谋再起，黄宗羲与复社领袖顾杲为首签署《留都防乱揭》，揭露了阮大铖等人的罪行。崇祯十七年（1644年），李自成农民军攻占北京，明朝灭亡。不久，清兵入关，阮大铖等在南京拥立福王监国，对复社进行镇压，黄宗羲被捕。清兵攻陷南京，黄宗羲才得以逃回家乡。当时明吏部给事中熊汝霖等举兵抗清，黄宗羲与他的弟弟黄宗炎、黄宗会集合家乡黄竹浦子弟六百余人响应,号称"黄氏世忠营"。抗清失败后,黄宗羲感到复明无望,隐居家乡,从事著述、讲学活动。他曾恢复并创办证人书院,传授和弘扬刘宗周的慎独之学。清政府屡次征召,他都坚持不出。

黄宗羲学识渊博,对天文、数学、地理、文学、史学等均有研究。他与王夫之、顾炎武一起被称为明末三大儒。他是浙东史学派的奠基者,开辟了清代史学研究的风气。他一生著述宏富,据统计,他有著作七十余种,一千多卷。其中主要的哲学著作有《明儒学案》、《宋元学案》、《明夷待访录》、《孟子师说》、《易学象数论》、《南雷文案》、《南雷文定》、《南雷文约》等。《明儒学案》与《宋元学案》是儒学断代史,是研究宋明儒学的重要资料。《孟子师说》是根据他的老师刘宗周的观点写的。

一、理为气之理

朱熹的理气说在明代受到了来自朱子学学者曹端(字正夫,号月川,1376—1434 年)、胡居仁(字叔心,号敬斋,1434—1484 年)、薛瑄和气学派哲学家王廷相、罗钦顺等人的批评。刘宗周继承王廷相、罗钦顺等人的思想,提出"理即是气之理,断然不在气先,不在气外"①的观点,主张气是终极的实在,理是气运行变化的秩序和条理。黄宗羲认同他的老师刘宗周关于理气关系的观点,鲜明地提出"理为气之理"、"离气无所谓理"的命题,彻底地贯彻了气一元论的路线。

关于理气先后的问题,薛瑄曾反对朱熹"未有天地之先毕竟先有理"等"理在气先"的思想,主张"理气无先后,无无气之理,亦无无理之气"②,黄宗羲赞同薛瑄的这一观点,他说:"理为气之理,无气则无理。"③这一说法强调,理与气并不存在发生论上先后的关系;气是世界的本原,

---

① 《蕺山学案·语录》,《明儒学案》卷六十二,《黄宗羲全集》(增订版)第八册,第900 页。
② 《河东学案上·文清薛敬轩先生瑄》,《明儒学案》卷七,《黄宗羲全集》(增订版)第七册,第121 页。
③ 《河东学案上·文清薛敬轩先生瑄》,《明儒学案》卷七,《黄宗羲全集》(增订版)第七册,第121 页。

是第一性的,理并不是独立于气之外的实体,而是气本身的规律;气相对于理而言,在本体论上具有优先性。

关于理气聚散的问题,朱熹主张"气有聚散,理无聚散",认为理是永恒的,没有生灭的,气则是有凝聚有消散的。薛瑄运用"日光飞鸟"的比喻来说明这一道理:"理如日光,气如飞鸟,理乘气机而动,如日光载鸟背而飞。鸟飞而日光虽不离其背,实未与之俱往。而有间断之处,亦犹气动而理虽未尝与之暂离,实未尝与之俱尽,而有灭息之时。"①薛瑄把理比做日光,气比做飞鸟,把鸟之"飞"比做气之散,以日光并未随鸟的运动而运动来说明理并不随气之散而散。黄宗羲评论说:

> 理为气之理,无气则无理,若无飞鸟而有日光,亦可无日光而有飞鸟,不可为喻。盖以大德敦化者言之,气无穷尽,理无穷尽,不特理无聚散,气亦无聚散也;以小德川流者言之,日新不已,不以已往之气为方来之气,亦不以已往之理为方来之理,不特气有聚散,理亦有聚散也。②

这是说,用日光飞鸟的比喻来说明理气聚散的道理是有缺陷的。因为理是依赖于气的,并不是脱离气的独立存在;理是随气而存在,随气而改变的。"无飞鸟而有日光"的说法承认无气而有理,"无日光而有飞鸟"的说法则承认有气而无理,二者同样都割裂了理与气的关系。黄宗羲认为,如果从整个宇宙的气化流行("大德敦化")来说,那么作为世界本原的气是永恒的、无限的、普遍的,没有聚散和生灭,因此,作为气之理的理也是永恒的、无限的、普遍的;如果从具体事物的运动变化("小德川流")来说,构成具体事物的气又是暂时的、有限的、具体的,有聚散和生灭,因此,作为气之理的理也是有聚散和生灭的。黄宗羲的这一看法区别了一般的气与个别的气,普遍的理与特殊的理,主张一般的、普遍的理与气是永恒的、无限的,个别的、特殊的理与气是暂时的、有限的,这无疑是一种辩证的

---

① 《读书录》,《明儒学案》卷七,《黄宗羲全集》(增订版)第七册,第130页。
② 《河东学案上·文清薛敬轩先生瑄》,《明儒学案》卷七,《黄宗羲全集》(增订版)第七册,第121页。

思想。

关于理气是一物还是两物的问题,黄宗羲十分推崇罗钦顺"理气为一物"的观点,认为"先生之论理气,最为精确"①。他进一步发挥说:"理气之名,由人而造,自其浮沉升降者而言,则谓之气;自其浮沉升降不失其则者而言,则谓之理。盖一物而两名,非两物而一体也。"②"理气一物而两名"的说法表明,黄宗羲认为理与气并不是两种不同的实体,而是描述同一实体的不同名词。理并不是独立于气而存在的实体,而是气运动变化的法则。基于这一立场,他批评了明代儒学家曹端的理气说。曹端曾批评朱熹"理之乘气,犹人之乘马,马之一出一入,而人亦与之一出一入"的说法是死人乘马,他主张"活人骑马",强调理对气的主导、驾驭作用。③黄宗羲评论说:"先生之辨,虽为明晰,然详以理驭气,仍为二之。气必待驭于理,则气为死物。"这是说,曹端"以理驭气"的说法仍然把理与气分成截然不同的两个实体,而且"以理驭气"的说法蕴涵着气是消极被动的"死物",忽视了气本身的能动性。④

黄宗羲"理为气之理"思想的提出,是为了反对佛老以虚无为本体的思想。他说:"佛者之言曰:'有物先天地,无形本寂寥;能为万象主,不逐四时凋。'夫无形亦何物之有,不诚无物,而以之为万象主,此理能生气之说也。以无为理,理亦非其理矣。"⑤在他看来,佛老所理解的理一方面是超越的,脱离具体事物的,另一方面又是空无的,这样的理是不存在的,其认识论的根源在于把理气的关系割裂开来,把理作为世界的本原,从而陷入"理能生气"说的窠臼。

---

① 《诸儒学案中一·文庄罗整庵先生钦顺》,《明儒学案》卷四十七,《黄宗羲全集》(增订版)第八册,第 408 页。

② 《诸儒学案上二·学正曹月川先生端》,《明儒学案》卷四十四,《黄宗羲全集》(增订版)第八册,第 355—356 页。

③ 《诸儒学案上二·学正曹月川先生端》,《明儒学案》卷四十四,《黄宗羲全集》(增订版)第八册,第 355 页。

④ 《诸儒学案上二·学正曹月川先生端》,《明儒学案》卷四十四,《黄宗羲全集》(增订版)第八册,第 355 页。

⑤ 《答万充宗论格物书》,《黄宗羲全集》(增订版)第十册,第 202 页。

二、心 即 气

朱熹从理气二元论出发,在心的来源与构成的问题上,主张心是理与气结合后形成的产物,理是在先的,理之中包含知觉之理,有理即有气,气凝聚而成形,理与气相结合,便能知觉,心是人的知觉。黄宗羲在世界本原的问题上主张气本论,因此在心的来源问题上反对朱熹的二元论倾向,提出"心即气"的命题:

> 天地间只有一气充周,生人生物。人禀是气以生,心即气之灵处,所谓知气在上也。……理不可见,见之于气;性不可见,见之于心;心即气也。①

黄宗羲认为,气是宇宙中唯一的实在,人禀赋气而产生,心即是人所禀之气的"灵处"。"气之灵处"即是"知"(认识能力),"知气在上也"是指清明之气,相对于在下的昏浊之气而言。他说:"知者,气之灵者也。气而不灵,则昏浊之气而已。"②又说:"天以气化流行而生人物,纯是一团和气。人物禀之即为知觉,知觉之精者灵明而为人,知觉之粗者昏浊而为物。"③这是说,人与物(生物)禀赋气而产生知觉,但人与物的知觉水平是不同的。人禀赋的是在上的清明之气,因此人有"灵明知觉";物禀赋的是在下的昏浊之气,因此只有知觉而没有灵明。心的"灵明知觉"是人所禀受的气的属性,因此,从这一意义上来说,"心即气"。

"心即气"的命题强调心是属于气的范畴。基于这一思想,黄宗羲批评明代儒者薛敬之(字显思,号思庵)"一身皆是气,惟心无气"的观点说:"气未有不灵者,气之行处皆是心。"④薛敬之认同朱熹"心者,气之精爽"的说法,认为"气中灵底便是心"⑤,但心本身不是气。在黄宗羲看来,气

---

① 《浩然章》,《孟子师说》卷二,《黄宗羲全集》(增订版)第一册,第60—61页。

② 《浩然章》,《孟子师说》卷二,《黄宗羲全集》(增订版)第一册,第64页。

③ 《人之所以异章》,《孟子师说》卷四,《黄宗羲全集》(增订版)第一册,第111页。

④ 《河东学案上·同知薛思庵先生敬之》,《明儒学案》卷七,《黄宗羲全集》(增订版)第七册,第145页。

⑤ 《河东学案上·同知薛思庵先生敬之》,《明儒学案》卷七,《黄宗羲全集》(增订版)第七册,第145页。

的本质属性是"灵","灵"就是心的知觉能力,因此气的运行变化就体现了心的运行变化。"气未有不灵者"是一种强势的表达,似乎与上面所说的"气而不灵,则昏浊之气而已"的说法有矛盾,但考虑到黄宗羲说这句话的具体语境是为了驳斥薛敬之心不属于气的观点,这里的气主要指"清明之气"。

"心即气"命题中的气不仅指构成万物的连续性的、物质性的基质,而且也指精神、心理现象。黄宗羲与他的老师刘宗周一样,认为《中庸》所说的喜怒哀乐、孟子所说的恻隐之心、羞恶之心、辞让之心、是非之心,都体现了气的流行变化。"心即气"中的"心",也不仅仅是个人的心,而且是公共的、普遍的心。黄宗羲说:"不仅腔子内始是心也,即腔子内亦未始不是气耳。"①这是说,心不仅仅是指生理学意义上的心脏,而是像气一样,是弥漫于整个宇宙的存在。

黄宗羲"心即气"的命题不仅是一个宇宙论的表达,而且是一个本体论的表达。他认同刘宗周"盈天地间,一气而已矣"②的思想,又提出"盈宇宙皆心也"③和"在天为气者,在人者为心"④的命题。这些表达从本体论上肯定了心与气作为世界的本原,具有同一性。这一命题并不必然与阳明心学的核心命题"心与理"相对立,毋宁说,心即气的思想为心即理的思想提供了一种宇宙本体论的论证,体现了心学与气学的综合倾向。黄宗羲说:"夫天之生人,除虚灵知觉之外,更无别物。虚灵知觉之自然恰好处,便是天理。"⑤在他看来,人之所以为人在于人具有"虚灵知觉";"虚灵知觉"既是心的共同的、本质的属性,又是属于气的范畴;"虚灵知

---

① 《河东学案上·同知薛思庵先生敬之》,《明儒学案》卷七,《黄宗羲全集》(增订版)第七册,第145页。

② 《蕺山学案·原性》,《明儒学案》卷六十二,《黄宗羲全集》(增订版)第八册,第950页。

③ 《明儒学案·自序》,《黄宗羲全集》(增订版)第七册,第3页。

④ 《诸儒学案中一·文庄罗整庵先生钦顺》,《明儒学案》卷四十七,《黄宗羲全集》(增订版)第八册,第408页。

⑤ 《甘泉学案六·端洁杨止庵先生时乔》,《明儒学案》卷四十二,《黄宗羲全集》(增订版)第八册,第317页。

觉"本身的条理就是性、理;因此,心即是理。

三、离心无所谓性

在心性问题上,黄宗羲赞同他的老师刘宗周的看法,认为心性的关系与理气的关系是对应的。既然理气的关系是"理为气之理","离心无所谓性",那么相应的心性的关系就应当是"性者心之性","离心无所谓性"。他说:"夫在天为气者,在人为心;在天为理者,在人为性。理气如是,则心性亦如是,决无异也。"①这是说,正如理是气运动变化的条理一样,性也是心运动变化的条理;性并不是独立于心的实体性的存在,而是依赖于心而存在的。

从这一思想出发,黄宗羲在《明儒学案》中对罗钦顺在心性关系上未能将其关于理气关系的理论贯彻到底表示了深深的遗憾,认为"先生(罗钦顺)之论心性,颇与其论理气自相矛盾"②。他说:

> 先生以为天性正于受生之初,明觉发于既生之后,明觉是心而非性。信如斯言,则性体也,心用也;性是人生以上,静也,心是感物而动,动也;性是天地万物之理,公也,心是一己所有,私也。明明先立一性以为此心之主,与理能生气之说无异,于先生理气之论,无乃大悖乎?③

黄宗羲认为,罗钦顺将性看做人先天(人生以上)的本质,将心看做人后天的认知功能;性是本体,处于静的状态,心是作用,处于动的状态;性是公共的、普遍的原则,心是私人的、个体的认知功能。这难免割裂了心性的关系,把性看做独立于心而存在的实体,这与他"理气为一物"的思想相矛盾。

---

① 《诸儒学案中一·文庄罗整庵先生钦顺》,《明儒学案》卷四十七,《黄宗羲全集》(增订版)第八册,第408页。
② 《诸儒学案中一·文庄罗整庵先生钦顺》,《明儒学案》卷四十七,《黄宗羲全集》(增订版)第八册,第408页。
③ 《诸儒学案中一·文庄罗整庵先生钦顺》,《明儒学案》卷四十七,《黄宗羲全集》(增订版)第八册,第409页。

针对罗钦顺的心性说,黄宗羲阐明自己的看法说:

> ……人受天之气以生,只有一心而已,而一动一静,喜怒哀乐,循环无已。当恻隐处自恻隐,当羞恶处自羞恶,当恭敬处自恭敬,当是非处自是非。千头万绪,缪轕纷纭,历然不能昧者,是即所谓性也。初非别有一物,立于心之先,附于心之中也。①

又说:

> 夫大化之流行,只有一气充周无间。时而为和,谓之春;和升而温,谓之夏;温降而凉,谓之秋;凉升而寒,谓之冬。寒降而复为和,循环无端,所谓生生之为易也。圣人即从升降之不失其序者,名之为理。其在人而为恻隐、羞恶、恭敬、是非之心,同此一气之流行也。圣人亦即从此秩然而不变者,名之为性。故理是有形(见之于事)之性,性是无形之理。②

心性的关系如同理气的关系一样。气是一个运动变化、循环往复的过程,理是气运动变化中不变的秩序和条理,正如春夏秋冬的交替体现了气的运动变化,而春之后必然是夏,秋之后必然是冬则体现了气的运动变化的必然规律和秩序,这种规律和秩序即是永恒的理。心性也是一样,心是禀赋气而产生的,心即是气,喜怒哀乐体现了心(气)的运动变化和循环往复,但不变的是孟子所说的"四端"之心。"四端"之心即是性,性是心运动变化的条理和秩序,并不是独立于心之外的实体。因此他又说:"然气自流行变化,而变化之中,有贞一而不变者,是则所谓理也性也。"③这一思想反对将性理解为超越于心之外的理,主张性是内在于心的本质属性和条理,从而坚持了心一元论的立场。

黄宗羲认为,性情的关系也与理气的关系一样。他解说《孟子》"公都子问性"章说:

> 其实孟子之言,明白显易,因恻隐、羞恶、恭敬、是非之发,而名之

---

① 《诸儒学案中一·文庄罗整庵先生钦顺》,《明儒学案》卷四十七,《黄宗羲全集》(增订版)第八册,第408—409页。
② 《与友人论学书》,《黄宗羲全集》(增订版)第十册,第152页。
③ 《生之谓性章》,《孟子师说》卷六,《黄宗羲全集》(增订版)第一册,第133页。

为仁、义、礼、智,离情无以见性。仁义礼智是后起之名,故曰仁义礼智根于心。若恻隐、羞恶、恭敬、是非之先另有源头为仁义礼智,则当云心根于仁义礼智矣。是故性情二字分析不得,此理气合一之说也。①

又说:

不知舍四端之外何从见性?仁义礼智之名,因四端而后有,非四端之前先有一仁义礼智之在中也。"鸡三足"、"臧三耳",谓二足二耳有运而行之者,则为三矣。四端之外,悬空求一物以主之,亦何以异于是哉?②

传统儒学一般将孟子所说的恻隐、羞恶、辞让、是非之心看做是"情",把仁、义、礼、智看做是"性"。朱熹以为,恻隐、羞恶、辞让、是非之心只是仁义礼智之性的作用发现,性是体,情是用。但黄宗羲却认为,仁义礼智只不过是恻隐、羞恶、辞让、是非之心的名称。换言之,恻隐之心即是仁,羞恶之心即是义,辞让之心即是礼,是非之心即是智。离恻隐、羞恶、辞让、是非之心外,无所谓仁义礼智之名。这是主张"离情无所为性",性就体现在情之中。黄宗羲认为,他的这一看法符合孟子"仁义礼智根于心"的思想。

黄宗羲的这一思想是直接继承刘宗周的观点而来的。刘宗周曾说:"盈天地间,一气而已矣。气聚而有形,形载而有质,质具而有体,体列而有官,官呈而性著焉,于是有仁义礼智之名。仁非他也,即恻隐之心是;义非他也,即羞恶之心是;礼非他也,即辞让之心是;智非他也,即是非之心是也。是孟子明以心言性也。"③黄宗羲在其师说的基础上,进一步用体用关系的理论把性情完全统一起来。他说:"体则情性皆体,用则情性皆

① 《公都子问性章》,《孟子师说》卷六,《黄宗羲全集》(增订版)第一册,第136页。
② 《人皆有不忍人之心章》,《孟子师说》卷二,《黄宗羲全集》(增订版)第一册,第69页。
③ 《蕺山学案·原性》,《明儒学案》卷六十二,《黄宗羲全集》(增订版)第八册,第950页。

用,以至动静、已未发皆然。"①也就是说,性与情的关系并不是像传统理学所说的那样,性是体(本体),情是用(发用),而是性情"皆体"、"皆用"。

从"离情无以见性"、"情者性之情"以及"性情皆体皆用"的性、情一元论思想出发,黄宗羲批评了明代儒学中割裂情与性的观点。李材(字孟诚,号见罗,1519—1595 年)的《道性编》说:"单言恻隐之心四者,不可竟谓之性,性是藏于中者。"黄宗羲认为李材以性为人先天的本质是承袭了宋儒以性为人生而静的存在的思想,与佛教的心性说不能区别开来。②

黄宗羲又评论聂双江"归寂"的主张和江右王门学者"已发见未发"的工夫论主张说:

> 自来儒者以未发为性,已发为情,其实性情二字,无处可容分析。性之于情,犹理之于气,非情亦何从见性。故喜怒哀乐,情也;中和,性也。于未发言喜怒哀乐,是明明言未发有情矣,奈何分析性情?则求性者以求之未发,此归寂之宗所由立也。一时同门与双江辨者,皆从已发见未发,亦仍是析情于发,析性于未发,其情性不能归一同也。③

黄宗羲认为,就《中庸》来说,"喜怒哀乐"是标志"情"的范畴,"中和"是标志"性"的范畴。《中庸》"喜怒哀乐之未发"的说法表明,作为喜怒哀乐的"情"不仅仅是已发的,而且是未发的。作为中和的性即显现在已发或未发的喜怒哀乐的情中,二者的关系正如理是气之理一样,性也是情之性。聂双江的归寂说认为喜怒哀乐的情感有发作的时候,也有未发作的时候,从而主张在喜怒哀乐未发作时体认寂体(性),实质上是以未发为性,已发为情。江右王门学者虽然批评聂双江的归寂说,但他们认为喜怒哀乐的情感时常发作,没有不发作的时候,所谓未发,是指良知本体(性)

---

① 《公都子问性章》,《孟子师说》卷六,《黄宗羲全集》(增订版)第一册,第136页。
② 《人皆有不忍人之心章》,《孟子师说》卷二,《黄宗羲全集》(增订版)第一册,第69页。
③ 《江右王门学案四·主事黄洛村先生弘纲》,《明儒学案》卷十九,《黄宗羲全集》(增订版)第七册,第518页。

而言,同样是把情看做已发的范畴。在黄宗羲看来,二者都割裂了性情"皆体皆用"的关系。

四、气质之本然是性

宋儒区分"气质之性"与"义理之性"的做法在明代儒学中受到了广泛的批评,气学派哲学家王廷相、杨东明(字起修,号晋庵,1548—1624年)等人基于气一元论的立场,主张"气外无性","气有善有恶",因此在人性论上得出"气质之性有善有恶"的观点,从而与孟子的性善说形成一种紧张。黄宗羲在理气论、心性论上坚持一元论的立场,在关于人性的看法上,他认同孟子性善说,继承了刘宗周"义理即气质之本然"的性一元论看法,提出"气质之本然是即性"的观点,认为性是气质的性,性即体现在气质之中,离气质无所谓性;性是气质的本然状态,是气质中的条理和规律;人性是纯粹至善的,从而在心学的立场上批判性地继承了气学的有益成分,为孟子的性善说与"气质之性有善有恶"说之间的紧张提供了一种解决途径。

黄宗羲首先从孟子学的立场出发,区分了人性和物性,强调人性是人区别于物的本质属性,即道德属性。他说:

> 夫人与万物并立于天地,亦与万物各受一性,如姜桂之性辛,稼穑之性甘,鸟之性飞,兽之性走。或寒或热,或有毒无毒,古今之言性者,未有及于《本草》者也。故万物有万性,类同则性同。人之性则为不忍,亦犹万物所赋之专一也。物尚不与物同,而况同人于物乎?①

这是说,人与物属于不同的类,因此有不同的类本性。人的类本性在于孟子所说的"人皆有不忍人之心",也就是恻隐之心。因此,他又说:

> 人有人之性,物有物之性,草木有草木之性,金石有金石之性,一本而万殊,如野葛鸩鸟之毒恶,亦不可不谓性。孟子性善,单就人分上说。生而禀于清,生而禀于浊,不可言清者是性,浊者非性。然虽

① 《马雪航诗序》,《黄宗羲全集》(增订版)第十册,第96页。

至浊之中，一点真心埋没不得，故人为万物之灵也。孟子破口道出善字，告子只知性原于天，合人物而言之，所以更推不去。①

黄宗羲认为，人与物都禀受气作为性，性来源于气，这是"一本"；但是人有人的性，物有物的性，人性不同于物性，这是"万殊"。孟子的"性善"说是针对人性而言的；告子的"生之谓性"说则是针对人性与物性共同而言的。孟子所说的"性"指的是人禀受的气流露出来的"真心"（"不忍人之心"），告子所说的"性"则只是指气禀之性（生理属性）。因此，告子虽然认识到性来源于气，却混同了人性与物性，不能彰显人之所以为人者，而孟子则既承认性来源于气，又看到了人性与物性的不同，真正做到了"一本而万殊"。黄宗羲的这一思想表明，他一方面受气学的影响，在性的来源问题上主张"性生于气"；但另一方面他又认同孟子学的道德本质主义立场，反对将气禀之性作为人的本质属性，主张道德属性是人的本质属性。

从这一思想出发，黄宗羲反对宋儒用"气质之性"的说法来解释人性。他说：

程子"性即理也"之言，截得清楚，然极须理会，单为人性言之则可，欲以该万物之性则不可。即孟子之言性善，亦是据人性言之，不以此通之于物也。若谓人物皆禀天地之理以为性，人得其全，物得其偏，便不是。夫所谓理者，仁义礼智是也。禽兽何尝有是？如虎狼之残忍，牛犬之顽钝，皆不可不谓之性，具此知觉，即具此性。晦翁言"人物气犹相近，而理绝不同"，不知物之知觉，绝非人之知觉，其不同先在乎气也。理者，纯粹至善者也，安得有偏全！人虽桀纣之穷凶极恶，未尝不知此事是恶，是陷溺之中，其理亦全，物之此心已绝，岂可谓偏者犹在乎？若论其统体，天以其气之精者生人，粗者生物，虽一气而有精粗之判。故气质之性，但可言物不可言人，在人虽有昏明厚薄之异，总之是有理之气，禽兽之所禀者，是无理之气。非无理也，

---

① 《道性善章》，《孟子师说》卷三，《黄宗羲全集》（增订版）第一册，第77页。

其不得与人同者,正是天之理也。①

黄宗羲认为,程颐所说的"性即理"的"性"是指人性,而不是泛指天地万物之性。"性即理"只是一个人性论的命题,并不是一个普遍的命题,就像孟子的性善说只是针对人性而言一样。黄宗羲反对朱熹的"禀理为性"说以人物禀受的理的偏与全来解释人性与物性的不同。在他看来,所谓理,即是仁义礼智之性,从这一意义上来说,物是无理可言的,因为物没有仁义礼智的道德属性,只有人才有理(性)可言。人性不同于物性的原因并不在于禀受的理有偏全之别,而在于禀受的气不同,这种不同体现在人与物的知觉水平不同:人禀受的是清明之气(气之精),因此人有"灵明知觉";物禀受的是昏浊之气(气之浊),因此只有知觉而没有灵明。人的"灵明知觉"即体现为人的仁义礼智之性。仁义礼智之性是人的共同的属性,无所谓偏全。因此,他认为宋儒,特别是张载所说的"气质之性",即气质的昏明厚薄只能解释物性,而不能用来说明人性。"气质之性,但可言物不可言人"的说法表明,黄宗羲只承认人有"义理之性"(道德属性),而反对把气质之性混入义理之中。

黄宗羲进一步认为,人性(性)就体现在气禀的清浊强弱中。他说:"人之气禀,虽有清浊强弱之不齐,而满腔恻隐之心,触之发露者,则人人所同也。此所谓性,即在清浊强弱之中。"②这是说,性(人性)即在气禀(气质之禀)之中,并没有脱离气禀的独立的性。他明确地把这一思想表述为:"气质之外无性,气质即性也。"③

但是,"气质即性"的提法并不表示气质就是性。在黄宗羲看来,"气质"与"性"是有区别的。他说:

> 窃以为气即性也,偏于刚,偏于柔,则是气之过不及也。其无过不及之处,方是性,所谓中也。周子曰:"性者,刚柔善恶中而已矣。"

---

① 《食色性也章》,《孟子师说》卷六,《黄宗羲全集》(增订版)第一册,第135页。

② 《诸儒学案中四·肃敏王浚川先生廷相》,《明儒学案》卷五十,《黄宗羲全集》(增订版)第八册,第487页。

③ 《北方王门学案·侍郎杨晋庵先生东明》,《明儒学案》卷二十九,《黄宗羲全集》(增订版)第七册,第755—756页。

气之流行,不能无过不及,而往而必返,其中体未尝不在。如天之亢阳过矣,然而必返于阴;天之恒雨不及矣,然而必返于晴。向若一往不返,成何造化乎? 人性虽偏于刚柔,其偏刚之处,未尝忘柔;其偏柔之处,未尝忘刚,即是中体。若以过不及之气便谓之性,则圣贤单言气足矣,何必又添一性字,留之为疑惑之府乎?①

　　盖此气虽有条理,而其往来屈伸,不能无过不及。圣贤得其中气,常人所受,或得其过,或得其不及,以至万有不齐。……故人受此过不及之气,但可谓之气质,不可谓之性,……然则常人有气质而无性乎? 盖气之往来屈伸,虽有过不及,而终归于条理者,则是气中之主宰,故雨旸寒燠,恒者暂而时者常也。惟此气中一点主宰,不可埋没,所以常人皆有不忍人之心,而其权归之学矣。②

黄宗羲继承了周敦颐"以中言性"的思想,区分了气质和性。他认为,气的流行有两种状态:一种是中,表现为"中气";一种是过和不及,表现为"过不及之气"。前者是气的流行的和谐的、有条理的状态;后者是气的流行的异常状态。人禀受过不及之气,在性格上表现为"偏于刚"、"偏于柔",这是人的气质,但不是人的性。人的性是指气的流行的和谐的、有条理的状态(中),在性格上表现为刚柔相济。气的流行虽然有过不及,但同时又具有一定的规律、条理和法则。气的流行的规律、条理和法则就体现在气的流行的过和不及的状态中;中(性)即体现在偏于刚、偏于柔的气质之中,所以说,性即在气质之中,或者说,"气质即性"。从黄宗羲的这一思想可以看出,他在思考气(质)与性的关系问题时,明显受到他的"理者气之理"的本体论思维的影响,主张性是作为实体的气的流行变化的内在条理和属性,而不是独立的实体。

　　黄宗羲又把"过不及之气"叫做"气之杂糅",把"中气"叫做"气之本然"。他说:

---

①　《南中王门学案三·中丞杨幼殷先生豫孙》,《明儒学案》卷二十七,《黄宗羲全集》
　　(增订版)第七册,第 720 页。

②　《南中王门学案二·太常唐凝庵先生鹤征》,《明儒学案》卷二十六,《黄宗羲全集》
　　(增订版)第七册,第 700 页。

盖天地之气，有过有不及，而有愆阳伏阴，岂可遂疑天地之气有不善乎？夫其一时虽有过不及，而万古之中气自如也，此理之不易者。①

夫不皆善者，是气之杂糅，而非气之本然。其本然者，可指之为性；其杂糅者，不可以言性也。天地之气，寒往暑来，寒必于冬，暑必于夏，其本然也。有时冬而暑，夏而寒，是为愆阳伏阴，失其本然之理矣。失其本然，便不可名之为理也。然天地不能无愆阳伏阴之寒暑，而万古此冬寒夏暑之常道，则一定之理也。人生之杂糅偏胜，即愆阳伏阴也。而人皆有不忍人之心，所谓厥有恒性，岂可以杂糅偏胜当之？杂糅偏胜，不恒者也。是故气质之外无性，气质即性也。第气质之本然是性，失其本然者非性。此毫厘之辨，而孟子之言性善即不可易也。②

"气之杂糅"表现为"愆阳伏阴"（阴阳失调之气），是气的流行的暂时的异常状态，具有恶的属性；"气之本然"（气的本然状态）是气的流行的恒常的、本然的状态，具有善的属性。"气质之本然是性"是说，人的气质之禀虽然有清浊强弱、偏刚偏柔等不同，表现为"杂糅偏胜"的不和谐状态，但性是就气质的本然恒性，即气的流行的条理性、规律性、和谐性来说的。因此，从这个意义上来说，人性是纯粹至善的。

黄宗羲的"气质之本然是性"说体现了他在宋明理学的语境中对孟子性善说的辩护。一方面，他从气学的角度解释了人性的来源，提出"气即性"和"气质即性"的观点，认为人性来源于人禀受的气，性即体现在气质之中；另一方面，他又从"理者气之理"的理气说出发，主张性是气流行变化的内在条理，区分了性与气质，得出"气质之本然是性"的结论，从而从宇宙论与本体论两方面论证了孟子的性善说。

---

① 《诸儒学案中四·肃敏王浚川先生廷相》，《明儒学案》卷五十，《黄宗羲全集》（增订版）第八册，第487页。
② 《北方王门学案·侍郎杨晋庵先生东明》，《明儒学案》卷二十九，《黄宗羲全集》（增订版）第七册，第755—756页。

五、工夫所至即其本体

明代儒学中"工夫"与"本体"之辨肇始于王阳明在"天泉证道"中对王龙溪和钱德洪的谈话。王阳明在谈话中区分了两种教学方法:一种是从"本体"入手;另一种是从"工夫"入手。"本体"是指心之本体,从本体入手是指对心之本体要有所"悟";"工夫"是指具体的修养努力,在意念上保养善念,克除恶念。阳明后学中,王龙溪、王心斋强调悟,主张"悟得本体即是工夫";钱绪山、邹东廓等人则强调修,主张"以工夫合本体"。

王龙溪的思想后来被周汝登(字继元,号海门,1547—1602 年)、陶望龄(字周望,号石篑,1562—1609 年)、陶奭龄(字君奭,号石梁,1565—1639 年)等人所发展。刘宗周曾与陶奭龄共同主持证人会,围绕工夫与本体的问题发生过争论。黄宗羲在《子刘子行状》中列举二人的观点说:

> 石梁(陶奭龄)言:"识得本体,不用工夫。"
>
> 先生(刘宗周)曰:"工夫愈精密,则本体愈昭荧。今谓既识后遂一无事事,可以纵横自如,六通无碍,势必至为无忌惮之归而已。"①

刘宗周又曾与陶奭龄的门人秦弘祐在白马山会讲中辩论:

> 弘祐曰:"陶先生言识认本体,识认即工夫,恶得以专谈本体少之?"
>
> 先生曰:"识认终属想像边事,即偶有所得,亦一时恍惚之见,不可据以为了彻也。且本体只在日用常行之中,若舍日用常行,以为别有一物,可以两相凑泊,无乃索道于虚无影响之间乎?"
>
> 又《与弘祐书》曰:"学者宜时时凛乎若朽索之驭六马,说不得我且做上一截工夫,置却第二义不问。须看作一个工夫始得。"②

刘宗周、陶奭龄二人争论的焦点主要集中在对工夫内涵的理解上。陶奭龄认为,识认(悟)本体即不需要再有工夫,识认(悟)即是工夫。刘宗周则强调,不能只在悟得本体处言工夫,本体不能专靠识认或悟,本体必须在日常的道德实践活动中才能完成。因此,刘宗周批评陶奭龄以道德觉

---

① 《子刘子行状》卷下,《黄宗羲全集》(增订版)第一册,第 253 页。
② 《刘宗周年谱》"崇祯五年"条,《刘宗周全集》第五册,第 311—312 页。

悟代替具体的道德践履,必然流入猖狂纵恣之病。

黄宗羲早年参加了刘宗周、陶奭龄主持的讲会,熟悉二人之间的辩论。他继承了刘宗周强调工夫的立场,主张不能脱离工夫而只言本体。他说:"夫求识本体,即是工夫。无工夫而言本体,只是想象卜度而已,非真本体也。"①强调对本体的识认离不开工夫的践履;脱离具体的道德实践,认识的本体只能是虚幻的,而不是真实的。在晚年所写的《明儒学案·自序》中,黄宗羲更是明确地提出:

> 盈天地皆心也。变化不测,不能不万殊。心无本体,工夫所至,即其本体。故穷理者,穷此心之万殊,非穷万物之万殊也。②

这段话一般被认为是黄宗羲心学的纲领。具体来说,包括以下几层意思:第一,从存有论上来说,心是宇宙的终极实在;心不是现成的、固定的、静态的存在,而是变化的、万殊的、动态的存在;心作为实在,不是一个实体性的存在,而是一个过程性的存在。第二,从工夫论上来说,心的本体只能在日用践履的工夫中才能完成,脱离日用工夫的践履,则不能认识心的本体。第三,心是理的根源,穷理一方面是指穷究心之理,而不是穷究事物之理;另一方面是指穷极心的变化的多样性,即穷极了心的变化的多样性,也就是认识了心的本体。

黄宗羲"心无本体,工夫所至即其本体"的思想注重道德实践的重要性,其根本目的是反对晚明儒学中侈谈本体而忽略工夫的禅学倾向。这一说法并不意味着黄宗羲断然否定心的先验性、普遍性和永恒性品格,而在于强调工夫与本体的统一:一方面,认识心之本体脱离不开具体的工夫修养过程;另一方面,只有通过具体的工夫修养,本体才能呈现。

第二节 王夫之:从形上到惟器

王夫之以阐扬张载的学说为己任,并把张载的学说发展到更高的水

---

① 《东林学案三·太常史玉池先生孟麟》,《明儒学案》卷六十,《黄宗羲全集》(增订版)第八册,第843页。

② 《明儒学案·自序》,《黄宗羲全集》(增订版)第七册,第3页。

平。在道器、理气关系问题上，他提出"道者器之道"、"气者理之依"等观点，主张器、气是第一性的，道与理则依赖于气与器存在，阐扬了中国古典哲学中的唯物主义传统。在宇宙论上，他赞同张载"太虚即气"的观点，并深入诠释了张载《正蒙》中"太和"、"缊缊"、"神化"等概念，探讨了宇宙的生成和运动的根源、过程和规律，进一步发展了张载的气学思想。在人性的善恶问题上，他反对"尊性贱气"的观点，主张"理善，则气无不善"，从而得出"人之气亦无不善"的结论，从气学的立场为性善说提供了宇宙论的论证。

王夫之，字而农，号姜斋。湖南衡阳人。因晚年隐居湘西蒸左的石船山，学者称船山先生。生于明万历四十七年（1619 年），卒于清康熙三十一年（1692 年）。

王夫之崇祯十五年（1642 年）在武昌考中举人。次年，张献忠农民军攻克武昌，进驻衡阳，邀他参加农民政权，王夫之与其兄王介之匿居南岳莲花峰下，拒不聘。农民军为迫使王夫之兄弟就范，将他的父亲王朝聘扣押作为人质。王夫之闻讯，用利刃刺伤肢体，让人抬到农民军驻地，而且诡称王介之已死。随后，他便乘人不备潜逃。清军入关后，他上书明朝湖北巡抚章旷，力主联合农民军共同抵抗清军。1647 年，清军攻陷衡阳，王夫之的二兄、叔父、父亲均于仓皇逃难中蒙难。次年，他与好友管嗣裘等在衡山举兵抗清，败奔南明，因而结识瞿式耜、金堡、蒙正发、方以智等，后被永历政权任为行人司行人。因为三次上疏弹劾权奸王化澄，险遭残害，经农民军领袖高一功仗义营救，始得脱险，逃归湖南，隐伏耶姜山。1652 年，李定国率大西农民军收复衡阳，又派人招请王夫之。他进退萦回，终于未去。康熙十二年（1673 年），三藩乱起。吴三桂叛军攻占湖南，王夫之往来于湘乡、长沙、岳阳间，后徙居于湘西石船山下草堂，拒不为吴三桂称帝撰《劝进表》。著述终老，至死不仕清廷。

王夫之 51 岁时自题堂联"六经责我开生面，七尺从天乞活埋"，体现了他以传承文明为己任的强烈的使命感和达观的生死态度。71 岁时自题墓石"抱刘越石之孤愤而命无从致，希张横渠之正学而力不能企"，体现了他以东晋名将刘琨自况赍志而殁的决心和以北宋学者张载为道而献身学术的精神。

王夫之学识渊博,著述宏富。他广泛涉足于经学、小学、子学、史学、文学、佛学、天文、历数、地理等学术领域,且留心于当时传入的西学。他的著述存世的约有七十余种,四百多卷,散佚的约有二十种。他的主要哲学著作有《周易外传》、《周易内传》、《尚书引义》、《张子正蒙注》、《读四书大全说》、《诗广传》、《思问录》、《老子衍》、《庄子通》、《相宗络索》、《黄书》、《读通鉴论》、《宋论》等。

一、道者器之道

《易传》说:"形而上者谓之道,形而下者谓之器",王夫之解释说:

> 天下惟器而已矣。道者器之道,器者不可谓之道之器也。无其道则无其器,人类能言之。虽然,苟有其器矣,岂患无道哉!君子之所不知,而圣人知之;圣人之所不能,而匹夫匹妇能之。人或昧于其道者,其器不成,不成非无器也。无其器则无其道,人鲜能言之,而固其诚然者也。洪荒无揖让之道,唐、虞无吊伐之道,汉、唐无今日之道,则今日无他年之道者多矣。未有弓矢而无射道,未有车马而无御道,未有牢醴璧币、钟磬管弦而无礼乐之道。则未有子而无父道,未有弟而无兄道,道之可有而且无者多矣。故无其器则无其道,诚然之言也,而人特未之察耳。①

道是指事物的规律;器是指具体的事物,如弓矢车马、父子兄弟都是器。"天下惟器"这一命题是说,世界上唯一存在或自存的实体是器,即有形有象的个别物体,道不能作为独立实体而存在,道只能以器为其存在的实体。规律是事物所具有的,是寄寓于事物之中的。有某种事物,即有某种规律;没有某种事物,即没有某种规律。在历史上,某种事物没有出现的时候,就不能说已有那种事物所表现的规律。所以规律并不是永恒的,而是随着事物的发展而表现的。此处所说的道,虽属于人类社会生活领域,

---

① 《系辞上传》第十二章,《周易外传》卷五,《船山全书》第一册,岳麓书社 1998 年版,第 1027—1028 页。

如王位继承之道、射御之道、礼乐之道以及君臣父子之道等,但其理论意义,并不限于人类生活,包括天地之道和万物之道。因为此文中所说的器,是指一切有形象的个体事物,所谓"盈天地之间皆器矣"。

王夫之接着讨论"形上"与"形下"的关系说:

> 形而上者,非无形之谓。既有形矣,有形而后有形而上。无形之上,亘古今,通万变,穷天穷地,穷人穷物,皆所未有者也。①

又说:

> 器而后有形,形而后有上。无形无下,人所言也。无形无上,显然易见之理,而邪说者淫曼以衍之而不知惭,则君子之所深鉴其愚而恶其妄也。②

王夫之认为,"形而上"和"形而下"的称谓,只是人所立的名字,实际上二者并无绝对界限。"形而上者非无形之谓"是说,形而上的东西,并非存于有形之上,而是依赖于有形之物,所以下文说有形而后有形而上。世界从来没有脱离个别事物(器)的"无形之上"。王夫之的这一说法,并不否认有形而上的道,而是否认有形而上的世界。在他看来,客观存在的世界只是有形的世界,即器世界,有此世界方有形而上的道。此即器而后有形,形而后有上。这表明,个别事物(器)是唯一客观存在的实体,器是道存在的条件和根据。

王夫之根据"天下惟器"说,尖锐地批评了佛道两家以及理学家的离器言道和器外求道说。他说:

> 故聪明者耳目也,睿知者心思也,仁者人也,义者事也,中和者礼乐也,大公至正者刑赏也,利用者水火金木也,厚生者谷瓜丝麻也,正德者君臣父子也。如其舍此而求诸未有器之先,亘古今,通万物,穷天穷地,穷人穷物,而不能为之名,而况得有其实乎?老氏瞀于此,而曰道在虚,虚亦器之虚也。释氏瞀于此,而曰道在寂,寂亦器之寂也。

---

① 《系辞上传》第十二章,《周易外传》卷五,《船山全书》第一册,第 1028 页。
② 《系辞上传》第十二章,《周易外传》卷五,《船山全书》第一册,第 1029 页。

淫词炙輠,而不能离乎器,然且标离器之名以自神,将谁欺乎?①
"聪明者耳目也"是说无耳目之器则无聪明之道,以下文句皆仿此。"炙
輠"是言辞不穷之义。这里所说的器,就社会生活说,包括事在内,如无
刑赏之事则无大公至正之道。这段话是说,道依赖器,故道不能先于器而
有。老氏以道为虚,佛家以道为寂,实际上,无器之虚静,亦无虚道和静
道。即使淫词诡辩亦不能离开器。总之,离器言道只是欺人之谈。这表
明,王夫之反对于个体事物之先或之上有个道作为世界的本原。

王夫之道器之辨,就其理论思维说,属于抽象和具体、个别和一般、本
质和现象、规律(规范)和实体的关系问题。王夫之的贡献在于基于唯物
主义的立场,肯定规律性的东西、一般的东西以及抽象的原则寓于有形有
象的个别的物体和事件之中,更为重要的是指出没有个体便没有其规律,
没有个别便没其一般,没有现象便没有本质。②

二、绲缊神化说

王夫之晚年注解了张载的《正蒙》一书,深入诠释了张载《正蒙》中
"太和"、"绲缊"、"神化"等概念,探讨了宇宙的生成和运动的根源、过程
和规律,进一步发展了张载的气一元论思想。

王夫之认同张载"太虚即气"的主张,认为太虚是充满着气的实在,
并不是真正的虚空。他说:

盖太虚之中,无极而太极,充满两间,皆一实之府。特视不可见,
听不可闻尔。③

太虚之为体,气也。气未成象,人见其虚。充周无间者,皆
气也。④

这是说,太虚的本然状态是充满着气的,"虚"只是指气还没有凝聚成形
象,不能被感官感知而言,并不是真正的虚无。

---

① 《系辞上传》第十二章,《周易外传》卷五,《船山全书》第一册,第1028—1029页。
② 参见朱伯崑:《易学哲学史》第四卷,华夏出版社1995年版,第127页。
③ 《大心篇》,《张子正蒙注》卷四,《船山全书》第十二册,第153页。
④ 《可状篇》,《张子正蒙注》卷九,《船山全书》第十二册,第377页。

王夫之认为，太虚之气并不是混沌无序之气，也不是"清虚一大"之气，而是"太和缊缊之气"。他解释《正蒙》"太和所谓道"说：

> 太和，和之至也。道者，天地人物之通理，即所谓太极也。阴阳异撰，而其缊缊于太虚之中，合同而不相悖害，浑沦无间，和之至矣。未有形器之先，本无不和；既有形器之后，其和不失，故曰太和。①

"太和"和"缊缊"两词出于《易传》，张载以"缊缊"解释"太和"。《正蒙·太和篇》说："不如野马缊缊，不足谓之太和。"王夫之在《周易内传·系辞下》解释"天地缊缊"句说："缊缊，二气交相人而包孕以运动之貌。"②"缊缊"是指阴阳二气相济相成的运动状态。在他看来，太和指缊缊于太虚（广大空间）之中的浑沦之气。阴阳的性质虽然是对反的，但二者又浑沦无间，互不相害，故称为"和"。这种浑沦而不相害的和气是宇宙的本原，也是最根本的和谐状态，故称为"太和"。太和是本原，万物是后于太和而为太和所派生的，因此太和之气的和谐是存在于一切有形事物之前，而万物产生之后，这种和谐并没有丧失。

王夫之认为，"太和"不仅是阴阳二气合一的实体，而且也是理与气、气与神合一的实体。他解释"清通不可象为神"说：

> 太和之中，有气有神。神者非他，二气清通之理也。不可象者，即在象中。阴与阳和，气与神和，是谓太和。③

这是以"清通之理"解释神，理也是指二气健顺的属性。王夫之认为，阴阳二气以其健顺之理，生化万物，不滞于一方，亦无息止，故为清通不可象之神，但此神此理即存于万象之中。下文"气与神和"，谓理气合一而不相悖害，王夫之称其为太和，同样表示太和乃理气合一之实体。这一说法表明，太和缊缊之气并不是杂乱无章的，而是有固有秩序的。

王夫之认为，太和缊缊之气处于永恒的运动中。他说：

> 太虚，至清之郭郭，固无体而不动，而块然太虚之中，虚空即气，

---

① 《太和篇》，《张子正蒙注》卷一，《船山全书》第十二册，第15页。
② 《周易内传·系辞下》，《船山全书》第一册，第597页。
③ 《太和篇》，《张子正蒙注》卷一，《船山全书》第十二册，第16页。

气则动者也。①

　　絪缊不息,为敦化之本。②

　　至虚之中,阴阳之撰具焉,絪缊不息,必无止机。故一物去而一物生,一事已而一事兴,一念息而一念起,以生生无穷,而尽天下之理,皆太虚之和气必动之几也。③

太和之气的固有属性是运动,太和之气具有内在的运动机制(必动之机),太和之气运动的状态则称为"絪缊"。王夫之"太虚本动"的思想,以二气絪缊解释太极具有能动的本性,不仅扬弃了张载的"至静无感,性之渊源"之说,又驳斥了朱熹的静者太极之体说,肯定太极作为本体处于永恒的运动中,所以现象世界流转而不已,生生而不息。

　　王夫之认为,太和自身的运动引起阴阳二气的分化,二气分化之后互相感合,凝聚成万象万物。这一过程就是"气化"的过程:

　　二气之动,交感而生,凝滞而成物我之万象,虽即太和不容已之大用,而与本体之虚湛异矣。④

又说:

　　太虚即气,絪缊之本体,阴阳合于太和,虽其实气也,而未可名之为气。……气化者,气之化也。阴阳具于太虚絪缊之中,其一阴一阳,或动或静,相与摩荡,乘其时位以著其功能。⑤

这是说,阴阳具于太虚,一阴一阳,或动或静,相与摩荡,这是气化的过程。阴阳分化之后,动静摩荡,并借助一定的时空具体条件而产生人和物。

　　关于气化的根源,王夫之特别强调"神":

　　气,其所有之实也;其絪缊而含健顺之性,以升降屈伸,条理必信者,神也;神之所为聚而成象成形以生万变者,化也。故神,气之神;

---

① 《参两篇》,《张子正蒙注》卷一,《船山全书》第十二册,第50页。
② 《神化篇》,《张子正蒙注》卷二,《船山全书》第十二册,第76页。
③ 《可状篇》,《张子正蒙注》卷九,《船山全书》第十二册,第364页。
④ 《太和篇》,《张子正蒙注》卷一,《船山全书》第十二册,第40—41页。
⑤ 《太和篇》,《张子正蒙注》卷一,《船山全书》第十二册,第32页。

化,气之化也。①

这是说,絪缊之气是实体,其中含有健顺之性;气的升降屈伸的条理,则为
"神"。在神的支配下气的凝聚变化过程,则是"化"。他又说:"其聚其
散,推荡之者,神为之也,而其必信乎理者,诚也。"②气有聚散,其相互推
荡,是神之所为。二气相荡又有其规律性或必然性,即所谓"理",而理又
是真实而不假的,即所谓"诚"。他进而解释说:"推之则伸而进,荡之则
屈而退,而变化生焉。此神之所为,非存神者不能知其必然之理。然学
《易》者必于变化而察之,知其当然而后可进求其所以然。"③这是说,气
之往来屈伸,乃神之所为,此为所以然。其屈伸变化又有其当然之则和必
然之理,不测之神即寓于当然之则中。故说善学易者应即化而穷神。这
些说法表明,王夫之认为"神"作为气化的根源,是神妙莫测的;神支配着
气化的过程,又体现为主持气化的条理和法则。这是承认气的运动变化
的根源在于气的内部。

三、气 善 说④

气的善恶问题是明代气学讨论的一个重要问题。这一问题又与人性
善恶的问题交织在一起。气学派哲学家王廷相从"气外无性"的观点出
发,认为"天之气有善有恶",因此得出"人之气有善有恶"的结论。黄宗
羲反驳这一看法,提出"人之气本善"的思想,从而为孟子的性善说提供
了宇宙论的辩护。王夫之从"理即是气之理"的理气观出发,把气的善恶
与理的善恶联系起来,主张"理善,则气无不善",从而得出"人之气亦无
不善"的结论,从而打击了"尊性贱气"论。

王夫之说:

> 理即是气之理,气当得如此便是理。理不先而气不后。理善,则

---

① 《神化篇》,《张子正蒙注》卷二,《船山全书》第十二册,第76—77页。
② 《大易篇》,《张子正蒙注》卷七,《船山全书》第十二册,第312页。
③ 《大易篇》,《张子正蒙注》卷七,《船山全书》第十二册,第313页。
④ 参见陈来:《诠释与重建——王船山的哲学精神》,北京大学出版社2004年版,第
166—172页。

气无不善;气之不善,理之未善也(如牛犬类)。人之性,只是理之善,是以气之善;天之道,惟其气之善,是以理之善。①

王夫之认为,理是气的运行变化的法则和条理,人与物(动物)有相同有不相同者。以人来说,人的理(性)善,而物之理(不善),所以物的气也不善。可见,对于人与物来说,都是理的善与不善决定了气的善恶与否。不同在于,人的理善,而物的理不善。这里的理其实是指性,以理的善与不善来决定气的善与不善。天道上的理气善恶与人之性不同。天之道不是理善决定了气善,而是气善决定了理善,即在天道上,气是善的,所以理也是善的。天道与人道的不同是:在天道上,气决定理;在人道上,理决定气。天道气善是以理善,人道理善是以气善。

王夫之接着说:

"易有太极,是生两仪",两仪,气也,惟其善,是以可仪也。所以乾之六阳,坤之六阴,皆备元、亨、利、贞之四德。和气为元,通气为亨,化气为利,成气为贞,在天之气无不善。天以二气成五行,人以二殊成五性。温气为仁,肃气为义,昌气为礼,晶气为智,人之气亦无不善矣。②

这是说,太极生两仪,两仪即阴阳,两仪是善的,即阴阳是善的。正是由于阴阳为善,所以《乾》卦的六阳和《坤》卦的六阴都是善的。这表现在乾坤无不具备元、亨、利、贞四德。阴阳是气,阴阳之化迭为四气,和气即是元,通气即是亨,化气即是利,成气即是贞,四气即是四德,可见天之气本身是善的。在气化过程中,与天的阴阳二气组合成金、木、水、火、土五行相适应,人以阴阳二气变成为仁、义、礼、智、信五性:温气为仁,肃气为义,昌气为礼,晶气为智,可见人之气本身也是善的。这表示人性的仁、义、礼、智、信五者来源于天之阴阳二气,人之性与天之四德同体。因此,他又说:

理只是以象二仪之妙,气方是二仪之实。健者气之健也,顺者气之顺也。天人之蕴,一气而已。从乎气之善而谓之理,气外更无虚托

---

① 《孟子·告子上篇》,《读四书大全说》卷十,《船山全书》第六册,第1052页。
② 《孟子·告子上篇》,《读四书大全说》卷十,《船山全书》第六册,第1052页。

孤立之理也。①

气是实体，理只是体现了二气变化的法则；健与顺是理，但都是气的运行的理。宇宙实体只是一气流行变化，而理不过是气之善的依从和顺承，所以气外更无独立的理，所谓"从乎气之善而谓之理"。

王夫之又从宇宙论上考察了善恶的分化：

> 乃既以气而有所生，而专气不能致功，固必因乎阴之变、阳之合矣。有变有合，而不能皆善。其善者则人也，其不善者则犬羊也。又推而有不能自为栲栳之杞柳、可使过颡、在山之水也。天行于不容已，故不能有择必善而无禽兽之与草木杞柳等。然非阴阳之过而变合之差。是在天之气本无不善明矣。②

王夫之认为，从太极到两仪到五行的宇宙生成过程中，天之气无不善。从五行以下，也就是阳变阴合而化生万物的阶段，则导致了善不善的分化和生成：阳变阴合，善者为人，因为构成人的气是善的；阳变阴合，不善者为物，因为构成禽兽的气是不善的。王夫之特别提出，天不是有意志的主宰，故天并不能选择生物皆善，不能选择只生成人类而不生禽兽。故善恶的分化和生成是天之不容已，即无可避免的。

四、气质中之性③

朱熹注《论语·阳货》"性相近"章说："此所谓性，兼气质而言也。气质之性，固有美恶之不同矣。"又引程子曰："此言气质之性，非言性之本也。若言其本，则性即是理，理无不善，孟子之言性善是也，何相近之有哉？"④程朱都主张，在性即理的意义上，人性并无不同，不能说相近；只有在气质之性的意义上，人的气质之性各个差别，才能说相近。王夫之认为，程子创释为气质之性，"遂疑人有两性在"，他是反对人有两性的，反

---

① 《孟子·告子上篇》，《读四书大全说》卷十，《船山全书》第六册，第 1052 页。
② 《孟子·告子上篇》，《读四书大全说》卷十，《船山全书》第六册，第 1052—1053 页。
③ 参见陈来：《诠释与重建——王船山的哲学精神》，第 121—135 页。
④ 《四书大全》，山东友谊书社 1989 年版，第 1866 页。

对性二元论：

> 所谓"气质之性"者,犹言气质中之性也。质是人之形质,范围
> 著者生理在内;形质之内,则气充之。而盈天地间,人身以内,人身以
> 外,无非气者,故亦无非理者。理行乎气之中,而与气为主持分剂者
> 也。故质以函气,而气以函理。质以函气,故一人有一人之生;气以
> 函理,故一人有一人之性也。若当其未函时,则且是天地之理气,盖
> 未有人者是也。乃其既有质以居气,而气必有理,自人言之,则一人
> 之生,一人之性;而其为天之流行者,初不以人故阻隔,而非复天之
> 有。是气质中之性,依然一本然之性也。①

王夫之认为,气质之性,就如同字面的意义一样,应是指一定气质的性,而
不是代表气质作用的人性。气质两字加在性的前面的意义,是说这个性
不是脱离气质独立自存的性,而是依赖于气质、作为气质自身的属性、规
定、条理的性。在他看来,天地之气充塞于两间,而理行乎气之中,这里的
行不是指理作为另一实体行于气之中,而是指理作用于气之中。这种作
用就是与气为主持分剂,也就是调节之、条理之。就理和气的结合关系来
说,两者是永不分离的:有气,必有理在其中;有理,必有气为之体。天地
之气不断聚合为有形之质,形质中充满了气,王夫之称做质以函气,这里
的函特指形后的体质与气的关系,形质是气构成的,故说质以函气。质包
含着气,这里的气是指构成形质的气,而气又总是包含着理的,故又说气
以函理。气以函理的理应是此形质的性了。若当其未函时,则且是天地
之理气,在气没有聚合成为形质时,就谈不到函了。这时的理气不是已聚
之气、已凝之理,而是两间中大化流行的理气。

王夫之的这一说法是针对性相近之说的。说质以函气,故一人有一
人之生;气以函理,故一人有一人之性。他应该是说,既然质以函气,则不
同的个体形质所函的气有所不同,从而每人都有其特殊的生命体质;又由
于不同个体所函的气有所不同,所以这些气中所函的理也有所不同,也就
是气质中之性相近而不同。这样就说明了孔子的性相近的思想。不过,

---

① 《论语·阳货篇》,《读四书大全说》卷七,《船山全书》第六册,第857—858页。

王夫之在这段的最后却说是"气质中之性,依然一本然之性也"。以反对朱子学把本然之性与气质之性区别开来的做法,而这似乎是说,气质之性在根源上仍然是来源于天地之性,仍然是天所命人之性(天命之性)。

王夫之又说:

> 盖性即理也,即此气质之理。主持此气,以有其健顺;分剂此气,以品节斯而利其流行;主持此质,以有其魂魄;分剂此质,以疏濬斯而发其光辉。即此为用,即此为体。不成一个性、一个气、一个质,脱然是三件物事,气质已立而性始入,气质常在而性时往来耶?①

前一个主持分剂的主语都是理,理主持此气,分剂此气;理对气的主持作用即主导,提供其变化的动力;对气的分剂作用即调节,提供其流行的规律节次。这都是指天地之化的理气而不是指人身的理气。后一个主持分剂的主语应是性,即在人身凝为性的理,性主持此质,分剂此质。性对形质的主持作用是提供其生命力,性对形质的分剂作用是疏通其通透性以便于生气的往来。这都是指人身的理气。性以气质为体,也以气质为用,不能说性、气、质是三个独立的事物。那种以为气质形成以后性才进入气质或以气质是恒定的而性在气质中进进出出的观点,把性皆理解为一独立于气质的实体,都是错误的。所谓性即理,不是借寓于气质中的神秘实体,而是性即气质之理,性即属于一定气质本身的属性和条理。这一讲法与明代理学人性论的变化趋势是一致的。

在性与气质的问题上,王夫之不仅反对天地之性与气质之性的二元人性论,还对朱子学的一些提法提出了批评。如他对新安陈氏的"性寓于气质之中"的说法加以批评②,他强调性和气质的关系不适合用"寓于"这样的表达,因为寓于容易被理解为一种外在的关系,即寓于的说法虽然也表示理在气中,但这种在不是内在的在,好像是另外一个本来与气无关的实体藏栖于气之内。而王夫之所理解的作为气质中之性的理当然也在气之中,但它是此气自身的条理、属性。正是在这个意义上,王夫之

---

① 《论语·阳货篇》,《读四书大全说》卷七,《船山全书》第六册,第863页。
② 《论语·阳货篇》,《读四书大全说》卷七,《船山全书》第六册,第863页。

甚至反对使用性在气质中的讲法，而始终主张气质中之性的提法。性在气质中和气质中之性的这个区别，体现了王夫之与朱子理气观念最基本的分别，这也是明代中后期思想的共识。

五、格致相因说①

在《大学》"格物致知"的问题上，王夫之既不像朱熹那样注重格物，忽略致知，也不像王阳明那样注重致知，忽略格物。他主张格物与致知是"相因"、"相济"的关系。

关于"穷理"的范围，王夫之不同意朱熹"格穷天下之理"的主张。他说："传文'天下之物莫不有理'八字，未免有疵。只此洒扫应对进退、礼乐射御书数，约略旁通，已括尽修齐治平之事。自此以外，天下之物固莫不有理，而要非学者之所必格。"②他认为，穷理并不是穷究天下万物之理，人只需要格社会之物，穷人文之理；如果无限制地遇一物便穷一物之理，就会流于记诵词章之学。

关于格物与致知的关系，朱熹强调格物，认为致知只是格物的实践在主体方面所产生的结果，致知并不是一种与格物相独立的工夫。王夫之不赞成朱子"格物则知自致"的主张，认为这"竟删抹下'致'字一段工夫"。

王夫之认为，格物与致知是有区别的。他说：

> 吾心之知，有不从格物而得者，而非即格物即致知审矣。……是故孝者不学而知、不虑而能，慈者不学养子而后嫁，意不因知，而知不因物，固矣。……则格物、致知亦自为二，而不可偏废矣。③

王夫之指出，孝之理并不是用格物的方法得知的，换言之，知子之当孝，并不是通过研究儿子与父亲所以相亲的根源而得来的。这个讲法，似吸收了王阳明论孝之理不在物的思想。如果孝之理之知不是从格物得来，则必是

① 参见陈来：《诠释与重建——王船山的哲学精神》，第63—65页。
② 《大学补传》，《读四书大全说》卷一，第408页。
③ 《大学·圣经一〇》，《读四书大全说》卷一，《船山全书》第六册，第403—404页。

内在的,所谓"孝者不学而知、不虑而能,慈者不学养子而后嫁。意不因知而知不因物,固矣"。孝慈的良知不依赖于物,良知不是从格物得来。此外,至如"吾心一念之非几"及"自家食量之大小",这些都不是格物可知。"此若于物格之,终不能知,而唯求诸己之自喻。"①在王夫之看来,凡不由格物而知,必反求于己而可明者,这些内在的知识,都属于致知之知。

所谓由格物得知的,是指关于事物的客观知识和部分道德知识,如王夫之说:"善恶有在物者,如大恶人不可与交,观察他举动详细,则虽巧于藏奸,而无不洞见;如砒毒杀人,看《本草》,听人言,便知其不可食:此固于物格之而知可至也。"②对人的了解和对物的了解,都是格物所得之知。又如:"事亲之道,有在经为宜,在变为权者,其或私意自用,则且如申生、匡章之陷于不孝乃藉格物以推致其理,使无纤毫之疑似,而后可用其诚。此则格致相因,而致知在格物者,但谓此也。"③事亲之孝,是不学而知的,但事亲之道,需要借助格物加以推究,王夫之把这叫做"格致相因"。

王夫之认为,格物与致知是两种不同的用功方法:

> 大抵格物之功,心官与耳目均用,学问为主,而思辨辅之,所思所辨者皆其所学问之事;致知之功则唯在心官,思辨为主,而学问辅之,所学问者乃以决其思辨之疑。"致知在格物",以耳目资心之用而使有所循也,非耳目全操心之权而心可废也。④

格物是考察现象以认识事物的规律,致知则是根据原理加以分析以尽其隐微。前者是归纳的知识,后者是分析的知识。格物以经验知识为主,心智的思考辨析为辅;致知以心的慎思明辨为主,但也借助学习审问。总之,格物与致知相互为因,学问与思辨相互为辅,它们都是不能割裂或者偏废的。这里所说的致知,是指作为工夫的致知,即思维作用的发挥。这种工夫意义上的致知,与前面所说知识形态的致知意义有所不同。

---

① 《大学·圣经一〇》,《读四书大全说》卷一,《船山全书》第六册,第403页。
② 《大学·圣经一〇》,《读四书大全说》卷一,《船山全书》第六册,第403页。
③ 《大学·圣经一〇》,《读四书大全说》卷一,《船山全书》第六册,第403页。
④ 《大学·圣经一〇》,《读四书大全说》卷一,《船山全书》第六册,第404页。

六、行在知先说①

王夫之批判王阳明的"知行合一"说:

> 其所谓知者非知,而行者非行也。知者非知,然而犹有其知也,亦
> 惝然若有所见也;行者非行,则确乎其非行,而以其所知为行也。以知
> 为行,则以不行为行,而人之伦、物之理,若或见之,不以身心尝试焉。②

王夫之认为,王阳明所说的知是所谓良知对于善恶的认识,并不是普通的
知识。在这一方面,他所说的知,"惝乎若有所见"。但是,他既然认为良
知是主要的,就以关于人之伦、物之理的一般性知识为次要的。纵然在这
方面"若或见之",也不尝试去作。王阳明以知为行,结果是以不行为行,
也就是"销行以归知"。③

他又批评"知先行后"说:

> 宋诸先儒欲折陆、杨"知行合一,知不先,行不后"之说,而曰"知
> 先行后",立一划然之次序,以困学者于知见之中,且将荡然以失据,
> 则已异于圣人之道矣"。④

王夫之认为应该说行先知后,他引《书经·说命》一句话说:"知之非艰,
行之惟艰。"意思是说,行比知更艰难。又引《论语》一句话说:"仁者先
难。"意思是说,难的必须在先,难的解决了,容易的自然也跟着解决了。
所以他说:"艰者必先也,先其难,而易者从之易矣。……知非先,行非
后,行有余力而求知,圣言决矣。"⑤

王夫之认为,行可以包括知,而知不可以包括行。他说:"且夫知也
者,固以行为功者也。行也者,不以知为功者也。行焉可以得知也,知焉
未可以收行之效也。……行可兼知,而知不可兼行。"⑥就是说,能够行某

---

① 参见冯友兰:《中国哲学史新编》下卷,人民出版社 1999 年版,第 318—320 页。
② 《说命中二》,《尚书引义》卷三,《船山全书》第二册,第 312 页。
③ 《说命中二》,《尚书引义》卷三,《船山全书》第二册,第 312 页。
④ 《说命中二》,《尚书引义》卷三,《船山全书》第二册,第 311 页。
⑤ 《说命中二》,《尚书引义》卷三,《船山全书》第二册,第 312 页。
⑥ 《说命中二》,《尚书引义》卷三,《船山全书》第二册,第 314 页。

种事,对于这种事必然有所知。但是只对于某种事所知,未必就能行某种事。

王夫之认为,知行是有分别的,他说:"知行相资以为用。惟其各有致功而亦各有其效,故相资以互用,则于其相互,益知其必分矣。同者不相为用,资于异者乃和同而起功,此定理也。不知其各有功效而相资,于是而姚江王氏知行合一之说得藉口以惑世。"① 就是说王阳明否认知行的分别,其企图就是要销行以归知。

王夫之认为,知和行也不是截然划分的。他举例说,譬如人学下棋,如果仅仅是自己打谱,这是不会学好的,必须实际跟人对下,才可以有所长进。但是,他用心去打谱,这其中也就有行。这就是知中有行。② 在做一件事情的时候,有些问题是已经知道应该怎样解决,而需要边行边研究,这就是行中有知。

总之,王夫之认为知和行既有分别,又有联系。他说:"盖云知行者,致知、力行之谓也。惟其为致知、力行,故功可得而分。功可得而分,则可立先后之序。可立先后之序,而先后又互相为成,则由知而知所行,由行而行则知之,亦可云并进而有功。"③

第三节　颜元:从理学到古学

颜元论学的主旨是尊古学,重习行。颜元将古学了解为具有实用性的学问。他认为,从尧舜到周孔,皆教人以实事。他提倡恢复古代的原始儒学,对理学进行了尖锐的批评,是理学的激烈反对者。④

颜元(1635—1704 年),字易直,又改字浑然,号习斋,直隶博野(今属

---

① 《中庸》,《礼记章句》卷三十一,《船山全书》第四册,第 1256 页。
② 参见《大学补传传第六章一》,《读四书大全说》卷一,《船山全书》第六册,第 409 页。
③ 《论语为政篇二》,《读四书大全说》卷四,《船山全书》第六册,第 597—598 页。
④ 参见胡适:《几个反理学的思想家》,姜义华主编《胡适学术文集·中国哲学史》下,中华书局 1991 年版;又参见侯外庐主编:《宋明理学史》下卷分(一)、(二),人民出版社 1987 年版。

河北）人。

颜元的身世对他人生经历有很大影响。他的父亲颜昶，自幼给朱姓人家做养子，在他4岁时离家出走关东。12岁时，母亲改嫁，颜元从此便与养祖父母一同生活。19岁以后，便自己种田灌园、行医、授徒讲学为生。

颜元的思想是经历了一番转变的。他24岁时得以接触到陆王思想，而深喜陆王。26岁，"得《性理大全》观之，知周、程、张、朱学旨，屹然以道自任，期于主敬、存诚，虽躬稼胼胝，必乘闲静坐。"①34岁，从笃信程朱转为崇尚古学。他思想转变的直接原因，是他在为养祖母居丧时完全依照《朱子家礼》行事，觉有违情性处，因而对家礼有所怀疑，在与古礼相对照后，认为《家礼》与古礼不合。此后，他便悟到周孔正学之旨。他居丧时，有人不忍见他过于哀痛而告知他身世，令他大为震惊，这或许刺激了他思想发生转变。

颜元的弟子李塨（1659—1733年，号恕谷）承其说，时人将二人并称"颜李"，称其学派为"颜李学派"。颜元本人讲学仅在其家乡河北一带，范围有限，李塨与外界交往远多于颜元，他吸引了更多的信徒，扩大了颜元的影响。

颜元的著作有《四存编》（《存治编》、《存性编》、《存学编》、《存人编》）、《四书正误》、《朱子语类评》、《习斋记余》等。钟锬所编《颜习斋先生言行录》中记录了他的部分重要言论。此外，《年谱》也为了解颜元的思想和实践提供了难得的直接资料。在当时日谱较为盛行，颜元立日谱，年谱自1664年直到他死去皆采自其日谱。

一、驳气质性恶

颜元人性论的思想主要是反对天命之性与气质之性的两分，反对以气质为恶，主张性与气是一，气善所以性善。

---

① 《颜习斋先生年谱》（以下简称《年谱》）卷上，《颜元集》，中华书局1987年版，第711—712页。

　　朱熹认为,人的仁、义、礼、智之性来自天之元、亨、利、贞四德,颜元继承了朱熹的这一讲法,并以气一元论的观点阐发了这一思想。他将"元、亨、利、贞"四德看做阴阳二气的属性,他说:"阴阳流行而为四德,元亨利贞也";"元、亨、利、贞四德,阴阳二气之良能也"①。又说:"万物之性,此理之赋也;万物之气质,此气之凝也。"②这是说,阴阳二气凝聚生成人物,气之理也就成为人的性,所以,颜元说"存之为仁、义、礼、智,谓之性者,以在内之元、亨、利、贞名之也"③。这一讲法与朱熹相同,但"性"并不是存在于气中的实体,而是气的属性。因此,颜元强调性与气质是一,而不是二。④ 在颜元看来,性即是气质的本性,因此可以用"气质之性"这一概念。他说:"'气质之性'四字,未为不是,所差者,谓性无恶,气质偏有恶耳。"⑤他所说"气质之性"的意义,与宋明理学的语境中已极为不同,而与清初道学相同,王船山即以"气质之性"指一定气质的性。⑥

　　颜元从气一元论的立场出发,反驳以理为善而以气质有不善的观点。他说:"若谓气恶,则理亦恶;若谓理善,则气亦善。盖气即理之气,理即气之理,乌得谓理纯一善而气质偏有恶哉!"⑦颜元认为,气有不同,但都是善,不可以说气之偏即是恶,偏和恶是不同的。

　　在程颐和朱熹那里,孔子的"性相近"说是讲气质,孟子的性善说则是指理而言的,孔孟所讲的人性并不是同一个意义,颜元反对这种说法。他认为,气质都是善,但有差异,因此,人性虽皆善,又是存在分别的。他说:"性之相近如真金,轻重多寡虽不同,其为金俱相若也。惟其有差等,故不曰'同';惟其同一善,故曰'近'。"⑧以真金喻人性善,人性皆善,但

----

①　《性图》,《存性编》卷二,《颜元集》,第21页。
②　《性图》,《存性编》卷二,《颜元集》,第21页。
③　《性图》,《存性编》卷二,《颜元集》,第21页。
④　参见《棉桃喻性》,《存性编》卷一,《颜元集》,第3页。
⑤　《性理评》,《存性编》卷一,《颜元集》,第18页。
⑥　参见陈来:《诠释与重建——王船山的哲学精神》,第123页。陈来在书中指出,清初道学构成自己的独立特征和阶段,第16页。
⑦　《驳气质性恶》,《存性编》卷一,《颜元集》,第1页。
⑧　《性理评》,《存性编》卷一,《颜元集》,第7页。

人性并不皆同,这如同真金,成色虽然无别,但却有分两的区别。在颜元看来,正因人性皆善,才可说相近,如果是有善有恶,便不是"相近"而是"相远"了。

颜元对"气"的肯定,尤其体现在肯定气是天道这一讲法。他说:"谓气质有恶,是元、亨、利、贞之理谓之天道,元、亨、利、贞之气不谓之天道也。"① 颜元在与陆桴亭论学书中明确指出:"著《存性》一编,大旨明理、气俱是天道,性、形俱是天命。"②"形"是气质凝聚而有,颜元说:"此形非他,气质之谓也。"③颜元由性、气为一而讲性形为一,也是他的一个特点。他说:"形,性之形也;性,形之性也。舍形则无性矣,舍性亦无形矣。"④

颜元进一步肯定了情与才皆善,将恶归于后天因素。颜元指出:"非情、才无以见性","是情非他,即性之见也;才非他,即性之能也"⑤。性即是气的属性,情是性的发见,才是指性的能力而言。气本善,决定了情和才是善。颜元认为恶来源于后天的习染,他说:"其恶者,引蔽习染也。"⑥将"恶"归于后天因素,是孟子性善论本有之义。二程提出"论性不论气不备,论气不论性不明",认为孟子的性善说没有解释恶的品质所由生,是论性不论气,是不备,颜元批评他们是自以为比孟子更详备,而实际上并未得孟子性善之旨。颜元强调,"恶"是人所本无的。

基于气质本善,颜元反对以"变化气质"为复性,他认为所谓变化气质是充养的结果:

> 故谓变化气质为养性之效则可,如德润身,睟面盎背,施于四体之类是也;谓变化气质之恶以复性则不可。⑦

要之,"变化"并不是变化气质之恶,恢复本然之善,而是人的完善的过

---

① 《性图》,《存性编》卷二,《颜元集》,第21页。
② 《上太仓陆桴亭先生书》,《存学编》卷一,《颜元集》,第48页。
③ 《棉桃喻性》,《存性编》卷一,《颜元集》,第3页。
④ 《第二唤》,《存性编》卷一,《颜元集》,第128页。
⑤ 《性图》,《存性编》卷一,《颜元集》,第27页。
⑥ 《明明德》,《存性编》卷一,《颜元集》,第2页。
⑦ 《明明德》,《存性编》卷一,《颜元集》,第2页。

程。颜元说："吾性所自有,吾气质所自有,皆天之赋我,无论清、厚、浊、薄、半清、半厚,皆扩而充之,以尽吾本有之性,尽吾气质之能,则圣贤矣,非变化其本然也。"①颜元对于理学所讲的变化气质很难说有真正的了解,所用"扩充"一词,至少对由浊而清的变化而言,是不很恰当的。但他的用意很明显,他意在说明,无论气质清浊薄厚,人们都是以之为基础来自我发展,因此,气质不是成圣的阻碍,而是人们赖以成圣的资具。

二、习 行

颜元的人性理论虽然与清初道学学者相近,但在论学主张上则与清初道学大异。他主张恢复古学,重习行。

颜元认为,人性和天道的问题,不应大加讲论,他自己之所以谈论人性的问题,是为了使人了解孔孟人性说的本义。在他看来,真正应当关注的,不应是抽象的性、道,而是更为实际的层面上的东西,即性道的"作用":六德、六行、六艺,也即是《周礼》中所说"乡三物"。六德是指知、仁、圣、义、忠、和六种德性,六行则是指孝、友、睦、姻、任、恤六种规范,六艺是指礼、乐、射、御、书、数。他说:

> 吾儒日言性道而天下不闻也,日体性道而天下相安也,日尽性道而天下相忘也。惟言乎性道之作用,则六德、六行、六艺也;惟体乎性道之功力,则习行乎六德、六行、六艺也。②

颜元认为,讲抽象的问题并不能取得实际的效果,因此,必须有更为切实的方案,这个方案的最后落在习行六艺。颜元说:"盖三物之六德,其发现为六行,而实事为六艺。"③六艺为实事,以子之事父、臣之事君来说,必须有事君、父之礼,乐君父之乐,射以敌君父之忾,御以代君父之劳,书、数以办君父之事。

---

① 《王次亭第十二》,《颜习斋先生言行录》(以下简称《言行录》)卷下,《颜元集》,第664页。
② 《性图跋》,《存性编》卷二,《颜元集》,第32页。
③ 《年谱》卷下,《颜元集》,第771页。

　　除了三物,颜元还讲《左传》所说的"六府三事"。六府是金、木、水、火、土、谷,三事是正德、利用、厚生。颜元说:"唐虞之世,学治具在六府三事,外六府、三事而别有学术,便是异端。周、孔之时,学治只有个三物,外三物而别有学术,便是外道。"①颜元将六府三事、三物合称"府物之学"。对气质的肯定为颜元重视府物之学提供了理论的论证,他说:"心性非精,气质非粗,不惟气质非吾性之累害,而且舍气质无以存养心性,则吾所谓三事、六府、六德、六行、六艺之学是也。""六艺"为六德之实事,也是"三事"之实事。颜元说:"吾辈若复孔门之学,习礼则周旋跪拜,习乐则文舞、武舞,习御则挽缰、把辔,活血脉,壮筋骨,'利用'也,'正德'也,而实所以'厚生'矣。"②

　　因此,颜元论学,以习行为重。他拈出《论语》的"学而时习之"的"习"字,以明确"习"的意义与重要:

　　　　孔子开章第一句,道尽学宗。思过,读过,总不如学过。一学便住也终殆,不如习过。习三两次,终不与我为一,总不如时习方能有得。③

颜元认为"讲之功有限,习之功无已"④。习是实际的练习,即要今日习礼、明日习射,反复练习。习与行意义相同,但习指"学",行是力行。颜元重力行,仍然关系到如何学习经典的问题,他说:"读书无他道,只须在'行'字著力。如读'学而时习',便要勉力时习,读'其为人孝弟',便要勉力孝弟,如此而已。"⑤这是说,对经典的学习,并不能停留在讲读的阶段,而是读后要身体力行。

　　颜元指出古代圣人教人皆以"习动"为主,到了宋儒开始教人静坐,与佛老没有什么不同:

　　　　三皇、五帝、三王、周、孔,皆教天下以动之圣人也,皆以动造成世

① 《世情第十七》,《言行录》卷下,《颜元集》,第685页。
② 《吾辈第八》,《言行录》卷下,《颜元集》,第648页。
③ 《学须第十三》,《言行录》卷下,《颜元集》,第668页。
④ 《总论诸儒为学》,《存学编》卷一,《颜元集》,第41页。
⑤ 《理欲第二》,《言行录》卷上,《颜元集》,第623页。

> 道之圣人也。……佛之空,老之无,周、程、朱、邵之静坐,徒事口笔,
> 总之皆不动也。①

周敦颐在《通书》中提出"主静",二程见人静坐便叹其善学,罗从彦与李
侗也是"终日静坐",在宋代儒家的修养方法中,静坐的确较为突出。颜
元对佛道与儒家"静坐"一概加以反对,表明他并不了解"静坐"作为一种
精神修炼方式的意义与作用。虽然他早年有过静坐的实践,但他的真生
命并不在此。

颜元将"儒"的标准定在"行",颜元说:"读尽天下书而不习行六府、
六艺,文人也,非儒也;尚不如行一节,精一艺者之为儒也。"②颜元还以实
行的观念对"格物"作了新解:

> 按"格物"之"格",王门训"正",朱门训"至",汉儒训"来",似皆
> 未稳。窃闻未窥圣人之行者,宜证之圣人之言;未解圣人之言者,宜
> 证诸圣人之行。但观圣门如何用功,便定格物之训矣。元谓当如史
> 书"手格猛兽"之"格","手格杀之"之"格",乃犯手捶打搓弄之义,
> 即孔门六艺之教,是也。③

自二程重视《大学》的"格物",在宋明儒学中,对"格物"有多种解释,其
中以朱熹与王阳明的解释最具影响,颜元认为二者的解释都不正确。他
提出了一个解释的原则,即"未解圣人之言,宜证诸圣人之行",这意味
着,不能在圣人行为中得到求证的解释,只是臆测。在对"格物"的诠释
中,"物"的意义直接决定了格物的对象和范围,颜元认为,周孔为了防止
后世舍事物以为学,所以将德、行、艺统名之曰"三物",因此,"物"包括了
德、行、艺在内,泛指各种事物。颜元的弟子李塨根据颜元论学之旨,在
《大学辨业》中以三物解释物,颜元也给予了肯定。

朱熹释"格物致知"的特点是以致知为格物的结果,通过格物,主观
方面知识得到了扩充,即是致知。颜元以"手格猛兽"之"格"来解释

① 《学须第十三》,《言行录》卷下,《颜元集》,第669页。
② 《学辩一》,《存学编》卷一,《颜元集》,第49页。
③ 《阅张氏王学质疑评》,《习斋记余》卷六,《颜元集》,第491页。

"格",强调了必须"亲下手一番",才能获得知识。他说:"如欲知礼,凭人悬空思悟,口读耳听,不如跪拜起居,周旋进退,捧玉帛,陈笾豆,所谓致知乎礼者,斯确在乎是矣;如欲知乐,凭人悬空思悟,口读耳听,不如手舞足蹈,搏拊考击,把吹灯,口歌诗,所谓致知乎乐者,斯确在乎是矣。推之万理皆然。"①颜元认为通过实践才能获得知识,这在他的立场上亦顺理成章,对于他提到的"礼乐"这一类知识也是有其合理性的。

"格物"本来是士人精神发展的基本方法,程朱都将读书作为格物的重要途径,颜元坚决地反对以读书为格物。他说:"谓之'物',则空寂光莹固混不得,即书本、经文亦当不得;谓之'格',则必犯手搏弄,不惟静、敬、顿悟等混不得,即读、作、讲解都当不得。"②颜元认为,读书本身并不能益人才德,更不应作为用力的重点。他说:"使为学为教,用力于讲读者一二,加功于习行者八九,则生民幸甚,吾道幸甚!"③并为自己辩解说,他之所以如此,"但以人之岁月精神有限,诵说中度一日,便习行中错一日;纸墨上多一分,便身世上少一分"④。在颜元这里,表现出了强烈的轻视知识的倾向。⑤

颜元反对静坐,反对专以读书为学,并极力批评二者对身体和心志的危害,他认为读书、静坐都使人惰弱,习动则有益于身心的锻炼。他说:

> 礼、乐、射、御、书、数似苦人事,而却物格知至,心存身修而日壮;读讲文字似安逸事,而却耗气竭精,丧志痿体而日病。⑥

> 养身莫善于习动,凤兴夜寐,振起精神,寻事去做,行之有常,并不困疲,日益精壮,但说静息将养,便日就惰弱。⑦

颜元所说的"养身"显然包含了身体的"体质"、"体魄"的锻炼的意义。

---

① 《阅张氏王学质疑评》,《习斋记余》卷六,《颜元集》,第491页。
② 《言行录》,《颜元集》,第652页。
③ 《存学编·总论诸论学》,《颜元集》,第42页。
④ 《存学编·总论诸论学》,《颜元集》,第42页。
⑤ 参见余英时:《清代思想史的一个新解释》,《论戴震与章学诚》,三联书店2005年版。
⑥ 《刚峰第七》,《言行录》卷上,《颜元集》,第645页。
⑦ 《学人第五》,《言行录》卷上,《颜元集》,第635页。

养身主要是道德层面的,即在修身的意义上,如颜元说:"所贵于学礼者,周旋跪拜以养身心。"①但在这里,其中所包含的体质锻炼的意义也值得注意。如颜元又说:"孔门习行礼、乐、射、御之学,健人筋骨,和人血气,调人情性,长人仁义。"②

颜元反对静坐,在他教人的过程中,有"习恭"的练习,这一练习实际就是危坐。从颜元论"习恭"与静坐之不同,也可以进一步看到他对静坐的理解。《习斋先生言行录》记载:

> 杜益斋问:"习恭即静坐乎?"
>
> 曰:"非也。静坐是身心俱不动之谓,空之别名也。习恭是吾儒整修九容工夫,媿不能如尧之允,舜之温,孔之安,故习之。习恭与静坐,天渊之分也。"③

又《年谱》记载,他与人并坐习恭,并说:"吾儒无一处不与异端反,即如吾二人并坐习恭,俨然两儒;倘并静坐,则俨然两禅和子矣!"④习恭主要是为达到古礼的要求所进行的一项练习。

颜元以成圣为目的,强调要有为圣之志,他说:"人须知圣人是我做得。不能作圣,不敢作圣,皆无志也。"⑤他主张复古,不遗余力,他的信念是古人能行者,今人亦能行,对于时人讥他不合时宜,也不以为意。他的学说虽经李塨大力宣扬,但在李塨之后,便很少再受到重视了。

第四节 戴震:从超越到内在

戴震的哲学,以气为实体,道为气化的过程,理为条理。戴震认为,理即内在于个别事物之中,而非超乎事物之上;只有具体事物之理,没有普遍的一理;理是内在的,而不是"超越而内在"。同时他强调,就心而言,

---

① 《年谱》卷上,《颜元集》,第 739 页。

② 《习过之第十九》,《言行录》卷下,《颜元集》,第 693 页。

③ 《王次亭第十二》,《言行录》卷下,《颜元集》,第 665—666 页。

④ 《年谱》卷下,《颜元集》,第 773 页。

⑤ 《学须第十三》,《言行录》卷下,《颜元集》,第 668 页。

理并不在心中。戴震将气学的立场贯彻到人性和理欲关系的讨论中,认为性是就气禀而言;在理欲的问题上,否认理欲的分际,提出"理存乎欲"的命题。他的哲学,标志了新的典范的出现,又与道学中的气学一派有着一定的连续性。①

戴震(1723—1777 年),字东原,安徽休宁人。他是一个布商的儿子,一生中多次参加科举考试,都未中。他的一生是职业学者的生涯,因积劳而卒,年 55 岁。

戴震生活的时代,是考证学兴起、兴盛的时代。戴震在考证学领域取得了令人瞩目的成就,是当时公认的学术领袖。他开创了乾嘉之学中的皖派。段玉裁、王念孙和王引之父子,三位大训诂学家都是他的弟子。他早年问学于江永(号慎修)②,到 31 岁时,已写成《考工记图注》、《尔雅文字考》、《毛诗补传》等著作。三十余岁时至北京,与钱大昕、朱筠等人交游,声望日著。他曾参加纂修多种方志,并负责了《四库全书》中天文历法类文献的审校工作。这些学术活动成为他借以谋生的手段。而当同时代学者的兴趣都转移到了考证,失去了对义理的感觉,轻视义理之学时,戴震以义理作为最高的学问,致力于义理的重建。

戴震的主要义理著作有《原善》、《绪言》和《孟子字义疏证》。其中,《孟子字义疏证》是他进行义理重建的代表作。戴震在与段玉裁(号若膺,1735—1815 年)书中说:"仆生平论述最大者,为《孟子字义疏证》一书,此正人心之要。今人无论正邪,尽以意见误名之曰'理',而祸斯民,故《疏证》不得不作。"③

关于《孟子字义疏证》的成书,根据戴震年谱记载,《绪言》是《孟子字义疏证》的初稿,晚近有学者对《孟子字义疏证》的成书过程进行了较为

① 参见冯友兰:《中国哲学史》卷下"清代道学之继续",《三松堂全集》第三卷;又参见刘述先:《黄宗羲心学的定位》,允晨出版社 1986 年版,第 171 页。
② 关于戴震与江永的关系,参见余英时:《戴震与章学诚》,第 213 页。
③ 《与段若膺书丁酉四月廿四日》,《孟子字义疏证》,中华书局 1982 年版(第二版),第 186 页。(本书收集了戴震的主要哲学著作,《孟子字义疏证》、《原善》、《绪言》,以《疏证》为书名。以下皆引自此书。)

细致的考证,认为《孟子字义疏证》是在《孟子私淑录》、《绪言》基础上完成的。①《孟子字义疏证》一书的一些观点在以前的著作中虽已经提出,但在这里,都得到了更为淋漓尽致的发挥。

一、气化流行与道

戴震的哲学是气学,他认为自然界是"气化流行,生生不息"的。戴震也重视气化的条理性,他认为《易传》"一阴一阳之谓道",体现了宇宙生生而有条理。

戴震认为,道的含义是行,道的实体即是阴阳五行。他说:

> 道犹行也,气化流行,生生不息,是故谓之道。《易》曰:"一阴一阳之谓道。"《洪范》:"五行:一曰水,二曰火,三曰木,四曰金,五曰土"。行亦道之通称。举阴阳则赅五行,阴阳各具五行也;举五行即赅阴阳,五行各有阴阳也。阴阳五行,道之实体也。②

整个的宇宙就是气化的过程,道是指流行而言。《易传》"一阴一阳之谓道",戴震理解为,"一阴一阳,流行不已,夫是之谓道而已"③。戴震对道的解释的特别之处是由"行"联系到"五行"。这里所说的五行,也是指气,而不是质,这与周敦颐"五气顺布"以五行为气的看法是一致的。道之实体的提法,在戴震的著作中是极为常见的,这一提法突出了实际存在着的只有气。气是实体,道是过程。

戴震以训诂的方法来分析"一阴一阳之谓道"和"形而上者谓之道,形而下者谓之器"的意义。他说:

> 古人言辞,"之谓"、"谓之"有异。凡曰"之谓",以上所称解下,如《中庸》"天命之谓性,率性之谓道,修道之谓教",此为性、道、教言之,若曰性也者天命之谓也,道也者率性之谓也,教也者修道之谓也;

---

① 陈荣捷《论戴震绪言与孟子私淑录先后》一文考证出《孟子私淑录》完稿于《绪言》之后,周兆茂考订了两书具体成书时间。参见黄俊杰:《中国孟学诠释史论》,社会科学文献出版社 2004 年版,第 293—294 页。
② 《天道》,《孟子字义疏证》卷中,第 21 页。
③ 《天道》,《孟子字义疏证》卷中,第 22 页。

《易》"一阴一阳之谓道",则为天道言之,若曰道也者一阴一阳之谓
也。凡曰"谓之"者,以下所称之名辨上之实,如《中庸》"自诚明谓之
性,自明诚谓之教",此非为性、教言之,以性、教区别"自诚明"、"自
明诚"二者耳。《易》"形而上者谓之道,形而下者谓之器",本非为
道、器言之,以道器区别其形而上形而下耳。①

戴震认为古人的表达是有一定规律的,《易传》"一阴一阳之谓道"是对
"道"的说明,即以一阴一阳来说明"道",以上解下;"形而上者谓之道,形
而下者谓之器",并不是对道、器的说明,而是以道、器来说明形上、形下
实际所指,即以下所称之名来辨上之实。形而上者是指道,形而下者是指
器。道是指一阴一阳的过程,形而上者便是指道之实体,因此不仅阴阳为
形而上者,五行也同样是形而上者。

戴震认为,形上形下是指形以前、形以后,阴阳五行之气还未成形,所
以是形而上者;阴阳五行之气形成有形事物后,即是形而下者:

　　气化之于品物,则形而上下之分也。形乃品物之谓,非气化之
谓。……形谓已成形质,形而上犹曰形以前,形而下犹曰形以后。阴
阳之未成形质,是谓形而上者也,非形而下明矣。器言乎一成而不
变,道言乎体物而不可遗。不徒阴阳非行而下,如五行水火木金土,
有质可见,固形下也,器也;其五行之气,人物咸禀受于此,则形而
上也。②

器是有固定形质的,即一成不变,道是没有凝固的。"体物不可遗"出自
《中庸》鬼神"体物而不可遗",在这里是指一切皆气所构成。五行既可指
水、火、木、金、土五种物质,也可指五行之气,两种用法是并存的。五行之
气是形而上,五种物质元素是形而下。

戴震从气化过程来区分形而上和形而下,赋予形上形下时间先后的
意义,形而上者和形而下者分别是指物质实体及其具体存在。他所说的
形而上者,在程朱的思想系统中来看,仍然是形而下的。二程最先注重区

---

① 《天道》,《孟子字义疏证》卷中,第22页。
② 《天道》,《孟子字义疏证》卷中,第22页。

分形上、形下，他们认为物质的东西、具体的东西都是属于"形而下"的，是器；普遍的、抽象的东西都是属于形而上的，是道。二程将道与器从思维上区分开来，道是用理性才可把握的，与可感觉的器是不同的。张载认为，"一阴一阳不可以形器拘，故谓之道"，是以阴阳为形而上，南宋的陆象山认为阴阳是形而上者，与朱熹进行辩论。可见，将阴阳看做形而上者，是气学与心学的共同的看法。戴震还将五行之气也看做形而上者，便体现了其思想的经验色彩。

在戴震哲学中，"道"完全是气化之事："在天地，则气化流行，生生不息，是谓道；在人物，则凡生生所有事，亦如气化之不可已，是谓道。"①《中庸》说"道也者，不可须臾离也，可离非道也"，戴震解释说："出于身者，无非道也，故曰'不可须臾离，可离非道'"②。"道"不再是"不离日用常行"，道的本身就是日用常行。戴震认为，宋儒以人伦日用为"万象纷罗"，为"形而下"，是受到老庄和释氏的影响。③

二、理

整个宋明理学继承了二程对"理"的重视，因而"理"也成为戴震讨论的重点，"理"是《孟子字义疏证》中出现的第一个范畴。在二程哲学中，道与理是相通的，所以程颢说："理便是天道也。"陈淳在《北溪字义》中说："道与理大概只是一物，然析为二字，亦须有分别：道是就人所通行上立字。与理对说，则道字较宽，理字较实，理有确定不易底意。故万古通行者，道也；万古不易者，理也。"陈淳站在理学的立场，认为道、理为一，但二者意义不同。陈淳的字义是理学的、哲学的。戴震则完全以训诂学的方法探究"道"、"理"的意义。戴震认为，道是指实体实事之名，理是称纯美精好之名，道之名有其实体，理则别无实体④，将道与理分别开来。

戴震解释"理"的字义说：

① 《道》，《孟子字义疏证》卷中，第43页。
② 《道》，《孟子字义疏证》卷中，第45页。
③ 《道》，《孟子字义疏证》卷中，第46页。
④ 参见《绪言》卷上，《孟子字义疏证》。

理者,察之而几微必区以别之名也,是故谓之分理;在物之质,曰肌理,曰腠理,曰文理;得其分则有条而不紊,谓之条理。孟子称"孔子集大成"曰:"始条理者,智之事也;终条理者,圣之事也。"圣智至孔子而极其盛,不过举条理已言之而已矣。易曰:"易简而天下之理得。"……《中庸》曰:"文理密察,足以有别也。"《乐记》曰:乐者,通伦理者也。郑康成注云:"理,分也。"许叔重《说文解字序》曰:"知分理之可相别异也。"古人所谓理,未有如后儒之所谓理者矣。①

戴震举了"理"字在古代日常用语中的用法,并遍引群经来证明,这是戴震确定字义的基本方法。他说:"一字之义,当贯群经、本六书,然后为定。"②戴震所做的工作,实际上是将"理"的意义还原到理学形成之前的本义。戴震根据理的古义,认为理是指事物的分理,基本意义是条理。考证学的方法与他的哲学立场相一致,在他对"理"的解释上得到了集中体现。在反对理是独立实体的思想家那里,都持理的条理说。

程颐和朱熹认为理是气的运动变化的所以然,将理看做是超越气之上的独立实体,对此,戴震十分明确,他说程朱"尊理为超乎阴阳气化"③。戴震认为,理是气化的条理,气化有自然的条理。④ 戴震指出气化的过程之所以继续不绝,即是因为有条理,他说:"惟条理,是以生生;条理苟失,则生生之道绝。"⑤但他注重气化过程的自然的一面,因此他只是讲理不可"失",而不讲理在气化中的作用,在他的理论中亦无此必要。

戴震认为,理都是具体事物之理。具体来说,有天地、人物、事为之理。天地之理即是上面所说的气化的条理;人物、事为之理,则分别是指事物具体规律和道德行为的准则。他反对理学中所讲的普遍的理。在程朱理学中,具体事物之理互不相同,但都是一理的体现,即宇宙最高原理的体现。因此,万事万物的理有着一以贯之的一般原则,戴震说:"'一以

① 《理》,《孟子字义疏证》卷上,第1页。
② 《与是明仲论学书》,《戴震文集》,中华书局1980年版,第140页。
③ 《理》,《孟子字义疏证》卷上,第18页。
④ 参见《仁义礼智》,《孟子字义疏证》卷下,第48页。
⑤ 《仁义礼智》,《孟子字义疏证》卷下,第48页。

贯之'，非言'以一贯之'"，宋儒所说的理一是"空指'一'而使人知之求之者"①。理学中的"理一分殊"思想是处理一般与个别、普遍的原理与事物的具体规律的关系的，在戴震看来，普遍的原理，是一个抽象的"一"，是不存在的。

戴震对"理"的理解，一是内在化，一是客观化。在新儒学的两大基本派别中，理学重视客观性立场，主张"即物而穷理"，但朱熹认为，理在事物，同时也内在于心中。戴震极力反对朱熹的这一思想。朱熹所说内在于心的理，主要是指道德法则而言，也即是义理。戴震认为，义理只是在事物，他说："义理在事情之条分理析。"②；"就事物言，非事物之外别有理义也；……就人心言，非别有理以予之而具于心也"③。

三、血气心知与性

在戴震之前，儒学思想家大都基于理的条理说而主张气质人性的人性一元论，反对有本然之性。戴震将以气为实体的观点贯彻到人性论中，继续了对程朱人性论的批评。

《礼记·乐记》中说"民有血气心知之性"，戴震继承了这一讲法。他指出，"血气心知"是本于阴阳五行之气。他说："性者，分于阴阳五行以为血气、心知、品物，区以别焉。"④一类事物的血气心知与他类事物相异，构成了这一类事物的性。戴震进一步说："血气心知，性之实体也。"⑤这是说，"性"是指称血气心知之名，血气心知是实体。

戴震论性，还注重个体的特殊性。他说："在气化曰阴阳，曰五行，而阴阳五行之成化也，杂糅万变，是以及其流形，不特品物不同，虽一类之中又复不同。"⑥又说："《大戴礼记》曰：'分于道谓之命，形于一谓之性。'分

---

① 《权》，《孟子字义疏证》卷下，第55—56页。
② 《理》，《孟子字义疏证》卷七，第5页。
③ 《理》，《孟子字义疏证》卷上，第7页。
④ 《性》，《孟子字义疏证》卷中，第25页。
⑤ 《天道》，《孟子字义疏证》卷中，第21页。
⑥ 《性》，《孟子字义疏证》卷中，第25页。

于道者,分于阴阳五行也。一言乎分,则其限之于始,有偏全、厚薄、清浊、昏明之不齐,各随所分而形于一,各成其性也。"①人物之生,都是分得阴阳五行之气,所分得的气不同,决定了同类事物之间的个体也是互相存在差别的,这也就是"各成其性"。但每一类皆大致相同。在以气的区别解释性的差异时,戴震基本继承了宋儒的思想。

孟子讲性善是人性论的命题,宋儒将性区分为两个层次,讲普遍的性,认为人物性同,所不同者是气质之性,从而肯定了人物之性皆善。戴震所说的"性"是一类事物的共同属性,他认为性善是说人性,而不是物性。他说:"性者,飞潜动植之通名;性善者,论人之性也。"②戴震重新解释了性善说,他说:"血气心知,有自具之能:口能辨味,耳能辨声,目能辨色,心能辨夫理义。……理义在事情之条分缕析,接于我之心知,能辨之而悦之。"③心知能辨理义,悦理义,即表明了人性善。他指出:"欲者,血气之自然;其好是懿德也,心知之自然,此孟子所以言性善。"④也就是说,性善是人的心知所具有的一种特点,心知的自然倾向。

在心知悦理义这一点上,戴震发挥了孟子的"理义之悦我心"的说法,强调心以当礼义为得其"自然"。他说:"孟子曰:'理义之悦我心,犹刍豢之悦我口。'非喻言也。凡人行一事,有当于礼义,其心气必畅然自得;悖于理义,心气必沮丧自失,以此见心之于理义,一同乎血气之于嗜欲,皆性使然耳。"⑤

心知能辨理义,悦理义,戴震也说成是"理义为性"。他批评程朱的"性即理"说。程颐提出"性即理",朱熹发展了程颐的理论,认为人是理气之合,性是理,耳目之欲都根源于气。将性(理)看做气质中的实体,将耳目之欲排斥在严格意义上的"性"之外。这都是戴震所强烈反对的。

---

① 《性》,《孟子字义疏证》卷中,第25页。
② 《性》,《孟子字义疏证》卷中,第34页。
③ 《理》,《孟子字义疏证》卷上,第5页。
④ 《理》,《孟子字义疏证》卷上,第18页。
⑤ 《理》,《孟子字义疏证》卷上,第7页。

他说:"孟子明人心之通于理义,与耳目鼻口之通于声色臭味,咸根之者性。"①并且强调,"欲根于血气,故曰性也"②。戴震重新探讨了孟子所说"四端"的根源:

> 孟子言"今人乍见孺子将入井,皆有怵惕恻隐之心",然则所谓恻隐、所谓仁者,非心知之外别"如有物焉藏于心"也。已知怀生而畏死,故怵惕于孺子之危,恻隐于孺子之死,使无怀生畏死之心,又焉有怵惕恻隐之心? 推之羞恶、辞让、是非亦然。使饮食男女与夫感于物而动者脱然无之,以归于静,归于一,又焉有羞恶,有辞让,有是非? 此可以明仁义礼智非他,不过怀生畏死,饮食男女,与夫感于物而动者皆不可脱然无之,……古圣贤所谓仁义礼智,不求于所谓欲之外,不离乎血气心知。③

从恻隐之心的产生来说,恻隐出于怀生畏死之情,四端皆如此。反过来说,若无欲,也就无有羞恶、辞让、是非。也就是说,四端是基于欲,本于欲的。仁、义、礼、智不离乎血气心知,可以进一步表达为,"所谓仁义礼智,即以名其血气心知"④。

戴震认为,性是就本始而言,"据其为人物之本始而言谓之性"⑤。性善是对人的本始状态的判断,并且他认为,在初始阶段,人的道德水平较低,通过为学,才能得到提高,这是他的性善论的特点。他说:"试以人之形体与人之德性比而论之,形体始乎幼小,终乎长大;德性始乎蒙昧,终乎圣智。其形体之长大也,资于饮食之养,乃长日加益,非'复其初';德性资于学问,进而圣智,非'复其初'明矣。"⑥戴震指出,就资于饮食而言,人有本受之气,有资以养之气,"所资以养者之气,虽由外而入,大致以本

---

①　《理》,《孟子字义疏证》卷上,第6页。
②　《性》,《孟子字义疏证》卷中,第37页。
③　《性》,《孟子字义疏证》卷中,第29页。
④　《性》,《孟子字义疏证》卷中,第38页。
⑤　《才》,《孟子字义疏证》卷中,第39页。
⑥　《理》,《孟子字义疏证》卷上,第15页。

受之气召之"①。"未有内无本受之气,而外相得而徒资焉者也。"②学问之于德性也是同样的道理,戴震指出:"荀子之重学也,无于内而取于外;孟子之重学也,有于内而资于外。"③在戴震看来,无于内而取于外,实际上是不可能的。通过问学,心知由狭变广,德性得到了扩充。

四、理存乎欲

在宋代道学中,"理欲之辨"极为重要,理为天理,欲是人欲、私欲。在理欲之辨中,以基本的、普遍的"欲"为理,而不是"欲",私欲是欲(人欲)。朱熹说:"饮食者,天理也;要求美味,人欲也。"④饥而欲食、渴而欲饮等基本的生存欲求属于天理。戴震论理欲意义有所不同。他所讲的"欲"即是一般所说的欲。他区分了"欲"和"私",认为"欲之失为私","私生于欲之失"⑤。因此,"欲"在戴震这里是被作为生存欲求来讨论的。在命题上,戴震提出了"理存乎欲",否认理、欲的分际,反对"理欲之辨"。

戴震提出"情之不爽失为理",这里所说"情",并不是喜怒哀乐等情感形式,而是与"欲"相近的概念,是指意愿、欲求。这一思想即被概括为"理存乎欲"。在《孟子字义疏证》中,戴震通过所设三个问答提出、讨论了这一思想:

> 问:"古之人言天理,何谓也?"
>
> 曰:"理也者,情之不爽失也;未有情不得而理得者也。……天理云者,言乎自然之分理也;自然之分理,以我之情絜人之情,而无不得其平是也。……"
>
> 问:"以情絜情而无爽失,于行事诚得理矣。情与理之名何以异?"
>
> 曰:"在己与人皆谓之情,无过情无不及情之谓理。"

---

① 《性》,《孟子字义疏证》卷中,第28页。
② 《性》,《孟子字义疏证》卷中,第32页。
③ 《性》,《孟子字义疏证》卷中,第32页。
④ 《朱子语类》卷十三,第224页。
⑤ 《理》,《孟子字义疏证》卷上,第9页。

......

> 问:"宋以来之言理也,其说为'不出于理则出于欲,不出于欲则出于理',故辨乎理欲之界,以为君子小人于此焉分。今以情之不爽失为理,是理者存乎欲者也。……"①

"理存乎欲",是以欲为首出来定义天理,天理依情而在。在第二个答中,问情与理之名的区别,凸显了情、理分际的消失,"无过情无不及情为理",过和不及依何而定,则要"以情絜情"。戴震认为,以情絜情,才能避免将"意见"作为天理,才能得理。以"意见"为理,是戴震很注重的一个问题,从他强调不能以意见为理本身来看,表明他注重理的客观性,因此,他又强调"理"是心之所同然,"未至于同然,存乎其人之意见"②。

戴震所说的"欲"是生存欲求,因此,他注重"遂生"、"遂欲",认为道德亦原于欲。就最高的道德"仁"来说,"仁"即是遂己之生,而又遂人之生,若无欲,则无仁:

> 人之生也,莫病于无以遂其生。欲遂其生,亦遂人之生,仁也;欲遂其生,至于戕人之生而不顾者,不仁也。不仁,实始于欲遂其生之心;使其无此欲,必无不仁矣。然使其无此欲,则于天下之人,生道穷促,亦将漠然视之。己不必遂其生,而遂人之生,无是情也。③

> 道德之盛,使人之欲无不遂,人之情无不达,斯已矣。④

在人性论中,仁本于欲,在这里,明确了仁即是遂人之生。这也即是"理存乎欲"。

无欲,亦无不仁,肯定了不仁是源于欲,这不能归咎于欲,但要节制欲。戴震对"欲"的态度,是主张遂欲,反对穷欲:

> 天理者,节其欲而不穷人欲也。是故欲不可穷,非不可有;有而节之,使无过情,无不及情,可谓之非天理乎?!⑤

---

① 《理》,《孟子字义疏证》卷上,第1、2、8页。
② 《理》,《孟子字义疏证》卷上,第3页。
③ 《理》,《孟子字义疏证》卷上,第8页。
④ 《才》,《孟子字义疏证》卷下,第41页。
⑤ 《理》,《孟子字义疏证》卷上,第11页。

可见,对"欲"的态度,戴震与道学并无不同。但他以"欲"为首出来定义"理","理"本身无独立性。这一如他以气来论理。

以气为实体,从而对欲进行完全的肯定,至认为欲比理更为根本,在戴震哲学中是一贯的。

五、归于必然,适完其自然

在戴震的思想中,自然与性相对应,必然与理相对应。"自然"二字,在他对人性的论述中经常出现,如说:"欲者,血气之自然,其好是懿德也,心知之自然。"必然常与理连用,如说"理之必然"。从戴震对"必然"一词的用法来看,"必然"的意义相当于朱熹所说的"当然",是必须如此,应当如此之意。① 戴震强调自然与必然的统一,他提出"归于必然,适完其自然"。

戴震论述自然与必然的关系说:

> 由血气之自然,而审察之以知其必然,是之谓理义;自然之与必然,非二事也。就其自然,明之尽而无几微之失焉,是其必然也。如是而后无憾,如是而后安,是乃自然之极则。若任其自然而流于失,转丧其自然,而非自然也;故归于必然,适完其自然。②

戴震认为,必然是自然的一种合理的状态,因此,二者并非是各自分开的。任其自然而流于失,不单是指欲,也包括情感。人生而有喜怒哀乐之情,有耳目之欲,情欲的自发不一定合乎道德的规律,若不加节制,都有流于失之可能。戴震指出:"欲之失为私,私则贪邪随之矣;情之私为偏,偏则乖戾随之矣。"③由此,也可以看到戴震对情感的态度。失为丧其自然,要归于必然,才是自然的完成。

要归于必然,即要去其私,去私则要先去"蔽"。"蔽"是知之失,戴震认为,心知能辨理义,但若非圣人,人鲜能无蔽,蔽有深浅的不同。"蔽"

---

① 参见张岱年:《中国古典哲学概念范畴要论》,第 207 页。
② 《理》,《孟子字义疏证》卷上,第 18—19 页。
③ 《才》,《孟子字义疏证》卷下,第 41 页。

对于一般人是不可避免的,是人本身的欠缺。他还以"不蔽"来言智。①
因此,要求做到无蔽,使心知足以掌握必然之则,才可以使情、欲归于至
当。在戴震看来,能明于必然,是归于必然的前提。

　　归于必然,才是自然的最终完成,从积极的意义上来说,是对人之自
然的提升。只有人才能明于必然。戴震说:"夫人之异于物者,人能明于
必然,百物之生各遂其自然也。"②自然与必然的统一,在消极的意义上来
理解,是说必然之理对于人性来说,并不是强制性的。这与孟子的"义
内"观点一致。孟子的论敌告子说:"性,犹杞柳也;义犹桮桊也。以人性
为仁义,犹以杞柳为桮桊。"孟子反驳他说:"子能顺杞柳之性而以为桮桊
乎? 将戕贼杞柳而以为桮桊也? 如将戕贼杞柳而以为桮桊,则亦将戕贼
人以为仁义与?"告子主张仁内义外,所以义并不是人固有的,义对于人
来说,是外在的强制,孟子认为仁、义、礼、智是人固有的,如果义能害性,
天下人必不为仁义。戴震分析了孟子和告子的不同:

　　　　彼(告子)以自然者为性使之然,以义为非自然,转制其自然,使
　　之强而相从。……孟子之言乎自然,异于告子之言乎自然,盖自然而
　　归于必然。必然者,不易之则也,非制其自然使之强而相从也。③

戴震认为,告子只是任其自然,是一切生物之本能,孟子所说的自然则不
同,孟子所说,是归于必然的自然。戴震以自然和必然的关系来揭示孟子
人性论的含义。戴震认为,就人性来说,性是自然,善是必然:"善,其必
然也;性,其自然也;归于必然,适完其自然,此之谓自然之极致。"④他认
为自然与必然相统一,除了吸收了孟子学的质素外,还更多地表现了自然
人性论倾向。

　　戴震对"必然"与"自然"的讨论显示出他重建义理的努力。他对程
朱虽多批评,对必然的重视,却是来自程朱的。他说:"程子朱子见常人

────────

① 参见《诚》,《孟子字义疏证》卷下,第51页。
② 《理》,《孟子字义疏证》卷上,第16页。
③ 《绪言》卷上,《孟子字义疏证》,第92—93页。
④ 《道》,《孟子字义疏证》卷下,第44页。

任其血气心知之自然之不可,而进以理之必然。"①他认为,程朱的错误在于以理为血气心知之外的独立实体,也就将必然与自然分开来,必然与自然虽然需要分说,但不是为二。

① 《理》,《孟子字义疏证》卷上,第19页。

第四篇　朝鲜半岛哲学

（14 世纪至 17 世纪）*

第十二章　徐花潭的气哲学

徐花潭生于朝鲜朝成宗二十年（1489 年），卒于明宗元年（1546 年），名敬德，字可久。因常年隐居松京（今开城）郊外花潭，故时人称其为花潭先生。其主要著述有《原理气》、《理气说》、《太虚说》、《鬼神死生论》四篇文章。此外，还著有《复其见天地之心说》、《温泉辨》、《声音解》、《皇极经世数解》、《六十四卦方圆之图解》、《卦变解》等著作。

第一节　"功用"之气学

"气"范畴在朝鲜朝学术史上有其自己的发展历程，花潭在对历史上的气学说加以吸取的基础上，对气与理的关系重新加以界定，并对气范畴进行创造性的发展。这种发展就是他的气之"用"思想，主要表现在两个方面：一是凸显了"气"内在的功能性；二是强调了"气"的不灭性。

一、"机自尔"

徐花潭在谈到气的作用和万物的生成变化时说："一气之分为阴阳，阳极其鼓而为天，阴极其聚而为地。阳鼓之极，结其精者为日；阴聚之极，

---

* 第四篇为李甦平撰，其中第十四章为李甦平、洪军撰，第十五章为洪军撰。

结其精者为月,余精之散为星辰。其在地为水火焉,是谓之后天,乃用事者也"。①

花潭认为后天万物都是气生化的结果,至于气之所以具有这种生化功能,花潭分析道:

> 不其奇乎? 奇乎奇;不其妙乎? 妙乎妙。倏尔曜,忽尔辟,孰使之乎? 自能尔也,亦自不得不尔。……(气)不能无动静,无阖辟,其何故哉? 机自尔也。②

> 动静之不能不相禅,而用事之机自尔,所谓一阴一阳之谓道,是也。③

这是说,气之所以能够"分"为阴和阳,阴阳二气之精又能够忽而曜、忽而辟,结为天、地、日、月、星、辰、水、火等万物,这种奇妙现象的原因是什么? 是什么指使气的生化作用? 花潭用"机自尔"、"自能尔"加以解释。

"机自尔"是徐花潭的独创语,在他的思想中,这个"机"可释为动机、活机之义。"自"即强调内在性、自律性。"机自尔"是讲运动是"气"的内具的、必然属性,是不靠任何外力影响的一种自律机制,也可以理解为气具有自律性运动因。韩国学者对徐花潭的"机自尔"一语十分重视。如李丙焘讲:"'机自尔'一语,亦花潭之独创语也。机有机关、机械、动机、活机之义,则谓能动能静之神妙势力或倾向也。……花潭此言,确实出于自得的见解,其及影响于后学,又不勘。如后日李栗谷于自己学说中,利用此语,尤可注意也。(栗谷与成牛溪书'阴静阳动,机自尔,非有使之';'阴静阳动其机自尔,而其所以阳静阳动者,理也'云云。)"④李云九认为"机自尔"是"物质运动变化的契机"⑤。安炳周称"机自尔"是"运

---

① 《花潭集·原理气》,首尔:世界社 1992 年版,第 178 页。
② 《花潭集·原理气》,第 178 页。
③ 《花潭集·原理气补充》,第 182 页。
④ 李丙焘:《韩国儒学史略》,首尔:亚细亚文化社 1986 年版,第 132 页。
⑤ 参见李云九:《以徐敬德为中心的气一元论的考察》,转引自李甦平主编:《东方著名哲学家评传·韩国卷》,山东人民出版社 2000 年版,第 193 页。

动变化的必然的内在原因"①。可见，花潭的"机自尔"概念在朝鲜半岛
儒学史上具有一定地位和价值。"自能尔"在花潭思想中就是自我能够
的意思。他有时又解释为"自不得不尔"。"自能尔"、"自不得不尔"的
提法，更加强调了气化功能的内在性、自律性。

为了凸显气的内在功能性，也为了进一步解释气之所以具有这种内
在功能性，花潭又从两个方面展开论述：

其一个方面强调，气之所以具有内在功能性，是由于"两故化，一故
妙"。如云：

> 两故化，一故妙。非化之外别有所谓妙者，二气之所以能生生化
> 化而不已者，即其太极之妙。②

> 一气分而为阴阳。③

> 一生二，二者何谓也？阴阳也，动静也，亦曰坎离也；一者何谓
> 也？阴阳之始，坎离之体，湛然为一者。④

> 一阴一阳之谓道。……一阴一阳，一动一静，此本非两事，只是
> 天之一事。阴阳一用，动静一机，此所以流行循环，不能自已者也。⑤

这四段话是花潭关于"两故化，一故妙"的主要论述。分析这些论述的基
本意思，可以概括为以下三点：

第一点，徐花潭思想中的"一"是指一气、阴阳之始、坎离之体，即为
统一体；"二"是指阴阳二气、动静、坎离（水火），即对立的两体。"一"与
"二"的关系为"一故妙"，统一体（一气）中的两个对立面（阴阳二气）生
生化化而不已为之妙；"两故化"，阴阳两个对立面的生化作用，不可能在
统一体（一气）之外发生。

第二点，"两故化，一故妙"是天地间的一种规律。统一体中矛盾对

---

① 参见安炳周：《读〈徐敬德气一元论〉后》，转引自李甦平主编：《东方著名哲学家评
　传·韩国卷》，第 193 页。
② 《花潭集·理气说补充》，第 185 页。
③ 《花潭集·温泉辨》，第 201 页。
④ 《花潭集·原理气》，第 178 页。
⑤ 《花潭集·复其见天地之心说》，第 198 页。

立双方的生生化化,用传统儒家的语言来说,就是"一阴一阳之谓道"。在儒家典籍中,这个"道"有规律的意思。一阴一阳、一动一静的生化运动,只是天之一事,即宇宙间的一种变化规律,"此所以流行循环,不能自已者也"。

第三点,徐花潭特别指出"两故化,一故妙"的这种规律是事物内具的。他在《理气说补充》部分说:"易者,阴阳之变,阴阳二气也。……若外化而语妙,非知易者也。"①如果把阴阳二气的生化看做外力作用的结果,就是不懂易学。《系辞上传》云:"一阴一阳之谓道。"在徐花潭看来,阴阳的运动变化不能脱离具体的事物,即气。所以,"一阴一阳之谓道"作为常则,也不能离开具体事物。故他在《原理气补充》部分有"而用事之机自尔,所谓一阴一阳之谓道,是也"②的表述。这表明,花潭将"机自尔"亦视为阴阳二气化生的一种常则,而这种常则只能是气内在的。

其另一个方面主张,气之所以具有内在功能性,是因为"气外无理"。关于"气外无理",花潭首先强调理在气中,理不先于气。如他说:"气外无理","理不先于气,气无始,固理无始。若曰理先于气,则是气有始也"。③ 花潭的"气外无理"意味着理存在于气中,因气无始,故理无始,若理先于气,则气有始。这充分体现了他的主气论思想。其次,在"气外无理"的前提下,花潭又认为"理为气之宰"。他说:"理者气之宰也,所谓宰,非自外来,而宰之指其气之用事,能不失所以然之正者,而谓之宰。"④这里的"宰",具有两个规定性。第一,"所谓宰,非自外来"。这是说,作为"气"之"宰"的"理",不能游离于气之外,必须蕴涵于气之中,故花潭在"理者气之宰也"之前,有"气外无理"的表述。理在气中,是花潭"宰"的第一个规定性。第二,"宰之指其气之用事,能不失所以然之正者,而谓之宰"。这里的"气之用事",是指气的运动变化而言。"不失所以然之正者",是讲气的运动变化必须按照其固有的常则、法则运作,才可称为

---

① 《花潭集·理气说补充》,第185页。
② 《花潭集·原理气补充》,第182页。
③ 《花潭集·理气说》,第184页。
④ 《花潭集·理气说》,第184页。

"正"。这表明,"理"作为"气"固有的规律性,它规定着气的运动变化过程,并通过气的运动变化表现出来。可见,徐花潭的"理为气之宰"思想,旨在说明:理在气中,理不离气;而理又规定着气运动变化的过程,理是气运动变化的规律、法则。①

二、气 不 灭

花潭的气之生化论思想表明,气具有内在的生化功能,所以能够生生不已。其结果,气聚之大者为天地,气聚之小者为万物。人作为万物中的最灵之一族,其生死如何解释? 对此,花潭说:

> 吾亦曰:死生人鬼,只是气之聚散而已。有聚散而无有无,气之本体然矣。……人之散也,形魄散耳。聚之湛一清虚者,终亦不散,散于太虚湛一之中,同一气也。②

花潭认为,人之生,是气之聚;人之死,是气之散。所以,死生人鬼只是气之聚散而已,不存在纯粹的"无"。因为人死形散,其气回归太虚湛一之中,气是不灭的。不仅人的形魄如此,人的知觉及其万物亦是如此。"聚散之势,有微著久速耳。大小之聚散于太虚,以大小有殊,虽一草一木之微者,其气终亦不散,况人之精神知觉,聚之大且久者哉! ……其知觉之聚散,只有久速耳。虽散之最速,有日月期者,乃物之微者尔,其气终亦不散"。③ 气的聚散,有大小快慢之别,但气是不灭的。像一草一木之生,是气聚之小且快,而一草一木之枯,是气之散,气虽散而不灭,回归于太虚。人的知觉精神是气聚之大且久,而人死知觉亡,则是气之散,气虽散而不灭,回归于太虚。这表明不论是万物还是人,不论是人之形魄,还是人之精神知觉,宇宙间的万事万物的生生死死,都不过是一气之聚聚散散的结果。而气只有聚散,没有有无。这就如同"虽一片香烛之气,见其有散于目前,其余气终亦不散。乌得气之尽于无耶?"④香烛燃烧化为一缕缕烟

---

① 参见李甦平主编:《东方著名哲学家评传·韩国卷》,第194页。
② 《花潭集·鬼神死生论》,第190页。
③ 《花潭集·鬼神死生论》,第190页。
④ 《花潭集·鬼神死生论》,第190页。

气,消失在空气中,最终从有形化为无形。香烛燃烧尽了,这表明气散了,但气并没有消失,它是回归到了太虚湛一之气之中。所以,气是不灭的。他认为人的死与生就是阴阳二气的合与散,这就如同云之生灭、月之圆缺、冰之消融一样自然。人的生生死死、死死生生就像昼夜之循环,元贞之返复一样正常。因为人死气散,还家于太虚先天。明白了气是不灭的这一道理,人就应当坦然面对生与死,就可鼓缶送吾公。可见,花潭的"气不灭论"思想赋予人的生死观以达观的智慧。

第二节 "气数"之气学

徐花潭的"气数"学是对邵雍"象数"学的继承和发展,其基本内容是用气哲学和数来解析宇宙中的各种现象。关于宇宙万物的生成,花潭吸取了邵雍"一气分而为阴阳,判得阳之灵者为天,判得阴之多者为地"的思想,认为"一"(太虚先天之气)含有"二"(阴气和阳气),阳动阴静而成天与地;结阳精者为日,结阴精者为月;余精者在天为星辰,在地为水火。这是花潭从"气数"学角度对宇宙生成的解释。他还从"气数"角度解释了一些自然现象:

关于温泉的形成。他认为,天为阳、地为阴,火为热、水为凉,没听说过火寒,而水却有凉温之别,这是什么缘故呢?依据河图、洛书,一、三、五、七、九奇数为天数;二、四、六、八、十偶数为地数。所以,上文讲"天一"而"地二","水生于天一而成于地六","土生于天五而成于地十"。花潭解释说,水中有"天一"(阳气),土中有"天五"(阳气),这说明水和土中都有虚阳蕴于其中,积而久之,阳气蒸发使泉脉蒸薄,于是泉水渗漉其流,不得不沸蒸,温泉由此形成。花潭还以此推彼,根据凡物之气,散则凉,聚则热的道理,认为草积多了必生热,粪积久了必自焚。

关于声音。首先,他指出,声音与天地的阴、阳爻数字的关系。花潭吸取邵雍象数思想,认为天和地共有 44 个卦,其中内卦和外卦相加的爻共有 264 爻。264 爻中有 152 个阳爻和 112 个阴爻,而声的高下、音的屈伸,就是按着 152 个阳爻、112 个阴爻进行的。其次,他进一步论述了声音与阴阳的关系。他认为所有的发声、音调都是阴、阳、太阳、少阴、太阴、少阳相互配合的结果。最后,他又讲述了声音与天地之数的关系。他认为声之数止于七,是由于天之数极于七;音之数止于九,是因为地之数常于九。可见,花潭用气(阴、阳、太阳、太阴、少阳、少阴)和数(152、112、7、9)对声音作了详细分析。

关于宇宙时间。徐花潭作《皇极经世数解》解释了邵雍的《皇极经世》中的象数哲学,同时也对宇宙时间作了气数学的解释。邵雍在《皇极经世》中为宇宙做了一个年谱。这个年谱用"元"、"会"、"运"、"世"计算时间。十二会为一元,三十运为一会,十二世为一运,三十年为一世。计算法为以十二乘三十得三百六十,即一运之数;以三十乘三百六十,得一万零八百,即一会之数;用十二乘一万零八百,得十二万九千六百,即一元之数。其结果,宇宙的时间为十二万九千六百年。花潭将这一宇宙时间与易经六十四卦原理相联系,把元、会、运、世的计算方法简化为 $1 \times 12 \times 30 = 360$ 的自乘,其结果仍然为一元之年数是十二万九千六百年。通过这一时间计算法,徐花潭把世界看做是循环往复的,这与他的气不灭论哲学也是相吻合的。

第十三章　李退溪的性理哲学

李退溪(1501—1570年)名滉,字景浩,号退溪、退陶、陶叟,生于朝鲜朝燕山君七年。1530年,退溪29岁时中进士。历经燕山君、中宗、仁宗、明宗、宣祖五代,卒于宣祖三年。官至大提学,死后,谥"文纯",从祀文庙。其著述颇丰,收录于《退溪全书》中。李退溪是朝鲜朝时代一位继往开来、有创造性的重要儒学家。他的儒学思想不仅对朝鲜半岛学术界影响至大至深,而且还引起了中国和日本学术界的关注。可以说李退溪的儒学思想是东亚儒学史上的一块瑰宝。

第一节　理气不杂

朱子义理思想体系的立论根据在于其理气论,即建立在其理气不相杂、不相离的理气观之上。退溪在继承朱子理气论的基础上,着重于对理气之不杂的一面作了"理贵气贱"、"理尊无对"的解释。退溪之重视不杂义,乃着重于理气为道器之分,如退溪所撰《非理气为一物辩证》一文,即在分别理与气即道器之不同。对于不杂性的重视,乃是退溪理气观的特色。

李退溪思想中"理"字最为难知,他的"理"以"极"的意义为其前提。如当学生问"理字之义"时,他回答说:

> 若从先儒造舟行水、造车行路之说仔细思量,则余皆可推也。夫舟当行水,车当行路,此理也;舟而行路,车而行水,则非其理也。君当仁,臣当敬,父当慈,子当孝,此理也;君而不仁,臣而不敬,父而不慈,子而不孝,则非其理也。凡天下所当行者,理也;所不当行者,非

理也。以此而推之,则理之实处可知也。①

又说:

　　事有大小而理无大小,放之无外者,此理也;敛之无内者,亦此理也;无方所、无形体,随处充足,各具一极,未见有欠剩处。②

退溪这两段话的意思是说,船在水中行,车在陆上走,这是船、车之理;反之则不是船、车之理。同样,国君仁,臣子敬,父亲慈,儿子孝,这是君臣父子之理;反之则不是君臣父子之理。所以,理不分大小,没有哪样事物能超越理,也没有哪样事物不被理所包含。这说明,理没有空间,没有形体,随时随地都是完美具足的,它是事物的极致。"各具一极"的"极",除了"极致"的意思之外,还具有"标准"的意思。如李退溪在《答南时甫(乙丑)》中说:

　　极之为义,非但极致之谓,须需兼标准之义,中立而四方之所取正者看,方恰尽无遗意耳!③

"极"除了"至极"、"极致"的意义外,还具有"标准"的意思,即理是事物的标准。这是说某一事物之所以成为其事物,是由于理这一基准的作用或规定。

这样的理,其特性是"形而上"。关于理的形而上性,退溪说:

　　就日用而看,事物为形而下,所具之理为形而上。盖无物不有,无处不然。凡形而上皆太极之理,凡形而下皆阴阳之器也。④

李退溪指出,任何事物都是形而下者,而其所具之理都是形而上者。

在性理学中,与"理"相对的概念是"气"。

关于"气",退溪认为主要指阴阳五行之气,即"二五之气"。退溪依据朱熹的"阴阳是气,五行是质,有这质所以做得事物来"⑤和"阴阳变

---

① 《论理气》,《增补退溪全书》第四册,首尔:成均馆大学校大东文化研究院1985年影印本,第216页上。

② 《论理气》,《增补退溪全书》第四册,第216页上。

③ 《答南时甫(乙丑)》,《增补退溪全书》第一册,第369页上。

④ 《答李宏仲(甲子)》,《增补退溪全书》第二册,第217下—218上页。

⑤ 《朱子语类》卷一。

合,而生水火木金土"①的思想,认为阴阳、五行之气的运动变化而化生万事万物。如他说:

> 二五之气运行交错、升降往来、纷纶杂糅,其端万千,其于妙凝成物之际,所值之气,自不能无纯驳邪正之不齐,虽天地造化亦不奈佗何耳。(《答赵起伯》)

> 五行生于阳者,阴成之;生于阴者,阳成之,故其分属阴阳皆可以互易也。然自水、火未离乎气者言之,互易而皆当矣。若木若金已有定质,则木但为阳,金但为阴。(《启蒙传疑》)

> 阴阳之生五行,譬诸人犹父母之生五子也。子之气虽曰即是父母之气,然子既各有其身,则其实五子各一其气,亦各一其性而已。(《答禹景善》)②

退溪认为阴阳、五行之气充满于宇宙之间,不断地运动变化。阴阳二气互易其位,而生出木水火金土五行。五行之气交错、升降、往来,又生出万事万物。这就是天地造化。

阴阳、五行之气的运动变化,生出事事物物,这说明气是有为、有欲的。"理无为,而气有欲"③。正因为气"有欲",故退溪又说气有时体现为恶。例如:

> 性即理,固有善无恶;心合理气,似未免有恶。然极其初而论之,心亦有善无恶。何者? 心之未发,气未用事,唯理而已,安有恶乎? 惟于发处,理蔽于气,方趋于恶。④

这就是说,当"气"未用事,唯理之时,性为善;当"气"已用事,而且气遮蔽理时,性为恶。

退溪认为阴阳二气能够生成具有形象的万事万物,故"气"又是形而下之器,具有"形而下"的特性。对此,他说:

> 示喻形而上下之说,则见得殊未端的,说得仍未明快,请略言之。

---

① 《朱子语类》卷九十四。
② 《李子粹语·道体》,《增补退溪全书》第五册,第189—190页。
③ 《与朴泽之》,《增补退溪全书》第一册,第335页下。
④ 《与洪应吉》,《增补退溪全书》第一册,第349页上。

> 凡有貌象形气而盈于六合之内者,皆器也;而其所具之理,即道也。道不离器,以其无形影可指,故谓之形而上也;器不离道,以其有形象可言,故谓之形而下也。……然就造化而看,太极为形而上,阴阳为形而下;就彝伦而看,父子君臣为形而下,其仁与义为形而上;就日用而看,事物为形而下,所具之理为形而上。盖无物不有,无处不然。凡形而上皆太极之理,凡形而下皆阴阳之器也。①

在这里,退溪指出:理是形而上之道,气是形而下之器。这一道理无物不有,无处不然。这种思想一方面表明了"气"具有"形而下"的特性,另一方面也标示着退溪强调"理"与"气"相对待、相分、相殊的这一重关系。如他在《与朴泽之》一文中还说过"人之一身,理气兼备,理贵气贱"②这样的话。

固然,在"理"与"气"的关系上,退溪依据朱熹思想,也看到了"理"与"气"相须不分的关系。如他说:"天下无无理之气,无无气之理。"③他承认"理"与"气"相依不离的关系。但为了批评中国明代罗钦顺和朝鲜朝徐花潭的主气观点,他认为更应强调的是"理"与"气"相分不杂的关系。

关于理气不杂的关系,如上所述,退溪指出"理"为道、为贵、为善、为形而上,"气"为器、为贱、为恶、为形而下。这种关系的实质是"然"与"所以然"的关系。他说:

> 理为气之帅,气为理之卒,以遂天地之功。④

> 其飞其跃固是气也,而所以飞,所以跃者,乃是理也。⑤

退溪认为理气相杂的关系可以以"帅"和"卒"比喻。"理"为主导、为统帅,"气"为非主导、为兵卒。"理"与"气"有这种分殊,是因为"气"是"然",即飞和跃是"气"的运动或发,而"气"之所以能够那样,这是由于

---

① 《答李宏仲(甲子)》,《增补退溪全书》第二册,第217页下—218页上。
② 《与朴泽之》,《增补退溪全书》第一册,第335页下。
③ 《答李宏仲问目》,《增补退溪全书》第二册,第226页下。
④ 《天命图说》,《增补退溪全书》第三册,第141页上。
⑤ 《答乔侄问目(中庸)》,《增补退溪全书》第二册,第309页上。

"理"的"使然"，即由于"理"统帅的结果。李退溪认为"理"与"气"的这重关系被主气学者所忽视，过于偏袒理气不分而导致认理为气或提倡理气非异物说。"近世罗整庵倡为理气非异物之说，至以朱子说为非是"①。为了纠正认理为气观点的偏颇，为了全面、辩证地阐述朱熹的理气观，李退溪特作《非理气一物辩证》一文。退溪指出，朱熹在《答刘叔文书》中对"理"与"气"的关系作了深入的辩证论述，并明确指出"理与气决是二物"。但主气论者徐花潭却"终见得理字不透"，总在"气"上下工夫，最终成为朱熹所批评的"气愈精而理存焉，皆是指气为性之误"那样的人。②

可见，强调理气不杂是退溪关系"理"思想的第一个特点。正是由于他强调理气不杂，凸显"理"的地位和价值，所以在"四端七情"来源问题上才引出了与奇高峰的一场大论战。

第二节　理有动静

关于"理"有无动静的问题，朱熹在《太极图说解》中主张太极（理）自身并不动静，只是所乘之机有动静。如果说到太极动静，也只是指理随气而动，朱熹讲的"天理流行"正是在这个意义上讲的，并不是指理在气中运动或现实世界之外有一个理的世界在运动。这一思想朱熹后来作了进一步发展，如《语类》记载："阳动阴静，非太极动静，只是理有动静，理不可见，因阴阳而后知，理搭在阴阳上，如人跨马相似。"③这是说周敦颐所谓阳动阴静并不是指太极自身能动静，所以说"非太极动静"，动静的主体是阴阳，动静的根据是理。能够运动的二气与自身不动的太极好像人骑马行走，人（太极）没有绝对运动，但有相对运动。

上述朱熹所谓的"理有动静"有两个意义：其一，指理是气之动静的根据。朱熹在答郑可学书云："理有动静，故气有动静，或理无动静，则气

---

① 《答奇明彦(论四端七情第一书)》，《增补退溪全书》第一册，第407页上。
② 以上参见尹丝淳：《韩国儒学研究》，新华出版社1998年版，第61—63页；高令印：《李退溪与东方文化》，厦门大学出版社2002年版，第82—83页。
③ 《朱子语类》卷九十四，周谟录。

何自而有动静乎?"①这是说气的动静是以静之理动之理为根据的。朱熹答陈淳之问说:"有这动之理便能动而生阳,有这静之理便能静而生阴,既动则理又在动之中,既静则理又在静之中。"②气之动乃为其中有所以动之理为根据使然,气之静乃为其中有所以静之理为根据使然。其二,从理一看,实际只是一个理;而从分殊看,用处不同,或为动之理,或为静之理,故亦可说理有动静。综上所述,从本体上说,理自身并不运动。③ 如朱熹曾明确地说过:"太极只是理,理不可以动静言。"④

明代学者薛瑄修正朱熹的"理不可以动静言"的观点,认为理自会动静。李退溪为了更明确地说明太极生阴阳、理生气的问题,同时避免朱熹在理能否动静问题上的模糊性,他接受了薛瑄等人的太极(理)自会动静说,明确提出理有动静。如当李公浩以朱熹的理无情意、无造作,恐不能生阴阳相问时,他回答说:

> 朱子尝曰:"理有动静,故气有动静。若理无动静,气何自而有动静乎!"知此则无此疑矣。盖无情意云云,本然之体,能发能生至妙之用也。⑤

这里值得注意的是,文中所引朱熹那段话的旨趣,与朱子以形而上之理(太极)是形而下之气所以动静的根据,但理自身不动的思想相符合。而退溪却是在理自会动静这个意义上引用朱熹的话,这就与朱熹思想稍有差异。而这个差异正是退溪对朱熹思想的发展。⑥

退溪在《答郑子中别纸》中还讲到了理自会动静的思想。如:

> 盖理动则气随而生,气动则理随而显。濂溪云:"太极动而生阳。"是言理动而气生也。⑦

---

①　《答郑子上十四》,《朱文公文集》卷五十六。

②　《朱子语类》卷九十四,陈淳录。

③　以上参见陈来:《朱熹哲学研究》,中国社会科学出版社 1998 年版,第 33、35、37 页。

④　《朱子语类》卷九十四。

⑤　《答李公浩问目》,《增补退溪全书》第二册,第 299 页上。

⑥　以上参见张立文:《李退溪思想研究》,东方出版社 1997 年版,第 134、136 页。

⑦　《答郑子中别纸》,《增补退溪全书》第二册,第 18 页上。

这里,退溪指出,由于理动才会生出阴阳之气。他解释周敦颐的"太极动而生阳"时,也明确指出,周敦颐这句话的意思是说,理自会动静。正是由于理的动静,才有阴阳之气的产生。

第三节 四端七情

全面理解和认识"四端七情"论并非是一件易事。因为它所涉及的是心性论的核心问题,即性情之辨,表明了"四端"和"七情"是作为与人的本质相关联的具有重要理论和实践意义的范畴。"四端"是指恻隐、羞恶、辞让、是非之心;"七情"是指《礼记》中的喜、怒、哀、惧、爱、恶、欲七种人之情感,《中庸》中的喜、怒、哀、乐之情是其基础。不过,对"四端七情"进行仔细考察则会发现儒学史上不同学派、不同学者之间,因各自的理论体系有所不同,对其具体含义的界定上亦有所差异,退溪与高峰之间的争论便产生于此。

李退溪提出的"四端七情"论在朝鲜朝儒学史上具有里程碑的象征。这是因为退溪提出的"四端七情"论导致了近代朝鲜朝儒学界主理、主气,或岭南、畿湖两派的形成和对立。围绕"四七"论而形成的主理、主气,或岭南、畿湖两派的对立,堪称朝鲜朝性理学的一个特色。

李退溪关于"四端七情"论的思想主要是通过他与奇高峰(名大升,字明彦,号高峰,1527—1572 年)的论辩而表现出来的。退溪与高峰的论辩长达 8 年之久,堪称东亚儒学史上的一大事件。

退溪认为关于性情问题,先儒已经论述得很周详了。但是,用"理"和"气"来分析、阐释"四端"与"七情",先儒却没有这方面的论述。所以,以"理气"观解释"四端七情",这确是李退溪的一个贡献。他说:

> 性情之辨,先儒发明详矣。惟四端七情之云,但俱谓之情,而未见有以理气分说者焉。①

李退溪"理气"观的最大特色是强调二分说,即突出理气不相杂的一面。

① 《答奇明彦(论四端七情第一书)》,《增补退溪全书》第一册,第405页下。

循着这样的思维模式,在"四端七情"问题上,他仍然主张"四端"与"七情"的相别和相殊,即强调"四端"与"七情"的不同质。退溪说:

> 故愚尝妄以为,情之有四端七情之分,犹性之有"本性"、"气禀"之异也。然则其于性也,既可以理气分言之。至于情,独不可以理气分言之乎?恻隐、羞恶、辞让、是非,何从而发乎?发于仁义礼智之性焉尔。喜、怒、哀、惧、爱、恶、欲,何从而发乎?外物触其形而动于中,缘境而出焉尔。四端之发,孟子既谓之心,则心固理气之合也。然而所指而言者,则主于理,何也?仁义礼智之性粹然在中,而四者,其端绪也。七情之发,朱子谓"本有当然之则",则非无理也。然而所指而言者,则在乎气,何也?外物之来,易感而先动者,莫如形气。而七者,其苗脉也。安有在中为纯理,而才发为杂气;外感则形气,而其发为理之本体耶?①

这段话的意思是说,情之所以有"四端"和"七情"之分,就犹如性之有"本性"与"气禀"相异一样。而性,可以用理、气分别言说,为什么情,就不可以用理、气分别言说呢?恻隐、羞恶、辞让、是非,是从什么地方发出的呢?是从仁、义、礼、智的性中发的。喜、怒、哀、惧、爱、恶、欲,是从什么地方发出的呢?是外物与身体接触而引起心中的感动,即缘于外境事物而发。"四端"的发出,孟子说是心,而心是理与气之合,然而所指是理,为什么?仁、义、礼、智之性粹然在心中,而四者是其端绪。"七情"的发出,朱子说是"本来就有的当然法则",所以并不是没有理。然而所指是气,为什么?外物的到来,最易感觉并先动的,也就是形气了,而七者是其苗脉。哪有在心中是纯理,而才发出就为杂气了呢?哪有外感是形气,而为理本体发出的呢?

退溪进一步说:

> 由是观之,二者虽曰皆不外乎理气,而因所从来,各指其所主与所重而言之,则谓之某为理,某为气,何不可之有乎?!②

---

① 《答奇明彦(论四端七情第一书)》,《增补退溪全书》第一册,第406页上。
② 《答奇明彦(论四端七情第一书)》,《增补退溪全书》第一册,第406页上。

退溪认为,四端与情,虽然都来自气或理,但因其"所主"、"所重"不同,即指对于理气的所主、所重不同,而形成了四端或七情。这就是"所从来"的意思。可见,"所从来"就是讲"四端"、"七情"在形成根源、途径方面,是以理为主、为重,还是以气为主、为重。关于"四端"、"七情"与理气的关系,李退溪又经过深思熟虑,在《答奇明彦第二书》中说:

> 四,则理发而气随之;七,则气发而理乘之耳。……大抵有理发而气随之者,则可主理而言耳,非谓理外于气,四端是也;有气发而理乘之者,则可主气而言耳,非谓气外于理,七情是也。①

他所谓的"理发而气随之,气发而理乘之"的意思,就是"理之发,气之发"。正是由于"四端"是"理之发",所以"自纯善无恶",只有当"理发未遂而掩于气"时,才会流为不善。正是由于"七情"是"气之发",所以当"气发不中而灭其理"时,就为"放而为恶"。

---

① 《答奇明彦第二书》,《增补退溪全书》第一册,第417页上—419页上。

第十四章　李栗谷的理气妙合哲学

李栗谷(1536—1584年),名珥,字叔献,号栗谷,出生于朝鲜江原道江陵府北平村,本籍在朝鲜半岛庆畿道德水县(现为丰德)坡州栗谷村,故号栗谷。他从13岁至29岁,曾九次中科举状元,被世人赞为"九度状元公"。他的主要学术代表作有《天道策》、《人心道心图说》、《圣学辑要》、《答成浩原书》,此外,还有《东湖问答》、《经筵日记》、《万言封事》、《时务六条启》等。他是与李退溪齐名的一代儒学大师。

第一节　"理气妙合"说

"理"、"气"两个概念是性理学的核心范畴。栗谷哲学也是以此为其整个哲学体系的最高范畴的。理气关系则是栗谷哲学逻辑结构的主体框架,舍其中的任何一个范畴,其哲学体系便不完整。而且从对其含义、性质的规定中,也可以看出其整个哲学体系的特点。

关于"理"与"气"的关系,栗谷的一个基本观点是认为理气是"一而二,二而一"的辩证关系。所谓"一而二",讲的是理气之异、之分;所谓"二而一",讲的是理气之同、之合。其中的异和分,是从理气的特性和功能性来看;而同和合,则是从理气的圆融性和内在性来看。

一、关于理气之异、之分

关于"理",栗谷认为它是"冲漠无朕者",即"本然之理"。"冲漠无朕者,指理而言"[1]。"冲漠无朕"讲的是理的寂然状态,这种状态相当于

---

[1] 《答朴和叔》,《栗谷全书》卷九,首尔:成均馆大学校出版部1992年版,第183页下。

未发的寂然而静,这种状态的理也就是理的本然状态。对于这种状态的理,栗谷作了进一步论述:"理形而上者"①,"理无形也","理无为也"②,"理者,气之主宰也"③。理的无形、无为,标示的是理的超越性和普遍性。这决定了万事万物都具有理,无无理之物,无无理之事,无无理之人。而理为气之主宰,表明了理的至上性和价值性。这就是说,不论任何事物,都必须依照理才能成为事物。以上这些都说明理是形而上的,但又不是虚无,是一种形而上的存有。栗谷将这种状态的理,又称为"实理"。他说:"真实无妄者,理之本然。"④本然之理,真实无妄,才有化育之功,人伦之则。例如实理在自然界表现为"自然之理"。栗谷在《节序策》中说:"一阴一阳,天道流行,元亨利贞,周而复始,四时之错行,莫非自然之理也。"⑤栗谷认为,就天道而言,元、亨、利、贞配春、夏、秋、冬,周而复始,循环不殆。这就是自然之理,它是客观实存的。在这种实理的作用下,春、夏、秋、冬季序的运行,春种秋收作息的循环,是不能颠倒,不能错位的。又如实理在人间社会表现为伦理道德的原理、原则。栗谷在回答学生关于"道学"问题时说:"道学本在人伦之内,故于人伦尽其理,则是乃道学也。"⑥人伦是指君臣、父子、夫妇、兄弟、朋友等人与人之间关系和等级秩序。人伦之理,便是处理这种等级关系秩序的原理和原则,如"为臣尽忠,为子尽孝"⑦等。在存有等级关系社会中,人与人关系和人们行为的"应当"或"不应当"的规矩、准则,便是理。这个理也是客观实有之理。

栗谷强调理是实理,"天以实理而有化育之功,人以实心而致感通之效,所谓实理实心者不过曰诚而已"⑧。他的这一思想是对朱熹的"佛氏

① 《答成浩原》,《栗谷全书》卷十,第 202 页上。
② 《答成浩原》,《栗谷全书》卷十,第 208 页下。
③ 《答成浩原》,《栗谷全书》卷十,第 197 页上。
④ 《诚策》,《栗谷全书·拾遗》卷六,第 570 页上。
⑤ 《节序策》,《栗谷全书·拾遗》卷五,第 553 页下。
⑥ 《语录上》,《栗谷全书》卷三十一,第 257 页下。
⑦ 《语录上》,《栗谷全书》卷三十一,第 257 页下。
⑧ 《诚策》,《栗谷全书·拾遗》卷六,第 570 页上。

偏处只是虚其理,理是实理"①这一思想的发挥,而与退溪的理思想相比较,则更显特色。

在栗谷的思想中,与"理"相比较,"气"则是一个内容更丰富、更充实的概念。在东亚学术史上,朱熹认为"气"是"理"的挂搭处,"理"是本体,所以理自身并不运动。李退溪对这一观点作了否定的发展,他认为正是因为"理有动静",所以"气有动静",凸显了他的主理观点。对此,栗谷又进行了否定,他强调气动理则动,气静理则静,指出唯有"气"能够一动一静。通过这一否定之否定,栗谷又回归到了朱熹思想。但是,栗谷并不是简单的回归,他强调"理"不动,是为了彰显"气"的活动性、能动性、功能性,即是为了突出"气"的价值和地位。

栗谷23岁所作《天道策》是一篇以理气思想论述天道流行、万物化生、自然妙用的重要文章。文中对"气"的运化、造作、使然作了精彩的论述。例如:

　　夫盈天地间者,莫非气也。

　　窃谓万化之本,一阴阳而已。

　　呜呼! 一气运化,散为万殊。分而言之,则天地万象各一气也;合而言之,则天地万象同一气也。钟五行之正气者,为日月星辰;受天地之戾气者,为阴霾雾雹;雷电霹雳则出于二气之相激,风云雨露则出于二气之相合。……位天地,育万物,其道何由? ……天地之气既正,则日月安有薄蚀,星辰安有失躔者哉? 天地之气既和,则雷电霹雳岂洩其威,风云霜雪岂失其时,阴霾戾气岂有作孽者哉?②

栗谷认为阴阳之气充斥于天地之间,它是万化之本源,品汇之质料。日月星辰是五行正气所使然,阴霾雾雹是天地戾气所使然,阴阳二气之激,运化成雷电,阴阳二气之合运化成雨雪。气不仅能万殊为天道流行,而且还能正天地、矩万物。这是说,栗谷指出只要天地之气正,那么日月星辰则不敢失躔;只要天地之气和,那么雷电霹雳则不敢洩威。如此,阴霾戾气

---

① 《朱子语类》卷一百二十六。
② 《天道策》,《栗谷全书》卷十四,第309页上、308页上、310页下。

则不敢作孽。其结果便是天地之位正,万物之育盛。可见,位天地,育万物,气也。

二、关于理气之同、之合

在栗谷思想中,他更加强调的是理气之合。他认为"气不离理,理不离气,夫如是,则理气一也"①。理气浑然一体,元不相离,不可指为二物。这是说,阴阳之气无始,而无形之理在有形之气之中。理气本合,非有始合之时,所以理气原一,而分为二五之精。理在气中,如水在瓶中,方则同方,圆则同圆,动则同动,无分别,无先后。进而,栗谷又从时间和空间上对理气之合进行了论述。

在时间上,他认为理气之合表现为无先后之分。他在解释朱子的"天以阴阳、五行化生万物,气以成形,理亦赋焉"时说:"理气元不相离,即气而理在其中,此承阴阳化生之言,故曰气以成形,理亦赋焉,非谓有气而后有理也。不以辞害意可也。"②当阴阳五行之气化生万物之时,形而下的气化生万物之形。与此同时,理亦赋予其中。理气不离,无先后之别。不应以为朱子先说"气以成形",后又说"理亦赋焉",就认为气在先,理在后。这种理解是"以辞害意",是错误的。对坚持以气为理先错误观点的朴和叔,栗谷也进行了规劝和解释:"圣贤之说果有未尽处,以但言太极生两仪,而不言阴阳本有、非有始生之时故也。是故缘文生解者乃曰:气之未生也,只有理而已,此故一病也。又有一种议论曰:太虚澹一清虚乃生阴阳,此亦落于一边,不知阴阳之本有也,亦一病也。大抵阴阳两端循环不已,本无其始,阴尽则阳生,阳尽则阴生,一阴一阳而太极无不在焉。"③朴和叔是徐花潭的弟子,他坚持师门以气为本、以气为先的观点,对栗谷的理气不分先后说提出疑问。对此,栗谷讲了上述话。主要意思是说有些学者经常望文生义,或者认为"气之未生,只有理",这是视理在

---

① 《答成浩原》,《栗谷全书》卷十,第 205 页上。
② 《圣学辑要》,《栗谷全书》卷十九,第 423 页上。
③ 《答朴和叔》,《栗谷全书》卷九,第 184 页下。

气先之弊病;或者认为"太虚澹一清虚乃生阴阳",这是视气在理先之弊病。不论是理先气后,还是气先理后,都是不对的,因为理气无先后之分,"大抵阴阳两端循环不已","一阴一阳而太极无不在焉"。阴阳之气循环已,而太极(理)亦寓于阴阳之气之中。

在空间上,栗谷认为理气之合表现为"气包理"。理气相合,它们怎样合? 以什么形式合? 栗谷说:

> 理在气中。①
> 即气而理在其中。②

言气,则理在其中。这是栗谷对朱熹和退溪理气观的又一深化和发展。

理气的"一而二",是从理与气各自的特性和功能方面来说,既不能指气为理,也不能指理为气,理与气不相夹杂,理是理,气是气;理气的"二而一",是从理与气的存续状态来说,理与气如同水与器,器方则水方,器圆则水圆,器动则水动,器静则水静,同方、同圆、同动、同静,说明理与气已经浑沦无间,无先后,无离合。而理与气这种既"一而二"又"二而一"的关系,用李栗谷的话来说,就是"理气妙合"。

第二节　"理通气局"说

"理通气局"四字则是朝鲜半岛性理学家李栗谷的"自谓见得"。"理通气局四字,自谓见得,而又恐耳书不多,先有此等言,而未之见也。"③尽管佛教华严宗有"理事通局"之说,但就"理通气局"而言,却是栗谷的个人见得。虽然"理通气局"深受理学家"理一分殊"思想的影响,但栗谷的"理通气局"说确实是对他自己提出的"理气妙合"思想的直接体贴。

栗谷"理通气局"的意思是"理同气异"。这就是说,不论是本体之理还是流行之理,其理同一。"本体之中,流行具焉;流行之中,本体存

---

① 《理气诀呈牛溪道兄》,《栗谷全书》卷十,第 207 页上。
② 《圣学辑要》,《栗谷全书》卷十九,第 423 页上。
③ 《答成浩原》,《栗谷全书》卷十,第 208 页下。

焉。"①本体之理和流行之理(即分殊之理)浑然一体,实为一理。因为不论是在清浊粹驳糟粕之中,还是在煴烬粪壤污秽之中,"理无所不在各为其性,而其本然之妙则不害其自若也"。关于"理通"为"理同",栗谷还说过"则理之在枯木死灰者,固局于气而各为一理。以理之本体言,则虽在枯木死灰而其本体之浑然者,固自若也。是故枯木死灰之气非生木活火之气,而枯木死灰之理即生木活火之理也"②。由于理之本体浑然自若,所以枯木死灰之理与生木活火之理同。这是"理同"。

所谓"气局"为"气异",是说"局"字具有两个意思。从字面上讲,"局"为"局部"之意,所以栗谷说:当气流行时,有不失气之本然者,也有失其本然者。当气失其本然之时,则不是全气,而变成部分之气,或为偏气、或为浊气、或为清气、或为糟粕煴烬之气等,而这些气都不是湛一清虚之本气,故为"气异"。"局"字引申讲,为局促狭隘之意,即见识不广而蔽塞。所以,"气局"的"局"的另一个意思为"蔽塞"之意。这是说,由于浊气、偏气、糟粕煴烬之气不是湛一清虚之气,所以理常受这些气之蔽塞之累,而不能全部显现出来,似乎偏也。故栗谷说:"气之偏则理亦偏,而所偏非理也,气也。"理乘气流行,气全则理全,气偏则理偏。实际上,理是同一的,关键是气。当气之偏,即气有蔽塞之障时,本体之理便不能全部显现出来,呈现为"理偏"状态。气不同,气之蔽塞之障也不同,故理偏也有不同的显现。归根结底,还是"气异"。

栗谷强调"理通气局"必须从本体上理解,就是说从人物之"性"、之"理"上来理解"通"和"局"的意义。如人之性与物之性不同,这是因为构成人之形与物之形的"气"不同,由于气之蔽塞而赋予人和物的"理"(性)亦不同。所以人性非物性,是由于"气异"的原因。又按照"理一分殊"和"月印万川"的观点,本体之理予人、予物都是同一的,故"理同"。"理同气异"就如同方器和圆器不同(气异),而器中之水一也(理同);就如同大瓶和小瓶不同(气异),而瓶中之空一也(理同)。

① 《答成浩原》,《栗谷全书》卷十,第216页上。
② 《答成浩原》,《栗谷全书》卷十,第212页下。

栗谷提出"理通(同)气局(异)"观点的目的是为了探究人性善恶的原因以及如何将恶恢复为本然之善。为此,他对孟子的"性善论"、荀子的"性恶论"及扬雄的"性善恶混"的人性观点,以"理通气局"理论加以评论。

栗谷认为荀子和扬雄只看到"气局"即由于气之异,乘气之理也不同而形成性异的一面,所以有"性恶论"、"性善恶混"说。与之相反,孟子只看到"理通"即本体之理同一的一面,所以有"性善论"。因此,必须从理通(同)气局(异)角度全面考察人性问题。

第三节 "人心道心"说

关于何谓人心、何谓道心,栗谷说:"人生而静,天之性也;感于物而动,性之欲也。感动之际,欲居仁、欲由义……欲切偲于朋友,则如此之类谓之道心。感动者固是形气,而其发也直出于仁、义、礼、智之正,而形气不为之掩蔽,故主乎理而目之以道心也。如或饥欲食、寒欲衣……四肢之欲安佚,则如此之类谓人心。其原虽本乎天性,而其发也,由乎耳目四肢之私而非天理之本然,故主乎气而目之以人心也。"[1]道心"主乎理",人心"主乎气",道心与人心因其所主不同而名各异。

人心道心都属于心之已发,皆随心动而生,他说:"道心虽不离乎气,而其发也为道义,故属之性命;人心虽亦本乎理,而其发也为口体,故属之形气。方寸之中初无二心,只于发处有此二端,故发道心者气也,而非性命则道心不生;原人心者理也,而非形气则人心不生,此所以或原或生公私之异者也。"[2]栗谷独创新见,提出了"道心"不离乎"气"、而"人心"原于理的思想。此说与朱子和退溪的"道心"发于"天理"(性命)与朱子的"人心"生于"形气之私",退溪的"人心"生于"形气"思想相比较,则确有较大不同。但这也是与栗谷哲学以"气"为主要范畴是密不可分。他认

---

① 《答成浩原》,《栗谷全书》卷十,第 198 页上。
② 《人心道心图说》,《栗谷全书》卷十四,第 282 页下。

为,"方寸之中"即心,原无"二心","只是发处有此二端",人心道心都是"气发理乘"。他说:"道心原于性命,而发者气也,则谓之理发不可也,人心道心俱是气发。"①

同为一心而异名,于是"人心道心通情意而言者也。人莫不有性,亦莫不有形,此心之知觉均由形之寒暖饥饱劳逸好恶而发,则谓之人心。初非不善,而易流于人欲"②。人心道心兼情意,这是栗谷对朱子人心道心说的进一步发展。若以性、情范畴而论,则道心、人心皆属于情;人心与喜、怒、哀、惧、爱、恶、欲之情相关,而道心则为恻隐、羞恶、是非、辞逊之情。但在朱子哲学处,"意"是从属于"情"的概念,"情"又一般被理解为是喜、怒、哀、乐等,而所谓"意"不必都与"情"相联系。故在其心性论中,"意"之念虑、计度之作用表现得并不明了。在栗谷哲学处,"意"则是与"情"相并列的两个范畴,是一心之两个不同境界、状态、表现,如说:"盖人心道心兼情意而言也。"③"情"与"意"含义亦有明确的规定,如言:"情是心之动也,情动后缘情计较者为意。"④可见,栗谷的心性论确实比朱子的心性论更加细密而清晰。栗谷明确指出人之"情"都是心感而遂通的结果,是性发而为情,但其发虽为自动,然而人心与道心在情中还加入作商量计较的"意",所以二者并无固定的、严格的分别,反而处在可变的流动状态中。由此,栗谷提出了自己独特的"人心道心不能相兼而相为终始"的"人心道心终始"说。他说:

> 今人之心直出于性命之正,而或不能顺而遂之,间之以私意,则是始以道心而终以人心也。或出于形气,而不咈乎正理,则固不违于道心矣;或咈乎正理,而知非制伏,不从其欲,则是始以人心,而终以道心也。⑤

这是因"意"的商量计较,人心可转变为道心,道心可转变为人心,因此不

---

① 《答成浩原》,《栗谷全书》卷十,第210页上。
② 《答安应休》,《栗谷全书》卷十二,第250页上。
③ 《答成浩原》,《栗谷全书》卷九,第192页下。
④ 《杂记》,《栗谷全书》卷十四,第297页上。
⑤ 《答成浩原》,《栗谷全书》卷九,第192页下。

能将人心与道心固定地加以区分。但是，人心与道心因"源一而流二"，
彼此无法兼有，与"七情兼四端"、"气质之性兼本然之性"有所不同。栗
谷对"人心道心"与"四端七情"的差异指出：

> 心一也，而谓之道、谓之人者，性命形气之别也。情一也，而或曰
> 四或曰七者，专言理、兼言气之不同也。是故人心道心不能相兼而相
> 为终始焉，四端不能兼七情而七情则兼四端。道心之微，人心之危，
> 朱子之说尽矣。四端不如七情之全，七情不如四端之粹，是则愚
> 见也。①

又指出：

> 七情则统言，人心之动有此七者；四端则就七情中择其善一边而
> 言也，固不如人心道心之相对说下矣。且情是发出恁地不及计较，则
> 又不如人心道心之相为终始矣，乌可强就而相准耶？②

七情是心动之时混论而言的人的一切"情"。不过，此时按照发之原来，
尚未达到比较而看的地步，故七情可包四端。又因四端是七情之善一边，
故七情可兼四端。但道心、人心则因源于一而流为二，所以彼此成为始
终，不可彼此兼有。因此，栗谷认为道心与人心是基于"意"之计较商量
而存在的相对之物。他说：

> 盖人心道心相对立名，既曰道心则非人心，既曰人心则非道心，
> 故可作两边说下矣。若七情则已包四端在其中，不可谓四端非七情，
> 七情非四端也，乌可分两边乎？③

栗谷又由"人心道心终始"说，而提出"人心道心相对"说。这里他陷入了
自己设下的理论困境。栗谷认为："道心纯是天理故有善而无恶，人心也
有天理也有人欲，故有善有恶。"④肯定了人心有善的方面。在这一点上，
栗谷是有补于退溪的。退溪则从理贵气贱之思想出发将人心变之称为人
欲，而且更将人欲归之为恶。既然人心也有善，那么人心之善与道心之善

---

① 《答成浩原》，《栗谷全书》卷九，第 192 页上。
② 《答成浩原》，《栗谷全书》卷九，第 192 页下。
③ 《答成浩原》，《栗谷全书》卷十，第 199 页下。
④ 《人心道心图说》，《栗谷全书》卷十四，第 282 页下。

是否为同价值之善？栗谷在 47 岁，即宣祖十五年所制进的《人心道心图说》中指出："孟子就七情中剔出善一边，目之以四端。四端即道心及人心之善者也……论者或以四端为道心，七情为人心，四端固可谓之道心矣，七情岂可只谓之人心乎？七情之外无他情，若偏指人心则是举其半而遗其半矣。"①他将此二善视为同价值之善。这不能不同其强调的"人心道心不能相兼而相为终始"说相矛盾。但从天理人欲的角度来看，其人道说颇似"天理人欲相对"说。由此，我们可以看出，栗谷人道说较之朱子的人道说显得更为紧张和严峻。这也是二人"人心道心"说之重要区别。

同时，栗谷还对"人心惟危，道心惟微"作出了自己的解释。从理欲之辨上看，道心是天理、纯善；人心有天理有人欲，有善有恶。故对于道心不仅要"守之"，而且还要"扩而大之"，而对人心则应以道心加以"节制"。栗谷说：

> 如当食而食、当衣而衣，圣贤所不免，此则天理也。因食色之念而流为恶者，此则人欲也。道心只可守之而已，人心易流于人欲，故虽善亦危。治心者于一念之发，知其为道心，则扩而充之；知其为人心，则精而察之，必以道心节制。而人心常听命于道心，则人心亦道心矣，何理之不存，何欲之不遏乎！②

当食而食、当衣而衣，此则圣贤亦所不免，即为人之合理欲求。所谓"人欲"则指因食色之念而流为恶者，即超出人之合理欲求者。故常以道心遏制人心，便可防止人心"流为恶"，即流为"人欲"。

可见，栗谷的心性学说有其鲜明的理论特色。总的来看，其心性学说的特色主要表现在他的"性心情意一路而各有境界"说和"四端七情气发理乘"说上。

"性心情意一路而各有境界"说是其在心性论上的创见。栗谷认为，心为性情意之主，不同意"分心性为有二用，分情意有二歧"的观点。

---

① 《人心道心图说》，《栗谷全书》卷十四，第 282 页下—283 页上。
② 《人心道心图说》，《栗谷全书》卷十四，第 282 页下—283 页上。

他说：

> 性是心之理也，情是心之动也，情动后缘情计较者为意。若心性分二，则道器可相离也；情意分二，则人心有二本矣。岂不大差乎？①

心虽有人心、道心之分，其实只是一心，而非有二；性虽有本然之性、气质之性之异，其实乃为一性，绝非有二；同样，情虽有四端、七情之别，其实只为一情，绝非有二。因此，他强调说："夫以心性为二用、四端七情为二情者，皆于理气有所未透故也。"②这里的"于理气有所未透"，就是指其"气发理乘一途"之说。进而，他还提出了性、情、意"一路而各有境界"说。栗谷认为："须知性心情意只是一路而各有境界，然后可谓不差矣。何谓一路？心之未发为性，已发为情，发后商量为意，此一路也。何谓各有境界？心之寂然不动时是性境界，感而遂通时是情境界，因所感而绅绎商量为意境界，只是一心各有境界。"③性境界、情境界、意境界都是"一心"之不同状态、功能、表现。因此，"一心各有境界"也正如人之行走，一路上各有不同的景致。④

　　由此可见，在栗谷的心性论与理气论之间具有一以贯之的一致性。这也反映了朝鲜朝性理学重视人间性理，探求人间本性与宇宙形而上学原理的特点。

---

① 《杂记》，《栗谷全书》卷十四，第297页上。
② 《圣学辑要》，《栗谷全书》卷二十，第455页下。
③ 《杂记》，《栗谷全书》卷十四，第297页上。
④ 参见肖万源：《简析栗谷的理气观》，载《韩国学论文集》（第3辑），东方出版社1994年版，第122—129页。

第十五章　宋浚吉的性理学

　　宋浚吉(1606—1672 年),号同春堂,是 17 世纪朝鲜朝著名礼学家和政治家,同时亦是朝鲜朝后期朝鲜半岛性理学的主要代表人物之一。作为栗谷的再传弟子,在朝鲜半岛儒学史上他与同属畿湖学派的尤庵宋时烈(1607—1689 年)并称为"二宋"先生,具有重要的历史地位和影响。身为畿湖学人,他还与以退溪为宗匠的岭南学人保持密切联系,而融会诸家之长形成了其颇具魅力的理论风格,为朝鲜朝礼学的形成和确立以及性理学说的发展作出了贡献。

第一节　理　气　说

　　在理气论方面,同春堂的学说受其先师金沙溪(栗谷的嫡传弟子,名长生)影响甚大,但亦有其自己的发明。

　　同春堂亦是用形上、形下来规定"理气"两个概念。他引《易》大传"形而上者谓之道,形而下者谓之器"讲到"器即气也,道即理也,道器之分固如是"[1],直接以"道器"概念解释了理气。

　　在理与气的特性的规定上,同春堂仍以"有形"、"无形"和"有迹"、"无迹"来说明。同春堂曰:"气有形可见,故曰形而下。下者,指有形、有迹而言也。理于物无所不在,而无形可见、无迹可寻,故曰形而上。上者,超乎形迹之外,非闻见所及之谓也。"[2]

---

[1] 《乙亥入侍昼讲》,《同春堂年谱》己丑二十二年,首尔:成均馆 1981 年版。
[2] 《乙亥入侍昼讲》,《同春堂年谱》己丑二十二年。

在此同春堂的这一解释有其合理性和简明性,但同时亦易使人产生对理气分判过甚之感。如他还言道:"子思既以一道字符串费隐说,道固形而上之理也,非杂以形而下之气也。"①这与其祖师栗谷的宗趣不同,栗谷哲学所强调的是二者的不离性,即理与气的"一而二,二而一"的妙合关系。

在理与气的关系问题上,他仍以朱子和栗谷的理气观为基础来立论。同春堂认为"有是形必有是理",而且理之于物如"诗所谓有物有则者也"②。这肯定了理对于气的主宰作用。接着,他还以体用范畴来说明了理对于物的"所以然"之作用。同春堂曰:"父子、君臣是形而下之器也,是物也;父而慈、子而孝、君而义、臣而忠是形而上之道也,是则也;慈孝义忠,此理之当然者,所谓费也,用也;所以慈、所以孝、所以义、所以忠,此理之所以然者,即至隐存焉,所谓体也。推之万事万物莫不皆然。"③

进而在理气如何生成万物的问题上,同春堂提出"理堕气中"说。同春堂曰:

> 理堕气中,气能用事,而化生万物。即所谓气以成形,而理已赋焉者也。④

即同春堂继承朱子和栗谷理气观主张视理气为二物。这一点我们可以从他维护栗谷说的立场中可以概见。同春堂曰:"稷乃谓其(按:指栗谷)学以理气为一物,不亦可笑可哀之甚乎。邪说肆行而莫之禁,则其眩乱注误,将至惑一世之人,其为祸岂下于洪水猛兽哉?"⑤

同春堂总结说:"若以有形无形言,则器与道为二物;以在上在下言,亦为二物。须如此说方见得即形而理在其中,道与器不相分。"⑥之后,同春堂继"理堕入气"说又针对理气"妙合而凝"说,提出理气"浑融无间"

---

① 《乙亥入侍昼讲》,《同春堂年谱》己丑二十二年。
② 《乙亥入侍昼讲》,《同春堂年谱》己丑二十二年。
③ 《乙亥入侍昼讲》,《同春堂年谱》己丑二十二年。
④ 《乙亥入侍昼讲》,《同春堂年谱》己丑二十二年。
⑤ 《浦渚赵公谥状》,《同春堂集》卷二十二,首尔:民族文化推进委员会 1997 年版。
⑥ 《上愚伏郑先生》,《同春堂集》别集卷三。

说。他说：

> 妙合云者,理气本浑融无间也。此乃理气混合无间隔也,乃阴静
> 时也。凝者,聚也,气聚而成形也。此乃阳动成形时也。①

对于理气妙合而凝,同春堂还进一步解释道:妙合与凝是两项事,而《性
理群书》注把妙合与凝合为一项事不符合朱子本意。他还以为《性理群
书》注解把"妙合而凝"解释为妙于凝合无间断是有所未稳,曰:"无间断
也。间断字,恐未稳,以间隔释之,则未知如何。"②栗谷也曾提出过理气
"浑融无间"说,曰:"理气浑融无间,无不相离,不可指为二物。"③但是,
栗谷并未对"无间"一词作出进一步的解释。同春堂把"无间断"释为"无
间隔",似乎表明他已意识到此说之理论要害。理气"浑融无间"说,可以
视为对其"理堕入气"说的有益的补充。

不过,尽管同春堂对理气"浑融无间"作了精心的解释和字义上的调
整,但还是难以用此说来较圆满地解释理同气异、理气聚散的问题。

在理气论方面,同春堂亦接续朱子、栗谷传统,认为世界万物皆由理
与气构成。而且,在理气两个概念的规定上也大体追随了栗谷说。但是,
比栗谷更强调道器之分别和理的无迹、超乎形迹之特性。在这一点上,同
春堂似乎具有某种折中退溪、栗谷理气说之倾向,其作为主气论学者的理
论特色并不明显。若对同春堂理气观作一概括的话,他的理气说主要由
"理堕气中"说、"理气浑融无间"说、"理通气局"说组成。三者在其学说
中互为补充,相互关联,得到了较合理的逻辑阐释。但是,在对"理"的理
解方面仍未溢出传统的内在实体说之藩篱,亦有其理论困境。

第二节 四端七情论

在"四端七情"说上,同春堂基本接受了栗谷的主张。《同春堂年谱》

---

① 《上愚伏郑先生》,《同春堂集》别集卷三。
② 《上愚伏郑先生》,《同春堂集》别集卷三。
③ 《答成浩原》(书二),《栗谷全书》卷十。

中有如下的记述:

> 尤庵先生曰:"日知皆扩充之说,李滉、李珥之见不同矣。"先生
> (宋浚吉)曰:"非但此也,四端七情之论亦不同。国初权近始发此
> 论,其后郑之云作《天命图》而祖是说。李滉之言本于此,而有四端
> 理发气乘,七情气发理乘之语。故李珥作书以辨之。"上曰:"分言理
> 气,何也?"(宋浚吉)对曰:"此李珥所以为未安者也。四端只是拈出
> 七情之善一边而言,不可分两边相对说。若论气发理乘之,则不但七
> 情而四端亦然。大抵人心必有感而后发,发之者气也,所以发者理
> 也,无先后无离合,不可道互发也。"①

文中同春堂在讲述李滉与李珥"四七"理论之不同时,阐明了自己的立
场,即在"四端七情"理气之发问题上,同春堂认为不能以分言理气的方
式来解释四端与七情,不能把二者两边对说。主张发之者是气,理只是所
以发者,四端只是七情之中的纯善者。他接着又指出:

> 夫孟子之言四端,所以明人之可以为善也。故特举情之善一边
> 言之,非谓四端之外更无他情也。若人情只有四端,更无不善之情则
> 人皆为圣人也,故知四端只拈出情之善者而言也。《记》曰:"何谓人
> 情?喜、怒、哀、惧、爱、恶、欲。"七者,即人情善恶之总称。若举七情
> 中之恶者,与四端为对则可,若以四端与七情相对则不可。李滉四七
> 相对之论,虽因权近旧说,而未免失于照勘。义理天下之公也,学者
> 穷格之功,只求义理之所在。若心有所疑而不为辨析,则此理终晦而
> 不明矣。昔程子作易传,乃竭一生之精力,而朱子指其差误处甚多。
> 饶鲁、陈栎等至有愿为朱子忠臣,不愿为朱子佞臣等语,虽程朱之说,
> 或未免有可疑处,况李滉之言,何可谓尽无差处乎? 今以此为李珥之
> 疵,其无识甚矣。李珥四七书,识见之超迈,言论之洞快,前古诸儒罕
> 有及者。②

同春堂认为,四端与七情并非为"二情",二者是"七包四"的关系。也就

---

① 《己卯入侍召对》,《同春堂年谱》戊戌十一年。
② 《浦渚赵公谥状》,《同春堂集》卷二十二。

是说,七情包四端在其中,七情是人之情的总称,反对退溪把二者并立为二物的思想。

同春堂对"四端"有其解释,曰:"有诸内而形诸外者,谓之端也。人心本善,于此可见。"①指出,"四端"指形诸外者,属于已发,故应视为是情。但它又根于性,即发于仁、义、礼、智,故心亦本善。对于"性"与"理"的关系,同春堂则解释道:"大抵性字从心从生,与理字不同。理堕在气中者,方谓之性。故曰'性即理也'。盖谓在人之性,即在天之理耳。"②

在"四端"中,同春堂特别重视恻隐之心,曰:"心生道也,有是心,斯具是形以生。恻隐之心,人之生道也。"③接着,他又指出了"恻隐之心"在四端中的统摄作用。关于"恻隐之心"的重要作用,他讲道:"人无恻隐之心,便是死物,犹鱼之不得水则不生也……恻隐便是初动时,才动便见三者之分界。如春不生则夏不长,秋不收,而冬无所藏矣。此可见恻隐统四端也。古人观庭草庐鸣以体仁,此是天机流动活泼泼地也。"④可见,同春堂是把"恻隐之心"视为人之所以为人的根本特性。

不仅如此,他对仁、义、礼、智亦作了如下论述。同春堂曰:

> 夫仁礼属于阳,义知属于阴,而阳德健、阴德顺,健顺五常乃人之所同得。而并言物者,凡物亦自得其一端,如虎狼之仁、蜂蚁之义皆是。故谓之各得其所赋之理也。⑤

四端七情理气问题,其实质是性情问题。所以,顺四端七情之辨,自然会引出性情之辨。

总之,同春堂"四端七情"理论的主要特色在于其对退溪与栗谷"四七"说之异同的详细论述。同春堂在指出退溪说的错误的同时,对栗谷的"气发而理乘之"说表现出相当的推崇。尽管他在理气概念的界定和理气关系的理解上有折中退溪与栗谷的倾向,但是从他的"四七理气"论

---

① 《己卯入侍召对》,《同春堂年谱》戊戌十一年。
② 《上愚伏郑先生》,《同春堂别集》卷三。
③ 《上愚伏郑先生》,《同春堂别集》卷三。
④ 《己卯入侍召对》,《同春堂年谱》戊戌十一年。
⑤ 《辛巳入侍昼讲》,《同春堂年谱》己亥三十二年。

中,我们还是可以看到其作为主气论学者的为学性格。

第三节　人心道心说

同春堂的"人心道心"说大体亦接续朱子、栗谷说而讲,曰:"朱子之序,历叙上古圣王道统之传,'危微精一'十六字,实万世心学之渊源。"①他对人心和道心的理解是"人心修之便是道心,自道心放出便是人心"②,主张二者的相互转换性。故他到晚年特别强调气之发用时的省察工夫,要求对人心应时时加以严加防范。曰:"深加省察如有一念之差用,力速去焉。"③关于人心与道心的不同,他则解释道:"心之本体而言,未发之前理为主,既发之后气用事。周子云诚无为几善恶,此人心道心分歧处也。"④这表明,他也以已发、未发来区分人心与道心。

同春堂人心道心说的主要特色在于其"心"论。首先,他强调"心"的虚灵知觉性,而且对"虚灵知觉"也有精深的理解。《年谱》中记载:"上御养心阁。侍读官金万重讲文义曰:'虚灵心之体,知觉人之用也'。先生曰:'此言误矣。虚灵知觉皆心之体也。其曰具众理应万事者,具众理体也,应万事用也。'"⑤心的虚灵知觉之属性是,使心具有能动性、知觉思虑作用的重要规定。同春堂以体用概念说明心的这一特性,简明且精到,颇具特色。

其次,同春堂强调心的易动性、流动性。曰:"道之浩浩何处下手用力之方,无踰于庄敬自持。真氏(真德秀)之言实为明白精切。每侍先王讲此书,未尝不反复咏叹于此。夫人之一心易流而难制,外貌斯须不庄不敬,则心便至于放逸矣。"⑥人心易流而难制,那么如何使其保持清明之体

① 《庚申入侍讲中庸》,《同春堂年谱》己丑二十二年

② 《辛巳入侍昼讲》,《同春堂年谱》己亥三十二年。

③ 《十一月己亥入侍召对》,《同春堂年谱》戊申四十一年。

④ 《癸亥侍召对》,《同春堂年谱》乙巳三十八年。

⑤ 《辛卯入侍召对夕又入侍》,《同春堂年谱》,戊申四十一年。

⑥ 《乙丑入侍召对》,《同春堂年谱》乙巳三十八年。

呢？同春堂主张要去"物欲"，曰："如镜不尘则明，如水不混则清。心无物欲以蔽之，则清明之体自然呈露矣。"①

再次，在同春堂学说中"心"多次被描述为"活物"，使其心比朱子之心更具活用性。同春堂则曰："人心是活物。终不得不用，既不用于学问，则其所用不过宦官宫妾便嬖戏玩之事而已。"②这一点在与其同时代的尤庵那里亦同。尤庵曰："盖朱子之意，以人心道心，皆为已发者矣。此心为食色而发，则是为人心，而又商量其所发，使合乎道理者，则为道心。其为食色而发者，此心也；商量其所发者，亦此心也。何可谓两样心也？大概心是活物，其发无穷，而本体则一，岂可以节制者为一心，听命者又为一心。"③"心是活物"、"其发无穷"等言论中，我们可以看出朝鲜半岛主气论学者的心论的特色。

朱子的"心"是一身之主宰，兼摄体用，兼摄超越形上之性、理与实然形下之情、气。故"心"本身一体两面，既存有又活动。实然形下的"心"具有活动作用的能力，由此体现超越形上之"心"，但又不是禅宗的"作用见性"④。在同春堂的心性论中，"心"更多的是指实然形下之"心"，亦并非是王（阳明）学所讲的一颗活泼泼的心。此一心论在修养论上有一特点，即较重视"志"的导向。"志"为"心之所之"，使"心"全副地趋向一个目的，决然必欲得之。故特别强调"立志"之重要性。⑤ 同春堂亦是。他讲道："愿殿下勿以臣言为迂，必须立此大志焉。立志坚定，然后道统可继，治化可成矣。"⑥又曰："诚能奋发大志，则何事不可做乎。"⑦

最后，同春堂对诸儒心论作了个概括。曰："圣贤论心不同有如此处，有如彼处。有从那边用工者，有从这边用工者，其归未尝不一。所谓

---

① 《丙寅入侍召对》，《同春堂年谱》乙巳三十八年。
② 《上疏辞兼论君德》，《同春堂年谱》甲辰三十七年。
③ 《答李汝九（庚戌）》，《宋子大全》卷九十。
④ 参见郭齐勇：《朱熹与王夫之的性情论之比较》，《文史哲》2001 年第 3 期。
⑤ 参见郭齐勇：《朱熹与王夫之的性情论之比较》，《文史哲》2001 年第 3 期。
⑥ 《庚辰入侍昼讲》，《同春堂年谱》己亥三十二年。
⑦ 《五月丙戌旨行宫即被赐对》，《同春堂年谱》乙巳三十八年。

从一方入,则三方入处皆在其中也。"①这段话是同春堂向国王讲解《心学图》时,针对李滉与李珥所论之不同而发的议论。从文义中,我们可以看出他对退溪与栗谷的心论都有精深的了解。

---

①　《癸亥人侍召对》,《同春堂年谱》己巳三十八年。

第十六章　宋时烈的"直"哲学

宋时烈（1607—1689 年）号尤庵，字英甫，为沙溪长生的门生，被称为"溪门之杰"。尤菴天资严毅刚大，有英雄豪杰之姿。长于辩论，志介如石，主义主张，少不屈于人。时或过高，由是往往为时辈所激。宋时烈一生历仕仁祖、孝宗、显宗、肃宗四朝，为朝鲜朝历史上不可多得的学者政治家。

第一节　"直"的哲学

宋时烈认为孔子—孟子—朱子三圣为人处世的准则是一样的，这一准则就是"直"。孔、孟、朱三圣的所言、所行，都遵循着"直"这一尺度，即动静举止、为人处事，皆正大光明。宋时烈以圣人为楷模，将"直"作为终身服行的准则。宋时烈之所以视"直"为三圣相传于世的真理，是因为这是朱子临终前的重要遗嘱。他在《示诸子孙侄孙等》书信中说：

> 朱子之学，以穷理、存养、践履、扩充为主，而以敬为通贯始终之功。至于临箦而授门人真诀，则曰：天地之所以生万物，圣人之所以应万事，直而已。明日又请，则曰：道理只如此，但须刻苦坚固。盖孔子曰：人之生也直，罔之生也幸而免。孟子所以养浩然之气者，亦惟此一字而已。①

这段话揭示了宋时烈关于"直"哲学思想的三个重要内容：

第一，"直"哲学凸显了人的主体性。朝鲜半岛儒学与中国儒学和日

---

① 《杂著》卷一百三十四，《宋子大全》四，首尔：保景文化社 1993 年版，第 696 页下。

本儒学相比较,它的一个突出特点就是具有一种强烈的民族主体性,而这种民族主体性又常常通过对人的主体性的张扬而表现出来。栗谷一系,就是以强调"气"的功能和价值而凸显出人的主体能动性。作为栗谷二传弟子的宋时烈则将"气"具体化、实践化、道德化为一个"直"。他将"直"作为人之所以为人的一个重要标识,认为人就是因为具备了"直"的品质,才可以挺立于天地之间,才可以为万物之灵,才可以尽人之职责。对此,宋时烈常缅怀先师沙溪先生和朱子的教导,如他在《杂著》中记有:

> 沙溪先生之学专出于"确"之一字,而每以"直"之一字为立心之要。此朱子易箦时授门人之单方也。其言曰:天地之所以生万物,圣人之所以应万事,直而已矣。①

> 朱子于易箦前数日,诸子问疾而请教焉,则应之曰:为学之要,唯事事审求其是,决去其非,积集久之心与理一,自然所发皆无私曲。圣人应万事,天地生万物,直而已矣。又曰:道理亦只是如此,但相与倡率,下坚苦工夫,牢固著足,方有进步处。我文元公先生每诵此,以教小子曰:吾平生所为,虽有不善,未尝不以告人。虽发于心,而未见于外者,苟有不善,未尝不以语人。汝须体此心此一直字。②

可见,"直"就是"立心之要"。所谓"立心",按照朱子的解释和沙溪的体悟,就是要尽净私欲,以达到审事求是,决去其非,慎独为善,进而再达到集久之心与理一,洞然通达的境界。这种境界也就是宋时烈所说的"心直"、"身直"、"无所不直"的境界。他说:

> 自吾心直而吾躬直,吾事直,以至于无所不直而以无负生直之理矣。③

宋时烈认为从"心直"可以达到"身直",进而达到"无所不直"的境界。这与上述的去私欲—去非求是—心与理一是同一个意思。两者讲的都是"生直之理"。这种"生直之理",其实质就是一种人应追求的道德境界。

---

① 《杂著》卷一百三十一,《宋子大全》四,第650页上。
② 《杂著》卷一百三十六,《宋子大全》四,第718页下。
③ 《杂著》卷一百三十五,《宋子大全》四,第705页上。

这种境界也就是正大无私、光明磊落的道德体现。只有具备了这种道德品质,达到了这种道德境界,才是天地间一顶天立地的人。而只有这样的人,才可以"应万事",即肩负起社会的责任和道义。所以,"直"揭示了人的功能,张扬了人的价值,显示了人的主体性。

第二,"直"哲学揭示了宇宙万有的本质。天尊地卑、阳升阴降、阴阳相合、万物化生,这是自然界的生化规律。对此,宋时烈从他的"直"哲学角度进行阐释。他认为,宇宙万有无不具有其自身的生成变化的"理之直"(规律)。所谓"理之直",就是真实无妄,没有丝毫之假,宇宙万有正是具有这种真实的"直理",才能正常地生长、发芽、变化,这就是"直之道"。这种"直理"、"直之道"也就是宋时烈一生反复强调,并被他视为朱门真骨血的"圣人所以应万事,天地所以生万物,直而已矣"①。"圣人所以应万事"已如上述。"天地所以生万物",正是因为"天地"、"万物"即宇宙万有自身蕴涵有"直",即那种实实在在的"直理",所以天地才可以生育万物,万物才可以按照繁壮、衰落、再繁壮的程序变化着。这就是上面所说的"直之道",也就是宇宙万有的"生之道"。否则,"不直,则失其所以生之道,而将不免于死矣"②。不直,宇宙万有就会丧失生命。可见,"直"是宇宙万有的必须遵循的规律。同时,"直理"又内在于宇宙万有自身之中,故"直"又是宇宙万有的本质体现。

宋时烈的"直"哲学的理论基础是孟子"浩然之气"说。他对《孟子》中的《浩然之气章》(或称为《知言养气章》)十分重视,对之予以反复研究、反复体悟。对这章每个字、每句话的理解,他都记录在《杂著》中。其中最具代表性的论述有:

> 孟子之学固主于心,而于言与气,亦未尝放过。必曰知言,必曰养气。③

> "曾子谓子襄"至"吾往矣"——孟子于此收杀,以义理之勇以扫

---

① 《杂著》卷一百三十六,《宋子大全》四,第 719 页下。
② 《杂著》卷一百三十五,《宋子大全》四,第 704 页下。
③ 《杂著》卷一百三十,《宋子大全》四,第 621 页下。

去贲黝舍粗的勇,而只以缩之一字为本根。此缩字即下文所谓以直养之直字。然则于此虽无浩然之名,而其本根血脉则已具矣。①

"配义与道"云云——上文所谓以直养者,以道养之之谓也。夫此气始从道义而生、而养之既成,则此气还以扶助道义。正如草木始生于根,而及其枝叶畅茂,则其津液反流于其根,而其根亦以深长。极其本而言之,则阴阳生乎太极,而及其阴阳既生,则反以运用乎太极,以生万化。大小虽殊,而其理则一也。②

先生又曰:以直养之直,即道义。而既以道义养成此气之后,则又便扶助他道义,此所谓配义与道者也。③

上述第一段论述表明宋时烈认为孟子在《浩然之气》章中讲的主要是气。从这一观点出发,他着重论述了孟子的浩然之气与"直"的关系。这两者的关系主要有两方面内容:

一方面,浩然之气即是直。上述第二段论述主要就是讲这个意思。这是宋时烈在读曾子谓子襄曰"子好勇乎?吾尝闻大勇于夫子矣:自反而不缩,虽褐宽博,吾不惴焉;自反而缩,虽千万人,吾往矣"这些话时写下的感悟。宋时烈认为孟子之所以能够用义理之勇扫去(孟)贲、(北宫)黝、(孟施)舍的粗鲁之勇,关键在于以缩为本根。并且,宋时烈按照朱熹的解读法,将"缩"字解释为"直"④。"缩"为"直",孔子原话的意思就是:反躬自问,正义在我,对方纵是卑贱的人,我也不去恐吓他;反躬自问,正义确在我,对方纵是千军万马,我也勇往直前。进而,宋时烈认为这个"直"就是"浩然之气",因为它们在"本根血脉"上是一样的。

"浩然之气"是孟子的一个专用名词,但其确切的意义,孟子却又说"难言"。宋时烈在《杂著》中引朱熹的解释云:"先生(指朱熹)尝谕:浩然之气若粗说,只是仰不愧、俯不怍,无所疑畏。"他说:"浩然之气只是

---

① 《杂著》卷一百三十,《宋子大全》四,第621页上。
② 《杂著》卷一百三十,《宋子大全》四,第622页下。
③ 《语录·附录》卷十四,《宋子大全》七,第306页下。
④ 朱熹在《四书集注》中关于"吾尝闻大勇于夫子矣:自反而不缩,虽褐宽博,吾不惴焉;自反而缩,虽千万人,吾往矣"这段语中注有:夫子,孔子也。缩,直也。

气,大敢做一样人畏避退缩、事事不敢做;一样人未必识道理,然事事敢做,如项羽力拔山、气盖世,便是这样人。须有盖世之气,方得。"又说:"无浩然之气即如饥人","无此气以扶持之,仁或见困于不仁,义或见陵于不义"①。这表明,宋时烈认为"浩然之气"是一种"正气"(仰不愧、俯不怍),人具有了这种"正气",就会"事事敢做",绝不"畏避退缩",否则,人无此气,就像饥饿的人一样。究其实质,浩然之气也就是仁义。仁义者,即有浩然之气者,便会做到"富贵不能淫,贫贱不能移,威武不能屈"。其中不淫、不移、不屈就是"直"。

另一方面,浩然之气与直相资相助。上述第三段论述是宋时烈对《孟子》"配义与道"体悟的心得记录。宋时烈这段话的意思是讲:浩然之气由道义而生,但此气养成后又对道义以扶助。宋时烈这一思想来源于朱熹。如朱熹在对"其为气也,配义与道,无是,馁也"进行解释时说:"配者,合而有助之义。义者,人心之裁制;道者,天理之自然。馁,饥乏而气不充体也。言人能养成此气,则其气合乎道义而为之助,使其行之勇决,无所疑惮;若无此气,则其一时所为,虽未必不出于道义,然其体有所不充,则亦不免于疑惧,而不足以有为矣。"朱子将"配"解为合而为之助,是很特别的训解。他将"其为气也,配义与道",解为浩然之气配合道义而又帮助道义,意即此气使人在实践道义时,能勇敢果决地实践出来。"无是,馁也"的"是",朱子认为是指"气",即若无此气之助,道义便不容易实践出来,或人即使可一时表现出道义,但必不能持久。至于"无是,馁矣"之"馁",是指人无浩然之气,则其体不充,便无气魄以担当道义之义,即是指人之体馁。朱子认为践行道义,须气为之助。朱子对自己的这种解释,十分自信,他说:"某解此段,若有一字不是孟子意,天厌之! 天厌之!"②

宋时烈对朱熹这一思想进行了发展,他从直哲学思维出发,认为"道

---

① 《杂著》卷一百三十,《宋子大全》四,第 625 页上。
② 以上参见杨祖汉的《朱子对孟子学的诠释》,刊于黄俊杰主编的《孟子思想的历史发展》,台湾"中央研究院"中国文哲研究所筹备处 1995 年版,第 143—144 页。

义"就是"直"。上述第四段论述就是他回答学生提问时对道义的诠释。他认为"直"就是"道义","直"养成浩然之气以后,此"气"又扶助直,这就是"配义与道"的意思。按照宋时烈的逻辑,浩然之气有赖于直养之资助。他说:"先生(指朱子)尝以为养气之药头,只在于以直养。"又说:"先生(指朱子)尝论至大至刚以直绝句,曰:若于直字断句,则养字全无骨筋,却似秃笔写字,其话没头。"①所谓浩然之气有赖于直养,是说以正义、正大光明培植的气,一定也是一种纯正无私的正气。当这种正气养成后,又会扶助此"直"。所谓"直"有赖于浩然之气之相助,是说有浩然之气者,堂堂正正立于宇宙之间,一身傲骨,满腔正气。到此地位者,真可以说是一个顶天立地的"大人"、"伟丈夫"。这就是宋时烈所谓的"浩然之气"与"直"的相资相助的关系。就这样,宋时烈借助于《孟子》的"浩然之气",将气实践化、道德化,演绎为他的直哲学。这是宋时烈性理学的一个突出特点。

第二节　修 养 论

宋时烈从他的"直"哲学出发,在修养工夫上强调"格致"和"敬"。

在"格致"工夫上,他从《孟子》的《知言养气》章出发,认为"知言"就是"格致"。他说:

格致,《大学》劈初头第一工夫,而孟子所谓知言,实格致事也。②
"何谓知言"云云——以《大学》言之,则知言是格致之事,养气是诚正之事。由此,伯王是治国平天下之事也。盖《大学》说古之明明德于天下而格致居末,盖以用力之最先者,收杀于最末。古人语势自如此也。故朱子尝言:孟子先说知言,后说养气。丑先问养气,某以为承上文方论气而问。今看得不然,是丑会问处。如《大学》说:正心、修身,合杀在致知格物一句云云。据此则告子之不得于言、勿

---

① 《杂著》卷一百三十,《宋子大全》四,第625页上。
② 《杂著》卷一百三十一,《宋子大全》四,第647页上。

求于心者,是不为格致而径欲诚正,不先切琢而径欲研磨者也。于此,虽不复言告子之失,而其失益自见矣。①

宋时烈认为格致是《大学》的第一工夫,但从工夫的节度来看,是明明德→治国→齐家→修身→正心→诚意→格致。最终工夫是格致,说明了格致的重要性。宋时烈认为,《大学》的"格致"就是《孟子》的"知言"。关于如何格致,宋时烈主张要在明辨是非善恶上下工夫,要探究治国安邦的大道理。他说:

> 夫格致者,所以明此心之体,使于事物之理通达无碍而处之各得其当也。……后世迂儒以致察于草木昆虫之理为格致,此虽亦格致中之一事,然只专于此而不先于彝伦事为之大者,则恶足为格致,而又将焉用哉!……昔朱子以凡事求是为格致之要,此言当深体也。②

他反对穷草木昆虫之理的格致,视这种格致为迂儒之事。他认为朱子所说的凡事要求是去非,才是格致之要。因为这种格致,穷的是治国理民之理。为此,宋时烈十分重视《孟子》知言的重要性。

关于知言的重要性,他在读《知言养气》章后说:

> 此章专以知言为主,若不知言,则自以为义而未必是义,自以为直而未必是直。然说知言又只说诐淫邪遁四者,盖天下事只有是与非而已。③

知言就是格致,就是穷理,不经格致而达穷理的话,就不会知道什么是义、什么是直。这是讲知言的重要性。关于知言的内容,就是"诐"(偏陂)、"淫"(失足)、"邪"(不正)、"遁"(无理)四种。所谓知言,就是通过知诐、淫、邪、遁之非,而明其是。归根结底,知言就是要格致事物的是与非。因为这关系到国家生民的祸福问题。为此,宋时烈经常强调知言之事,不可遗漏一物。如他讲:

> 孟子所谓知言,实格致事也,无一物之可遗。而孟子条列其目之

---

① 《杂著》卷一百三十,《宋子大全》四,第 623 页下—624 页上。
② 《幄对说话·拾遗》卷七,《宋子大全》七,第 544 页下。
③ 《杂著》卷一百三十,《宋子大全》四,第 626 页上。

大者,则诐淫邪遁四辞而已。此四者始害于性命道德之正而终为国
家生民之祸者,甚于洪水与夷狄,盖源于心术之不正而生故也。是以
孟子不得不苦死明辨之而曰:圣人复起,必从吾言。朱子赞其勳烈而
配之于明四端之大功。盖曰:明四端是安社稷之功,辟异端是扞边境
之工夫。①

在这里,宋时烈一针见血地指出诐淫邪遁四者,对人来说可危害道德之
正,对国来说则危及国计民生,这是绝不可忽视的大事。而解决的措施应
是朱子说的要"明四端"。进而,宋时烈对"明四端"进行了发展,认为"四
端"亦有善恶,要作去恶求善的工夫:

愚于此别有所疑而不敢言矣。退溪、高峰、栗谷、牛溪皆以四端
为纯善,朱子以为四端亦有不善者。未知四先生皆未见此说乎? 夫
四端何以亦有不善乎? 四端亦气发而理乘之故也。发之之时,其气
清明,则理亦纯善;其气纷杂,则理亦为之所掩而然也。②

此说新锐、奇特,但这却是宋时烈对自己颠簸坎坷一生经历的真实体
悟。只有明四端,使四端纯善,这样的人才是心胸坦荡的正人君子,这样
的人为官从政,便能达到国富民强的目的。而人要心术纯正,就必须要拒
诐淫邪遁之异言,否则正路臻无,圣门闭塞。而拒诐淫邪遁四者的工夫,
唯有"知言"。可见,"知言"工夫就是"格致"工夫。宋时烈重视"格致"
工夫,也正是因为"知言"关系到国政民生之大计。

在"敬"工夫上,宋时烈遵循朱子的"敬字工夫,乃圣门第一义"、"敬
之一字,真圣门之纲领,存养之要法"③的精神,非常重视"敬"工夫。这
可以其学生权尚夏的评价为证。权尚夏在《墓表》中这样说:

其用功也,致知、存养、实践、扩充,而敬则通贯始终。④

"敬"作为一条红线,贯穿致知、存养、实践和扩充各个方面。这表明在宋
时烈思想中,"敬"具有普遍的重要价值。为此,宋时烈对"敬"工夫十分

---

① 《杂著》卷一百三十一,《宋子大全》四,第 647 页上。
② 《杂著》卷一百三十,《宋子大全》四,第 632 页上。
③ 《朱子语类》卷十二,第 210 页。
④ 《墓表·附录》卷十三,《宋子大全》七,第 280 页上。

在意,并努力贯彻于自己的举止言行之中。在仪容行为方面,他努力做到正衣冠、尊瞻视、端庄严肃、举止有度。他认为人的外在表现是其内在精神的体现。因此,他更加重视内在修养,认为持敬工夫主要在正心。他常常提到"敬以直内"工夫。"敬以直内"就是以敬治心,使心专一,专一则无委曲,无委曲则直。这样,性发为情,天理流行,便能直接呈现出来。由此,敬工夫的结果使人做到知行并进,表里如一。这样的人,便是宋时烈所称赞的心直、身直、无所不直的正人君子。这样的人,是治国之栋梁,是黎民之贤才。这也是宋时烈强调"敬"工夫的目的之所在。

概言之,宋时烈强调通过"知言"、"主敬"的修养工夫而达到"直"哲学的境界。他的"直"哲学克服了朝鲜性理学的重理论的特点,而成为一种重视践履的实践哲学。正是这种实践哲学,使朝鲜主气学派越来越贴近社会现实,对社会发展的指导价值也越来越清晰。

第十七章　朝鲜朝的阳明学

朝鲜朝的儒学以朱子学为主,但朝鲜半岛阳明学仍在朱子学一统天下的局面中占有一席之地,其主要代表人物是郑霞谷。

第一节　阳明学的传入和形成

关于中国阳明学传入朝鲜朝的时间,韩国学术界主要有三种观点:

第一种观点认为:中国阳明学传入朝鲜朝的时间应在朝鲜朝中宗十六年,即 1521 年左右。持此观点的有吴钟逸。[①]

第二种观点认为:中国阳明学传入朝鲜朝的时间是在明宗十三年,即 1558 年。金忠烈根据柳成龙(号西崖,1542—1607 年)的《西崖文集》中的有关资料此说。[②]

第三种观点认为:中国阳明学传入朝鲜朝的时间为李退溪(1501—1570 年)在世时。其理由是退溪生前著有《传习录辨》一文,对阳明学作了批判。退溪的批判是朝鲜学术史上对阳明学所作的最早的公开批判,例如李丙焘在《韩国儒学史略》中说:

> 王书之传来我东,始自何时? 年代未可得知。然李退溪生存时,已得见《传习录》而为之辩证一篇,载在其文集矣。退溪之作辩证,又不知在何时。假使其作系于晚年,王书之传来,恐不后于明宗朝

---

① 参见朱七星主编:《中国、朝鲜、日本传统哲学比较研究》,延边人民出版社 1995 年版,第 370 页;另参见张立文:《李退溪思想研究》,第 27 页;楼宇烈主编:《东方哲学概论》,北京大学出版社 1997 年版,第 221 页。

② 参见朱七星主编:《中国、朝鲜、日本传统哲学比较研究》,第 370—371 页。

矣。王书之东来也,最初著为文字,以加一棒者,除退溪外,未闻其人焉。①

关于阳明学在朝鲜朝传播、发展的脉络,可以分为以下六个阶段:

一、阳明学早期传播期

从历史记载看,朝鲜最早的阳明学信徒当推东冈南彦经(1528—1594年)和庆安令李瑶(生卒年不详)。

南彦经是徐敬德的门客,但同时又与李滉交游过。所以,他的阳明学思想可从《陶山全书》中的《静斋记》考察。其内容主要有:

1. 主张"一气长存说",认为"虚静微妙者,气之湛寂而先天之体也;生动充满者,气之流行而后天之用也"。

2. 反对李滉的"静时气不运,理自然存在"的主理主张,同时亦反对"理非静有动无,气也非静无动有"的主理说。

3. 南彦经说:"涵养体察为我之宗旨,天理与人间之理并非两种事物。"这就是说:天理就是人间之理,即我心。其实,这就是王阳明的"心即理"思想。

4. 李滉认为:"时甫前次所言心有善有恶,其主张大错。"南彦经的"心有善有恶"说与王阳明弟子钱德洪的"无善无恶心之体,有善有恶意之动"有一定关系。

5. 南彦经说:"若曰静而气未用事,则所谓气者,静处无而动处有;所谓理者,静处明而动处暗;安见其理气合一、流行无端之妙乎?!"理气合一之妙即暗示"良知"。②

南彦经的"一气长存"说和"理气合一即为良知"的观点,表明了他对理气问题的关心及对气的重视。这一思想演为朝鲜阳明学的主气说。

---

① 李丙焘:《韩国儒学史略》,第 266 页。

② 参见韩国哲学会编:《韩国哲学史》(下),社会科学文献出版社 1996 年版,第 9—10 页。

二、阳明学奠基期

张维(号谿谷,1587—1638 年)是朝鲜阳明学的奠基者,其阳明学的代表著作为《谿谷漫笔》。朝鲜阳明学集大成者郑霞谷正是通过《谿谷漫笔》受到启发而潜心钻研阳明学的。

张维关于阳明学的主要思想有:

1. 张维与南彦经一样,主张气一元论。不过,张维的"气"是把老子、庄子、阳明的气与朝鲜学者李珥的气综合在一起。这表现了他"好老庄之道"的遗风。关于气,他在《谿谷集·杂记》卷三中说:"气的本体是极其虚无的,往前无始,往后无终,大无际,小无心,无处不在。此处谁也难得,谁也难失,谁也难让其死,谁也难让其活,因为天地万物没有不是气的。"这表明:他认为气具有绝对性、普遍性、永恒性,是作为宇宙本体的一种实体。这种作为宇宙本体的实体气,在张维看来,就是良知之气,即心气的宇宙化。

2. 张维主张自治、自立和自主。这一观点是以阳明学尊重自由、个性为其根本。他批评朝鲜学术界没有实心、实事、实功、实得和志气。他在《谿谷漫笔》卷一中认为:中国学术多种多样,有正学、禅学、道教、程朱学、陆王学等,而我们朝鲜不管有知无知,只要是能识字者,就只知程朱而不知其他,其原因在于没有一个真正的学者。没有实心的学问或对学问没有实得,就会过于拘谨,缺乏志气,耳听口说都是程朱学的重要,行动上的表现也只是进行捧场。这不是假学问,又是什么? 而究其根源则是缺乏自治、自立、自主之心。而缺乏自治、自立、自主之心的实质是对良知自我拓展的缺乏。

3. 张维主张"慎独"说。在心性修养方面,他批评了程朱的穷理和居敬,认为即物穷理和居敬与我们的心性修养不合,而"慎独"更为切合实际。为此他写了《慎独箴》一文:"有幽有室,有默其处。人莫闻睹,神其临汝。警尔惰体,遏尔邪思。"慎独就是神的降临,要像站在神面前一样进行自身警惕,防止邪思,实现良知的虔诚的心境。慎独的实质就是心身修养。而心身修养不仅是知,也是行。张维认为:"先儒以穷理为格物致知之事,专属于知。唯阳明以为兼知行而言。范淳夫曰:'自君臣而言之,为君尽君道,为臣尽臣道,此穷理也,与阳明之说合'"①张维这一思想是对王阳明"知行合一"说的一种具体阐述。

三、阳明学被实学派摄取期

实学是朝鲜朝后期的一个重要学派。朝鲜实学以强调"实事求是"、"经世致用"、"利用厚生"为其目标。因此,实学学者对阳明学表现出较多的关心。他们认为阳明学在打破道学(即朝鲜朱子学)以正统主义实现一元优化统治而走向学术多元化方面有积极的贡献,而且,阳明学的"知行合一"思想成为鼓励实学派努力实践的理论。实学派从阳明学中找到了自己的哲学根据。实学派对阳明学的这一态度,在客观上亦构成了阳明学在朝鲜传播、发展的一个重要环节。

四、阳明学确立期

朝鲜阳明学派自 16 世纪中叶引入中国阳明学后,历经百年之久,到 17 世纪中叶才由郑霞谷开创为一个学派,在朝鲜学术思想上占有一席地位。这在后文专节叙述,此处略。

五、阳明学江华期

江华传统指郑霞谷的后代以阳明学为基础,在史学、书法、诗歌、实学等广泛领域的研究成果,而对霞谷学(即朝鲜朝阳明学)有所继承和发展。又如李建昌、李建昇、李建芳一起努力阐明阳明学,并继承了王阳明、郑霞谷的思想。他们在江华开办了启明义塾,义塾宗旨为:(1)四民皆学;(2)务实;(3)心即事;(4)实心实事;(5)恢复独立权。他们撰写论述真与假的《原论》上、中、下和《续原论》,认为假和假心不是良知,强调真、真实、实心的重要性,以此提倡阳明学的"良知"说。

---

① 参见韩国哲学会编:《韩国哲学史》(下),第 11—15 页。

六、阳明学近代光复期

朝鲜半岛的光复运动指朝鲜半岛近代史上对日本帝国主义的民族抵抗时期。这一时期具有代表性的阳明学者首推朴殷植和郑寅普。

朴殷植(1859—1925年)是朝鲜半岛近代史上具有代表性的爱国启蒙家和阳明学者。

郑寅普(1892—?　年)的《阳明学演论》对"致良知"、"至善"、"拔本塞源"等进行了论述和发展,并从宏观上对朝鲜半岛阳明学进行了归纳、分析。郑寅普将朝鲜半岛阳明学者分为三类:(1)明确承袭阳明学的,如张维、郑霞谷及江华阳明学派;(2)阳朱阴王的,如李匡师、李令栩、李忠栩等;(3)不谈阳明学,但精神为阳明学的,如洪大容等。

朝鲜半岛阳明学在以朱子学(性理学)为主导思潮的社会环境中,以不屈不挠的精神在与性理学的对抗中流传、发展,显示了顽强的生命力①。

第二节　郑霞谷的阳明学思想

郑霞谷生于仁祖二十七年(1649年),卒于英祖十二年(1736年),名齐斗,字士仰,号霞谷。

郑霞谷的阳明学思想一方面是对南彦经、张维、李晬光等前期阳明学者的继承,另一方面则是对朝鲜性理学者对朝鲜阳明学攻击之反动。

众所周知,以李退溪为代表的朝鲜性理学是朝鲜朝的统治思想。作为统治思想的性理学在阳明学一传入朝鲜时,就对它进行了残酷的打击。例如,李退溪著《传习录辨》,对王阳明的学说进行批评,要点如下:

1. 王阳明、陈献章的学问是以陆九渊之学为出发点,形式为儒而实质为佛。

---

① 参见韩国哲学会编:《韩国哲学史》(下),第9—48、65—70页。

2. 笃信唯心论,不以物之理为然,认所有事物皆为心障,唯有排除心障,本心、良知的作用才能得到自由发挥。总之,"六经"为心之注脚,凡事可从心得,不一定非读书不可。

3. "知行合一"说与究理之心相悖。

4. 阳明所谓的"性"实为古时告子所说的"生之谓性"之理,但朱子认识到纯属理之本体的仁、义、礼、智四德才是"本然之性"。

另外,退溪的弟子柳成龙对阳明学也做过批评。他指出:第一,阳明学虽富实践性,但心中并无准则,若持主心说,会滋长猖狂妄为之弊端;第二,王阳明主张致良知,不读书,哪会对一切事物皆了如指掌?陈献章不精道学,阳明以禅学代替儒学;第三,虚灵为心之本体,知觉为心之作用,心中所藏之理即仁、义、礼、智,也就是所谓的"性"。若将虚灵和知觉均归为性,那必然与佛学相近。格物致知的"知"说的是心知,"物"说的是物之理。王阳明将致良知视为学问的精髓,贬朱子学为支离破碎,属外道即佛家学说。

在这一思潮背景下,郑霞谷创建了朝鲜半岛阳明学——霞谷学。霞谷学的主要内容如下:

一、理气非二

霞谷学的一个显著特点或基本特点,是把"气"概念引入阳明学,所以,在这种意义上可以称霞谷学为主气心学。而郑霞谷之所以重视"气",也正是朝鲜学术界理气之辨的具体反映。

被誉为朝鲜朱子的李退溪是朝鲜朱子学的主要代表者。他对朱熹思想作了全面的继承和发展。在理气观上,退溪主张"理先气后"的理一元论。如他说:"理为气之帅,气为理之卒,以遂天地之功。"①而与退溪齐名的另一位重要学者李栗谷则反对退溪的"理一元"论,而主张"理气妙合"论。在理和气的关系问题上,李栗谷既反对李退溪的"理先气后"论,又批评徐敬德的"气一元"论,而主张把二者调和起来,认为"理"与"气"同

---

① 《天命图说》,《增补退溪全书》第三册,第 141 页上。

时形成世界的本原。李栗谷的理气观如他自己所言：

> 理气元不相离，似是一物，而其所以异者，理无形也，气有形也；
> 理无为也，气有为也。无形无为而为有形有为之主者，理也；有形有
> 为而为无形无为之器者，气也。理无形，气有形，故理通而气局；理无
> 为，气有为，故气发而理乘。①

这表明：栗谷的理气观从性能分析，是"气发而理乘"；从结构分析，是"理
通而气局"。这一理气观被郑霞谷所摄取和发展。郑霞谷说：

> 理者，气之灵通处，神是也；气者，气之充实处，质是也。一个气
> 而其能灵通者为理（注：是为气之精处、明处），凡其充实处为气（注：
> 是为气之粗者、质者）。②

理为神，气为质，理是气的灵通处。这种观点与栗谷的"理通气局"、"气
发理乘"的观点很接近，即强调"理"与"气"之合。关于理气不分的思想，
郑霞谷在《存言篇》中有更明确的论述：

> 其以心性以言于理气者，以其性有善恶，心有邪正，故以此而以
> 善者为理也，邪与恶者气也。遂以其性者为理，心者为气；理为善，气
> 为恶；遂以此分歧者，如此耳然。其实，只一理也，只一气也，不可
> 分二。③

> 气亦理，理亦气；性亦情，情亦性。④

> 又以心有主理而言者，有主气而言者，其言亦似明而实非。心只
> 是理也，亦只是气也，不可以分贰也，故只可以言理也。⑤

> 如见其理不出于此心，理气非二。⑥

这几段论述主要表明了如下三层意思：

第一层意思是，霞谷批评程朱理学和退溪学将心与性、理与气分离开

---

① 《答成浩原》，《栗谷全书》，第 208 页下。
② 《存言上》，《霞谷全集》（上），首尔：骊江出版社 1998 年版，第 286 页上。
③ 《存言中》，《霞谷全集》（上），第 300 页下。
④ 《存言中》，《霞谷全集》（上），第 304 页上。
⑤ 《存言中》，《霞谷全集》（上），第 300 页下。
⑥ 《存言上》，《霞谷全集》（上），第 292 页下。

来,并视理为性为善,气为心为恶,认为其实只是一个气,只是一个理,因为理与气不可以分为二物。

第二层意思是,霞谷明确指出"气亦理,理亦气","理气非二",这种观点是对栗谷"理通气局"、"气发理乘"思想的继承。之所以说是继承,还是因为霞谷这里所说的"气亦理,理亦气"、"理气非二"的实质是以"气"为价值视角而作出的评论。如上所述,霞谷认为:一个气,其灵通者为理,其充实处为气;气之精处、明处为理;气之粗者、质者为气。可见,在霞谷的理气观中,他强调的是"气"。

第三层意思是,霞谷追随阳明,亦讲"心即理"。按照霞谷以气为质的"理气非二"价值观发展,必然可以得出"心即气"这一命题。霞谷自己也说过:"心只是理也,亦只是气也,不可以分贰也。"但是,他又强调理是"气之灵通处,神是也"。这种人心神明上的生命元气,就是他所讲的"理",又特命名为"生理"。而这样的"理不出于此心",故只可以言"心即理"。为此,霞谷也说过"气者,心包气膜"这样的话。①

二、生道不息

"生道"这一概念在郑霞谷思想中,相当于"良知"。霞谷明确说过:

> 恻隐之心,人之生道也。良知即亦生道者也。②

郑霞谷思想中的"生道",就是指生命的根本、生命的原理。所谓"恻隐之心,人之生道也",这就是说,"恻隐之心"是生命的根本、生命的原理。因此,郑霞谷说:

> 凡此生道不息,即所谓仁理也。此仁理即天地之体,五性备焉;于事物无不尽,于天地无不具,惟在充之而已。不知何故,必欲添岐物理邪?其求于物理者,盖谓欲识天地之性,以求性命之源焉耳。其为心固是也,然所谓天地之性即此仁体,吾之仁体即天地之性也。岂

---

① 上述引文皆见《存言上》,《霞谷全集》(上),第285页下。
② 《与闵彦晖论辩言正术书》,《霞谷全集》(上),第21页下。

有不能尽吾仁之体,而可以求性命之源者乎?①

霞谷认为作生命根本的"生道"是"恻隐之心",亦是"仁"。"仁"是天地之体、性命之源。这表明霞谷是性善论者。他认为:如果不扩充善性,仁理灭绝,"生道"就将覆灭:

> 凡有四端于我者,良知也,人皆有之,多不能察。及其知之也,则悉皆张大而充之,是致知也。如火燃泉达,则是其端始发,而其势不可遏者,充之至于炎炽流溢,而燎于原,放于海,则其体充尽而仁道之成也。四海虽远,皆吾度内,何不保之? 有所谓可运掌也。如遏其心而不充,则其端灭息,岂复有水火乎? 是仁理灭绝,无复生道。虽有至亲,何能保也?②

致良知的过程,就是将"仁"之善端扩充的过程。这一过程也就是"生道"亨通的过程,性命之源扩张、显现的过程。否则,遏制善端,灭绝仁理,那么将无复"生道",生命的根本亦将枯竭。

从上可见,郑霞谷十分重视"仁"、"善"。他视"仁"、"善"为性命之源、"生道"之本。这也表明了霞谷的道德情感色彩,即是说霞谷是从"恻隐"、"仁"、"善"这一道德角度来把握"生道"(良知),诠释"生道"(良知)。如他谈到"良知"(生道)时,多以"恻隐之心"来解释。如说:"良知即是恻隐之心之体,惟其能恻隐,故谓之良知耳。"又说:"恻隐之心是人所固有之良知也。"③郑霞谷的这一思想,还表现在他的《良知体用图》中(图见下页)。

图中最里面的圆圈叫做"心之性"。"心之性"圈包括"仁、义、礼、智",霞谷认为这是"心之本然、良知之体"。图中的第二个圆圈,叫做"心之情"。"心之情"圈包括"恻隐、羞恶、辞让、是非"和"喜怒哀惧爱恶欲"的内容。霞谷将"心之情"圈视为"心之发、心之情、良知之用"。可见郑霞谷认为:"仁、义、礼、智"四端是心之性,属"良知之体、心之本然",即未

---

① 《存言中》,《霞谷全集》(上),第 302 页上。
② 《存言下》,《霞谷全集》(上),第 313 页下—314 页上。
③ 《与闵彦晖论辩言正术书》,《霞谷全集》(上),第 20 页下、21 页下—22 页上。

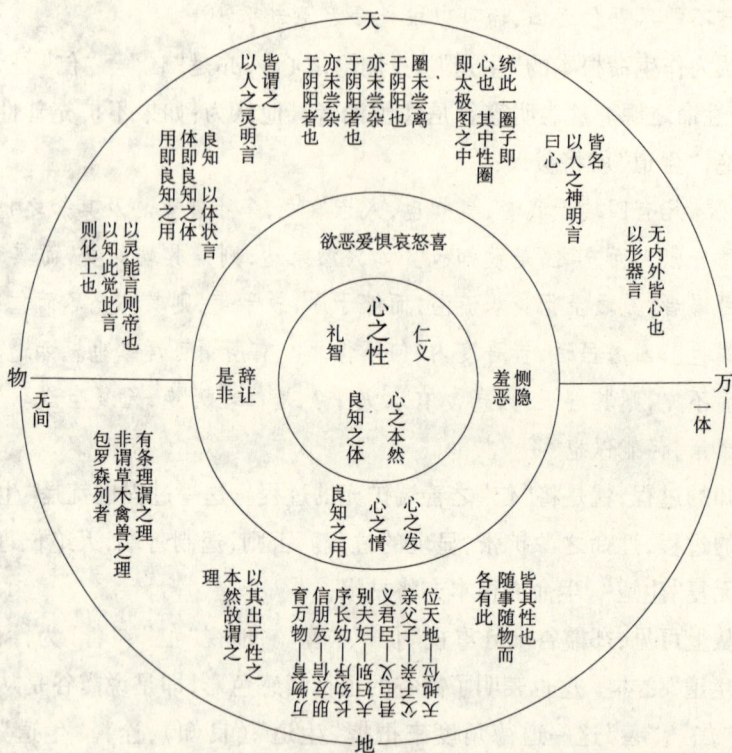

天

统此一圈即心也
其中性圈即太极图之中

皆名
以人之神明言
曰心

无内外皆心也
以形器言

圈未尝离于阴阳也
亦未尝杂于阴阳者也
亦未尝杂于阴阳者也

皆谓之
以人之灵明言

良知以体状言
体即良知之体
用即良知之用

以灵能言则帝也
以知此觉此言
则化工也

欲恶爱惧哀怒喜

心之性

礼智　　仁义

良知之体　心之本然

良知之用　心之发　心之情

恻隐
羞恶

辞让
是非

物　无间

有条理谓之理
非谓草木禽兽尊之理
包罗森列者

以其出于性之
本然故谓之理

万
一体

皆其性也
随事随物而
各有此

位天地　亲父子　义君臣　别夫妇　序长幼　信朋友　育万物

地

《良知体用图》①

发之性；又把"恻隐、羞恶、辞让、是非"和七情，规定为心之情，视为"良知之用、心之发"，即已发之情。此图不论是良知之体（仁义礼智）还是良知之用（恻隐、羞恶、辞让、是非、喜怒哀惧爱恶欲），都是从道德价值判断的角度加以确认。视"良知"（生道）为道德理性，这是霞谷学的一个重要特点。

① 《答闵诚斋书》，《霞谷全集》（上），第33页上。

第五篇　日本哲学

（17世纪至19世纪）*

第十八章　近世儒学

第一节　朱子学派

庆长八年（1603年）德川家康（1542—1616年）打败了丰臣秀吉，统一了日本全国，获天皇御赐"征夷大将军"称号，在江户（今日本东京）成立最高权力机关——幕府，建立了日本封建社会的最后一个武家政权——德川幕府。直到庆应三年（1867年）最后一代将军德川庆喜将"大政奉还"给明治天皇，德川幕府共延续了265年。史称这一时期为德川时代，也称江户时代，在日本史的分期上称为"近世"。

德川幕府的成立后，其政治体制采取"幕藩体制"，"幕"是指幕府将军，"藩"是指将军分封的各地领国，其领主称为"大名"。这种体制是建立在各级武士对其上一层武士严格服从的多层从属关系的基础之上的。德川将军拥有最高的军政大权，并通过"参勤交代制度"，牢牢地控制各地大名。参勤交代制度始于丰臣秀吉，但1635年修订《武家诸法度》时才正式确立下来。原则上大名每隔一年轮流在江户和领国居住，同时妻子作为人质留在江户城内，但大名隔年来到江户觐见将军的旅费和维持江户宅邸的费用巨大，大名因为承担沉重的经济负担，1862年（文久二

---

* 王守华、王青撰。

年)以后,改为三年觐见一次,以后逐渐松弛。参勤交代制度一方面能够有效地控制大名,并对江户的繁荣、全国经济文化的交流产生了一定的促进作用,但同时也必然削弱大名的经济实力,乃至动摇幕府的统治基础。

德川社会采用士、农、工、商的封建世袭身份制度,每个等级内又分若干阶层,武士阶级作为统治阶级,社会地位最高。农民的社会地位次于武士,从事农业生产,对幕府和大名领主承担着地租、杂税、附加税和赋役的义务。幕府和大名把农民牢牢地束缚在土地上,对农民经营土地耕作和生活作了种种限制,到德川中后期,由于农民负担的加重和日益发展的商品经济的影响,农村中的两极分化越来越严重,形成了社会危机的一个重要因素。

儒学尤其是朱子学作为适应政治统治的思想学说,日益受到统治者的重视和学者的深入研究,儒家伦理道德观念也逐渐对日本社会产生了广泛的影响。由于朱子学把自然界天地阴阳的二元对立直接作为人类社会上下尊卑秩序的理论依据,所以对于封建社会的统治阶级来说,朱子学无疑是非常有利的思想。但是由于近世日本社会没有中国式的科举制度,所以朱子学在日本近世初期也没有像中国那样在制度上成为法定的学说。但宽政异学之禁①以后,幕府加强了思想统制,把强调大义名分、人伦秩序的朱子学(尤其是林罗山系统的林家朱子学)逐渐推向官学的权威地位,从而使朱子学在日本近世社会也成为占主导地位的意识形态,但这种思想上的垄断与钳制的政策也反过来造成了儒学的衰落。

日本近世初期对于朱子学的传播和普及贡献最大的是藤原惺窝和他的门弟林罗山等人。

---

① 宽政异学之禁:江户时代初期,幕府虽然重用朱子学者林罗山,但主要是借重他渊博的知识为幕府的统治服务,并非是遵朱子学为正统。但是由于阳明学、古学等非朱子学的"异学"相继涌起,异说纷呈,党争加剧,幕府为加强思想统制,于1790年(宽政二年)下令要求昌平坂学问所的大学头林信敬将学风统一为"正学"——朱子学,禁止研究和宣传"异学",史称"宽政异学之禁"。这场以朱子学为思想界正统意识形态的运动的目的无疑是幕府为了加强思想统一,利用朱子学为幕府的政治统治培养人才。

一、藤原惺窝

藤原惺窝(1561—1619 年,永禄四年—元和五年),名肃,字敛夫,号惺窝,又号柴立子、北肉山人等,为播摩国(今兵库县)三木郡细川村人。他本来是个禅僧,在 30 岁左右,放弃了佛教信仰,开始学习儒学。当时他想到中国来研究儒学,不幸船遇风暴,漂流到了萨摩(今九州)。当地正是萨南学派的影响范围,他从儒学家南浦文之(1555—1620 年)的"四书"朱注和训中受到了很大的启发。后来惺窝回到京都,闭门研究"四书"朱注,并跟随丰臣秀吉侵略朝鲜时俘房的朝鲜朱子学者姜沆(1567—1618 年)学习朱子学,最终完全抛弃了佛教的立场。他的著作后编成《惺窝文集》(十二卷)、《惺窝文集续编》(三卷)。

惺窝使儒学在日本最终摆脱了禅学的附庸地位,并向指导现世生活的伦理观方面发展,成为完全独立的学派,他因此被称为日本朱子学派的开创者。朱子学派的确立,标志着日本的儒学摆脱了宗教的教条,并确立了理性思维。

惺窝的哲学思想完全遵循朱熹客观唯心主义的性理说。他认为理是最根本的,人和万物均以理为本。理在天还未赋予物以前是天道,赋予物以后称为理。理在没有明以性之前叫做性,明以性之后就叫做理。他遵从朱熹的"理一分殊"说,认为理是一般,分散于各个特殊事物之中,即万物均以理为本。

惺窝虽然接受的是朱熹的客观唯心主义,但对于陆(象山)王(阳明)的主观唯心主义也并不排斥,认为他们的学说是"其言似异而入处不别",人们往往看到他们的差别而没有看到他们的相同之处。同在哪里呢? 他说:"同是尧舜,同非桀纣;同尊孔孟,同排释老;同天理为公,同人欲为私。"[①]因此他折中朱子学与陆王学,特别强调"心"的本原性,形成了自己独特的思想特色。

---

① 《惺窝文集》第十五卷,《日本思想大系 28 · 藤原惺窝 · 林罗山》,东京:岩波书店 1975 年版,第 110 页。

惺窝虽然出身于禅僧,但他对佛教和僧侣的堕落采取批判态度,说"释氏既绝仁种,又灭义理,是所以为异端"①。认为净土不在往生(来世),而是在秽土(现世),即内在于各自心的深处。这是以儒学的现世主义来批判佛教的出世主义,这一点与仅仅作为僧侣的教养之一而学习儒学的宋学移植者是根本不同的。

惺窝用儒学的观点来解释日本传统的神道说:"日本之神道,亦以正我心、怜万民、施慈悲为极意,尧舜之道亦以此为极意。唐土曰儒道,日本曰神道,名变而心为一也"②,明显地主张神儒调和论,开辟了日本儒学一条独特的发展道路。

惺窝门人很多,嫡传高徒有 5 人,即林罗山、松永尺五、那波活所、菅得庵、崛杏庵,其中以林罗山最为著名。③

二、林 罗 山

林罗山(1583—1657 年,天正十一年—明历三年),名忠,又名信胜,字子信,号罗山,幼时曾出家,法号道春,为加贺国(今石川县)人,后移居纪伊(今和歌山县)。18 岁时读到朱熹集注,大受启发。因未经朝廷许可,私自召集学生讲解朱注"四书",受到博士清原秀贤的弹劾。但幕府并未处罚他,于是他开始公开宣讲朱子学说,并进入惺窝门下学习性理之学。

林罗山曾任将军侍读和民部卿等官职,服务于家康、秀忠、家光、家纲四代将军,协助幕府制定法令、起草文书,并受到历代将军的信任。他曾受到幕府赏赐土地和建筑学校及图书馆的费用黄金二百两的厚遇,并以此在江户的忍岗兴建了私塾。在私塾内建有光圣殿,进行祭祀孔子的释奠仪式,并依《文公家礼》为亲属举行葬礼,努力把儒教的仪礼移植到日

① 《惺窝先生行状》,《罗山林先生文集》第四十卷,《日本思想大系 28·藤原惺窝·林罗山》,第 224 页。
② 《假名性理》,《藤原惺窝集》卷下,思文阁 1941 年版,第 407 页。
③ 参见王守华、卞崇道:《日本哲学史教程》,山东大学出版社 1989 年版,第 47—49页。

本社会。他的私塾后来成为幕府的直辖学校昌平坂学问所,又称"昌平黉"。幕府任命林罗山之孙林凤冈为最高责任人(大学头),从此林家世袭此职。

林罗山的著作被后世编为《林罗山文集》(75 卷)、《诗集》(75 卷)。他致力于朱子学的普及,所著《春鉴抄》、《三德抄》、《儒门思问录》等都是朱子学启蒙书,并对"四书五经"进行了独特的训点,后人称之为"道春点"。他所论及的问题非常广泛,可以说是全面地发展了朱子学,使得此前在日本偏重于修身齐家的朱子学在江户时代进一步发展为治国平天下的武器,对于确立儒学作为武士阶层的统治思想作出了极大的贡献。

林罗山的基本立场是遵循朱熹的客观唯心主义,但是在理气问题上,他却不严守朱熹的立场,主张理气合一。他认为:"理气合而为心……由此应知理气之差别也。理气虽为二,然有气必有理,无气则理无所宿。理无形也,理气不离,非是今日有气,明日有理,有则同时具有之物也。"①把理气问题归结为心的问题,这表明在理气问题上他与王阳明的主观唯心主义比较接近。与藤原惺窝相比,罗山把儒学更加以唯心主义的纯化。

忠实的朱子学者林罗山为什么在理气问题上背离了朱子学呢?这是因为历史上日本的朱子学主要是由五山禅僧传播所致。朱子学本是以客观认识——格物致知为媒介而得以成就主观认识——诚意正心的。然而五山禅学都有舍弃朱子学客观认识的一面,而把朱子学看做是直接进行主观认识的学说。林罗山出身于五山禅僧,所以他在理气问题上还未能完全摆脱禅学的影响。② 后期林罗山逐渐趋向于接受朱子学的理气二元论,但他是把朱子学的"理"作为外在规范而强调其实在性的。

林罗山特别主张采用儒学中适合封建等级身份制度的伦理纲常思想,对佛教批判的态度比惺窝更为坚决。他主要从三方面来批判佛教:首先,他指责佛教"夫道者教人伦而已,伦理之外何别有道? 彼云出世间云

---

① 《三德抄》,《日本思想大系 28・藤原惺窝・林罗山》,第 164 页。
② 参见[日本]三宅正彦著,陈化北译:《日本儒学思想史》,山东大学出版社 1997 年版,第 81 页。

游方外,然则舍人伦而求虚无寂灭,实是无此理"①的出世主义;其次,他指责佛教无视人伦,违背名分,干涉政治,紊乱政道;最后,他指责佛教建寺院造山刹是"其费不知以几亿兆"的浪费。罗山是德川初年主要排佛论者之一,他的这些论据大多被后世儒学家和历史学家所引用,并成为明治时代废佛毁释风潮的思想渊源之一。

与罗山排佛论同样著名的是他的排耶稣论。基督教传入日本,最早是由西班牙传教士方济各(Francisco de Savier,1506—1552 年,亦译做沙勿略)于 1549 年传入天主教耶稣会开始的,又称为"切支丹宗"。织田信长为了统一日本,想通过耶稣会搞到西方的新式武器和利用天主教来打击佛教势力,所以曾经镇压佛教,支持天主教的发展。但织田排佛并不是出于宗教信仰,只是因为佛教的武装力量妨碍其统一大业才予以打击的。所以,当天主教势力壮大,也企图在日本建立变相的割据势力时(例如曾出现了天主教威胁九州大名割让长崎事件),作为织田信长继承者的丰臣秀吉就开始实行大规模禁止天主教的政策,但是实际上却没有得到严格执行。直到德川幕府成立之后,1612 年才得以严格执行,此时的禁教令就是出自林罗山之手。

林罗山著有《排耶稣》,对基督教进行了批判。耶稣会士不干斋·巴鼻庵(Fabian Facan,1565—1621 年,亦作不干巴毗庵、梅庵,《林罗山文集》中笔误为"不于")在 1605 年(庆长十年)左右著有《妙贞问答》,宣传神创说,并对儒学、老庄学说、佛教进行了批判,还介绍了西方的自然科学成就。林罗山同他的弟弟林信澄一起访问了巴鼻庵,并就《妙贞问答》的内容进行了辩论,《排耶稣》就是这场争论的记录。

林罗山站在朱子学的立场,用理一元论来反对神创说,虽然两者都是唯心主义,但毕竟罗山是试图用一种哲理来批判神秘主义,可以说是以一种类似"泛神论"的观点(认为有什么事物就有什么事物之理)来批判基督教的有神论。

由于林罗山不懂自然科学知识,他坚持"天圆地方"说,对于地球是

---

① 《谕三人》,《林罗山文集》第五十六卷,第 670 页。

圆的观点嗤之以鼻,对于西方当时先进的棱镜、透镜等科技知识,他也责之为眩惑众人的"奇技奇器"。另外,《妙贞问答》中,巴鼻庵运用了西方哲学中由亚里士多德哲学体系中提出、后来被托马斯·阿奎那为代表的经院哲学所吸收的如"质料"、"形相"等范畴,但林罗山尚不了解这些,所以大骂:"不如火其书,若存则遗后世千岁之笑。"

林罗山与不干斋·巴鼻庵所进行的泛神论和有神论的争论,是东方文化对抗西方文化的经典案例,即以天圆地方说对抗地球说,以儒学的理一元论对抗基督教的神创说。罗山关于哲学、科学和宗教关系所确立的思维模式和基本准则,几乎成为指导德川时代思想的根本原理。

林罗山还著有《神道传授》、《本朝神社考》等,他批判神佛融合,进一步发展了惺窝神儒结合的主张。他排斥佛教的三世因果观和灵魂不灭论为"异端"、"外道","我朝神国也,神道乃王道也"。用儒学的理论尤其是朱子学来解释神道,认为所谓儒道就是日本的神道,儒学与神道"自我观之,理一而已矣,其为异耳"①,其目的就是为了论证德川家康的统治就是德治主义的"王道"。他宣传的这种神儒合一的神道叫做"理当心地之神道",成为日本神儒合一理论的先驱者。

在历史观方面,林罗山继承了朱子《通鉴纲目》的立场、观点和方法。他以正名及大义名分论为基础,编写了《本朝编年录》及《诸家谱系图》,试图导入"理"的观点来"合理"地研究历史。②

三、新井白石

新井白石(1657—1725年,明历三年—享保十年),名君美,字在中、济美,号白石、紫阳等,江户人。父亲是领主土屋氏的家臣,白石19岁时家道中落,但他于逆境中好学不倦。26岁曾仕奉大老堀田正俊,28岁入儒学家木下顺庵门受教,35岁辞去堀田家职务,在浅草开设学塾教书。

---

① 京都史迹会编:《随笔二》,《林罗山文集》第六十六卷,日本ペリかん社1979年版,第804页。
② 参见王守华、卞崇道:《日本哲学史教程》,第49—53页。

后来经木下顺庵推荐,当了六代将军德川家宣的儒官,曾给家宣讲解《四书》、《小学》、《近思录》、《书经》、《诗经》、《资治通鉴》、《通鉴纲目》等。家宣继位后,白石颇受宠信,与老中①间部诠房一起参与幕政,在试图改革和巩固幕府政权方面作出了贡献。在德川年间的儒学家中,很少有人获得他这样显赫的政治地位。他和熊泽蕃山、荻生徂徕被后世看做是德川经世论的三个创始人。八代将军吉宗继位后,白石的政治生涯也随之结束,之后专门从事教学及著述活动。

白石博学多才,所著书籍共达 160 余种,现均收入《新井白石全集》。白石比较重视实证科学,很少涉及抽象的哲学或伦理学,对于朱子学的形而上学理论没有什么贡献,但在鬼神论、历史学研究及对西方科学的关注等方面颇具特色,发展了朱子学的穷理精神。

《鬼神论》是新井白石具有代表性的著作。他根据阴阳之气是万物之根源这个中国自然哲学的一般命题,认为鬼神也不过是阴阳二气的作用。他说:"所谓天神、地祇、人鬼,见于周礼,其名虽异,诚为阴阳二气之灵,通称是为鬼神。"②由于二气之伸屈,清明之气升天为神、为灵;入地之气则为鬼。人的灵魂由天气造成,人的肉体由地气造成。人的生死不外乎阴阳二气之聚散离合,生则为人,死则为鬼。人死后魂升天,魄入地。灵魂是"万物之精",对人或物产生感应,灵魂也是气,所以也有离合聚散,不是不生不灭的。为了防止灵魂的散逸和坏作用,他主张祭祀,但反对淫祀。他还认为人的魂魄有强有弱,富人势大形强,灵魂的永久性和感应力也就强,反之魂就弱。他主张在鬼神上也有等级,这是当时封建身份制度的反映。白石虽然相信鬼神存在,但又赞成孔子的"不语怪力乱神",可以说他的看法代表了日本朱子学者中关于鬼神问题的一种比较开明的看法。

元禄年间开始兴起的经验科学逐渐给哲学领域也带来了自由的批判精神。新井白石虽然也属于朱子学派,但他试图运用更加客观的方法对

---

① 大老、老中:都是幕府的最高官职,辅佐将军处理朝政。大老在老中之上,属临时官职;老中是常设官职。

② 《鬼神论》,《日本思想大系 35·新井白石》,东京:岩波书店 1975 年版,第 147 页。

自然社会的各种现象进行经验的研究。

在历史研究方面,白石发挥了朱子学的穷理精神,从"理"的观点出发来研究历史。他认为历史不只是对事件作年代的记叙,也不满足于对历史事件作伦理式的评价,在他看来历史就是围绕着权力斗争的政治史,因此主张根据政权的变更来划分时代。

例如对于织田信长为何能统一日本的问题,他从地理位置优越、政策措施得当、交通便利、时机成熟等方面进行了论述。总之,他的历史观突破了朱子《通鉴纲目》主观道学式的立场,在当时尚不能有效地利用考古发现及文献资料的条件下,白石的这些看法虽然尚属"推论",但他对历史的因果关系作出了比较合理的说明。这与以前把日本历史作为神皇神统,把历史上的成败看成由个人意志决定的观点等相比,可以说是一种卓越的见解,为阐明历史的客观联系的合理方法打下了基础。虽然新井白石的历史观点尚没有超出大义名分论,却代表了日本朱子学者一种比较合理的倾向。

不过值得注意的是,白石思想的核心虽然是"王道"思想,但这并非是一般意义上的"仁君论",而是以《资治通鉴》的王权一元论和易姓革命论为德川将军的专制统治寻求理论根据。

白石还试图对日本的神代史作出系统而合理的解释。他主张"神者人也",凡是传说中神的作为,都要作为人事来解释。大凡读日本古书,应按古语理解其意义,而不应按今字解释其意义,强调语言学—文献学研究的必要性,试图探寻古典记述的神秘面纱背后隐藏的历史事实。

《西洋纪闻》是日本禁教①以后第一部研究西方的书籍。西多蒂(Giovanni Battista Sidotti,1668—1715 年)是意大利耶稣会士,1708 年潜入日本。因当时日本执行锁国政策,被捕监禁于江户监狱。新井白石代

---

① 禁教:1549 年(天文十八年)天主教传到日本。安土桃山时代,织田信长、丰臣秀吉为壮大自己的力量,抑制佛教势力,默许天主教势力的发展。但天主教势力的迅速发展,最终影响到他们的统一大业。1587 年(天正十五年)丰臣秀吉发布禁教令,但此令实际上没有得到彻底执行。直到 1612 年(庆长十七年),江户幕府才在直辖领地内下达禁教令,次年推广到全国,对天主教进行了严厉的镇压。1639 年实施锁国,1873 年(明治六年)禁教令才被解除。

表幕府审理此案件,根据审问记录,写成了《西洋纪闻》(其中的地理部分题名为《采览异言》,在德川年间出版)。该书根据西多蒂提供的材料,记述了西方科技文化,也涉及基督教的神创说、天堂、地狱、灵魂不灭等观念。白石认为欧洲文化是"自天文、地理,直至方术、技艺之小者,无不悉皆有其学"①,但基督教是"荒诞浅陋,不值一辩"②。显然,白石把欧洲科学文化和基督教明确地区分为形而上学和形而下学的不同领域,他承认前者的优越性,批判后者的非科学性,打破了当时日本社会把西方文化和基督教混为一谈的偏见。由于西多蒂是传教士,只宣传神创说,不可能宣传当时欧洲的新兴哲学(如培根、笛卡儿、霍布斯、斯宾诺莎等),白石也就不知道西方哲学,只限于他们介绍的自然科学及基督教。所以,白石得出的结论是:"由此可知,彼方之学,只精于其形与器,只知所谓形而下者,至于形而上者,尚未预闻。"③这种观点几乎影响了整个德川年间对西方文化的看法。但是白石从肯定西方科学的先进性和实用性的立场,承认西方"形而下"的文化发达,并且与基督教区别对待,这就为在禁教的背景下引进作为"实用之学"的西方科学提供了可能性,为江户中期"兰学"的产生做好了思想准备。④

藤原惺窝、林罗山、新井白石三人的儒学属于京师朱子学派,简称京学。而日本朱子学除了这一派之外,还有海南(土佐)、海西(关西)、水户学派、大阪等朱子学派,贝原益轩就是海西朱子学派的著名学者。

四、贝原益轩

贝原益轩(1630—1714 年),名笃信,字子诚,号损轩、益轩,筑前(今福冈县)人。最初倾心于陆王之学,不久改信朱子学,85 岁高龄时又批判朱子学。益轩的主要著作有《慎思录》、《大疑录》、《初学知要》、《自娱集》、《益轩十训》等,现均收入《益轩全集》。

---

① 《西洋纪闻》中卷,《日本思想大系 35·新井白石》,第 40 页。
② 《西洋纪闻》下卷,《日本思想大系 35·新井白石》,第 78 页。
③ 《西洋纪闻》上卷,《日本思想大系 35·新井白石》,第 19 页。
④ 参见王守华、卞崇道:《日本哲学史教程》,第 56—58 页。

益轩在《大疑录》中批判了理先气后说："宋儒之说，以无极为太极之本，以无为有之本，以理气分之而为二物，以阴阳为非道，且以阴阳为形而下之器，分别天地之性与气质之性以为二，以性与理为无死生，是皆佛老之遗愆，与吾儒先圣之说异矣。"① 他提出了气一元论："理是气之理，理气不可分而为二物，且无先后，无离合，故愚以为理气决是一物。朱子以理气为二物，是所以吾昏愚迷而未能信服也。"② 他用理气合一来反对理先气后。理气合一就是合于气，无气就无理，可以说是一种朴素的唯物主义思想，大约是继承了张载和罗整庵（钦顺）的"理是气之理"的唯物主义传统。他曾写道："罗钦顺之学，其说不阿于宋儒，其言曰：'理只是气之理'。又曰：'理须就气上认取'。……其所论最为适当。"③

从气一元论的世界观出发，在人性问题上益轩批判程朱区分"气质之性"和"本然之性"，认为代表"气质之性"的身体有生死，而代表"天地之性"的"本然之性"无生死。益轩指出："愚谓性者一而已矣，不可分天地气质之性为二。……气质者性之本义，以所受天而言之。天地之性亦是所禀受之本然，非有二性。"④ 也就是说，他认为气质之性就是本然之性，气禀之外，非有本然之性，身体死亡，性也随之而亡，"故无身死而性存之理。有此身则有此性，无此身则此性亦随而亡，无所寄寓。"⑤ 他以水火为例，水之性是寒冷、湿润，火之性是炎热、干燥。水干了，火灭了，这些寒热润燥之性也就随之而消失，不可单独存在。

益轩著有《五常训》专门论述伦理道德观念。他说人心所具仁义礼智四德，其根本在天，出自天而赋予人心，"正如天有此四德（春夏秋冬），天道常行；人有仁义礼智，而行人道。……有天有人，其理一也，董子所谓道之大原出于天是也"。⑥ 他提出教育的目的是涵养德性，学问就是以

---

① 《大疑录》卷上，《日本思想大系 34·贝原益轩·室鸠巢》，东京：岩波书店 1977 年版，第 389 页。
② 《大疑录》卷上，《日本思想大系 34·贝原益轩·室鸠巢》，第 390 页。
③ 《大疑录》卷上，《日本思想大系 34·贝原益轩·室鸠巢》，第 395 页。
④ 《大疑录》卷上，《日本思想大系 34·贝原益轩·室鸠巢》，第 391 页。
⑤ 《大疑录》卷上，《日本思想大系 34·贝原益轩·室鸠巢》，第 390 页。
⑥ 《五常训》卷一，《日本思想大系 34·贝原益轩·室鸠巢》，第 71—72 页。

辨善恶、尊德性为本,所谓"圣门之教,以孝悌忠信为先,是以本立而道生焉"①。

他认为"致知"之工夫,就是无论是"自一身之中"还是"万物之理",只要不断积累认识经验,"讲究多则自然豁然有觉悟",就是格物穷理之工夫。他从"穷理"的立场出发,把经验的科学知识看做高于古典和教条,主张"博学之功"。在知行关系上,益轩提出知行相互作用(知行并进)论。他认为知识如果正确,则实践也会前进;实践如果正确,知识也会前进,以此反对朱熹的"知先行后"说和王阳明的"知行合一"说。②

益轩思想的独特性还在于他以天地生成为根本的"事天地"论。他认识到自己是依"天地之恩"才得以存在的,因此人必须以报天地之恩作为道德标准:"人虽由父母所生,究其根本皆生于天地之恩。……此故以天地为大父母。……人乃天地之子。……故人之道只知报答天恩,……报天地之道无他,乃遵从天地也。……行仁道即为遵天地之心,行仁道即爱人伦,即为奉天地也。"③可以说"事天地"论也就是他的道德论。具体而言就是以"礼"作为人伦社会的规范,以"术"作为关于自然万物的方法,把对"礼"和"术"的研究作为"穷理之学"的研究对象,他从这种实用主义的角度展开了他的博学的研究。他著有《大和本草》,奠定了日本中草药和植物学的理论基础。他还著有《筑前土产志》,从化石研究地壳的变迁。他对经验科学的重视,应该是对朱子学中格物穷理的合理因素的积极发展。就是他后来所著被称为《益轩十训》的平易的和文教化著作,也是试图向民众对"礼"和"术"进行启蒙和说教的产物,对日本的伦理道德规范进行了系统的解说。

五、山崎暗斋

山崎暗斋(1618—1682 年,元和五年—天和二年),名嘉,字敬义,号

---

① 《大疑录》卷下,《日本思想大系 34·贝原益轩·室鸠巢》,第 397 页。
② 参见王守华、卞崇道《日本哲学史教程》第 60—61 页。
③ 《五常训》卷三,《日本思想大系 34·贝原益轩·室鸠巢》,第 95 页。

暗斋、垂加,平城(今京都)人。少年出家于妙心寺,25 岁时,受到小仓三省和野中兼山的器重,受赠程朱之书。暗斋阅后大受启发,于是蓄发还俗,转而学习儒学。之后,又从神道学家度会延佳、吉川惟足学习神道,并创立了神儒结合的"垂加神道"。山崎暗斋著有《文会笔录》、《辟异》、《仁说问答》、《垂加文集》等,现均收入《山崎暗斋全集》。山崎暗斋是海南朱子学派的代表学者,其思想可分为儒学及神道两个方面。

作为儒学家,山崎暗斋没有什么理论上的创新,他的著述大部分是抄引先儒的言论。他崇奉朱子学如同宗教,只以朱子学的是非为是非,是盲信朱子的精神奴隶。从这种教条主义态度出发,对与朱子学不相容的一切思想,他均采取排斥的态度。他说:"程朱之门,千言万语,只欲使学者守正道辟异端而已矣。"[1]他著《辟异》排斥与纲常名教不相容的佛教;著《大家商量集》辟陆王之学,就连藤原惺窝的朱王并取之态度也遭他的批判。即使像《四书集注大全》、《四书蒙引》等书,虽意在发明朱注,但是也在他排斥之列。暗斋不但在理论上全面肯定朱子学,而且在实践上更抱着笃实躬行的态度,把朱子学发展为一种伦理哲学和实践哲学。

暗斋的儒学思想还直接受到了朝鲜儒学大家李退溪的影响。他把"理"视为贯穿宇宙和人类社会的根源和本质,形成了他的主理主义。他强调朱子学的"理"是人伦事物之理的"五伦",在五伦中他又最为重视君臣之义。他提倡"敬义内外"之说,把道德修养与治国安天下(即内圣外王)的政治行为联系起来。以敬、义作为实践道德的两大原理,以敬正直内心,以义立外部规范,但归根到底是以敬为心之主宰,万事之根本,认为只要修身持敬、严肃整齐,就可实现天下太平的政治目标。

山崎暗斋吸收了伊势神道和吉田神道的因素,创立了神儒融合的"垂加神道",在德川时代的神道思想史上影响很大。他说:"嘉(暗斋之名——著者注)谓盖明德者,心也,知也,一理也。而明德者心之表德,知则心之妙用也,其为物、方寸灵台、神明之舍,指脏而言。其人之神明,心

---

① 《山崎暗斋全集》第二卷,ぺりかん社 1978 年版,第 302 页。

之神明,就德而言,其脏之中虚而灵,即是神明而德之妙也。"①在他看来,这个心便是神明所在,所以心便是神,神便是心,因此儒学、神道在其本质上是相通的。他在其教条主义的"敬"的基础上,建立其神道教义:"神垂以祈祷为先,冥加(神佛暗自保佑之意)以正直为本。……嘉自赞:神垂祈祷,冥加正直。我愿守之,终身勿忒。"②并将自己创立的神道命名为"垂加神道",他自号"垂加",以明其志。③

山崎暗斋门下的佐藤直方、浅见䌹斋、三宅尚斋被称为"崎门三杰"。他们虽同属山崎暗斋的学派,但各自接受了师说的一部分,思想主张各有所不同。由于暗斋强烈的日本中心主义和大义名分论,他的门下也出现了玉木正英、大山为起、谷重远、正亲町公通等著名的神道思想家,对围绕编纂《大日本史》而形成的水户学派的大义名分论也产生了一定的影响。④

六、富永仲基

大阪是江户时期日本最大的商业——高利贷资本的中心,代表工商业者的町人文化比较发达。在文学上出现了以井原西鹤(1642—1693年)为代表的町人文学,在学术上则出现了以"怀德堂"为中心的大阪朱子学派。大阪朱子学派是以1724年设立的怀德堂学问所为中心而形成的学派,怀德堂受到幕府的保护和鸿池家等富豪的支持,他们在一定程度上代表町人利益,并倾向于下层武士和平民。大阪朱子学派的思想特点是:尊信朱子,又兼修陆王,对朱子学也提出了一些大胆的质疑,但总的来说还是属于朱子学的范围;具有实证主义倾向;在政治上倾向于尊王贱霸;致力于推行平民教育。

怀德堂学派的创始人是三宅石庵(1665—1730年)和中井甃庵(1693—1758年),兴盛于中井竹山(1730—1804年)和中井履轩(1732—

---

① 《山崎暗斋全集》第一卷,第170页。
② 《山崎暗斋全集》第一卷,第4页。
③ 关于山崎暗斋的神道思想,在第十九章第一节中述。
④ 参见王守华、卞崇道:《日本哲学史教程》,第67—69页。

1817年)，后来出现了富永仲基那样具有唯物主义新思想萌芽的儒学家。由于大阪朱子学派不独尊朱子，而是兼收诸家之长，富于批判精神，所以保守派攻击他们是头像朱子，尾似阳明，声如古学派的"四不像"。

富永仲基(1715—1746年，正德五年—宝历十一年)，出身于商人家庭，本是怀德堂创始人之一富永芳春之子，幼时师事于三宅石庵。主要著作有《出定后语》、《翁之文》等。

《出定后语》(1744年，延享元年)对自原始佛教开始的大乘佛教经典的成立史进行了分析批判，并提出了著名的"加上法则"。即他认为所有的经书都不是释迦所说，而是后世所作。后起的思想为了否定以前的思想，便在以前的思想基础上加上一些新的成分，便创立了新思想，并标榜为最本源的学说。例如，佛教最初是阿含的小乘教，其后被般若、法华、华严、涅槃、禅、真言依次否定前说，加上一些东西，从而创立新的宗派。因此他断定："诸教兴起之分，皆本出于其相加上。不于其相加上，则道法何张？乃古今道法之自然也。"①

不管是教义还是经说都是加上的结果，这证明了大乘教都是后世人之造作，是不足凭信的。用这种方法，他否定了佛教的须弥山说、三千大千世界以及三世因缘说、阿赖耶识的主观唯心主义，批判了佛教的神秘主义、禁欲主义，断定佛的真理归根到底只在于"树善"而已，因此仅仅留下了他认为合理的可取部分——行善、积德等道德论。仲基的这种研究方法，实际上是一种历史的观察方法，超过了以往儒学家对佛教的批判。他还将此方法推广用于儒学和神道的研究，认为孔子虽祖述尧舜，宪章文武，但其王道说，实际乃出自齐桓晋文霸道之上。孔子死后，儒家分为八派，也都是在孔子学说之上又分别加上了自己的学说。仲基从这个加上法则的角度否定了一切既成教学的正当性，得出了一切思想都是跟着时代推移，没有一成不变之结论。

《翁之文》是从各国风俗文化和国民性的差异角度去批判神道、儒学和佛教的。他认为神、儒、佛三教是国家和产生时间各异的思想，并不适

① 《日本思想大系43·富永仲基·山片蟠桃》，东京：岩波书店1973年版，第109页。

用于现实的日本社会。学问的性质因地理环境而异,例如:印度人好幻,所以佛教说神通,说不可思议;中国人好文,所以儒教讲礼乐,讲文章;日本人好质,所以神道讲神秘、秘传。他认为印度的东西在中国和日本就不适合,而中国的东西在日本也不适合。儒教是古代中国之道,佛教是古代印度之道,神道是古代日本之道,都不是现代日本之道。神、儒、佛三教因时因地而不同,只有在"为善"这一点上,三教有共同之处,这就是"诚之道",就是目前日本当行之教。但其实所谓"诚之道"就是《论语》的忠信、《孟子》与《中庸》的"诚",朱子的"穷理尽性",具体说就是遵守日常的行为准则规范。提倡"诚之道",也是怀德堂学派共通的思想主张:"书当今文字,用当今语言,食当今食物,着当今衣服,用当今器具,住当今房屋,从当今习惯,守当今法规,交当今之人,不为诸恶事,行诸善事"①。也就是遵从五伦五常等现实生活的规范,根本上还是儒学思想的核心。②

从文献学批判的角度来研究历史,实际上在古学派的伊藤仁斋和荻生徂徕那里已初见端倪,他们正是从古与今的时间差异和中国与日本的空间差异的立场出发,把历史加以相对化的。而仲基进一步批判了视中国三代古典为绝对权威的徂徕学,充分肯定了现世日本社会道德规范的存在合理性。他的这一方法论其实也是 18 世纪后半叶怀德堂学派的学者们所广泛认同的。仲基的"加上法则"对后世日本思想界影响非常大,尤其对于近代历史学家内藤湖南创立"学派越晚起,其假托的传说中的人物就越早"的上古史辨伪理论提供了方法上的启示。

第二节 阳明学派

相对于朱子学主张"格物穷理"以发现内在于人心的"本然之性"为主旨的人性论,阳明学更强调人性的多样化和心的自由,这股新思潮也传

---

① 《翁之文》,《日本古典文学大系 97 · 近世思想家文集》,东京:岩波书店 1966 年版,第 552 页。
② 参见王守华、卞崇道:《日本思想史教程》,第 62、64 页。

播到了日本。早在五山时代,禅僧了庵桂悟(1424—1514 年)奉将军足利
义证之命,以 87 岁高龄于 1511 年(日永正八年,明正德六年)出使中国。
明武宗慕他高龄,命住宁波育王山广利寺,赐以金襕袈裟。1512 年了庵
与王阳明相遇。翌年了庵归国之际,王阳明作《送日本正使了庵和尚归
国序》一幅相赠。此时王阳明 42 岁,已经提出了致良知说。这就是日本
与阳明学接触之开始,也可看做是日本阳明学派的渊源。

　　自从阳明学传到日本之后,就在禅僧和南学派中有所传播,但当时五
山禅僧们并未严格区别朱子与阳明的学说。随着儒学在日本近世社会的
普及,逐渐产生了向更加广泛的社会阶层渗透的要求。中江藤树信奉阳
明学说,主张"究及心学乃为由平人至圣人之道,亦云圣学也"①,致力于
儒学的通俗化和普及化,所以日本的阳明学作为一个学派是从中江藤树
开始的。

　　相比于中国,日本的阳明学如熊泽蕃山、大盐中斋等人在注重实践,
强调变通,以改造世界为己任方面富有特色。到幕末时期,阳明学者(如
倒幕志士吉田松阴等人)更加强调阳明学"知行合一"的实践侧面,发展
出一种实践哲学。

一、中江藤树

　　中江藤树(1608—1648 年,庆长十三年—庆安元年),名原,字惟命,
号默轩、颐轩。因常在藤树下讲课,被尊称为"藤树先生"。近江(今滋贺
县)人,所以也被称为"近江圣人"。他的祖父是大名加藤侯的家臣,他从
小跟随在祖父身边,15 岁继承祖父职业成为武士,少年时就开始攻读《四
书》等儒学经典。在 32 岁之前藤树基本上信奉朱子学,后来他读到了王
阳明的弟子王龙溪(1498—1583 年)的《语录》等,受到很大启发。37 岁
时,读《阳明全书》,经过反复思考,豁然开悟,解决了心中多年的疑问,从
而完全转向阳明学。藤树著有《翁问答》、《大学考》、《大学解》、《中庸
解》、《论语解》、《古本大学全书解》等,现均收入《藤树先生全集》。

---

① 《翁问答》,《日本思想大系 29·中江藤树》,东京:岩波书店 1974 年版,第 53 页。

中江藤树的世界观是围绕着"大学之道,在明明德"这一命题展开的。他认为"学问以明明德为全体之根本,明德乃通天地有形,无上亦无外之神明不测者"①,即"明德"是"万物一体之本体"。藤树时常又说:"世界唯是当下一念","良知具于方寸","中虽具方寸,但与太虚之太极同体一致,故不仅为吾身之根本,亦天地万物之根本"②。这里藤树所说的"明德"、"良知"、"心"、"中"都是同义词,就是指贯穿宇宙和人类的精神实体。也就是说天地万物皆在人的"心"(或良知)中,客观世界离不开人的主观精神。这和孟子的"万物皆备于我"和王阳明的"天地,无人的良知不可为天地"、陆象山的"宇宙便是吾心,吾心便是宇宙"的主观唯心主义是一脉相承的。

藤树提倡独特的时、处、位论,意思是说自己的心的形式是最重要的,只要心是纯粹而正确的,就可以按照时、处、位,自己判断如何行动才能合乎道德,而并不是说人只要遵循规定的礼法就算是正确的行动。不仅是藤树持有这种观点,在日本近世,普遍把儒学不是从礼法方面,而是从精神方面,亦即作为心的教化来接受,也因此儒学成为谁都可以学习的普及的东西。这是日本儒学区别于中国和朝鲜儒学的一个特色。

藤树强调"良知"、"慎独"在认识中的作用,他说:"明明德之本,在于以良知为镜而慎独。"③这就是说,只要慎独,在良知上下工夫,就可以明明德,进而认识世界万物。这种强调绝对信赖人类的主体或主观自由的"心学"就是认识论上的主观唯心主义。藤树重德教,强调通过慎独、致知,加强个人的道德修养,试图把儒学建立成为一个超阶级的、抽象的、人类普遍的道,这一点在当时产生过一定的影响,有许多传颂的佳话。藤树认为道德秩序的最高范畴,就在于每个人的心中,只要畏天命、尊德性,通过"格物致知",无论天子或平民,都能修炼成圣贤,所以心学乃"由凡夫至圣人之道",因此他的思想学说便能向一般大众阶层渗透。

---

① 《翁问答》,《日本思想大系29·中江藤树》,第73页。
② 《藤树先生精言》,转引自王守华、卞崇道《日本思想史教程》,第108页。
③ 《翁问答》,《日本思想大系29·中江藤树》,第157页。

在此基础上,藤树又展开了他的宗教观。他说:"身之本父母也,父母之本推之至始祖,始祖之本天地也,天地之本太虚也,举一祖而包父母先祖天地太虚。"①在藤树看来,所谓"太虚"也叫"中",也就是"心",是精神本体,所以也是神的实体,这又给他的主观唯心主义蒙上了一层神秘主义的色彩。他把明明德的儒道叫做"太虚神道"或"皇上帝天神地祇之神道",把亲子之情或从祖先所受的生命称为皇上帝,把天照大神尊为太乙神,认为信奉神明就是儒道的本意。他认为日本神道的礼法和儒道祭祀之礼许多是相同的,所以他以神道配《中庸》之三德,又以三德配神道的镜、剑、玉之三种神器,从而形成他主张神儒结合的理论。在神儒结合这一点上,日本阳明学派与日本朱子学派是共通的,显示了日本儒学与中国儒学的又一个不同之处。

藤树在《翁问答》中又用"孝德"概念来代替"明德",认为:"天地万物皆在我本心孝德之中。"他认为"明孝德全体之天真工夫"的最终本质在于立身行道,立身行道在于"明德",他把"孝德"作为"明德"的伦理内容。这样,"孝德"乃至"明德"被提高到世界本体的高度,为"孝德"赋予了神学的基础,因此,推崇孝德是日本阳明学派的又一个特点。藤树的伦理道德观首先是重孝道,他主张不只对父母要孝,还要追溯本源,对祖先、天地、太虚尽孝。并且他自己一生身体力行,所以又被称为"全孝"之人。②

二、熊泽蕃山

熊泽蕃山(1619—1691 年,元和五年—元禄四年)是继中江藤树之后德川前期最大的阳明学者,名伯继,字了介,号蕃山、息游轩,平安(今京都)人。他出身于武士,青少年时勤奋习武,曾就学于中江藤树门下。26岁至38岁期间仕奉于备前侯,得到藩主池田光政的重用,命他参与藩政,他在赈贫救困、禁止赌博、整肃武备、打击佛教和耶稣教等方面发挥了重

① 《孝经启蒙》,《日本思想大系 29·中江藤树》,第 260 页。
② 参见王守华、卞崇道:《日本哲学史教程》,第 104—109 页。

要作用。39 岁后潜心研究儒学和文学,48 岁时,因发表不同政见触犯了幕府,被幽禁于古河,72 岁时去世。蕃山的主要著作有《集义和书》、《集义外书》、《大学小解》、《中庸小解》、《孝经小解》、《论语小解》等,现均收入《蕃山全集》。

熊泽蕃山致力于使儒学的普遍原理适用于刚刚结束内战混乱的日本社会的现实情况,从一种实用的角度折中朱子学和阳明学的长处。他主张对汉儒训诂、程朱理学、陆王心学及日本儒学进行历史的评价,认为他们虽在思想主张上不尽相同,但却存在着继承关系,是学术发展长河中的不同阶段。由此他提出学术思想都应该顺应时、处、位的变化而"随时变通",所以他对于先师之说,采取既不违"实义",又要变通发展的务实态度。①

中江藤树和熊泽蕃山都认为"道"是普遍法则,但是作为其具体表现形态的"法"和"礼"则根据状况和风土各不相同,不论是主张"时、处、位"论的藤树,还是主张"人情事(时)变的"蕃山,都试图把儒礼灵活地运用于日本,这种理论体系就是为了弥合儒学教义的普遍性和日本社会的现实特殊性之间的落差。蕃山说:"愚既不取于朱子,亦不取于阳明,唯取于古圣人而用之也……朱子为矫正时弊,重在穷理辨惑之上,并非无自反慎独之功;王子亦因时弊而重于自反慎独之功,并非无穷理之学;愚拙向内自反慎独之功,何内受用,乃取于阳明良知之发起,辨惑则恃于朱子穷理之学。"②他自称是摄取了朱王两家的长处,并批判他的老师中江藤树"学未成熟,尚有异学之弊"。他自己虽然否认属于任何学派,但从其思想特点来说仍是属于中江藤树的阳明学派的。

在世界观方面,熊泽蕃山与中江藤树一样,把"太虚"作为世界的根源,把万物和人类作为其表象物,又把人的"心"、"性"等同于太虚。他说:"故万物虽同生自太虚之一气,但不能具备太虚天地之全体。人之形虽微小,但具有太虚之全体,故唯人性有明德之尊号。……理无大小,故

---

① 参见楼宇烈主编:《东方哲学概论》,北京大学出版社 1997 年版,第 179 页。
② 《集义和书》卷八,《日本思想大系 30 · 熊泽蕃山》,东京:岩波书店 1971 年版,第 141 页。

方寸与太虚本同。"①"万物为人而生者也。我心则太虚也。天地四海亦在吾心中。"②蕃山把太虚等同于人心,作为第一性的本源;天地万物都在人的心中,是第二性的,这与王阳明的"天下无心外之物"和中江藤树"天地万物皆在吾明德之中"的主观唯心主义是一脉相承的。

蕃山的思想特点之一是主张天人合一、理气合一、体用一源的良知说。他说:"爱敬即生理也,悦乐即生气也,生理生气以天道而言之,爱敬悦乐以人道而言之,此天命性道合一之图也。天人合一,理气合一谓之机。机者,心之天理而人间是非之鉴也。静虚而动直,至诚而明达者也,故机以诚为背,以神为耳目手足矣。体用一源,显微无隔,然则机良知乎?良知无心以爱敬为心,良知无体以无欲为体,良知无知以无知为知,爱敬者慈悲无我之真,无欲者圆神不倚之中,无知者谦虚明神之灵也。呜呼爱敬无欲无知者,夫灵人乎。心之圣人,此谓之圣人,此谓之良知,故致其良知,则圣兹得焉。"③这是一种具有辨证法色彩的独特的心法论。

蕃山对佛教和耶稣教也进行了尖锐的批判。他对佛教的批判着重在指责其背弃人伦源于惧怕轮回之说,而轮回之说则是"迷惑"。他批判耶稣教说:"吉利支丹是内病,故难治。此内病之所以产生之根本,是由于人心之迷惑与庶人之困穷。一旦除去迷惑困穷,便可除去病根。"④他把宗教产生的原因分析为"迷惑"和"困穷",前者可以理解为指认识方面的原因,后者可以理解为指类似阶级方面的原因。他在备前藩参政时,就极力把他的排佛理论付诸实践,还激烈地批判了寺檀制度。⑤ 他认为寺檀

① 《集义和书》卷一,《日本思想大系30·熊泽蕃山》,第13—14页。
② 《集义和书》卷一,《日本思想大系30·熊泽蕃山》,第14页。
③ 《池田光政真迹》(抄写本),转引朱谦之:《日本的古学及阳明学》,人民出版社2000年版,第260页。
④ 《集义和书》卷十一,《日本思想大系30·熊泽蕃山》,第222—223页。
⑤ 寺檀制度是日本从中世以来确立的一种佛教制度,即规定每家必须成为某寺院的檀家即施主,并对该寺院布施。江户时代幕府在镇压"岛原之乱"以后,又推行"寺请制度"。即强迫原信奉天主教的农民改信佛教(宗门改),并取得寺院的证明文书(寺请证文),证明为该寺院的信徒。以后在居民婚姻、旅行、迁移、出外务工时,都必须取得这样的证明,从而更加强化了寺檀制度。实际上就是让寺院担负起了户籍管理机关的功能。

制度就是造成僧侣堕落、僧团庞大的原因,并提出对寺院僧侣加强管束,后世儒者的排佛论基本沿袭了他的论点。此外关于佛教和耶稣教的关系,他指出耶稣教是依靠佛法"劝修来世"的观点创造出优于佛法之法来进行诱导的,所以佛法毕竟"乃天主教之先驱也"。

蕃山继承并发展了藤树神儒合一的思想。他认为日本乃是"神国也",神道无形象实体,是"天地一源"的神道,即"太虚之神道"。佛教及儒学不适合日本的水土和国情,而日本现有的神道又"忌惮借用"中国儒学的道理,因此只不过是"道理狭隘而孤独之小术"。所以他以儒学的智、仁、勇三德去附会镜、玉、剑三种神器,以丰富神道的理论。"玉之温润而光明象征仁德,镜之灵明能辨善恶象征智之灵明,剑之刚而能断象征勇之神武。"①他主张"智仁勇,天下达德也……中夏之圣人,日本之神人,其德一也,其道不二也"。② 他这种神儒调和论更为日本儒学增添了神秘化和宗教化的色彩。

在伦理道德方面,蕃山继承了藤树重视孝道和德教的伦理道德观。他认为"孝乃天地万物一体之理也",是万善之源、百行之根、道德之大本。但是他认为儒教的"格法"即有关身份、礼仪的规定和标准不尽符合日本之水土和人情,强调日本风土的特殊性,提倡符合日本的特殊现实的教学。例如他主张简化儒家丁忧、服丧三年等尽孝的礼仪制度,代之以"心法"尽孝,这反映了他努力使儒学向日本社会一般大众普及的倾向。

蕃山还反对朱子学主张"存天理,灭人欲"的禁欲主义,认为饮食男女是"生欲",不是"人欲"。他赞美《诗经》中关于爱情的描写,认为描写平安时代中期宫廷爱情生活的长篇小说《源氏物语》不是淫乱不节之书,而是传礼乐之书,它表现了日本古代质朴的风习。蕃山的这种观点,以日本近世商品生产的发展和商业资本的萌芽、发展为背景,反映了日本阳明学派的阶级基础之一的町人力量的发展。

蕃山是一个对建立在兵农分离政策基础上的幕藩体制抱有强烈危机

---

① 《大学或问》,《日本思想大系30·熊泽蕃山》,第448页。
② 《大学或问》,《日本思想大系30·熊泽蕃山》,第448页。

感的经世学家。在政治思想方面,他赞美中国古代的王道和日本"天照王之世"的"德治"。针对幕府"公七私三"的税赋,提倡古代"十抽一"的制度。主张武士、浪人回到领地,恢复平时务农,战时从军的农兵制,并反对幕府的参勤交代①制度,以试图解决武士阶级的经济贫困和防止武士堕落,也正是因为这些不同政见,他曾遭到幕府的贬谪和幽囚。从上可见,蕃山是以讨论治国平天下的方策为其思想的主要内容,是早期阳明学事功派的代表,他以农兵制为理想的经世论对荻生徂徕和幕末的水户学以及倒幕志士横井小楠等产生了思想上的影响。②

三、佐藤一斋

佐藤一斋(1772—1859年,安永元年—安政六年),名坦,字大道,号一斋、爱日楼、老吾轩,江户(今日本东京市)人。一斋从事教育约70年,任幕府儒官19年,曾在昌平坂学问所任教,弟子号称三千人,为明治维新造就了一批人才。主要著作有《言志四录》(《言志录》、《言志后录》、《言志晚录》、《言志耋录》)、《栏外书》、《爱日楼文》等。

佐藤一斋表面上调和朱王,但实际上是阳朱阴王,即表面称朱,实质尊王。他曾说"宇宙不外我心",显然是阳明学的观点。在理气问题上,他主张理气合一:"自主宰谓之理,自流行谓之气,无主宰不能流行,流行然后见其主宰,非二也。"③一斋认为理为主宰,气为流行,无主宰不能流行,流行然后见其主宰的观点,与王阳明"理者气之条理,气者理之运用;无条理则不能运用,无运用则亦无以见其所谓条理者矣"的观点是十分

---

① 参勤交代:原本始于丰臣秀吉,但直到1635年幕府修订《武家诸法度》才正式确立下来。原则上大名每隔一年轮流在江户和领国居住,同时妻子作为人质留在江户城内,大名隔年来到江户觐见将军的旅费和维持江户宅第的费用巨大,大名因此承担了沉重的经济负担。1862年(文久二年)以后,改为三年觐见一次,以后逐渐松弛。参觐交代制度一方面能够使幕府有效地控制大名,并对江户的繁荣、全国经济文化的交流产生了一定的促进作用,但同时也必然削弱大名的经济实力,乃至动摇幕府的统治基础。
② 参见王守华、卞崇道著:《日本哲学史教程》,第110—114页。
③ 《言志耋论》,《日本思想大系46·佐藤一齐·大盐中斋》第276页。

接近的。

但一斋的思想又有首尾不一贯之处,例如他将心、物分为二,说:"躯壳是地气之精英,由父母而聚之;心则天也,躯壳成而天寓焉,天寓而知觉生,天离则知觉泯。心之来处,乃太虚是也。"①即躯壳皮毛骨骸为地,心灵知觉为天。他将心物分为二元,并与人性论相结合,说明"躯壳有善恶,而精神无不善"。"性虽善而无躯壳不能行其善,躯壳之设,本趋心之使役以为善者也。"②但一斋又认为天与地、躯壳与精神都是气:"认以为我者气也,认以为物者气也,其知我与物皆为气者,气之灵也,灵即心也,其本体性也。"③即认为心物同是一气,心是气之灵者,结合他的"性虽善而无躯壳不能行其善",即精神的善不能脱离躯壳的意思,可以说又具有气一元论的朴素唯物主义倾向。

在世界观方面,一斋具有宿命论观点。他说:"凡天地间事,古往今来,阴阳昼夜,日月代明,四时错行,其数皆前定。至于人富贵贫贱,死生寿夭,利害荣辱,聚散离合,莫非一定之数,殊未之前知耳。譬犹傀儡之戏,机关已具,而观者不知也。"④他认为这种傀儡似的命运,叫定数,也叫气数、气运。"天定之数,不能移动"⑤,一切都是命定的,不可改变的。生死也是定数,对待生死问题他主张"圣人安死,贤人分死,常人畏死"⑥。安死是知天命,畏死是不知天命。信得天命本如此,则知我身之不可苟生,而安心立命去做事。

一斋的特色还在于其辩证法思想,他的辩证法思想本于《周易》。他认为充塞天地之间的只此一气,而气必有一阴一阳、一隆一替相对待。他说:"宇宙间一气斡旋。开先者必有结后,持久者必有转化,抑者必扬,滞

① 《言志录》,《日本思想大系46·佐藤一斋·大盐中斋》,东京:岩波书店1980年版,第224页。
② 《言志录》,《日本思想大系46·佐藤一斋·大盐中斋》,第225页。
③ 《言志晚录》,《日本思想大系46·佐藤一斋·大盐中斋》,第254页。
④ 《言志录》,《日本思想大系46·佐藤一斋·大盐中斋》,第219页。
⑤ 《言志录》,《日本思想大系46·佐藤一斋·大盐中斋》,第235页。
⑥ 《言志录》,《日本思想大系46·佐藤一斋·大盐中斋》,第227页。

者必通,一隆一替,必相倚伏。"①天地间万物"能变故无变,常定故无定,天地间都是活道理"②。在一斋看来,充塞于天地间的是"事物必有对,相待而固",即是对立统一的法则。他列举了阴阳、动静、显晦、虚实、内外、有无、同异、顺逆、荣枯、祸福、满覆、进退、宠辱、毁誉、劳佚、甘苦、贫富、老少等一系列相辅相成的概念。一斋的辩证法思想是建立在其唯心主义思想基础上的,目的是教人乐天知命,安分守己。所以他的辩证法排除矛盾,否认斗争,夸大对立物之间相互联系、相互依赖的统一面,机械地把辩证法与宿命论调和起来。但是在辩证法非常贫乏的日本古代哲学史上,佐藤一斋列举了如此多相反相成的概念,是继安藤昌益和三浦梅园之后,日本古代认识史上的一大进步,为以后辩证法在日本的发展提供了先导理论。

在政治思想上,一斋主张天下为公、尊王贱霸、振兴武备、加强海防等,虽然仍不出中国传统王道思想的影响,但在幕末至明治维新前后,这种思想同西方近代政治思想相融合,对倒幕维新志士横井小楠(1809—1869)等产生了积极的影响。③

四、大盐中斋

大盐中斋(1793—1837 年,宽政五年—天保八年),名后素,字子起,号中斋,通称平八郎。因为其书斋名"洗心洞",故亦称"洗心洞主人"。他的养祖父是大阪的下级武士与力。④ 中斋从 14 岁开始学习儒学和武学,学问和武术都有很高的造诣,被称为"关西第一"。祖父死后,他继任与力,当时的大阪"奉行"——地方行政长官富井实德很赏识中斋的才干,提升他为"吟味役"⑤。富井实德年老告退,中斋也辞去职务,开始专

---

① 《言志晚录》,《日本思想大系 46·佐藤一斋·大盐中斋》,第 257 页。
② 《言志耋录》,《日本思想大系 46·佐藤一斋·大盐中斋》,第 277 页。
③ 参见王守华、卞崇道著:《日本哲学史教程》,第 115—121 页。
④ 与力:江户幕府的下级武士。辅助行政长官(奉行)管理治安行政、司法、警察等方面的工作,相当于"捕吏"。
⑤ 吟味役:管理审问犯人的下级官员。

心著书。先后写了《古本大学刮目》、《洗心洞札记》、《儒门空虚聚语》、《增补孝经汇注》,共称"洗心洞四部书"。

天保年间(1830—1839 年),发生了大饥馑,灾荒遍及日本各地。大阪的米商趁机哄抬粮价,饥民乞丐饿死街头。中斋请继任的大阪奉行迹部开仓赈灾,未获允许。中斋又向大阪的十二家富豪贷款放赈济贫,迹部又从中作梗。无奈之下中斋只得将自己的 1200 部藏书全部出售,赈济灾民,但是杯水车薪,中斋还被诬陷沽名钓誉。在忍无可忍的情况下,他召集学生门徒、城市贫民、近郊农民等共三百多人,发表檄文,决定于 1837 年(天保八年)2 月 19 日晚举行起义,后因叛徒告密,不得不提前于 19 日晨举兵。由于力量悬殊,临时还出了叛徒,所以起义只持续了几个小时,就被镇压下去,其后起义者遭到围剿追捕。在包围中中斋及其义子引火自焚身死,这就是有名的"大盐平八郎起义"。起义虽然失败了,但有力地打击了封建统治,传播了平等思想,鼓舞了民众。直到 1918 年日本发生"米骚动"时,民众还打着大盐平八郎的旗帜,足见其影响之深远。

大盐中斋的起义是封建社会末期日本人民反对封建制度斗争的一个组成部分,虽有其深刻的社会原因,但也与中斋的阳明学思想有密切的关联。中斋的主要思想是"太虚"说、"良知"说和"孝本"论。其"太虚"说就是以"气"的神秘本质——太虚作为心的本体,来源于王阳明的致良知说,同时也受到张载的影响。他说:"吾太虚之说自致良知来,而不自正蒙来矣,然不能逃于《正蒙》。"①他把心作为第一性,心既至虚,则身虚空无物。他认为身外所见皆虚,大而太虚,小而方寸,彼此相通,本无分别。太虚即存在于我方寸之中,我方寸即包太虚,也就是吾心即宇宙。太虚乃一切活动的根本原因,是宇宙的本体。

中斋认为良知亦即太虚,"良知者非他,太虚之灵而已矣"②。主张心归乎太虚,然后才有实理,但这并非是指归于佛老之虚无,而是指心超脱物累,与天地万物成为一体。归太虚的方法就是要改变气质。"常人方

---

① 《洗心洞札记》,《日本思想大系 46·佐藤一斋·大盐中斋》,第 571 页。
② 《洗心同札记》,《日本思想大系 46·佐藤一斋·大盐中斋》,第 572 页。

寸之虚,与圣人方寸之虚乃同一虚也。而气质则清浊昏明,不可同年而语
也。……故人学而变化气质,则与圣人同者宛然遍布照耀焉。"①即心之
本体为太虚,心达到至善无恶的境界,就是真正的良知。他很推崇王阳明
"无善无恶心之体,有善有恶意之动,知善知恶为良知,为善去恶是格物"
的四句诀。通过"致良知"而"归于太虚"的方法是"慎独克己",其伦理
内容是"去人欲",就是祛除那些"塞心"使之不"虚"的贪欲。这既是阳
明学的致虚论,实际上也吸收了朱子学气质变化说的思想因素。

中斋还认为人心之太虚以孝为本,也就是孝兼万善之说。他继承了
王阳明的"孝本说"和中江藤树的"全孝心法",认为这"真是孔孟之血脉,
而尧舜之嫡传"②。

中斋受张载的影响,把虚无主义的世界观和变化的原理结合起来,形
成了他的辩证法思想。但是他的辩证法思想与佐藤一斋的又有所不同。
一斋注重对立面的统一,教人安于命运的安排,中斋则注重于说明事物变
化的原理。他列举了顺逆、安危、聚散、睡醒、生灭、善恶等相反相成的概
念,强调事物的对立统一,要看到它的正面,也要看到它的反面。例如对
于"安危"这对概念,他强调在平安时不可无危难之念,危难时不可无至
安之乐。再如对于"聚散"这对概念,强调虽聚必散,虽散必聚。对于"生
死",强调熟睡反生、明觉反死等等,都是强调要看到事物的变化,只是这
些变化是在太虚(心)之中,是太虚之变化。

中斋极力把他的良知理论付诸政治实践。他说:"夫身外之虚,皆吾
心也,则人、物在心中矣。其为善去恶,亦我身之事,而为善亦无穷,去恶
亦无穷,故大人毙而后休矣。"③就是说以主体与客体中太虚的同一性为
媒介,把所有的客观事物都视为内在于己心的存在,并将外在的善恶等同
于自己一身的善恶,以己身消灭世界之恶而实现善,便是要消灭己心之恶
去实现善。换言之,要使自己气质的昏浊转化为清明,就必须使世界的昏

---

① 《洗心洞札记》,《日本思想大系46·佐藤一斋·大盐中斋》,第568页。
② 《儒门空虚聚语·序后》,《日本伦理汇编》第3册,第549—550页。
③ 《洗心洞札记上》,《日本思想大系46·佐藤一斋·大盐中斋》,第576页。

浊转化为清明。世界之恶是无限的,因此人也必须毕生持续对于恶的斗争。在这里社会性的问题直接转化成了个人主体性的课题,因此他的举兵起义也是实践他思想上的课题。①

当然中斋的起义并不意味着他想打倒幕府封建统治,更不意味着他要求改变社会制度。他的起义目的就是要求诛戮"此辈殃民官吏"和"骄奢已久之大阪富商",以解救饥馑困顿的百姓,以"欲中兴神武天皇帝御之政道,待民一以宽仁为本","重建道德纪纲",可以说他反映了中小地主和下层武士的社会改良要求。②

五、吉 田 松 阴

吉田松阴(1830—1859 年,天保元年—安政六年),名矩方,又名寅次郎,字义卿、子义,号松阴,又号二十一回猛士,出身于长州藩(今山口县)下级武士家庭。松阴曾学习过山鹿流兵学,是著名洋学家佐久间象山的弟子。21 岁时游历九州,参观了荷兰军舰,读到许多新书刊,接触到一些新思潮。22 岁时,未经藩主许可私自脱藩游历东北,并与水户藩士相交,这对他形成尊王攘夷思想影响很大。但是松阴这次出游构成了"亡命脱藩罪",导致被削士籍,并被关禁闭。但 24 岁时他又去漫游全国,并感于时势,决心出国考察,以图报效国家。1854 年他潜上美舰,要求渡美,遭到拒绝。因此举违反了幕府锁国令,被捕关押于野山监狱,一年后被赦,改为软禁。禁中他以叔父的名义在家乡办了一所学塾——松下村塾,从事教学活动。

1858 年(安政五年),幕府与美国签订了丧权辱国的《日美友好通商航海条约》(亦称《安政条约》),遭到爱国志士的强烈反对。幕府派老中③间部胜诠严加镇压,许多爱国志士被捕投狱。松阴呈上《时势论》,陈言尊王攘夷,以求中兴。又与 17 名志士图谋行刺间部,因事情败露,导致

---

① 参见三宅正彦著,陈化北译:《日本儒学思想史》,第 180 页。
② 参见王守华、卞崇道:《日本哲学史教程》,第 121—125 页。
③ 江户时代直属于将军、总理政务的幕府常设最高管职,一般有 4—5 人,从谱代大名(亲信大名)中选任。每月一名,轮班处理政务。

被捕下狱,1859 年被处死刑,终年仅 29 岁。

松阴著有《西游日记》、《东游日记》、《猛省录》、《将及私言》、《幽囚录》、《野山文稿》、《讲孟余话》、《幽室文稿》、《李氏焚书抄》、《李氏藏书抄》等，现均收入《吉田松阴全集》。松阴曾读过吴廷翰的《吉斋漫录》。他早期所作《日蚀论》和《云之说》等，用气解释云的生成聚散现象，指出日食等只是自然现象，批判人们把日食等自然现象与时势、朝代兴衰联系起来的错误认识，被指就是受吴廷翰唯物主义思想因素的影响。

松阴从 19 岁起接触到阳明学，他自述曾读过王阳明的《传习录》和李贽的《焚书》，并受到很大影响。他说:"天即理也"，真正知性、尽心时，天下之理不出此外，故天下之理，完全为"吾物"。[1] 松阴尤其发展了王阳明的知行合一学说，认为知行是"二而一，先后相待相济"[2]的关系，但他的思想又有以"行"为重的特点。他正是从重行的立场出发，积极推动尊王攘夷运动，使阳明学成为推动日本明治维新运动的思想动力和行动指南。

松阴在他临终前说:"天之茫茫有一理存焉,父子祖孙绵绵有一气属焉。人之生也,资斯理以为心,禀斯气以为体。体私也,心公也,役私殉公者为大人,役公殉私者为小人。故小人者体灭气竭,则腐烂溃败不可复收矣;君子者心与理通,体灭气竭而理独亘古今,穷天壤,未尝暂歇也。"[3]实际上就是主张肉体消灭而灵魂不灭,心(精神)可脱离物质而独立存在的唯心主义。

在这种唯心主义世界观的基础上,松阴又形成了他独特的生死观。"贵问曰丈夫所可死如何? 我去冬以来,于死之一字,大有发明,李氏《焚书》之功为多。其说甚长,约而言之,死非可好,亦非可恶,道尽心安,便是死所。世有身死而心死者,有身亡而魂存者。心死,生无益也;魂存,亡

① 参见《讲孟余话》,《吉田松阴全集》普及版第三卷,东京:岩波书店 1939 年版,第 370 页。
② 《讲孟余话》,《吉田松阴全集》普及版第三卷,第 258 页。
③ 《七生说》,见《丙辰幽室文稿》,《吉田松阴全集》普及版第四卷,第 127—128 页。

无损也。"①

但也正是松阴这种唯心主义生死观催生了他视死如归的精神。"惟志士仁人,无求生以害义,有杀身而成仁。"②正是这种赴汤蹈火、视死如归的精神,推动了松阴及其弟子高杉晋作和久阪玄瑞那样的一批幕末志士的斗争。但是由松阴所提倡的所谓"大和魂",在历史上却演变成为军国主义思想教育的内容之一,在日本帝国主义发动所谓"大东亚圣战"的年代,正是这个"大和魂"驱使许多无辜的日本人民走向战场和死亡,这不能不说是从中导出的负面作用。

松阴在思想上也受后期水户学的影响,对于成功抵御外国侵略的古代王朝国家和天皇寄予了很高的理想,提出了"天下乃天朝之天下"的尊王观,把天皇奉为日本国家的最高主体。同时他又受其师佐久间象山的影响,积极主张采纳洋学,对于"夷之大炮船舰"等西方先进的军事技术以及构成西方强大军事力量背后的"医药之法到天地之学"等自然科学乃至学术思想等因素,都积极引进。在吉田松阴这种洋学观的指导下,他的门人中出现了久阪玄瑞、高杉晋作、伊藤博文、山县有朋、井上馨等杰出人物,正是他们参与创建了一个以建设西方式现代国家为目标的维新政府。③

吉田松阴等日本阳明学者从敦笃践履、经世致用方面发展了"知行"范畴。对于"知"和"行",他们没有停留于抽象的理论和道德践履的框架,而是与具体的社会实践相结合,运用于实际斗争中。正是这种具有实践意义的"知"与"行"的结合,形成了一股力量,最终推动维新志士推翻了长达265年的德川幕藩领主的统治,创立了日本近代资本主义。同时日本阳明学者大都出身于下级武士,他们把即知必行等同于置生死于度外,这种思想深刻地反映了日本武士的品格特征,同时也导致他们为发动

---

① 《与高杉晋作书》,《日本思想大系54·吉田松阴》,东京:岩波书店1978年版,第363—364页。
② 《与兄杉梅太郎书简·安政元年十一月二十二日》,《日本思想大系54·吉田松阴》,第157页。
③ 参见王守华、卞崇道:《日本哲学史教程》,第126—129页。

侵略战争的军国主义分子所利用。①

第三节　古学派

朱子学和阳明学在思想观点上的分歧和对立,导致了人们对后世儒学的疑惑,从而产生了试图回归古典,直接从儒学经典出发去寻找圣人真意的趋势,这就是日本近世儒学中出现古学运动的思想根源。当然这个返回古典,并没有催生从文献出发的考证主义,而是产生了一种以古典信仰为依据的新的世界观,这就是古学。但古学派并未作为一个实体在学术史上存在过,三个代表人物山鹿素行、伊藤仁斋、荻生徂徕的社会基础和思想立场也各不相同,但是由于三个人在通过复归古典以挖掘圣人原意的方法论上有着共通性,所以才把他们三人以古学派这个名称来定性。他们在批判朱子学的理气二元论,否定理作为一元性超越性的实体和存在根据,而把理的性质限定为法则、规范等方面具有一定的共同倾向。

一、山鹿素行

进入江户时代后,作为统治阶级的武士的社会机能与生活方式都发生了重大变化。江户幕府为巩固统治,实行严格的"兵农分离"和士、农、工、商世袭四民等级身份制。武士们作为最高等级的"士",离开农村领地,住进城市——城下町,成为担任各种日常行政管理职务的官僚,此时只靠提倡以战斗中为主君忘我献身为行为准则的武士道就不足以对武士在社会职能与生活方式上的变化作出理论说明。幕府第一代将军德川家康和中江藤树、熊泽蕃山等儒学家都曾努力构建新的武士阶级的伦理观,不过对于创立新的武士道理论作出最大贡献的,还是古学派的先行者山鹿素行。

山鹿素行(1622—1685 年,元和八年—贞享二年)名高兴,一名义矩,

---

① 参见李甦平:《圣人与武士——中日传统文化与现代化之比较》,中国人民大学出版社 1992 年版,第 122 页。

字子敬,号素行,会津人。少年时代跟随林罗山学习朱子学,后来又学习兵法和神道、歌学。成年后,他对儒、释、道三教在思想上的矛盾和对立感到困惑,后来读周公孔子之书,方明白汉唐与宋明学者在思想学说上的差异,于是转而直接钻研周孔之书,并以此为"规范",撰写了《山鹿语类》、《圣教要录》,这标志着他思想转变的完成。但他以古典为依据,反对宋儒的观点,激起了朱子学者、幕府及藩主保科正之(山崎暗斋之门人)的反对和责难。当时正好有武士密谋反对幕府,在武士中素有威望的素行,就被视为危险人物,因而被流放于播州的赤穗。在流放中他完成了《中朝实录》、《武家事纪》等著作。

素行持有与宋学截然相反的"儒学道统论"。他主张儒学始于伏羲、神农等十圣人,盛于孔子,"孔子没而圣人之统殆尽"。孔子之后,儒学发生了三次大变化,第一次变化是出现了曾子、子思、孟子之说,第二次变化为汉唐之学,第三次变化即为宋代周程张邵之论,"圣人之学至此大变",致使道统之传至此泯灭。这一观点完全否定了朱子学派关于宋学为圣人之学的基本观念。所以他在猛烈批评宋学"阳儒阴异端"的同时,力主回归孔子与孔子之前的原始儒学,以周公、孔子为师,不以汉唐宋明诸儒为师。

素行批判了朱子学者理先气后的客观唯物主义一元论,他在《圣教要录》中说:"理气妙合,而其间广大变通、现象著明悉具,而无欠处,甚相至极,曰太极也。"说明他采取的是太极=理气合一的立场。同时他又说"有条理谓之理,事物之间,必有条理",说明他是将理视为事物的法则。因此他不重视探求高远幽深的哲学理论,而是于日常事物之间格物致知。在人性问题上,他主张"性不可以言善言恶",否定了朱子学将人性区分为本然之性和气质之性的思维方式。他把朱子学的"知"(道德的知识性的意思)解释为知识、知道,即客观地认识事物,就是说广泛地收集关于军事等与武士生活有关的知识,具体地教导武士的社会活动的方法,他所著《武家事纪》就具有一种关于武士的百科全书式的性质。

山鹿素行试图把儒学和兵学结合起来,以儒学思想改造原有的武士道理论,为"士道"论增加了新内容。素行在《山鹿语类·士道》篇中首先讲武士要"立本",应"知己之职分"。什么是武士的"职分"呢？他说："风云士之职,在于省其身,得主人而尽奉公之忠,交友笃信,慎独重义。而己身有父子、兄弟、夫妇等不得已之交接,是亦天下万民悉不可无之人伦。而农工商以其职而无暇,不得常相从以尽其道。士则弃置农工商业而专勤斯道。三民之间苟有乱人伦之辈,速加惩罚,以待正人伦于天下。是故士必具备文武之德知也。"这段话实际上规定了武士有两大职能：一是要对主君尽忠;二是应"自觉"和实践"人伦之道",并成为"农工商"阶层在伦理道德方面的典范与指导者。为完成武士的职能,山鹿素行主张要"明心术"、"详威仪"和"慎日用"等。所谓"明心术"就是加强内心的道德修养;而"详威仪"和"慎日用"则是严守日常生活中种种礼仪,使他人感到威严。素行使儒学思想成为江户时代武士最主要的生活指导原理,可以说素行便是完成了武士道由"死的觉悟"向"道的自觉"过渡的理论家,他由此建立了新的武士道理论体系。[1]

素行也主张神儒调和,认为"圣人继天立极之道"就是"天照大神至诚之神道",在《中朝实录》中更进一步鼓吹大日本主义的理论。称日本为"中朝"、"中国"、"中华文明之土",而把中国称为"外朝",宣扬日本是"水土卓尔于万邦,人物精秀于八纮。故神明之洋洋,圣治之绵绵,焕乎文物,赫乎武德,以可比天壤也"[2],这种极端狂妄的大日本中心论对于后世影响极大。

二、伊藤仁斋

伊藤仁斋(1627—1705 年,宽永四年—宝永二年)名维桢,字源佐,生于京都商人之家。年青时学习程朱性理之学,37 岁时开始怀疑宋学与孔孟之旨不同,著《语孟字义》、《中庸发挥》等书,以批驳程朱以后的宋儒对孔孟的歪曲和误解、探索古义——孔孟学说的本意为己任。因在京都崛

---

① 参见叶渭渠主编：《日本文明》,中国社会科学出版社 1999 年版,第 192 页。
② 《中朝实录·自序》,《山鹿素行全集思想篇》第十三卷,东京：岩波书店,1940 年版,第 7 页。

川设塾讲学,故其学派被称为"崛川学派"。又因仁斋书房称"古义堂",所以也叫"古义学派"。

据《古学先生行状》的记载,仁斋弟子曾达到三千人之多,在当时社会影响较大,古学派的另一支徂徕学派也是因受其刺激而兴起的。其长子伊藤东涯继承了他的家学。

仁斋认为,宋学是"知心而不知德",然而人间重要的应该是"贵德而不贵心",这才是"仁学"之道,所以他主张复归古典儒学的"仁学"。仁斋认为《论语》是最上至极宇宙第一之书,其次推崇《孟子》,主张通晓此二书"而后可以读六经",直接解读经文。他摒斥"六经"内容中和《论》、《孟》相抵触的地方,尤其排斥《大学》,认为是伪书,并且斥责朱子等后世儒者的解释体系遮蔽了经书的本意,他通过批判朱子学的形式阐述了他的所谓"古义学"的新的思想体系。在认识论方面,他主要从《易》出发;在道德论方面,主要以《孟子》为依据。他排斥朱子学关于孔子—曾子—子思—孟子的道统论,提倡孔子—孟子道统论,并以这一正统的后继者而自居。

仁斋否定朱子学的理气二元论,认为天地为一元气,而且是一大活物,气的活动充满天地宇宙,动静无端,阴阳无始,生生化化不息。"盖天地之间,一元气而已。或为阴,或为阳,两者只管盈虚消长,往来感应于两间,未尝止息,此即是天道之全体,自然之气机,万化从此而出,品汇由此而生。圣人之所以论天者,至此而极矣,可知自此以上更无道理,更无去处。"[1]并且此"一大活物""有动而无静,有善而无恶。盖静者动之止,恶者善之变……非两者相对而并生,皆一平生故也。"[2]以此批判宋儒把世界视为静止的、死的观点。"气一元论"是仁斋思想的核心,仁斋视"一元气"为世界之本源,认为万物皆由"一元气"的活动而产生。

在理气关系上,仁斋排斥宋儒的理先气后说,认为宋儒之见,不合孔

---

[1] 《语孟字义》卷上,《日本思想大系33·伊藤仁斋·伊藤东涯》,东京:岩波书店1976年版,第115页。

[2] 《童子问》中,《日本古典文学大系97·近世思想家文集》,东京:岩波书店1966年版,第237页。

子本意。他说:"所谓理者,反是气中条理而已。"①又说:"而一元之气为之本,而理则在于气之后。"②从这一规定来看,仁斋否定了"理"的实体性,而是认为气是本质,理是气的法则。

他之所以排斥朱子学的理气观,是因为"惟圣人能识天地之一大活物,而不可以理字尽之"③,即他认为从"理"的观点无法认识天地开辟的问题。这种关于人知有限性的观念便导致了他反唯理智论的倾向,即"不能以一理以断天下之事也"④。这和他的"一元气"说、天地"一大活物"说亦即有机的世界观、物活论又是紧密相连的。

在道德论上,仁斋反对宋儒认为"性"的本质是"理",仁、义、礼、智是"理"之条目的说法,他主张仁、义、礼、智四者"皆道德之名,而非性之名",认为这种"道德"和"性"不同,是超主观的即客观的东西。"德者仁义礼智之总名⋯⋯圣人言德而不言心,后儒言心而不言德,盖德者天下之至美,万善之总括。"⑤但是另一方面,因为道德不外是人类之道,于是他便从人类的"心"即孟子的"四端之心"里来寻求仁、义、礼、智的"端本",主张"四端之心,是我生之所有,而仁义礼智即其所扩充而成"⑥。儒家中最早论及"心性"问题的是孟子,孟子说性善,认为"恻隐、羞恶、辞让、是非"四端之心是仁、义、礼、智四德的根芽,扩而充之便成四德,所以教就是"扩充存养"的修为之学,仁斋把孟子的性善说更加以扩大化,作为到达他的理想社会的方法论。可以说,仁斋的社会哲学是以人性为基础,以扩充为方法,以王道主义为归宿的。

仁斋认为,天地(自然界)依其自身法则——天道而运动、发展,人类社会也有其自身的规范与价值——人道。因为人与人的关系是人类社会存立的基础,所以道就是日常人伦关系的伦理学。"凡圣人所谓道者,皆

① 《语孟字义》卷上,《日本思想大系33·伊藤仁斋·伊藤东涯》,第116页。
② 《童子问》中,《日本古典文学大系97·近世思想家文集》,第237页。
③ 《童子问》中,《日本古典文学大系97·近世思想家文集》,第237页。
④ 《童子问》上,《日本古典文学大系97·近世思想家文集》,第215页。
⑤ 《语孟字义》,《日本思想大系33·伊藤仁斋伊藤东涯》,第127页。
⑥ 《语孟字义》,《日本思想大系33·伊藤仁斋伊藤东涯》,第129页。

以人道而言之"。人伦日用的道是"通乎天下,达乎万世"的为人之道,所以只要是人,就须臾不可离开,也就是"人外无道,道外无人"。人伦之道其实就是五伦五常之类的社会规范,不包括自然界的"天道"等含义。"圣人之道在于君臣、父子、夫妇、昆弟、朋友之间,而德不出于仁义忠信之外,通于古今而无所变,准乎四海而无所违,根于人心,彻于风俗,天子不能废焉,圣人不能改焉,夫妇之愚不肖,皆可能知,皆可能行,故谓之天下之达道德。"①仁斋把后世思辨的言说斥为虚,把人类的日常卑近视做"实"。因此,他认为宋儒讲心性,导致流于佛老,背离人伦,是道德的衰退,就是虚学。

朱子学在日本近世的兴起是因为德川幕府需要建立有别于中世贵族政权的意识形态,而仁斋的"古义学"则标志着以朱子学为主流的儒学从武士阶层逐渐普及并扩大到町人这一城市工商业者阶层,也就是儒学中的道德伦理侧面在日本近世社会中的渗透和发展。因为町人阶层在士、农、工、商四民世袭身份制度中是处于最低等级的,一向是被排斥在社会正统意识形态之外的,而町人阶层以经济实力的增强为背景,开始反过来借用作为社会主流意识形态的儒学中的道德伦理学说来建立自己的世界观和价值观,也就是把朱子学从幕藩国家的统治原理转化为适应京都町人阶级的思想原理。

三、荻生徂徕

古学派的又一分支是荻生徂徕开创的"萱园学派",又称"古文辞学派"。徂徕学是受中国明代文学家李攀龙和王世贞的"古文辞"文学运动的影响而建立的学说,具有很强的政治学色彩。徂徕的门下弟子分为两派,既有以继承徂徕学中诗文学创作为己任的山县周南、服部南郭等人,又有发展了徂徕学中"功利主义的政治学"方面的太宰春台、山井昆仑、宇佐美灊水等人。其主要代表人物有荻生徂徕及其弟子等人。

荻生徂徕(1666—1728 年,宽文六年—享保十三年),江户人,本姓物

① 《童子问》上,《日本古典文学大系 97·近世思想家文集》,第 211 页。

部,名双松,号徂徕。徂徕初期主要受朱子学的影响,研究重点是兵学及汉学。后来受到伊藤仁斋古义学说的影响,但由于与仁斋之间的个人恩怨,49岁时,开始攻击仁斋的学说。在50岁左右,他接触到李攀龙(1514—1570年)、王世贞(1526—1590年)的文学复古理论以后,逐渐抛弃了朱子学的立场,彻底走上了通过古文辞的研究倡导古学的道路。

日本自中世以前就积极引进中国典籍和中国先进文化,当时日本知识分子的教养以中国文化为基础,他们用汉语吟诗书文,抒发情怀,连政府公牍也多以汉文撰写。当时无论是中央的大学寮还是地方的国学、私学等各级教育机关,教学内容都以中国儒学经典为主,而教授经典的方法是先"素读"后"讲义"。素读就是用汉音诵读经典原文,讲义就是以法定的注释解说经文。不言而喻,当时只有具备了相当深厚的中国语言文字修养的日本人才能阅读汉文的经典,这就使汉文化的传播局限在贵族和上层知识分子的阶层。

14世纪初,五山禅僧歧阳方秀、桂庵玄树为《四书集注》作了和训,他们创立的汉籍训读法成为中世以后阅读中国文献的新方法。其基本特点是在汉文原著上,按照每一个字的训诂意义,标注上日文假名,这种办法实际上是把"汉文直读"变成了"汉文译读",从而使汉文程度不高的人也能大致理解原著的内容,是日本汉文化普及史上的一件大事。

这种汉文训读法虽然于普及汉文化有功,但是和训者的理解往往与原著者相乖离,从而误导读者。为了绝对忠实地理解经典,徂徕的古文辞学排斥训读法,坚决主张唐音直读法,即以文本的发音和语调,按照文本的语序来直接阅读儒学经典,以求体会圣人的真意。在写作上也是无论用词还是内容都以模仿中国古典文本为主,也就是把文本的语言当做自己的母语来使用。

徂徕曾任德川将军的政治顾问,他的古文辞学是要为自己的政治理论"先王之道"寻求权威的依据。因为徂徕认为在中国历史上,夏、商、周三代是封建之世,而三代之后是郡县之世;在语言上三代以前是古文,三代以后尤其是宋代以后是今文。而在日本历史上,虽然曾经模仿中国实行过郡县制,但德川时代的政治体制无疑是属于封建之世。一般日本人也根本不知中国语还有今文与古文之别,盲目以程朱的传注为经典,完全是"倭人之陋也"。实际上古言对应的是三代的封建之世,反而与今日日本是相通的,中国上古三代的政治制度就是德川日本的理想典范。

徂徕古文辞学的最终目的就是挖掘沈潜于中国古典中的"先王之道"或"圣人之道"。他认为思孟以后的儒者纷纷以有限的认识和语言来描述包罗万象、无限广大的先王之道,导致了"物与名离"——也就是先王之道概念与内容的脱节,进一步引发了有关"道"的议论和争论,最终致使"义理孤行"。所谓义理之学,就是宋儒对儒家经典的解释和发挥。朱子学企图以普遍的"天理"或"道"来对自然界、人类社会的诸多事象作出一贯的阐释,而"理"完全是主观的解释,没有任何客观的标准,它导致人在主观恣意的泥坑里越陷越深。"理者,无定准者也。何则?理者无适不在者也,而人之所见,各以其性殊。"①

所以"先王之道"不是关于"理"的议论,而是"事"与"辞"——具体、实在、个别的"物"。"物"就是诗书礼乐等六艺,通过对它们的朗读、演奏、吟咏,统治者"君子"的人格自然得到陶冶,才能得到提高,就可以治理国家了。所以,学先王之道就是学诗书礼乐,先王之道就存在于"六经"当中,今人要获得"先王之道",必须首先掌握"六经",研究"六经"的学问就叫做"古文辞学",因此古文辞学就是获得"先王之道"的唯一途径。

徂徕的"道"是中国古代的君主、先王们为了"治国安天下"而制作、建立的具体的历史产物,既包括伏羲、神农、黄帝创造的卜筮、农耕渔猎等"利用厚生之道",更主要的是指尧、舜、禹、汤、周文王、周武王、周公七人制作的精神文化的"礼乐之道",是孝悌仁义、礼乐刑政等制度、文化的总称。

先王之道是人为的历史产物,不是老庄的"天地自然之道",也不是如宋儒所说内在于人心之善的"本然之性"。为了回归本然之性,宋儒主

---

① 《辩名·理气人欲》,《日本思想大系 36·荻生徂徕》,东京:岩波书店 1973 年版,第 244 页。

张"存天理、去人欲",人人以成为道德的完美体现者——圣人为目标,进行严格的道德实践。但是徂徕认为"道"既然是先王制定的文化制度的总称,便是外在的实体,朱子学的"求道"行为将沦为佛教的禁欲主义,只能独善其身,而不能兼善其人,不可能达到治国平天下的客观效果。

徂徕认为"铢铢而称之,至石必差;寸寸而度之,至丈必过"①,即认识不应以个体的事物——"小"为对象,而应把存在看做集合体——"大",从把握其整体发展方向的角度来认识事物。"大"不是"小"的简单的累计,所以对于"大"和"小"的认识方法是不同的。从这种认识论出发,徂徕主张个人道德实践的积累并不等于政治统治的成功,因为"小"与"大"——个人与社会是本质不同的两个概念。社会问题的解决就是政治,指导方针就是"先王之道"。先王之道是中国的圣人为了"安民"、"安天下"而制定的礼乐刑政等制度文化的总称,所以"道"是一个"统名"——包括性的概念,其内涵是无限丰富的,所以"道"就是"大"。

尽管如此,徂徕学与朱子学并非就是水火不相容的对立物。徂徕认为道既然是政治的技术,就应该是多姿多彩的。就连佛老这样只追求自身心灵的安宁解脱,将治国安天下付之不问的学说,因为可用于妇人愚民之辈的教化,所以也是可以包括在"先王之道"的范围里的。也就是说徂徕学是把朱子学、佛老之学等都作为"先王之道"的一端,也就是"大"中之"小"来对待的。

朱子学主张"修身齐家治国平天下",君主在进行政治活动时应该首先"诚意正心",将个人道德修养和政治行为看做是统一的和连续的。徂徕则认为个人的道德修养并不能直接带来政治和经济的成功,不过徂徕并非是说道德与政治是对立的,恰恰相反,徂徕认为就像"登高必自卑"一样,道德是政治的基础和起点。"近世又有专据中庸孟子,以孝弟五常为道者,殊不知所谓天下达道五者,本谓先王之道可以达于天子庶人者有五也,非谓五者可以尽先王之道也。尧舜之道,孝弟而已矣。亦中庸登高必自卑意,非谓尧舜之道尽于孝弟也。又如以中庸为道,亦欲以己意择所

①《辩道》11,《日本思想大系36·荻生徂徕》,第204页。

谓中庸者,苟不学先王之道,则中庸将何准哉。又如以往来弗已为道,是其人所自负死活之说,犹尔贵精贱粗之流哉。凡是皆坐不识道为统名故耳。"①尽管徂徕学与朱子学有强调主观动机和强调客观效果的区别,但二者都是把道德与政治看做是统一的和连续的。

朱子学的"道"是事物的本然之理,是自然界和人类社会的本质与根源。而徂徕学的"道"是先王受天之命,为"治国安天下"而制定的一系列社会制度,其权威性在于"天"或天的意志的"天命",也就是"法天以立道"。

徂徕学的所谓"天",首先是指广大无边的自然界及其活动,自然界的"天"以其广大无垠、神秘莫测的性质成为人类崇敬和畏惧的对象。"天"或"天命"之类神秘不可知的因素是治国安天下的权威性保证,只有圣人具备知天命的认识能力。圣人是连接天与人的媒介,圣人之道就是在天道的基础和范围之内,尽量吸收人情的因素,做到二者的平衡。普通人虽然没有认识"天命"的能力,但如果能够甘于自己先天的社会地位和身份,做好自己的本职工作,也就是参与了"先王之道",因为每个人的本职工作就是自己的"天职"。

可以说,徂徕学的思想基础就是对"天命"的敬畏和服从。"先王之道,莫不本诸敬天敬鬼神者焉。是无他,主仁故也。后世儒者尚知务穷理,而先王孔子之道坏矣。穷理之弊,天与鬼神,皆不足畏,而己乃傲然独立于天地间也,是后世儒者通病,岂不天上天下惟我独尊乎!且茫茫宇宙,果何穷极,理岂可穷而尽之乎!其谓我尽知之者,亦妄已。故其所为说,皆阳尊先王孔子而阴已悖之,其意自谓能发古圣人所未发者,而不自知其求胜先王孔子以上之焉。"②他认为所谓"敬"不是如宋儒所言抽象的"主一无适",而是以"天"和天的意志"天命"为具体对象的。圣人为了降福于人类社会而立的"鬼神"也具有神秘莫测的性质,同样也是人类敬畏的对象。

---

① 《辩道》3,《日本思想大系 36·荻生徂徕》,第 201 页。
② 《辩道》21,《日本思想大系 36·荻生徂徕》,第 206 页。

朱子学认为唯一的"天理"贯穿于自然、社会的所有事项当中,所以通过"居敬"、"穷理"等主观的道德修养和对客观事物的考察,人有能力发现事物的本质——"天理"。朱子学的"合理主义"一方面混淆了自然与人类社会的性质,但是另一方面又肯定了人类有认识事物真理的能力。

在认识论上,徂徕更倾向于不可知论和反理性主义。他认为事物是无穷无尽的,是每时每刻都在发展变化的过程当中的,可是人的认识能力是有限的,是不可能认识和掌握所有的事物的。他对"不可如之何"的"天命"的畏惧反映了在封建身份制社会里,人被自己所无法掌握的命运所限制,对人类自身能力的局限性消极妥协,这使徂徕学比朱子学更具有保守主义的倾向。①

第四节　町人哲学

町人是住在城下町、港町等城市里的工商业者,即士、农、工、商四民身份制度中最下等的"工商"阶层。但是随着近世以来城市、商业和商品经济的日益发达,町人阶层的经济实力也迅速发展,有些大商人的财富甚至凌驾于武士大名之上。他们依靠日益发达的经济力量,成为江户时代城市文明的主要创造者,他们也必然会创建适应町人阶级思想意识的价值观和道德观,特别是18世纪初在京都、大阪一带兴起了一种町人哲学,其主要代表人物是石田梅岩。

石田梅岩(1685—1744年,贞享二年—延享元年),名兴长,号梅岩,通称堪平,出生于丹波国桑田郡东悬村(即现在的龟冈市东别院落町)一个普通农民家庭。成年后经商,45岁时,在居宅车屋町通御池开始讲学,以教化平民为志,这标志着"石门心学"②的创立。

石田梅岩的主要著作是《都鄙问答》和《俭约齐家论》。其中《都鄙问答》是一部以心性学为中心内容、体系完备的哲学著作,一直作为石门心

---

① 参见王青:《日本近世儒学家荻生徂徕研究》,上海古籍出版社2005年版。
② 石门心学与王阳明的心学并无思想上的继承关系。

学的经典著作流传于世。

一、知 性 论

梅岩心学的出发点是"知性","其所谓性者,自人至禽兽草木,受得于天以生之理也。松色绿,樱开花,有羽之物飞于空,有鳞之物游于水,日月悬于天,皆一理也。见去年四季之行而知今年,见昨日之事而知今日。此即所谓见故而知天下性之谓也。知性时,五常五伦之道,备于其中矣"①。在石田梅岩的哲学思想中,本心 = 自性,自性是"天地万物之亲"。他的"心"的独特性在于它不是与形色脱离的、抽象的一般者,而是在形色中显现的、具体的、特殊的东西。也就是说,心是寓于形色之中,与形色有着密切关系的。"天地以生物为心,其所生之物,各得天地生物之心以为心,然而被人欲所掩耳失此心,故尽其心而归于天地之心。"②他的"人欲"遮蔽本来之性的观点与朱子学本来是一致的,但他又认为"万物乃此心也",这又接近于阳明学派。他又与神佛老庄妥协,主张"佛、老庄之教亦可谓磨心之磨石,亦不应舍弃",甚至还杂糅了吉田神道的某些学说。但总的来说,他关于父子天合、君臣义合、理气二元论、性善说等主张更多地是受到了朱子学的思想影响。可以说心学是一种为町人服务的庸俗儒学,是以儒学为基础的各种唯心主义哲学和宗教思想的折中物。

梅岩的心性学强调实践——"行",他的心—性—行的思想是在吸收孟子"尽心如性"思想和"集义"思想的基础上发展的独特范畴。"不忍人之心"本是孟子思想的哲学基础之一。所谓"不忍人之心",便是仁、义、礼、智四种道德观念的萌芽,即"四端"。四端实际上就是性,孟子主张人们要"知性",并强调要努力扩充"性",而扩充性的手段和方法,叫做"集义",并把扩而充之的性叫做"浩然之气"。

梅岩继承了孟子的这一思想,说:"尽心知性,则至性。循其性,行其

---

① 《都鄙问答》卷之一《都鄙问答之段》,《日本古典文学大系 97·近世思想家文集》,第 374 页。

② 《都鄙问答》卷之三《性理问答之段》,《日本古典文学大系 97·近世思想家文集》,第 462 页。

所。"所谓"至性",就是孟子所说的对性的扩充存养,所以,"至性"的实质就是"性至"。"性至"也就是对性的善养后,使性达到最大限度的扩充,因此,"性至"也就是梅岩经常提到的"自性"。自性是"天地万物之亲",是"孝悌忠信",这就是梅岩十分强调"行"由"性"来的原因所在。同时,他还特别指出,"行"不能由"心"而发。这是因为人们常常有"放其心而不知求"的时候,即心被欲所遮蔽的时候。倘如由这种心支配行,便会违背孝悌忠信的原则。所以,梅岩十分强调"行"由"性"发,因为这种性能使人按照他在社会中应有的生存方式去行动。梅岩将"性"与"行"视为"体"与"用"的一体关系,并且以性为体、以行为用。"石门心学"对"性"的重视,是与其他心学者的一个主要区别。

梅岩认为整部《都鄙问答》说的都是"格物致知"。不过,梅岩的格物致知与朱熹的格物致知的区别在于,朱熹主张即事即物地格,然后可以致知。而梅岩以为致知是对自我体验的自知的结果,即通过格性,达到至性,就是致知。与朱熹的"格物致知"相比较,梅岩的哲学是一种更加强调主体性的哲学,这也是石门心学的基本特色。

关于"行"与"知"的关系,梅岩概括为"行重"、"知贵"。行之所以重,是因为梅岩哲学的最终目标是要实践人伦之大道,即圣贤之道。而实践圣人之道的途径有二:一是道德实践;二是力行实践。孔孟的学问就是道德实践,梅岩乐观地确信,凡人只要通过身体力行的实践,就可以超凡入圣。这表明,石田梅岩哲学思想中的"行"具有两重意义:一是主体道德的实践;二是客体行为的实践。

梅岩将"知"分为私知和圣知两类:所谓私知,就是人心被七情六欲所遮掩时,对事物只能得到支离破碎的知识,这种不完整的认识就是私知;所谓圣知,就是知心、知性,性理大明时获得的对事物完整的认识。梅岩认为只有将私知完全变成圣知时,才能由凡人变成圣人。圣知是圣人的一个重要标志,所以以知为贵,知在行先。

二、商人合理论和商业伦理意识

梅岩认为对自然界中的物来说,其存在的形式、方式就是"形",如鸟飞鱼跃、柳绿花红等等。自然界中的"形"也适用于人类社会,人类社会的"形"就是士、农、工、商,这是来自天命的"职分"。同时,每一个人又在封建秩序中都占有一个位置,这也是"形",而这种"形"又可以称为"身份"。所以梅岩所谓的人类社会中的"形",分为职业的形,即"职分"和身份的形,即"身份"。梅岩认为身份的"形"有贵贱之分,贵上贱下、贵食贱、贱替贵是贵贱身份等级秩序的规律。

而梅岩关于"形"的思想,另有一个更具石门心学特色的方面,就是职业的形——职分。日本德川时代社会结构的框架是士、农、工、商四民等级制度,商人排在武士、农民、工匠之下,为四民等级社会的最下等级。梅岩身为商人哲学家,为了确立商人的主体地位,他强调职业的"形"没有贵贱之分。如他说:"士农工商,皆治天下之相,四民缺则无助也。治理四民是君之职,相君是四民之职分。士本来就是有位之臣,农民是草莽之臣,商工是市井之臣。臣相君,是臣之道。商人买卖即是天下之相。"①这就意味着以前被人们视为最低下的商人,在职业的"形"上,与处于最高位置的武士是等价和平等的。

梅岩为了在理论上进一步确立商人的主体地位,高唱"立我",通过强调道德修养,以突出人"自我"的价值。梅岩的意图是通过对"自我"价值的确认,来树立商人在社会中的价值。这种价值观也是石门心学的要点之一。

梅岩的"四民平等"观也是对商业伦理的弘扬,其商业伦理思想可以概括为"仁"、"利"、"立"三方面。首先梅岩主张商人之道为仁。他说:"不知商人之道者,则贪婪亡家。若知商人之道者,则应离欲心,勉仁心,此乃是学问之德。"②梅岩认为商人在社会机能运转中,具有士、农、工不可替代的重要作用。而商人要充分发挥出自己的作用,就要以行"仁"为道。

---

① 《都鄙问答》卷之二《某学者讽商人之学问之段》,《日本古典文学大系 97·近世思想家文集》,第 426 页。

② 《都鄙问答》卷之二《某学者讽商人之学问之段》,《日本古典文学大系 97·近世思想家文集》,第 422 页。

梅岩从"四民平等"的角度,认为商人在为社会尽职责的同时,取得利益也是天经地义的,但商人获取的"利",必须是正当的利,也就是取"直利",而不取"曲利"。他肯定了商人在自由经济中获大利是不违背商业伦理的。

梅岩以商业伦理为理论基础,又提出了"践形"说。"践形"一词来源于《孟子·尽心》上篇:"形色,天性也;惟圣人然后可以践形。"梅岩吸取了孟子的"践形"思想,强调商人要以商人之道践商人之形。除商人以外,士、农、工、君臣都要"践形",也就是说万物要各践其形。"所谓践形,就是明五伦之道。不能践形者,为小人。畜类鸟类无私心,反而能践形。此乃自然之理,惟圣人明此理。"①梅岩之所以如此强调"践形"的重要性,是因为他认为物的各种各样的"形",其实质代表的是物所应遵守的"法",由此看来,"践形"与"守法"是同义语,这是梅岩对《孟子》"践形"思想的发展。

"法"在梅岩的哲学思想中,也是一个具有特殊意义的范畴。梅岩说,圣人的"行迹"是天地之心,即天道、天理行为方式的客体化,所以圣人的"行迹"就是"法"。"法"是出自于"天",是"率性而已",如鸟飞鱼跃、柳绿花红,这都是依"法"而行的必然。士、农、工、商依照士、农、工、商之"法",处在士、农、工、商应具有的位置上,这是他们在人间社会生活中应具有的生存方式。宇宙中的万物,都按照"法"而生存运转着,这就是"法"普遍性价值之所在。

"心→性→形→法"范畴系列的展开,展现了石田梅岩由人的本质、人的本性外化为人的价值、人的行为方面的思想。梅岩认为,当人在知性、知天,即认识到人的本性之后,应该以圣人的行迹为法来规矩自己的行为。具有商人之形的商人,应该遵守商人之法,这就是商人的伦理道德。因此,在日本四民等级社会中,商人的社会地位不是低下的,商人通过商业活动,对社会作出不可缺少的贡献,显示了商人的价值。这就是石

---

① 《都鄙问答》卷之三《性理问答之段》,《日本古典文学大系 97·近世思想家文集》,第 451 页。

田梅岩大声疾呼的"立我"、"自我"的价值实现,也是石门心学的价值所在。

三、"俭约"和"正直"之说

心学在伦理学上的特点是把"俭约"提高到道德原理的高度。梅岩在《齐家论》中说"俭约"就是"恢复天生之正直"。"俭约"和"正直"是在梅岩思想中关于经济伦理和经济行为的专有概念,日本学者也把梅岩的哲学思想称为"俭约哲学"。"俭约哲学"可以说是作为商人哲学家的石田梅岩为确保商人的自主性和主体地位而创建的经济哲学。

关于"俭约"的内涵,有这样三层意义:

第一层意义,俭约是一种爱的实践。梅岩从"性理"的形而上学体认观出发,视"俭约"为"仁","通过俭约,明性理而至于仁"①。他所说的俭约,不是为了自我、自家的俭约,而是为了"天下公的俭约"。"所谓俭约与世俗所说有异。不是为了自我而吝啬物,是为了世界,需用三物而用两物,这就是俭约。"②

梅岩认为"俭约"与"吝啬"有本质的不同。"俭约"的基础是仁心,"吝啬"的基础是"欲心",即不仁心。他认为世上的财产该聚则聚,该散则散。财产的聚(俭约)是为了散(为了天下,为了世界的需要),而散(资助需要帮助的事或人)还会带来更大的聚(生物、生人)。所以,从仁心出发的俭约,是对财富的合理使用和积累。

第二层意义,俭约是"自性是天地万物之亲"的一种具体生存方式。如上所述,"自性是天地万物之亲"是梅岩心性学的一个中心命题。它的主旨是说当人觉悟到"自性是天地万物之亲"时,就自觉到了人应具有的生存方式。梅岩认为,士、农、工、商有各自不同的生存方式,在生活水准上也要与各自的身份相适应,不能超越与其身份相适应的水平,这就是

---

① 《石田先生语录》第 52 段,《日本思想大系 42·石门心学》,东京:岩波书店 1971年版,第 50 页。
② 《石田先生语录》第 1 段,《日本思想大系 42·石门心学》,第 34 页。

"俭约",又叫做"守约"。

为了使人们能够做到"守约",梅岩又提出了"分限"这一概念。"俭约……要分与限相适应,既不是过也不是不及。"①这里的"分限"就是适度的意思,其实质就是"法","俭约"就是"随万物之法"。所谓"随法",就是说世上的万事万物(包括人)都服从自己固有的存在方式,人们的消费行为是与应消费的事物性质相适应,这样可以充分发挥物的效用,不使物有一丝一毫的浪费。从经济学观点来看,这无疑是一种经济合理主义思想。

第三层意义,俭约是以正直为本的。梅岩认为凡是天生之物,都应处于自己固有的位置上,这就是正直。"凡生贵则应贵,贱则应贱。町家应有与町家相应的名,称呼相应的名,则为正直。"②与自己应有的身份、名称相适应的俭约,就是真正的俭约,或叫做正直的俭约。与这种正直的俭约相对立的,是欲心的俭约,是建立在私欲基础之上的,反之就是吝啬。

梅岩把"正直"作为道德的根本,其核心就是无私欲的真心。梅岩认为,人来自于天,天是一个大人,人是一个小天地,人得天地之心为心,因此没有私心私欲,才能呈现出人本来应该具有的样子。从人固有的不忍人之心的恻隐、怜悯出发,施爱于天地万物,构成了天地万物一体之仁的系统。在这一系统中,世界和合,四海之内皆兄弟,这就是"正直"。从内面道德修养的角度来看,"正直"的实现过程就是对"自性是天地万物之亲"体悟的过程,也就是对真心即仁心修养的过程。③

第五节　农民哲学④

安藤昌益(1703—1762 年,元禄十六年—宝历十二年),祖辈为秋田县二井田村半农半士的世家,当他出生时家道已经中落。他曾经当过人

---

① 《俭约齐家论》,《日本思想大系 42·石门心学》,第 24 页。
② 《俭约齐家论》,《日本思想大系 42·石门心学》,第 17 页。
③ 参见李甦平:《东方著名哲学家评传·石田梅岩》,山东人民出版社 2000 年版。
④ 因安藤昌益是农民,所以其哲学暂冠名农民哲学。

家的养子,到过京都、长崎,40 岁后成为乡村医生。晚年回到故乡二井田村,从事农业和著述活动。1762 年(宝历十二年)病故,终年 60 岁。其著述有《自然真营道》(刊本,全三卷)、《统道真传》(全五卷)、《自然真营道》(稿本,一百零一卷)等。

一、气一元论

昌益试图通过对古代中国的自然哲学——自然观加以重新解释来建立一个独特的理论体系。在他看来,自然是"一气之进退",而"阴阳是自然进退之异名",所谓"五行"可以说是这"一气"的"相"。①

昌益认为自然是无始无终的、统一的、自发地运动着的,一切自然现象都是由"气"(物质)的运动产生出来的。他说:"道云者,无始无终,自然真感一气自进退,自成转定。转则日月星辰一气进退退进之凝见也,定则于中土,木火及金水,是为四形,而万万形皆此中土一气进退退进之凝成也。故此一气满转满定,满定人身人心,满万物,无非一气之生,无非一气所满。故自然转定人物中,唯一气满满矣。"②又说:"阴阳云者,即一气进退之异号,而非有二气二物之别也。"③"五行者自然进退退进之一气也,故五行各别实非别,则一气之进退。"④这里昌益造了许多新语,分别有它的特定含义。所谓"转定",转是指天,定是指地,转定就是天地的意思(同样,"转下"是天下的意思;"转道"是天道的意思;"转年"是天年的意思);所谓"进退",是运动的意思("自进退"是自己运动的意思;"自然进退"是自然不断运动的意思);所谓"自感"也是自己运动的意思;"自然真自感"是自然自己运动的意思。"直耕"、"直织"是亲自参加农耕、织布劳动等符合天地自然规律之和谐劳动的意思。了解了昌益特有概念的含义之后,再回过头来看上述的引文,其意思是说:气的无始无终的运动构成了天地万物;天上的日月星辰,地下的各种东西,就连人的身体,人的

---

① 参见永田广志:《日本哲学思想史》,商务印书馆 1978 年版,第 171 页。
② 《安藤昌益全集》第三卷,日本农山渔村文化协会 1982—1987 年版,第 346 页。
③ 《安藤昌益全集》第三卷,第 315 页。
④ 《安藤昌益全集》第四卷,第 256 页。

心都是由气生成的,所以整个自然界是一元气运动的表现;所谓"阴阳"也是一元气运动的另一种说法而已,所谓"五行"也只不过是一元气自己运动在自然界的表现形式;五行(金、木、水、火、土)虽是有差别的,但它们又是统一的,是一元之气运动的表现;五行不是五,而是一,是统一于气的。

虽然昌益上述的观点尚未超出传统儒学的范围,但已经具有他的特点。首先,在论述气如何在运动中形成万物时,他提出了"通、横、逆"的运动序列。所谓通,是由上往下的运动;所谓横,是横向的运动;所谓逆,是由下往上的运动。他说:"通气生人,横气生鸟、兽、虫、鱼,逆气生谷物、草木,虽天地之间的万物无有此外者。"①即由于气的运动方式不同,所以形成了人、动物、植物三种不同的生态。这种通、横、逆的序列,表现于宇宙和自然界来说,就是日、月、星("通回而日轮,横回而月轮,逆回而四星列星"②);或天、海、陆(即转、定、中土,"通回而转,横回而定,逆回而中央土"③)。表现于人的身体来说,感气就是通气,血液循环为横气,呼吸为逆气。就身体的某一部分来说,如手臂有肩、臂、腕三节,下肢有腰、膝、足三节,足指、手指均有三节。他还将这种"三序"运用到精神性的东西上,"贤为通气,愚为横气,邪念为逆气"④。若表现于心术,则"性真是通气,情著为横气,欲恶为逆气"⑤。这样昌益"通、横、逆"的理论意味着大到宇宙、天体自然界的日、月、星,天、海、陆,小到人体、精神心理,都构成了"通、横、逆"的序列,在总系统下又有无数子系统,一起构成了活生生的自然界的运动。

昌益"气一元论"的特点是他认为"通、横、逆"是互相关联、互相转化的。如通气为天,横气为海,逆气成大地。大地上生长逆气的谷物,而谷物又生通气的人(昌益认为人由"米之精"构成)。这样就形成了通

---

① 《安藤昌益全集》第十三卷,第217页。
② 《安藤昌益全集》第六卷,第252页。
③ 《安藤昌益全集》第六卷,第251页。
④ 《安藤昌益全集》第十二卷,第292页。
⑤ 《安藤昌益全集》第十三卷,第220页。

气——横气——逆气——通气的循环,构成了整个自然界和人类社会之和谐运动。

晚期,昌益用"土活真"的概念,取代了早期和中期著作中的"五行说"。他认为五行之中的"土"具有统率其他"四行"(木、火、金、水)的机能,是比"四行"、"气"等概念更为抽象、更具普遍性和根本性的概念。"土活真"概念的提出,说明昌益在寻求更为一般、更为普遍、更具根本意义的哲学范畴,来作为他唯物主义哲学思想的基础。

其次,昌益唯物主义的思想还表现于"谷精"的说法。谷即日本人的主要食粮大米。昌益有时又把谷叫做"气"或"精"。他认为"谷精"亦即是"天地之精",人的肉体生命、行为都是"谷物所为"。昌益批判《孝经》的"身体发肤,受之父母,不敢毁伤,孝之始也",他主张父母不但是父母,而且是食谷生子,故父母就是米谷。米谷从耕种得来,不耕种就没有米谷,就是杀父母。这不但是不孝,而且是罪过。只有耕种生米谷,才是大孝。他说:"身体发肤米也,父母米也,不耕米故言失也……不食米,孔丘也要一命完蛋。"①在昌益看来,谷米是最根本的,人的身体生命来源于谷精,不论是谁不食谷米就要死,死就是回到原来的世界去,他称之为"归于米"。认为人的生命过程是"谷精"表现于运动,人的生命来源于米而归于米,反映了昌益作为农民思想家的朴素唯物主义思想的特点。

二、"互性妙道"的辩证法思想

"互性妙道"是昌益哲学的基本范畴,是关于存在和运动的原理,物质矛盾运动的法则,也是昌益独特的思维方式,即辩证法的逻辑。所谓"互性",是指事物既对立又依存的两个因素,它们既对立又统一,构成了事物的运动,即矛盾的转化和矛盾的运动。"妙道"是指构成世界的基本物质的自己的运动,即"进退、退进"(进中包含着退,退中包含着进)的矛盾运动。"互性妙道"使昌益的辩证法奠定在唯物论的基础上。

"互性妙道"的辩证法分基本互性、四行、八气几个层次展开。昌益

---

① 《安藤昌益全集》第八卷,第237页。

说:"自然是互性妙道之号。"何为互性? 曰"无始无终土活真自行大小进退。小进木,大进火,小退金,大退水,四行也。自进退八气互性也"①。这里"进退"是第一个层次,表示事物既对立又依存的两个侧面,叫做"基本互性",是昌益互性妙道概念的基轴。具有质的差异的"进退",与量的差异的"大小"相结合而展开,即构成了"四行"(小进、大进、小退、大退,即木、火、金、水),这是第二个层次。四行分别与进退相结合而展开,即为"八气"(进木、退木、进火、退火、进金、退金、进水、退水),这是第三个层次。整个自然界的矛盾运动,都是以"进退"这个"基本互性"为基础,由"四行、八气"的各种因素有机地相互联系而展开的。

这种互性妙道表现在宇宙规模上,就是"转定"(天地)、"日月"、"昼夜"、"明暗"等矛盾;在生物界表现为"生死"、"男女"、"雌雄"等矛盾;在人类的精神领域,表现为"神灵"、"迷悟"、"吉凶"、"善恶"等矛盾。

试以宇宙天地为例。天是进,地是退。无天则无地,无地也就无天。天的本性规定了地,地的本性规定了天,"天地非二别","天地为一体"②,天和地构成了完整的宇宙的两个侧面。同样,日月互性,日月不是"二别",而是"日月为一神"③。有昼有夜才为一日,昼夜互性。以同样的道理论及人,将人比做宇宙,"男女乃小天地","女备男内,男备女内,男之性女,女之性男,男女互性"④。没有男人,就无所谓女人,没有女人也就没有男人。男人与女人的性质互相规定,既对立又统一。"男之性女,女之性男,男女互性,活真人也"⑤,男人和女人对立统一,构成了活生生的人类。用同样的道理,昌益论述了"生死"、"雌雄"、"善恶"等概念,无不得出了辩证法的结论。

以"互性妙道"的辩证法作为基本思维方法,昌益对现实的封建社会进行了批判:从"万万人为一人"的思维方法,得出了人类平等主义,否定

① 《安藤昌益全集》第一卷,第63页。
② 《安藤昌益全集》第一卷,第212页;第八卷,第128页。
③ 《安藤昌益全集》第八卷,第128页。
④ 《安藤昌益全集》第一卷,第268页。
⑤ 《安藤昌益全集》第一卷,第113页。

了封建社会等级制度;以"男女一人"的思维方法,得出了男女平等和一夫一妻的主张,批判了封建的男尊女卑及歧视妇女的思想;以"进退"的矛盾运动的思维方法,来探索"治乱"、"上下"等社会问题,得出了治乱转化、上下转化的革命结论。"互性妙道"的辩证法就成为昌益批判封建社会及其意识形态的理论基础。

三、"自然世——法世——自然世"的空想社会观

与安藤昌益的唯物主义思想相适应的,是他的"自然世——法世——自然世"的空想社会观。即昌益认为人类社会原来是处于平等的"自然世",后来出现了罪恶的"法世",并预言必将重新回到平等的"自然世"去。

昌益认为在"自然世"里,自然界按照春萌、夏长、秋结实、冬休眠的规律运动着。人们也适应此规律,春种、夏薅、秋收、冬藏地劳动着。日复一日,年复一年,不受任何支配与强制。天、地、人按照同一规律自发地、自然而然地、和谐地运动着("自然世转定与人业行转定与微无异矣"①;"而无始无终转定人伦一和矣"②),所以叫做"自然世"。

在"自然世"里,山区、平原和海边的居民各自干着自己的营生,通过物物交换,彼此满足生活需要,安居乐业,人人以"直耕"来养活自己。在"自然世"里没有剥削与压迫,没有贪欲之心和争论骚乱。上无统治者,下无盗贼,没有法律,也没有"圣人说教",更无骗人的"佛法",没有僧侣和寺院。因为人人"直耕",靠食谷(谷精)来养生,所以人人身体健康,也没有害人的庸医。实行一夫一妻制,父慈子孝,残疾者会得到大家的照顾。因为昌益看到当时文化为封建领主阶级所垄断,为封建阶级服务,所以他也反对文化和科学,认为在"自然世"里没有文字,没有学问。昌益把这种"无欲、无盗、无贼、无恶、无病、无患"的社会奉为理想社会。

相对于"自然世",他把不平等的现实的阶级社会称为"法世"或"私法盗乱之世"。他认为由于"圣人出,不耕而只居,盗天道人道之直耕而

---

① 《安藤昌益全集》第二卷,第99页。
② 《安藤昌益全集》第二卷,第100页。

贪食,立私法而责取税敛,……立王民上下五伦四民之法,立赏罚之政法,自己在上为此侈威"①,于是出现了剥削者、统治者,从此便开始了罪恶的"法世"。并且由于金银(货币)的通用,人们把"金银多有者为上贵,少有者为下贱"②,于是世界便产生了上下、贫富差别。统治者不劳而获,奢侈荣华,引起了另一部分人的贪欲,于是发生了争夺和战争,世界"欲欲盗盗乱乱不止"。依昌益看来,世界是被圣人搅乱的,人心是被佛法所迷惑的。他说:"盗天下国家之欲,望极乐往生之欲,交交发而不止。欲而盗,盗而乱,乱而迷。君杀臣,臣杀君,父兄杀子弟,子弟杀父兄。王亦为仆,卒亦为王,侯亦为民,贼亦为侯。极侈极穷,军战而众人大大地患苦。"③天下饥馑疾病终年不断,兵痞之乱此起彼伏,盗贼不绝,一切狂徒、娼妓、乞丐等随之而出,恶事不断,广大人民在这个社会里生活得像牲畜("四类")一样痛苦不堪。昌益把释迦牟尼、达摩、孔子、孟子、林罗山、荻生徂徕等佛祖、圣人和学者比做狗。在《法世物语》里,他用兽世的次序来讽喻人世的封建等级身份制度,对人类社会的剥削、压迫等不平等现象进行了猛烈的抨击。

产生"法世"的种种不平等和罪恶的原因是什么呢？昌益认为一切罪恶的根源就是封建社会的经济剥削("不耕贪食")、政治压迫("立私法")和思想控制(推行"外道"),在 18 世纪的日本,这不能不说是相当深刻的。

面对这样不合理的社会,昌益在《从私法盗乱之世契自然活真世论》中,提出停止一切不耕贪食(剥削),废除一切"私法"和封建身份制度,建立一个名义上的"君",并废除封建的土地所有制,把土地归并到"君"的名下。但这个君不是阶级社会里的统治者,他没有特殊的权力,只是监督人民是否很好地进行劳动,并且给予训令。对君也给予一份足够他一家人生活的土地,进行直耕。诸侯、家臣、武士也分别给予一份土地,使他们

---

① 《安藤昌益全集》第一卷,第 269—270 页。
② 《安藤昌益全集》第一卷,第 270 页。
③ 《安藤昌益全集》第一卷,第 271 页。

成为自食其力的劳动者。不仅农民,一切游民、僧侣、乞丐也均得到土地。他还主张废除一切字书、学问、医学,主张从事这些活动的人也要从事直耕。手工业工人除了生产日常生活必需(如水桶等)外,也要进行直耕。禁止一切奢华,停止建造亭台楼阁,停止织锦缎和印染花布,禁止生产烟酒等奢侈品。废止货币流通,必要物资(如粮、炭、盐)进行物物交换。

在政治上,昌益提出建立一种经济上自给自足的行政单位——"邑政"。它没有法律,只依靠家庭和道德来维护社会秩序。昌益认为即使有个别人贪吃懒做、怠于直耕或犯其他错误,对他们也不能用刑罚来治理,而是主张教育。他提出:"凡有为盗者、为密淫者、为谗佞者、一切为恶事者时,其一族捕之。先断其食使为饥苦,加异见而一度免之。惩饥苦而再不为恶事而能直耕,则可也。若不辨而再为恶事,则一族杀之。"①意思是说,如果有人犯错误办了坏事,则由家族把他逮起来,进行饥饿教育。如果是偶犯,有人替他作保,就宽恕他一次。如果经过教育懂得了只有劳动才能吃饭的道理,从此好好劳动,则教育已经成功。如果他不懂这个道理,屡教不改,继续犯罪,则一族人可把他抓起来杀了。依他看来这是恶者自绝于人,是自己杀自己,并非家族的错误,而是天道。他认为依靠这种劳动改造,慢慢就不再会有恶者出了。这样经过若干年月,一旦有"正人"出时,则可归于"无盗、无乱、无欲、无迷、无惑的活真之世,实现天下太平"②。这就是昌益从"法世"回归到"自然世"的思想。

安藤昌益认为人类社会本来是处于平等的自然世,后来才产生了差别和等级("法世"),并断定它要回复到自然世。他把"法世"(阶级社会)看成社会发展某一阶段上的产物,这不能不说是一种天才的猜测。但是他在资本主义刚刚开始萌芽,社会生产力极不发达的封建社会,立即提出由"法世"向"自然世"过渡的任务,仅是一种不依社会发展规律的空想,并且他把希望寄托于个别英雄人物和开明君主身上,以为一旦有"正人"出,他的"自然世"即可实现,这只能是一种历史唯心主义的观点。可

① 《安藤昌益全集》第一卷,第292—293页。
② 《安藤昌益全集》第一卷,第309页。

惜昌益没有对所谓的社会共同体"邑政"进行详细的描述,但从所说的内容上来看,实际上他是把原始公社末期的"村社"理想化了。企图不消灭私有制,只是以小私有的个体自然经济来替代大私有制。这在18世纪商品生产已经开始萌芽发展的日本,是违反社会发展规律的,因而是不可能实现的。并且他还站在农本主义立场上,反对商品生产和科学技术上的先进成果,虚无主义地反对一切科学文化,这些都反映了站在农民立场上的安藤昌益思想的局限性。不管怎样讲,关于昌益"自然世——法世——自然世"的思想,不仅在日本,而且在世界上也是较早的、较完整的空想社会观,是值得给予重视的。

昌益从老庄思想中吸收了很多滋养,他理想的"自然世"社会与老庄的理想社会的"至德之世"、"小国寡民"有很多相似之处。此外在思维方式上,他的否定性思考和带有相对主义色彩的辩证法思考也与老庄有相通之处。

四、"天人一和之直耕"的生态思想

在20世纪50年代的日本社会改造运动中,由于昌益的唯物论、辩证法及反封建思想,使得这位"被遗忘的思想家"成为当时社会"民主化"运动的明星,[1]曾几何时,昌益的影响遍及当时社会科学各个领域。以后在日本哲学思想界,一直从联系现实的社会问题角度来研究安藤昌益,形成昌益研究的主流。在当今高度发达的社会中,各种社会矛盾日益复杂化。面临复杂的社会矛盾和紧张的生活,特别是面对当前全球性的生态危机,人们感到茫然。从20世纪70年代开始,昌益的生态思想得到重视,他被称为"生态学的先驱、日本最早的环境保护论者"[2]。昌益的生态思想,主要包括以下四个方面:

第一,昌益把自然与人的关系比做"大天地"(大转定)与"小天地"

---

[1]　参见诺曼著,大洼愿二译:《被遗忘的思想家·安藤昌益》(上、下),东京:岩波书店1950年版。

[2]　《安藤昌益全集》第一卷,第15—18页。

(小转定),即"大宇宙"与"小宇宙"的关系。他说:"人是小天地,天地是大人"①;"夫人身小天地也,天地大人身也"②。大天地与小天地根据同一法则进行着"进退、退进"的运动,即天地的运动与人身的活动,是相对应的有机活动(生态活动),亦可称为宇宙的生态系统活动。

第二,昌益认为自然和人的活动是一个和谐的循环系统。"天地之气通人身,人身之气通天地,大天地,小男女(人——引者注)③,以进退和互性,构成了一个和谐运动的世界。"④具体地说,就是通气——横气——逆气——通气不断地循环运动。这种循环发生在生物界的人与动物、植物之间,昌益的描述是:"人食谷米产粪,谷食人粪而加倍结实,谷与人互食,常也。"⑤这就是自然界与人互相关联的生态系统的有机循环。昌益把它叫做"自然气行之妙序"、"自然自守之妙行"。也就是我们今天所追求的自然界的良性循环。

第三,"天灾即人灾"。但是,自然界却并非如同上述那样和谐地发展,往往是自然灾害频发,人为灾害不断。原因何在?昌益认为这些天灾实际上是人的行为造成的。16—17世纪中期一百多年间,由于经济的发展,日本的耕地面积扩大了三倍。新农田的开垦,带来了林草植被的破坏,使得灾害频发。又因新农田和山地的开发,断了原来依靠野生植物根茎、果实为生的野生动物的生路,使得大批野猪窜入农田啃食庄稼,致使连年歉收,在东北地区发生了被称为"猪饥馑"的大饥荒。昌益敏锐地感到,正是某些人的"迷于利己"、"邪心之气",使得上述的循环失常,而发生种种灾害。所以他认为"所有的怪事均出自人而又归于人,所以不是天灾,而是人灾"⑥。虽然昌益的这种思想尚未摆脱天人感应、天谴的窠臼,但对于今天只顾追求眼前利益、滥施开发的人来说,不失为一种谴告。

---

① 《安藤昌益全集》第三卷,第361页。
② 《安藤昌益全集》第十五卷,第382页。
③ 昌益说"男女一人",即男女互性构成活生生的"人"。在他的著作中,凡需用"人"字时,都写作"男女"。所以在读昌益著作时,凡见到"男女"字样,都应读做"人"。
④ 《安藤昌益全集》第一卷,第79页。
⑤ 《安藤昌益全集》第十卷,第219页。
⑥ 《安藤昌益全集》第十一卷,第146页。

第四,反对滥开发矿山。自古以来,矿业、稻米、森林是昌益所生活的奥羽国(今秋田)的三大支柱产业。这一带有许多金、银、铜、铅矿山,江户时代,由于大规模的矿山开发,污染水源、土壤,导致水稻减产,矿毒引起人们的疾病,尾矿破坏植被,导致林草退化,森林死亡。昌益目睹这些情况,以开矿破坏"自然五行"、污染环境、"大失于自然",采出的金银铸成货币,又以拥有货币之多寡,将人分为上下、贵贱的等级,货币刺激了人的欲望,扰乱人心,使人"只知追求利欲,不知人性"①等理由,激烈反对开矿。

总起来说,昌益认为天地按照固有的规律在运动着,人也按照此规律"直耕"着。人和自然非常和谐,"无始无终转定(天地——引者注),人伦一和",从而获得"安衣、安食"的生活。这就是"天人一和之直耕"的思想,是一种朴素的生态良性循环的思想,也就是今天人们孜孜追求的人类和地球的持续发展。

昌益的生态思想具有传统东方思想的特点,它与东方传统的儒学、道家、婆罗门、神道等思想一样,具有强调人与自然和谐一致的方面。虽然昌益的生态思想还是朴素的思想,他所说的"自然和谐"也还只是低水平的循环,尚缺乏发展思想,但是对于解决当前面临的全球性生态危机,也不乏启示意义。②

---

① 《安藤昌益全集》第八卷,第144页。
② 参见王守华:《东方著名哲学家评传·安藤昌益》,山东人民出版社2000年版。

第十九章　近世神道

　　江户时代出现了神儒结合的神道,神道理论得到了进一步的发展。有以吸收《易经》为主要内容的"度会神道";把理学与吉田神道相结合,推崇儒学伦理,强调忠君之道的"吉川神道";林罗山的"理当心地神道";集神儒结合大成的"垂加神道"等,也可把它们称为"儒学神道",它们中的一些派别在王政复古和明治维新中起过较大的作用。神佛结合、神儒结合的神道,都是神道与佛教或儒学思想结合的产物,而复古神道则强烈反对神道依附于佛、儒等外来思想,主张依据日本的古典《古事记》和《日本书纪》来探明"真正的日本精神",发扬古神道(纯神道)的精神,对近世"国学"的成立有深刻的影响。复古神道虽然标榜排斥一切外来影响,但实际上其思想理论的形成却吸收了当时的各种思想的因素。

第一节　儒学神道

一、吉川神道

　　吉川神道由吉川惟足(1616—1695 年,元和二年—元禄八年)创立,故名"吉川神道"。又因它主要是吸收了理学的影响,故又名"理学神道"。吉川神道的经典是《神道大意注》和《神道大意讲谈》。后者是吉川讲解吉田兼俱《神道大意》时门人的记录稿,所以亦有人将吉川神道视做吉田神道的发展或支流。因吉田神道提倡神儒结合,推崇儒学伦理,强调忠君之道,所以实际上已成为一个独立的神道派别而流行于民间,影响较大。

　　吉川惟足把《古事记》、《日本书纪》、《旧事纪》"三部神书"中关于"古天地未剖、阴阳不分"和"开辟之初洲壤浮漂"等古代传说，与吉田神道的师说结合起来，以国常尊为天地初发、混沌未分之中化生和造化之神，借此论说神神、神人关系和神与世界万物的关系。

　　吉川惟足认为朱子学中所谓"太极"，就是日本神道中的本源神国常立尊，一切都是太极的具体体现。所以只有理学神道才能治天下，而其他一切神社神道派别，只不过是一些"行法神道"而已。他运用朱子学理气关系及"理一分殊"的理论来解释《古事记》与《日本书纪》、《旧事纪》神话中主神生诸神、一神生多神、诸神生众神等现象及由此形成的神神关系。

　　吉川惟足把国常立尊视为道体的根元和天地一体的本体，它为无名之名、无形之形、无相之相，在天为元气之元，在地为一灵之元，在人为性命之元。国常立尊与天御中主神又是臣下、贵族之祖神，君臣二而不二，合二为一，故国常立尊具有贯通天地人的神德，它通过理气妙合而生成天地万物、宇宙万象，又通过天人一体而成为五伦道德的本源，故它是天地唯一宗源之神。总之，他用儒学式的语言表达了吉田神道所倡导和奉行的天人合一、神人一体、君臣一体的思想；同时用宗教语言和宗教思维表达了一与多、变与不变、阴阳和合、生成与被生成、未生与已生等关系。①

　　吉川惟足特别重视儒学之伦理道德，认为在人伦道德中，君臣之道最高，是万古不易的，并且灌注于夫妇、父子、兄弟、朋友之间。他用五行说来解释社会伦理，说："故土者，万物之母即肉也。金者，万物之父即骨也，骨即金矣。五行虽名双立，以骨肉为要，两要亦尚以骨为贵。所以天者为金气，人犹金气而立。金气者即义也，义者人心之要，人心无义则等于禽兽也。义是金气，敬之用也，敬义一体而人伦之道之所立矣。"②他把

---

①　参见范景武：《神道文化与思想研究》，内蒙古人民出版社 2001 年版，第 294—295 页。

②　《土金之秘诀》，《日本思想大系 39·近世神道论·前期国学》，第 68 页。

土看做万物之母,把金看做五行之中最为重要的,并把金解释成义,是敬之用,"敬义一体"为人伦道德之根本,这本是朱子学的根本思想,吉川把它与神道相结合,作为天地、自然及现实人生的"神明之道"及治世的根本原理。所以,吉川神道不单纯是吉田神道的继承,而已经是一种独立的神儒结合的近世神道意识了。①

二、垂 加 神 道

集神儒结合而大成的是由山崎暗斋创立的"垂加神道",因其号"垂加"而得名,又称"崎门神道"、"山崎神道"。正如前文所述,山崎暗斋是由佛教转向儒学,并成为当时著名大儒的。他恪守朱子学的立场,对朱子怀有宗教般的崇敬心情。那么,他为何从儒学转入神道呢? 关于这一点,日本哲学思想史研究界众说纷纭。② 其说各有偏颇,恐应将各种说法与江户时代的社会、思想综合考虑为妥。1669 年,山崎暗斋从伊势神宫大宫司河边精长接受伊势神道的思想,并用它对《中臣祓》作解释说:"中者,天御中主尊之中,此为君臣之德。此祓述君在上治下,臣在下奉上。而不号君臣祓者,以其德称君。而表君臣合体守中之道以号中臣祓者也。"③"守中之道"既是神道的核心内容,又是朱子学的本质,大概正是这样,山崎暗斋找到了神道与朱子学的契合点。以后,他又从继承吉田神道道统的吉川惟足受 "唯一宗源神道" 之正传,并接受吉川惟足所授予的"垂加"号,在生前自祭"垂加"灵社号,开神道灵社祭祀之先河。"垂加"二字,出自《倭姬命世纪》里"神垂以祈祷为先,冥加以正直为本"。垂加神道以《神代卷风叶集》、《中臣祓风叶集》为经典。

垂加神道以朱子学的持敬穷理学说为主,认为神是天地之心,因理气

---

① 参见王守华、卞崇道:《日本哲学史教程》,第 145—146 页。
② 关于山崎暗斋从儒学转入神道,日本学界主要有如下说法:受家庭影响,因其祖父笃信神道的说法(平泉澄);因与神道家服部休斋辩论被驳倒,而转向神道的说法(山本信哉);因朱子学的君臣大义、大义名分思想,引发了民族精神的自觉,而转向神道的说法(冈田武彦);因家庭、个性与阅历等内在原因,与神道思想接触和受神道思想影响等外在原因(安苏谷正彦)等。
③ 《垂加神道》(上),《神道大系》论说编十二,东京:精兴社 1984 年版,第 5 页。

而动。天御中主神是化育万物之神,并以阴阳五行说来附会"七代天神"、"五代地神"的神话,用儒学的大义名分论来论证日本神国及天皇崇拜的理论。

"土金之传"、"三种神宝之传"、"神篱磐境之传"是垂加神道神儒结合理论的特点。所谓"土金之传",是暗斋在继承吉川惟足把土看做万物之母、金就是义的理论基础上,结合朱子学"持敬穷理"的思想,认为五行的运动,土金的相生(土生金,金生水)转换,体现着神的意志,是神道正统的表现。又认为从天地万物形成来看,土是万物生成的根本;从人伦道德来看,土的含义是"敬"(即"谨慎",在日文中"谨慎"与"土"的读音相近),所以符合天地、阴阳、人道都产生于土金的道理,亦即符合神道的根本在于"敬"的道理。所谓"三种神宝之传"和"神篱磐境之传",则是被作为"最高奥秘"的神秘信仰,其目的是强调天皇崇拜和皇室的绝对化。暗斋借用儒学的大义名分论,来说明"应尽辅翼天日一体的皇祖神天照大神之子孙——天皇的臣子之分"。

山崎暗斋以通俗易懂之说教设学授徒,又因其说符合朝廷、幕府的需要,而获得统治者的支持,致使垂加神道广为流行,成为江户时代神儒结合神道中最有影响的一派,在他的门下出了不少著名弟子。在神道系统,有提出"神道即皇道"说的大山为起;继承和发展暗斋行法秘传、创立"橘家神道"的玉木正英;创立"望楠轩神道"的若林强斋;创立"土御门神道"(安倍神道)的安倍福泰。此外,还有谷川士清、谷重远、正亲町公通等著名神道学家。因为垂加神道强调尊皇思想,所以在他门下还出现了竹内式部、山县大贰等力主尊皇斥霸的思想家。即使在原来的朱子学系统的弟子中,这种尊王思想的影响也很大。如浅见絅斋虽然反对恩师的神道思想,但却接受他的勤王论,并著《靖献遗言》予以深化。三宅观澜、栗山潜峰后来进入水户彰考馆,参与编纂《大日本史》,对于提倡尊皇主义的水户学的世界观和方法论有一定的影响。①

---

① 参见王守华、卞崇道:《日本哲学史教程》,第146—147页。

第二节　复古神道

复古神道是从通过研究《古事记》、《日本书纪》的神话传说来构建日本文化起源的国学运动发展而来的。它的思想方法可以说是受儒学中古学派的影响，只不过主张复归的对象不同。古学派以中国的古典为绝对的权威和复归的对象，复古神道则以日本古典为对象；古学派通过中国的古文辞学，从"六经"当中来阐明"先王之道"，复古神道则是通过日本的古文辞学，即日本的古典来阐明日本的"古道"；古学派排斥和摈弃后儒对"六经"真意的歪曲，复古神道则排斥和摈弃后世思想（儒、佛等外来思想）对古道真意的歪曲和遮蔽。作为一种思想体系，复古神道渊源于契冲和尚，先行于荷田春满，确立于贺茂真渊，大成于本居宣长，全面发展于平田笃胤。

复古神道渊源于契冲和尚（1640—1701 年，宽永十七年—元禄十四年），他以古典的语言学——文献学研究为依据，完成了对《万叶集》的注释和研究。他在歌学理论上的复古思想成为复古国学的思想渊源。

荷田春满（1668—1736 年，宽文九年—元文元年）是伏见稻荷神社的神官之子，被称为国学的先驱或创始人。他在享保十三年写的《创学校启》（亦名《创国学校启》、《创造国学校启》、《创倭学校启》）中，感叹"神皇之教"、"国家之学"因儒教、佛教而废弛。他排斥在古典研究中掺加儒、佛的观点，强调古语研究的必要性。"不通古语，则不明古义；不明古义，则古学不复。"这显然是受到了荻生徂徕的影响。《创学校启》正是在主张必须要对古典进行语言学的研究，同时排斥根据儒、佛的牵强附会这点上，确立了复古国学的方法论，并使他成为复古神道的先行者。

国学的发展和歌学的蓬勃兴起，促进了《古事记》、《日本书纪》和《万叶集》的研究，从而为复古神道这一独特思潮的诞生做好了准备。复古神道的确立者是贺茂真渊（1697—1769 年，元禄十年—明和六年）。真渊是滨松的神官之子，也是一位歌人。他曾向荻生徂徕的弟子太宰春台的门人渡边蒙庵学习儒学，并与徂徕的另一名弟子服部南郭过从甚密，后以荷田春满为师。在徂徕学的影响下，真渊极力批判后世的儒、佛思想遮蔽古道，主张用客观的"文献学"的方法，来阐明日本的古典文学——歌学上的"古道"。真渊著述颇丰，有《国意考》、《歌意考》、《文意考》、《语意考》、《书意考》（统称"五意考"）、《新学》、《万叶考》等五十余种。现编入《贺茂真渊全集》（二十七卷）和《增订贺茂真渊全集》（十二卷）。

真渊对荷田春满提出的"古道"进一步具体化，主张"古道"就是"神之道"、"神代之道"（《县居誓词》）、"古之道"、"上代之道"、"皇神之道"、"神皇之道"（《国意考》等）。他宣扬日本"古道"的永恒性，认为"古道是不绝的，如同天地之不绝一样"（《国意考》）；宣扬古道的完美性、优越性，认为古道是"顺遂天地而圆满平和的"，并强调古道以神和天皇为中心，神和天皇是古道的核心。

真渊推崇《万叶集》和《古今集》中的古歌，歌颂上古社会及其万叶精神，以日本未受外国文化（儒、佛）影响以前的时代为理想时代。他认为那个时代民心淳朴、没有争斗，人民不教而教，一切顺乎天地自然之道（神代之道）。真渊以这样的理想标准来批判儒学和佛教，认为儒学是烦琐之教，不尊重"天地之心"的人为之教；儒学传入日本，扰乱了日本的"皇国之道"，危害了"日本之道"；佛教传入日本之后，使人心变坏，地狱、来世、因果报应等骗人之说，大大地妨碍了日本国民的武勇之德。真渊对儒、佛的批判，目的在于宣扬日本古道、国体的优越性。

一、本居宣长

本居宣长（1730—1801 年，享保十五年—享和元年）是复古神道的大成者。他出身于日本伊势松坂的町人家庭，21 岁前，曾当过人家的养子；22—34 岁，游学京都，遍学医、儒等学问，受徂徕学和契冲的学说影响，踏上研究古典的道路，并在歌学的研究上取得了较高的造诣；35 岁开始了以《源氏物语》为中心的王朝文学研究，同时受到贺茂真渊的影响。1763年在松坂与真渊相遇（著名的"松坂一夜"逸话），真渊的谈话给宣长以决定性的影响。以后又在长达 6 年的时间里，以通信的方式向真渊质疑，并将《古事记》研究作为己任，直至 59 岁，这是本居宣长复古神道学问研究的大成期,晚年(60—72 岁)为其学问和思想的普及期。宣长一生共有弟子 493 人①,著作计有 91 种,内容涉及语言学、文学和神道学(古道),构成了庞大的"宣长学"体系。其中,最为重要的是其毕生大著《古事记传》。与神道思想有关的,还有《直毗灵》、《葛花》、《国号考》、《玉钩百首》、《玉匣》、《神代正语》、《铃屋问答录》等四十余种。现均编入《本居宣长全集》(二十五卷)。

本居宣长继承并发展了贺茂真渊的"神之道"、"神皇之道"的"古道"思想,形成了神道神学的世界观。首先是宣长对神道神灵观的发展。他完全忠实地祖述《古事记》、《日本书纪》的神话,认为神道所谓之神,"是记载于《古事记》和《日本书纪》二典中的,存在于神代的种种事迹之中"②。并由此得出万物皆神、神分善恶差等,世界万物皆由神生等认识。同时认为"天照大神与天地共无穷,统治高天原,普照天地,天下均蒙其恩泽。所以是天地全体的大君主,是世上无上的至尊者"③。宣长认为,以往的神道派别把天御中主神、国常立尊作为"君主",这是违反古典之古说的。而宣长将皇祖神天照大神作为置于众神中心的"主神"地位,并强调它的至尊性、普遍性和现实性,对于多神论的神道来说,产生了"主神"观念,这不能不说是对神道神灵观的发展。

其次,本居宣长将贺茂真渊的"神之道"把握为"自然之神道"、"自然灵妙之神道",认为"吾邦皇祚天壤无穷,依大神之神敕万万代所传的自然之神道,岂能用异邦之五行相生相克之理来解释,其不测之妙,是人智不可测知的"④。"吾邦之道,是万事皆依天照大神之神意,丝毫不掺杂后人之作为之道,因而是自然灵妙之神道,不可与异国同日而语。"⑤强调日本神道是依照神意传下来的,与儒学的圣人之道是完全不同之道,即是依照高御产巢日神之灵,始于伊耶那歧、伊耶那美大神,由天照大神继承并

---

① 参见村冈典嗣:《本居宣长》,东京:岩波书店 1937 年版,第 3 页。
② 《本居宣长全集》第一卷,东京:筑摩书房 1968 年版,第 9 页。
③ 《本居宣长全集》第九卷,第 291 页。
④ 《本居宣长全集》第十三卷,第 599 页。
⑤ 《本居宣长全集》第十三卷,第 603 页。

传下来之道。这样的神之道，越来越突出神的地位，不但反映了复古神道排斥外来思想越来越彻底，而且也反映了复古神道的理论越来越宗教化、神秘化。

　　与本居宣长神学世界观密不可分的是反映"神人关系"的"显幽观"（显事、幽事）。根据《古事记》、《日本书纪》神话，大国主命在"国让"之后，皇孙治"显事"，大国主命则退而治"幽事"。这里，显事是指治理国家的"政事"（统治权），幽事是指祭祀等"神事"（祭祀权），实际上是反映了神与神之间权力的再分配。而本居宣长对此重新定义为："所谓幽事，是指包括天下治乱吉凶、人的祸福在内的所有事情，都是神在冥冥之中操纵的；所谓显事，是指世人的所作所为，即所谓人事；因此，皇孙的显事，也就是统治天下的政事。"①这里，显事被理解为人所作所为的"人事"，幽事被理解为神所作所为的相对于"人事"的"神事"。与神话中相对于天孙的"统治权"而言的"祭祀权"，已经有了很大的不同。宣长还认为，人所作为的显事，"若究其根本，则全出自神的御心。在最终意义上，显事也是神的作为"②。实际上，这是宣长对"神人关系"的阐述。在此关系里，神与人是"操纵"和"被操纵"的关系。宣长强调神事对人事的优越性，目的是为了说明"神代"的优越性和现实天皇统治的优越性。

　　与本居宣长神灵观念中"神分善恶"相适应的是他的"善恶观"。宣长根据《古事记》、《日本书纪》神话得出，世间万象都是从善生恶或从恶生善，善与恶是相互转化的，并且邪恶最终不能战胜吉善，所以人们必须抛弃邪恶而行吉善。他说："世间所有事物以神代之事而知，验之于世中善恶之转化，从古至今，皆与神代之趣相同，就是万古之后，也是如此。"③在他看来，现实世界中人们的善恶、吉凶、祸福，只不过是神代善恶之神的行为的反映而已。这样，宣长善恶观中所具有的吉善必战胜邪恶、劝人弃恶归善等合理因素，最终又被解消于其神秘的神灵观中了。

――――――――

① 《本居宣长全集》第八卷，第320页。
② 《本居宣长全集》第一卷，第544页。
③ 《本居宣长全集》第九卷，第130页。

　　本居宣长在神道神学世界观基础上,建立了他的国体观。宣长的国体观,首先把日本称为"皇大御国"。它是由神生成的,具有特殊的神统和皇统,是"万国之元本,大宗之御国",居于万国的中心地位,优于其他一切国家,具有无比的至尊性和优越性。其次,认为日本皇统"宝祚之隆当与天壤无穷",即强调日本皇统的永恒性。认为这种神统即皇统只有日本传下来了,即日本是唯一的古道正传的国家。再次,将德川幕府说成"是依照天照大御神之神意,受朝廷之委任,由东照神御祖命(德川家康——引者注)开始的大将军家执掌天下政权之世"①。因此,江户时代的"国"是天照大神委托的御国,"国民"是天照大神委托给东照神的"将军家之民",各项制度也都是天照大神制定的制度,从而给德川幕府的统治赋以"合理"的依据。在日本思想史上,北畠亲房的《神皇正统记》最早提出"大日本者神国也",之后在神道学家、儒学家及国学家中,神国论及神国思想不断。但是可以说,本居宣长是最早从古典出发、系统地阐述神国论,并形成国体观的人,他的国体观后来成为国家神道的理论渊源之一。②

　　本居宣长的文学——歌论的"物哀"学说也颇具特色。所谓"物哀",是构成平安时代的文学以及贵族生活中心的理念。物是指客观对象,哀是指主观感情与客观对象一致所产生的和谐的感情世界,一般是指优美、纤细、沉静、冥想等理念。宣长把文学——歌学的本质同伦理学区别开来,以"物哀"观念代替"善恶"等道德观念,作为评价文学的尺度。承认艺术的独立价值,主张为艺术而艺术,这样的艺术论是同他"人欲即天理"(《直毗灵》)的自然主义伦理说("快乐说")结合在一起的,是对人类自然状态和自然欲求的率直的肯定。③

二、平田笃胤

　　幕末时期,由于幕府加强了思想控制以及攘夷思想的抬头,使立足于

---

① 《本居宣长全集》第八卷,第319页。
② 参见牛建科:《复古神道哲学思想研究》,齐鲁书社2005年版,第61—102页。
③ 参见叶渭渠主编:《日本文明》,第218—220页。

科学精神的哲学世界观无法大力发展,相反地把西方的科技文化即洋学看做"形而下"的东西而局限在技术及经验科学范围内的倾向却十分显著,同时讴歌王朝时代的思潮也日益狂热,其中的典型就是平田笃胤的复古神道。① 平田笃胤对推动复古神道的普及、发展有很大的贡献,使得复古神道在建立统一的思想体系方面大大前进了一步。

平田笃胤(1776—1843年,永安五年—天保十四年),出羽国(今秋田县)人,本姓大和田,幼名正吉,后改笃胤,号大壑、真菅之舍、气吹迺舍等。曾学习过儒学和医学。25岁成为松山藩士平田笃稳的养子,改名平田笃胤,并仕奉于藩主板仓侯。他曾经自学国学,1801年,接触到本居宣长的《玉胜间》,大有所悟,即投书欲入宣长之门,但此时宣长已故,故有本居的"没后门人"之称。从此,笃胤以绍述宣长的思想、弘播王道为己任。一生著作颇丰,主要有《古史成文》、《古史征》、《古道大意》、《歌道大意》、《灵能真柱》、《古史传》等一百四十余部,现均编入《新修平田笃胤全集》(二十一卷)。

平田笃胤在哪些方面发展了复古神道呢? 首先,他用"主宰神"的观念,取代了宣长的"主神"观念,发展了复古神道的神灵观。如上所述,宣长认为世界万物皆由神生成,产灵二神则是生物之本。笃胤继承了宣长的这一思想,但是他以天御中主神作为宇宙万物的主宰神,产灵二神作为生成天地、人和万物,并赋予人类灵性的祖神,从而取代了把天照大神作为众神中心地位的"主神"观念。他说:"天地万物有大元高祖神,名曰天御中主神,无始无终,居于天上,具有生天地万物之德,寂然无为而主宰万物。次有高皇产灵神、神皇产灵神,分有天御中主神之神德,生天地万物,主宰天地万有,具有灵妙不可测的产灵之德。"②关于天御中主神,宣长本来没有太多的论述,笃胤将它突出作为"主宰神",并对它与产灵二神的主次关系作了具体的说明。

其次,从宣长"神分善恶"的观念看来,他把祸津日神看做恶神,是世

---

① 参见永田广志:《日本哲学思想史》,第209页。
② 《本教外篇》,《神道思想集》,东京:筑摩书房1970年版,第302页。

间恶事之根源,而笃胤认为这是不正确的。因为在他看来,祸津日神是伊耶那歧命在禊祓时由所粘的"黄泉污秽"生成之神①,它有为恶事、祸事的一面,同时又具有被除祸事、罪秽的一面,所以祸津日神"不是恶神",而是"善神"。② 这表明笃胤在继承宣长"神分善恶"思想的同时,又对师说提出了质疑和修正。类似的观点,还有他把大日直神看做天照大神的"和魂",把祸津日神看做是素盏鸣尊的"荒魂",强调不但要看到它们为恶事、祸事(罪人)的一面,还要看到它们为善事、有功(英雄)的一面。

笃胤的主宰神观念及对造化三神关系的解释,究竟是受到了什么影响? 这在学术界众说纷纭。有认为是受到了基督教的影响(如村冈典嗣),有认为是神道自己的历史传统(如田原嗣郎),也有认为是受道教、儒学、阴阳五行思想的影响等等,这里不再赘述。总之,尽管复古神道标榜排斥一切外来思想的影响,而实际上笃胤以天御中主神作为"主宰神"的观念,是东西方思想结合的产物,无疑是对本居宣长"主神"观念的发展。

笃胤在"幽冥观"方面的发展,首先表现在他对幽冥(幽事)之世的新解释。宣长认为幽事是"神的所为",显事是"人事",清楚区分了神世和人世的事,但归根到底都是由神心决定的。笃胤认为这样的解释是错误的,容易与造化神的"神事"相混淆。在笃胤看来,大国主命所统治的"神事"和"幽事","不是造化神之道的神事",而是指执掌人死后,灵魂去到的"幽世"的"幽冥事之大权"③。这个大国主命所统治的"幽冥之世"并不在"显世"(现世)之外,而是在"显世"之内。显世看不见冥世,而冥世看得见显世。冥世和显世一样有人间烟火,是人的亡魂归属的世界,即"大国主命所统治的冥府"。其次,是对灵魂归宿的新解释。笃胤认为,迄今为止认为人死后灵魂去到"夜见国"、"黄泉国"的说法,都是错误的。他认为夜见国是在人所居住的国土底下的重浊之国,是产生一切祸事、恶

① 又名"八十祸津日神"和"大祸津日神"。关于其生成过程,见《古事记》第20节,人民文学出版社1963年版,第9页。
② 《鬼神新论》,《神道大系》论说编26册,东京:精兴社1986年版,第482页。
③ 《古史传》,《新修平田笃胤全集》第三卷,东京:名著出版社1977年版,第160页。

事之国,并非灵魂之国。又认为"黄泉"来源于中国文献,用黄泉来解释夜见国,更是有违于日本的"古传"和"古意"。所以他认为,人死后灵魂去到黄泉国、夜见国的说法是不能成立的。那么灵魂归于何处呢? 笃胤说:"人死形体归土,其灵魂不灭,归于幽冥,接受大国主命的统治,听其命令,在空中护佑其子孙及亲属,这才是人的幽事。"①再次,"幽世"是"本世"。笃胤认为"现世"只是人们的暂时栖身之所,"冥世"才是永恒的归宿。他说:"此世是考验吾人之善恶而暂时生存的寓世,唯幽世才是吾人之本世。"②从而把"幽世"(人死后的世界)作为人真正的本来世界。对于灵魂的归宿,宣长认为人死后灵魂去了"污秽的豫美国"(黄泉国),所以"没有比死更可悲的事情了",表现出非常消极悲观的态度。而笃胤则认为人死后灵魂去到"幽世",在那里可获得永生,表现出比较积极乐观的态度。最后,幽世审判说。笃胤认为虽然灵魂进入幽世可获永生,但在那里要接受大国主命的审判,"根据其善恶作出相应的赏罚"③。笃胤的幽世审判说,虽然对于现世的人们具有劝善戒恶的功能,但却将人的一生(从现世到幽世)完全束缚于神的监督之下。学术界几乎一致认为:笃胤的幽冥观接触并吸收了基督教的唯一主宰神说、未来审判说以及善恶祸福观念的影响,这使得"本居宣长多神教的、现世的、具有主情色彩的古学神道,到平田笃胤这里,通过与基督教的习合,变成了一神教的、来世教的、具有伦理色彩的神道"④。

平田笃胤的国体观由"日本神国论"、"日本中心论"、"天皇中心论"、"日本是古传正传之国"等观点组成。笃胤认为,日本是"由神所生之国家",而其他外国的神也是出生于日本,所以"日本是神的本国,被称为神国"⑤。又认为,日本是"天地之根蒂"、"四海之宗国"、"万国之祖国",所以日本是所有国家的中心,他并且用刚刚传入日本的西方自然科

---

① 《古史传》,《新修平田笃胤全集》第三卷,第 171—172 页。
② 《古史传》,《新修平田笃胤全集》第三卷,第 177 页。
③ 《古史传》,《新修平田笃胤全集》第三卷,第 175—176 页。
④ 石田一良:《神道思想集》,第 24 页。
⑤ 《新修平田笃胤全集》第八卷,第 29 页。

学(太阳中心说)来附会日本是世界的中心。正因为日本是世界的中心、万国之祖国,所以他又认为统治日本的天皇,"实际上是统治四海万国的真天子","日本天皇也就是统治万国的大君"①,强调日本"万世一系"皇统的永恒性和普遍性,而这就是日本"真实的古传"。他认为中国、印度等其他国家虽然也有传统,但都是"日本古传之讹传",所以外国都是"末国之技之国",只有日本是唯一古道正传的国家、万国的祖国。笃胤的国体观比本居宣长的国体观更加彻底,也更加系统,对于民众更具有诱惑力和欺骗性,这种国体观直接构成了下一个时代的国家神道的理论基础。②

综上所述,笃胤排斥传统神社神道中的儒佛和其他外来思想的影响,主张通过《古事记》、《日本书纪》等古典来阐明古道(神之道),其神道学说在神道史上达到了前所未有的理论高度。然而在当时的社会作用方面,却既不如佛教对人们生活的影响力,又无法与儒学在意识形态方面的影响力相匹敌,作为一种宗教神学理论,也未能充分发挥其教化的作用。但在幕末的尊王攘夷、王政复古、倒幕维新运动中,起过一定的历史作用。虽然在明治维新之后,理论神道的各个派别被废止,整个神道由神社神道阶段发展到国家神道的阶段,但复古神道的理论与明治维新前后的社会运动和宗教实践相结合,成为神道系新兴宗教(教派神道)的理论渊源和国家神道的理论基础,并通过它们对日本社会产生了深刻的影响。

---

① 《新修平田笃胤全集》第八卷,第48页;第6卷,第543页。
② 参见牛建科:《复古神道哲学思想研究》,第108—138页。

第二十章　近世佛教

第一节　德川时代的佛教制度①

德川时代,由于儒学的独立和发展,儒家纲常名教思想逐渐开始在思想文化界占据支配地位,使佛教面临前所未有的挑战。神道教在吸收佛教、儒学以及西方基督教某些思想之后,其理论性也大大增强。复古神道的出现标志着神道与佛教的最终分离,并给佛教以重大的打击。

德川初期,通过《诸宗寺院法度》,佛教被纳入到幕府的封建政治体制之中。通过"宗门改"和"寺请制度",寺院还担负起部分类似近代警察的职能。在严格的本山末寺的组织体系中,佛教在教义理论方面已失去了创立新教说、新宗派的活力和自由。僧人可以通过稳固的寺、檀(施主、信徒)关系获取优裕的生活财源,使僧侣中无视戒律、追求名利安逸和生活腐败的现象越来越严重。幕府对此虽曾多次下令整饬,但没有收到实际效果。宽永十二年(1635 年),幕府和各藩设置寺社奉行,管理全国各地的寺社、神官、僧人和寺社领地内的人民,加强对佛教宗派、寺院的控制和利用。幕府一方面鼓励各宗开展佛学教育和研究,另一方面又对

① 德川时代佛教出现了一个新的禅宗宗派黄檗宗。黄檗宗是明僧隐元隆琦(1592—1673 年,文禄元年—安永二年)创立的佛教新宗派。在中国本无黄檗宗,隐元所传实为临济宗法系。只因明代以后的临济宗已与净土信仰密切结合,其宗风与宋元时代传到日本的临济宗有明显不同,又因隐元是在幕府支持下单立僧团的,故把他所建僧团用其寺"黄檗山万福寺"之名,称为黄檗派、黄檗门派,近代以后正式称为黄檗宗。由此日本禅宗形成了临济宗、曹洞宗、黄檗宗三足鼎立的格局,并一直延续到后世。通过黄檗宗的创立和隐元师弟的说法及社会活动,中国佛教对德川时代日本的宗教和文化带来了多方面的影响。

佛教界的异端邪说采取了坚决取缔的强硬态度。

一、佛教寺院本末制度和寺院法规的确立

平安时代后期以来，日本佛教势力日益强大，甚至出现了大寺僧团组建自己的武装势力——僧兵，并借助僧兵干政的局面。进入镰仓时代以后，佛教势力甚至发展成与武家、公家相抗衡的一支社会力量。在室町时代，尤其是进入战国时期，天台宗、真宗、日莲宗等都拥有自己的武装组织，并加入到各大名领主集团的兼并战争中，实际上已跻身于战国大名诸侯之列。因此，织田信长、丰臣秀吉在统一日本的过程中，无不把削弱和制伏佛教势力作为自己的战略目标之一。

德川幕府继承并发展了织、丰政权的政策，在建立中央集权的封建统治体制的过程中，试图通过制定法规的方式来统制佛教，并利用佛教为维护封建身份等级制度服务。临济宗的崇传①和天台宗的天海②二僧在制定控制佛教势力的政策和有关宗派寺院管理的法规方面发挥了重大的作用。

在德川时代以前，已经有所谓的本寺与子院、别院、末寺等所属关系，但还没有明确的法制规定。德川幕府通过制定寺院法度，正式规定了各宗本山、本寺与末寺的关系，建立了各宗以本山、本寺为权力中心的组织体系，把末寺严格地置于本寺的监督和统辖之下，有利于通过控制本山、本寺以达到控制各宗的目的。

佛教寺院本末关系的确立，更加强了日本佛教宗派组织的严密性和各宗的宗派自觉意识，这是日本佛教区别于中国佛教的特点之一。

---

① 崇传（1569—1633 年），字以心，自幼出家南禅寺，庆长十年（1605 年）任南禅寺住持。庆长十三年（1608 年），德川家康召请崇传，命他处理寺社和外交事务，起草文书。他著有《本光国师日记》、《本光国师法语》等。

② 天海（1536—1643 年），天台宗僧人，号南光坊。庆长十三年（1608 年）应德川家康之召参与幕政，制定公家、武家、诸寺的法规。翌年受命入京都，从事复兴天台宗的工作。1637—1643 年刊行"天海版"《大藏经》，著有《真宗传记》、《异部见文述记提书》等。

二、寺院证明书、户籍和寺檀制度

德川幕府重视佛教,把它纳入到封建统治体制之中加以利用,而佛教庞大的哲学体系和果报理论,以及它所吸收的儒家伦理思想、神佛一致(或同体)的理论,对巩固封建等级秩序起到了积极的作用。分布于城镇乡村的大小佛教寺院,是一支可以用来联系和控制民众的强大的社会力量。在镇压基督教和严格控制农民的过程中,幕府通过"宗门改"和"寺请制度",让寺院为民众的信仰、身份作担保,在建立和维持户籍制度中给僧人以重大权力。这些不仅是佛教史上的大事,也是日本历史上的重要事件。

在士、农、工、商世袭身份制度下,幕府重新改进以"村方三役"①为首脑,以"五人组"②为基础的农村基层组织。这种村落自治组织与领主负有连带责任,农民的人身自由受到各种严格的限制,被牢牢束缚在土地上。

同时幕府在取缔、镇压基督教(天主教)过程中,采取种种严酷方法迫害基督教徒。庆长十八年(1613 年)在京都镇压基督教徒时,强迫教徒声明改变信仰即"改宗",命令他们必须到某个佛教寺院去登录成为该寺的信徒,并由寺院开具证明书,才可免遭酷刑。这种"改宗",日本佛教史书称为"宗门改"。由寺院担保身份,开具证明书的制度,在日本史书上称为"寺请"、"寺请证文"。岛原之乱③以后,这一做法被进一步推广和加强。宽永十七年(1640 年),幕府设"宗门改役",即负责取缔、镇压基督教的官职,后改称为"吉利支丹支配"或"吉利支丹奉行",在各藩也设置此职。宽文(1661—1672 年)年间,由寺院开具证书的寺请制度普及到

---

① 村方三役:是指江户时代的村落自治机构。三役是指三种官员,即庄屋,亦称名主,相当于村长;组头,村长助理;百姓代,相当于农民代表。

② 五人组:由幕府强制推行的村镇基层组织,原则上是五家一组,目的是维持治安,相当于中国旧社会的保甲制度。

③ 岛原之乱:1637 年(宽永十四年),在天主教势力强大的肥前岛原半岛和肥后天草岛发生了农民暴动,给幕府统治以沉重的打击。翌年遭幕府血腥镇压,参加起义者 37000 余人被杀害。此后幕府开始推行更加严厉的禁教政策。

全国,所适用的范围也被扩大,不仅村吏在制作户籍时要寺院为各家成员出具证明,就是在结婚、旅行、迁居、出外做工等之际,也必须由寺院出具证明。证明上一般除写姓名、村名、年龄、性别之外,最重要的是写上所信仰的佛教宗派及所属寺院即"旦那寺"(檀那寺)的名称。

在这种制度下,任何人不管真实信仰如何,必须隶属佛教的某个寺院,成为它的檀那(檀家),祖先及亲人的葬仪、祭祀仪式一定要委托檀那寺承办;作为檀家的信徒要定期向寺院缴纳钱财、物品。这种在寺院与信徒之间形成的固定关系即为"寺檀制度"。

由寺院出具身份、信仰证明,以及突出标明居民信仰宗旨的户籍和寺檀制度,对日本近世以后的佛教和社会生活带来很大的影响,并且这一制度一直延续到明治维新前夕。①

第二节　佛教的世俗化和德川排佛论

一、近世佛教的世俗化

在镰仓时代,日本民族佛教的基本格局已经形成,德川时代是日本佛教诸宗相对稳定的发展时期。佛教各宗通过本末制度加强了以本山(本寺)为最高宗教权威和权力机构的组织体系,形成各宗之间壁垒分明的局面。寺檀制度一方面使佛教更加深入到社会各个阶层,使佛教活动成为民众生活中不可缺少的部分,同时也使僧侣日益从事更多的世俗事务,干预民众的日常生活。在这种制度下,僧侣有稳定优裕的经济来源,这虽然可以保障僧人专心研究佛学,但同时也成为诱发僧侣日渐腐化的重要原因。社会各界特别是儒家学者,对佛教教义及其特殊地位和腐败风气进行了很多的批判。在新的社会形势下,一些佛教学者为了稳固并扩大佛教的社会影响,在诠释佛教义理时,也积极吸收世俗社会通行的伦理道

① 参见杨曾文:《日本佛教史》第五章第二节"佛教法规和制度",浙江人民出版社1995年版。

德,肯定现实的封建秩序,提倡生活日用即为佛道的思想,促进了佛教的世俗化。这种发展主要表现于以下两个方面:

第一,积极吸收世俗道德规范,强调佛道修行不脱离日常生活。如真言宗慈云著《十善法语》、《为人之道》等,主张"十善"即"做人之道","有人即有此道,莫向外求……人人具足,物物自尔"。他把佛教的"十善"与世俗的伦理规范相沟通,又特别提倡孝行为"万行之本"。净土宗大我的《唯称安心镜》认为从事本职之业即为念佛;德本的《德本行者语》认为谦恭之心即为念佛,也是主张念佛与生活一体化。真宗本来就主张采取世俗生活方式,此时更加提倡孝行论。东本愿寺浅井了意著《堪忍记》;德龙著《捉五常义略辨》、《五伦辨义记》;顺崇著《释教孝鉴》;西本愿寺仰誓著《孝行粉引歌》;僧纯著《孝子经和解》等。临济宗的白隐慧鹤(1685—1768 年)结合平民的生活对禅做了通俗简易的解释,其《于仁安佐美》主张坐禅不必"抛掷万缘",说禅不离"谈笑戏论、动足举手"的日常生活。他还要人遵守世俗道德,持与身份相应的家业,顺从国王领主之法。曹洞宗铃木正三(1579—1655 年)著《驴鞍桥》、《万民德用》等,主张在度世日用、万事万善、五伦之道、法度、武勇的世俗生活中,应用佛法,武士和农、工、商尽其职分,即为修行佛道,为职业活动赋予了宗教上的意义。日莲宗的知足庵结合民众的生活,发挥《法华经》和日莲宗的教理,在《一心常安》中主张在一切众生日常从事的世事中,即有一心三观之理。这些都对佛教的世俗化和大众化起了促进作用。

第二,为回应儒者的排佛论,佛教提倡儒、道、佛一致论或神、佛、儒一致论。日本儒、道、佛一致论的观点受到了中国宋代禅僧契嵩、宗杲以及明代禅僧袾宏、智旭、德清等人的儒、佛、道或儒佛一致论思想的影响,但神、儒、佛一致论则是结合日本国情的新发展。如禅宗慧训在《三教论衡》中,认为佛教的心性论、儒教的天命论、道教的虚无论原本为一。白隐在《三教一致之辨》中,主张儒教之"至善"即道教的"虚无大道",与佛教禅的"自性本有"相同。惠中在《海上物语》中说:"儒释道同为劝善惩恶之教,世间之师也。"创立黄檗宗的隐元隆琦禅师也在《语录》说法中提倡儒家伦理,尤其是"孝"道:"父母乃人生之大本,人主乃天下之大本,天地乃万物之大本,佛祖乃群生之大本。能知大本之恩可报,其唯人中之孝欤!"认为信奉佛教、祭祀祖先,就是崇高的孝行。净土宗的大我著《三教鼎足论》,以五戒与五常的一致阐述佛儒的关系,并以佛教的戒、定、慧三学,儒教的君臣、父子、夫妇的三纲和神道的剑、玉、镜三种神器的一致,来说明神道与儒、佛的关系;又认为佛教所谓的般若、慈悲、方便,儒学所谓的智、仁、勇,神道所谓的镜、剑、玉,是相似的一致,所以神道教与儒、佛具有一致性,三者皆为"劝善惩恶"之教,所以儒佛亦是"辅翼吾神祇,益吾灵国"的。这种神、儒、佛一致论,是在德川后期佛教为应对复古神道激烈排斥佛教而提出的,反映了佛教向神道妥协的一种姿态。日莲宗的日宣、日典著《三道合法图解》,用吉田神道的"佛教为万法之花实,儒教为万法之枝叶,神道为万法之根本"[①]的花叶根实论来阐述神儒佛的一致。[②]

二、德川排佛论

在德川时代,佛教虽已不再是唯一占支配地位的意识形态,但仍具有强大的势力,拥有众多寺院、土地和财富,寺僧贪婪腐败之风日益严重,所以不断受到来自儒学家、神道学家乃至大名诸侯的批判,排佛思潮的持续发展成为德川时代思想文化界的一个重要现象。

德川排佛论主要有以下几个方面内容:

1. 根据儒家纲常伦理观念,特别是程朱理学观点,批判佛教违背君臣、父子、夫妇之道。如藤原惺窝说"释氏既绝仁种,又灭义理,是所以为异端也"[③];林罗山批评佛教"去君臣、弃父子而求道"[④];山崎暗斋著《辟异》批评佛教"逃父出家,便绝人伦,只为自家独处山林";室鸠巢在《骏台杂话》中批评佛教"离五伦五常,不具人事物理,空求灵觉之心"。阳明学派的中江藤树认为佛教所劝之善,"非真实无妄之至善,背三才一

---

① 《日本思想大系 19 · 中世神道论》,东京:岩波书店 1977 年版,第 328 页。
② 参见杨曾文:《日本佛教史》,第 553—555 页。
③ 《惺窝先生行状》,《罗山林先生文集》第四十卷,《日本思想大系 28 · 藤原惺窝 · 林罗山》第 224 页。
④ 《谕三人》,《林罗山文集》第五十六卷,第 672 页。

贯,中庸精微之至道,妨人极事多"①。熊泽蕃山在《集义外书》中对佛教的地狱和极乐世界之说、轮回之说表示否定,在《宇佐问答》、《集义和书》等书中对佛教的"恶人正机"说和念佛往生说也做了批判。古学派太宰春台在《圣学问答》中批评佛教是"一己之外无物,乞食活命,除治一心之外何事亦不经营"。另外许多儒者批评火葬有违仁孝之道,要求改行土葬。

此外,儒者批评最多的是僧人的腐败堕落和僧兵跋扈等现象。例如水户学者会泽正志斋在《下学迩言论时》中说:"骄僧狡释,不持戒律,不奉朝宪,饮博争讼,贪货财,淫妇女,甚者拥甲兵,依险阻,梗命跋扈,以病民庶,为日久矣。"他指出寺院佛具佛像的金属乃是制造军械最合适的材料。天保年间,水户藩主德川齐昭根据水户学者藤田东湖的建议,为了铸造大炮,没收了寺院的铜佛、铜钟,并拆毁了许多寺院。水户藩从富国强兵观点出发的排佛行动,乃是明治维新前后"废佛毁释"运动的先驱与典范。

2. 从政治经济的角度批判佛教寺院浪费国家财富,僧人是四民外的游民,提出废寺、减寺、合寺等具体建议。例如熊泽蕃山在《集义外书》中说,寺院建立堂塔,占用大量山林土地,弊害甚大。他在《宇佐问答》中对寺请制进行批评,说因为禁止吉利支丹而实行的寺请制,强迫民众信仰,使僧人"食肉犯女,其自由超过俗人"。山鹿素行建议为寺院的规模、装饰、得度、财产、建筑等立法;荻生徂徕主张禁止铸造梵钟、佛像。蕃山和徂徕都主张恢复度牒制,加强对度僧的限制和管理。怀德堂学者中井竹山在《草茅危言》中认为"佛法为天下古今之大害",主张广建学校,以孝悌礼义教育少年子弟,以破除佛教荒唐的说教,使未来信徒减少,本山财减,以削弱佛教。正司考祺(1793—1857年)所著的《经济问答秘录》,也针砭了佛教弊害,说佛教损五伦之道,僧侣以官职为荣,富于领地,仗其威势,屡交战而乱天下,使王道废弛。近世僧侣因据改变宗门之法,命庶民为檀家,索取金钱,过着奢侈生活,因此,他建议对寺院进行严格的限制。

---

① 中江藤树:《翁问答》,《日本思想大系 29 · 中江藤树》,第 119 页。

可见,学者们已不再限于对佛教教义的批判,而是把佛教看做是导致社会危机的一个重要因素,提出了具体的处治措施。

3. 根据考证研究成果和当时的自然科学成就来批判佛教。如怀德堂学者富永仲基根据自己对佛经及其发展历史所进行的研究结果,提出了"加上法则",并据此批判佛教。他认为,在《阿含经》之后兴起的小乘十八部、此后兴起的大乘诸经典(如法华氏说、华严氏说、大集·泥洹·兼部氏说、楞伽顿部氏说、秘密曼荼罗金刚手氏说等),都是顺次在前面的教说之上增加一些新的成分,最后集成一切经。所以他说:"经说皆后徒所托","是诸教兴起之自然也",这样就得出了"大乘非佛说"的结论。这在当时是骇人听闻的说法,曾遭到佛教界的猛烈反对,但对明治维新后的佛学研究者却产生了很大的影响。

属于怀德堂系统的另一位学者五井兰洲(1697—1762年)著有《承圣篇》,在批评佛教有违纲常伦理之外,还批评其宇宙观、须弥山说、地狱极乐说、轮回转生说的不真实性。

兰学家山片蟠桃在《梦之代》中依据兰学了解的地动说和地理学知识,对佛教的须弥山说、极乐世界说和佛教的灵魂不灭说进行了批判,否定神佛的超越性和绝对性。他宣称"无地狱、无极乐、亦无我,只有物,即人与万物",否认神佛、妖怪和一切奇妙不可思议之事,宣传无神论的思想;主张成立"儒宗"和"神道宗",以取代"寺请制度",负责为民众证明身份;并主张用儒家之礼举行葬礼,目的是以此来抑制佛教寺院的势力。

4. 站在日本神道立场上对佛教的批判。日本的神道曾经长期依附于佛教,但从德川中期以后,神道学者们多主张神儒一致,以儒家的智、仁、勇或仁、武、明等道德观念来解释神道的三种神器——剑、镜、玺(玉)的意义,认为神儒一致表现在所谓慈悲、敬、王道等思想观念之中。他们往往站在"日本神国"论的立场上排斥佛教。例如林罗山认为王道、儒道体现了神意,而批评佛教以"西天之法"破坏"王道"、"神道"。熊泽蕃山在《宇佐问答》、《三轮物语》中说日本是"神国",对佛教的本地垂迹理论提出了尖锐的批评。

贺茂真渊、本居宣长等复古神道学家批判佛教传入后使日本的"古道"受到歪曲,佛教的教说违背自然和淳朴的民族传统等。平田笃胤对佛教的本地垂迹理论做了严厉的批判,称之为"妄说"。他利用西方的"地动说"及富永仲基《出定后语》的考察结论等,批评佛教违背常识、人情,认为佛经为后人的伪作,并引《法华经》、《阿弥陀经》等的内容加以嘲讽,谓其拙劣;还结合印度风土、佛传故事、佛教东渐及诸宗的起源,对佛教及僧人进行挖苦、攻击。他对真宗和日莲宗尤为痛恶,在所著《出定笑语》后附录《神敌二宗论》中,把真宗、日莲二宗当做神道的敌人,进行集中攻击,对它们不祭大神宫和不祭神祇进行了批判。他批判佛教的出世主义和禁欲主义,责难僧侣和寺院的寄生性质。他在《出定笑语讲本》(下卷)反对佛教反自然的"悟"、"见性"观念,指出:"所谓真的悟是什么呢?……是人天生来的,也就是所谓的性,……亲父母、爱妻子,所谓人的七情,天生的真诚也恰如其分地有所发动,这本来是人的当然的事,而看到这点就是见性,……这就是所谓的道。而释迦牟尼、达摩所作的与此相反,所以既不是悟,也不是道。"复古神道对佛教的批判所根据的"直心"(贺茂真渊)、"直情径行"以及"人欲"即"天理"(本居宣长)的思想,包含着肯定人性的态度,有其合理成分。但复古神道对佛教的批判,目的是强调皇国尊严和日本中心的意识,其骨子里是一种国权主义意识,对幕末社会的影响较大。复古神道的排佛论和水户学的排佛论,一起成为明治维新、王政复古和明治初年"废佛毁释"运动的主要理论依据。[①]

但值得注意的是,德川时代虽然出现了排佛论的思潮,但并不意味着佛教已从思想舞台上销声匿迹了,相反,佛教仍是幕府为维护其专制统治而加以利用的重要意识形态,而且朱子学在其思想结构中吸收了佛教的因素也是不争的事实,佛儒一致论或佛、儒、神一致论仍然存在于社会的深层意识中。例如由临济宗和尚崇传起草、于1613年12月颁布的《天主教徒放逐文》就宣称"日本乃神佛之国,尊神敬佛,专行仁义之道",明显表现了神、佛、儒调和的立场。江户时期的重要史料、具有排佛思想的《本佐录》虽然以朱子学为正统,但同时也把佛教视为统治国家的一种有效手段:

①　参见杨曾文:《日本佛教史》,第558—564页。

"尤佛心殊胜也,亦合于治国之理,是则权道。"这种功利主义的佛教观与荻生徂徕无疑有着某种相似性。即使是攻击佛教的出世主义为"于我道有罪"的林罗山,也出于尽"孝悌"之礼的目的,以僧侣身份为其父母在寺院中举行过法事。

第二十一章　近世西学与水户学

第一节　兰　学

进入 18 世纪以后,日本近世幕藩体制逐渐开始暴露出结构上的矛盾和破绽。在八代将军德川吉宗(1684—1751 年)的时代,进行了以整顿官僚制度、救济武士、开发新田、奖励栽培(甘薯等)新作物、统一货币等为内容的"享保改革",在任用人才、奖励实学、发展生产方面还是取得了一定的成效。尽管仍没有解决幕藩体制所面临的深层矛盾,但暂时解救了幕府的财政危机,史称"中兴"。特别是由于采取了缓和禁书制度和引进西方文化的政策,促进了兰学的产生。

"兰学"是指江户中期至幕末开国以前关于西方学问、技术和社会形势的知识及其研究。因为在当时锁国的背景下,主要是通过荷兰语为媒介来学习西方知识,故称为"兰学"。兰学家大槻玄泽(1757—1827 年)在他所著兰学入门书《兰学阶梯》(1788 年)的例言中说:"兰学是指荷兰的学问。"但实际上也包括有哥白尼、伽利略、开普勒、牛顿等的学说,故不只是荷兰的学问,而是意味着由荷兰所带来的整个欧洲的科学技术知识,从而广义上与"洋学"相同。

"兰学"这个名词的使用,开始于 18 世纪后期著名医师杉田玄白[①]等

[①]　杉田玄白(1733—1817 年)于 1771 年与藩医前野良泽等人一起在江户千住的小塚原刑场实习了死刑犯的尸体解剖,与德国人克鲁姆斯(1689—1745 年)《解剖学表》的荷兰译本和所解剖的尸体相对照,发现二者完全一致,于是决定翻译此书,日译本命名为《解体新书》。此书于 1774 年出版后,立即引起了很大的社会反响。玄白从实际解剖所见,肯定了荷兰医学"实测穷理"的实证性、逻辑性,树立了西医学的新权威。同时在此基础上批判了传统的华夷思想,打破了中国世界中心论,为今后系统地大规模引进西方科学文化创造了条件。日本的近代化渊源于医学,其原因就在于此。

翻译荷兰解剖书《解体新书》。根据杉田玄白所著的《兰学事始》（1815年）所述，当时他们把这项翻译事业看成新学问的"创业"，把他们所研究的新学问称为"兰学"。兰学以医学为主，包括本草学（博物学）、天文历法、数学、物理学、化学、地理学、兵学等内容，基本属于自然科学的范围。

初期兰学主要是由江户的医生和幕府的学者从事个人翻译研究，而且范围只限于从荷兰外科医生处见习来的小手术和外科疗法。同时与荷兰人接触的范围也只限于以长崎为中心的局部地区，以翻译为主，还没有达到专业学术研究的水平。后来，以《解体新书》的翻译为契机，开辟了直接根据荷兰文的原典对西方学术真正进行移植和研究的道路。

锁国时代除直接根据荷兰文原典进行西方学术移植和研究以外，还有间接根据中国西方天主教传教士所编写的汉籍（中国系统的西方学术）进行移植和研究，也归于兰学名义之下。本书使用"兰学"这个名词限于幕末开国以前，开国以后便以"洋学"这一名词取代。

早期的兰学家，一般都是以丰富的儒学系统科学知识和技术（如医学、天文学）为教养背景而开始学习兰学的。他们之所以能很快接受欧洲的经验科学知识和技术，是因为他们曾受到江户时代的实学精神以及从古典探求真理、排除后世解释的古学学风的影响，特别是受到基于亲自观察和实验来寻求医理的古医术学风的影响。所以，初期兰学是被作为补充圣学不足的学问来摄取的，而且其内容以实用和科技知识为主，没有涉及思想领域。初期兰学主力是属于封建统治阶级的知识分子，即所谓"官医"阶层。像桥本宗吉、司马江汉、平贺源内那样平民出身的民间知识分子只是少数，还没有形成一种力量。

由于兰学的内容是近代西方资本主义社会的产物——近代科学，所以兰学本身是与日本封建社会的意识形态水火不相容的。随着兰学的发展，逐渐产生了与传统的封建意识形态相抵触的异质思想的萌芽。①

---

① 参见郑彭年：《日本摄取西方文化史》，杭州大学出版社1996年版，第86—87页。

一、三浦梅园

三浦梅园(1723—1789 年,享保八年一宽政元年),名晋,字安贞,又字安鼎,号梅园、栾山、洞仙、东川、季山、二子山人、无事斋主人等。他是日本近世著名的自然哲学家,也精通医学、政治经济学、文学等,是一位百科全书式的学者。生于丰后东郡富永村(今九州大分县国东半岛富永)的医生家庭。虽然梅园曾师事于朱子学派及古学派之门,但他在游历长崎时,受到由欧洲传入的自然科学知识的影响,其学问自成一家之言。他按照类推的方法来观察自然,强调客观地根据其本来面目来理解自然的必要性,这种方法是对自然科学精神的定型化。

梅园一生著书三十多种,其中最主要的是《玄语》、《赘语》、《敢语》,统称"梅园三语"。三部书中最重要的是《玄语》,它内容丰富,体系严谨。全书共分五个部分:例旨、本宗、天册、地册、小册。"例旨"是该书的前言、凡例,从内容和结构上说明玄语。"本宗"是该书的序论,是《玄语》的中心思想和精华部分。"天册"分"活部"和"立部"两部分。"活部"讲道德、天神、事物、天命;"立部"讲本神、鬼神、体用、造化。"地册"分"没部"和"露部"两部分。"没部"讲宇宙、方位、转持、形理;"露部"讲天地、华液、日影、水燥。"小册"分为"人部"和"物部"两部分。"人部"讲天人、给资、言动、设施、人道、天命;"物部"讲大物、小物、混成、綮立。相对于"小册",本宗、天册、地册合称为"大册"。《玄语》全书的结构,按天地、大小、没露、人物这样的结构来安排,既对立又统一。梅园自己认为,读《玄语》可以从头读到底,也可以抽取任一章节来读。全书构成一个"环",每一章节包括了他的思想体系的出发点和结论,逻辑性非常强。

三浦梅园主张一元气的世界观,其基本概念由"气"、"物"、"性"、"体"组成,这四者以种种方式混成,便发生了一切现象。梅园认为充塞宇宙空间的只是一元气,气之外无所谓空,亦无所谓无。"天地者,气物也",世界充满着物质性的气和由气凝成的物,日月运行、潮汐河流、鸢飞鱼跃、草木枝叶、天地万物,都是由气的运动构成的,无始无终,纵横错综。

"气"和"物"的本质都是物质的,"性"是"物"的性质,但"气"的

"性"是"无体"(没有一定的形状和体积),是物质的一般形态。气在运动中凝成的物是"有体"(即"有形",具有一定的形状和体积),是物质的具体形态。他认为因为气和物同属物质,故差异是相对的。但是一切物体都具有性质,一切性质都必须通过物体来表现,没有不具有性质的物体,也没有不依赖于物而独立存在的性质。所以物体是具有性质的物体,性质都是物体的性质,物和性是既对立又统一的。一切东西在"体"上有"精粗"之别,"精"的"没"(隐)而不可见,"粗"的"露"而可见。相对来说,"气"是"精"的,"物"是"粗"的,"精没而为天,粗露而为地"。更具体地说"气"和"物"都各有"精粗","物之所没,即气之所见;气之所隐,即物之所露"。

梅园认为一元气在运动中形成世界,是有规律的,这个规律就是"条理"。他说:"阴阳则对待也,对待者天地之条理。"[1]所谓条理亦即法规,其实质是指内在于事物的所谓"阴阳对立"的矛盾形式,梅园的"条理学"表现了他的辩证法思想。[2] 他经常使用精与粗、没与露、活与立、为与成、郁渤与混沌、通和塞、结和散等对立概念。这些基本上还是中国传统哲学的范畴,是在《太极图说》中被定型化了的儒教哲学中关于天与地、阴与阳、动与静这些对立物的相互关系的议论的发展,尚不是从科学认识中抽象出来的一般规律和范畴,而主要是直接依据感性直观的表象。他的思想体系是兰学兴起以前经验的自然认识在哲学上的反映,到了科学发展起来的下一阶段,它就同中医医学和本草学一起被兰学所淘汰了。但梅园的辩证法思想作为一种朴素的、直观的辩证法,在辩证法思想比较贫乏的日本古代哲学史上,是继安藤昌益之后又一光辉的辩证法思想。[3]

梅园试图以阐明贯穿着自然的一般规律的"条理"为课题,认为气就是阴阳,阴阳对立的矛盾形式就是"条理"。由气构成的世界"粲然而立",充分体现了世界的多样性;同时又"混成观之",即世界又是互相联

---

[1] 《玄语·例旨》,《日本思想大系41·三浦梅园》,东京:岩波书店1982年版,第382页。

[2] 参见王守华、卞崇道:《日本哲学史教程》,第172—175页。

[3] 参见永田广志:《日本哲学思想史》,第196页。

系,统一于气的,这体现了世界的统一性。他说:"条理者,一一也,分而反焉,合而一焉。"①这里讲的"一一"就是阴阳的另一个说法,"故一一之名,亦阴阳也"②。"一即一一"就是统一物分为二,即一阴一阳;"一一本一"就是阴阳"混成"为一物。

梅园的辩证法思想还表现在他对概念和客体的解释上。他说:"声,名也;主,实也。主,天也;声,人也。以人呼天,或相称或相乖,或声异而主同矣,或声同而主异矣。"③在这里,"实"是客观的,"名"是主观的,人以语言来称谓"实","名实"相符,人才能正确地认识事物。"主"、"天"、"实"相当于客观事物的意思。"以人呼天"即以概念来判别对象;"相称"是概念和对象相一致、相合适,"相乖"是概念和对象相冲突、不合适。但实际上往往名实并不相符,或"声异主同",即一实多名;或"声同而主异",即一名多实;等等。为了正确地运用概念去认识事物,就必须"倘欲审声主之义,须以所偶推之,绎条理之法也"④。意思是说如果要判别概念和客体,必须用辩证的方法,即用条理学的方法。可见,他把条理学既作为事物的规律,又作为认识事物的方法。

梅园从一元气的世界观出发,在《敢语》一书中,阐述了其伦理思想。他区分"情欲"(感性)与"意智"(理性),认为人之所贵就在于以"意智"调节情欲。情欲是本性自然性,无所谓善恶,而所重在习,所以他重视人伦和道德修为。他提倡儒学之"大义名分"的思想,尤其重视忠孝,反对中国儒家的放伐革命,拥护万世一系的天皇制。

在《价原》一书中,梅园还阐述了他的经济思想,主张正德、利用、厚生。正德即辨人伦,尽礼节;利用即尽量发挥六府——水、火、木、金、土、谷这六种生于天地自然、为人类物质生活所直接利用的材料的机能;厚生即利用的结果使万民生活丰富。《价原》成书比亚当·斯密的《国富论》还要早三年,特别提出了"金银多则物价贵,金银少则物价贱"的朴素货

① 《玄语·例旨》,《日本思想大系41·三浦梅园》,第380页。
② 《玄语·例旨》,《日本思想大系41·三浦梅园》,第381页。
③ 《玄语·例旨》,《日本思想大系41·三浦梅园》,第381页。
④ 《玄语·例旨》,《日本思想大系41·三浦梅园》,第381页。

币数量说与"劣币盛行于世,则精金皆隐"的法则,这些已超出了传统儒学的范围。① 但就哲学思想史上的影响而言,主要还是在于他的自然哲学方面。

二、司马江汉

司马江汉(1747—1818 年,延享四年—文政元年),又名司马峻,字君岳,通称安藤吉次郎,号春波楼、无言道人。他是江户时代后期的著名洋画家,对西方天文地理学也有很深的研究。年轻时学习汉学和绘画,26岁时开始学习荷兰文和油画,51 岁游历长崎,与荷兰人接触后,西洋画技法大进,成为日本西洋画的开创者。他同时还研究西方的"穷理学"(指西方的自然科学),主要著作有《和兰天说》、《春波楼笔记》、《天地理谈》等,现均收入《司马江汉著作集》。

司马江汉是个奇才,他不仅创制了日本铜版画,还著有很多关于西方天文地理学方面的著作,并且利用他的画技作出简明的图解,有助于向社会大众普及。其在天文学研究方面的代表作《和兰天说》就是根据荷兰书的天文新说,平易地记述诸天体和太阳系的构造、运行以及地动说和气象学上的很多问题。他说:"太阳在乎宇内之中心,而地球及五星列星悉皆共之运转周旋,无始不易。"②并在《刻白尔天文图说》一书中详细地介绍了哥白尼的地动说,解释了天体的种种现象。

江汉已经具有立足于超出儒学范围的自然科学的唯物主义倾向。他根据对西方自然科学知识的某些了解和受中国自然哲学的影响,提出了气一元论和火气本源说,认为天地万物乃至人类及禽兽草木鱼虫,都是"天气之所生育",并且把太阳的"火气"作为最根本的因素。他说:"天气推地气之时,二气相逼而生风,总之天地皆气中之大机,所谓大气包之,其根元则归于太阳一物。土、木、水、金皆得太阳之火气而生,故火为最神

---

① 参见王守华、卞崇道:《日本哲学史教程》,第 175—178 页。
② 《和兰天说跋》,《日本思想大系 64 · 洋学上》,第 488 页。

也。"①这就是他的火气本原说。太阳之火气是宇宙万物之本源,火气生金,金生水,水生木,木生土,土、金、水、木相交而生成万物,宇宙由于火气而生生不息。可以说这是一种朴素唯物主义的观点。

江汉还用气来解释鬼神。他批判中国和日本的有鬼神论者,"诚可谓愚蠢",认为所谓"鬼神"就是水火二气的作用。"天之火气彻于地,与地之水气相混同而升降",就是所谓"鬼神"。江汉虽然并没有彻底否认鬼神的存在,但是他已经试图从"鬼神"概念中排除一切神秘主义的因素,用气来解释万物和鬼神,认为都是出自气而归于气,从而把鬼神降低到与万物、人兽、花草、鱼虫同等的地位,这是对神学的鬼神论的否定。只是他尚未摆脱旧生物学的物活论的见解,从这种见解出发,他以火为本体,认为只有本体是实而一切皆虚,因此人生亦至虚而无实,火气之外毕竟是空,由此而走入了厌世的虚无主义人生观。②

司马江汉这种唯物主义世界观形成的基础主要是西方自然科学知识,因此他十分倾倒于西方的科学文化:"远西诸洲,学格物穷理,天性不为空言、虚谈、妄说,不取近必虑远,不言目前之利,且万巧精妙,他洲不及之。"③同时,江汉对日本的后进性也有充分的认识,说日本因开化甚近,人智肤浅,思虑不深,"故技术不及欧罗巴人也",但在伦理和政治上他仍然坚持儒家的"圣人之道"。

司马江汉虽然排斥基督教,但接受了西方社会伦理思想中关于人类平等的观念。当时一般儒学家及统治者往往把荷兰人看做"畜类",司马江汉对此加以驳斥,并痛骂"人不如畜"。江汉还从日本人和西方人平等的观点出发,批评了儒学传统的"华夷观念",反对幕府的锁国政策,主张对外贸易。他的国际平等观念给后来的开港论者提供了有力的理论根据,这些充分反映了成长中的日本资本主义因素在政治、经济上的要求。在政治观点上,江汉主张"上自天子、将军,下至士农工商、非人、乞食,皆

---

① 《和兰天说》,《日本思想大系64·洋学上》,东京:岩波书店1976年版,第481页。
② 参见朱谦之:《日本哲学史》,人民出版社2002年版,第136—141页。
③ 《和兰天说》,《日本思想大系64·洋学上》,第447页。

人也"。即作为社会的人来说,虽有地位高下的差别,但作为生物的人却是平等的,在强调社会等级身份差别的时代,他用讽喻的方法说人和生物是平等的,都是"世界之虫",用来讥讽那些妄自尊大的封建贵族,突出不同阶层的人在生物学意义上的共性。这种观点显然包含有对封建身份等级制度进行批判的合理因素。[①]

三、山片蟠桃

山片蟠桃(1748—1821年,宽延元年—文政四年)原姓长谷川,名有躬,字子厚。他是江户时代后期大阪的町人学者,播摩州(今兵库县)印南郡神爪村人。蟠桃少年时到大阪当学徒,因酷爱学习,经常因学习耽误学徒的事务,而受到主人的斥责。后来,幸逢喜爱他勤奋学习的新主人大阪富商升屋家,并深得新主人的信任。因为主人姓山片,蟠桃也遂改名山片芳秀。他曾就学于怀德堂的中井竹山,后又随江户著名天文学家麻田刚立(1734—1799年)学习天文学。蟠桃学问赅博,涉猎和汉,长于天文、地理及西洋历学等。和司马江汉一样,蟠桃也是日本接受地动学说的先驱者,并在此基础上还进一步展开了他的大宇宙论,主张宇宙间有无数个太阳系,并说明了地球在宇宙中的位置及日本在地球中的位置。

《梦之代》(原名《宰我之尝》)是蟠桃的毕生巨著。自1802年起稿,直到1820年才脱稿,历时18年。全书共十二卷,内容包括天文、地理、神代、历代、制度、经济、经论、杂书、异端、无鬼(上、下)、杂论,是其学问的大成之作。其中无鬼上、下两卷可称为蟠桃哲学思想的代表作。

蟠桃思想的特色首先在于其地动说。他在《梦之代·天文》篇中赞赏西方的天文学及自然科学:"欧罗巴之精于天学,古今万国无类。尤其环视外国,皆以实见作发明,其谁能敌哉?"在著作中,他用图解来描述太阳中心说,说明其他星球由于引力和重力作用之故是围绕太阳旋转的,相比之下他认为中国、印度和日本的天文学和历法是无稽之谈,主张在认识自然方面应依据实验、经验的西方自然科学才是唯一正确的。在当时日

---

① 参见王守华、卞崇道:《日本哲学史教程》,第180—182页。

本严禁异端邪说之时,他敢于相信、论证并宣传地动说这种外来思想,不能不说具有很大的进步意义。

蟠桃从朱子学的"穷理"精神出发,承认欧洲自然科学的优越性,并把这个精神贯彻到科学中,从而达到了唯物主义和对宗教的否定。"故自天始云,至于鬼神、佛怪者,元来同是迷惑人心"①。他在《梦之代·无鬼》篇中提出了无鬼论的思想,认为在世间,没有神、佛、鬼怪,也"没有奇妙不可思议的事"。他还引用了《晋书·阮修传》的记载:"尝有论鬼神有无者,皆以人死者有鬼,修独以为无。曰:'今见鬼者云着生时衣服,若人死有鬼,衣服亦有鬼邪?'论者服焉。"②对此,蟠桃称阮修"见识高明"。虽然蟠桃所引用的文字,仅仅是阮修对王充否定"人死后灵魂独存为鬼"观点的重复,并没有重大的理论突破。但是,在"灵魂不死"观念盛行,唯物论、无神论相对薄弱的日本,蟠桃这样的引用,还是具有很大意义的。

蟠桃对儒学经典中有关鬼神的思想进行了批判。他认为鬼神之事,"乃人心之推想"。他主张灵魂不灭的观念起源于"孝",人一死,魂魄便消失,但是出于孝子之心,思念父母不忘,所以立神主(牌位),代替父母,奏乐供饮食而祭之,所以祭祀乃是孝之余波也。这里,蟠桃已经不把鬼神当成实在,而只是当做为了追忆父母祖先而作为个人道德的意识的存在。

蟠桃还以无鬼神和地动说为依据,反对宗教神学的目的论。他认为如果按照目的论的说法,万物的生育乃是鬼神之妙,造物者之所为。而造物者非但造出了人,并且还造出了禽兽、虫鱼、草木,供人食用和使用。那么天是不是为了虱、蚤、虫而生人的呢? 显然不能这样说,所以造物说是不能成立的。蟠桃认为,天日的阳气同地湿的阴气和合而生出种种万物,其中有口能食,而无穴不能屎者,就不能再生。万物之中兼备各种机能,易于生存的就剩下来,逐渐繁殖,其中最优秀的是人。虽然蟠桃的看法尚不够科学,但是在当时进化论还没有产生的背景下,蟠桃的这种观点,是一种朴素的唯物主义自然观(朴素的进化思想)。尽管在个别见解上有

① 《日本思想大系43·富永仲基·山片蟠桃》,东京:岩波书店1973年版,第490页。
② 《日本思想大系43·富永仲基·山片蟠桃》,第483页。

非科学之处,但他却是德川时代最杰出、最彻底的唯物主义者——无神论者。[1]

从否定鬼神出发,蟠桃也排斥佛教与神道,《梦之代·异端》篇就是他对佛教的批判。他认为佛教宣传的"极乐世界"等是荒谬而不足取的。他对空海、最澄、源空、亲鸾等人加以猛烈抨击,指出他们"于天下有何功劳,又于当时有何益耶?"蟠桃站在无鬼神的立场上,同样排斥神道,说:"我日本为何相信神代卷,作种种妄说耶?"指出在古代日本本来没有神道,神道不过是后来的神道家编造出来的,神国论可谓"愚昧之至"。他主张要区别对待历史和神话。这种观点实际上是近代史学(合理的科学的历史观)的先驱。

蟠桃本身是个商人,所以他的经济思想反映了当时日本商业资本的要求。他主张经济决策上"一人之智有限,数万人之智无穷",反映了正在崛起阶段的町人阶层反抗幕府控制商业经济的经济自主性成长意识。在米价问题上,他反对政府以行政手段来压价,主张所有商品一任商贾自由贸易。这种思想反映了日本资本主义萌芽发展时期商业资本家的要求。但他又主张农民是国之本,"农民不可无,无工商犹可",这说明他尚未完全摆脱儒家传统的农本主义思想框架。可以说,司马江汉和山片蟠桃的世界观是日本近代自然科学萌芽时期的科学精神的产物。这种科学精神,一部分来自朱子学的合理主义和徂徕学的经验论因素,另一部分则是通过同兰学的接触而获得的,相比之下,山片蟠桃的唯物主义倾向比司马江汉更为彻底。[2]

四、本多利明

本多利明(1743—1820 年,宽保三年—文政三年),幼名长五郎,通称三郎右卫门,号北夷、鲁钝斋,出身越后国,是江户时代著名的经世学家。江户初期的"经世论"重点在于"政治"上,就是指为统治农民不可缺少的

---

[1] 参见永田广志:《日本哲学思想史》,第 225 页。

[2] 参见王守华、卞崇道:《日本哲学史教程》,第 183—186 页。

各种知识,后来逐渐向"经世济民"(经济)方面发展。元禄、享保时期,古学派的熊泽蕃山、荻生徂徕、太宰春台(1680—1747 年)等都提出过经世济民论。太宰春台在《经济录》中说:"凡治理天下国家者为经济,即经世济民之义也。"本多利明更加发展了这种思想。他接受兰学的合理观念和内容,认为"经世"就是"富国"策,其基本观念是"自然治道",具体方针是"贸易"和"属岛开发"。所谓自然治道,也就是为了增加国力,"安抚"农民而实施适应自然和天意的经济政策。不过这里的"天意"已不是朱子学或儒学的天意和天命,而是基于兰学知识的西方自然哲学了。本多利明还是一位数学家,也是地动说的热心信奉者,与山片蟠桃和司马江汉一样提倡自然科学主义。

本多利明在他的主要著作《经世秘策》中明确提出依靠对外贸易增强国力的富国政策。他说:"日本乃海国也,航海、运输、贸易固国君天职最第一之国务。所以派遣船舶驶往各国,搜罗国家必需的物产及金银铜,输入日本,增强国力,这是使海国物资充足之法。如果只想以本国的力量来治理,则国力逐渐衰弱,其弱全部落到农民身上,农民连年陷于贫困,这是自然之势。"[①]他还在《西域物语》中指出,英国本来是个寒冷小国,物产贫乏,却能成为称霸世界的"大良国",就是依靠长期实行正确的对外贸易的制度和政策的结果。这种对外贸易论和当时盛行的虾夷地(北海道)开发论,反映了日本正在起步阶段的资本原始积累的要求。

本多利明的对外贸易论是从他的人口论——"万民增殖论"出发的。利明计算出两对夫妇四个人,33 年时间内生殖子孙 79 人,人口增长率是19.75 倍。由于万民增殖,国家的物产也需要增殖。但物产增殖有限,国民增殖却无限。因此,为了弥补国用之不足,就需要从他国摄取力量,即获取金银,因而需要贸易。对海国日本来说,有条件渡海涉洋进行贸易,而渡海涉洋需要弄清航向方位的天文地理,而要懂天文地理就需要数学。在他的主要著作《经世秘策》、《西域物语》、《贸易论》等中,这种理论是

---

① 《经世秘策卷下》,《日本思想大系 44·本多利明·海保青陵》,东京:岩波书店1970 年版,第 32 页。

反复出现的主题。譬如利明在《西域物语》中说:"只用其国所产之物养其国,则往往不够。若勉强为之,国民必疲乏,而无成就。于是不加入他力决不能成就大业……摄取万国之力,非用贸易不可。贸易在于渡海涉洋,渡海涉洋在于天文地理,天文地理在于算数,此为兴国家之大端也。"①

但是本多利明的这种重商主义尚不是直接移植欧洲的重商主义学说。因为重商主义是以在流通过程中获取利润为主,有促进资本发展的一面。而本多利明却否定商业资本,主张利润由官方垄断。所以,本多利明富国策的理论,实际上是继承了新井白石在《西洋纪闻》中阐述的富国论的思想因素。

本多利明的富国策理论的具体措施是所谓四大急务,即一硝石,二诸金,三船舶,四属岛开发。硝石是火药的原料,可以用来开山筑路、治水灌溉、开发新田等,对民生大有用处。但因为日本不产,其贸易应由幕府垄断。金属是"国之骨",所以应奖励开采,禁止外流。船舶可以"通天下有无,救万民饥寒",故提倡以航海贸易发展国力。属岛开发是指日本周围诸岛的开发,包括小笠原群岛,主要目标是虾夷地。

实施以上四大急务之后,国内商品经济发展,由国家控制的殖产兴业政策也就可以落实。依靠对外贸易和海外经略双管齐下的富国策,才能达到国防之万全。当以江户为中央首都,东虾夷(指北海道东部及千岛一带)建都府,大阪建南都,由君统一支配时,日本便成为"世界第一富饶强大的邦国"②。由此可见,本多利明的富国强兵理想是建立一个尊将军为君主的专制主义国家,这是他把从荷兰书学来的欧洲诸国体制巧妙地应用于日本的实例。③

利明对西洋文明的推崇,只是着眼于科学技术方面,并未触及西方的精神文化,可以说他的"自然治道"是一种机械的唯物主义。他对儒学、

---

① 《西域物语》下卷,《日本思想大系 44·本多利明·海保青陵》,第 160 页。
② 《经世秘策》,《日本思想大系 44·本多利明·海保青陵》,第 42 页。
③ 参见郑彭年:《日本西方文化摄取史》,杭州大学出版社 1996 年版,第 174—176 页。

佛教、神道和基督教的评价都是从实用性的角度出发,而不是基于对它们的教义和思想的理解。同样,他说的"理"也不是传统上的哲学思辨,而是自然科学的概念。至于作为"理"的体现者、实践者的"圣人",则"东方天竺出释迦,支那出尧、舜、禹、汤、文、武圣王。其说虽异,不过各说治国平天下之法,约之皆不过劝善惩恶之意"①;只是这些传统的治国平天下之法和劝善惩恶思想都已于"国家丰饶策"无补,必须以新的"英雄、豪杰"代替圣人,所谓"英雄、豪杰"不仅必须"才、德、能"兼备,还必须掌握天文、地理、海洋涉渡之道,"所谓大智大能全备,透脱天文地理"。比如"荷兰国开祖"女帝叶卡德琳娜二世等,就以治理国家的实绩被评为"大德"之人。

另外,当时日本社会内部国学的兴起和外部西洋文明的挑战,使利明萌发了初步的国家意识,时时强调日本作为独立国家的尊严。他认为中国文明历时 3800 年,日本历时 1500 年,西洋自埃及文明以来已有 6000 余年,所以他主张日本必须停止对中国文明的模仿,充分尊重本民族的固有传统。"与其日本悉皆模写支那故事,达国用得益,毋宁取我邦自然具足之益简捷"②。但因为"支那、日本国初以来,经历年数比之西域,尚未至半。西域既为旧国,世务国务皆已整备,取西域美善之事,为我国之助者乃本意也"③。所以,他又进一步主张追随更加先进的西洋文明。

不仅在社会制度方面,在文化上利明也是通过把西洋理想化的方式对中国文化进行了批判。"支那立人道去今三千余年,比埃及迟者三千余年,然于国务漏缺众多。且支那文字字数多,不便国用,难与外国通,仅通用朝鲜、琉球、日本三国,虽于亚细亚洲内三四国通用,其真意难得解也。欧罗巴国字数二十五,连异体有八品,足记天下事。最以简省。"④因此,"达支那国字,得博学之名,不如用我日本假名文字,尽其情味便利

---

① 《经世秘策》下卷,《日本思想大系 44 · 本多利明 · 海保青陵》,第 29 页。
② 《经世秘策后编》《日本思想大系 44 · 本多利明 · 海保青陵》,第 29 页。
③ 《西域物语》上卷,《日本思想大系 44 · 本多利明 · 海保青陵》,第 106 页。
④ 《西域物语》上卷,《日本思想大系 44 · 本多利明 · 海保青陵》,第 29 页。

也"①。从利明身上可以看出,由于当时中国相对于西洋的衰退,使原本处于中国文明边缘的日本不再甘心于充当中国文化的附庸,这种文化上的反思同时促进了日本社会民族、国家意识上的觉醒。②

第二节　洋　学

1853 年(嘉永六年),美国海军舰队在佩里的率领下,来到了江户的浦贺海面,以武力示威,逼迫幕府开国,史称"黑船"事件。翌年(安政元年),幕府被迫签订了《日美亲善条约》,接着又于 1858 年签订了《日美友好通商条约》;同时,又与俄、荷、英、法等国相继缔结了五国条约。至此日本的锁国体制宣告崩溃,被强行开国并纳入到世界资本主义体系中。

随着闭关锁国时代的结束,日本开始了对西方文化的全面吸收与研究,形成了洋学思想体系。"兰学"与"洋学"的区别除所处的时代和科学文化的系统不同外,其研究的范围和对象、根据的书籍及从事研究的阶层都有区别。兰学主要限于医学以及如天文历学等"实用之学",洋学则除根据西欧诸国的书籍学习以外,政府还派遣使节团和留学生去欧洲进行实地考察和见习;从事兰学研究的主要是上层藩医和有儒学教养的知识分子,从事洋学研究的则主要是下级武士以及"草莽"出身的民间知识分子。初期兰学主要是自由研究,后来才被统治阶级垄断,作为实学加以利用,成为幕府殖产兴业、发展经济的有力手段。洋学在被统治阶级利用、受国家控制这一点上与兰学相同,但随着民族危机的增长,洋学逐渐从民生实用之学向军事科学技术倾斜,这方面两者有所不同。

幕末洋学具有同军事技术现代化和"殖产兴业"方面的需要密切相连的特点。首先,由于洋学的实理、实用性,它被作为引进和研究科学技术的一种手段,以达到富国强兵的目的,对抗空前未有的"外压",保持国

---

① 《西域物语》上卷,《日本思想大系 44·本多利明·海保青陵》,第 104 页。
② 参见王青:《从"支那"到"西洋"的转折点——试论日本近世思想家本多利明》,《北京大学学报》1999 年第 6 期。

家的独立。幕府为了培养人才,在以翻译荷兰书籍为主的兰书译局的基础上,成立了洋学教育机关"蕃书调所"(后改称"开成所"),大量翻译外交文书以及炮术、造船、兵学、地理、建筑等方面的西洋书籍,起到了洋学研究中心的作用,并成为后来现代学校的先驱,为明治初期的现代化教育奠定了基础。各藩(如仙台、岛津、佐贺等)藩主也都纷纷开设洋学讲习所及化学工场等,奖励洋学,改革幕政。由于当时海防是对抗"外压"的首要急务,因此幕府设立了讲武所(陆军)、海军传习所等,造就军事人才,建立陆海军,并分别聘请了法国和英国的教师,翻译西方军事书籍,传授西方军事学。

在发展和利用洋学的同时,幕府也坚持对洋学的统制政策。1842 年(天保十三年)幕府建立洋书进口批准制,规定洋书翻译必须接受检查,把洋学纳入国家管理的轨道。总的来说,幕府在引进洋学上是以"和魂洋才"为原则的。所谓"和魂洋才",就是用日本的固有精神,对西方文化加以取舍和活用,以发扬日本的思想传统。也就是说对西方文化的引进和吸收,只限于自然科学领域,目的是"取长补短",以不改变封建制度、不触动封建伦理思想为原则。佐久间象山所提出的著名口号:"东洋道德,西洋艺术(技术)"也正是从这一立场出发的。因此幕府发展洋学,是以巩固幕藩体制为目的,不论是建立洋学教育和研究机构还是开办兵工厂,都是为了加强陷于严重内外危机摇摇欲坠的封建体制,为幕府培养统治人才,以延长德川幕府的专制统治。①

一、佐久间象山

佐久间象山(1811—1864 年,文化八年—元治元年)生于信州(今长野县)松代藩的下级武士家庭,名国忠、启、大星,字子迪、子明,通称启之助、修理,26 岁后号象山。幼年学习易学和算学,曾是佐藤一斋的弟子,主要研究朱子学的"穷理"学。后来又学习西洋炮术、荷兰语、玻璃制造等洋学知识,并积极推进藩主的殖产兴业政策。但鸦片战争后他认识到

---

① 参见郑彭年:《日本西方文化摄取史》,第 200—202 页。

作为圣人之国的清朝之所以衰败的原因就是在于儒学缺乏实学的精神，转而主张以欧美为师，成为日本近代史上接受西方文化的典型人物。他还是幕末社会领导阶层——青年武士的师长和楷模，幕末政治舞台上活跃的胜海舟、吉田松阴、小林虎三郎、桥本左讷、坂本龙马、高杉晋作，以及明治维新以后作为明六社①同人而活跃的加藤弘之、津田真道、西村茂树等，都曾是佐久间象山的学生。他的洋学接受论被定型化、公式化为"东洋道德，西洋艺术"，曾产生过重大的社会影响。

象山曾自认自己的学问为"程朱纯粹之学"，但中国在鸦片战争中的败退，使他认识到西方科技文明的力量。他从"国力第一"的观点出发，主张为"以夷之术制夷"而引进、吸收西方科学技术。他以朱子学的"格物穷理"思想作为媒介来解释摄取西方自然科学知识的必要性，首先强调宇宙间"理"的同一性和普遍性，认为西方自然科学技术体现了"理"的普遍性。他说："西洋穷理之科亦符合程朱之意，程朱二先生之格致之说，实于东海西海北海皆准之学说。如从程朱之意，西洋学术亦吾学中之一端，本非为别物。"②在这里，"穷理"已经不再是传统儒学的内省式的道德修为方法，而是指把握对象的规律性或因果关系等近代科学意义上的实验了。

然后象山在"格物穷理"思想基础上主张接受西学。众所周知，日本的朱子学不大关心形而上的"理"，而比较重视"道理"与"物理"。"道理"就是"道德"之理，亦即伦理，"物理"是指自然的规律性。象山认为，"宇宙中实理无二"，所谓"格物穷理"之理，意味着研究宇宙万物的法则。这样他就把本来是异质的中国朱子学的"理"与处于西方技术文明背后的"理"同等看待，并且把西方学术置于朱子学的理论延长线上。象山对朱子学的"理"作出了新的解释，逐渐摆脱了以物理与伦理的连续性为宗旨的天人相关的理论，试图以究明"物理"的"格物穷理"精神来把握近代

---

① 明六社：明治六年成立的日本近代启蒙思想团体。
② 《致川路圣谟书简》，《日本思想大系55·渡边华山·高野长英·佐久间象山·横井小楠·桥本左讷》，东京：岩波书店1971年版，第330页。

西欧的科学技术。①

象山充分评价了西方文化的优越性。他说："方今之世，仅以和汉之学识远为不足，非有总括五大洲之大经济不可。全世界之形势，自哥伦布以穷理之力发现新世界、哥白尼发明地动说、牛顿阐明重力引力之实理等三大发明以来，万般学术皆得其根底，毫无虚诞之处，悉皆着实。是以欧罗巴、弥利坚诸洲逐渐改变面目，及至蒸气船、电磁体、电报机等之创制，实属巧夺造化之工，情况变得惊人。"②

因此，象山对洋学不是像后期水户学那样只从国防的需要承认其地理学和军事技术，而是在认识自然即科学技术领域内承认洋学的穷理精神。但象山在哲学和认识论即世界观领域内，则仍认为应当采取东方的传统观念。他把朱子学作为世界观的基础，并把朱子学的"穷理"解释为研究自然之"实理"的意义，从而提出了"东洋道德，西洋艺术（技艺）"的观点。他的这种东西文化调和论，认为西洋文化与东洋道德可以调和，两者没有对立。"仅有汉土之学，不免于空疏之议；又仅有西洋之学，则无道德义理之讲究，纵令成令人瞠目之大事业，亦与圣人所作有所悬隔，因而不合并此则难成完全。"③可以看出，他的思想受到了魏源"师夷之长技以制夷"④的影响，与当时中国洋务派的"中学为体，西学为用"的主张也是一脉相承的。⑤

从承认西方科学技术的优秀并主张积极摄取的观点出发，象山积极主张开国，认为与西方各国通商是"天地公共之道理"。然而正因为他的这种开国论和主张协调朝廷（公）和幕府（武）之间的关系而维持社会稳定的公武合体论思想，导致象山最后被保守势力暗杀。

---

① 参见小池喜明：《攘夷与传统》，日本贝利坎出版社 1985 年版，第 84—89 页。

② 《致梁川星岩书简》，《日本思想大系 55·渡边华山·高野长英·佐久间象山·横井小楠·桥本左讷》，第 377—378 页。

③ 《致小林又兵卫书简》，《日本思想大系 55·渡边华山·高野长英·佐久间象山·横井小楠·桥本左讷》，第 351 页。

④ 魏源（1794—1857 年），清思想家，辑《海国图志》一百卷，主张"师夷之长技以制夷"，即自建船厂、炮舰，练军经武，加强海防，以抵御外国侵略。

⑤ 参见叶渭渠主编：《日本文明》，第 241—242 页。

二、横井小楠

横井小楠(1809—1869 年,文化六年—明治二年)是幕末时期著名的政治思想家,名时存,字子操,通称平四郎、小楠,号沼山,生于肥后熊本藩(今熊本县)。他在藩校时习馆学习及教学时期就崭露头角,对以诗文为中心的传统教育方式持批评态度,而有志于经世济民的学问。他曾提倡学校改革运动,但受到保守派的阻挠。1839 年游学江户,与水户藩士藤田东湖有过交流。回到熊本后,和元田永孚等人组织实学研究会,被人们称为"实学党"。其后该团体分化为武士派和豪农派,豪农派便是以小楠为中心。安政(1854—1859 年)以后,由于日本开国后面临殖民地化的危险,给日本社会带来了新的政治经济矛盾,尤其是封建武士阶层生活每况愈下。而小楠主张开国通商,所以屡次成为顽固的保守分子的攻击对象,终于 1869 年遇刺身亡,他的遇难对当时日本的朝野震动很大。

小楠试图通过对儒学思想的重新解释,来引进西方近代的社会、政治制度。他把儒学的"天下为公"等民本主义思想解释为近代民主主义,把儒学的"道"视为超越性的价值判断基准。他认为"道"就是"三代之道",称颂美、英、俄诸国政治制度"符合三代治教",因此他提出改造日本社会的纲领就是"复归三代"。

小楠对朱子学的"格物致知"也有独到的理解。他认为为学应以"修身、齐家、治国、平天下"为目的,皓首穷经只是俗儒所为。他主张"天道"是人类社会的最高理想,而"天道"之治古有中国三代,今有欧美各国。眼下应该培养一批立志改革的有识之士和能够掌握近代科学技术的优秀人才,吸收利用西方先进的科学技术,这是实现"三代之治"的根本。他自己就是从上述立场出发,创立私塾"小楠堂",从事教育事业的。

小楠早期也是锁国攘夷论的支持者,但随着局势的发展,他的思想发生了根本性的转变,认为"锁国非我祖宗之法",而开国锁国"均应以天理公道行之"。他受到魏源《海国图志》等书籍的启发后,更进一步成为开国论的首创者之一,呼吁"惟开国通商方合古来天地公理",并斥责"惟知空喊大和魂"的水户学派是"顽冥固陋"。小楠著有《国是三论》(1858

年），提出了开国、贸易、改革藩经济机构和培养民间资本的藩政改革基本方针。后来他又起草了《国是七策》，呼吁改革参觐交代制度等德川幕府的基本政策。

　　小楠不仅主张接受西方先进的自然科学技术，而且推崇西方先进的政治制度，尤其赞赏美国的共和制，称华盛顿是"白面碧眼之尧舜"，说明他尚未能充分认识到西方帝国主义的侵略性本质。小楠号召摆脱封建经济束缚的富国论，并把作为西方政治思想和社会制度基础的基督教视为"三代之治道"，把"开国"提升到实现国际和平的高度，说明他的实学思想逐渐发展为一种以儒学思想为背景的国际主义。但是小楠虽然主张开国，却并不主张推翻幕府统治，而是把希望寄托在出现明君来改造幕府，从而实现日本政治的维新。这是他思想上先进性与保守性并存的矛盾之处，也是尚未加入资产阶级行列的武士知识分子本身矛盾的典型表现。①

　　在象山和小楠的时代，西方的近代哲学和社会科学尚未正式传入日本，他们也只能以有限的"洋学"知识，去对儒学的范畴与思想进行"合理的"重新解释，试图以此来调和西方文明与儒学思想。这种利用传统价值基准肯定新的行为策略的做法，在新旧交替即人们的认识重组时期，还能发挥缓和新旧冲突的作用。总之，在那个特定的时代，象山和小楠嫁接儒学与洋学的尝试是有着进步意义的。②

第三节　水　户　学

　　幕末时期，面对西方列强的冲击，日本国内产生了两大潮流，即以洋学为背景的开国论和以儒学为背景的攘夷论。幕府当局和洋学家持开国论，因为他们看清了西方各国的实力和对外贸易的利益，希望通过摄取西方科学技术，以达到富国强兵和巩固幕藩体制、对抗外压的目的。而持攘

---

①　参见伊文成、汤重南、贾玉芹主编：《日本历史人物传（近现代篇）·横井小楠》，黑龙江人民出版社 1987 年版，第 56 页。

②　参见叶渭渠主编：《日本文明》，第 244 页。

夷论的民族主义（国权主义）者试图以阻止商品经济的发展来对抗欧美殖民主义侵略的威胁，维护国家独立。但为了阻止农村自然经济的崩溃，势必继续锁国，从而必然形成排外的攘夷主义。尽管攘夷主义的出发点是为了维护幕藩封建统治，但它后来同尊王思想以及反对幕府的西南雄藩争取国家统一的行动结合起来，最终取得了推翻幕府统治的成果，因此攘夷论在历史上又起到了进步的作用。

攘夷论的渊源是以朱子学大义名分论为基础的华夷观，以水户学派最为典型。水户学是水户藩主德川家以编纂《大日本史》为中心而发展起来的一个思想体系。

水户学分为前后两期。前期是以二代藩主德川光国（1628—1700年，宽永五年—元禄十三年）设立的"彰考馆"为中心，主要是以朱子学的名分论为指导思想编纂《大日本史》的水户史学；后期以德川齐昭（1800—1860年，宽政十二年—万延元年）设立的"弘道馆"为中心，发展了以鼓吹攘夷思想为特征的水户政教学，更多的是探索解决日本社会面临的内忧外患等现实问题的政策和方法。

一、藤 田 东 湖

藤田东湖（1806—1855年，文化三年—安政二年）名彪，字斌卿，号东湖，是水户藩彰考馆总裁藤田幽谷之子。他自幼受其父尊王攘夷思想的熏陶，1826年幽谷死后，他继承父职为彰考馆代理总裁，参与藩政中枢，推行天保改革，与桥本左讷、横井小楠等一起成为尊王攘夷派的领袖，起到了指导当时社会舆论的作用。正当东湖名扬四海时，却不幸在地震中身亡，终年50岁。他著有《弘道馆记述义》、《回天诗史》、《常陆带》等著作。

藤田东湖的《弘道馆记述义》表明了他对道的看法："盖有天地则有天地之道，有人则有人之道。天神，生民之本；天地，万物之始。然则生民之道，原于天地而本于天神也亦明矣。"① 这就是说，道之原出于天神，在

---

① 《日本思想大系53·水户学》，东京：岩波书店1973年版，第423页。

没有道的名称之前,已有日本所固有之道了。并且这个道虽有消长、晦明,但却是永恒不灭的。那么这个日本固有之道即"神州之道"究竟是指什么呢?"则其要有三焉,曰敬神,曰爱民,曰尚武。"①其中,"敬神"即尊皇;"爱民"是指行仁政,又曰明名分;"尚武",即敬慕武尊,以武建基。敬神是尊天神之盛德大业,而犹重日神,因为天皇是承天日之祀,所以尊神就是尊王,是有现实政治意义的。东湖把水户学的名分论及尊皇攘夷思想运用于政治上就是修内政、整军令、富邦国、颁守备的政治行为。东湖尊重皇室,还批判幕府的"无道"与"不仁",成为尊王倒幕运动之先驱,这一方面有其一定的进步意义。②

东湖主张"以敬神尚武为政教之根本,以至明尊王为攘夷之大义",而攘夷又是"尽忠报国之大义"③,所以他不仅反对与欧美国家通商,对于洋学也持排斥的态度:"近时又有兰学者流(世之修西洋学,非天文医术之徒则译者、舌人之流,大抵皆无识,不达国体。舍此从彼,亵天慢神,其为害不可胜言)或唱说曰'西洋教法,其流非一,今彼之所奉,与国家所禁不同。'呜呼,是不惟皇家之罪人,亦幕府之罪人也,抑亦周孔之罪人也。"④主张为明"国体",须除"邪论之害",防止"以夷制夏"。东湖这种脱离现实的西洋文明观使后期水户学成为蒙昧主义的"华夷"思想复兴的逆流。但东湖直面对外危机时,高唱发挥国民传统的忠君爱国之"正气",以维护国家独立和统一,他的著作在社会上广为流传,在振奋日本国民民心、增强民族凝聚力方面发挥了很大作用。⑤

二、会泽正志斋

会泽正志斋是藤田幽谷之高徒,曾任彰考馆总裁和弘道馆教授头取(督学),与藤田东湖同为后期水户学的两大支柱。

---

① 《日本思想大系53·水户学》,第427页。
② 参见王守华、卞崇道著:《日本哲学史教程》,第75页。
③ 《弘道馆记述义》卷下,《日本思想大系53·水户学》,第434页。
④ 《弘道馆记述义》卷下,《日本思想大系53·水户学》,第435页。
⑤ 参见叶渭渠主编:《日本文明》,第240页。

会泽正志斋(1782—1863年,天明二年—文久三年)名安,常陆人,字伯民,号正志斋,是水户政教学系统的理论家,被后世称为"水户学集大成者"、"幕末思想家的巨擘"①。他曾因跟随水户藩主德川齐昭搞"天保改革"受到牵连而被幕府幽因。齐昭受赦后,他也恢复自由,再度参与政治,力主强硬外交,倡主战论。后来齐昭再被戒饬,他也因此退出政界,专心著述,著有《新论》、《下学迩言》、《迪彝编》、《读直毗灵》等。

会泽正志斋的"皇国至上主义"以及与此相结合的"尊皇论",是以儒学的阴阳思想为基础的。"夫神州位于大地之首,朝气也,正气也。朝气正气是为阳,故其道正大光明,明人伦以奉天心,尊天神以尽人事,发育万物以体天地生养之德。"②他以关于阴阳或天命等神秘主义的观念为依据,同洋学的自然科学相抗衡,这与他崇拜自然的敬天论是并存不悖的。可以说他的认识论是受徂徕学神秘主义的影响,排斥朱子学的穷理论。

会泽正志斋从名分论出发,把儒家五伦主要归于君臣父子二伦,又进一步发挥引申,提倡忠孝一本、祭政一致、一君万民的尊皇思想。他说:"故有父子则有亲,有君臣则有义,是皆天下之大道正路……是君臣父子之大义者,天位之尊,与天地无穷"③。归根结底对于天皇的君臣之忠是根本性的,父子之情的"孝"包容在天皇的统治体制之内,这是天地之经纬,亿兆之纲纪,是永远不可改变的。从这种立场出发,他提倡"神道设教"、"事帝祀先"的政祭一致理论,强调君权超于一切,君臣名分一定而不可易的绵绵皇统。

会泽正志斋主张"大将军翼戴帝室以镇护国家,邦君各统治疆内,使民安其生而免于寇盗"④,即把幕府作为皇室的辅佐,而把诸藩作为天朝之藩屏而看待。在此基础上提出了以"修内政"、"整饬军令"、"富邦国"、"颁守备"为具体内容的四大富国强兵政策,即提倡农本主义,振兴士道,登用贤才,禁止奢侈,采用武士归农制等。他的攘夷论是从保守的

---

① 朱谦之:《日本的朱子学》,人民出版社2000年版,第479页。
② 《新论·长计》,《日本思想大系53·水户学》,第417页。
③ 《退食闲话》,《日本思想大系53·水户学》,第237—238页。
④ 《新论·长计》,《日本思想大系53·水户学》,第420页。

锁国立场出发,目的是调和天皇、幕府和各大名之间的矛盾,以巩固德川封建制度的统治。

正志斋的名著《新论》可以说是水户学的代表著作,是为重新强化面临内外危机的幕藩体制而作,被尊王攘夷论者奉为经典,广为流传,政治上影响很大。《新论》由国体、形势、虏情、守御、长计五篇组成。《形势篇》是概述世界形势,《虏情篇》论述日本对付外国侵略的方针,《守御篇》论述为防备外敌的军事对策。但光是认识危机并作出军事防御还不够,还需要对国内体制进行根本的改革,于是又在卷头设《国体》上、中、下三篇。最后是《长计篇》,论述长久维持国家的基本政治方针。

《新论》鼓吹狂热的日本中心主义的国体论:日本是"神州"、"大地之元首"、"万国之纲纪",是"祭政一致,政教一致",有独特的历史和文化的国家,他的这一主张成为明治以后国体论的典型。他还主张神儒合一论,就是以儒学为中心,加上神道的神秘主义,以反对佛教、基督教和西方科学文化等有害国体的"外道"。他从传统儒学的名分论和夷狄观出发,用排外主义的锁国攘夷论来武装下级武士的头脑,并加强日本民族的凝聚力。①

然而随着西方以"大炮巨舰"为实力背景对日本社会带来的巨大冲击,水户学家们也提出了以"富国强兵"作为对付西方冲击的根本方法。而为了完成富国强兵支柱的"巨舰之制"和"水操之法"(航海技术),又必须修改过去的强本弱末政策,废除锁国和幕藩分立体制,建立统一国家。于是,攘夷运动逆转为讨幕运动,向建立一个统一的国家迈进。从这一立场出发,正志斋又实现了从主张锁国攘夷到否定锁国攘夷、成为开国论者的思想转变。

---

①　参见王守华、卞崇道:《日本哲学史教程》,第72—73页。

第六篇 越南哲学

(10 世纪至 15 世纪)*

第二十二章 丁黎李陈时期的哲学

第一节 丁黎李陈时期和合思潮的兴起

丁黎李陈时期的社会意识形态,是以和合思潮为其特征的。

"和为贵"、"和而不同"是儒家提出的重要命题,中庸和谐是儒家学派的一贯主张。从某种意义上说,和合思想是儒家哲学的核心,也是中国文化人文精神的精髓和中国文化的生命智慧。所谓和合的"和",是指和谐、和平、祥和;"合"是结合、合作、融合。和合是指自然、社会、人际、心灵、文明中诸多元素、要素相互冲突、融合,与在冲突、融合的动态过程中各元素、要素和合为新结构方式、新事物、新生命。和合是宇宙间普遍现象。"和合"两字在甲骨文、金文中就已各自单独出现。"和",原是声音相应的意思;"合"是指上下嘴唇合拢的意思。以后,"和"演化出和谐、和睦、和平、和善、祥和、中和等意,"合"演化出汇合、结合、联合、融合、组合、符合、合作、合理等意,都有指事物的联系组合之义。春秋时期,"和合"两字开始连用,"和合"概念因此出现。《国语·郑语》较早提出"和合"范畴:"商契能和合五教,以保于百姓者也。"①在先秦的思想家中,管

---

* 第一节为何成轩撰,第二节、第三节为郝廷婷撰。
① "五教"是指"父义、母慈、兄友、弟恭、子孝"。五教和合,能使百姓安身立命。

子第一个对"和合"概念作了表述:"畜之以道,养之以德。畜之以道,则民和;养之以德,则民合。和合故能习,习故能偕,偕习以悉,莫之能伤也。"他把民众的"和合"作为民众道德的直接体现,认为学习"和合",就是学习道德,所以民众只要能够"和合",就能产生"莫之能伤"的强大力量。这一思想被其他思想家进一步继承和发挥。①

在越南历史上,和合思想被各个学派、各种宗教所接受,并且深入社会人心,成为该国传统文化的一大特色。明确使用"和合"概念的,首见于《大越史记全书·本纪·李纪》。该书记载,李太宗即位不久,以诞日为天圣节,令伶人弄笛吹笙,歌舞娱乐,赐群臣宴饮。该书作者吴士连对此评论说:"诞辰庆贺,大礼也。臣祝其君,君宴其臣,君臣和合,以通上下之情,礼固宜然。"吴士连赞扬这种仪式能够联络君臣上下之间的感情,促进君臣上下之间的和谐与团结,意义非同一般。李太宗还一再强调上下团结与社会和谐的重要性,说:"同心同德,必事业之能成。有君有臣,何艰难之不济。"②和合思想在越南历史上影响深远而广泛,它对提高越南民族的认同感,增强民族凝聚力,维护国家统一,促进社会和睦和谐,发挥了巨大的作用。

和合思想在越南,表现于社会生活的各个领域和层面。由于宗教是越南民族精神生活的重要组成部分,所以就哲学文化方面而言,和合思想突出地表现为"三教同源"论。"三教同源"论发端于汉魏之际,兴盛于丁黎李陈时期,以后各个时代又继续得到发展。

唐末,割据之风吹到安南,加上民族意识增长,当地豪强纷纷自立。五代十国时期,越南土豪曲承裕、杨廷艺、矫公羡、吴权等人相继崛起,争夺地盘,建立地方性的政权。944年吴权死后,安南地区十二州土豪纷纷割据称雄,连年混战,史称"十二使君之乱"。

968年,丁部领削平十二使君,建立大瞿越国,自立为"大胜明皇帝",越南从此摆脱中国统治而成为独立国家。973年,丁部领被宋太祖封为

安南郡王,视为列藩。直到 1174 年,越南李英宗被南宋封为安南国王,越南作为独立的国家才得到中国政府的正式承认。

越南脱离中国而独立之后,先后建立了丁朝(968—980 年)、前黎朝(980—1009 年)、李朝(1010—1225 年)、陈朝(1225—1400 年)和胡朝(1400—1407 年)五个国家政权。

在这四百余年间,各朝统治者基本上实行以佛教为主、三教并尊的政策,儒、佛、道三教思想的融合与和合是这一时期的主流社会意识形态。但各朝代的官方哲学,仍然有所不同,其社会思潮演变纷繁,各具特色。

一、丁朝首开三教并尊的格局

丁朝和取代它的前黎朝尚处于越南自主封建国家的草创阶段,为时较短。经过曲承裕以来战争的破坏,原先建立的许多学校已变为废墟。两朝统治者本身文化素质不高,加之享国日浅,戎马倥偬,未遑文教,所以儒学发展无大起色。向来与政治距离较远而与民间信仰较为接近的佛教和道教,此时反而表现活跃。僧人和道士成为最受尊敬的人,得到朝廷的重用,在封建制度和整个上层建筑的建设中发挥了重要作用。两朝统治者均实行三教并尊的政策,而尤其重视佛教。僧侣参与国家政治生活,手中握有很大的权力。

939 年,吴权击败南汉军队于白藤江,自立为王,这是越南独立建国之先声。《大越史记全书·外纪·吴纪》说:"王始称王,立杨氏为后,置百官,制朝仪,定服色。"吴权制定的这一套国家政权制度规章,仍然沿袭中国的体制,主要是体现了儒家的思想。但吴氏享国甚短,到丁部领统一越南,建立丁朝,才初具开国规模。丁部领削平十二使君,于 968 年"称皇帝于华阂洞,起宫殿,制朝仪,置百官,立社稷,尊号曰大胜明皇帝"[①]。不久,于 971 年制定文武僧道阶品,首开儒、释、道三教并尊的格局。《大越史记全书·本纪·丁纪》记载此事说:

> 初定文武僧道阶品,以阮匐为定国公,刘基为都护府士师,黎桓

---

① 佚名:《大越史略·丁纪》。

为十道将军。僧统吴真流,赐号匡越大师。张麻尼为僧录,道士邓玄光授崇真威仪。

该书还记载,975 年,丁朝又"定文武冠服",体制初具规模。越史称丁部领为丁先皇,他所实行的制度也大体仿效中国。但在用人方面却是儒、释、道并用,尤其重用佛教僧侣。另外,他还同时立五个皇后;此举违背儒学传统,所以遭到后世儒家的非议。当时僧官有国师、僧统、僧录、僧正、大贤官等职名,道官则有道录、威仪、都官等职名。①

吴真流(933—1011 年)是爱州常乐县(今清化省安顺县)人。少时学儒,后转而崇佛,出家为僧。② 曾任大罗城省(今河内)开国寺住持,以精通禅学闻名,属于无言通禅派(即观壁派)。他被丁部领封为匡越大师,任职僧统,成为佛教领袖,同时他又是皇帝的总顾问,社会地位极高。到前黎朝的黎大行即位时,他仍继续担任原职。年迈时回乡教学,门徒众多。著有赠宋使的诗歌《王郎归》以及《始终》、《元火》等。吴真流由儒入佛,谙熟儒、释经典,其思想中以佛教为主,兼融儒学。

二、前黎朝三教并尊首重佛教

丁朝国祚短暂,十二载而亡。代之而起的前黎朝,继续实行佛教为主、三教并尊的政策。应天十三年(1006 年),"改文武臣僚僧道官制及朝服,一遵于宋"③。文武臣僚当中,不乏儒士。前黎朝开国皇帝黎大行登基后,奉行儒家重农思想。曾于天福八年(987 年)初耕籍田,此后历代王朝奉为故事。

应天十四年(1007 年),黎朝奉表于宋朝,乞赐"九经"。《越史通鉴纲目》正编卷一记载:"黎帝龙挺(卧朝)十四春,遣弟明昶与掌书记黄成雅献白犀于宋,表乞九经及大藏经文,宋帝许之。"这是越南独立后,朝廷首次向中国乞赐儒家和佛教经典。黎龙挺生性残暴,生活荒淫,年纪轻轻

---

① 黎崱:《安南志略·官制》。

② 参见佚名:《禅苑集英》,黎朝永盛十一年(1715 年)木刻本。

③ 《大越史记全书·本纪·黎纪》。

即瘫痪,由人抬着上殿处理朝政,故被称为"黎卧朝",24 岁就死去。① 黎卧朝虽是一个残暴昏庸的皇帝,但对文化还比较重视。

在前黎时代,三教之中最受尊崇的是佛教。黎大行夺取政权,建立黎朝,得力于僧侣集团的支持,所以他重佛抑儒。当时的匡越大师、万行禅师、法顺禅师等都曾在政治上显赫一时。他们或充当皇帝顾问,接受皇帝咨询,参与国家政事决策;或亲自出山,担任政府要职,直接处理政务。法顺、吴真流等还负责外交工作,接待宋朝使者。在对宋朝和占城的战争中,黎大行特别征询万行禅师的意见。万行主战,他就依万行的建议行事。

987 年,宋朝使者李觉第二次出使越南,黎大行命法顺接待。当时恰有两只鹅浮游水面,李觉便吟:"鹅鹅两鹅鹅,仰面向天涯。"法顺把棹次韵之:"白毛铺绿水,红棹摆青波。"法顺对中国文学的熟悉,使李觉大感惊奇。李觉和法顺的联句,本之于唐代骆宾王 10 岁时所作的《咏鹅诗》,而略有改动。李觉归馆后,写诗献给黎大行,大行读罢很高兴。李觉辞归,大行诏吴真流制曲饯行,其词为:

祥光风好锦帆张,

遥望神仙复帝乡。

万重山水涉沧浪,

九天归路长。

情惨切,

对离觞,

攀恋使星郎。

愿将深意为边疆,

分明奏我皇。②

这首词写得很优美,感情真挚,语言流畅,思想内容和艺术表现手法均属

① 《大越史记全书·本纪·黎纪》。《宋史·真宗本纪》也载:"景德四年(按:公元1007 年)七月乙亥,交州来贡,赐黎龙挺九经及佛氏书。"
② 《大越史记全书·本纪·黎纪》。

上乘,堪称佳作。词中表达的意思:一是对使者李觉的眷恋之情;二是对大宋的仰慕和保卫边疆安宁的意愿,并希望使者将这层深意转奏宋朝皇帝。这首词题为《王郎归》,一名《饯别曲送宋使李觉》,是现存越南最早的文学作品之一。作者身为佛教领袖,但这首词所表达的基本上属于儒家思想,也有一点道家的情调。

三、李朝初试三教,以儒、释、道取士

1010 年,前黎朝左亲卫殿前指挥使李公蕴篡夺帝位,建立李朝,是为李太祖。他在政治、经济、文化、军事上采取一系列措施,使越南的封建制度得以逐步完善。

李朝对儒、释、道三教仍然实行以佛为主、三教并尊的政策。但对佛教的尊崇更甚于丁朝和前黎朝。李朝统治者奉佛为有国常典,几乎尊佛教为国教。越南佛教发展到李朝达于鼎盛,为历朝所不能比拟。

李朝形成如此局面,并不是偶然的。相传李公蕴乃僧人李庆文之子,万行是他的伯父。李公蕴由万行抚养长大,并依靠以万行为首的僧侣集团的支持而逐步升迁,位及大臣,手握兵权。在夺取国家政权的过程中,李公蕴又得到万行等人的全力支持。在李朝取代前黎的斗争中,以万行为首的僧侣集团起了关键的作用。这说明当时僧侣势力强大,不仅在社会上拥有众多信徒和追随者,而且参与政治,左右局势,帮助改朝换代。

李朝除了以佛教为主之外,对道教也相当尊崇。《大越史记全书·本纪·李纪》记载,李太祖登基后,立即于顺天元年(1010 年)"颁衣服赐僧道",表示了对佛教和道教的高度重视。同书还记载:"诏发府钱二万缗,赁工建寺于天德府凡八所,皆立禅刻功。遂于升龙京城之内起造宫殿,前起乾元殿,以为视朝之所。左置集贤殿,右立讲武殿。……修府库,治城隍。……又于城内起兴天御寺、五凤星楼,城外离方创造胜严寺。""乃命诸乡邑所有寺观,已颓毁者,悉重修之。""是岁度百姓为僧,发府银一千六百八十两铸洪钟,置于太教寺。"这些都是李太祖登基第一年所办的几件大事,他把佛教摆在最重要的地位,也很重视道教,儒教则只好敬陪末座了。

李太祖在位期间,广度人民为僧,重用僧官道士,大造寺庙宫观。其后李朝诸帝竞相效法,崇佛重道之风愈演愈烈。对此,陈朝史学家黎文休(1230—1322年)提出了严厉的批评:

> 李太祖即帝位,甫及二年,宗庙未建,社稷未立,先于天德府创立八寺,又重修诸路寺观,而度京师千余人为僧。则土木财力之费,不可胜言也。财非天雨,力非神作,岂非浚民之膏血欤? 浚民之膏血,可谓修福欤? 创业之主,躬行勤俭,犹恐子孙之奢怠,而太祖垂法如是,宜其后世起凌霄之堵坡,立削石之寺柱,佛官壮丽,倍于宸居。下皆化之,至有毁形易服,破产逃亲;百姓太半为僧,国内到处皆寺。其源岂无所自哉![1]

黎文休从儒家的立场上批评李太祖及李朝其他统治者的崇佛思想政策,表现了重人事轻鬼神的务实精神和爱惜民力重视民生的社会责任感。儒家一贯主张神道设教,敬鬼神而远之,具有某种无神论的思想,黎文休继承了这一思想观念。他对过分崇佛重道弊端的批评,一针见血,击中要害。

当然,李太祖在国家政治制度、礼乐仪节乃至宫殿建筑方面大体仿效中国,儒家思想甚浓。从他所写的《迁都诏》也可以看得出这一点。他一登基即下手诏,将京都从华闾迁到大罗城(今河内),并改名升龙。从此以后,升龙就成为越南封建社会的政治、经济、文化中心。李太祖的这篇《迁都诏》用汉文写成,全文二百余字,简洁典雅,摇曳多姿,是现存越南最早的历史文献之一。诏文批驳了安土重迁思想,引用史例,依据儒家经典,阐明迁都的必要性和紧迫性。说明迁都乃是效法中国古圣王盘庚迁殷、周王朝三徙国都的故事,又符合儒家的天命观,上应天意,下顺民情,得山川地理之胜,物阜民丰之利。从这篇诏文可以看出儒家思想在国家政治生活中仍有一定的影响。

李太祖崇佛重道,亦用儒的思想,被其后李朝诸帝所遵循,并影响到全社会。除了皇帝亲自倡导以外,王公贵族中信佛的人也很多。李圣宗

---

[1] 《大越史记全书·本纪·李纪》。

的元妃倚兰(？—1117 年)曾参与国家政治,握有部分实权。她"尊崇佛教,俗称观音女"。仁宗时她遍游山川"构兴佛寺,前后该百余所"①。她曾向通辨国师咨问佛理,有所领悟,作偈说:"色是空空即色,空是色色即空。色空惧不管,方得契真宗。"李圣宗时的玉娇公主(1041—1113 年)还曾出家为尼,为毗尼多流支禅宗第 17 代传人,任仙游扶董乡香海院尼师。她圆寂前作偈说:"生老病死,自古常然。欲求出离,解缚添缠。迷之求佛,惑之求禅。禅佛不求,杜口无言。"陈朝僧人所撰的《禅苑集英》和《大越史记全书·本纪·李纪》中都有关于倚兰元妃和玉娇公主事迹的记载,可见她们在越南佛教史乃至越南历史上都占有一席之地。

曾经帮助李太祖夺取帝位的万行和尚(？—1025 年),其佛学思想并不纯粹,同样也受到儒道两家的影响。因此,李仁宗作的《僧万行》诗称赞说:"万行融三际,真符古谶诗。"三际指的就是儒、释、道三教。万行俗姓李,因后起之陈朝讳李字,故陈代史书将其改姓阮。他的原籍为北江路古法乡(今越南河北省慈山县亭榜乡),真名不详。自幼出家,修禅法,法号"万行禅师"。前黎朝时即参预朝政,为黎大行对宋朝和占城用兵出谋划策。李朝建立后他继续受到重用,被尊为国师,成为佛教领袖。佛学是他的思想核心,同时他也吸取了儒家和神仙方术的某些理论和方法。这不但表现在他参与政治的言论和行动当中,而且在其流传至今的一些诗歌、偈语中也可以看得出来。他的思想集中体现在其临终前所写的《示弟子》中:"身如电影有还无,万木春荣秋又枯。任运盛衰无怖畏,盛衰如露草头铺。"这里宣扬了佛家关于诸行无常、诸法无我、万物皆空、万事皆幻的思想,也表达了道家关于道法自然、人生如梦、随遇而安、顺其自然的观念。本来,佛家的"随缘"说和道家的"自然"说就很接近,彼此容易相通。

李仁宗时的觉海法师、通玄道人以及徐道行等人,其思想中也包含有佛家、儒家和道家的思想,他们对儒、释、道三教的理论不仅熟悉,而且善于融合贯通。仁宗曾请觉海法师和通玄道士入宫制伏妖物,果然灵验,乃

---

① 《大越史记全书·本纪·李纪》。

作《赞觉海禅师、通玄道人》:"觉海心如海,通玄道又玄。神通兼变化,一佛一神仙。"诗中特别称誉二人兼通三教,尤精佛道的思想特色。

李仁宗时的另一位和尚满觉(1052—1096 年),俗名李长。他深受仁宗信任与器重,仁宗经常向他请教学问和国家大事。他作过一篇有名的"偈颂"《告疾示众》:"春去百花落,春到百花开。事逐眼前过,老从头上来。莫谓春残花落尽,庭前昨夜一枝梅。"颂文采用比兴手法,客观描述了人与世界万物的发展变化情况,生动形象,贴切自然。其中阐发了佛教的哲理,指出了世界是轮回变化、循环不已的,生老病死乃是自然发展的规律,此即所谓"诸行无常"。但情调并不悲观,"莫谓春残花落尽,庭前昨夜一枝梅"一句,使读者心情豁然开朗,对世界怀抱信心,对人生充满希望。这首佛教偈颂融入了道教随顺自然的思想与儒家积极用世的精神。其中包含的发展变化观念,颇有价值。

徐道行也是一位佛道双修的人物。据《安南志原》、《大越史记全书》等古籍记载,他本是一个禅师,但也精通道教方术,法力有加,驱使禽兽,祷而治病,无不灵应。最后,他尸解于石室山寺。民间传说他重新投胎而为李仁宗之弟,后继位为李神宗。因此,在河内栋多郡朗上村的昭禅寺里,供有徐道行分别为道、佛、王的三座塑像,其中王像可以说是儒教的化身。昭禅寺中的神像牌位、诗词楹联,充分体现了三教合一的思想观念。

另据《安南志原》记载,李朝还有一位法号三脉的禅师,在降恩寺出家得道,白日飞升,可见当时佛道双修的人不少。兼学儒、释、道三教不仅不矛盾,而且还是一种时尚和风气。

毗尼多流支禅宗派第十八代禅师圆通(1080—1151 年),往万岁寺,受到李朝仁宗、禅宗、英宗三代皇帝的重视,被封为国师。圆通以三朝国师的崇高地位参与朝政,为巩固李氏政权出谋划策,竭尽心力。天顺三年(1130 年),神宗召他至崇沂殿,咨询天下治乱兴亡之理。圆通对道:

> 天下犹器也,置诸安则安,置诸危则危,顾在人主所行何如耳。
> 好生之德,合于民心,故民爱之如父母,仰之如日月,是置天下得之安者也。

又说:

　　　治乱在庶官,得人则治,失人则乱。臣历观前世帝王,未尝不以
　　用君子而兴,以用小人而亡者也。原其致此,非一朝一夕之故,所由
　　来者渐矣。天地不能顿为寒暑,必渐于春秋;人君不能顿为兴亡,必
　　渐于善恶。古之圣王知其若此,故则天不息其德以修己,法地不息其
　　德以安人。修己者慎于中也,栗然如履薄冰;安人者敬其下也,懔乎
　　若驭朽索。若是罔不兴,反是罔不亡。其兴亡之渐在于此也。①

圆通这番见解基本上是儒家理论,也包含佛道的一些思想观念。讲好生之
德,顺应民心,重视人才,修己安人,培养道德,是儒家素来强调的修身治国
之道。而效法自然,近善远恶,防微杜渐,注意事物向反面转化的倾向等,
又具有道家和佛家色彩。圆通的应对颇富哲理,寓意深刻。他认为决定国
家盛衰天下兴亡的关键,在于君主自身的修养高下及其所实行的政策正确
与否。他规劝统治者则天法地,积善修德,重用君子,摈弃小人,实施德治
仁政。他特别强调培养"好生之德",体现了他爱护民众、关心民瘼的襟
怀。而提醒君主戒慎恐惧,如履薄冰,如临深渊,又表现了他的忧患意识。

　　1028 年,李太祖去世,宫廷中发生了太子佛玛与其兄弟东征、翊圣、
武德三王之间争夺皇位的斗争。佛玛在李仁义、黎奉晓等人的支持下,击
败了三王势力,武德王被杀,东征王、翊圣王逃遁。佛玛即皇帝位,是为太
宗(1000—1054 年)。据《大越史记全书·本纪·李纪》所载:"其禀性仁
哲颖悟,通文武大略,至于礼、乐、射、御、书、数等艺,无不精谙云。"可见,
李太宗聪颖好学,精通儒家的"六艺"。他登基后,就立即利用儒家的忠
孝观念来巩固自己的地位和权力。立神庙,悬剑戟,令群臣过神位前歃血
盟誓:"为子不孝,为臣不忠,神明殛之!"②并且规定每年举行一次盟誓仪
式。1043 年,李太宗"幸武宁州松山寺,见其颓殿中有石柱欹压,上慨然
有重修之意,石柱忽然复正。因命儒臣作赋,以纪其异"③。倒下的石柱
忽然自己重新立正,这自然是弄虚作假,不足凭信。制造祥瑞,无非是为

①　佚名:《禅苑集英》卷上。
②　《大越史记全书·本纪·李纪》。
③　佚名:《大越史略》卷二。

了证明君权神授,自己属于真命天子罢了。从法哲学的角度来看,是借助于天命神学,以论证其统治权力的合法性与权威性。同时,从这件事也透露出这样的信息:在当时,儒臣不仅开始登上政治舞台,而且能够随侍皇帝身边,得到信任和重用了。

但是,李太宗最崇信和重视的仍然是佛教,道教次之。他作《视诸禅老参问禅旨》云:"般若真无宗,人空我亦空。过现未来佛,法性本相同。"又作《追赞毗尼多流支禅师》,赞颂毗尼多流支在越南传播佛教的业绩。"何时临面见,相与活重玄。"高山仰止、无限缅怀的情感流露于字里行间。他在位期间,重用僧侣,大兴寺庙。据《越史略》记载,当时寺庙共有150所。据《大越史记全书》记载,则有950所。李太宗本人还亲自向禅师学习禅学。

李太宗在争夺和巩固皇位的过程中,曾经获得道教徒的支持和帮助。《大越史记全书·本纪·李纪》称,顺天十九年(1028年)春三月,太祖崩,佛玛继位。"帝以所御衣赐南帝观道士陈慧隆。是夜,光彻观内。慧隆惊起视之,乃黄龙见于衣架也。此皆天之所命,至是并符之。"道士编撰"天命"故事,为太宗击败对手、顺利登基制造舆论。佛玛能当上皇帝,道教徒也有一份功劳。借助天命神学来为巩固皇权服务,和上述"石柱复正"的把戏如出一辙。总之,道教在李朝国家政治生活中既有一定的地位,在社会民间也有相当广泛的影响。

李太宗崇佛重道的举措,见于记载的还有下面一些例子:

天成元年(1028年),李太宗刚登基改元,即置僧道阶品。僧官有国师、僧统、僧录,道官有道录、威仪、都官。

天成四年(1031年),"诏发钱赁工,造寺观于乡邑,凡百五十所"。"设法会庆成,大赦天下。""道士郑智空奏诅赐道士受记箓于太清宫,制可。"①

李朝诸帝除了起道观、封道官和度百姓为道士外,还利用道教的醮仪方术来祈福禳灾。李圣宗常到道观求雨。李仁宗屡设醮仪,祈祷求嗣。

太祖、太宗以后的李朝统治者,也都奉行三教并尊、佛教为主的方针,

---

① 以上参见《大越史记全书·本纪·李纪》。

以佛教作为维护封建制度和国家政权的精神支柱。佛教占有绝对的优势,支配整个国家意识形态,成为社会思想文化的主流。李朝是越南佛教发展最兴盛的时期,达到了鼎盛的阶段。在某种意义上可以说,佛教实际上已经成为李朝的国教。李圣宗从占城俘虏中发现草堂禅师,加以重用,令其住开国寺,并亲自执弟子礼。李圣宗之妃倚兰也先后建立寺庙百余所。李仁宗以枯头禅师为国师,待之如丁黎朝之待匡越大师吴真流。李神宗封明空法师为国师,李英宗也师事明空法师。李朝列帝多重用僧官,命他们担任各级政府职务。僧侣上层人物出入宫廷官府,位比王公卿相。万行、多宝、圆通、满觉等和尚经常为朝廷出谋划策,与皇帝商讨并决定国家大事,俨然是皇帝的政治顾问。统治者赐予寺庙、寺田、田奴和各种财物,寺院经济急剧膨胀。总之,终李之世,举国崇佛,上行下效,如醉如狂。

李朝统治者从政治生活中认识到,佛道理论虽然高超,但往往不能解决巩固和发展君主专制制度、维持国家长治久安的实际问题。他们深知,儒家的思想学说,特别是其中的三纲五常理论,对维护皇权更为切实有效。同时,奉行积极用世精神的儒士比高谈虚无玄秘、清净无为哲理的僧侣和道士更符合封建人才的标准;任命他们为各级官吏,更有利于巩固国家政权,有利于制定和推行各项典章制度。因此,李朝诸帝在治国理民的过程中,也运用和宣扬儒家的思想理论,逐步抬高儒士的社会地位,鼓励人们研习与传播儒学。随着时间的推移,他们愈来愈重视儒学,重用儒生。李圣宗神武二年(1070年),朝廷在京都升龙首次建文庙,内塑孔子、周公及四配(颜子、曾子、子思、孟子)像,画七十二贤像,四时享祀。李仁宗大宁四年(1075年),诏选明经博学及试儒学三场,黎文盛中选,进侍帝学。这是越南独立后的第一次开科取士,此后李朝不定期举行科举考试,促进了儒学的发展。次年,仁宗又在京都设立国子监,作为皇太子及文职官员学习儒学知识的场所。广祐二年(1086年),又成立翰林院。广祐三年(1087年),起造秘书阁。李高宗时,诏求贤良,使其"内则奉侍经幄,外则教民忠孝"①。由于统治者的提倡和鼓励,儒学的地位有较大的提高,

---

① 《大越史记全书·本纪·李纪》。

儒士开始跻身官僚队伍,掌握了一部分权力。有些儒臣如苏定诚、李敬修、谭以蒙等,还进入国家权力中枢,参与重大决策。谭以蒙曾任高宗朝的太尉,上奏猛烈批判佛教:

> 方今僧徒颇与役夫参半,自结伴侣,妄立师资,聚类群居,多为秽行。或于戒场精舍,公行酒肉;禅房净院,私自奸淫;昼伏夜行,有如狐鼠;伤风败教,渐渐成风。此而不禁,久必滋甚。①

高宗准其奏,命以蒙主持裁汰僧徒,令一部分僧尼还俗。② 这件事一方面说明佛教势力过度膨胀,僧徒鱼龙混杂,一些寺院变成藏污纳垢之所,造成种种弊端,引起社会各阶层的不满。另一方面也说明,到了李朝末年,儒教力量已有较大的发展,他们已经敢于起来和佛教竞争了。谭以蒙是其中的一个代表人物,他对佛教泛滥的揭露和斥责,是非常尖锐的。而高宗采纳其意见,也反映了最高统治者某种抑佛扬儒的心态。

综上所述,可以看出李朝时期佛教达于鼎盛,占据绝对优势的地位,成为社会意识形态和思想文化的主流。但与此同时,道教受到尊崇,儒教的地位也在逐步提高。总之,三教并尊的格局日渐完备,三教融合的趋势更加发展。下面的一些事例,尤其集中地表现了李朝三教并尊和三教融合的状况与特征。

李仁宗天符睿武四年(1123 年),帝还京师,"儒、道、释并献贺诗"③。

天符睿武七年(1126 年),"设庆贺五经礼于寿圣寺"④。"五经"即儒家的《诗》、《书》、《礼》、《易》、《春秋》五部主要经典。庆贺"五经"的仪式却在寺庙里举行,可见在朝廷看来,儒佛二教并非泾渭分明或互相排斥,而是可以彼此容纳、并行不悖的。

李神宗天彰宝嗣二年(1134 年),"石兴武兵王玖献六眸龟,胸上有籀文。诏诸学士及僧、道辨之,成'天书下示圣人万岁'八字"⑤。这类宣扬

---

① 《大越史记全书·本纪·李纪》。
② 参见佚名:《大越史略》卷三。
③ 《大越史记全书·本纪·李纪》。
④ 《大越史记全书·本纪·李纪》。
⑤ 《大越史记全书·本纪·李纪》。

君权神授的祥瑞活动,儒、释、道三教的人都参与了。隔了一年,即天彰宝嗣四年(1136 年),他们又一次玩弄献"神龟"的把戏,称该龟胸中有"一天永圣"四字。

李英宗政隆宝应七年(1169 年),"海门鱼死,命朝野寺观僧尼道士诵经祈祷"①。

李高宗宝符四年(1179 年),"试三教子弟辨写古诗及赋、诗、经义、运算等科"。次年(1180 年),"诏三教修大内碑文"②。

李高宗天资嘉瑞十年(1195 年),"初试三教,以儒道释试士,中者赐出身"③。

李高宗天资宝拓元年(1202 年),"王幸海清行宫,每夜则命乐工弹婆鲁,唱调拟占城曲,其声清怨哀切,左右闻之皆泣下。僧副阮常曰:'吾见《诗》序云:乱国之音怨以怒,其政乖;亡国之音哀以思,其民困。今主上巡游无度,政教乖离,下民愁困,至此愈甚,而日闻哀怨之音,无乃乱亡之兆乎!吾知车驾此还,不再幸其宫矣。'"④阮常是一位僧侣领袖,但他进谏高宗时,却援引儒家经典以为论据。在李朝,儒、释、道三教中人互相援引他教言论、吸收他教观点的情况不乏其例。

四、陈代的三教同一思潮

(一)三教消长与融合

李朝末年,阶级矛盾和统治集团内部矛盾都很尖锐,政局动荡,社会混乱,国家政权陷入严重的危机当中。1225 年,李朝女主昭皇被迫让位于其夫陈日煚,越南历史从此进入陈朝时期(1225—1400 年)。陈朝进一步整顿和完善了李朝的各项制度,国势蒸蒸日上。

陈朝仍然继续实行三教并尊,尤其重视佛教的政策。三教力量的消长有些变化,三教融合的趋势也有所发展。统治者大力弘扬佛教,佛教仍

---

① 《大越史记全书·本纪·李纪》。
② 《越史通鉴纲目》卷五。
③ 佚名:《大越史略》卷三。
④ 佚名:《大越史略》卷三。

然是社会精神生活和思想文化的主流,但僧官的地位下降。朝廷优礼道
士,道教与权力斗争关系密切。儒士地位提高,取代僧官掌握朝纲。儒教
上升为确立和巩固国家政治制度的理论基础,儒教至陈末已经逐渐占据
思想文化领域的主导地位。儒、佛、道的社会地位和力量消长虽然发生上
述变化,但三教并尊的方针和三教融合的趋势却仍然一以贯之,而且有了
进一步的发展。

　　在某些方面,陈朝对佛教的尊崇,比之李朝有过之而无不及。皇帝利
用国家政权力量广修佛寺,度民为僧。每三年一次度民为僧,定为常例。
陈太宗还下诏,规定每个驿亭须塑置佛像。陈朝前期各代皇帝均崇奉禅
学,太宗、仁宗先后出家,且创立竹林禅派。英宗之妃范氏、明宗之妃阮氏
延、睿宗之后黎氏以及一批宗室成员也先后出家为僧尼。对此,后黎朝史
学家黎嵩(1451—?)评论说:"以天子而为大士,以妃嫔而为丘尼,以王主
而为僧众,陈家之事佛笃矣!"他还认为,痴迷佛教,是导致陈朝灭亡的重
要原因之一。①

　　陈朝皇帝和宗室成员也多有出家为道士者。陈太宗的第六子陈日
燏,是极虔诚的道教信徒。据黎崱的《安南志略》记载,有个叫还元的人,
本是儒生,后学佛又还俗,陈太宗封为列侯。最后他又成为道士,陈太宗
任命他为道箓。第三代皇帝陈仁宗虽为竹禅派的创始人之一,晚年却隐
居修道,自号竹林道士。第六代皇帝宪宗,晚年也退隐学道,自号太虚子。
第七代皇帝裕宗笃信道教,讲求修炼之术。陈末,权臣胡季犛令道士阮庆
劝说第十代皇帝废帝禅位于太子,奉道人仙籍,移居葆清宫,号太上元君
皇帝。末代皇帝少帝也被胡季犛迫令出家,奉籍道教,居淡水村玉清观。
上述皇帝宗室出家为道士,无论本人自愿或被迫,这种事实均说明道教受
当权集团重视,与政治斗争关系密切。此外,陈时皇帝有疾,则命道士施
行安镇符法。皇帝无子,则请道士上章为之求嗣。欲求国泰民安,则请道
士设醮以祈福禳灾。为了延年益寿,则行种种修炼之术。朝廷对于道士
优礼有加,崇其爵秩。如太宗天应政平十三年(1244 年)授道士冯佐汤为

---

　　① 参见黎嵩:《越鉴通考总论》,《大越史记全书》卷首。

左街道箓,爵散郎,这在当时是尊崇无比的称号和爵位。

鉴于李末农民反抗斗争的频繁,以及统治集团内部争夺皇位互相倾轧的激烈,陈朝诸帝迫切需要以儒家的尊卑思想来整顿社会秩序,控制人民思想。他们要求将等级尊卑原则贯彻到国家政治、社会制度乃至家族、家庭生活当中。而当时佛教已难以担此重任,所以陈朝采取多种措施,提倡儒教,重用儒生,终于使儒学逐渐取得主导地位。陈太宗、陈圣宗非常注重以儒家的伦理道德特别是忠孝之道来训导皇子,还特选天下精通儒学而有德行者入侍东宫,为皇子师。陈太宗曾"亲写铭文,赐诸皇子,教以忠孝和逊温良恭俭"①。统治者还向民间灌输儒家伦理道德观念,使忠孝节义成为社会舆论的导向。在统治者的倡导之下,儒家的三纲五常、忠孝节义成为当时越南的道德规范。史书记载:"其三纲五常及正心修身齐家治国之本,礼乐文章,一皆稍备。"②"俗尚礼义,有中国之风。"③这便是陈朝推行儒教的成效。陈朝还以儒家思想作指导,建立了一套完整的教育体系。中央与地方均建立学校,官学之外还有私学。科举制度趋于严密和完善,儒家经义成为考试的主要内容。中央有国子监、国学院、太学及书院,地方则有府学。陈太宗元丰三年(1253 年),朝廷设国学院,塑周公、孔子、孟子像并画七十二贤像祀之。"诏天下儒士入国学院,讲四书五经。"④儒士阶层人数大增,儒臣在官员队伍中的比例日益扩大,其地位也不断提高。在政府机构中,儒士出身的官吏逐渐占优势,担任从中央到地方各级政府的许多重要职务。陈代涌现出许多儒家学者,如黎文休(1230—1322 年)、朱文安(又名朱安 1292—1370 年)、黎括、张汉超、范师孟、杜子平、阮忠彦、阮飞卿、韩诠等。黎文休在他所著的《大越史记》中,积极宣扬儒学,坚决反对佛道二教。他主张从皇帝到平民百姓、从国家政治生活到家庭个人私事都要纳入儒家思想的轨道。黎括在《北江省沛村绍福寺碑记》中,批判佛教煽惑人心,危害社会。张汉超在《开严寺碑记》

---

① 《大越史记全书·本纪·陈纪》。
② 严从简著,余思黎点校:《殊域周咨录·安南》,中华书局 1993 年版,第 237 页。
③ 汪大渊著,苏继庼校释:《岛夷志略》,中华书局 1981 年版,第 50 页。
④ 《大越史记全书·本纪·陈纪》。

中明确提出:

> 今方圣朝欲畅皇风以救颓俗,异端在可黜,正道当复行。为士大
> 夫者非尧舜之道不陈前,非孔孟之道不著述。

这是"罢黜百家,独尊儒术"的主张在越南的翻版。陈朝祀孔亦较李朝隆
重,朱文安、杜子平等儒者亦得从祀文庙。

上述情况表明,随着时间的推移,佛教和儒教在国家政治生活中的地
位和作用发生了某种变化:佛消儒长,佛降儒升。到陈朝末年,儒教已逐
渐占据主导的地位。

但是,与此同时,陈朝三教并尊的方针并无根本改变,三教融合的趋
势也在继续发展。尽管某些儒生如黎文休、黎括、张汉超等人发表过一些
排佛言论,但这种言论在社会上并没有引起太大的反响。绝大多数儒生
对佛教以及道教仍持宽容态度,不少人还自觉或不自觉地吸收佛道两教
的思想观念,受佛道两教不同程度的影响。反之亦然,佛教和道教信徒对
儒教并无敌意,他们受儒家思想的影响是不言而喻的。佛道两教中文化
水平较高的上层人物一般都熟悉儒家经典。许多人是由儒入佛入道,或
者儒佛兼修、儒道兼修,甚至三教贯通,融而为一。

从前文所述陈朝统治者分别对待儒、释、道的态度和措施,可知陈朝
仍实行三教并尊的方针。下面的例子更能说明陈朝三教并用的特色。

陈太宗建中三年(1227 年),"试三教子,谓儒道释各承其业者"[①]。

陈太宗天应政平十六年(1247 年),"试三教。先是,令儒释老之家其
子能承业者,皆令入试;至是,复试通三教诸科者,亦以甲乙分之。吴濒中
甲科,陶演、黄欢、武渭父等中乙科。"[②]

这种办法就是先举行儒、释、道分科考试,然后再举行儒、释、道综合
考试,从中选择精通三教的人才,赐以出身,加以任用。精通三教的人才,
被认为是最有学问的人,不但受到朝廷的赏识和重用,而且也赢得社会公
众的羡慕和尊敬。陈朝多次举行三教考试,对于三教融合、三教合一无疑

---

① 《大越史记全书·本纪·陈纪》。
② 《越史通鉴纲目》正编卷六。

是有力的推动。

越南的科举制度是效仿中国的,但举行三教考试,而且在数百年间(从李朝至后黎朝)不时举行此类考试,却是越南教育史的一大特色。这是越南封建统治者奉行三教并尊政策的体现,其客观效果是在一定程度上起了缓和社会矛盾的作用,更大限度地发掘和招揽各类人才,为巩固和发展封建制度服务(即所谓"选贤举能")。同时,也说明越南民族传统文化具有较强的兼容性与吸纳能力,对于各种不同的学术思想和外来文化多能兼收并蓄,和平相处,自由发展。

(二)三教同一思潮的兴起

"三教同一"的命题是陈太宗提出来的,它成为竹林禅派的指导思想,并得到当时各阶层、各派别的认同,形成一股社会思潮。竹林禅派由于得到皇室的倡导和扶持,发展迅速,影响广泛,是陈朝时期越南佛教的主要派别。

相传竹林禅派由陈仁宗(1258—1308年)创立,许多人把他看做该派始祖。如越南古代佛教名著《三祖实录》,即以陈仁宗为第一代祖,法螺为第二代祖,玄光为第三代祖。《重刊陈朝慧忠上士语录·序引》则认为,该派由禅月禅师传与陈太宗,后依次传授定香长老、圆照大师、道慧禅师,再分为三个支系。其中主要的一支由逍遥大德传与慧忠上士,慧忠上士传与调御觉皇(陈仁宗)。越南近代史学家陶维英(1904—1988年)赞成《序引》提出的竹林禅派传授系统,这是有一定根据的。

从史实考察,竹林禅派实际上始创于陈朝开国皇帝陈太宗(1218—1277年)。他少时即有心于佛教,参究禅宗,虚己求师。他曾受教于中国赴越的天封禅师,又从宋朝的德诚禅师参学。他微服至安子山,欲出家修行,后被禅师和大臣劝说回宫。在当皇帝的数十年间,他于政务之暇聚会耆德,参禅问道,勤苦攻读释典,并与儒经互相印证。他以皇帝身份撰写论著,弘扬佛学,信从者众,影响渐广,逐步形成一个独具特色的派系——安子山竹林禅派。他所撰写的《禅宗指南歌》和《课虚录》为竹林禅派奠定了思想理论基础,是竹林禅派的基本著作。因此,称陈太宗为安子山竹林禅派的奠基者和创始人,实当之无愧。

在《禅宗指南歌·序》中，陈太宗开宗明义地提出："诱群迷之方便，明生死之捷径者，我佛之大教也。任圣世之权衡，作将来之轨范者，先圣之重责也。……今朕焉可不以先圣之任为己任、我佛之教为己教哉!"他认为，佛的特长在于治心，是指导人们思想精神的基础；儒的特长在于应世，是治理国家天下的准则。二者相辅相成，缺一不可。他主张佛儒兼治，内外双修，并表示要以佛教来教导民众，以儒教来治理天下。

陈太宗在《金刚三昧经·序》中称自己治国勤于政务，日理万机，同时珍惜寸阴，发愤读书，修学儒佛，未尝稍懈。"既阅孔坟，申览释典。"通过钻研孔释二教经典，会心悟道，收获甚巨。因而"亲为注解"，"发挥幽旨"，以作臣民百姓离迷归正之指南。

《课虚录》从理论方法和修行实践两个方面系统、详细而具体地阐发了竹林禅宗的思想体系，其要旨在于"三教同一"论。在《普劝发菩提心》一章中，陈太宗明确地说："未明人妄分三教，了得底同悟一心。"认为人们区分儒、释、道三教，将它们看做是彼此不同或者互相排斥，这是一种迷妄和执见。实际上，佛重治心，道重养身，儒重治国，归根结底都从修心养性开始，都以心性的觉悟为归宿。不论男女老幼，智愚善恶，东南西北，在家出家，只要心性觉悟，即可成圣成贤。他进一步指出：

> 虽言身命之至重，犹未足重于至道者也。故孔子曰："朝闻道，夕死可矣。"老子曰："吾所以有大患者，为吾有身。"世尊求道，舍身救虎。岂非三圣人轻身而重道者哉! ……吁! 十室之邑，尚有忠信；举世之人，岂无聪明黠慧者乎? 傥闻斯言，因当敏学，勿自迟疑。经云："一失人身，万劫不复。"深可痛哉! 故孔子有言："人而无为，吾未如之何也已矣。"①

这里的主题是普劝世人信奉佛教，发菩提心，而所依据的理论则是儒、释、道三教的创始人孔子、释迦牟尼、老子的遗训和身教，引用孔子的言论尤多。文中还从儒家政治思想和伦理道德的观点批判了某些人的陋俗恶行："既得为人，或生蛮夷之处，浴则同川，卧则同床，尊卑混处，男女杂

---

① 陈太宗：《课虚录·普劝发菩提心》。

居,不被仁风,不调圣化。"强调尊卑有序,男女有别,高谈"仁风"、"圣化",这是儒家的一贯主张。

《坐禅论》一章专门论述禅定的重要性和必要性,陈太宗提出的论据就是:儒、释、道三教圣贤皆通过禅定而得道。如云:

> 释迦文佛入于雪山,端坐六年,鹊巢于顶上,草穿于胫,身心自若。子綦隐几而坐,形如枯木,心似死灰。颜回坐忘,堕肢体,黜聪明,离愚智,同于大道。此古之三教圣贤,曾以坐定而成就者。①

释迦文佛是佛教,子綦属道家,颜回是儒家,他们修行的具体方法虽然不同,但途径却一样:禅定。当然,禅也并非仅限于独坐一途。"行住坐卧,亦皆是禅,非惟独坐。"禅定的关键,在于心中息念。通过直觉主义的体验和感悟,实现自我超越,从而达到精神境界的绝对自由与终极快乐。这里既宣扬了宗教信仰方面的解脱论,也包含有社会世俗方面的个人道德修养论和认识论方法论在内。

《戒杀生文》一章认为,戒杀生是儒、释、道的共同主张。儒讲仁德恻隐,佛讲众生平等,道讲爱物好生,在戒杀生方面是一致的。"儒典施仁布德,道经爱物好生,佛惟戒杀是持。汝意遵行勿犯!"陈太宗在此章末尾作偈说:

> 羽毛鳞甲尽含灵,
> 畏死贪生岂异情。
> 自古圣贤怀不忍,
> 焉能见死与贪生。②

戒杀生本来属于宗教的戒律信条,但从现代生态伦理学的角度来看,仍有其积极意义,值得借鉴。

《戒偷盗》一章将儒家的君子小人论、天命论与佛家的六道轮回报应说结合起来,规劝世人安分守己,切勿偷窃他人财物。"夫行仁义者君子,为偷盗者小人。"引《论语·颜渊》篇中子夏关于"死生有命,富贵在

---

① 陈太宗:《课虚录·坐禅论》。
② 陈太宗:《课虚录·戒杀生文》。

天"的说法,告诫世人不可贪求不义之财,"逆天悖地,欺法轻刑"。行善则安乐,行恶必受罚。"凿壁穿墙意不休,千般百计苦营求。今生苟得他人物,不觉终天受马牛。"①引用三教教义,目的都是导人向善,远离罪恶。

《戒色文》一章综合了儒、释、道关于贪色之害的观点,指出贪色使人"性惑神迷"、"神消精减"、"亲疏义断"、"德失道消",其结果会造成:"上而风教沉沦,下则闺门丧乱。不问俗流学侣,尽耽法眼睹妆。国纲永坠于苏台,戒体几亡于淫室。""独觉近女庵而还世,真君远炭妇而升天。"②关于戒色的见解,不离儒、释、道的范围,正反两方面的例证也出自三教典籍。

《戒妄语义》和《戒酒义》两章,观点也都是儒、释、道三家的老生常谈。但经陈太宗的综合归纳,融会贯通,郑重其言,反复致意,因而颇具特色。又经陈太宗艺术加工修饰词句,编创诗歌,更显得文采斐然,富于感染力。

总之,陈太宗提出了"三教同一"思想,并加以反复论证。他在《拈颂偈》一章中,以下边的一首颂来表达其三教同一观:

圣主当天鼓化风,
本图文范尽相同。
犹来远近分疆里,
安得临民济世功。③

在陈太宗看来,儒、释、道三教各有所长,各具特色。相对而言,儒属入世主义(用世主义),佛属出世主义,道属避世主义。而导人向善,欲解决社会人生问题,为人类提供终极关怀,则有共同或相通之处,可谓一致百虑,殊途同归。以佛治心,以道养身,以儒治国,相辅相成,交互为用,最终落实到"临民济世"的社会功能上。太宗的其他思想后文再述。

陈朝第三代皇帝仁宗(1258—1308 年)于 1279 年即帝位,1293 年逊

① 陈太宗:《课虚录·戒偷盗》。
② 陈太宗:《课虚录·戒色文》。
③ 陈太宗:《课虚录·拈颂偈》。

位与英宗,自任太上皇。他从小就笃志于佛学,1299 年至安子山花烟寺修行,讲授禅法,正式创立竹林禅派。因所居为安子山,故又名安子禅派,或称竹林安子禅派。他周游全国各地,传播佛法,教化弟子千余人。陈仁宗自号"香云头陀大士"、"竹林上士"、"白云大头陀",被尊称为"调御觉皇"。

陈仁宗继承越南无言通禅学,以中国临济宗的思想为主,提倡佛、儒、道相结合。他认为佛法就是老子的"道"和孔子的"中庸",佛法不离世间法。在人生观方面,陈仁宗吸收了道教的许多因素,提倡逍遥自在,随顺自然。他继承和发挥陈太宗提出的"四山"说,即以生、老、病、死为四座山,认为生老病死乃理之常然,不必畏惧或悲怨。求佛学禅,可以越过"四山",避免轮回,达到解脱。他不注重烦琐的宗教仪式,持戒也不严格。他主张念佛、节欲、坐禅,进而成佛。他经常运用临济宗"四宾主"师徒问答的方式来传道。

陈仁宗周游全国传授禅法的时候,有一位叫林时雨的中国道士相随。《石渠宝笈续编》在介绍《竹林大士出世图》时记载:"大士……学通三教而深于释典,……时有中国道士林时雨,亦相从大士往来诸方。"又说:"大士乘兜子,而所从者皆衣纳,白象驮经在后。象之前有黄冠乘牛者,则所谓道士林时雨。"①这段话说明,陈仁宗精通儒、释、道三教,对佛典钻研尤深。他对道教也很重视,周游各地时命道士随从。

在陈太宗、陈仁宗等最高统治者的积极倡导以及身体力行的影响推动下,三教同一论不胫而走,蔚为风气。我们从史书记载和陈代遗存的各种著作当中,可以了解到,陈朝大多数官吏和文人学士,无论是其本人属于儒生还是属于佛教、道教信徒,都或多或少具有三教同一论的思想观念。下面举一些有代表性的人物的作品和言论作例子,并略加评论。

对竹林禅派的形成和创立有过重大贡献的慧忠上士(1240—1291年),其《语录》显露出不少三教同一的思想。另有《自在》诗:"藤鼠无端

---

① 转引自王彦:《越南历史上的道教初探》,《北大亚太研究》第 2 期,北京大学出版社 1993 年版,第 238 页。

渐渐侵,归来终老寄山川。柴门茅屋居蒲俪,无是无非自在心。"佛之自在、庄之齐物流露笔端,同时亦未忘情于济世。《万事归如》一诗又说:"从无现有有无通,有有无无毕竟同。烦恼菩提元不二,真如妄念总皆空。身如幻境业如影,心若清风性若蓬。休问死生魔与佛,众星拱北水潮东。"佛之空观、老之自然、庄之齐物洋溢其中。

竹林禅派第三祖玄光(1251—1334年)作《赠仕途子弟》:"富贵浮云迟未到,光阴流水急相催。何如小隐林泉下,一榻松风茶一杯。""富贵浮云"是孔子的说法,此诗劝追求功名仕途的子弟作"小隐",与出家的佛道之徒为友,但并未完全否定儒家的用世观念。

朱文安(1292—1370年)是陈朝最著名的儒家学者,被称为"越南儒宗"。又名朱安,字灵泽,号樵隐。他弟子盈门,桃李满天下。陈明宗时他曾担任国子监司业,给太子讲儒经。裕宗主政后,恣意行乐,奸佞横行。朱文安进谏,裕宗不听,乃上疏请斩佞臣7人,轰动朝野,被称为《七斩疏》。疏被驳回后,朱文安愤然退而讲学,培养人才。卒后赐谥文贞公。他著有《四书说约》、《樵隐诗集》等。《越史总论》将其学术思想概况为"穷理、正心、除邪、拒嬖"。朱文安对儒学在越南的传播作出了重要贡献,被称为"越南儒宗"当之无愧。但他的思想也明显地受到佛道的影响,尤其是在退隐以后。这些在后文再述。

陈废帝时的翰林学士奉旨兼审刑院使胡宗鷟,生卒年不详,寿八十余岁。他年少登科,颇有才名,为时所重。他是个儒士,但与佛道信徒皆有交往。他尚未显达时,某年元宵节,道士黎法官张灯设席宴请文客。胡宗鷟应邀赴宴,即席赋诗百篇,举座叹服,名震京师。昌符六年(1382年),胡宗鷟撰写《慈恩寺碑铭并序》一篇,叙述该寺兴建始末:

> 绍宁公主陈建寺于西关……以壬戌年(注:1382年)十二月落成。太子詹忠靖上侯名之曰"慈恩寺",示不忘也。……曾子之言曰:"慎终追远,民德归厚矣。"盖终者人之所易忽,远者人之所易忘,惟孝子为能慎之追之于易忽易忘之际,故其德也,而民欲化之而归于厚矣。公主以帝姬之贵,不忘其本,每于岁时与所心之思而西关之地,耿耿于怀者屡矣。以至观堂宇之深严,望松槚之郁茂,肃然栗然,

戚由感生，乃建道场。观为四向之所，香斯、火斯、钟斯、鼓斯，以佛之
慈思所生之慈，以佛之恩思所生之恩，顾其诚心何如耶？安知西关之
民耳钟鼓之音，目道德之懿，岂不亦化之而归于厚耶？因如斯寺之名
诚有补于世教，非特为佛法赞扬而已哉！

这里，佛教的慈恩和儒教的孝道是统一的。孝不仅是孝敬长辈和缅怀祖
先的问题，而且涉及整个民众道德和社会风尚的问题。因此，"慈恩"不
仅有益于宣扬佛法，而且也有补于社会道德的培养和教育。碑末的铭文
有"乡人化之，厥系非轻。皇风永祝，佛日常明"之句，更认为此寺所起的
道德教化作用，它所产生的社会影响，关乎皇权的巩固和人心民气的
转变。

朱文安的学生范师孟（生卒年不详）是一位儒臣，崇奉孔孟之道。所
作《春日应制》有"商云五色拥宫闱，宣召儒臣出殿墀"之句，可见他作为
儒臣受到皇帝的重用，颇为得意。但从他留下来的作品中，可以看出他也
认为儒、释、道有一致之处，有相通之点，均有益于国家人民。他撰写的
《崇严事云磊山大悲寺》一文，主旨是颂佛，称赞建立该寺的住持大和尚
"行解俱全，恩及存亡，福荫千年。大悲垂慈，救度众生。上引迷途，下济
生灵"。弘扬佛法既能普度众生，又能保佑国家强盛，天下太平，人民
富足。

陈朝宗胄陈元旦，号冰壶，生于 1325 年，卒于 1390 年。他身为宗室
裔胄，历经明宗、宪宗、裕宗、艺宗、睿宗、废帝、顺宗数代。因见国势日衰，
朝政日非，故乞骸骨还乡，隐居于昆山清虚洞。他著有《冰壶玉壑集》，留
下诗作不少，其思想中儒、释、道兼而有之。《赠朱樵隐》、《贺樵隐朱先生
拜国子司业》二篇称颂朱文安的道德文章，谓其博通经史，敬老崇儒，又
有佛家脱尘拔俗之气。"穷经博史工夫大，敬老崇儒政化新"，"布袜芒鞋
归咏日，青头白发沐沂春"，是点睛之笔。《题月涧道篆太极之观妙堂》诗
写道：

门外谁家车马喧，

试将此理问苍天。

桃李春尽芳心歇，

　　　　松菊秋深晚节全。

　　　　一点丹诚生若死，

　　　　几回鹤化白为玄。

　　　　瀛洲蓬岛知何在，

　　　　无欲无贪我是仙。

此时陈元旦已隐居清虚洞之中，与道士为伍，过道家生涯，而思想则兼融三教。"桃李"、"松菊"等表现了儒家之高风亮节；"丹诚"、"鹤化"等则反映道家之修炼丹药、羽化升仙。"瀛洲蓬岛"，神仙之境界也。"无欲无贪"，佛家之伦理道德、清规戒律也。总之，此诗乃儒、释、道浑然一体之作品。《偶题》诗中认为人生"虚空"、世界万物"本来空"，这是佛家的老生常谈，也是佛教宇宙观、人生观的核心。"清茶好酒"、"瘦竹疏梅"的生活，表现了道家飘逸清闲、遗世独立的精神追求。而"天下有为皆正理"、"力扶衰病作三公"两句，却又抒发了儒家积极有为、入世济民的志向和抱负。在《和洪州检正韵》诗中，描写了他与佛徒道士交往应酬的情景。"春光野寺"、"世味村墟"、"白屋青灯"、"紫垣黄阁"的寺观生涯及乡野情趣，流露笔端。"安民齐物"，则是儒生应负的社会责任。同时他认为，三教中人道路不同，志趣各异，但并非不可以互相沟通、兼融并蓄。

　　然而，总的来看，与和尚道士交游，谈论成佛登仙，毕竟不是陈元旦毕生的主要理想和业绩。他的主要目标是"酬明主"，"慰远黎"，安社稷，抚民众。最后他虽然隐居山林，与谈禅论道者交游，但仍念念不忘国事朝纲，常为自己不能济世救民而深感惭愧负疚。《题玄天观》说："尘埃六十载，回首愧黄冠。"是说自己有负君恩，愧对民望。《壬寅年六月作》说："三万卷书无用处，白头空负爱民心。"流露出儒生关心民瘼而又无能为力、无可奈何的襟怀和情感。

　　陈元旦有些诗作反映了陈朝末年的文化教育情况，有助于我们了解当时儒、释、道三教关系及其思想特点。《题观卤簿诗集后》说："中兴文运迈轩羲，兆姓讴歌乐盛时。斗将从臣皆识字，吏员匠氏亦能诗。经天纬地心先觉，平北征南事可知。考罢文场观武举，老臣何日望归期。"轩是指轩辕，即黄帝。羲是指伏羲氏，传说为人类的始祖，始作八卦。诗中说陈朝文运兴盛,超迈黄帝、伏羲时代,将吏黎民识字能文,歌舞升平。这未免带有夸饰成分,但陈朝文化教育发展较快,却也是事实。认为当时文化比远古时代还兴旺发达,具有今胜于昔的历史进化观点,难能可贵。另一首诗《赓试局诸生唱酬佳韵》又写道:"汉唐二宋又元明,例设词科选俊英。何似圣朝求实学,当知万世绝讥评。殿深乙夜观书罢,月满秋风宿雨晴。一炷御香通帝阙,愿闻忠孝状元名。"他认为陈朝的科举考试选择人才远胜于汉唐两宋元明各代,溢美自夸得离了谱,有点夜郎自大的味道。但这首诗反映陈朝末年科举考试以儒家经典为基本内容,儒家思想成为录用人才的依据。尤其是以忠孝为核心的三纲五常,更是考察和选择官吏的主要标准。他又指出了陈朝重视和讲求"实学"的情况,说明当时的儒学具有本土化和实用性的特色,这是很值得注意的。所谓"实学",包括改造与发挥儒家思想,吸收佛教、道教以及传统信仰的因素在内,它从一个侧面反映了陈朝"三教同一"思潮的传播和影响。

越南近代著名学者陈重金认为:"古代我国的佛教十分兴盛,每个朝代都不乏高僧。他们在全国各地弘扬佛法,对禅学更是得其真谛。李、陈两朝是佛教鼎盛时期。之后,黎朝和阮朝的王公士子们在世俗学问上尊崇儒教,在出世学问上则崇尚佛教。二者和平共处、齐头并进,既不相互诽谤,亦无剧烈冲突。这是我国人民十分可贵的宗教态度。它不仅符合儒教的'道并行而不相悖'的教义,而且也深明佛教的慈悲喜舍。因而,古代具有儒学思想的人同时也深通佛学的道理。残害生灵的人寥寥无几。"①除了"残害生灵的人寥寥无几"一句有些夸饰之外,上述论断大体上符合越南的历史实际。还应该补充一句:不仅儒佛两教的关系如此,而且儒、释、道三教的关系也是如此。

越南历史上的儒、释、道三教同源思潮,也是越南民族共生意识的一种具体反映。这种意识的广泛传播,形成了越南民族开放与包容的心态。自古以来,越南民族注意学习和吸收各种外来文化,改造发挥,为我所用,

---

① 陈重金著,何劲松译:《佛教在越南》,《中国东南亚研究会通讯》1988 年第 1—2 期合刊。

并与本土文化相融合,创造了独具特色的越南哲学与文化。

第二节　丁黎李陈时期的佛教哲学

越南在 10 世纪脱离中国王朝的直接统治之后,经过丁朝、前黎朝和李朝的发展,至陈朝已逐步走向兴盛时期。国家政权的统一,政治制度的进一步完善,社会经济的逐步发展,尤其是 13 世纪后期三次抗元战争的胜利,使得民族意识进一步激发出来。这些,都为陈朝时期思想、文化和宗教特别是佛教的发展提供了有利条件。①

佛教在丁朝、前黎朝和李朝时期已经有相当的发展,至陈朝进一步兴盛起来。陈朝各代帝王都十分尊崇佛教。陈朝第一代君主陈太宗就是一位笃信佛教,在越南佛教哲学史上颇有影响的人物。第二代君主陈圣宗也"优游三昧,探赜一乘",被后世史家批评为"非帝王之善治也"。而第三代君主陈仁宗则被奉为竹林禅派的开山祖。此外,当时皇族中的慧忠上士,深明佛理,精研禅学,亦成一代佛教宗师。

一、陈太宗与《课虚录》

陈太宗(1218—1277 年),名日煚,又名蒲,陈太祖陈承之子,生于李朝建嘉八年(1218 年),母太祖元妃黎氏。《大越史记全书》称其"降准龙颜,貌似汉高祖"。8 岁时被从叔陈守度选入宫中,任祗应局祗侯正,随即在陈守度摆布下与李昭皇成亲,受禅让即位为皇帝。当时,太宗年方 8 岁,只是一个幼冲无知的小童。名为皇帝,实质上大权落入从叔陈守度手中。宋绍定初年起,在陈守度主持下,多次遣使向宋朝进贡,太宗累次获得安南国王加特进检校太尉兼御史大夫上柱国称号,赐效忠顺化保洁守义怀德归仁慕治奉公正恭履信功臣,静海军节度观察处置等使,食邑11000 户。

---

① 参见黄心川主编:《东方著名哲学家评传》之《越南卷》(于向东主编),山东人民出版社 2000 年版,第 87 页。

陈太宗在位期间,在太师统国陈守度主导下,拟定税制官制和刑律礼仪,仿效宋朝大力推动儒学,作为封建时代统治核心的儒士在陈朝崛起,使得陈朝统治较前朝大为稳定。但是作为皇帝的太宗私生活却备受陈守度的干涉,无论从迎娶李昭皇(昭圣皇后)到废昭圣纳嫂子顺天公主为后,无一是出自本意。纵观太宗一生,无论政事抑或私事都被从叔陈守度出于政治需要而横加干预,万乘之尊的自己鲜有根据自己意志行事的机会。也因为听从陈守度的安排渎乱人伦,太宗被后世史家所非议,被视为陈朝君臣淫乱失德的始作俑者。

陈太宗笃信佛教,传说陈太宗幼年时曾在一个驿亭遇到一位僧人,预言他日后必称帝。太宗登基后,令全国在每个驿亭都塑置佛像。后又实行佛、儒、道三教考试法,按成绩录取,以备登用。陈太宗学佛而重禅,甚至禅位出家,与后来出家的陈仁宗创立竹林禅派。竹林禅派,相传为陈仁宗所创。实际始于陈朝开国皇帝陈太宗。陈太宗曾受教于由中国赴越的天封禅师,又从宋朝禅师德诚参学。越南史学家陶维英则认为这一派是由禅月禅师传于陈太宗,后经定香长老、圆照大师,至道惠禅师(皆无言通禅宗派名僧)时分为三个支系,其中主要的一支由逍遥禅师传给慧忠上士,再传给调御觉皇,即陈仁宗。并派遣使臣到中国求《大藏经》。因此,陈太宗的哲学可以说是佛教哲学,这主要体现于其《课虚录》中。

《课虚录》被视为竹林禅派的基本著作,其要义如下:

第一,"四山"说。陈太宗在所著《课虚录》中提出"四山"之说,认为生、老、病、死,乃四座大山,人能求佛学禅,勤行修忏,便可"超苦海,渡迷津",越过四山,解脱轮回。这与《佛说五王经》的"八苦"说有很大不同。何谓八苦?生苦、老苦、病苦、死苦、恩爱别离苦、所求不得苦、怨憎相会苦、五蕴炽盛苦,是为八种苦。一是生苦,人生下来到长大成人就是受苦的,劳劳碌碌。二是老苦,年龄渐老,鸡皮鹤发,行步龙钟,对于人生已无乐趣。三是病苦,病魔侵袭,辗转床第,痛楚呻吟。四是死苦,死神光临,世间万般,皆带不去,一身业障,随之受报。五是爱别离苦,自己所爱的人和财物,生离死别,终归于空。六是怨憎会苦,可怨恨、可憎厌的人,不想见到,偏偏遇到。七是求不得苦,物质的欠缺,精神的需要,都不如意,痛苦横生。八是五蕴炽盛苦,是肉体与精神都有毛病,使身心炽然,热恼煎逼。这八苦是从果报上说的,人生不论是谁,过去造了业因,今世都难免要受此八苦的煎熬与折磨。显然,陈太宗的"四山"说,有自己的特色,比"八苦"说简约化了,更加适应越南的本土文化。

第二,"惟人为贵"。陈太宗在《课虚录·劝发心文》中有一段很长的文章,讲说"人身难得"、"六道之中惟人为贵"的道理。他说:"夫世之至贵者,惟金玉耳。然察其所重,审其所惜,反不及于身命者也。假如富贵家人拜为大将,用黄金为甲以备其身,至临战之日兵刃既摄之时,或弃甲曳兵而走,冀得全于一身而已,而黄金之甲岂暇顾哉?乃知黄金之重不足以比身命者,此之谓也。今者不然,反贵其物而贱其身,不知其身有难逢者三。"他从三个方面,论证了人是世界上最宝贵的。在宣扬佛教教义的形式之下,突出强调人的价值,重人轻物,以人为本,这是陈太宗思想中最有积极意义的成分。

第三,事物的"迁逝"性。事物的"迁逝"性即是说一切事物都是无常的,因而处于发展变化和分解生灭的过程之中。就物质的层面来看,从眼前的诸法来判断,它们都经历着生、住、异、灭的这几个阶段。陈太宗指出,初学者应该清楚地观察一切事物的无常性和迁逝性,包括构成他(她)自我的五蕴。"尸体九观"是佛陀时代所使用的针对身体的一种特殊的观察练习。九观是练习观照尸体的分解过程,从尸体开始肿胀到它化为尘埃。作为观想对象的这个尸体,可以是墓地里的任何一具尸体,乃至修行者的尸体。陈太宗在《课虚录》中这样描绘人生的无常:"昔时绿鬓朱颜,今日青灰白骨。泪雨洒时云惨惨,悲风动处月微微。夜阑则鬼哭神愁,岁久则牛残马践。荧火照开青草里,蛰声吟断白杨梢。碑铭半没锁青苔,樵牧踏穿成蹊径。任是文章盖世,纵饶才貌倾城,到头岂有异途?"①这里有人生无常、人生苦短的感慨和悲叹,但能够看到世界万物处在不断的发展变化之中,仍不失为一种智慧的见解。

---

① 陈太宗:《课虚录·普说色身》。

二、慧忠上士的哲学思想

慧忠上士(1230—1291年),原名陈国嵩,越南陈朝天长府(即墨乡,今属河南宁省)人。慧忠上士从少年时代就以聪慧伶俐,反应敏捷而著称。但他风度娴雅,性情淡泊,不喜功名利禄,而酷慕空门,好佛禅之书,且于佛禅之理颇有独到的心得体会。后来,他师从无言通派第十五代重要代表人物逍遥禅师,精研佛学,终于也成为著名的禅师,法号慧忠,人称慧忠上士。①

慧忠上士所处的时代,是越南历史上佛教尤其是佛教禅宗的极盛时期。

越南佛教自10世纪进入兴盛期,佛教成为维护封建制度的重要精神支柱,也是社会意识形态的主要成分。李朝和陈朝前后400年间,有8位国王出家为僧。尤其是陈朝前期陈太宗、陈仁宗先后禅位出家,创立竹林禅派,影响更大。他们并派遣使臣到中国求《大藏经》,在国内印刷佛教经典和佛像。这一时期寺院形成一股社会势力,拥有寺田、食邑和田奴。僧侣享有免除赋税、徭役的特权,高级僧人出入宫廷、官府,位比王侯卿相。僧团制度正式形成,组织严密。上有国师、僧统和僧录,各府有教门公事。寺院林立,建筑富丽堂皇。

慧忠上士是越南佛教禅宗发展过程中转折时期的一个关键人物,起到了承前启后的作用。他继承了前人的许多成果,留下大量富于哲理的禅学语录,被弟子们辑录为师徒问答式的《上士语录》并广为流传,对后世影响很大。其实,慧忠上士在世时就深得陈朝宗室的敬重。陈圣宗尊其为师兄,陈仁宗更是尊其为师父,足见其地位之显赫。②

慧忠上士从人生观和世界观的高度来阐明佛教教义,将禅宗信仰与哲学思索结合在一起,从禅学的角度来认识和反映客观存在。他通过对人生和宇宙的真实,即"本体"的探索来作出自己的判断。同时,探讨主

---

① 参见黄心川主编:《东方著名哲学家评传》之《越南卷》(于向东主编),第73页。
② 参见黄心川主编:《东方著名哲学家评传》之《越南卷》(于向东主编),第75页。

体的认识活动、内容和形式等认识论问题。因此,慧忠上士的禅学思想具有丰富的哲学内容。

(一)本 体 观

"本"即是"根","体"即是本质,本原或万物之初。本体就是指世界万物的最终本原或存在依据,是一切物质和精神现象的根源和本质。一般说来,本体属于传统哲学的最高范畴。

在越南哲学思想史上,慧忠上士第一次比较全面地阐述了本体观。早在慧忠上士之前,无言通派第九代传人——道惠禅师已提出了"妙体"的概念。他认为"妙体"和"色身"的关系是"不合不离分",如果谁想将其分开,必将陷入茫然,失去理据,就像一支花投在火炉之中。道惠禅师之后,无言通派第十代传人——长原禅师提出了"体"的概念,他认为"体于自然",意思就是说"体"存在于万物之中,体为自然,藏于自然。慧忠上士则完整地提出并解析了"本体"的概念。①

慧忠上士认为,"本体如然自空寂","本体如如只自然"。"空寂"是本体的性质,不需要到哪里去寻求。"本体"无论什么时候都是如此,不增不减,不得不失,非虚非实,非浊非清,无后无前,无去无来,无是无非。虽然用了这么多的否定概念对本体进行描述,但仍然很难说出本体的实质,因为本体是无法描绘出来的。如果可以描绘出本体,那这个本体就是不动的、静止的,这样的本体就不是我们本来想描述和认识的本体了。但是,慧忠上士并不由此导致不可知论。他认为,本体是很难运用思维来认知的,只有抛开语言文字的外壳,通过修炼才能够直觉地证悟本体。本体可以以千变万化的形式,隐藏于万物之中。本体不存在却又存在,存在却又不存在。外在形象中看不到它,而实际上它又存在。总之,本体是存在的,但用思维来分析它,它又不存在了。

为了更清楚地说明本体,慧忠上士引入很多其他相关概念,如性、体性、真性、佛性、心、佛、法身等。性处处都在,却没有人能够看到。佛存于心中,"心即佛,佛即心",二者是一致的,不能分开,而且都不能表达出

---

① 参见黄心川主编:《东方著名哲学家评传》之《越南卷》(于向东主编),第76页。

来。"佛佛佛不可见,心心心不可说。若心生时是佛生,若心灭时是佛灭。灭心存佛是处无,寐佛存心何时歇。"心体、佛性、法身等等,无不如此。"心体无非也无是,佛性非虚又非实","法身无去亦无来,真性无非也无是"。真要分清法身与佛性,其实又非常简单,"欲知身与佛,种藕出红莲"。

因此,慧忠上士认为,本体的性质是无性、无形、无相、不迷、不悟,是看不到,说不出的。但这些只是本体的概念,而不是本体本身。他认为本体也是本来,是实体的实相,而"本来"是没有起源的,是无一物的,即所谓"本来无一物,非种亦非萌"。

原本是无一物的,起源又从何而来呢?慧忠上士最终将这个起源用"空"来表述。本体正是性空,即所谓"身从无相本来空","生死原来自性空","真如妄念总皆空"。但是"空"也不过是暂时指代"本体"的一个概念。"本体"是空,但实质上并不是真正的空,而只是暂时称为空。"空"是与"色"相对的概念。慧忠上士认为色是指事物的外形、特色,是指看得见或产生阻碍的法则,"法就是色,色就是法"。法身与色身的关系,就像是"剑著龙泉号,珠称琥珀天"。现实中万事万物均在瞬息间变化,事物处于既是又不是的状态,应合于古希腊哲学"人不能两次踏进同一条河流"的理念,符合辩证法。当没什么词可以指称它时,便是"空"。与此相对,"色"接近于"有"这个概念,而"有"也是瞬息变化的,不存在永恒不变的实体,实际上也就是"空"。因此"色本无空,空本无色","色即是空,空即是色"。

(二)唯 识 论

慧忠上士认为修行和对事物的认识,讲究自然和随心所欲,不求一定之规。"佛与众生皆一面","万法之心即佛心,佛心即与我心合"。所以修道与吃荤菜或吃素无关,也并不必然与坐禅、持戒和忍辱、念佛相联系,但求发现成佛之性,达到开悟的境界。元圣天感皇太后(慧忠上士的妹妹)曾与慧忠上士同席,见其只管吃肉,就问他:"阿兄谈禅食肉,安得佛耶?"慧忠上士笑答曰:"佛自佛,兄自兄;兄也不要做佛,佛也不要做兄。不见古德道,文殊自文殊,解脱自解脱?"基于这样的认识,他提出"行亦禅,坐亦禅",不用他求,只需近观自性,悟自己佛,即"人各有性,性即菩提,自本圆成,如木中有火,理喻亦然,不从他得"。"闲抛崖果呼猿接,懒钓溪渔引鹤争",一样可以成佛。开悟者自然使心至于此境,而尚未开悟者,依然是要修心和悟境。

对于心与境的关系,慧忠上士认为,周围的境、世界皆由心而生。不难看出,慧忠上士的思想更倾向于唯识论。这种唯识论包含着"一切唯心造"的观点,同时他也继承了佛教的"业感缘起"学说。具体说,所有的事物、现象都是由心或靠心产生的,没有心就没有物。因为没有心,我们便不知道物体是怎么样的,甚至不知道事物是有还是没有。例如,一条蚯蚓被截成两段,每个人都认为在自己这边的一段在动。慧忠上士却说:"两段非动,动在汝边(心)。"也就是说,在慧忠上士看来,两个人都不对。因为要是两个人的心都没注意到是半条蚯蚓,则两人都不会知道它是动还是不动。所以看到蚯蚓动是因为心注意到了它,也就是说两个人的心在动。

此外,慧忠上士还认为,不仅万物由心而生,就连生死、佛也无不如此。他说:"心之生兮生死生,心之灭兮生死灭。""佛佛佛不可见,心心心不可说。若心生时是佛生,若心灭时是佛灭。灭心存佛是处无,灭佛存心何时歇。欲知佛心生灭心,直待当来弥勒决。若无心,今无佛,欲知身与佛,种藕出红莲。"一言以蔽之,一切都是因为心而生或灭,是心的产物。

(三)实学思想

慧忠上士认为要想获得觉悟,只能在社会中,在尘俗中和现实生活中获得,而不能在人世之外。脱离尘俗生活而想获得觉悟,无异于无源之水,无本之木。他继承了慧能的思想:"佛法在世间,不离世间觉。离世觅菩提,恰如求兔角。"而且他还进一步认为,人的参禅有一个过程,不能只一味追求开悟的境界,而要十分珍视开悟之前的一般境界。

在慧忠上士积极入世以获得觉悟的主张中,还有"随宜"、"合时"的思想。他认为参禅和人的日常活动一样应合乎时宜,要"随宜","身无长物时,应忘掉世礼,只是随宜"。既然"随宜"、"合时",就不能与世人世事格格不入,而应积极入世。他认为"行也禅,坐也禅",日常生活中的一切行动皆是禅。

因此,慧忠上士在尘世里涉足,随俗而过,积极入世。他认为当人之心包涵、兼容了万法之心,成为佛之心时,便是觉悟了、超脱了,是谓"万法之心即佛心"。所以,要像陈太宗和符云国师所说的那样"以天下之欲为欲,以天下之心为心",而不必追求超凡脱俗,高高在上。①

三、陈仁宗的人生哲学

陈仁宗(1258—1308 年),是越南陈朝的第三代皇帝。本名陈晫,幼时曾名佛金、日尊,后来自号"香云大头陀"、"竹林大士",被尊称为"调御觉皇"。卒后,被谥为"大圣陈朝竹林头陀静慧觉皇祖佛"。陈仁宗自幼天资颖悟,日诵万言,博学多才,深得圣宗喜爱。据记载,陈仁宗"圣性聪明,多能好学,涉历群书,通内外典"②。"及长,学通三教而深于释典,至于天文、历数、兵法、医药、音律,莫不适其阃奥。"③16 岁时,他被立为皇太子,固辞再三,请以弟代,然皆不见允。宝符六年(1278 年)十月,陈圣宗禅位,为太上皇。陈仁宗继位,以次年为绍宝元年(1279 年),后改元重兴。

陈仁宗莅政多有作为。有评论云:"其治国以仁,其事中国以诚,遇群臣如手足,抚百姓如赤子,轻刑薄赋,信赏必罚。"④和许多受中国儒家思想浸渍甚深的越南帝王一样,陈仁宗也把仁看做是统御天下之本。史籍记载称其"仁慈和易,固结民心,重兴事业,有光前古"。赞其"真陈家之贤君也"⑤。陈仁宗曾以宦官为检法官,准定冤狱,为人伸屈。史官评其以宦官者滥冒法官之选,多有所失,但滞讼得以决遣,亦见其忠厚之意。⑥

---

① 以上参见黄心川主编:《东方著名哲学家评传》之《越南卷》(于向东主编),第 80—81 页。
② 佚名:《三祖实录》,黎朝景兴二十六年(1765 年)木刻本。
③ 陈鉴如:《竹林大士出世图》,《石渠宝笈续编》,乾清宫藏三。
④ 陈鉴如:《竹林大士出世图》,《石渠宝笈续编》,乾清宫藏三。
⑤ 《大越史记全书·本纪·陈纪》。
⑥ 参见黄心川主编:《东方著名哲学家评传》之《越南卷》(于向东主编),第 87 页。

陈仁宗在位时（1279—1293 年），日理朝政，夜修禅学。及至对元朝战争结束，即禅位给英宗皇帝，自己去东潮县安子山出家习禅，自称香云大头陀、竹林上士。著有史书《中兴实录》和佛教著作《禅林铁嘴语录》、《大香海印诗集》、《僧枷碎事》、《石室寐语》等。教化弟子一千余人，创建禅宗竹林派。该派承袭无言通禅派法统，以临济为祖，认为佛法即是老子之"道"，亦是孔子之"中庸"，提倡三教合一，与两宋以来佛教的主要潮流相呼应。1308 年，竹林上士圆寂，被尊为竹林禅派初祖。他的弟子法螺（1284—1330 年）、玄光（1284—1364 年），分别为二祖、三祖。

（一）无善无恶的人性论

陈仁宗认为："本必湛凝，无善无恶。""故知罪福本空，毕竟因果非实。人之本具，个个圆成。佛必法身，如影如形。随隐随显，不即不离。"[①]在陈仁宗看来，人性本就没有善恶的分别，也不存在罪福的界限。佛性是每个人本来就有的，时时处处都在伴随着你。陈仁宗的人性论，为人人都能成为佛提供了理论依据。佛和众生的区别在于觉与不觉。他说："人忘本因之寻佛，至觉知其佛即我。"[②]"好功名，心人我，落为心愚；迷道德，易身心，定得圣智。眉横鼻竖，面虽生视之无异，圣凡二心，实相去遥遥千里。"[③]他所说的"忘本"、"好功名"、"心人我"就是妄心，所以"落为凡愚"。凡圣差别不在身形，而在内心。一旦人们追求道德，达到"觉知"的境界，也就是佛。《三祖实录》记载，他对弟子说法时，说过这样的话：

> 鼻孔直下，当面门眉毛横眨，在眼背岂容易觅，要且追寻不见道。三千法门同归方寸，河沙妙用总在心源。所谓戒门、定门、慧门，汝无欠少，应反自思。凡诸謦欬之声，扬眉瞬目，手执足运，是什么性？知此性者，是什么心？心性洞明，那性不是，那个不是？法即性也，佛即心也。那性不是法？那性不是佛？即心即佛，即心即法。法本非法，

① 佚名：《三祖实录》。
② 陈仁宗：《居尘乐道》第五回，木刻本。
③ 《居尘乐道》第十回。

即法即心。心本非心,即心即佛。

在此,陈仁宗明确地提出了他的"即心即佛"说。他无限扩大心的作用,认为一切事物与人的主观意识是等同的。正因为这样,佛不在遥远的彼岸世界,而在个人的心中。"自心"不觉悟,即使终日念经、拜佛也不得正果。于是他把实现成佛的途径转移到对自己"本性"的觉悟上来,提倡内求于心。① 他一再强调:"佛在家中,莫要远求。"②"知真如,信般若,毋须寻东西佛祖。证实相,悟无为,何苦求南北禅经。"③

可见,陈仁宗并不主张净土宗的念佛法门,而是坚守禅宗的路数。在陈仁宗看来,佛就在心中,不需外求。也就是说,人心若被"无明"、"贪爱"所蒙蔽,被烦恼妄念所覆盖,就变得不净了。一旦除却妄念,当即复归心净,证悟佛性,得到解脱。他说:"万业净安然体性,半日过自在身心。贪爱源停,不再贪珠珍玉贵;是非声静,纵然闻莺歌夜吟。"④"断除人我,乃现金刚实相;泯灭贪瞋,顿净圆觉妙心。"⑤"远资财性明不贪,更况在安子鹰羽;戒声色念止不转,更况在东山柴庵。"⑥

此外,陈仁宗还主张南宗禅的无念说。他认为要从内心证得佛性,在修养方法上,要求心排除一切杂念,不受外物的迷惑,谓之"无念"。他说:"缠明性,性方能安;抑妄念,念后能除。"⑦这种"抑妄念"的方法,又要依靠"无住"(不执著)、"无相"的方法。他认为,只要做到这些,虽处于尘世之中,却无染无杂,来去自由,毫无滞碍,得到解脱。最能反映陈仁宗这一思想的,是他临终前与弟子宝刹的一段对话:

> 戊申年(1309 年)十一月初一日,午夜明星朗然。调御问曰:"此何时也?"宝刹答曰:"子时。"调御以手拔开窗户视之,曰:"是吾时也。"宝刹问曰:"尊德何处去?"调御曰:"一切法不生,一切法不灭,

---

① 参见黄心川主编:《东方著名哲学家评传》之《越南卷》(于向东主编),第 93 页。
② 《居尘乐道》第一回。
③ 《居尘乐道》第四回。
④ 《居尘乐道》第一回。
⑤ 《居尘乐道》第二回。
⑥ 《居尘乐道》第三回。
⑦ 《居尘乐道》第二回。

若能如是解,诸佛常现前。何去来之有也?"进云:"只如不生不灭时
如何?"调御蓦然口掌之曰:"莫寐语。"言讫,乃狮子卧,奄然顺化。
宝刹之所以在问"只如不生不灭时如何"时被口掌了一下,是因为他在提
及"只如不生不灭时"之前就已隐入了"执著",也就是"住"境界,没有达
到"无念"。陈仁宗运用了中观派的"不生不灭"的中道观,表明他的佛学
思想不仅接受了南宗禅的影响,还接受了其他派别的影响。①

（二）"非有非无"的世界观

陈仁宗认为世界上不存在"有"或者是"无"。"有"和"无"本来就是
一对相对的概念。如果不存在"有",那就失去了"无"存在的前提,"无"
也就自然不存在了。反之亦然。因此,陈仁宗启发人们不要执著于"有"
或者"无",因为它们本来都不存在。陈仁宗曾用一首著名的"有句无句"
偈来阐发这一思想:

> 问:"有句无句,如藤倚树时,如何?"调御乃曰:"有句无句,藤枯
> 树倒;几个衲僧,撞头磕脑。有句无句,体露金风;殑伽沙数,犯刃伤
> 锋。有句无句,立宗立旨;打瓦钻龟,登山涉水。有句无句,非有非
> 无;刻舟求剑,索骥按图……有句无句,忸忸怩怩;截断葛藤,彼此
> 快活。"②

这是陈仁宗继承了慧能"不立文字",直指人心的思想的明显表现。因为
禅是活泼丰富的,是在生活之中领悟而得到的。倘若执著于"有句无
句",是会被"撞头磕脑"、"犯刃伤锋"、"打瓦钻龟"、"登山涉水"、"刻舟
求剑"、"索骥按图",其结果必然不能悟得禅的精髓。陈仁宗深谙此道,
所以要弟子"截断葛藤",如此才能"彼此快活",在日常生活中得到禅的
旨趣。③

（三）积极入世的实学思想

陈仁宗虽为竹林派禅宗的领袖,但他并不排斥儒家思想,相反还加以

---

① 参见黄心川主编:《东方著名哲学家评传》之《越南卷》(于向东主编),第95页。
② 佚名:《三祖实录》。
③ 参见黄心川主编:《东方著名哲学家评传》之《越南卷》(于向东主编),第96页。

继承和推广。他的后继者法螺和玄光都是饱浸儒学的优博之士,尤其是玄光曾名列会试甲榜。

陈仁宗认为"仁"是统御天下之本,为政"仁慈和易,固结民心"。他将儒家思想的核心"仁"作为一种指导思想,运用到治理国家的实践当中。他主张人人都应该积极入世,为国家社会效力,不可虚度光阴。在他的领导下,越南先后两次击退了元朝军队的入侵。后来又与元朝修好,比较妥善地处理了与中国的关系。陈仁宗还采取各种措施,促进社会经济文化的发展。凡此,均取得一定成效,在越南历史上留下了"贤君"的美誉。

第三节　越南儒宗朱文安的哲学思想

朱文安(1292—1370年)是越南历史上首屈一指的儒学家、教育家。他曾于陈朝陈明宗至陈裕宗时期任国子监司业、国子监祭酒等职,前后凡四十余年。后因皇帝沉湎声色,荒废朝政,上疏严谏未果,愤而辞官,隐居授徒。死后被皇帝赐谥"文贞公"并从祀文庙。他通经博史,学业精深,一生光明磊落,在越南历史上甚有影响,为后人所景仰,被尊为"朱圣人"[①],被供奉于越南的文庙中。越南的文庙,始建于李朝,主要祀孔子及72贤,全是中国的先儒。朱文安以前,从无越儒在文庙享祀。朱文安在文庙享祀,这是一种极高的礼遇。由此,朱文安得以在越南历史上确立了儒学泰斗的地位。无论是官方还是民间,都公认朱文安为越南儒家第一人。民间更把朱安文尊为圣人,在人们心目中享有至高无上的地位。《历朝宪章类志》评道:"文贞公学业之粹,节操之高,当时所推尊,后世所景仰求之。我越儒宗古后一人,诚非诸公所可得拟者。"《大越史记全书》也评道:"贤者用世,常患人君不行所学;人君任贤,常恐贤者不从所好。故君臣相遇,自古为难。我越儒者,见用于时不为不多,然而志功名者有之,志富贵者有之,持禄保身者有之,未有其志道德以致君泽民为念者

---

① 参见黄心川主编:《东方著名哲学家评传》之《越南卷》(于向东主编),第103页。

也……朱文贞之于陈殆庶几焉……姑以文贞言之,其事君者必犯颜,其出处也则以义。造就人才,则公卿皆出其门;高尚风节,则天子不得而臣。况岩岩体貌而师道严,稜稜声气而佞人詟。千载之下,闻先生之风,能无廉其顽而立其懦者乎? 苟不求其故,孰知斯谥之称情也哉? 宜乎为我越儒宗而从祀文庙也。"①

朱文安其实本名朱安,字灵泽,号樵隐,因其谥号"文贞公",所以后人习惯称之为朱文安。朱文安出生于当时越南首都升龙(今河内)附近的清潭县光列社文村(今属河内市区清池县清列社文村)。朱文安的身世一直是个不解之谜。其生父是谁,人们至今不得而知。清池县清列社文村其实是其母亲的家乡,朱文安出生在外婆家并在外婆家长大成人。朱文安的母亲叫黎氏霑,关于她的情况后人同样知之甚少,只知道她活了50 岁就去世了。②

在古代越南,不知生父而随母亲生活在外婆家的孩子是难免要受到歧视的。但是,朱文安自幼发愤读书,刻苦学习。他聪明过人,终日手不释卷,学问精深,遐迩闻名。不过他并没有因为自己的才学而去参加科举考试,以博取高官厚禄,而是在乡间开馆授徒,以传道授业作为济世的手段。《历朝宪章类志》写道:"朱安,清潭人,性刚介,清修苦节,不求利达,居家读书,学业精醇。所居号文村,筑书室于潭上大阜以授徒,远近闻其名就学甚众。"由于朱文安学识渊博,又循循善诱,诲人不倦,许多学子争相投到他的门下,接受他的教诲。甚至很多人从远方慕名而来,例如他后来科举高中的弟子范师孟、黎适(适亦作括)等都不是当地人。范师孟来自洪州(海兴),黎适来自欢州(清化)。朱文安奉行孔子有教无类的主张,弟子不论贫富,一视同仁,只要努力好学,他都精心培养,因此深受弟子爱戴。

陈明宗年间,朝廷开科取士。朱文安竟有两个弟子,即范师孟和黎适同时高登黄榜,被录取为太学生(进士),成为当时世人争相传颂的佳话。

---

① 《大越史记全书·本纪·陈纪》。
② 参见黄心川主编:《东方著名哲学家评传》之《越南卷》(于向东主编),第103 页。

朱文安的学馆一时举国知名,朱文安也成了儒士中众望所归的泰斗。戊辰年(1328年)朱文安被陈明宗延请出山,来到京城,担任国子监司业,给东宫太子旺讲授儒经。陈裕宗主政后,恣意行乐,奸佞横行。朱文安进谏,裕宗不听,乃上疏请斩佞臣7人。此疏轰动朝野,被时人称之为《七斩疏》。①

虽然朱文安一生著述甚丰,但除了在凤凰山隐居时的12首诗以外,已全部失传。本来在担任国子监司业期间,朱文安曾著有《四书说略》十卷,应该是反映他儒学思想的重要著作,可惜此书现今已经无法看到。大家公认,朱文安是越南历史上精研义理之学的第一人。在《历朝宪章类志》中,潘辉注说他"以道学征拜国子监司业",可知他主要是承袭宋儒的哲学思想,以继承孔孟的"道统",阐释"性命义理"之学为主。但其学说具体内容如何,与宋儒有何异同,人们已无从得知。但是,通过朱文安一生的所作所为,可以发现,作为一代名儒,他身上有浓厚的老庄色彩,这反映了他受道家思想影响较深。

儒家主张积极入世,修齐治平,而道家则主张清静无为,消极遁世。史书上说朱文安"清修苦节,不求达利",精研学问,无意科举。上《七斩疏》未果时,毅然挂冠归隐。这些举动,大有老庄遗风。与朱文安同时代的名士陈元旦在朱文安官拜国子监司业时,曾有诗贺道:"学海回澜俗再醇,上庠山斗得斯人。穷经博史工夫大,敬老崇儒政化新。布袜芒鞋归咏日,青头白发浴沂春。勋华只是垂裳治,争得巢由作内臣。"②对他的学识给予了极高的评价,同时也点出他有尧舜时代隐士巢父、许由之情趣风概。"敬老崇儒政化新"一句,明确地指明了朱文安虽为名儒,但亦有崇尚老庄之学,受道家思想影响的事实。

朱文安晚年有明显的崇佛倾向。朱文安辞官后隐居地凤凰山(坐落于今海阳省至灵县境内),多有高僧在此修行,加之凤凰山风景秀丽,人迹罕至。朱文安在这里讲学教授之余,主要是与高僧们郊游,一同寄情山

---

① 参见何成轩:《儒学南传史》,北京大学出版社2000年版,第342页。
② 陈元旦:《贺樵隐朱先生拜国子司业》。

水,吟诗作赋。因此,朱文安无形中会受到一些佛家思想的影响。从朱文安在此期间的诗作里,我们可以发现他有明显的向佛倾向。如《村南山小憩》:"闲身南北片云轻,半枕清风世外情。佛界轻幽尘界远,庭前喷血一莺鸣。"诗中欣赏道的安闲,佛的清幽,表达了想脱离尘世烦喧的心态,对远离尘嚣、超然物外境界的向往。又如《题杨公水华亭》:"上人远公裔,朗悟有高识。屡结白社盟,为爱青莲色。方塘贮碧漪,环以芙渠植。上构水华亭,意与莲比德。好风时一来,满座闻芳馥。隐几观众妙,悠然心自得。不知清净身,已在荷花侧。明月相友朋,闲云同偃息。渴倾露珠饮,饥摘玉房食。回头谢世纷,逍遥游八级。"诗中对水华亭、对莲花的赞颂实际上寄托了作者对佛界的向往。诗的后半部分直接抒发了作者对摆脱世间烦恼、远离尘世、达到物我两忘之境界的渴望。[①]"为爱青莲色","意与莲比德",可以看到周敦颐《爱莲说》的影子。"隐几观众妙,悠然心自得","回头谢世纷,逍遥游八级",那是庄老的情调。"不知清净身,已在荷花侧",和苏轼的"溪声尽是广长舌,山色无非清净身"有异曲同工之妙,表达的是禅宗"无物不有佛性"、"佛无处而不在"的理义。清净身是指真如佛性,逍遥游是庄子的精神自由境界。但朱文安所作的诗《鳖池》又说:"寸心殊未如灰土,闻说先皇泪暗挥。"还是忘情不了朝纲国政、经世济民,儒家的用世主义色彩相当浓厚。

朱文安生性耿直,刚正不阿。这一点史书多有记载,而怒上《七斩疏》则是这一性格的生动体现。

朱文安在国子监任职的四十余年,正是陈朝由盛转衰的过渡时期。陈裕宗即位之初,因太上皇明宗仍过问政事,国内还算太平。及至太上皇去世,裕宗大权在握,便开始为所欲为。当时朝内的老臣如张汉超、阮忠彦等均已谢世,于是朝政涣散,奸佞得势。而裕宗骄奢淫逸,大兴土木,荒废朝政,以致盗贼蜂起,民不聊生,陈朝基业日渐衰微。有鉴于此,朱文安挺身而出,上疏请求处斩7位权臣,写下了名垂千古的《七斩疏》。以朱

---

① 参见黄心川主编:《东方著名哲学家评传》之《越南卷》(于向东主编),第109—110页。

文安当时的职位,不过相当于一所国立学校的校长。可他却冒着犯僭越之罪的风险,将生死置之度外,冒死进谏,足见其刚正不阿、光明磊落的崇高人格和勇敢无畏、视死如归的英雄气概。历代的文人史家,无不对这一壮举给予崇高的评价。15世纪的史学家黎嵩在《越鉴通考论》中写道:"七斩之疏,义动鬼神。"19世纪阮朝名儒高伯适有诗赞扬朱文安及其《七斩疏》道:"敬节清修气魄扬,欲将正手挽颓阳。雷霆不挫孤忠愤,鬼魅犹惊七斩章。豪气以凭天地白,高风犹对山水长。林泉旧隐今何在,文庙惟余姓字香。"15世纪的诗人邓明谦在《咏朱安》一诗中也写道:"七斩章成便挂冠,至灵终老有余闲。清修苦节高千古,士望岩岩仰泰山。"①可见,《七斩疏》使朱文安在历史上树立了一座令人景仰的人格丰碑。

朱文安怒上《七斩疏》的举动,除了说明他刚正不阿、光明磊落的性格外,更体现了他对陈朝、对皇帝的一片忠贞之心。

朱文安本是一介布衣,蒙明宗重用,委以培养储君的重任,并执掌国子监。他感怀五内,竭诚图报。按照儒家的道德规范,为人臣者,当以"忠"字为先,鞠躬尽瘁,死而后已。在这方面,朱文安堪称楷模。在京城的四十余年,他对培养幼主及对国子监的事务兢兢业业,殚精竭虑,作出了巨大贡献。当皇帝昏庸,荒废朝政,国势将危时,他不避斧钺,冒死进谏,置自己生死于度外,表现了他的一片赤诚之心。古代历来对"文死谏,武死战"的壮举颂誉有加,但历史上真正能做到的实鲜有之。所以,这种冒死进谏的行为常被史书奉为臣子忠君的最高境界。陈裕宗素知朱文安的忠贞耿直,《七斩疏》尽管触其"逆鳞",但出于朱文安的忠诚之心,虽未纳谏,却也未曾治罪。朱文安一气之下,挂冠出京,隐居至灵,自号樵隐。但他仍时时心系朝中,一直关注着国家的前途命运。史书记载,在他隐居期间,每逢大朝会,他都回京赴会。后来裕宗驾崩,杨日礼篡位,陈氏国统将绝。幸赖陈朝宗室群臣起兵,杀杨日礼拥立艺宗即位,陈氏国统得以延续。朱文安在隐居地得知艺宗登基的消息后,无比欢欣,不顾风烛残年、路途遥远,亲赴帝阙朝贺,忠心可鉴。在至灵隐居期间,朱文安有一首

---

① 黄心川主编:《东方著名哲学家评传》之《越南卷》(于向东主编),第114页。

诗《鳖池》,可为其隐居时的真实写照。诗曰:"水月桥边弄夕辉,荷花荷叶静相依。鱼浮古沼龙何在,云满空山鹤不归。老桂随风香石路,嫩苔著水没松扉。寸心殊未如灰土,闻说先皇泪暗挥。"诗中抒发了他在隐居时的苦闷和壮心不已的情怀。特别是"寸心殊未如灰土,闻说先皇泪暗挥"一句,生动地体现了朱文安对国家前途命运的关注和对皇帝始终不渝的忠心。

朱文安所处的时代,正是陈朝统治者极力提倡儒学,用儒家学说巩固统治,选拔大批儒士治理国家的时代。当时的许多读书人趋之若鹜,悬梁刺股,苦读孔孟之学,投身科举,以求一官半职,博得功名,从此走上仕途。但朱文安虽满腹儒学,却不为所动,没有参加科举,只是潜心精研儒学,在乡间开设学馆,传道授业解惑,以光大儒学。据黎贵惇《桂堂遗集》的记述,朱文安曾对他的学生说:"凡治学通达皆为达人,功民惠后,方为我儒家本分。"正因为如此,朱文安一生清静淡泊,超凡脱俗,从不以名利为意,从不倚仗自己的大儒地位,及学生为朝中重臣的有利条件谋求官职和权力。不参加科举,正是这种处事哲学最直接的体现。甚至朱文安归隐后,皇上数次想委以重任,请他重新出山,他也坚辞不受,终未再仕。

组稿编辑:陈亚明　方国根

责任编辑:方国根

封面设计:曹　春

图书在版编目(CIP)数据

东方哲学史(近古卷)/徐远和等 主编.
　-北京:人民出版社,2010.12
ISBN 978－7－01－008308－7

Ⅰ.东…　Ⅱ.徐…　Ⅲ.东方哲学－哲学史－中世纪　Ⅳ.B3

中国版本图书馆 CIP 数据核字(2009)第 172921 号

东方哲学史
DONGFANG ZHEXUE SHI

(近古卷)

徐远和　李甦平　周贵华　孙晶　主编

人 民 出 版 社 出版发行
(100706　北京朝阳门内大街 166 号)

北京中科印刷有限公司印刷　新华书店经销

2010 年 12 月第 1 版　2010 年 12 月北京第 1 次印刷
开本:710 毫米×1000 毫米 1/16　印张:43.5
字数:620 千字　印数:0,001－4,000 册

ISBN 978－7－01－008308－7　定价:115.00 元

邮购地址 100706　北京朝阳门内大街 166 号
人民东方图书销售中心　电话 (010)65250042　65289539